金华文化研究工程
重点课题成果

俗世雅意

浙风宋韵的多维审视

葛永海 等著

中国社会科学出版社

图书在版编目(CIP)数据

俗世雅意:浙风宋韵的多维审视/葛永海等著. —北京:中国社会科学出版社,2022.12
ISBN 978-7-5227-0979-6

Ⅰ.①俗… Ⅱ.①葛… Ⅲ.①文化史—研究—浙江—宋代
Ⅳ.①K295.5

中国版本图书馆 CIP 数据核字(2022)第 205529 号

出 版 人	赵剑英
责任编辑	郭晓鸿
特约编辑	杜若佳
责任校对	师敏革
责任印制	戴 宽

出 版	中国社会科学出版社
社 址	北京鼓楼西大街甲 158 号
邮 编	100720
网 址	http://www.csspw.cn
发 行 部	010-84083685
门 市 部	010-84029450
经 销	新华书店及其他书店
印 刷	北京明恒达印务有限公司
装 订	廊坊市广阳区广增装订厂
版 次	2022 年 12 月第 1 版
印 次	2022 年 12 月第 1 次印刷
开 本	710×1000 1/16
印 张	31
插 页	2
字 数	479 千字
定 价	169.00 元

凡购买中国社会科学出版社图书,如有质量问题请与本社营销中心联系调换
电话:010-84083683
版权所有 侵权必究

本书获浙江师范大学中国语言文学一级学科建设经费资助

目　　录

绪论　宋韵文化研究的路径选择 …………………………………（1）

第一章　拓城扩市：突破时空的宋代城市之韵 ………………（13）
　第一节　范型千载：宋代都市文明的形态与体系 ………………（14）
　第二节　宋代江南城市化进程及其历史意义 ……………………（23）
　第三节　浙城宋韵之一：南宋时期的绍兴 ………………………（44）
　第四节　浙城宋韵之二：宋元变革时期的杭州 …………………（55）

第二章　勾栏光影：走向市井的宋代通俗文艺之韵 …………（69）
　第一节　浙风俗调：南宋江浙地区市民阶层的社会形态 ………（69）
　第二节　体悟市井之韵：唐宋比较视角下的西湖话本叙事 ……（84）
　第三节　宋元南戏与民间生活伦理 ……………………………（101）
　第四节　雅俗交流视域中的宋代谣谚传播 ……………………（119）

第三章　丽逸江南：融会南北的宋词之韵 …………………（136）
　第一节　宋词的主体意象及其女性化特征 ……………………（137）
　第二节　世俗化背景下两宋词体范式的美学嬗变 ……………（151）
　第三节　婉约之韵：易安南渡词核心意象之转换
　　　　　及其象征意义 ……………………………………………（168）
　第四节　豪放之韵：幼安词中齐鲁文化与江南文化之叠合 ……（179）

第四章　真味愈在:包蕴情理的宋代诗文之韵 ……………………（200）
　　第一节　宋调肇始:《西昆酬唱集》与宋诗演进 ……………（201）
　　第二节　情理通融与灵心雅致:吕祖谦的诗歌创作 …………（216）
　　第三节　一代诗文汇编《宋文鉴》的编刊之争 ………………（227）
　　第四节　存史撷英:历代宋诗选本论略 ………………………（247）

第五章　乐技风雅:转捩新境的宋代艺术之韵 …………………（272）
　　第一节　从宋诗到宋乐:《宋诗钞》中的乐舞资料 …………（274）
　　第二节　从歌舞到戏曲:音乐要素在宋代的多元汇集 ………（294）
　　第三节　百代标程:宋画艺术的历史演进及其画史影响 ……（329）
　　第四节　从民俗信仰到造型艺术:宋代"磨喝乐"
　　　　　　形象的塑造 …………………………………………（357）
　　第五节　宋代瓷枕的艺术多维性及其生成机制 ………………（373）

第六章　道通天地:开千古境界的宋儒思想之韵 ………………（393）
　　第一节　浙学之宗:吕祖谦的历史哲学及与朱熹之比较 ……（394）
　　第二节　浙学巨子:陈亮重商思想及其事功实践 ……………（407）
　　第三节　浙学交互:唐仲友与东莱学派 ………………………（426）
　　第四节　浙学名门:北山四先生从祀孔庙的历史考察 ………（437）
　　第五节　浙学传承:从事功与心性的离合看浙东学派建构 …（457）

参考文献 ……………………………………………………………（474）
后记 …………………………………………………………………（489）

绪论　宋韵文化研究的路径选择

宋代是我国传统文化发展的巅峰时代。文学、艺术、哲学、教育、科学、医学、工艺等可谓百花齐放，异彩纷呈，并且达到前所未有的高度。尤其是到了建都于临安的南宋时代，文化的丰富性和饱满度更臻于佳境。著名学者陈寅恪在为邓广铭《〈宋史·职官志〉考证》作序时指出："华夏民族之文化，历数千载之演进，造极于赵宋之世。"[1] 宋史专家邓广铭也说："宋代是我国封建社会发展的最高阶段。两宋期内的物质文明和精神文明所达到的高度，在中国整个封建社会历史时期之内，可以说是空前绝后的。"[2] 此说未必为学界所完全认可，但宋代文化在中国历史文化演进中的重要地位由此可见一斑。

对于宋代文化的高度重视可谓渊源有自。早在明代，陈邦瞻就在《宋史纪事本末·叙》中指出，宋代乃是中国历史的一大变局，以为"宇宙风气，其变之大者有三。鸿荒一变而为唐、虞，以至于周，七国为极。再变而为汉，以至于唐，五季为极。宋其三变，而吾未睹其极也。变未极，则治不得不相为因。今国家之制、民间之俗、官司之所行、儒者之所守，有一不与宋近者乎非慕宋而乐趋之，其势固然已。"[3] 一直到20世纪初，严复在《与熊纯如书札》中依然做如斯的判断："古人好读前四史，亦以其文字耳！若研究人心、政俗之变，则赵宋一

---

[1] 陈寅恪：《金明馆丛稿二编》，上海古籍出版社1980年版，第245页。
[2] 邓广铭：《谈谈有关宋史研究的几个问题》，《社会科学战线》1986年第2期。
[3] （明）陈邦瞻：《宋史纪事本末·叙》，中华书局1977年版，第1191—1192页。

代，最宜究心。中国所以成为今日现象者，为善为恶，姑不具论，而为宋人之所造就，什八九可断言也。"① 1910 年，日本学者内藤湖南在《概括的唐宋时代观》中首倡中国"唐宋变革"论，从学理上论证宋代的划时代意义，他认为："唐和宋在文化性质上有显著差异：唐代是中世的结束，而宋代则是近世的开始。"② 1934 年，周一良发表《日本内藤湖南先生在中国史学上之贡献》（《史学年报》2 卷 1 号），将内藤湖南的这一观点介绍到中国并产生了很大影响。在内藤湖南提出"唐宋变革"论的前后，中国史学界也提出了中国的"近代"论，如 1933 年陈钟凡的《两宋思想述评》、1942 年钱穆的《中国文化史导论》都指出，可以将宋代到清代的历史确立为中国的"近代"。1972 年，中国台湾学者傅乐成发表《唐型文化和宋型文化》，这是对唐宋文化转型及其思想特点更为凝练的概括，学术影响极为深远，作者分析指出，与"唐型文化"相比，"宋型文化"的特点是"单纯而收敛"，而"宋型文化"的产生意味着中国本位文化的建立，也正如严复所说，近现代中国人之价值观念、思维模式、审美观点以至表达感情的方式等皆成型于这一时代。

　　与宋代文化的范型意义相呼应的还有历史流变中中国文化中心的整体南移趋势。文化地理学家陈正祥在《中国文化地理》中考察中国文化中心的迁移时曾说，迫使汉文化中心南迁有三次大的波澜：一是"永嘉之乱"后的晋室南渡；二是唐代的"安史之乱"；三是金人南侵引起的"靖康之变"，尤其是第三次的"靖康之变"发生后，南宋王朝建都于杭州，南方的文化中心地位得以完全确立。③ 宋代文化的范型意义和文化中心的南移效应之间的高度叠合，最终将南宋文化推向了历史的最前台。旅美学者刘子健在《略论南宋的重要性》中就明确指出："中国近八百年来的文化，是以南宋为领导的模式，以江浙一带为重心"。换言之，正是南宋建都于临安，使得江南真正成为中国文化的中

---

① 严复：《严几道与熊纯如书札节钞》，《学衡杂志》第 13 期，中华书局 1922 年版。
② ［日］内藤湖南：《概括的唐宋时代观》，载《日本学者研究中国史论著选译》（第一卷），中华书局 1992 年版，第 10、18 页。
③ 陈正祥：《中国文化地理》，生活·读书·新知三联书店 1983 年版，第 5 页。

心，产生了全国性的巨大辐射力。元之后，"南宋文化模式，已成为汉文化的大传统"①。与此同时，南宋文化对于所在的统治中心区域——浙江的历史文化也产生了极为深刻而久远的影响，构筑起浙江文化的精神底色，正是在此背景下，浙江省提出"打造以宋韵文化为代表的浙江历史文化"，倡导开展"宋韵文化传世工程"研究，正是实现传统文化复兴的有力举措。

宋韵文化的内涵可谓十分丰富。徐吉军认为，所谓"宋韵"，指的"就是宋代在中国历史上的独特韵味，简单地说，就是指辉煌的两宋文明"，他将宋韵具体概括为十个方面：一是以文立国，二是官员以天下为己任，三是多元文化并存，四是重视对外交流，五是科技强国，六是商业革命，七是城市文明，八是辉煌的文化成就，九是雅致的品质生活，十是移风易俗。陈野等著的《宋韵文化简读》则将宋韵文化划分为制度、经济、思想、文学、艺术、宗教、科技、社会、百姓生活、建筑和典籍等十一个方面，也基本涵盖了两宋文化的各个领域。②

那么，应该如何来理解宋韵之"韵"？在传统典籍中，最早对"韵"作解释的是《广雅》，释"韵"为"和"，表明和谐的乐音即为"韵"。《玉篇校释》也说"音和曰韵"。到了宋代，文人论诗多用"风韵""高韵""逸韵""气韵"等词，可以说，"韵"的美学内涵完善和成熟于宋代。北宋范温著有诗话《潜溪诗眼》，其中对于宋人审美之"韵"论析深入，向来为人所称道。在和友人的交流中，范温从学理的角度解析了"韵"的由来、发展以及主要特点：

> 余曰："子得其梗概而未得其详，且韵恶从生？"定观又不能答。予曰："盖生于有余。请为子毕其说。自三代秦汉，非声不言韵；舍声言韵自晋人始；唐人言韵者，亦不多见，惟论书画者颇及

---

① 刘子健：《两宋史研究汇编》，联经出版事业公司1987年版，第80页。
② 此两位学者的观点为当下宋韵研究较具代表性的观点，徐吉军在《文化交流》2021年第1—8期发表系列文章《宋韵：登峰造极的两宋文明》，陈野等编著《宋韵文化简读》对"宋韵文化"进行系统解读，该书于2021年12月由浙江人民出版社出版。

之。至近代先达，始推尊之以为极致；凡事既尽其美，必有其韵，韵苟不胜，亦亡其美。"①

尤其是其中的"凡事既尽其美，必有其韵，韵苟不胜，亦亡其美"，将"韵"的地位提至极致的高度，使其成为艺术美的最高标准。而范温对"韵"给出的定义就是："有余意之谓韵。"对此，钱锺书曾有很高评价："吾国首拈'韵'以通论书者，北宋范温其人也……因书画之'韵'推及诗文之'韵'，洋洋千数百言，匪特为'神韵说'之弘纲要领，抑且为由画'韵'而及诗'韵'之转捩进阶。"②时至当代，宋人范温论"韵"所强调的两大特质：一为极致之美，二为余意不绝，依然对今日之宋韵研究有着明显的借鉴和启示意义。学者陈野在《试论宋韵文化的认识维度、精神实质和当代价值》（《浙江学刊》2022年第1期）中就将宋韵文化析分为日常物质领域的物质之韵，生产技术领域的匠心之韵，社会运行领域的秩序之韵，发现发明领域的智识之韵，学术思想领域的思辨之韵，文学艺术领域的审美之韵等方面，认为正是这些"汇聚成两宋文化精华之所在，凝聚为一个时代的独特气质和风尚"。这代表了对宋韵的一个理解视角，可备为一说。

本书认为，就所涵盖的内容而言，宋韵有广义和狭义之别。前面几位当代学者论著中以宋韵来借指两宋文明之精华，乃是宋韵的广义，泛指宋代所有优秀的物质文化、精神文化和制度文化。而就"宋韵文化"提出的当代情境而言，更应该是狭义的"宋韵"，特指江南化的、带有浙江属性和风格特点的宋代文化，本书将之称为"浙风宋韵"。这里隐含着三个层面的内涵：一是强调具有浙江风格和特色的宋韵文化，二是由于浙江风格与宋韵在南宋形成高度的交集，浙风宋韵的重点是南宋文化，三是"风韵"并举，突出风尚之引领，强调浙江风格的全国影响力。

浙风宋韵作为中华优秀传统文化的重要组成部分，是具有中国气派

---

① 郭绍虞：《宋诗话辑佚》上册，中华书局1980年版，第373页。
② 钱锺书：《管锥编》第四册，中华书局1979年版，第1363页。

和浙江辨识度的重要文化标识。当下相关研究蔚为热潮，主要包括宋韵文化形态系列研究和宋韵文化文献资料整理与研究。前者聚焦思想、制度、经济、社会、百姓生活、文学艺术、建筑、宗教等八大形态，系统研究宋韵文化的精神内核、形态特征和历史价值，重点开展宋代思想史、制度史、社会史、艺术史等系列研究；后者关注对纸质承载、非纸质实物的宋韵文化精华进行整理研究，致力于思想流派文献、目录类书文献、中医文献、丝绸瓷器影像、建筑景观遗存等的整理研究。

研究浙风宋韵，既具有独特的学术价值，又具有突出的实践意义。在学术方面，通过系统梳理和汇总宋代文献资料，形成具有规模性的文献集成。同时基于扎实史料，开展理论研究，对于宋韵文化的形态特征和精神内涵予以深入的学理检视，构建系统性的宋韵文化研究体系；在实践方面，发掘、复原与保护宋代各类景观遗存，强调非物质文化遗产保护与文旅产业相互贯通，通过对宋韵文化创造性传承和创新性发展，深入探讨宋韵文化对中华优秀传统文化传承创新和当代发展的意义和价值。

在以上领域的理论研究中，近年的相关研究大体有两种路径选择，一种为通论式，采取对宋代整体文化或者某一类型文化进行通观和概览式研究，着眼于对整个时代的全面把握，著作如陈野等的《宋韵文化简读》、龚延明的《浙江宋代进士录》、梅新林的《浙江学术编年·宋代卷》等，单篇文章则有何忠礼的《南宋的历史地位与"宋韵"文化》、陈野的《试论宋韵文化的认识维度、精神实质和当代价值》等；另一种则为专题式，即对宋代文化的某个具体论题开展专门性研究。比如包伟民的《陆游的乡村世界》、束景南的《朱熹："性"的救赎之路》、何忠礼的《宋高宗新论》、吴熊和的《吴熊和批校全宋词》等。

那么，当下的宋韵研究在通论与专论之外，是否还有其他的学术取径？能否兼顾通论与专论，既注重面上的铺展，又有具体点上的突破，从而形成新的学术理路？能否在有限的篇幅中传递对于宋韵文化的整体观？本书正是基于上述思考的一种探索，在权衡比较之后，主要选择整

俗世雅意：浙风宋韵的多维审视

体立论、点面结合的论述方式，围绕宋韵文化形态开展整体性的综合研究，在内容选择上兼顾不同的文化维度，注重多维性和系统性，在通论和专论之间寻找某种平衡，兼顾广度与深度、全面与立体之间的关系。总体而言，本书的研究呈现如下特点：

其一，逻辑建构的整体性。本书的研究意在建立一个意义相对自洽的宋韵文化整体观。经济基础决定上层建筑。宋代商品经济勃兴的一个重要外在显现就是城市空间的巨大变革，这被西方学者称为"中世纪城市革命"①。本书从"城市生活之韵"入手，繁荣的宋代城市培育了市民阶层，也造就了通俗文艺的兴盛。宋代随着城市空间变革与拓展，城市的主体人群发生巨大改变，市民阶层登上历史舞台，他们因城市而生，与城市彼此呼应，同声相应，同气相求，他们的生活日常包括衣食住行、喜怒哀乐等亦塑造着城市的气质和内涵，进而影响着城市文艺的内容和形式，形成了独具特色的"文化艺术之韵"。在这走向市井空间的城市化进程中，世俗化成为最重要的动力机制，使得整个时代文化发生转型，形成了"宋韵文化冲击波"，如果说，宋代话本戏曲是第一波，宋词是第二波，宋代诗文则是第三波，宋代乐舞、造型等艺术则是第四波，而追求内圣、精神圆满自足的宋学与浙江地域文化相结合形成的浙学，以事功实学为特色，则构成了支撑浙风宋韵的思想内核，也成为一个时代的精神压舱石。由此形成了城市—通俗文艺—曲词—诗文—艺术—思想这样一个从物质文化发端、世俗化浸染、最后以学术思想收束的层层推演的宋韵文化序列。正是在这样一个系统化的意义上，本书对于宋韵文化之"俗世雅意"予以聚焦和观照。

从审美的角度来看宋韵文化之整体，有其内在的恒定性和统一性，

---

① "中世纪城市革命"理论的奠基者是英国学者伊懋可（即马克·埃尔文），他在斯波义信等人研究的基础上提出了中国城市"中世纪在市场结构和城市化上的革命"。此后美国学者施坚雅以此为基础总结了加藤繁、崔瑞德以及斯波义信等人的研究，提出了"中世纪城市革命"的五个特征：1. 放松了每县一市，市须设在县城的限制；2. 官市组织衰替，终至瓦解；3. 坊市分隔制度消灭，而代之以"自由得多的街道规划，可在城内或四郊各处进行买卖交易"；4. 有的城市在迅速扩大，城外商业郊区蓬勃发展；5. 出现具有重要经济职能的"大批中小市镇"。参见成一农《"中世纪城市革命"的再思考》，《清华大学学报》2007年第2期。

正如学者缪钺所论：

> 宋人审美观念亦盛，然又与六朝不同。六朝之美如春华，宋代之美如秋叶；六朝之美在声容，宋代之美在意态；六朝之美为繁丽丰腴，宋代之美在精细澄澈。总之，宋代承唐之后，如大江之水，潴而为湖，由动而变为静，由浑灏而变为澄清，由惊涛汹涌而变为清波容与。此皆宋人心理情趣之种种特点也。此种种特点，在宋人之理学、古文、词、书法、绘画，以至于印书，皆可征验。①

在这个宋韵文化系统中，雅与俗是最为核心的一对范畴，两者的互动与转化覆盖和影响了整个宋代文学艺术的发展。在市民文化的推动下，原本高高在上的士人文化逐渐摆脱精英观念，开始走向普通大众，呈现出由"雅"到"俗"的转变，而原本局限于下层社会的民间文化逐渐突破等级观念的限制，开始跻身主流文化行列，呈现出由"俗"到"雅"的转变。推动这两种文化转变的市民文化既源于士人雅文化和民间俗文化，又超越了传统文化雅、俗对立的二元结构，属于雅、俗共体的新型文化形态。这种雅与俗的互动在宋代话本、戏曲、曲子词，以至于诗文、书画、造型艺术、哲学思想等各个文化领域都清晰可见。因而是本书研讨最为重要的一对学术范畴。

在雅与俗的大命题之下，本书还关注宋韵文化的"情"与"理"。情与理，或者说情韵和理志之间的关系，在宋代文学艺术中的处境非常微妙，一方面，宋人标榜理学，谈诗论道以"理"为最高标准；另一方面，宋代言情的文学艺术极为发达。就言情文学而言，虽然不同于齐梁诗歌对于女性身体吟咏的热衷，但是以"义理"而言，宋人所咏亦多游离于家庭伦理之外。因此如何处理"情"与"理"之关系，特别是如何在理学背景下为这些游离于"义理"之外的言情文学定位，就成了宋人关心与探讨的主要问题。主理的思想也影响各类艺术表现，比

---

① 缪钺：《诗词散论·论宋诗》，上海古籍出版社1982年版，第50—51页。

俗世雅意:浙风宋韵的多维审视

如绘画艺术,宋代理学的核心范畴如本原论的"理"、"气"和功夫论的"涵养"向绘画理论渗透,从而形成画论中的诸如"画理"、"画气"和注重画家人格修养等命题。理学的思维方式和价值判断也影响宋代绘画观念,从而形成了载道和抒情两种有别的绘画本质观。理学观物内省的思维方式和追求平和的生活旨趣在社会生活中也有充分的体现,衣、食、住、行诸用器的造型和纹饰也都体现出这种平淡的趣味,如瓷器、砚台、茶盏、漆器等,大都造型简约,少有雕饰。从所见的宋代工艺美术的造型和装饰看,都显得比较平实,体现了宋人崇理尚雅尚简的美学观念。

此外,还有一对命题值得关注,那就是"南与北"。北宋末年,由"靖康之难"引发的北人南迁的移民潮,较之"永嘉之乱""安史之乱"规模更大,人数更多。包括了帝王宗室、百官大臣、文人学士、技艺工匠以及更为广泛的普通民众大规模南下,带来了北方的典章制度、工匠技艺以及各种文化风俗等,实现了南北文化的又一次大融合。耐得翁在其《都城纪胜·序》中说:"圣朝祖宗开国,就都于汴,而风俗典礼,四方仰之为师。自高宗皇帝驻跸于杭,而杭山水明秀,民物康阜,视京师其过十倍矣。"[①] 就文学艺术而言,融会了南北文化之长的南宋文学艺术往往形成令人瞩目的高峰。就绘画而言,北宋宫廷画院向来崇尚严谨细致的写实作风,南宋朝廷在临安重建画院,汇聚当时名家巨匠,有传承又有创新,注重抒发主观情志的文人墨戏画开始兴起,山水画风趋向简率豪放,在画院外自成一格。就词而言,陶尔夫与刘敬圻在《南宋词史》中指出:"中国词史,大体上经历了兴起期、高峰期、衰落期与复兴期四个阶段。纵观此四个阶段,南宋恰值高峰时期。"[②] 就话本而言,南宋话本小说的大量出现标志着说话艺术的繁荣,更说明古代小说的发展已二水分流,进入全新的历史阶段。就戏曲而言,南戏是在宋杂剧脚色体系完备之后,在叙事性说唱文学高度成熟的基础上出现的,

---

① (宋) 耐得翁:《都城纪胜·序》,《东京梦华录》(外四种),文化艺术出版社1998年版,第75页。

② 陶尔夫、刘敬圻:《南宋词史》,黑龙江人民出版社1992年版,第522页。

它的出现标志着中国古代戏曲艺术的成熟。

其二，点面融通的协同性。本书以宋韵文化作为研究主题，不采取概述或泛览的探讨方式，而是以城市化和世俗化作为核心动力，引发若干主要文化形态的联动反应作为内置的基本逻辑。在主要文化板块中，体例设计则主要是通过以小见大，以微观宏，实现以点带面或点面结合，面上的论述注重整体特征的提炼，点上聚焦注重个案的典范性意义，比如就宋代城市变革而言，注重历史横切面的整体论述，指出宋代是古代城市发展史上的一个重要转型期。一方面，各级城市普遍突破原有政治性质所构成的限制，从封闭走向开放，由单一趋于多样，进而实现发展形态和文明结构的重大调整；另一方面，商业市镇的广泛兴起，不仅推动城镇体系的形成和都市文明的重构，也引发农耕社会的一系列重要变革。同时，本研究也特别关注典型个案，比如绍兴城的发展形态在南宋时期就呈现出不少新的特点。一方面，随着城市空间范围和人口规模的扩大，传统坊市分离格局全面瓦解，街区建设日益完备；另一方面，工商业的兴盛，引发都市经济结构和城乡关系的相应变动。与此相联系，市政管理趋于专门化和系统化，社会保障事业逐渐兴起。绍兴城的发展演变，很大程度上就是宋代城市转型的一个缩影，此类研究的学术理路正是宏微相济，点面并重。

本书从设定的研究框架出发，多有精深的专门之论，往往以具体视角切入，意在见出时代变革和发展趋势，这些以微观宏的专论往往进入具体的历史情境，洞幽发微。如在对宋诗之韵的探讨中，强调宋初的《西昆酬唱集》的编撰对于宋诗演进的意义。在宋初诗坛因循前人之际，西昆诗人奋意出新，一洗诗坛芜鄙之习，以西昆体雅丽典重的风采耸动天下。在西昆诗人手中，互文书写方式真正成为一种有意识的自觉性创作手法。文本不再是一个封闭的自足结构，在与他种文本交互渗透、经纬编织的过程中，诗歌的意义与韵味向多维度播散，使诗作在审美特质上与唐音拉开了距离，为宋调形成提供了形式技巧方面的丰富借鉴，成为宋诗演进过程中的重要环节。此类以微观宏、以点带面的论述还包括宋话本中的西湖叙事研究，宋词中的易安词、幼安词研究，宋儒学中的吕祖谦、陈亮等研究，虽然皆为个案研究，却具有影响时代的全局性意义。

其三，浙风高标的引领性。强调历史性的比较映照，凸显宋韵文化不同维度的特质，本书特别强调宋韵的"浙风"特征。可以说，浙江属性与浙江特征在宋韵文化中几乎无处不在。

试举其大者。比如宋元南戏又称"温州杂剧""永嘉杂剧"，是在说唱文学的基础上形成的，浙江就是其主要的发源地。南戏以曲牌连缀的形式讲述长篇故事，综合了当时众多的艺术形式，诸如宋杂剧、傀儡戏、歌舞大曲、唱赚以及诸宫调等，其所创造的南曲声腔系统，为其后的许多声腔剧种，如海盐腔、余姚腔、昆山腔、弋阳腔的兴起和发展提供了丰富的营养，在中国戏曲艺术发展史上具有重要意义。值得注意的一个角度是，宋元南戏最初来自民间，其曲词、念白广泛吸收了当时社会通行的成语、谚语及格言、警语等，不仅有力增强了戏曲舞台表演效果，更向基层民众巧妙传授了切于实用的生活伦理，有效发挥了戏曲社会教化的功能。宋元四大南戏《荆》《刘》《拜》《杀》频繁引用民间谚语、格言的现象颇具代表性。对照考察宋元南戏中谚语、格言与《增广贤文》等读物内容相同相近情况，可以从一个独特角度梳理归纳出宋元浙江民间社会所推重的生活伦理价值。

宋元话本中的浙江属性同样极为明显。宋元话本具有先天的城市属性，其中很大一部分就是游走在南宋都城的说书人完成的，正因为如此，话本中对于杭州西湖的叙述蔚为大观。话本中的西湖作为市井空间，具有不分贵贱贫富、不分季节时令的空间共享性。同时，都城生活有着更明显的超仪式性与世俗化，曾经的政治习俗、节庆仪式已被凡俗的日常生活风尚掩盖，活跃在都城中的已是五行八作的杭州市民群体，他们几乎不受礼法之拘牵，在西湖山水间自由演绎着自身的喜怒哀乐和爱恨情仇。就西湖叙事产生的美学效果来说，它以西湖为经线，以城市风情为纬线，纵横古今，跨越千年，将历史、现实和幻想三者，巧妙地穿插编织在一起，使西湖故事具有时空交叉的立体美感，使得西湖的形象丰润而多姿多彩。西湖故事从古到今，在文化空间中自由穿梭，从钱塘霸迹、白堤政迹、葛岭仙迹、孤山隐迹等所表现的对历史人物丰伟功业、飘逸气度的追怀，到现世红尘碌碌人生的记录，反复述说着杭州的前世今生。静止状态的西湖似乎和光同尘，融入现世人们的生活中，而文化的西湖却是流动的，它贯穿着古今，塑造着未来。

再如学术思想方面的浙江特色。南宋婺学代表人物吕祖谦，世称东莱先生，曾邀约"鹅湖之会"，希望调和朱熹和陆九渊关于哲学思想的争执。为学主张明理躬行，治经史以致用，反对空谈阴阳性命之说，博采众说，熔于一炉，创立"金华学派"。更值得一提的是南宋浙江以陈亮、叶适为代表的事功学派。陈亮反对性命之说，主张功利之学。"谈王说霸"，倡言改革；"专言事功"，蔑视理学家的空谈心性命理，认为义利就在利欲中。叶适同样力主"事功"，强调"经世致用，义利并举"，重视经史和政治制度的研究，主张通商惠工、减轻捐税、探求振兴国家的途径。浙江事功学派重事功、讲实际，立足现实，针砭时弊，反对"抑末厚本"，主张"农商并重"，鼓励发展农业和商业，倡导轻徭薄赋，呼吁施行有利于百姓利益的各种措施，以求实现民富而国强、国家中兴统一的目标。他们的思想主张呼应了时代发展的潮流，适应了南宋两浙地区商品经济的发展要求，更具有超越时代的理论价值和实践意义。

概而言之，在宋韵文化中，无论是浙江籍的文人、艺术家、思想家，还是浙江城市，浙江风土名物，浙地产生的话本、戏曲、书画、特色器具，等等，都扮演了重要角色。本书所论的城市、通俗文艺、曲词、诗文、艺术、思想等皆有浙江风格特点，这在各章节的论述中在在可见，或巨或细，或深或浅，只是程度不同而已。

其四，泽被后世的典范性。宋韵文化不仅仅是一个简单的时代文化的符号，而且是一种具有新特质的文化范型。本书的研究强调"韵"之延展传承，突出不同维度的宋韵文化对于后世的垂范和启示意义。这种关于影响的论述几乎覆盖了本书中的所有章节，无论是城市空间之时代变革、还是通俗文艺、文学艺术之确立范式，以及学术思想的开宗立派，都足以泽被后世。

俗世雅意：浙风宋韵的多维审视

宋诗之韵被称为"宋调"，与"唐音"相区别，且自成一体。缪钺《诗词散论·论宋诗》云："唐诗以韵胜，故浑雅，而贵蕴藉空灵；宋诗以意胜，故精能，而贵深折（析）透辟。唐诗之美在情辞，故丰腴；宋诗之美在气骨，故瘦劲。"[1] 严羽《沧浪诗话·诗辨》则概括了宋诗的三大特点，曰："以文字为诗，以议论为诗，以才学为诗。"以文字为诗，故宋诗多以意胜者；以议论为诗，故宋诗多蕴含哲理；以才学为诗，故宋有"诗词高胜，要从学问中来"（黄庭坚语）之说，唯其博学，方能出论于深析莹彻之间也。这三大特点也是宋诗卓然立于中国诗史的特质所在，于后世影响深远。

宋代儒学被称为"宋学"，作为一种新儒学，其探究的一个主要命题是人在自然天地之间、社会人伦关系之中的地位和使命，重视人"与天地参"的自主自觉性。所谓"内圣外王"，所谓"圣贤气象"，就是要把仁义礼智信的五常之道和治国平天下的帝王之学结合起来，把道德自律与事功建业统一起来，使人人在内省修身中探索人之理，以臻于与天理合而为一，达到个人与人类社会、自然界和谐融会的美妙境界。[2] 这从本体论上把人的伦理主体性提到一个前所未有的高度，也代表着中国哲学朝向内在心性之学的开始，由此开辟出"道通天地"的千古境界来。

总的来看，本书所讨论的"浙风宋韵"涵盖了文学、史学、哲学和艺术的诸多范畴，以宋代物质文化层面的城市化运动肇始其端，世俗化为其主要动力，文学、艺术与思想皆消长于雅俗之间，具有典型性和代表性，所谓俗世雅意，由此泽被万代，这基本代表了我们的浙风宋韵精华观。但宋韵文化显然远不止此，作为一个开放的学术体系，幕天席地，何等辽阔，实可见仁见智，就本书所展开的相关研究而言，也大都提纲挈领、具体而微，多有未尽之处，无论是在本文所确立的阐释框架之内，抑或之外，各个方面、各种维度皆有深入展开研究的巨大空间，寄望于时贤同人共同努力。

---

[1] 缪钺：《诗词散论·论宋诗》，上海古籍出版社1982年版，第36页。
[2] 刘方：《宋型文化与宋代美学精神》，巴蜀书社2004年版，第7页。

第一章　拓城扩市：突破时空的宋代城市之韵

在中国城市发展史上，宋代是一个重要的转型期。宋以前的古代城市基本上是属于以政治为中心的郡县城市，在经济上不存在与乡村分离的情况。当城市的商品经济开始迅猛发展时，情况必然发生改变，正如马克思所说："一切发展了的以商品交换为媒介的分工，都以城市与乡村分裂为基础。"[①] 宋代城市发展的一个重大转变就是坊市制度的瓦解，被更为开放的市场制所取代。此前在汉、唐以来的城市规划中，市场在城市的指定区域，具体事务则由官吏进行严格管辖，如《周礼·考工记》记载："匠人营国，方九里，旁三门。国中九经九纬，经涂九轨，左祖右社，面朝后市，市朝一夫"[②]，几乎所有的商业交易都必须在"市"里进行，北朝民歌《木兰辞》就写道："东市买骏马，西市买鞍鞯，南市买辔头，北市买长鞭。"但是，到了北宋时期，社会经济发展迅速，手工业生产不断扩大，商业活动中长途贩运的主要地位不断受到挑战。而家庭手工业作坊则很繁荣，一家一户为生产单位，自产自销，前店铺后作坊的格局逐渐形成，工商贾开始合为一体，工商业经济的迅猛发展推动着城市空间布局亟待发生根本性改变。经过官府与民间的反复拉锯，北宋政府顺应了这一时代趋势，沿街开设店铺被逐步允许，坊墙毁弃、市巷融合的格局逐渐形成。城市的市场不再是官家特设的管理区域，城内不再划分方形之坊，而是大街小巷纵横，店铺鳞次栉比。

---

① ［德］马克思：《资本论》第一卷，人民出版社1975年版，第424页。
② 林尹注译：《周礼今注今译》，书目文献出版社1985年版，第471页。

宋代的城市空间变革造就了多元化的、极具立体感的"交互型空间",街巷空间得以凸显与放大,被推到了历史的前台,也成为市民阶层活跃的舞台。可以说正是在宋代,城市作为一种空间形象才真正树立起来,逐渐变得立体而饱满,城市空间与居住者形成了心灵层面的交互,居住者从外在身份到个性气质才逐渐拥有了标识性的城市特征。

城市空间的变革由此造就了城镇体系的一系列变革,一方面,各级城市普遍突破原有政治性质所构成的限制,从封闭走向开放,由单一趋于多样,进而实现发展形态和文明结构的重大调整;另一方面,商业市镇的广泛兴起,不仅推动城镇体系的形成和都市文明的重构,也引发农耕社会的一系列重要变革。正是在这个意义上说,宋代是城市空间的特色与韵味开始全面彰显的时代,中国传统城镇化的历史进程也就此开启。

第一节 范型千载:宋代都市文明的形态与体系

长期以来,围绕宋代城市的发展演变,中外学术界一直有着不同的看法。其根本分歧不在于城市本身,而是对此期社会性质的认识,即宋代城市演变是中国社会由中世开始走向近世的反映,还是封建社会自我调整的结果。[1] 问题是,城市作为一种文明形态,不只是特定社会状况的简单反映,而是有着自身的发展道路。从中国古代都市文明演进的角度来看,宋代无疑是一个引人瞩目的转型和调整期,在对社会产生多方面的影响的同时,也在很大程度上奠定了我国古代后期都市文明的发展道路。

一 州县城市:从统治中心到文明实体

中国古代早期的州县城市,主要是依托行政体系发展起来的,首先

---

[1] 有关这方面的讨论情况,参见[日]佐竹靖彦《宋代时代史基本问题总论》,《宋史研究通讯》1997年第2期;[日]平田茂树《宋代城市研究的现状与课题——从宋代政治空间研究的角度考察》,《中日古代城市研究》,中国社会科学出版社2004年版,第107—127页;吴松弟《中国大陆宋代城市史研究回顾(1949—2003)》,[日]《东洋史论丛》第14号,2005年第3期。

充当了各级统治中心的角色。这种性质既决定了城市之间不可逾越的等级关系，也极大地限制了城市发展的自主性。尽管城市里也有一定的经济、社会和文化活动，有时还显得相当活跃，但这些主要是基于政治向心力而汇聚起来的，并不是城市自主发展的结果。从晚唐开始，尤其是入宋以后，州县越来越多地突破原有政治性质所构成的限制，经济、社会和文化功能显著增强，由此呈现出与以往不同的发展形态。

从经济方面来看，随着商业活动由政府规定的封闭的"市"散布到城市各个街区，进而越出城墙向外扩散，因民间私设店铺所引发的"侵街"现象愈演愈烈，长期以来严格实施的坊市分离制和城乡分隔制也越来越难以维持。到北宋中后期，不要说一般城市，就是作为最高统治中心的开封，也是坊巷之间，"处处拥门，各有茶坊酒店，勾肆饮食"。[1] 宋室南渡后，进一步放弃了控制"侵街"现象的努力，转而采取承认既有现状、加强日常秩序管理的政策。于是，都城临安城内外，"自大街及诸坊巷，大小铺席，连门俱是，即无空虚之屋"。[2] 正是在这一过程中，城市经济逐渐摆脱了政治强力的严密控制，走上了产业化和多样化的道路。就产业化而言，比较典型和普遍乃是商业形态的转变，即由简单的消费性商业活动发展为分工精细、结构完整的商业体系，包括跨地区的流通商业，具有规模化特征的批发商业，以及灵活机动的零售商业。这意味着城市不再只是单纯的商品消费地，而是开始承担起不同层次商品经济中心的角色。就多样化而言，在商业发展的同时，诸如手工业、服务业、文化业、娱乐业、外贸业、旅游业、城郊经济作物种植业等也日益成为城市经济的重要组成部分。尤其是以民间手工业为主体的城市商品生产的普遍兴起和发展，在一定程度上改变了以往农村提供产品、城市消费产品的格局，直接推动了城乡经济的双向互动。上述两方面的结合，表明城市经济已不再是政治的附属，而是与乡村经济相对应的独立形态。

从社会方面来看，市民阶层的全面兴起，改变了城市原有社会结

---

[1]（宋）孟元老：《东京梦华录》卷三《马行街铺席》，中国商业出版社1982年版，第22页。
[2]（宋）吴自牧：《梦粱录》卷十三《铺席》，中国商业出版社1982年版，第107页。

构，推动了城市社会关系的重新组合。历史上，市民是随着城市的产生而出现的，但在中国古代相当长一段时期里，市民不仅没有成为城市居民的主体，而且是以个体的形态存在的。城市发展及其人口规模的扩大，并不意味着市民阶层的形成和壮大，因为市民由个体上升到群体的过程，也是超越彼此身份和职业差异，形成共同意识形态和价值取向的过程。入宋以后城市商品经济的确立，标志着以商业精神为核心的城市意识开始觉醒，并逐渐成为城市社会的主导因素。在此基础上，数量日益增加的工商业者，各种商业性文化娱乐业的演艺人员，融入商品经济大潮的官僚士人，乃至部分移居城市的乡村地主和城郊从事商品化经营的专业农户，共同构成了一个社会群体。他们之间的等级关系不再取决于身份的贵贱，也不具有世袭性和绝对性，而是随着贫富分化和财富的转移，处于不断升降、沉浮之中。诚如时人袁毂所说："昔之农者，今转而为工；昔之商者，今流而为隶。贫者富而贵者贱，皆交相为盛衰矣。"[①] 相对而言，"行"、"作"、"团"之类的工商业组织和"社"、"会"等文化组织的兴起，更直接地反映了市民阶层群体意识和自主意识的成长。史称："市肆谓之团行者，盖因官府回买而立此名，不以物之大小，皆置为团行，虽医卜工役，亦有差使，则与当行同也。"[②] 其实，城市工商业户成立团行组织不仅仅是为了应付官府科配，更重要的是希望以此加强同业之间联系，维持工商业秩序，协调市场活动。绍兴二十六年（1156）七月，户部尚书权兼临安府韩仲通上言："居民日用蔬菜果实之类，近因牙侩陈献，置团拘买，尅除牙钱太多，致细民难于买卖。……欲乞并行住罢。"宋高宗"从之"。[③] 临安城果蔬的买卖本来已有菜行、青果团之类的行业组织，少数牙商与官府勾结，增设牙行加以垄断，终因同行的群起反对，不久即被废除。可见，加入工商组织的市民虽在个人经营上是自由的，但商品经济和市场活动已使他们结成有

---

① （元）马泽、袁桷：《延祐四明志》卷十九《考古集》，《宋元方志丛刊本》，中华书局1990年影印本，第6册，第6422页上栏。
② （宋）吴自牧：《梦粱录》卷十三《团行》，中国商业出版社1982年版，第104—105页。
③ （宋）李心传：《建炎以来系年要录》卷一七三，绍兴二十六年七月辛亥，中华书局1988年版，第2855页。

一定共同利益的整体，并以群体的方式来处理与政府和社会的关系，展示群体的意愿和影响。

从文化方面来看，市民阶层所带来的社会意识和价值观念的变化，必然引发城市文化的相应调整。一方面，原本高高在上的士人文化走出"唯我独尊"的精英意识和等级观念，融入普通民众之中，从而实现由"雅"到"俗"的转变。通俗文学的勃兴，便是其中颇为典型的现象。话本小说、戏文、剧本、歌词之类的通俗文学，就其渊源而言是由传统士人的"高雅文学"发展而来的，其创作群体主要也是士人，但它以通俗的文艺式样，充满现实生活气息的世俗内容，消费娱乐的表现形态，为普通民众所喜闻乐见，呈现出鲜明的大众化、商业化特点。另一方面，原本粗糙自然的民间文化突破下层社会的活动空间，跻身于主流文化行列，由此实现从"俗"到"雅"的转变。北宋中晚期以降，各地城市广泛出现的"瓦子""瓦肆"等商业性文化娱乐场所，其中所表演的说唱、歌舞、杂技、杂剧等百伎艺术，大多来自民间文艺。进一步讲，士人文化的俗化，实际上是士人市民化的结果；民间文艺的雅化，实际上是文化商业化的结果。这两者的结合，便直接推动了雅俗共赏的市民文化体系的形成，进而取代政治文化，成为城市文化的主体。

可见，两宋时期州县城市的转型，其外在表现是传统坊制瓦解和商业兴盛所带来的都市风貌的变化，实质乃是摆脱政治中心的附属地位，开始形成具有自身特征的文明形态。

二 商业市镇：新型都市形态的兴起

商业市镇的广泛兴起和发展，是宋代经济和社会领域变革的重要表现。从表面上看，市镇最初大多是以农村商业和市场活动集聚地的形式出现的，其在各地的大量涌现，既是农村经济日趋高涨的结果，又直接推动了农村商业的兴盛和市场体系的发育成长。但市镇并不是单纯的农村商业中心，就其发展趋向而言，实是一种正在形成中的经济都市形态。这在北宋时尚不十分明显，进入南宋后则显得越来越突出。

宋代市镇的都市化趋向首先表现为商业的经济化，即由简单的商品交易和流通活动发展成为较为完整的商品经济体系。具体可从两个方面来看：其一，随着商业的日趋兴盛，市镇吸引和汇聚了多种形式的经济活动，并以市场为纽带，将这些经济活动整合起来，从而实现由商业中心向商品经济体的跃升。以南宋时期嘉兴府海盐县澉浦镇为例：该镇毗邻都城临安，又有着良好的港湾条件，由此发展成为著名的海外贸易口岸。其居民"不事田产"，"惟招接海南诸货贩运浙西诸邦"。[①] 与此同时，镇上还有发达的盐业、渔业、酒业、竹林加工业、经济作物种植业等多种产业。宋高宗绍兴（1131—1162）末年，该镇鲍郎盐场每年纳入官府专卖范围的产盐额就高达35600余石。[②] 其二，市镇市场活动的扩散，引发周边乡村经济的相应变动，小农家庭的生产和消费逐渐由自给性向商品性转变。各种"兼业"现象的出现，便是这种转变的结果。所谓"兼业"，是指农民在进行粮食生产的同时所从事的附带性经营活动。与以自给为目的的传统家庭副业不同，兼业活动主要面向市场需求，以实现土地和劳动力资源的市场价值为目的，有着商品经济的部分特征。而兼业的进一步发展，便上升为具有完整商品经济意义的专业生产。如专门从事经济作物种植业的"茶园户""蚕桑户""花户"之类，专门从事手工制作和加工业的"机户""染户""曲户""酒户""磨户""窑户""炉户""油户"之类，均属于商品生产的专业户。在此基础上，以市镇为核心，包括周边乡村在内，形成了一定地域范围内的商品经济圈。

市镇商业的经济化过程，也是人口不断聚集的过程。根据笔者的考察和分析，进入南宋时期，市镇人口的增长普遍呈加速之势，其居民数量，一般小镇大多有数百户，已接近当时小型县城的规模；大镇则往往在千户左右，与普通县城市相当；至于巨镇之类，更是多达数千户，几可与中等规模的府州县城市相比。[③] 在市镇人口中，工商业及相关行业

---

① （宋）罗叔韶、常棠：《澉水志》卷上《风俗》，《宋元方志丛刊》本，中华书局1990年影印本，第5册，第4660页上栏。

② （清）徐松辑：《宋会要辑稿》食货二十三之十三，中华书局1957年版，第6册，第5181页上栏。

③ 陈国灿：《南宋城镇史》，人民出版社2009年版，第236—252页。

人员占了很大的比重。他们有的是资本雄厚的巨商豪贾，有的是富裕的手工作坊主，有的是充当商品交易中介的牙商、驵侩，有的是从事抵押业和放贷业豪户，有的是经营规模有限的普通商人。当然，数量更多的是小商小贩、以技艺谋生的工匠、出卖劳动力的佣工和苦力等。如南宋后期，在常州武进县奔牛镇和镇江府丹阳县吕城镇，"船脚、脚夫平生靠运米以谋食者"，"数逾百家"。[①] 市镇居民中还包括部分官僚、贵族、士人、商业性演艺之人和宗教人员。如平江府常熟县福山镇是远近闻名的宗教活动中心，镇上的东岳庙系泰山神行祠，每年都有大批信徒从各地前来祭祀，"江、淮、闽、粤水浮陆行者，各自其所有以效岁时来享之诚，上祝天子万寿，且以祈丰年，而后保其家。凡有求必祷焉，率以类至，号曰会社。箫鼓之音相属于道，不知几千万人"。[②] 在镇郊农村，又有为数不少的农民和地主。显然，市镇正逐步摆脱乡村社会形态，日益呈现出商业社会的特征。

从聚落形态的角度，或许可以更直接和更清晰地反映出市镇的都市化趋向。尤其是那些大镇和巨镇，随着工商业的持续发展和人口与空间规模的不断扩大，逐渐由乡村聚落形式转变为类似城市的空间结构和街区格局：镇中心工商业区域，人口密集，街衢纵横，坊巷棋布，店肆林立；在周边郊区，则散布着附属市场和村落。如嘉兴府华亭县青龙镇早在北宋后期就已初步形成较完整的街区结构，"镇市有坊三十六，桥三十，桥之有亭宇者三，有二浮图，南北相望"。[③] 同县的上海镇兴起于南宋后期，"襟海带江，舟车辏集"，"有市舶，有酒库，有军隘、官署、儒塾，佛仙宫馆，氓廛贾肆，鳞次而栉比"，[④] 俨然一派繁华都市的景象。诸如此类，不一而举。

---

① （宋）黄震：《黄氏日钞》卷七十二《回申再据总所欲监钱状》，钦定四库全书本，子部，第 16 页 a。
② （宋）范成大：《吴郡志》卷十三《祠庙》，《宋元方志丛刊》本，中华书局 1990 年影印本，第 1 册，第 788 页上栏。
③ （明）顾清：《正德松江府志》卷九《镇市志》，《天一阁藏明代方志选刊续编本》，上海古籍出版社 1982 年影印本。
④ （明）唐锦：《弘治上海县志》卷五《建设志》，《天一阁藏明代方志选刊续编本》，上海古籍出版社 1982 年影印本。

毫无疑问，作为一种新的都市形态，市镇有着诸多与州县城市不同的特点：它并不以政治中心为依托，而是兴起于广大农村地区，因而较少地受到政治因素的控制和干扰，获得更大的自主发展空间；它以商业和市场活动为基础形成，又以商品经济体的形式发展，因而始终具有鲜明的经济中心特征。从某种意义上讲，市镇是农村经济和社会内在变革的产物，不仅在打破传统小农经济自给自足体系方面较州县城市的外来冲击更为直接，而且也反映了都市文明向农耕文明内部的渗透。

三 城镇体系：都市文明结构的调整

宋代州县城市转型和市镇兴起的过程，也伴随着都市文明体系内在结构的重大调整。这种调整主要是从两个层面展开的：

一是横向层面，表现为城镇类型的分化，其实质是城镇自我意识觉醒和自主能力增强。

就州县城市而言，随着政治控制的放松和市民阶层的兴起，原本借助于政治强力而高度统一的发展模式显然已越来越难以维持，取而代之的是由地域和社会经济环境差异所引发的多样化形态。有的既承担着重要的政治和军事功能，又有着发达的工商业和活跃的市民文化，由此发展成为综合型城市。北宋时的开封和南宋时的临安，便是这类城市的典型。有的以强劲的经济影响力确立起在社会体系中的地位，由此发展成为不同特色的经济型城市。如位于太湖北岸的苏州（平江）是著名的工商业大都市，地处长江中游的鄂州是沟通沿江上下跨区域贸易活动的商业都会，信州铅山、韶州岑水、潭州永兴是以矿产开采和冶铸闻名的手工业城市，浙东明州（庆元）、福建泉州、广东广州则是繁华的海外贸易都市。当然，也有部分城市仍停留于统治据点的形态，工商业水平低下。如江东的徽州，"郡界万山，舟车不通，商旅罕至"。[1] 由于商业寥落，税收微薄，到嘉熙四年（1240），宋廷最终裁撤了该城的税务机构。

---

[1] （明）彭泽、江舜民：《弘治徽州府志》卷五《公署》，《天一阁藏明代方志选刊》，上海古籍出版社 1982 年影印本。

市镇的广泛兴起，本身就意味着州县城市一统天下的传统都市体系的解体。由于市镇自其产生之时就具有较大的自由发展空间，并与所在地区的经济紧密地结合在一起，因而呈现出更为丰富的发展类型。其中，农业型市镇主要分布于粮食生产或经济作物种植业、林业、渔业等农副产业较为发达的地区，承担着相关产品外销和流通的职能。如南宋时期嘉兴府的魏塘镇、建康府的孔镇、宣州的水阳镇、太平州的黄池镇等，均以粮食贸易为特色；彭州的堋口镇、永康军的味江镇、资州的石同镇等，一度是川蜀地区的茶叶交易中心；庆元府的鲒埼镇则是大型渔业市镇。手工业市镇是随着农村手工业发展及其商品化程度的提高而兴起的，一般以一种或几种手工行业为特色，具有生产专业化的特点。如在东南沿海地区，分布着众多盐业市镇；浙西、四川地区丝织业发达，由此形成不少丝织业市镇；江浙等地制瓷业兴盛，以此为特色的市镇也相当活跃。交通枢纽型市镇主要分布于各地水陆交通沿线，充当各地货物转运和商品流通中心的角色。如常州的奔牛镇，平江府的平望镇，兼跨嘉兴、湖州的乌青镇，江陵府的沙市镇，潭州的桥口镇，池州的雁汊镇，太平州的采石镇，临江军的清江镇（樟镇）等，都是较具规模的水路交通枢纽市镇。港口市镇主要分布于沿海港湾条件优越、腹地经济发达、交通便利的地区，其特点是海外贸易尤为发达。如泉州的石井镇、福州的海口镇、兴化军涵头镇、台州的章安镇、嘉兴府的澉浦镇和青龙镇等，都是南宋时期重要的贸易口岸。消费型市镇主要是由于大量外来人口的涌入而兴起的，以发达的消费性商业和服务业为特色。如平江府的许浦镇因扼守长江入海口，常年驻有大量军队及家属，由是"军民市易为盛"。[①] 此外，还有部分环城市镇，主要分布于大中城市的周边地区。不过，这些市镇实际上是城市空间扩张的一种形式，并逐渐成为城市的有机组成部分。

二是纵向层面，表现为城镇等级关系的重组，其实质是城镇冲破行政体系的束缚，代之以自身的文明阶梯结构。

---

① （明）冯汝弼、邓钹：《嘉靖常熟县志》卷五《市镇志》，《日本藏中国罕见地方志丛刊》影印本，书目文献出版社1991年版。

古代早期城市之间的关系，主要是由各自的政治地位所决定的。在不同的行政区域内，政治地位低的城市隶属于政治地位高的城市，彼此的等级关系明确而固定。但入宋以后，城镇发展自主性的提高和类型的多样化，使其内部的等级关系由政治因素主导逐渐转变为由各自的发展水平所决定。可以说，到南宋时期，一种新的城镇等级体系已基本形成，它总体上分为四个层次：一是基层城镇，主要由县城和市镇构成，是整个城镇体系的基础。二是地区性城市，以府州城为主体，构成了城镇体系的中间层次。府州城市不仅是所在地区最大的政治中心，往往也是最大的工商业和社会活动中心。一方面，它们与所属县城和市镇结合，构成本地区的两级城镇体系；另一方面，又是沟通和联结更高层次城市的纽带。从商品流通和市场体系来看，各地一般以府州为单位形成一个个相对完整的地区性城乡市场网络，府州城市则在其中发挥着中心枢纽的职能。三是区域性城市，具体又可分为影响和辐射范围越出所在府州而扩大到周边区域的城市和具有一定跨区域影响的城市两个层次。前者将若干相邻地区的城镇联结起来，形成更大范围的城镇体系。如真州、庐州等属于两淮区域的中心城市，鄂州、潭州、江陵等属于荆湖区域的中心城市，福州、泉州等属于福建区域的中心城市。后者较典型的有平江（苏州）、建康（江宁）、成都等。平江（苏州）虽是浙西府级城市，但其影响尤其是市场影响涉及东南各地，建康（江宁）府城在某种意义上充当了长江中下游中心城市的角色；成都则是西部地区最大、最繁华的城市，也是四川范围内最高层次的中心城市。四是全国性城市，属于城镇体系的最高层次。这一层次的城市不仅在全国范围内具有影响力，而且其影响领域也是全方位的。如南宋都城临安，其作为全国政治、文化、教育中心的地位固不待言，就是在经济领域，它也是南宋全境工商业最为发达和市场辐射范围最广的城市。日本学者斯波义信将临安的商品流通分为三个层次的市场圈：近距离市场圈包括城郊附郭市镇和下属诸县及邻近部分县镇；中距离市场圈北以苏州—镇江为界，是谷物的主要来源地，南以明州—严州、衢州—徽州为界，是燃料、油脂、鱼畜及林产品的供给地；远距离市场圈包括北方市场、长江中上游和闽粤等地。① 可见，临安的经济影响力已明显超越了一般区域城市。

第二节 宋代江南城市化进程及其历史意义

以上我们从文明体系重构的角度考察了宋代城市变革的历史意义。宋代的城市变革，表面上看是传统坊市制解体所带来的都市风貌的变化和经济、社会、文化功能的显著增强，实质乃是摆脱政治中心的附属地位，实现由统治据点向文明实体的飞跃。伴随州县城市的转型和市镇的兴起，城市文明的内在结构与发展体系发生重大调整。州县城市一统天下的传统城市体系趋于解体，城镇类型不断分化，城镇关系日益突破严格的政治等级秩序。如果将这种变革置于中国古代社会发展的宏大视野下加以观照，宋代城市变革的历史意义不只是都市文明的调整与转型，实现由"远传统"向"近传统"的飞跃，更重要的是开启了一个传统农业社会的城市化道路。这一点放在两宋尤其是南宋江南地区②的时空中加以考察，将变得越发清晰和典型。

一 五代北宋时期江南的城市化进程

唐代后期江南城市化虽然出现了转型的动向，却未能取得根本性的突破，一方面在于城市化发展阶段与水平上的局限，另一方面则在于全国中心城市在北方黄河流域而不在江南的局限。所以，五代的意义就如同六朝时期的三国孙吴。孙吴首次建都建业之后，尽管有此后三国归晋、建都洛阳的反复，但毕竟开启了六朝建都建康之先声，为全国中心城市南移于江南作了重要的铺垫。同样，在唐代以长安、洛阳为首、陪都的情况下，江南在北有吴与南唐、南有吴越的情况下，相继建都于江

---

① ［日］斯波义信：《宋都杭州的商业中心》，《日本学者研究中国史论著选译》第5卷，中华书局1993年版，第311—336页。

② 关于"江南"的范围认定向来歧杂，大致包括三种，"大江南"即泛指整个长江中下游长江以南的地区，即苏南、浙江、安徽长江以南、江西、湖南和湖北长江以南地区，"中江南"的地域范围相当于今江西东北部、浙江、上海以及江苏、安徽的长江以南地区，而"小江南"则只是环太湖流域。本书的"江南"大致指的是"中江南"所含的范围。

都（今扬州）、江宁（今南京），先后形成江都—杭州、江宁—杭州双轴心，然后向杭州重心转移。

在五代短短的50余年间，江南曾出现吴、南唐、吴越三个政权，先是吴、吴越国分割江南南北，分别建都江都（今扬州）与杭州。两都同处于运河城市带中，因此构成五代初期江南最重要的两大中心城市。其中吴国都城江都在隋唐时代本为江南中心城市，但在五代战争频仍、易代频繁的特殊历史背景下，作为唐代江南中心城市的扬州因战乱破坏以及由此引起的南北阻隔，失去了长江与运河交通枢纽的地位而渐趋衰落。

南唐接受吴的禅位，建都于江宁府（今南京），因此，江南北部的中心城市从扬州回归江宁，并与南部的吴越国都城杭州构成新的南北两大中心城市。[①] 诚然，吴禅位于南唐，仅仅是短暂的王朝更替而已，但从扬州到江宁，则具有回归六朝故都建康的象征意义。自从隋、唐两代相继以长安与洛阳为首、陪都后，六朝故都建康一直受到人为的毁坏与压制，江南中心城市的功能与地位随后即让位于其东的扬州。隋代平陈后，因建康为南朝故都，文帝诏令拆城改田，仅于石头城置蒋州。炀帝时，仍因陈时旧名，称之为丹阳郡。[②] 唐初，废州为江宁县，后改名上元县。"安史之乱"发生后不久，唐肃宗以其地为自古雄居之地，时遭艰难，不可以县统之，故于至德二年（757）置为昇州。四年后，因听信童谣，复废州为县。再至唐末光启元年（885），重新自润州、宣州析置昇州。[③] 五代时，再改名为江宁府。建康在隋唐两代几经兴废的特殊命运的确令人感叹不已。

南唐定都江宁后，在相对安定、商业繁华的历史条件下，修文兴儒，君臣唱和，一时人文荟萃，冠于天下。宋人曾盛称"江南当五代后，中原衣冠趣之，以故文物典礼，有尚于时，故能持国，完聚一方"，[④] 这里的江南主要是指南唐。南唐之上异于隋唐而下通于两宋，主要有二：

[①] 参见周振鹤《唐代安史之乱和北方人民的南迁》，《中华文史论丛》1988年第7期。

[②] 参见史念海《隋唐时期运河和长江的水上交通及其沿岸的都会》，《中国历史地理论丛》1994年第4期。

[③] 葛剑雄：《中国移民史》第二卷，福建人民出版社1997年版，第272页。

[④] （宋）董逌：《广川书跋》卷十《李后主蚌帖》，浙江人民美术出版社2016年版，第186页。

一开两宋文人政治之先声；二导两宋婉约词风之先路。

与南唐建都江宁象征回归原点不同，吴越国建都杭州具有标示新的中心城市的意义。杭州是一个晚至隋代始为郡城，而在唐代后期快速发展起来的新兴城市。唐末钱镠据江东，哀帝天祐二年（905）即唐亡之年，钱镠受封吴越王，都杭州。此后，杭州即与江宁一同成为五代江南新的两大中心城市，迎来了一个空前的繁荣时代："邑屋之繁会，江山之雕丽，实江南之胜概也"，①"轻清秀丽，东南为甲，富兼华夷，余杭又为甲，百事繁庶，地上天宫也"，②宋王明清《玉照新志》卷六云："杭州在唐，虽不及会稽、姑苏二郡，因钱氏建国始盛。"由此可证五代吴越国建都杭州对于杭州城市繁荣的重要推动作用。五代以后，经北宋到南宋再到元代，杭州作为江南中心城市地位一直未变，实乃五代吴越奠定之功。

五代虽然历时仅为 50 余年，但在南唐、吴越国相对安定的历史条件下，以两国都城江宁和杭州为中心，引领着江南城市化沿承唐代后期之势，继续推动运河、长江、沿海、钱塘江四大城市带与太湖城市圈的整体发展与繁荣。比如吴越于天福五年（940）新设秀州（今嘉兴），使运河、沿海、钱塘江城市带与太湖城市圈的发展更为均衡与完善。又如南唐的商业市场较之唐代更为发达，其中夜市也比唐代普遍。都市文化与文学尤其是具有新型都市"文学"特点的词的创作，更赋予了南唐领两宋词风之先的开创之功。③再如五代江南草市出现更多，而且有些草市已开始向镇市发展。后晋天福二年（937）南唐设置的无锡竹塘市，即为江南早期的镇市。

五代之后，北宋建都开封，同时打断了由南唐都城江宁回归六朝故都建康以及由江宁或杭州从江南中心城市扩展为全国中心城市的进程。北宋初承唐代"道"制，太宗时始改"道"为"路"，并将全国分为 15 路，真宗时增至 18 路，神宗时增至 23 路，再到北宋末徽宗时增至

---

① （宋）薛居正等：《旧五代史》卷一三三《世袭列传》，中华书局 1999 年版，第 1231 页。
② （宋）陶毂、吴淑：《清异录 江淮异人录》，上海古籍出版社 2012 年版，第 12 页。
③ 何剑明：《南唐时期江苏区域经济与社会发展论要》，《江苏行政学院学报》2004 年第 3 期。

24路，其中江南区域分3路，即两浙路、江南东路、江南西路。江南东路与江南西路，大体与唐代后期之宣歙、江西观察使地域范围相当，江南东路改治江宁府（今南京），江南西路仍治洪州。所设两浙路与唐代后期浙西、浙东观察使地域相当，路治杭州。两浙路辖14州，江南东路辖1府、7州、2军，江南西路辖6州、4军，以上三路合计34府、州、军。在行政建制上，路级、府州军级、县级三级都置治所城市，这也同时意味着北宋江南城市从路到县级城市体系分为三级，由此延伸到市镇，为四级。三级城市总数为路级首府城市3个，府、州、军级首府城市34个，县级城市175个。就行政建置而论，杭州、江宁、洪州分别为两浙路、江南东路、江南西路路治首府城市，同时亦是江南区域的商业都会。然而，由于江宁、杭州在五代时曾是南唐、吴越国的都城，更兼湖山之美与商业繁华于一身，故非洪州之可比。欧阳修特别推重金陵、杭州，谓："若乃四方之所聚，百货之所交，物盛人众，为一都会，而又兼有山水之美以资富贵之娱者，惟金陵、钱塘"，[①] 对江宁、杭州情有独钟。而在江宁、杭州之间，由于在五代、北宋之交经历了战与和的不同命运，也由于隋代大运河开通以来杭州区位、交通优势的上升，更由于杭州在湖山之美与经济繁华的合一上更具竞争实力，杭州地位又要高于江宁。北宋嘉祐二年（1057），龙图阁直学士梅挚出守杭州，仁宗皇帝赐诗送行，诗曰："地有湖山美，东南第一州"，杭州由此获得"东南第一州"之誉，可见杭州在全国中的地位。至于为人所熟知的柳永《望海潮》一词，更是写尽了杭州的湖山秀丽与商业繁华。

再以最能反映城市经济发展的商税为依据，据统计，熙宁十年（1077），杭州城内的商税额高达8万余贯，加上附郭市镇共达11万余贯，在全国城市中仅次于首都开封而位居第2位。苏州为5.1万余贯，居全国第7位；江宁为4.5万贯，居全国第9位；洪州为近3万贯，居全国第30位。[②] 以上商税数据与排位提醒我们应重点关注一下苏州。

[①]（宋）欧阳修：《欧阳文忠公集》卷四十《有美堂记》，国家图书馆出版社2019年版，第八册，第15页。

[②] 参见陈国灿《江南农村城市化历史研究》，中国社会科学出版社2004年版，第33—36页。

苏州虽在行政建制上仅为两浙路中一州级城市，未能上升为路治首府城市，但城市繁华程度则在江宁、洪州之上，实已从两浙路中的一府州城市上升为与三路首府城市杭州、江宁、洪州并列的江南区域中心城市，然后同构成北宋江南城市化格局的"四星"结构。当然其中居于中心地位的是杭州，以所征商税比较，杭州名列开封之后，居全国第二，且为苏州的近2.2倍、江宁的2.4倍、洪州的近4倍，充分显示了杭州在江南四大区域中心城市中遥遥领先的强势，无可争辩地拥有"东南第一州"的地位。

从六朝建康到唐代扬州，再由唐代扬州到宋代杭州，江南中心城市在此两个时段中的转移具有不同的意义，如果说从六朝建康到唐代扬州是江南中心城市从内陆移向沿海的重要一步，那么从唐代扬州到宋代杭州，则是江南中心城市首次直接落在沿海城市带上，这对江南城市化进程中沿海城市带与海外贸易的发展具有特别重要的意义。与此同时，杭州又是沿海与运河、钱塘江城市带以及太湖城市圈的交汇点，则杭州继六朝建康、唐代扬州之后成为新的江南中心城市，对于以上四大城市带与城市圈的整体拉动以及向东南倾斜，同样发挥了关键性的作用。另一方面，以杭州为中心，由其与苏州、江宁、洪州组成"四星结构"，表明北宋江南城市化的重心仍在沿海、运河、钱塘江、长江城市带与太湖城市圈彼此交叉与重合的江南东部，但已进一步向东南移动，主轴在以杭州为轴心然后延伸于苏州、江宁的弧形轴线上。

五代宋元江南城市化第一次转型，集中体现在从政治型向经济型、从封闭型向开放型转型两个方面。关于从政治型向经济型转型又可细分为三个层面，一是行政建置城市经济职能的强化。这一趋势自六朝即已开始，至唐代的扬州有更出色的表现。再至北宋，在城市经济普遍趋于繁荣中经济职能又有了进一步的强化，广泛开始于北宋的城市商税征收这一现象本身可以为此提供有力的佐证。北宋之前，虽然朝廷已在城市里设置市官征收商税，但对商税数目缺乏记载，这不是偶然的疏忽，而是当时征收商税数量有限，不足轻重，甚至可以忽略不计，故没有引起足够的重视。但至北宋已完全不同，在城市征收商税已相当普遍，而且数额巨大。据《文献通考》载,宋神宗熙宁十年(1077),全国征收商税的城市已达310个,其中商税超2万贯的州城42个,县城4个。城市商税的普遍征收与数量剧增,无疑是北宋城市经济繁荣的最直接的反映。以此与前代比较,更能印证出北宋在城市转型方面所取得的巨大进展。

再就城市类型而言,顾朝林先生曾将宋代体现城市商品经济发展,经济职能突出的城市分为工商型城市、商业型城市、手工业城市,[1] 应该说这样的城市类型在南宋更为突出,但在北宋已基本形成。另著名经济学家傅衣凌先生曾专门提出相对应的"开封型城市"、"苏杭型城市"两大类型城市,[2] 也从一个侧面说明所谓"苏杭型城市"即指工商型或商业型城市,此类城市的经济职能明显强于其他型城市。

先看杭州。在行政建制上,杭州仅为两浙路首府城市,但其经济实力则仅居首都开封之后,名列全国第二,实已达到全国亚经济中心与准中心城市的地位,这不仅表明北宋时期杭州的城市经济与政治功能已混合为一,而且进一步表明当时杭州的城市经济功能强于其政治功能。再说苏州。苏州在行政建制上仅为一州级城市,但其经济实力却居于全国第七,在江南仅居杭州之后而在江宁、洪州之上,可见苏州更偏于经济型、商业型城市功能。朱长文《吴郡图经续记》谓北宋时苏州"井邑之富过于唐世。郭郛填溢,楼阁相望;飞杠如虹,栉比棋布",[3] "闽粤之贾,乘风航海,不以为险,故珍货远物毕集于吴之市",[4] 北宋苏州盛况由此可见一斑。因此,杭州、苏州的城市转型意义比之开封更为明显,也更有意义。

本时期从政治型向经济型转型的另一核心成果是新型城市——市镇的兴盛。市镇由草市与镇市两级所构成。究其渊源,可以远溯至六朝的"草市""会市",至晚唐五代集中在长江、运河沿岸出现了少量市镇。

---

[1] 顾朝林:《中国城镇体系:历史·现状·展望》,商务印书馆1992年版,第80—81页。
[2] 李伯重:《多视角看江南经济史》,生活·读书·新知三联书店2003年版,第377—378页。
[3] (宋)朱长文:《吴郡图经续记》卷上《城邑》,江苏古籍出版社1999年版,第6—7页。
[4] (宋)朱长文:《吴郡图经续记》卷上《海道》,江苏古籍出版社1999年版,第17—18页。

但从法理上说，正如唐景龙元年（707）所重申的："诸非州县之所，不得置市。"① 因此出现于晚唐五代沿江沿运区域的市镇仅是民间自发行为，而非经法定正式设置，但至北宋终于在制度层面上有了根本性的突破。先是北宋初太祖令草市以纳税的方式取得合法地位，太祖开宝三年（970），"令朴买坊务者收抵当"。后人解释说："朴买之名始见于此。所谓朴买者，通计坊务该得税钱总数，俾商先出钱与官买之，然后听其自行取税以为偿也。"② 说明当时朝廷已准允草市通过纳税方式获得合法地位。草市亦称坊场、墟市，马端临曾说："坊场即墟市也，商税、酒税皆出焉。"③

另一方面，北宋又对镇制进行改造，一是罢废军镇，增设商镇；二是设置镇官，负责征收商税。《宋史·职官志》："诸镇，置于管下人烟繁盛处，设监官。即指官监镇。"可见镇官有"官监镇"与"非官监镇"两大类型，所谓"非官监镇"，即不设专官领治而以他官兼管之镇。高承《事物纪原》云："地要不成州而当津会者，则为军，以县兼军使；民聚不成县而有税课者，则为镇，或以官监之。"④《宋史·食货志》说："凡州县皆置务，关、镇亦或有之。大则专置官监临，小则令、佐兼领。"⑤

北宋从商税的征收角度与手段，彻底解决了草市与镇市的法理与制度，确是一项影响深远的制度创新，对北宋及元明清市镇的发展，起到了重要的推动作用。据毕仲衍《中书备对》对熙宁九年（1076）草市的统计，全国共有草市27607处，其中两浙路1238处，江南东路641处，江南西路380处，分居全国24路的第13、16、18名。江南三路合计为2259处，占全国草市的8.2%。⑥ 从以上数据可以看出，草市在两

---

① （宋）王溥：《唐会要》卷八六《市》，上海古籍出版社1991年版，第1874页。有关草市可参看周宝珠《试论草市在宋代城市经济发展中的作用》，《史学月刊》1998年第2期。
② （明）丘浚著，林冠群、周济夫校点：《大学衍义补》卷三二《治国平天下之要》，京华出版社1999年版，第296页。
③ （元）马端临：《文献通考》卷一九《征榷考》，中华书局1986年版，第186页。
④ （宋）高承：《事物纪原》卷七《州郡方域部》，中华书局1989年版，第358页。
⑤ （元）脱脱等：《宋史·食货志》卷一八六，中华书局1977年版，第4541页。
⑥ 参见马玉臣辑校《〈中书备对〉辑佚校注》，河南大学出版社2007年版，第285—287页。

浙路、江南东路、西路的分布与水平。草市是城市体系中最基础的部分，也是上升为镇市及更高级城市的重要基础。因此，从某种意义上说也是镇市乃至整个城市体系发育程度的风向标。又据《元丰九域志》所载，元丰（1078—1085）年间，全国正式定名为镇市者共计1871个。从27607个草市，1013个收税单位、400多个镇到1871个镇的数据变化，可以充分显示当时草市之盛及其向镇市快速升级的活力之强。而此1871个镇市与当时1035个县相比，每县平均约1.4个镇，表明在北宋由草市发展而来的镇市不仅数量已超过了县级城市，更重要的是它开辟了一种在传统行政建制之外的新的城市类型，并为其注入了前所未有的新鲜营养液与活力。

在全国1871个镇市中，江南路镇的总数达到181个，占全国镇市的近10%，较之唐代17个增长了10倍多，足见其增幅之速。其中两浙路为75个，江南东路为54个，江南西路为52个[①]。

仍以两浙路为冠，江南东路次之，江南西路又次之，排序与三路草市数量相同，但三路镇的比率有所缩小，尤其是江南东路的江宁府、江南西路的洪州各达15个，数量超过杭州，而江南东路的太平州，江南西路的兴国军各为11个，接近于杭州的数量，在三路中名列前茅。由此可见，三路镇的发展仍以两浙路居于首位，江南东路、西路分居于后，但有趋于相对均衡之势。再联系上文所论江南北宋时期所增加的19个县，重点分布在江南西路，江南东路次之，两浙路又次之，其中有15个县系由发达之镇升格而成，一方面说明镇之于县级城市发展的重要意义，另一方面也同样说明北宋时期三路城市分布更趋均衡的态势。但话说回来，这也仅仅从数量方面而言，若从质量方面来看，北宋江南区域中人口密集，商业繁华，影响巨大的巨镇、名镇仍多集中于两浙路中，尤其是以杭州为中心的东南沿海与环太湖流域中。

与此同时，江南市镇的经济实力也在不断提升。据统计，熙宁十年（1077）时，江南三路市镇年税额占各路总年税额的13.2%，其中两浙

---

① 参见陈国灿《江南农村城市化历史研究》，中国社会科学出版社2004年版，第68页。

路为16.3%，江南东路为8.8%，江南西路为9.2%。两浙路几为江南东路与西路的2倍，而有些地区市镇年税额所占比例更高，如杭州、秀州、池州分别达29.4%、30%、47.4%。再与县级税额相比，江南东路、西路市镇平均年税额已相当于各路总年税额的56.3%、39%、74.6%。至于有些巨镇年税额已超过县级甚至州级城市，比如杭州的浙江市、秀州的青龙镇年税额分别达到26446贯、15879贯，已相当于中等州级城市的水平，而江南西路的池州池口镇达13386贯，更是为属地州城的2.8倍。[①] 可见其经济实力之强已逾于一般县城甚至州城。

作为一种充满活力的新兴城市类型，市镇的城市功能主要是经济型的，与州县城市相比，如果说北宋时期的州县城市在城市工商业的快速发展与进一步走向繁荣的过程中，出现了由政治型向经济型的转型态势，在发展形态上发生重大变化，那么，大批市镇的出现与繁荣，更代表了一种经济型城市类型的兴盛与发展方向，在五代宋元第一个转型期的城市转型中更具标志性意义。

北宋从政治型向经济型城市转型第三方面的重要表现，是以市舶司创设为标志的海外贸易的发展与沿海港口城市的繁荣。

我们之所以将此独立出来论述，一是两宋时期中国古代海外贸易达于高峰，在世界贸易中居于主导地位，所以市舶司的设立既是宋代经济尤其是海外贸易繁荣的产物，是为适应海外贸易专门管理需要的一项制度创新，也是后代海关制度的创始，在宋代城市化转型中具有十分重要的意义。二是沿海城市带经六朝隋唐五代的酝酿发展，到宋代也进入了一个前所未有的繁荣时期，而市舶司皆设立于沿海港口城市，直接促进沿海港口城市的兴盛，并带动了沿海城市带的整体发展。三是市舶司建置分市舶司、市舶务、市舶场三个层次，或设于州城、县城，或设于镇，三个层次反映了所设之地的商品经济实力与海外贸易繁荣程度。以上三个方面兴于北宋而盛于南宋。

北宋江南市舶司之设，始于端拱二年（989）在杭州设立的两浙市

[①] 陈国灿：《宋代江南城市研究》，中华书局2002年版，第37页。

舶司。淳化元年（990），两浙市舶司曾迁于明州，次年回迁杭州，再至咸平元年（998）又于明州专设市舶司。政和三年（1113）于秀州华亭县设立市舶务，派专任监管到青龙镇管理贸易，并改青龙镇为通惠镇，以表通商互惠之意。再至建炎四年（1130），将华亭市舶务移于通惠镇（即青龙镇）①专门设立两浙市舶司，正是为了更好地负责管理两浙沿海海外贸易。从杭州、明州的设立市舶司到青龙镇的设立市舶务，都是其作为沿海港口城市兼具区位与贸易繁荣双重优势的集中体现。北宋蔡襄《杭州新作双龙门记》载杭州海外贸易之盛："道通四方，海外诸国物货丛居，行商往来，俗用不一"，②可见当时杭州海外贸易的兴盛。而明州在北宋则是与高丽等国贸易的定点口岸，"南则闽广，东则倭人，北则高句丽，商舶往来，物货丰衍"，③故一度与杭州争夺两浙市舶司，继之又独立设置市舶司，标志着明州港口城市地位与海外贸易之盛仅次于杭州，而居于其他各港口城市之上。至于青龙镇仅为一镇市，地位无法与杭州、明州相比，但也是"蕃商舶船，辐凑往泊"，④成为由镇升级为沿海港口城市的代表，进入南宋之后，更发展为江南之名镇、巨镇。

关于从封闭型向开放型的第二方面的转型，在北宋时期以首都开封最为典型。北宋之前，城市长期实行封闭型管理的坊市制，在居民所居之"坊"与商品市场之"市"四周都筑有围墙，民居、店肆只设在坊市围墙之内，坊市之间门户把守严格，早晚定时开闭，商业活动受到严格限制。归纳起来就是"坊""市"相隔，"民""市"不通。然而随着城市商品经济的发展，坊市制这一封闭型的管理体制已渐显其弊，所以从唐代后期开始，屡见对此冲击的夜市出现。而至北宋，与从政治型向经济型第一方面的转型相适应，打破封闭的坊市制而走向开放势在必

---

① 参见章深《重评宋代市舶司的主要功能》，《广东社会科学》1998年第4期。
② （宋）蔡襄：《蔡襄集》卷二八《杭州新作双龙门记》，上海古籍出版社1996年版，第494—495页。
③ （宋）张津等：《乾道四明图经》卷一《分野》，《宁波历史文献丛书》之《宋元四明六志》（一），宁波出版社2011年版，第37—38页。
④ （清）徐松辑：《宋会要·职官》卷四四《市舶司》，上海古籍出版社2014年版，第4208页。

然，使原先彼此封闭相隔的"坊"与"市"即居民区与商业区彼此交织，连为一片。当然在北宋初期的首都开封，原有封闭型坊市制的打破与恢复也曾几经反复，然后才逐步建立起了一种新的开放型城市管理制度——厢坊制。相应地，原先"民""市"之间定时通行，严格实行夜禁的制度也就不复存在，居于里坊的居民可以随时出入于"市"，商业活动不再受时地限度，商业市场与活动逐步布于城市各个角度，夜市、早市更是到处涌现，十分兴旺。

真宗大中祥符元年（1008），将汴京城外居民区划为八厢，[①] 并置吏管辖，坊市制的瓦解，而代之以新兴的厢坊制已成定局。如果说坊市制的瓦解是破，那么，代之以厢坊制则是立。

从现代城市管理的眼光来看，厢坊制不再按传统的行政区、商业区与居民区的划分实行彼此隔绝的封闭式管理，而是按空间范围将城市划分为若干社区，然后在每个社区中都设一定数量的行政区、商业区与居民区，这种新的城市分区管理制度的诞生，即意味着中国城市化在从封闭型向开放型巨大转型中的质的飞跃，这一转型定局于北宋，成果集中于首都开封，然后由首都开封逐步推向全国大中城市，并对后世的城市管理产生深远的影响。除开封之外，江南府州城市多紧随其后，在相继打破坊市制之后，陆续开始实施厢坊制，这在南宋的临安得到了较为集中的体现并更为完善。

二 南宋时期江南的城市化进程

仅就江南区域范围来看，南宋与北宋一样都以杭州为中心，但跳出江南从全国范围来看，则南北宋之间的杭州有着区域中心城市与全国中心城市的根本区别。

北宋建都开封，全国中心城市随之北移，以杭州为中心的江南城市化虽然在首次转型中取得了重大进展，但毕竟居于次要地位，未能臻于全国最高水平，尤其是从封闭型向开放型转型方面的主要成果集中体现

[①] 参见马继云、于云翰《宋代厢坊制论略》，《史学月刊》1997 年第 6 期。

于首都开封而不是杭州。但是在南宋建都临安之后,全国中心城市继六朝之后再次南移于江南,由此带来的直接成果是:不仅南宋都城临安快速成长为一个无愧为世界之冠的特大城市,而且以临安为中心的江南城市化即同时进入中国城市化的核心地位,臻于中国城市化的最高水平。日本学者斯波义信称南宋首都临安是9—13世纪发生于中国的商业革命、城市革命的颇具代表性的一个范例。① 同样,从江南城市化的第一次转型来看,南宋都城临安也是本次转型成果——从趋于高潮到最终完成的集中体现。

南宋定都临安府后,将全国分为16路,其中北宋时的两浙路分为东西两路,则江南区域由北宋时的3路增为4路。两浙西路治临安府,两浙东路治绍兴府,江南东路、江南西路治所不变,仍为建康府与洪州。与北宋相比,南宋江南区域内各府州及所辖县级城市有所变化(包括名称),当时的江浙区域共有1座全国都城、4座路治所城、30多座府、州城及近200座县城。此外,还出现了大量的镇和草市,尤其是在当时两浙西路的东北部,江南东路的北部地区,像平望镇、青龙镇、乌墩镇、长安镇、临平镇、南新镇、吕城镇、江宁镇、延陵镇等。据统计,湖州有镇、市35处,秀州(嘉兴府)有39处,绍兴府53处,明州(庆元府)143处(含村坊119处),临安府36处。② 南宋时期江浙地区的城市从分布的角度来看,呈明显的密集分布的特点。如在杭嘉湖平原、宁绍平原,分布着临安、湖州、苏州、秀州、绍兴、明州等最为繁华的大中城市和大部分县级经济都市,而且也是镇和草市分布最为密集的地带。路级城市、府州级城市、县级城市与大量的镇和草市,构成了层次性很强的典型城市体系。

其中不同于北宋的最直观的变化是因南宋建都临安,江南区域中城市级次由北宋的路、州、县三级城市上升为都、路、州、县四级城市,加之最基础的市镇,合之为五级。其次是路治首府城市的变化。南宋江

---

① 参见[日]斯波义信《宋代江南经济史研究》,方健、何忠礼译,江苏人民出版社2001年版,第321页。
② 参见陈国灿、奚建华《浙江古代城镇史研究》,安徽大学出版社2000年版,第120页。

南由北宋时的3路增为4路，江南东、西2路仍分别治建康府与洪州，洪州已改名为隆兴府。两浙西路治临安府，两浙东路治绍兴府。4路首府城市同时又皆为区域中心城市，其中绍兴府因新置为两浙东路的治所，地位迅速上升，此外，与北宋一样，苏州虽非路治首府城市，但仍承续北宋的盛势，南宋时城市人口达到70万，城市规模与繁华程度在临安、建康2府之下，却在绍兴、隆兴2府之上。由此观之，南宋以首都临安为中心，建康、隆兴、绍兴加上东北苏州实为一个"五星"结构，而临安府因同时又是都城所在，具有全国中心城市地位，因此临安府实为四路首府城市核心。这一"五星"结构较之北宋"四星"结构的最大不同：一是杭州从江南中心城市升级为全国中心城市，对其带动江南城市化重心进一步向东南倾斜，促进沿海、运河、钱塘江城市带与太湖城市圈的整体发展以及沿海港口城市与海外贸易的兴盛作用巨大；二是建康为留都，相当于陪都，其地位在临安之下，又在其他诸城之上；三是绍兴府因既是两浙东路首府城市，又建有天庆宫、天长宫等行宫，为宋帝行都及帝陵所在，地位快速上升，对南宋城市化进一步向东南沿海推进具有重要意义。

南宋江南城市化第一次转型的臻于高潮并最终完成，最重要的是建立在更为繁华的城市经济发展的坚实基础之上。其中最具典范意义的是都城临安府，据估算，南宋时临安府城市人口150万，成为全国乃至世界之冠。人口数量是衡量一个城市规模与地位的重要尺度，南宋都城临安人口的急剧膨胀，最终汇聚为一特大型城市，也从一个重要侧面反映了北南宋之间杭州地位的快速上升之势。其中城市人口猛增的主要来源是"靖康之难"之后战乱与迁都双重合力作用下的北方大移民。据葛剑雄先生统计，本次大移民总量达500万之众，为"永嘉之乱"、"安史之乱"（各250万）的2倍。如此众多的移民主要分布于江南地区尤其是都城临安府所在的两浙西路。大批移民的陆续移入，促进了以上各府州人口总量以及城市人口大幅度增加，也促进了城市经济的发展与繁荣。不妨作一粗略的对比，北宋时期，杭州人口约为40万。南宋之交，因方腊起义与金兵南下，杭州人口又大幅下降。但在南宋定都临安府后，因有大量北方移民迁居于此，城市人口得以快速增加，城市经济也得到了快速发展。南宋曹勋《仙林寺记》谓："临安在东南，自昔号一都会。建炎及绍兴间三经戎烬，城之内外所向墟落，不复井邑。继大驾巡幸，驻跸吴、会，以临浙江之潮，于是士民稍稍来归，商旅复业，通衢舍屋渐就伦序。至天子建翠凤之旗，萃虎貔之旅，观阙崇峻，官舍相望，日闻将相之传呼，法从之朝会，贡输相属，梯航踵至，翼翼为帝所神都矣。"① 又绍兴二十六年（1156）起居舍人凌景夏更明确地说："切见临安府自累经兵火以后，户口所存，裁十二三，而西北人以驻跸之地，辐辏骈集，数倍土著，今之富室大贾，往往而是。"②

大批北方移民不仅填补了经兵火损失仅余十之二三的临安土著居民的空缺，而且使当地人口大幅度增长，移民为土著数倍的事实表明，南宋的临安实已成为一移民城市。在如此众多的移民群体中，还有众多的富室大贾的迁居，对临安商业经济的发展与繁荣起到重要的促进作用。

总之，作为"中世纪城市革命"的重要成果，以打破坊市制为标志的从封闭型向开放型的城市转型始于晚唐五代，至北宋坊市制趋于瓦解，代之而兴的是厢坊制，这一转型成果集中于北宋都城开封，同时惠及包括江南在内的其他各重要城市。南宋承此重大成果，然后以临安为中心，于江南各重要城市普遍推行，厢坊制作为一种新型的普遍模式更为成熟，而以其为标志的城市形态从封闭型向开放型的转型也最终得以完成。日本学者斯波义信据《咸淳临安志》卷一九《厢界》《坊巷》的记载，绘制为《南宋杭州的厢界划分图》。③

城内9厢依次为：1. 左一南厢；2. 左一北厢；3. 左二厢；4. 左三厢；5. 右一厢；6. 右二厢；7. 右三厢；8. 右四厢；9. 宫城厢。城外则粗划分为城北右厢、城东厢、城南左厢、城西厢等四厢。其中左一南厢为六省六部街，左一北厢为临安府署街，左三厢为仁和、钱塘两县署

---

① （宋）曹勋：《松隐集》卷三十一《仙林寺记》，文物出版社1982年影印本。
② （宋）李心传：《建炎以来系年要录》卷一百七十三，上海古籍出版社1992年版，第444页。
③ ［日］斯波义信：《宋代江南经济史研究》，方健、何忠礼译，江苏人民出版社2001年版，第366页。

街，左二厢为礼部贡院、诸学校、皇族、皇后邸宅，右一厢为三省六部的门前街，右二厢为被称为"中心岛"的繁华商业街，右三厢为军营、仓库和民居，右四厢主要为皇后、皇族宅第。[①]

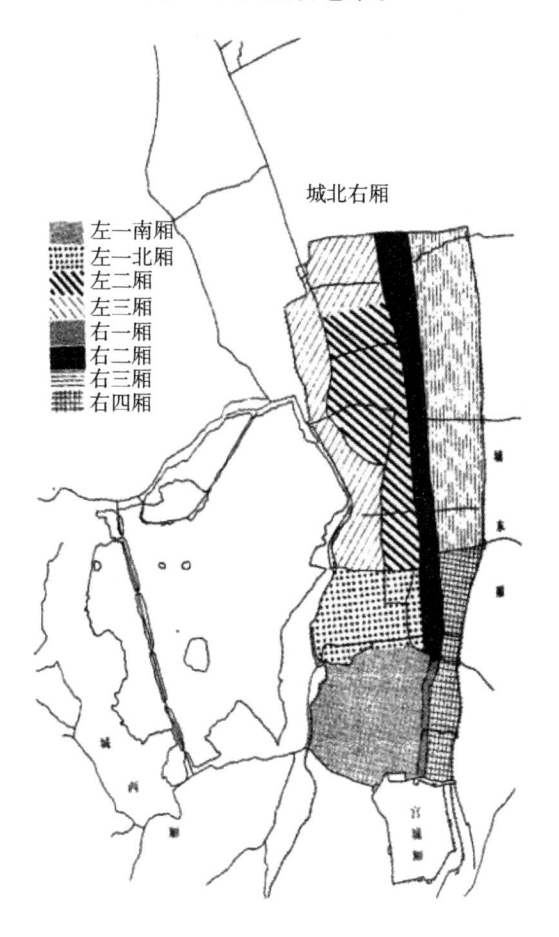

图1 南宋杭州的厢界划分图

南宋都城临安厢坊制的趋于成熟，是与临安都市经济更加繁华相适应的。据耐得翁《都城纪胜》载，南宋时临安"坊巷市井，买卖关朴，

[①] [日]斯波义信：《宋代江南经济史研究》，方健、何忠礼译，江苏人民出版社2001年版，第371页。

酒楼歌馆，直至四鼓后方静，而五鼓朝马将动，其有趁卖早市者，复起开张。无论四时皆然"。《梦粱录》卷一三《铺席》记（临安）"自大街及诸坊巷，大小铺席，连门俱是，即无虚空之屋"，较之北宋开封更为繁盛。当然，坊市制的瓦解与崩溃，而代之以厢坊制，不仅仅是城市街区格局的变化，而且也是城市形态与生态的一场重大变革，并会因此引发一系列的连锁效应。比如作为商业行业主组织——行会的出现，按照宋代之前坊市制的严格规定，商业活动只能在政府所限制的"市"中，并只能在白天进行，当不同的工商行业集中于"市"中时，通常以"行""肆"等名制由严格趋于松弛，"行"的性质也逐步发生转变，即由政府进行工商行业管理的方式转变为工商业者的自主组织。入宋以后，坊市的全面瓦解改变了政府对工商业活动方式与区域的原有限制，工商活动扩散到城市各区域，"行"也不再是政府划定的工商区域标志，而是工商业者的同业组织形式。而且，由于工商业分工的日趋精细和从业人员规模的不断扩大，"行"以及与之类似的"团"、"作"、"团行"、"行作"的数量也大幅增加。据《西湖老人繁胜录》载，南宋时临安城先有414行。部分较为繁华的工商业市镇，也出现了类似组织。[①] 可见行会组织是伴随坊市制的松弛、瓦解而发生转型和大量出现的，彼此具有内在的因果关系，归根到底是城市商业经济的繁华以及由此催生的工商业阶层发展壮大的结果，这是城市化进程中的巨大进步。

再如专门为市民阶层提供娱乐服务的瓦舍的出现，也是只有在坊市制松弛直至瓦解后才有可能。瓦舍作为最早出现的专门性的市民娱乐场所，往往集酒楼、茶室与文艺娱乐场所于一体，不受季节、天气、时间的限制。瓦舍的主要消费对象是市民阶层，因此瓦舍的出现与兴盛，同样也必然以城市商业繁华以及在此基础上的市民阶层的发展壮大为前提条件。其中与行会组织有一定的交叉关系，即当文化娱乐业发展成为一种行业之时，便会出现从事文化娱乐业的艺人组织与

---

① （宋）孟元老等：《东京梦华录》（外四种），周峰点校，文化艺术出版社1998年版，第110页。

下层文人组织，南宋盛行于临安的各种从事表演与文艺创作的"社"与"书会"，实际上是一种准商业性的行会组织。以上这些组织的出现，即为宋代"瓦舍"的兴盛以及真正意义上的"市民文艺"的诞生准备了主体条件，而坊市制的松弛直至瓦解而代之以厢坊制，则进而为其提供了制度保障。可以想见，在坊市制之"坊""市"相隔，"民""市"不通的封闭环境中，"瓦舍"既无出现的可能，也无存在的必要。

以上皆兴起于北宋，而盛极于南宋，盛中之盛者是临安。

南宋在江南城市化从政治型向经济型转型方面也是成果卓著。首先，表现为行政建制中城市经济职能的进一步强化。前文提到傅衣凌先生提出的与"开封型"相对立的"苏杭型"城市的类型，其实在南宋时期已趋于极致，也最为典型。临安尽管是南宋都城，是全国政治中心，但表现得更为突出的是其商业都会的特征。上文对此已作论述，不赘。再看南宋"五星"结构中的其他"四星"——建康府、平江府、绍兴府、隆兴府。建康府为南宋留都，城市规模与地位又在其他三府之上，据《建康集》卷四载，北宋末南宋初建康府人口达17万户，[1] 按平均每户4口计，为68万；若按平均每户5口计，为85万。苏州在行政级次上仅为一府州城市，但城市规模与繁华程度远在一般府州甚至路级城市以上。据估算，南宋苏州城市人口达70万，在全国仅次于都城临安与六朝故都、南宋留都建康，名列第三。范成大盛称苏州"一都之会，五方之聚，土腴沃壤，占籍者众"，"府库之出内，鬻市之浩穰，盖不待较而知"。[2] 应该说，苏州的商业型城市及其经济职能较之杭州更为显著，更为突出。建康为六朝故都，又是南宋留都，也是一座著名的商业都会，南宋时城市人口达到80万—90万。史载"三吴为东门，荆蜀为西户，有七闽二广风帆海舶之饶"，[3]"市廛日以

---

[1] 有关两宋部分城市人口的记载，可参看顾朝林《中国城镇体系：历史·现状·展望》，商务印书馆1992年版，第90—91页。

[2]（宋）范成大：《吴郡志》卷三八《县记》，影印宋元方志丛刊本，中华书局1990年版。

[3]（宋）祝穆撰，祝洙增订，施和金点校：《方舆胜览》卷十四《江东路建康府》，中华书局2003年版，第234页。

繁盛，财力足以倍输"，① 可见南宋建康之繁华。绍兴府因同时升级为浙东路之治所，又有天庆宫、天长宫等行宫，受此双重刺激，在南宋时期得到了快速发展。陆游盛称"今天下巨镇，惟金陵与会稽耳，荆、扬、梁、益、潭、广，皆莫敢望也"。② 隆兴府为江南西路首府城市，也是江南西南地区的区域中心城市，史载"襟带江湖，控引夷越，乃东南一都会。冠盖往来，方轨击毂，连樯衔尾，皆川途所必经"。③ 因隆兴府地处江南西部，在商业繁华与经济功能方面尚不及建康与绍兴。

除南宋"五星"结构之外，江南其他州县城市也呈整体繁荣的态势。根据陈国灿的分类，主要有以下4类城市：

（1）综合型城市，如临安、建康、绍兴、江阴、隆兴、婺州、宣州、饶州、信州、江州、赣州等，这类城市既是重要的政治或军事中心，又有着发达的工商业，其经济职能并不逊色于政治和军事职能。

（2）经济型城市，如苏州、湖州、秀州等州级城市及无锡、华亭、昆山、临安等县级城市，这类城市的工商业极为兴盛，其经济影响超过了政治影响。其中苏州是这类城市的代表，已从州级城市上升至区域中心城市地位。

（3）政治型城市，严州、处州、徽州等部分州级城市和相当部分县级城市。这类城市的工商业虽有一定发展，但没有真正成为所在地区的商业和市场中心，仅为各级政区治所。

（4）港口型城市。又可分为沿河港口城市和沿海港口城市两种类型，前者主要有池州、镇江等，其特点是货物和商品转运的兴盛直接关系到城市的兴衰。后者主要有明州、温州、台州等，其特点是海上贸易在城市经济中占有举足轻重的地位。

应该说，以上四类城市在南宋之前有一个逐步形成的过程，而至南

---

① 曾枣庄、刘琳主编：《全宋文》卷七一四七《奏乞为江宁县城南厢居民代输和买状》，上海辞书出版社2006年版，第312册，第238页。
② （宋）陆游：《会稽志序》，《嘉泰会稽志》，嘉庆戊辰重镌采鞠轩藏版。
③ （宋）张元幹：《芦川归来集》卷八《代洪仲本上徐漕书》，上海古籍出版社1978年版，第153页。

宋趋于多元化的类型分化更为明显。当然，从严格意义上说，港口型城市与其他三类城市不是在同一标准下划分的，其他三类都是以城市职能划分，而港口型城市则从城市所处方位划分。实际上港口型城市同时多为经济型城市。就此而论，在以上四类城市中，除了政治型城市经济功能较弱之外，其余三类中，综合型城市的经济功能明显强化，而经济型与港口型城市则皆以经济职能为主体，是南宋从政治型向经济型城市转型的主体标志。

其次，表现为市镇经济的空前繁荣及其向巨型化方向发展。据傅宗文《宋代草市镇研究》下卷《宋代草市镇名录》统计，南宋市镇121个，草市696个。[1] 就总体数量而论，南宋市镇比北宋减少，但人口规模、经济实力与繁华程度皆甚于北宋，发展形态也更趋于成熟。

市镇自诞生之初即以经济功能为核心，所以市镇的兴盛也更突出地表现出从政治型向经济型城市转型的主要成果。南宋市镇经济实力与繁荣程度提高的核心标志是商税的大幅度增长。其中一些沿海港口市镇商业特别繁华，经济实力特别雄厚，如嘉兴的青龙镇、杭州的澉浦镇，年商税额都在3万贯以上。[2] 另一方面，则与州县级城市在向经济型转型过程中的多元化发展趋势相一致，南宋江南市镇大体出现了环城型、农业型、手工业型、商品转运型、沿海港口型、消费型市镇以及乡村墟市等七种类型，这七类市镇重点分布于环太湖流域的平江、常州、镇江、湖州、嘉兴、建康、杭州和浙东沿海的绍兴、庆元、台州等地区，密度较之北宋又有进一步提高，这与南宋城市地域分布向东南移动的整体趋势是一致的。

最后，表现为以市舶司设置为标志的沿海港口城市与海外贸易的进一步繁荣。继北宋先后于杭州、明州设立市舶司，在嘉兴府华亭县设立市舶务之后，又于建炎四年（1130）将华亭县市舶务移至青龙镇（曾

---

[1] 傅宗文：《宋代草市镇研究》下卷《宋代草市镇名录》，福建人民出版社1989年版，第369—550页。
[2] 参见陈国灿《宋代江南城市研究》，中华书局2002年版，第53页；《江南农村城市化历史研究》，中国社会科学出版社2004年版，第21、85页。

改为通惠镇），此后青龙镇之繁华远为其他市镇所不及。因青龙镇"南通漕渠，下达松江，舟艎去来，实为冲要"。①"据沪渎之口，岛夷、闽越、交广之途所自出……海舶辐辏，风樯浪楫，朝夕上下，富商巨贾、豪宗右族之所会，人号小杭州。"②商税远远超过华亭县镇。宋代应熙更专门撰有《青龙赋》，对青龙镇的商业繁华与人文之盛极尽赞美之词，文曰：

> 粤有巨镇，其名青龙。控江而淮浙辐辏，连海而闽楚交通。平分昆岫之蟾光，夜猿啼古木；占得华亭之秀色，晓鹤唳清风。咫尺天光，依稀日域。市廛杂夷夏之人，宝货富东南之物。讴歌嘹亮，开颜而莫尽欢欣；阛阓繁华，触目而无穷春色。

再至绍兴二年（1132）与绍兴十六年（1146），分别于温州、江阴军设立市舶务。再至淳祐十年（1250）于秀州海盐澉浦镇设立市舶场。常棠《澉水志》："市舶场在镇东海岸，淳祐六年创市舶官，十年置场"，"招接南海诸货，贩运浙西诸邦"，③澉浦镇系为保障首都临安而新辟的港口城市。乾道二年（1166），设于杭州的两浙市舶司移往华亭，杭州只设市舶务。绍熙元年（1190），杭州市舶务取消，而在钱塘江口新建澉浦港，可以弥补首都临安的舶货需求。④因此澉浦镇实为临安出海的附属港，从此，澉浦镇即成长为繁华的沿海港口城市。大约在度宗咸淳年间（1265—1274）前，又于上海镇设立市舶务。嘉靖《上海县志》："宋末人烟浩穰，海舶辐辏，即其地立市舶提举司及榷货场，为上海镇。"⑤弘治《上海志》："宋时蕃商辐辏，乃以镇名，市舶提举

---

① （宋）章岘：《重开顾会浦记》，载徐硕纂《至元嘉禾志》卷二十，上海古籍出版社2010年版，第206页。
② （明）唐锦：《上海志》卷二《镇市》，弘治十七年版。
③ （宋）常棠：《澉水志》卷下《碑记》，《宋元方志丛刊》，中华书局1990年影印本，第5册，第4668页。
④ 黄纯艳：《论宋代贸易港的布局与管理》，《中州学刊》2000年第6期。
⑤ （明）郑洛书：《上海县志》卷一《总序第一》，上海传真社1932年版。

司及榷货场在焉。"又该志卷七记载董楷事迹云："咸淳中提举松江府市舶，分司上海镇"，① 另董楷所撰《受福亭记》载南宋末年上海镇的街道布局与商业繁华情况。这样，由全国都城临安到府州城市明州、温州、江阴军，到县级城市华亭县，再到青龙镇、澉浦镇、上海镇的市舶司、务、场的设置，沿海港口城市比以前分布更广，也更为繁荣，表明沿海城市带的发展进入了一个以海外贸易为动力，以沿海港口城市为主体的新时代，其中青龙镇、澉浦镇、上海镇三个新兴港口市镇更是代表了南宋江南市镇巨型化的发展水平与方向。

三 余论：宋代江南城市化的历史意义

中国社会早期城市化是一个不断发展的过程，在不同历史时期有着不同的表现形式和特点。结合江南地区的情况，可以将中国早期城市化归纳为三种依次演进的发展形态，即汉唐时期的内聚型城市化、宋代的城乡互动型城市化和明清时期的市镇主导型城市化，宋代的以江南地区为代表的城市化进程充当了承前启后的重要环节。

内聚型城市化是汉唐时期城市化的主要表现形式，其特点是城市化现象以城市为中心向内收缩，形成一个个封闭的社会圈。整个社会都围绕城市运作，为城市服务。汉唐时期的郡县城市是统治者基于政治需要设立的，是不同层次的统治中心。封建政权对城市实行严密的社会控制，普遍实行的坊市制将城区划分为政治区、居民区、商业区三部分，每部分功能明确而封闭。

到了宋代，城市的兴盛，并不只是汉唐以来发展的简单延续，而是从城市个体形态到区域结构体系的重大飞跃。就前者而言，江南各级城市在继续充当不同等级政治中心的同时，开始向不同层次的、开放性的经济中心和社会中心转变，其影响也由主要局限于政治领域扩大到经济、社会、文化等诸多方面；就后者而言，由原来在政治因素主导下的县、州两级等级体系，逐渐转变为以经济和社会因素为主，包括综合

---

① （明）唐锦：《上海志》卷二《镇市》，弘治十七年版。

型、经济型、交通型、港口型等不同类型,以及地区中心、跨地区中心、全区域中心等不同层次的结构体系。这些都表明,到了宋代,城市开始真正成为推动社会发展和变革的重要动力。

从宋代江南市镇方面来看,乡村市镇在各地的兴起,既是城市扩张的影响的结果,更是农村生产力提高和商品经济发展的产物,其意义不仅在于从农村社会的内部推动城市化的起步,而且成为沟通城乡之间经济、社会和文化联系的桥梁。正是宋代市镇的全面兴起和发展,从而为明清时期市镇主导型的城市化的到来奠定了坚实的基础。①

第三节　浙城宋韵之一:南宋时期的绍兴

绍兴是江南地区历史最悠久的城市之一。从先秦时期的越国都城,到东汉六朝时期的会稽郡城,再到隋唐时期的越州城和五代吴越时期的陪都,绍兴一直是南方颇具影响的都市。入宋以后,尤其是到南宋时期,绍兴城更是呈现出空前的繁荣,不仅位列宋廷宣布的40个"大邑"前茅,而且城市形态也发生了诸多变化。正如陆游在为《嘉泰会稽志》所作的《序》中所说:"今天下巨镇,唯金陵与会稽耳,荆、扬、梁、益、潭、广皆莫敢望也。"

一　城市规模和街区建设

绍兴城的前身是先秦时期越王勾践修筑的山阴城,分为小城和大城两重。小城实际上就是宫城,周3里;大城则是城的主体,周20里。秦汉以降,在山阴城的基础上陆续有所扩建。到南宋时,罗城周回已增至24里,由隋时杨素重筑的子城也扩大到10里。② 不过,南宋时期城市空间规模的扩大已不再局限于城墙的外扩,更多地表现为城区空间范

---

① 参见陈国灿《中国早期城市化的历史透视——以江南地区为中心的考察》,《湖南文理学院学报》2004年第6期。
② (宋)施宿:《嘉泰会稽志》卷五《城郭》,《宋元方志丛刊》,中华书局1990年影印本,第7册,第6724页下栏。

围突破城墙的限制向城郊地区扩展，使得原本属于乡村的城郊地带逐渐成为城市的有机组成部分。如都城临安先后在城郊设置城南左厢、城北右厢、城东厢和城西厢，将城外东南3里、南5里、西南10里、西25里、北9里的区域划入城市行政管理的范围。[1] 绍兴虽没有正式在城郊设厢，但其城区空间范围显然已包括部分郊区。《嘉泰会稽志》提到，当时府城周边分布着一系列市场，包括城西1里的清道桥市，城南2里的大云桥东市，城北郭外的大云桥西市，城北2里的龙兴寺前市和驿地市，城北5里的江桥市等。市场的大量出现，表明城市工商业活动越出城墙向外扩散，从而引发城郊都市化以及在此基础上城市空间的扩张。

在空间规模不断扩大的同时，绍兴府城的人口数量也在不断增加。由于有关文献资料并没有明确记载当时绍兴城的人口状况，我们不妨作一粗略的估算。根据《嘉泰会稽志》记载，南宋嘉泰元年（1201），绍兴府城所在会稽、山阴两县登记在籍的户口共72058户，若以其中1/2为城内外户口（从当时与绍兴类似的其他城市情况来看，这一比例是比较适中的），则其城市在籍居民有3.6万余户，约20万人。南宋在绍兴城驻有军队，包括禁军和厢军在内，合计有6000余人。宋代实行募兵制，往往一人充兵，子弟相继，家属相随。北宋时司马光曾指出："在京禁军及其家属，率皆生长京师，亲姻联布，安居乐业。"[2] 这些军人及其家属并不编入所驻地区的州县户籍，而是由枢密院单独编为兵籍。如果以平均每位军人有家属1.5人计算，[3] 那么绍兴城内的军事人员连同家属约有1.5万人。作为南宋陪都，绍兴城内政府机构众多，官吏及其家属当不在少数。绍兴又是宋室宗亲聚集地，南宋政府特设有专门机构进行管理，说明其人数也达到一定规模。此外，还有生活于寺院道观的宗教人员，户籍在农村而定居于城里的"遥佃户"之类

---

[1] 陈国灿：《宋代江南城市研究》，中华书局2002年版，第168页。
[2] （元）脱脱等：《宋史》卷一九四《兵志》，中华书局1985年点校本，第4835页。
[3] 按照吴松弟教授在《中国人口史》第三卷《辽宋金元时期》（复旦大学出版社2000年版）中的估计，宋代每家军户平均约有现役军队1.6人，即每名军人有家属2.1人。但考虑到部分士兵没有家室或家属不随军的情况，以人均1.5人计算似较为合理。

的乡村富室大族,① 以及外来的工商业人员和士人、文化娱乐演艺人员、无业游民等。以此推算,到南宋中期,绍兴府城(包括郊区)的总人口约有近30万人。这一估算虽并不十分精确,但考虑到同期府州级城市人口大多在10万人左右的情况,② 绍兴城的人口规模显然较一般同级城市要大得多。

从街区格局方面来看,中国古代早期的城市普遍实行坊市分离制,即将城区划分为功能单一的政治区(子城)、居民区(坊)和商业区(市)三部分。其中,政治区是各种政府机构集聚的区域,居民区是一般居民居住和生活的区域,商业区是指定的商品交易区域。各区域均以围墙围圈,彼此分隔和封闭。从晚唐时期起,工商业的不断发展开始冲垮这种人为分割的城区结构。进入宋代,坊市制全面走向解体,取而代之的是市场、店铺、民居、官廨等交织分布的综合性坊巷格局。到南宋时期,府州一级城市已普遍实行坊、厢结合的街区划分,其中的坊不再是封闭的居民点,而是开放性的基层街区;厢则是由一定数量的坊巷和街道构成的较大范围的街区。绍兴府城也不例外。据《宝庆会稽续志》卷一记载,嘉定十七年(1224),知府汪纲对府城的街区进行重新调整,将城区划分为5厢96坊,其中会稽县界设第一、二厢,分别统辖21坊和19坊;山阴县界设第三、四、五厢,分别统辖31坊、20坊和5坊。

与街区格局的变化相联系,绍兴城市建设也呈现出一些新的特点。作为城市防卫的主要设施,城墙的修筑一直是古代城市建设的重点。入宋后,宋廷和地方官府先后多次开展对绍兴城郭的修缮活动。如北宋皇祐年间,知州王逵奉诏修复城墙,并开挖城壕。宋徽宗宣和年间,守将刘显忠为抵御方腊起义军,又增筑城墙。南宋时期,绍兴地方官府对城墙的修筑更为重视,规模进一步扩大。如嘉定十三年(1220),知府吴格重修城墙。十六年(1223),知府汪纲再加缮治,并修葺诸门,设城东五云门、城东南会稽山门、城西迎恩门、城西南常喜门、城南植利

---

① 在宋代,乡村地主移居城市的现象十分常见。他们生活于城里,又有乡村田产,并征收地租,被时人称为"遥佃户"。

② 陈国灿:《南宋城镇史》,人民出版社2009年版,第230—236页。

门、城北三江门等陆路城门和城东都泗门、城东南东郭门等水门。

由于传统坊市分离制的瓦解，居民数量的增加，工商业的扩散和兴盛，城市变得拥挤起来，违章建筑、乱设店铺、霸占街市的现象日趋严重，而人流和车流量的不断增大，使街衢路面极易损坏，更进一步加剧了城市交通的不畅。因此，坊巷整治和道路修筑越来越成为城市建设的重要内容。嘉定末年，绍兴知府汪纲在调整街区的同时，对城区街衢进行大规模整治，"浚治其湮塞，整齐其欹崎，除巷陌之秽污，复河渠之便利，道途、堤岸以至桥梁，靡不加茸"。绍兴府城街道原来多为泥质路，不仅路面狭窄，而且"遇雨泥淖几于没膝，往来病之"。汪纲命"计置工石，所至缮砌"，"始于府桥至轩亭及南、北两市，由府前至镇夷军门，贤良坊至府桥，水澄坊至鲤鱼桥，沿河夹岸迤逦增筑，暨大小路、迎恩门内外至鸿桥、牵汇，坦夷如砥，井里嘉叹"。斜桥坊街路系"台、明往来之冲"，每遇雨天，行人"苦于泥泞"。汪纲下令整修，"命伐石甃砌，二州往来者其便之"。[①] 经过此番整治，绍兴城区的主要街道和对外道路的路面均由泥质改为砖石铺设。

二 城市工商业

从全国范围来看，宋代以前，城市工商业活动受到严格的控制，其经营活动主要集中于官府指定的区域——"市"之中。入宋以后，特别是到南宋时期，伴随传统坊市制的全面瓦解，工商业活动逐渐扩散到城市的各个角落，进而越出城墙，向城郊地带扩展。许多城市店铺遍布、市场林立，开始形成综合性的工商业街区。绍兴城也经历了同样的变化，不仅形成了城北和城西南两个繁华的工商业集聚区，而且城内外市场众多，仅《嘉泰会稽志》和《宝庆会稽续志》明确记载和介绍有关情况时提到的市场就有13处之多。其中，城内6处，即照水坊市、古废市、南市、北市、花市、瓦市；城外7处，即清道桥市、大云桥东市、大云桥西市、龙兴寺前市、驿地市、江桥市、斜桥市。此外，还有

---

① （宋）张淏：《宝庆会稽续志》卷一《街衢》、《坊巷》，《宋元方志丛刊》，中华书局1990年影印本，第7册，第7095页下栏。

一种特殊的市场形式——灯市，它是与地方风俗活动结合在一起的商品交易活动，其规模和影响较一般集市要大得多。如绍兴城东南2里的开元寺前，每年正月元宵节都要举办大型集市，百物汇聚，场面宏大，吸引了周边地区的众多商人，甚至海外舶商也参与其中，时人以为可与当时著名的成都药市相匹配。史称："正月几望，为灯市，傍十数郡及海外商估皆集，玉帛、珠犀、名香、珍药、组绣，髹藤之器，山积云委，眩耀人目；法书、名画、钟鼎、彝器，玩好奇物亦间出焉。"①

绍兴城工商业的发展，在宋廷征收的商税额变化中也有反映。北宋熙宁十年（1077），宋政府全面调整各地商税额，越州城的年税额为28916贯92文。②按照当时通行的5%税率计算，越州城每年的商品交易额有57.8万余贯。宋室南渡后，绍兴府城的商税额又有大幅度增长。到嘉泰元年（1201），府城税额已增至62256贯959文，③相当于熙宁十年税额的2.2倍。事实上，南宋的商税率较北宋时要低得多。时人谈钥谈到湖州都税务的情况说："吴兴初以市物之值一万则税五百，盖二十取一……今征商五十而取一，岁入则十倍而赢。"④也就是说，商税率由原来的5%降至2%。若按调整后的税率计算，南宋中期绍兴府城每年的商品交易额高达300多万贯，较北宋中期增加4倍以上。商税额的多寡，固然受宋廷赋税政策和征收方式变化的影响，也与南宋政府不断增加纸币发行量引发的通货膨胀现象有关，但工商业的发展和商品流通规模的扩大，无疑是城市税额快速增长的重要基础。如果考虑到工商业者总是设法规避场务征收，逃税漏税的现象相当普遍，则绍兴城商品流通和市场交易的规模显然较前面估算的还要大。

城市工商业的兴盛，伴随着发展形态的变化。就商业而言，古代早

---

① （宋）施宿：《嘉泰会稽志》卷七《寺院》，《宋元方志丛刊》，中华书局1990年影印本，第7册，第6822页上栏。
② （明）徐松辑：《宋会要辑稿》食货十六之七，中华书局1957年影印本，第6册，第5076页上栏。
③ （宋）施宿：《嘉泰会稽志》卷五《课利》，《宋元方志丛刊》，中华书局1990年影印本，第7册，第6795页上栏。
④ （宋）谈钥：《嘉泰吴兴志》卷八《公廨》，《宋元方志丛刊》，中华书局1990年影印本，第5册，第4724页上栏。

期城市最为活跃的是消费性商业，外来商品经由市场为城市居民所消费。入宋以后，随着城市人口的增加和居民生活水平的提高，消费商业更显发达。不过，更值得注意的是流通性商业和服务业的活跃。与消费性商业主要局限于从农村到城市的单向商品流通形式不同，流通性商业更多的是地区之间的商品流通，使城市进一步承担起一定地域范围内流通中心的角色，从而有力地推动了商品生产和市场的专业分工。不同形式的批发市场的兴起，便是这方面的突出表现。服务业原本只是商业活动的一种补充形式，但到宋代，餐饮、旅店、租赁、修补等诸多服务行业日益成为不少城市商业体系的重要组成部分。南宋时，绍兴酿酒业发达，饮酒之风颇盛。著名诗人陆游在《上元雨》一诗中，用"城中酒垆千百所"来描述当时绍兴府城各种酒店遍布街头巷尾的盛况。这数量众多的酒店既有民间经营的，也有不少是官方开设的。如《宝庆会稽续志》卷一提到的照水坊激赏库酒楼和莲花桥都酒务酒楼，均系官办酒店。旅店业是适应城市流动人口增加和商贸往来需要而兴起的。《嘉泰会稽志》卷一一《桥梁》中提到，府城东北的斜桥，"其下多客邸，四明舟楫往来所集"[1]。斜桥因地处府城通向庆元府的水运线上，又邻近斜桥市，往来客商船只云集，故旅店业十分发达。租赁业以房屋、店铺、仓库之类的出租最为活跃。一方面，由于许多工商业者在城里并没有自己的房舍，或者已有的房产所处地段不佳，往往需要租赁楼馆、店铺才能开展经营活动；另一方面，宋代官员多携带家属赴任，他们有的住在政府提供的官舍或官衙里，有的则租屋居住。南宋初，绍兴成为宋廷陪都和两浙东路的首府，各类政府机构大增，原有的官廨不敷所用，"参议、机宜、抚干，旧无廨舍，皆僦居于市"，甚至连城区驻军也一度"皆僦居于外"。[2]

就手工业而言，官营手工业曾长期在城市手工业中占据主导地位。

---

[1] （宋）施宿：《嘉泰会稽志》卷十一《桥梁》，《宋元方志丛刊》，中华书局1990年影印本，第7册，第6914页。
[2] （宋）张淏：《宝庆会稽续志》卷一《军营》，《宋元方志丛刊》，中华书局1990年影印本，第7册，第7094页下栏。

南宋时期，城市民营手工业发展迅猛，逐渐取代了官营手工业的主导地位。在绍兴城，除兵器制作、造船等官营手工工场外，丝织、酿酒、造纸、图书刻印、制扇、铜器制造等民营手工业都十分活跃，其产品"供给四方，无有纪极"。① 与官营手工业相比，民营手工业虽然在规模上要小得多，一般是家庭式作坊和个体经营，但其数量众多，行业齐全，面向整个社会不同群体的需要生产各种制作品和加工品。而且，官营手工业主要是为政府各部门服务的，产品很少投放市场；民营手工业属于商品生产，其原料来自市场，产品也完全投放市场。因此，民营手工业的兴盛，意味着城市已不再只是商品消费地和流通中心，也是商品的生产和供应地。在此基础上，城市的经济结构趋于完整，城乡之间开始形成商品流通和供应的双向互动关系。应该说，这是古代城乡关系的一个重要变化。

三 市政管理

市政管理的系统化是宋代绍兴城发展的重要表现。尤其是到南宋时期，绍兴府城已形成了行政、户籍、治安、消防等一系列较为完备的社会管理制度。

古代早期的城市并不是相对独立的行政单元，而是与农村一并归入相应的乡建制，也就是将城市与农村视为一体，进行统一管理。进入宋代，这种情况发生明显变化，开始将城市与农村区分开来，进行专门管理。特别是州府级城市，伴随街区格局由坊市分区向综合性坊巷的转变，普遍建立起有别于农村的行政管理体制。在具体管理形式上，则有厢坊制、隅坊（巷）制、厢界街坊（巷）制等。绍兴府城实行的是厢坊制。绍兴元年（1131）十二月，绍兴府通判朱璞在奏言中提到当时绍兴府城分为五厢，② 说明南宋初就已设有厢级机构。前文提到的知府汪纲对城区厢坊的全面调整，可以说是厢坊制的进一步完善。在厢坊制

---

① 梁庚尧：《南宋城市的社会结构》，转引自中国台湾《大陆杂志》1990年第4期。
② （明）徐松辑：《宋会要辑稿》食货六八之一三八，中华书局1957年影印本，第7册，第6322页下栏。

下，厢是包括若干综合性街区的管理区域，设有厢公事所，由京朝官或大小使臣领厢公事，① 另有一定数量的都所由、所由、街子、行官、厢典、书手等属吏。厢公事所的职权虽十分有限，主要负责辖区内民间纠纷的调解、一般民事的处理和社会治安的日常维护，但它在性质上属于具有相对独立性的行政管理机构，有着一定的行政和司法处置权。从历史的角度讲，厢级行政管理机构的出现，是后来城市政府的萌芽。坊是小规模的街区，包括一定数量的街道、民居和工商业店铺，属于城市基层管理单元，设有轮差充任的坊正、队头、保正等管理人员。

户籍管理是与行政管理联系在一起的。与前代相比，宋代户籍制度的一个突出特点是将城市居民与农村居民区分开来，单独编籍，称为坊郭户。在绍兴地区，这种城市户籍制度至迟到南宋时已完全确立。南宋高似孙《剡录》卷一谈到当时嵊县户口情况时，称"县郭为户一千一百九十四户"，"乡落为户三万二千"。② 明确将县城户口和乡村户口区分开来，表明即便在城市发展水平相对滞后的嵊县，也已经实行坊郭制。至于绍兴府城，显然也实行坊郭户籍。宋廷之所以全面推行坊郭户制，一方面固然是为了适应城市人口不断增加和市民阶层日趋活跃的现实，另一方面更重要的是出于加强城市社会管理和赋役征发的需要。由于城市居民一般没有田产，以田地为主要征收标准的农村赋役制度显然不适合城市，取而代之的是根据城市居民的家产、职业和经营状况进行赋役的征收和征发，而坊郭户制为此提供了必不可少的基础。通过对坊郭户的调查和统计，及时掌握城市居民经营活动的变化，对赋役作出相应的调整。

城市街区结构和社会活动的复杂化，使城乡一体的传统治安管理体制越来越难以维持。因此，宋廷在实践探索的基础上，逐渐在各地推行适应城市情况的治安管理制度。其中，最突出的是在州府城市实行与厢

---

① 按宋制，文官分为京朝官和选人两部分。京朝官又称京官，系各级政府主事官；选人即幕职州县官，是对低级文臣寄禄官的称呼，因由吏部铨选差遣，故名。选人须经几次磨勘，达到一定资历，并由在职官员推荐，方能升为京朝官。大小使臣，属于武官序列。

② （宋）高似孙：《剡录》卷一《版图》，《宋元方志丛刊》，中华书局 1990 年影印本，第 7 册，第 7208 页。

51

坊制相结合的军巡制,即在厢一级设置都巡检使或巡检使,下辖若干军巡铺,负责各街区坊巷的日常巡逻和防盗防火。绍兴所在的两浙地区,到南宋时军巡制已在州府城市普遍实行。如镇江府城原来"厢无巡铺,官无军巡",宋宁宗嘉定年间,待制史弥坚于城内5厢及江口镇"创置巡铺二十八所,以二十八宿为记。铺各厢军二名,专充巡徼"。① 绍兴府城的情况史无明载,估计应与镇江等城市相似。

随着城市人口的不断增加和街区坊巷建筑的日趋密集,绍兴城的火灾问题越来越突出。如绍兴元年(1131)十月大火,烧延颇广,"民多露处";同年十二月,又发生火灾,"焚吏部文书"。庆元二年(1196)冬,"绍兴府僧寺火,延烧数百家"。② 火灾的频频发生,不能不引起宋廷和地方官府的重视,开始将防火救火列为城市管理的一项重要内容。宋宁宗时编定的《庆元条法事类》卷八十《失火》规定:"诸州、县、镇、寨城内,每十家为一甲,选一家为甲头,置牌,具录户名,印押付甲头掌之。遇火发,甲头每家集一名救扑。讫,当官以牌点数。仍以官钱量置防火器具,官为收掌,有损阙,即时增补。"又规定:"诸在州失火,都监即时救扑,通判监督,违者各杖八十。虽即救扑,监督而延烧官私舍宅二百间以上(原文脱"上"字)(芦竹草版屋三间比一间),都监、通判各杖六十,仍奏裁;三百间以上,知州准此。其外县丞、尉(州城外草市、倚郭县同)并镇、寨官,依州都监法。"③ 这是从法律上规定了组织民众进行救火的办法和有关官员的职责,并对玩忽职守和不尽职的官员进行处罚,表明城市消防开始走向制度化。事实上,前面提到的州府城市厢坊军巡铺,除了维持治安外,也承担着日常烟火检查和管制的责任。如南宋中后期,都城临安城内,"官府坊巷近二百步置一军巡铺,以兵卒三五人为一铺,遇夜巡警地方盗贼、烟火"。④ 在绍兴

---

① (宋)卢宪等:《嘉定镇江志》卷十《巡铺》,《宋元方志丛刊》,中华书局1990年影印本,第3册,第2393页下栏。
② (元)脱脱等:《宋史》卷六三《五行志二上》,中华书局1985年点校本,第1382页。
③ (宋)谢深甫纂:《庆元条法事类》卷八十《失火》,《唐明律合编·宋刑统·庆元条法事类》,中国书店1990年版,第1066页。
④ (宋)吴自牧:《梦粱录》卷十《防隅巡警》,中国商业出版社1982年版,第81页。

府城，还设有专门的消防机构——潜火队。潜火队由一定数量的专业救火人员组成，备有相应的扑火设备，一遇火警，便前往救援。

四 城市社会保障

宋代是我国古代对社会救助事业比较重视的一代。通过陆续颁布和实行一系列法令和政策，逐渐建立起较为完整的社会保障体系。由于城市是各级政治中心，其社会稳定对统治者来说显得尤为重要；同时，城市又是各种游民的聚集地，特别是在灾荒年份，大批灾民涌入城市，给城市社会带来巨大的压力。此外，随着城市贫富分化的加剧，越来越多的下层居民和无业游民需要救济。因此，在社会保障活动中，城市往往是重点。就南宋时期的绍兴府城而言，其社会赈济和救助活动主要有以下几方面：

一是对贫穷流浪之人的赈济。绍兴元年（1131）十二月，绍兴府对城中乞丐和病患贫民进行大规模赈济，并制定了相应奖惩措施。通判朱璞奏言时对此次赈济有详细说明："绍兴府街市乞丐稍多，被旨令依去年例日下赈济。今乞委都监抄札五厢界应管无依倚、流移、病患之人，发入养济院，仍差本府医官二员看治，童行二名，煎煮汤药，照管粥食。将病患人拘籍，累及一千人已上，至来年三月一日死不及二分，给度牒一通；及五百人已上，死不及二分，支钱五十贯；二百人已上，死不及二分，支钱二十贯，并令童行分给。所有医官医治过病患人痊愈分数，比类支给。若满一千人，死不及一分，特与推恩。如有死亡之人，欲依去年例，委会稽、山阴县尉各于城外踏逐空闲官民地埋葬，仍委官逐日点检，无令暴露。"①

二是对鳏寡老弱孤幼病疾等不能自存者的救助。这方面，主要有居养院和安济坊两种形式。其中，居养院最初出现于北宋都城开封，重点救助鳏寡孤独贫乏之人。元符元年（1098），宋哲宗从详定一司奏请，规定："鳏寡孤独贫乏不得自存者，知州、通判、县令、佐验实，官为

---

① （明）徐松辑：《宋会要辑稿》食货六八之一三八，中华书局1957年影印本，第7册，第6322页下栏。

居养之，疾病者仍给医药。监司所至，检察阅视。"① 由此，居养院之类的机构推广到全国各地。安济坊最初出现于北宋中期，重点救助疾病之人，北宋末年逐渐趋于普遍。南宋时，绍兴地方官府一度对居养院和安济坊十分重视，其制度之完备、规模之大、经费之充足，在同期两浙各府州中是比较突出的。《嘉泰会稽志》卷一三介绍说："居养院最侈，至有为屋三十间者。初遇寒惟给纸衣及薪，久之，冬为火室给炭，夏为凉棚，什器饰以金漆，茵被悉用毡帛，妇人、小儿置女使及乳母。有司先给居养、安济等用度，而兵食顾在其后。安济坊遍遣诸医疗视，视月给俸。"不过，由于吏治腐败，胥吏舞弊为奸，居养、安济之法渐趋败坏，以至"死于安济者相踵"，最后走向名存实亡。

三是对贫穷无力安葬者的救助和无主尸骸的掩埋。这方面，主要有漏泽园和义冢的设置。漏泽园属于公墓性质，位于绍兴城南7里的郊区，始设于北宋后期。除收葬无主尸骸外，也允许一般民众安葬。"有子孙亲属而愿葬园中者，许之，给地九尺。已葬而愿改葬他所者，亦听。"② 两宋之际，社会动荡，不少地区的漏泽园渐趋荒废，但绍兴城南的漏泽园不仅得到较好的维护，其规模还进一步扩大。南宋初，守臣翟汝文命山阴县收集四郊无主尸骸入园，所葬者数以千计。义冢与漏泽园类似，是宋宁宗庆元元年（1195）由提举浙东常平使李大性设置的，共有两处，分别位于会稽镇坞和山阴洄涌塘傍。《嘉泰会稽志》引录时任会稽县尉徐次铎所撰《记》文，对义冢设置过程有较详细的说明，其略云：

> 越之流风，凡民有丧，即议侨寄，棺柩所积，夙号墓园。连岁不登，继以疠疫，而民不免于死亡。公奉命东来，一意全活，饥者振之以粟，病者起之以药，死者遗之以棺。荒政举行，毕力无倦。

---

① （宋）李焘：《续资治通鉴长编》卷五零三，元符元年十月壬午，中华书局1995年点校本，第11976页。
② （宋）施宿：《嘉泰会稽志》卷十三《漏泽园》，《宋元方志丛刊》，中华书局1990年影印本，第7册，第6959页下栏。

复有意于埋骴掩骼之举,命次铎走近郊,枚数寄棺,凡三千余。下令申饬晓告,使人人知有送死之义,且曰其有徇浮图火化者,助之缗钱,姑从其私,乃若无力归藏者,请于官给所费。规画已定,复命次铎度地,得二所,其一镇坞,广四十亩;又其一泂涌塘傍,十余亩。由是义冢之规立矣。两隅分峙,男女以辨,缭以周墙,封其四围,画图传籍,备录分藏,间里、姓名次第刻著,申命缁黄。以视墓室丘封广列,尚为后图,庶几有以继于此也。自庆元改元夏,迄于冬十月,野处之棺为覆藏者凡千二百九十有三。据籍有考,至是泽及枯骨矣。

由此可见,南宋时期的绍兴在赈济和救助等城市管理方面已有一些制度化的设计,并形成了与风俗相应的本地特色。

第四节　浙城宋韵之二:宋元变革时期的杭州

就杭州的历史而言,南宋无疑是这座城市极为重要的一个发展阶段。由于临安府(杭州)是南宋实际上的首都,政治、经济、文化的中心,因此,表现在有关杭州的城市生活史料亦相当丰富。仅以地方志而言,便有周淙等《乾道临安志》、潜说友《咸淳临安志》,而对城市生活研究帮助甚大的史料笔记更是详尽。更重要的是,它们在时间上也差不多成为连贯性的记载,耐得翁《都城纪胜》、佚名《西湖老人繁胜录》、吴自牧《梦粱录》、周密《武林旧事》等,这些作品都是13世纪的都城生活专著。尽管它们的记载有时会发生一些抵牾,但是其细腻的描述栩栩如生,仍然可使读者置身于当时时代的杭州都市生活之中。法国汉学家谢和耐(Jacques Gernet)的《蒙元入侵前夜的中国日常生活》[①],以细腻的笔触,详细描述南宋临安的日常生活场景,并将之置于蒙古不断进犯的布景之下,向读者预示着一种社会大变局的到来。该著作不仅将暴风骤

---

① [法]谢和耐:《蒙元入侵前夜的中国日常生活》,刘东译,北京大学出版社2008年版。又台湾马德程译为《南宋社会生活史》,中国文化大学出版部1982年版。

雨前夜的南宋社会日常生活全部展示，而且又促使人们思考：入元后的杭州又是怎样一幅图景呢？

然而，就杭州的城市史料而言，元代远不如南宋丰富；由于史料数量的反差，以致关于两个时期的相关研究成果也存在一定差距。南宋杭州城市的研究专著近年来得以不断出现，元代杭州的研究则相对薄弱。① 本节将南宋末期及整个元代作为一个长时段的变革时期，即顺着南宋末期的轨迹，继续探寻元代杭州的发展路径，对展现元代杭州城市发展的某些方面作尝试性的描述。尽管不是很完整，但希望可以借此初步了解那个时代杭州城市的概貌。

一　南宋余晖：谢和耐笔下的临安

12世纪上半叶，颠沛流离的南宋王朝最终选择临安为行在所，使其成为这个小朝廷事实上的首都。经过一个多世纪的发展，临安成为当时财富的中心。商业非常繁荣，"大抵杭城是行都之处，万物所聚，诸行百市，自和宁门杈子外至观桥下，无一家不买卖者，行分最多"。②"都会之下皆物所聚之处，况夫人物繁伙，客贩往来，至于故楮羽毛扇牌，皆有行铺，其余可知矣。"③ 即使是临安附近的市镇，也因为靠近都城的原因，形成区域性辐射。迨至13世纪后半叶，南宋政权处于风雨飘摇之中，经济文化的繁盛局面，阻挡不了它衰亡的命运。法国学者谢和耐则基于中文原始材料，把这个变革时期的临安的日常生活场景描述得淋漓尽致。

当时，临安成为居住人口极为密集的城市，其城市功能也日益显现出多样性，政治性、商贸性、文化性系于一身，高高在上的皇城宫殿，城墙、门楼，富家府第，寺庙道观，商铺瓦肆，高度集中于这片土地之上。如此一来，城区建筑物的分布也是相当密集，街面和巷道连接在一

---

① 参阅《南宋史研究丛书》系列成果。关于元代杭州的细部研究的著述亦不少，兹不赘举，但相对于南宋时期而言，仍较为薄弱。
② （宋）吴自牧：《梦粱录》卷十三《团行》，中国商业出版社1982年版，第105页。
③ （宋）耐得翁：《都城纪胜·铺席》，中国商业出版社1982年版，第15页。

起。由于人多地少，而且人口还在不断增长，所以建造多层楼房势在必行。房子鳞次栉比，而又以竹、木结构为主的建筑模式，带来了一个很严重的安全问题——火灾。在整个南宋时期，临安府的火灾频率居高不下，每次火灾都给当局造成严重损失，于是，防火警报和措施成为政府工作的重点之一。

作为王朝的政治中心，临安的驿路通道通向其他各地，形成一个严密的交通网。与北宋都城东京（开封）相比，临安作为南宋的首都，其地理位置并不是理想地位于王朝地域的中心地带，而是明显地偏于一隅。这样，维持交通线的发达和畅通，对于加强中央政府控制地方来说显得极端重要。况且，南宋几乎长期处于战时状态，军情的汇总，朝廷中枢对地方上军队的指挥事项，军令、政令的贯彻实施，后勤物资的供应，等等，都要依靠发达的交通线来完成。此外，作为一座处于水乡的城市来说，临安水路交通的作用似乎更加重要。大大小小的舟船在城内的运河中来回行驶，运送大量的各色生活物资。

城市生活乐趣多多。各种行业的店铺都在临安扎下根来，频繁的商业活动，密集而流动的人口，以及那些匆匆过客的光顾，使这座城市显得异常兴奋，可谓灯红酒绿的花花世界。西湖就像是一块通透的屏幕，映照出社会上各色人物的喜怒哀乐。

对于前现代的中国房屋建筑来说，最重要的指导文献就是北宋时期钦定的建筑学论著《营造法式》，它由李诫于 11 世纪末完成，并在 12 世纪初刊行。它当然也成为南宋时期各类建筑的圭臬，所以临安城内无论是贫家还是富室，殿堂还是庙宇，公房还是私宅，房屋的基本建造方式大多相同。

靖康之难，大量北方人口跟随宋廷跑到南方，这大大丰富了临安城内菜肴品种，可谓南北菜系济济一堂。其中最占主流的菜系，当是浙江菜和河南菜，后者在北宋时期堪称京菜。在菜肴品种增加的同时，各地的饮食传统和习惯也就随之传播到了东南。喝酒饮茶成为当时人们餐前饭后不可或缺的部分。

及至宋代，中国传统的医药学理论和实践都有了很大发展，官方和民间成为医学的两个平行系统，互为补充。南方湿气较重，城市人口密集、拥挤，像临安这样的大城市中，各类疾病的发生概率普遍较高。因此，掌握医药学知识就显得非常必要和实用，各种养生方法也应运而生。

五花八门的休闲活动成为临安吸引本地居民和各地来客的重要因素。娱乐场所数不胜数，吹拉弹唱无所不有，游戏玩意不胜枚举，尤其是节庆时节，更是无比繁多。琴棋书画等高雅艺术也是枝繁叶茂，风格多样，并越来越呈现出专业化的趋势。话本、杂剧和流行曲谱的增多，文学社团的形成，艺术品交易市场的出现，这些都不断丰富着城市生活的内涵。

这些多彩画卷，便构成了13世纪后半叶蒙元大军南下前夜的临安城的基本景象。

二 地位变迁：从行在到省会

至元十三年（1276），元朝军队攻占南宋行在临安府。三年后，元军平定了所有反元的南宋抵抗势力，占领南宋全部国土，从而在中国再一次实现了大一统的局面，江南在历史上第一次为北方民族所统治。元朝实行行省制度，在江浙地区最初设立江淮行省，辖境为原南宋两淮、两浙路故地以及江东路部分，首府为扬州路，后来改称江浙行省，首府移到杭州路。其间，又还治扬州路，复称江淮行省。经过数度迁移，直到至元二十六年（1289），再迁徙至杭州路；两年后，划出江北州郡隶属河南行省，改名为江浙行省。从此，杭州作为两浙地区行政中心（省会）的地位就此确立下来。这时，已经是元世祖统治的后期了。元代杭州路下辖八县一州：钱塘、仁和、余杭、临安、富阳、於潜、昌化、新城、海宁州。于是，杭州，从南中国的首都（行在所）、汉族王朝的统治中心，转变为一个北方民族统治下、中央集权体制内的行省省会。

元军兵临临安时，并没有经过太大的战争，南宋皇室就投降了，所以，军事战争对杭州地区经济社会的冲击不算很大。即便是在日后一段时期内，各地反元斗争处于比较激烈的时刻，杭州地区的震动相对来说也算不上激烈。

三 易代之痛： 变乱岁月

然而，改朝换代对于城市的消极影响依然明显。元代杭州经历的变乱主要是两次：一次是宋元之交，一次是元明之际。需要说明的是，前一次变乱并非是军事战争本身引起的，而是政权更迭、城市地位降格带来的社会动荡；而后一次则是处于战乱年代的大环境下，杭州城市发展的活跃氛围戛然而止。

晚年寓居钱塘的歙县人方回经历了宋元之交的纷乱，在其《桐江续集》中，有诸多诗篇描绘出兵乱后城市的破落和人们生活的艰辛。"栗里渊明径，桤林子美堂。乱离容不死，穷乏果何伤。红粒炊籼饭，青苔煮菜汤。甲兵才偃息，城市转荒凉。最苦樵苏贵，曾微药饵良。频仍赊酒饮，卒急卖书偿。败絮熏还曝，粗䌷洗更浆。炎蒸虽渐迫，寒冷尚宜防。"朝代易替引起了经济的不稳定，物价飞涨，再加上各种灾害，使得杭州城一片萧条：

> 五斗陈米已万钱，籴且无之籴借斾。一檐十蛛不成网，亿万万喙饥可想。乘夜飞虫蚊愈多，苏湖秀州秋奈何。

> 三日为霖今九日，便晴田事亦无及。全吴富庶推第一，谁信杭州无米籴。邻翁耳语某所有，夜持布囊分一斗。老夫但笑不敢嗔，尧九年水无饥民。

> 忆昔壬午杭火时，焚户四万七千奇。燬死暍死横道路，所幸米平民不饥。火灾而止犹自可，大雨水灾甚于火。海化桑田田复海，龙妒倮虫规作醢。定嗔网罟欲取偿，稍借人充鱼鳖饺。

> 今年夏雨水，浙右岁事失。五月客杭城，市民几不粒。逮乎书云前，稍稍喜晴色。转手又不然，一雪二十日。岂止闾巷穷，大半缺衣食。我穷尤自笑，亦尝二千石。

于是他只能感叹昔日繁华不再有的亡国心情："谁将西子比西湖，旧日繁华渐欲无。始信坡仙诗是谶，捧心国色解亡吴。""东南我记前庚子，徽城纸包馈杭米。乞人抢夺人食人，旱极西湖干见底。"① 昔日繁华无比的南宋都城，其发展势头在入元后一度受挫。

至正十一年（1351）以后，元朝内乱不已，大都朝廷对东南的控制日益遭到削弱，各股地方势力纷纷兴起，为抢夺地盘而不断混战，元朝后期的这些战乱使杭州受到很大冲击。至正十九年（1359），历官江浙行省郎中的天台人刘仁本就有诗云："殄寇西湖十里头，庙堂成箦克神州。六桥杨柳旌旗晚，两岸菱荷烟雨秋。壮士椎牛呼白酒，将军系马醉红楼。却怜旧日笙歌地，野水清寒满髑髅。"② 寓居钱塘的遂昌人郑元祐经历了元末战乱，深有感触："瓦砾堆堆塞路坳，胜游巷陌尽蓬蒿。祠宫地卧驼鸣喝，秘殿春扃马矢臊。山色无如今度惨，潮头可似昔时高。王师贵在能安集，岂必兵行血渍刀。""往来都是石尤风，身境俱忘逆顺同。镜里转增双鬓白，花前仍是小桃红。莫惊天地军麾满，尚喜江湖客棹通。杨柳吹绵春又暮，赋诗愁杀杜陵翁。"③

这些文人墨客诗文对杭州的描绘，固然有修饰夸张的成分，但是作为变乱岁月的亲历者，他们所记述的景象，却也是艰难时期杭州城市的实态。

四 春风又绿江南岸：恢复与发展

去掉元初和元末两头之后，在 14 世纪上半叶这个元代相对稳定的时期里，经过一段时间的恢复与发展，加上原有的南宋的基础，杭州尽管经历了动荡，也还是展现出一幅美丽的城市化图景，与其他城市相比，显得相对繁荣。

至元年间担任江浙行省处州路总管、后为行省左丞的李朵儿只谈

---

① （元）方回：《桐江续集》卷八《日长三十韵寄赵宾》，卷十三《后苦雨行》、《续苦雨行二首》，卷十四《泊赤岸微晓》，卷二十四《问西湖》，卷二十五《人日立春记苦雨无冰》，浙江大学图书馆藏《钦定四库全书》影印本，第 3 册，第 50 页，第 5 册，第 5、6、89 页，第 9 册，第 40、98 页。

② （元）刘仁本：《羽庭集》卷三《杭州》，浙江大学图书馆藏《钦定四库全书》影印本，第 2 册，第 4 页。

③ （元）郑元祐：《侨吴集》卷五《杭州即事》，邓瑞全、陈鹤校点，吉林文史出版社 2010 年版，第 76 页。

道,"本处所产荻蔗,每岁供给杭州砂糖局煎熬之用。糖官皆主鹘回回,富商也,需索不一,为害滋甚",所以,他"一日遣人来杭果木铺买砂糖十斤,取其铺单,因计其价,比之官费有数十倍之远,遂呈省革罢之"。"又箭竹亦产处州,岁办常课军器,必资其竹,每年定数,立限送纳杭州军器提举司。"① 从这两桩事情可以看出,当时杭州的许多重要物资都要靠外路供给调度,其供养型的城市化特征可见一斑。因此,从行在变成行省省会之后,杭州的政治地位虽然因改朝换代而下降,但其经济上的重要性仍然不减。张之翰送宛平人李士传赴江浙行省担任省掾时就说,"莫惜辞燕远入吴,圣朝南北混车书。四千里是两都会,三百年开一坦途。簿领定应谈笑了,宴游多在治安余。西湖烟景钱塘月,尽作归舟卧看图。"② 在他看来,杭州和大都是当时全国南北的两大都会,实力相当,而杭州的文化强势也强烈地吸引着士人。家住钱塘的大兴人曾瑞,"自北来南,喜江、浙人才之多,羡钱塘景物之盛,因而家焉。神采卓异,衣冠整肃,优游于市井,洒然如神仙中人。志不屈物,故不愿仕。自号褐夫。江、淮之达者,岁时馈送不绝,遂得以徜徉卒岁"。③ 大都人关汉卿所描绘的杭州印象更具代表性:

> 普天下锦绣乡,寰海内风流地。大元朝新附国,亡宋家旧华夷。水秀山奇,一到处堪游戏,这答儿忒富贵。满城中绣幕风帘,一哄地人烟凑集。
>
> 【梁州】百十里街衢整齐,万余家楼阁参差,并无半答儿闲田地。松轩竹径,药圃花蹊,茶园稻陌,竹坞梅溪。一陀儿一句诗题,行一步扇面屏帏。西盐场便似一带琼瑶,吴山色千叠翡翠。兀良望钱塘江万顷玻璃。更有清溪、绿水,画船儿来往闲游戏。浙江亭紧相对,相对着险岭高峰长怪石,堪羡堪题。

---

① (元)杨瑀:《山居新语》,李梦生校点,上海古籍出版社2012年版,第12页。
② (元)张之翰:《西岩集》卷六《送李仲芳赴临安行省掾》,浙江大学图书馆藏《钦定四库全书》影印本,第2册,第60页。
③ (元)钟嗣成、贾仲明编:《录鬼簿》卷下,上海古籍出版社1978年版,第81页。

俗世雅意:浙风宋韵的多维审视

【尾】家家掩映渠流水,楼阁峥嵘出翠微,遥望西湖暮山势。看了这壁,觑了那壁,纵有丹青下不得笔。①

作为一个北方人,关汉卿眼中对江南城市的感触自有一番新鲜感。在他的描写中,杭州城市街景的布局,人多地少的现实,城市的拥挤状况,已清晰地展现在我们面前。

确实,在杭州经济文化相对繁荣的同时,这座城市也面临着不少问题。元朝后期的陶宗仪记载,后至元年间(1335—1340),杭州城内行省政府机构旁边也紧邻着三十余户人家,城市空间的狭小拥挤可见一斑。② 所以,当时的杭州向上获取城市空间,形成"高楼林立"的城市格局。"杭州荐桥侧首,有高楼八间,俗谓八间楼,皆富实回回所居。一日,娶妇。其昏礼绝与中国殊,虽伯叔姊妹,有所不顾。街巷之人,肩摩踵接,咸来窥视,至有攀缘檐阑窗牖者。踏翻楼屋,宾主婿妇咸死,此亦一大怪事也。"③ 正因为如此,元朝地方官府不得不出台一些政策措施,加强对城市街面的管理。"中正桥,俗称斜桥,自此而南,至正阳门,为宋时御街,长一万三千五百尺,旧铺石板,衡从三万五千三百有奇。咸淳七年,安抚潜说友,易其阙坏者,凡二万幅,然后经涂九轨,砥平矢直。至元时,两岸民居,稍稍侵切,然绰楔无敢跨街建筑者。"④ 于是,一幅看似协调的城市图景逐渐显现。吴山,"其陟山之径,有门曰'登高览胜',石磴斗折,可数百级许,元时平章答剌罕脱欢所甃也。立而环眺,则官司廨署,卫镇崇严;阛阓街衢,红尘雾起;市镇隐振,漏尽犹喧;道院僧庐,晨钟暮鼓;青楼画阁,杂以笙歌。升其巅,则缥缈凌虚,碧天四匝,山川包界,脉络缕分。或昂而为首,或弯而为脊,或掉而为尾,若乱若联,运掌可数"。故而时人有诗:"山椒羣构四垂宽,上相旌旗会览观。旁近江湖天广大,上连星斗界清寒。龙宫永锁

---

① 隋树森:《全元散曲》上"[南吕]一枝花·杭州景",中华书局1964年版,第171页。
② (元)陶宗仪:《南村辍耕录》卷二三《盗有道》,中华书局1959年版,第282页。
③ (元)陶宗仪:《南村辍耕录》卷二八《嘲回回》,中华书局1959年版,第348页。
④ (明)田汝成:《西湖游览志》卷二十《北山分脉城内胜迹》,浙江人民出版社1980年版,第220—221页。

函书阁,凤岭重嗟苑树残,此际独无云蔽日,正宜翘首望长安。""仙居时复与僧邻,帘幕人家紫翠分。后岭楼台前岭接,上方钟鼓下方闻。市声到海迷红雾,花气涨天成彩云,一代繁华如昨日,御街灯火月纷纷。"①

五 民俗习气：奢靡之风

一方水土养一方人。在元代,杭州作为南方都会城市之一,其自身孕育出来的风土人情亦有别样感觉。据方回描述杭城郊外:"阔衣男子荷薪樵,瘿颈妇人昂髻髻。巨石塞途饶荦确,荒村屑户故萧条。水风骚屑雨非雨,溪涧复重桥复桥。授粲割鲜何敢望,尚无漓酒与依浇。""富有大山无广川,积多冢树少炊烟。绝奇车盘岭上石,稍阔走马平东田。竹筐晒谷争晴日,瓦瓮淹荠及冻天。未信苏湖万顷室,数家荞穄树头悬。"② 郑元祐送长洲人沈右游玩杭州时写道,"钱唐湖上水西头,历历山人旧钓游。相府犹余秋水观,酒旗多挂夕阳楼。春喧车马松间寺,夜载笙歌月下舟。见说于今总消歇,休文到日重凄愁。"③ 如上文陶宗仪《南村辍耕录》所描述的,杭州城中存在着回回社区,为这座南中国的汉式城市带来了异域风情习俗,使它更具新的活力。如城中有回回人所建真教寺,"在文锦坊南。元延祐间,回回大师阿老丁所建。先是,宋室徙跸,西域夷人,安插中原者,多从驾而南。元时内附者,又往往编管江、浙、闽、广之间,而杭州尤伙,号色目种,隆准深眸,不啖豕肉,婚姻丧葬,不与中国相通。诵经持斋,归于清净。推其酋长统之,号曰满剌。经皆番书,面壁膜拜,不立佛像,第以法号祝赞神祇而已。寺基高五六尺,扃镝森固,罕得阑入者,俗称礼拜寺"。④

---

① （明）田汝成:《西湖游览志》卷十二《南山城内胜迹》,浙江人民出版社1980年版,第135—136页。

② （元）方回:《桐江续集》卷十九《戏咏昌化县土风二首》,浙江大学图书馆藏《钦定四库全书》影印本,第4册,第3页。

③ （元）郑元祐:《侨吴集》卷五《送沈仲说游杭》,吉林文史出版社2010年版,第79页。

④ （明）田汝成:《西湖游览志》卷十八《南山分脉城内胜迹》,浙江人民出版社1980年版,第209页。

俗世雅意：浙风宋韵的多维审视

尽管如此，当时人们对于大城市杭州风俗的批评也不绝于耳。舒頔送钱塘人杨遵之弟杨迪时就说，"钱塘为东南大都会，湖山之胜概，阛阓之靡侈，岛屿外国珍奇诡异之物，莫不于是焉集，可谓甲于天下矣。然而习俗之巧而儇，亦非他处所可及者。予昔谒选薇垣，客开元宫，与客泛舟湖上，过南高峰，访前朝遗迹，俯江楼，观海门，潮势亦天下一奇。见齐衰者未尝不伤悼，而嗟叹之，及归，复睹其盛饰庖馔，嬉笑如寻常人。噫！习俗之儇，抑至斯耶？五代之风尚流于今耶？晋阮籍负才放旷，居重哀废礼，何曾责之。虽然，干戈扰攘后，足迹不至者，今亦廿载余，不有变而复于古者乎？余耄杜门谢世事，忽沈良卿告予曰，吾友杨迪丁父艰，将归钱塘。予因有感而道焉，不知钱塘习俗犹如昔乎？侈靡之犹如昔乎？予不得而知也"。他希望好友不要"蹈陋俗，袭颓风，混于众"。① 当时有所谓"杭州风"者。"盖杭俗浮诞，轻誉而苟毁，道听途说，无复裁量。如某所有异物，某家有怪事，某人有丑行，一人倡之，百人和之，身质其疑，皎若目睹，譬之风焉，起无头而过无影，不可踪迹。故谚云：'杭州风，会撮空。好和歹，立一宗。'又云：'杭州风，一把葱。花簇簇，里头空。'又其俗喜作伪，以邀利目前，不顾身后，如酒掺灰，鸡塞沙，鹅羊吹气，鱼肉贯水，织作刷油粉，自宋时已然，载于《癸辛杂识》者可考也。"②

在经济相对发达的背景下，城市环境所催生出来的一些奢靡之风，确实会引起一些自然朴素主义者的反感。而在太平日子向变乱岁月的急剧转型中，这些风气的消极影响就彻底暴露出来了。"杭民尚淫奢，男子诚厚者十不二三，妇人则多以口腹为事，不习女工，至如日用饮膳，惟尚新出而价贵者，稍贱便鄙之，纵欲买又恐贻笑邻里。至正己亥冬十二月，金陵游军斩关而入，突至城下，城门闭三月余，各路粮道不通，城中米价涌贵，一斗直二十五缗。越数日，米既尽，糟糠亦与常日米价

---

① （元）舒頔：《贞素斋集》卷二《送杨子成归钱塘序》，浙江大学图书馆藏《钦定四库全书》影印本，第1册，第65页。
② （明）田汝成：《西湖游览志余》卷二十五《委巷丛谈》，浙江人民出版社1980年版，第396页。

等，有赀力人则得食，贫者不能也。又数日，糟糠亦尽，乃以油车家糠饼捣屑啖之。老幼妇女，三五为群，行乞于市，虽姿色艳丽而衣裳济楚，不暇自惭也。至有合家父子、夫妇、兄弟，结袂把臂，共沉于水，亦可怜已。一城之人，饿死者十六七。军既退，吴淞米舫辐辏，藉以活，而又太半病疫死。岂平昔浮靡暴殄之过，造物者有以警之与。"①这样的记载就是要警示人们，淫逸、奢侈、滑巧之风不足为取。

六 天灾人祸：水火无情

正如谢和耐所论，南宋时期杭州面临着一些灾害问题，这些问题到了元代依旧十分严重，尤其当时人们还没有足够的能力来应对这些突发灾害时。这里也涉及一个城市生活的自然环境问题。杭州位于钱塘江之滨，城内河道密布，这是水路交通发达的一个有利条件，但也埋下了水患的问题。"西湖湖外水，汹涌入城流。比户升高阁，通衢塞大舟。学泅儿辈喜，绝粜老夫忧。会见蹄涔涸，鱼虾悔浪游。""今日檐仍滴，何人胆不寒。晒帆船尚湿，扫市路才干。造化为机转，生灵死命完。传闻睦东馆，楼阁付惊湍。""乃者黄梅近，朝朝以雨书。将无作人鲊，孰不困河鱼。近郡淹城郭，连村浸室庐。何当与奇术，辟谷驾飞车。"另外，海溢也让杭州城的用水面临考验。城市建筑密集的一大隐患便是火灾的发生，这在宋代已经对杭州构成威胁，元代亦是如此。据方回记载，有一年的大火烧了一整夜，将杭州花巷寿安坊焚尽。②而元朝后期杭城的两次大火尤其厉害。"至正辛巳暮春之初，江浙行省平章政事只理瓦台入城之任之日，衣红，儿童谣曰：'火殃来矣。'至四月十九日，杭州灾，毁官民房屋公廨寺观一万五千七百五十五间，烧死七十四人。明年壬午四月一日，又灾，尤甚于先，自昔所未有也。数百年浩繁之地，日就凋弊，实基于此。"③官府不得不着手建立对火灾预警的应对

---

① （元）陶宗仪：《南村辍耕录》卷十一《杭人遭难》，中华书局1959年版，第141页。
② （元）方回：《桐江续集》卷十八《五月九日甲子至月望庚午大雨水不已十首》《十九日始晴》《次韵受益苦雨二首》《三月二十九夜二更杭火焚花巷寿安坊至四月一日寅卯止》，浙江大学图书馆藏《钦定四库全书》影印本，第7册，第32、36页，第9册，第131页。
③ （元）陶宗仪：《南村辍耕录》卷九《火灾》，中华书局1959年版，第116页。

机制。"这个城市的每一条街道，都有一些石头建筑物和楼阁。由于街上其他房屋都是木质结构，失火事件频频发生。所以一有火警，居民们可以将他们的财产，移到这样的建筑物中去，以便求得安全。""如果遇到火警，巡逻兵击响木梆，发出警报。于是，在一定距离内的卫戍，立刻纷纷集合前来救火。同时把商人或其他人的财产，转移到上面提到的建筑物中去，以免遭受损失。有时，物品也用船运到湖中的岛上。居民们如果遇到夜间发生火灾，也不敢随便跑出家门。只有那些自己的物品正在被搬动的人和被召集来帮助的守卫兵，才能在现场逗留。虽然这样严格限制，在场人员也常常不下一二千人。"① 灾害之后，城市民众就要面对饥荒和疫病的威胁了。

明代陈善对元代杭州遭遇的灾害有叹："昔世祖命人筮杭盛衰，占其不久将荆棘，后果郁攸为孽，井邑萧条，人遂谓占者奇中。嗟夫，上火政阙修，下宵备靡戒，此实人事，岂独天道哉。"② 点出了造成灾害问题的根本原因在于"人事"。

七 乱世再造：扩城活动

中国古代的城墙，在某种意义上是界定城市城区的标尺，它的移动和变化直接影响着这个城市扩大或缩小。元朝灭南宋后，一度下令拆毁各地的城墙。"元混一海宇，凡诸郡之有城郭，皆撤而去之，以示天下为公之义。"③ "天兵下襄樊，沿江诸城或降或遁，不数月而社为墟。襄之治险蓄兵，其胜安在？今天下一统，城郭沟池悉废为耕艺，而中土之兵分翼镇守。"④ 蒙元崛起于大漠，几乎没有修建城池的传统。再者，蒙元在征服中原的过程中，感到敌方城墙对于蒙元军队的进攻确实是一

---

① ［意］马可·波罗：《马可·波罗游记》，陈开俊等译，福建科学技术出版社1981年版，第182—183页。
② （明）陈善等：《万历杭州府志》卷四《事纪下·宋元》，《中国方志丛书》"华中地方"第524号，台北：成文出版社1983年版，第399页。
③ （元）俞希鲁等：《至顺镇江志》卷二《地理·城池》，北京大学图书馆藏影印本，第1册，第36页。
④ （元）张铉：《至正金陵新志》卷十《兵防志》，《宋元珍稀地方志丛刊》乙编，四川大学出版社2009年版，第1217页。

第一章 拓城扩市：突破时空的宋代城市之韵

种障碍，所以元初朝廷下令毁坏城墙，以期迅速扑灭各地的反元势力，削弱他们的抵御能力。不过，一旦元朝政权的统治趋于稳固，地方上要求重新修复城墙的呼声日益高涨，以确保各地的长治久安。杭州城在元初因未得修缮而日毁，可是它的扩展却发生在动乱不已的元朝后期。导致杭州扩城的关键人物，恰恰是一位动摇不定的叛军首领——张士诚。

《西湖游览志》等书载："凤山门，在城南，与北关门对，俗称正阳门。又东南二里许，宋有嘉会门，南迎凤皇山为禁垣，北阙有和宁门。入和宁门，透大内，直南，有丽正门。杭州城垣，创于隋杨素者，周广三十六里有奇，广于钱镠者，七十里。元时，禁天下修城，以示一统，而内外城隍，日为居民所平。至正十六年，张士诚陷姑苏，据浙西五郡。十九年，发松江、嘉兴、湖州、杭州民夫复筑焉，昼夜并工，三月而完。城周六千四百丈有奇，高三丈，厚视高加一丈而杀，其上得厚四之三焉。旧城包山距河，故南北长时则自艮山门至清泰门以东，视旧则拓开三里，而络市河于内；自候潮门以西，则缩入二里，而截凤山于外。礼部尚书贡师泰为之记。明兴，遣曹国公李文忠将兵取杭州，守将潘元明纳款，城隍皆如元旧。""旧城基，元时禁天下修城，故杭城日毁。至正十九年，张士诚据两浙，改筑杭城，自艮山门至清泰门，展出三里，而络市河于内，此其旧基也。"①

一些重要的寺庙道观等宗教设施也是在元末的扩城活动中被围入城区的。景隆观，"元末筑城，移入城内，寻毁于兵"。② 演教寺，在吴山东北半里许，"张氏展城，围入"；水陆寺，在狮子巷，"寺故在城外，张氏展城，围入"；慈云寺，在高阳间巷，"旧在新门外，元至正间展城，围入"；惠林寺，在蒲场巷，"元至正间展城，围入，寻毁"。③ 张士诚的扩城活动对拓展杭州城市空间有一定的作用，也对明初杭州城市

---

① （明）田汝成：《西湖游览志》卷十三《南山分脉城内胜迹》，卷十四《南山分脉城内胜迹》，浙江人民出版社1980年版，第152、177页。
② （明）田汝成：《西湖游览志》卷十七《南山分脉城内胜迹》，浙江人民出版社1980年版，第201页。
③ （明）田汝成：《西湖游览志》卷十八《南山分脉城内胜迹》，浙江人民出版社1980年版，第205—206页。

布局产生一定影响。

在对元代存有偏见的一些明代人眼中，杭州自"恭帝南迁，九庙无主；元人一炬，可怜焦土。自后杨琏真伽乃即其故址建五寺，张士诚筑城，又并寺基，废之。即今陵谷变异，城阙丘墟，虽都人遗老有不能道址之所在者矣"。① 然诚如有学者指出的那样，元代是中国古代城市发展史上一个颇为特殊的时期。从全国来看，由于政治中心的北移，有力地推动了部分北方城市的复兴，尤其是都城大都周围，同时，边疆地区也涌现了不少繁华的城市。但另一方面，由于蒙古贵族的统治一度阻碍了社会经济的正常发展，也对各地城市产生了诸多消极的影响。因此，从总体上讲，这个时期全国城市的发展，无论是经济还是市政建设都没有超越宋代的水平，许多城市的所谓"繁华"实际上属于恢复性的发展，或是处于一种停滞状态。从浙江地区来看，虽然其城市的发展仍然走在全国各地前列，特别是以杭州为代表的部分城市继续保持相当程度的繁荣，但与南宋时期相比，在总体上已经开始明显地呈现出停滞的迹象。不过，与同期全国其他地区相比还是相当繁荣的，特别是在对外贸易和市镇经济方面，甚至超过了南宋时期的水平。② 本书将元代杭州定位为相对繁荣，其义归纳补充如下：首先，相对于同一时期元代江南其他城市而言，杭州是繁荣的。其次，相对于南宋时期而言，元代杭州的发展道路经历几次曲折和反复：一是宋元之交的杭州未遭受军事战争的重大创伤，但朝代更替引起的地位降格导致社会动荡、经济衰退；二是元明之际的杭州受到战乱的冲击，发展势头受阻，比宋元之交要严重得多，所以，夹在"中间"的恢复性发展促成的繁荣是有限的。

杭州，是宋代城市发展史上的"杰作"，历经"大漠之风"的洗礼，它的"宋韵"文化特征并未褪色，同时又吸纳了新的元素，自建炎南渡以来南北交融的城市文化继续曲折发展，形成一个较为独特的历史阶段，正可谓："元"来浙城，"宋"韵留杭。

---

① （明）陈善等：《万历杭州府志》卷四《事纪下·宋元》，《中国方志丛书》"华中地方"第 524 号，台北：成文出版社 1983 年版，第 390 页。

② 陈国灿、奚建华：《浙江古代城镇史》，安徽大学出版社 2003 年版，第 203、204、206 页。

第二章　勾栏光影：走向市井的宋代通俗文艺之韵

在宋代城市空间产生重大变革的同时，社会文化形态也发生了明显改变，具有相当规模的市民阶层的崛起造就了通俗文艺的繁荣，文艺活动的内容和形式都发生了区别于以往的重大变化。以市民为服务、消费对象的文化娱乐场所——勾栏瓦舍随之兴盛，这种早在唐代就形成雏形的娱乐场所，在宋元充当培育市民文艺的温床，反映市民生活、投合市民审美趣味的多种通俗文学样式勃然而兴。市民文艺特点在于它的创作主体和接受主体都具有市民属性，同时由于商业交换成为沟通两者的桥梁，主客体之间变为纯粹的商业关系。在宋代，市民意识和趣味开始主宰一切，变为文化潮流的风向标。时风所至，遍及朝野士夫，优伶走卒，这促成了从文艺观念到文化心理的变易，通俗文艺成为最令人瞩目的社会文化景观。

第一节　浙风俗调：南宋江浙地区市民阶层的社会形态

长期以来，围绕中国古代市民阶层的问题，学术界一直有着不同的认识和看法。许多学者依据马克思阶级学说中有关"市民等级"的理论，认为明清时期市民阶层已作为相对独立的社会力量开始兴起，并将其与欧洲近代资产阶级的前身相类比，实质是用以说明中国历史上资本主义萌芽的产生和由此呈现出来的向现代社会转型的潜在发展趋向。也有部

俗世雅意：浙风宋韵的多维审视

分学者引入以帕森斯、葛兰西、哈贝马斯等人为代表的现代市民社会理论，从国家与社会关系的角度出发，强调中国历史上并没有形成不受国家直接控制的市民社会，或者说至少在古代不曾存在市民社会，因而也就没有真正意义上的市民阶层。[①] 这里实际上涉及如何从中国历史的实际出发，合理把握和运用有关理论，分析相应历史现象的问题。

中国古代是否存在市民阶层？对这一问题的回答，不能简单地在"理论上"加以肯定或否定。从历史的角度讲，城市的产生便意味着与乡村居民相对应的城市居民的出现。但城市居民包括了生活于城市空间范围内的所有人们，他们之间既有身份和职业上的差异，更有社会属性上的区分，因而属于地域性的组合群体。城市居民并不等同于市民，后者是具有城市意识和商业文化特征的城市居民，有着自身的社会属性。中国古代城市是在各级政治中心的基础上发展起来的，在相当长一段时期里，各类政府人员构成了城市居民的主体，市民只是以分散的社会个体形式存在。也就是说，中国古代早期城市的发展及其居民规模的扩大，并不意味着市民阶层的兴起和壮大，因为市民由个体到群体的转变，伴随着他们之间超越彼此的身份和职业差异，形成共同的意识形态和价值取向。在中国古代，市民形态的这种转变直到宋代才较明显地展现出来。两宋时期城市的繁荣，突出的表现是工商业活动普遍突破城市原有政治和军事性质所构成的限制而走向全面兴盛，并有力地推动社会商品经济的活跃。正是在这一过程中，以商业精神为核心的城市意识开始觉醒，具有群体特征的市民阶层越来越多地显示出自身的影响力。

对于宋代市民阶层的研究，可以从多种角度展开。事实上，有关此期市民经济和文化活动及其特点，学术界已有不少讨论。[②] 本节内容是在此基础上，结合城市和社会发展走在各地前列的江浙地区的具体情况，[③] 侧重从社会结构、社会等级、行业组织和群体意识等方面，就南

[①] 有关学术界围绕中国古代市民阶层的讨论情况，参见吴铮强《中国古代市民史研究述评》，《云南社会科学》2003年第1期。

[②] 这方面的研究情况，参见吴松弟《中国大陆宋代城市史研究回顾（1949—2003）》，[日]《东洋史论丛》，第14号，2005年3月。

[③] 本节内容所说的江浙地区，是指南宋时期的两浙东、西路和江南东、西路一带。

宋时期市民阶层的社会形态作案例性分析。

一　市民社会结构：多样化的群体组合

学术界在讨论宋代市民问题时，往往有两种倾向：一是将市民与城市居民混为一谈，以城市居民等级关系的分析取代市民阶层社会构成的分析；一是将市民阶层与工商业群体等同起来，研究重点集中于工商业人员的内部结构与关系。其实，宋代的市民阶层是多种群体的组合体，它既不是指所有城市居民，又不只局限于工商业群体。从南宋时期的实际情况来看，市民阶层是由不断壮大的工商业人员，为数不少的商业性文化演艺人员，以及部分具有商业观念和市民意识的官吏、士人、地主、农民等不同职业和身份的社会群体构成的。

与汉唐时期相比，南宋城市工商业群体的发展，既表现为规模上的显著扩大，也表现为内部结构的日益完整。就前者而言，以临安为例，到南宋中期，城内外共有414个工商业行作，[1] 按照时人周密《癸辛杂识》中的说法，每个行作有数十户至百余户不等，若以百户计算，则全城仅纳入行作组织的工商业经营者就超过了4万户。就后者而言，根据经营内容和方式的不同，工商业群体具体又可分为四部分：一是商业经营者。他们有的是从事跨地区长途贩运的行商，如平江（苏州）城里聚集了来自各地的商人，"闽粤之贾，乘风航海不以为险，故珍货远物毕集于吴市"；[2] 有的是从事海外贸易的舶商，如临安城内，"寄寓人多为江商海贾，穿桅巨舶，安行于烟涛渺莽之中，四方百货，不趾而集"；[3] 有的是开设各种店铺、茶肆、酒楼之类的坐商，如饶州城内，"民之店聚族居者无虑数万家"；有的是走街串巷、沿街货买的小商贩，如吴自牧《梦粱录》中所说的临安城里的"盘街""盘买""车子买""顶盘""提瓶""担架子""挑担""抬盘架""吟叫"等"小经纪"

---

[1] 佚名：《西湖老人繁胜录》《诸行市》，中国商业出版社1982年版，第18页。
[2] （宋）朱长文：《吴郡图经续记》卷上《海道》，《钦定四库全书》，史部，中华书局1990年影印版，第42页。
[3] （宋）吴自牧：《梦粱录》卷十八《恤贫济老》，中国商业出版社1982年版，第162页。

人员，洪迈《夷坚志》中提到的鄱阳城"贩鱼鳖以供衣食"的汪乙，洪州城"货蚊药自给"的杜三等，均属此类。二是服务业经营者，包括在商业活动中充当中介的"牙人"，作为高利贷资本代理人的"行钱"，以及从事租赁、典质、旅舍、修补等活动的人员。如在南康军，牙人势力很大，控制了粮食的交易活动，商贩或农民运米入市，"必经由牙人方敢粜"；① 在建康府城，房屋租赁业十分活跃，"房廊之家，少者日掠钱三二十千"。② 三是手工业经营者。其中有的是雇佣工匠进行生产的手工作坊主，如湖州"富室育蚕有至数百箔，兼工机织"；③ 有的是开设家庭作坊兼商铺，如临安"城内外有专以打造金箔及铺翠销金为业者，不下数百家"；④ 有的是自产自销的个体工匠，如"无锡张木匠，造盆器出贸于街"；⑤ 有的是由包买商控制的专业匠户，如临安城内有许多为丝绵铺生产的"机户"。四是雇佣人员。他们以出卖劳动力为生，或在各种店铺、楼肆、作坊里帮工，或充任富商巨贾的仆役，或临时受雇作苦力。如《夷坚志》中提到的处州城叶青，"世与大家掌邸店"；衢州城李五七，"为人家掌当门户"；苏州城张小二，"为卖油家作仆"。

商业性文化娱乐业的兴盛是南宋城市经济和文化发展的一个引人注目的现象。当时，几乎所有城市都有不同规模的商业娱乐场所和各种酒楼歌馆，由此集聚了一定数量的商业性文化演艺人员。他们有的在"瓦子""勾栏"之类综合性演艺中心进行表演。如临安城内仅较具规模的"瓦子"就有20多处，湖州城的演艺活动集中于瓦子巷一带，庆

---

① （宋）朱熹：《晦庵别集》卷六《措置赈恤粜籴事件》，《四库全书》本，第1146册，集部，第641页。

② （宋）周应合：《景定建康志》卷四十一《田赋志》，《宋元方志丛刊》，中华书局1990年影印本，第2册，第2003页上栏。

③ （宋）谈钥：《嘉泰吴兴志》卷二十《物产》，《宋元方志丛刊》，中华书局1990年影印本，第5册，第4859页上栏。

④ （明）徐松辑：《宋会要辑稿》刑法二之一三九，中华书局1957年影印本，第7册，第6565页上栏。

⑤ （宋）洪迈：《夷坚志》支庚卷九《无锡木匠》，《全宋笔记》第九编第6册，大象出版社2018年版，第89页。

元城有旧瓦子、新瓦子。甚至在部分繁华市镇，此类演艺活动也十分活跃。宋人沈平《乌青记》中说，在兼跨嘉兴和湖州的乌青镇，北瓦子巷系"妓馆、戏剧上紧之处"；波斯巷南瓦子"有八仙店，技艺优于他处"，"鼓乐歌笑至三更乃罢"；善利桥西南的太平楼，"为楼二十余所，可循环走，中构台，百技斗于上"。[①] 有的在酒楼、茶肆和街坊空地等公共场所流动表演。周密《武林旧事》卷六在谈到此类演艺人员的活动情况时说，他们或在酒楼里"吹箫、弹阮、息气、锣板、歌唱、散耍等人，谓之赶趁"，或"不呼自至，歌吟强聒以求支分，谓之擦坐"，或"只在耍闹宽阔之处做场者，谓之打野呵"。此外，还有以色艺娱人的歌妓。时人洪迈说："江浙间路岐伶女有慧黠知文墨能于席上指物题咏应命辄成者，谓之合生；其滑稽含玩讽，谓之乔合生。"[②] 如临安城的"和乐""和丰""春风"等官办酒楼和酒库，"每库设官妓数十人"；"熙春""三元""五间""赏心"等民办酒楼，"每楼各分小阁十余……每处各有私名妓数十辈，皆时妆袨服，巧笑争妍。夏月茉莉盈头，香满绮陌，凭槛招邀，谓之'卖客'"。至于歌楼茶肆，歌妓之流更为活跃。"平康诸坊，如上下抱剑营、漆器墙、沙皮巷、清河坊、融和坊、新街、太平坊、巾子巷、狮子巷、后市巷、荐桥，皆群花所聚之地。外此诸处茶肆，如清乐茶坊、八仙茶坊、珠子茶坊、潘家茶坊、连三茶坊、连二茶坊，及金波桥两河以至瓦市，各有等差，莫不靓妆迎门，争妍卖笑，朝歌暮弦，摇荡心目。"[③] 这些演艺人员的表演活动不仅完全采用商业化的运作方式，并与其他商业结合在一起，而且面向整个社会，具有大众化、世俗化的特点，与局限于贵族士人范围的传统演艺活动有着很大的区别。

作为各级统治中心，古代城市历来是各类政府人员和士人的集聚地。但在宋以前，政府人员虽生活在城市里，却是思想保守的社会群

---

① （清）董世宁、卢学溥：《乾隆乌青镇志》卷四《坊巷》，上海书店1992年影印本，第164页。

② （宋）洪迈：《夷坚志》支乙卷六《合生诗词》，《全宋笔记》第九编第5册，大象出版社2018年版，第159页。

③ （宋）周密：《武林旧事》卷六《酒楼》，中国商业出版社1982年版，第120页。

体，难说是真正具有城市意识的市民群体。入宋以后，在商品经济大潮冲击和市民文化影响下，越来越多的政府人员参与到商业活动之中，他们的思想意识和生活方式也明显地呈现出市民阶层的特点。尤其是南宋时期，官僚士人经商之风颇盛。宋高宗时，恭国公杨存中承包了位于临安、湖州、秀州等地的多处酒坊，经营资本高达72.5万余贯；① 镇江府守将刘宝"开激赏等（酒）库于市心，置塌房、柴场于江口，分布钱物，差人于荆湖、福建收买南货，络绎不绝"；② 御医王继先在临安城"起盖房廊，收领赁直"，"又常勒临安府楼店务吏人，令供城内户绝舍宅，贱价买为房廊"。③ 一般士人也往往利用城市商业环境，从事一定营利活动以谋生计。他们有的受雇教育富家子弟，如临江士人王某，"家苦贫，入城僦馆，月得束脩二千"；④ 有的自己开设学馆，如南城士人童蒙，"居城北郭外曰塔步，贫甚，聚小儿学以自给"；⑤ 有的从事商业性创作活动，如《武林旧事》卷六记载了专门以创作演艺剧本为生的6位著名的"书会先生"："李霜涯，作赚绝伦；李大官人，谭词；叶庚、周竹窗、平江周二郎，猢狲；贾廿二郎"；有的最终走上专业商人的道路，如番阳士人黄安道，"治诗，累试不第"，转而从商，"小有所赢，逐利之心遂固"。⑥

乡村地主移居城市的现象在北宋时就很常见，"民之物力在乡村而居城郭者，谓之遥佃户"。⑦ 宋室南渡后，随着城市的进一步繁荣，吸

---

① （清）徐松辑：《宋会要辑稿》第六册食货二十一之二——食货二十一之三，中华书局1957年版，第5145页上下栏。
② （宋）李心传：《建炎以来系年要录》卷一八八，绍兴三十一年正月壬辰，《钦定四库全书》，上海古籍出版社1992年影印本，史部，第3册，第327—681页下栏。
③ （宋）徐梦莘：《三朝北盟会编》卷二三〇，绍兴三十一年八月十一日，上海古籍出版社1987年版，下册，第1656页下栏。
④ （宋）洪迈：《夷坚志》丙志卷十六《王省元》，《全宋笔记》第九编第4册，大象出版社2018年版，第165页。
⑤ （宋）洪迈：《夷坚志补》卷九《童蕲州》，《全宋笔记》第九编第7册，大象出版社2018年版，第94页。
⑥ （宋）洪迈：《夷坚志》丁志卷十六《黄安道》，《全宋笔记》第九编第4册，大象出版社2018年版，第355页。
⑦ （明）李焘：《续资治通鉴长编》卷三四五，元丰七年四月辛酉，中华书局1990年点校本，第23册，第8290页。

引了更多的乡村地主,他们大多兼营工商业活动。与此同时,城市中的官吏、士人、富商等也有不少在乡村购置田产,从而兼具地主身份。如台州"士子某,居城中,而田在黄岩";① 平江城北周氏,"本以货麸面为生业,因置买沮洳陂泽,围裹成良田,遂致富赡"。② 这些市民化的地主不仅直接参与工商业活动,而且对乡村土地也多采用商品化经营方式。如镇江府孙大成在丹徒县有园地30亩,雇人种植蔬果,"嘉蔬美实,收利十倍";③ 临川富民王明,"买城西空地为菜园,雇健仆吴六种植培灌,又以其余者俾鬻之"。④

随着城市工商业活动突破城墙的限制向周边扩散,引发城郊都市化现象的出现。许多城市的空间范围除原有城区外,还包括周边郊区。绍兴十一年(1141)五月,临安知府俞俟在上奏中说:"府城之外南北三十里,人烟繁盛,各比一邑。"⑤ 为此,南宋政府先后增设城南左厢、城北右厢和城东、西厢进行管理。其他如建康和饶州城外各设有两厢,庆元城外设有甬东厢和府西厢,温州城外设有四厢。生活于城郊的农民大多已摆脱传统自给性农业生产,他们或参与工商业经营活动,或根据市场需求经营园艺业和经济作物种植业,从而成为市民阶层的独特组成部分。如平江城市场上花卉需求量大,"城东西卖花者所植弥望"。⑥ 时人范成大有诗云:"桑下春蔬绿满畦,菘心青嫩芥苔肥。溪头洗择店头卖,日暮裹盐沽酒归。"⑦ 所描写的就是当时城郊农民种植和出售蔬菜的情况。

---

① (宋)洪迈:《夷坚志》支戊卷六《天台士子》,《全宋笔记》第九编第5册,大象出版社2018年版,第449页。
② (宋)洪迈:《夷坚志》三志己卷七《周麸面》,《全宋笔记》第九编第6册,大象出版社2018年版,第260页。
③ (宋)刘宰:《漫塘文集》卷三三《孙府君行述》,《嘉业堂丛书》第10册,1918年影印版。
④ (宋)洪迈:《夷坚志》支甲卷五《灌园吴六》,《全宋笔记》第九编第5册,大象出版社2018年版,第56页。
⑤ (宋)周淙:《乾道临安志》卷二《城南北厢》,《宋元方志丛刊》第4册,中华书局1990年影印本,第3223页下栏。
⑥ (宋)范成大:《吴郡志》卷三十《土物下》,《宋元方志丛刊》第1册,中华书局1990年影印本,第922页下栏。
⑦ (宋)范成大:《田园杂兴》,《范石湖集》,上海古籍出版社2006年版,第372页。

二 市民社会等级：贫富分化和贵贱更替

宋代不仅在户籍上将城市居民与乡村民户区分开来，分别编籍，而且按财产和经济状况划分为若干等级。其中，城市坊郭户一般分为十等。有学者依据坊郭户等，将南宋市民划分为三个层次：县城坊郭户第三等以上和府州城坊郭户第四等以上，是资产丰厚的豪富之家；州县城坊郭第七等户以下，是贫乏之家；介于二者之间的，是中产之家。① 应该说，这一分析是比较符合当时实际的。宋孝宗时，朱熹在江东南康军赈灾，即以经济状况为依据，将当地市民分为上、中、下三等，其中上等是"有店业，日逐买卖，营运兴盛，及自有税产赡给"，中等是"得过之家并公人等"，下等是"贫乏小经纪人，及虽有些小店业，买卖不多，并极贫秀才"。② 后来真德秀在太平、广德等地赈荒，也采取类似方法，将市民分为甲、乙、丙、丁、戊五等，其中甲、乙两等为一类，丙、丁两等为一类，戊等为一类，"惟城市则济戊户而粜丙、丁"。③

上层市民包括部分享有政治和社会特权的官僚贵族和大商富工。他们经营规模大，收益丰厚，由此积聚起大量财富。前文提到的恭国公杨存中、镇江府守将刘宝、御医王继先等人，便是官僚贵族利用特权经营工商业致富的典型事例。洪迈《夷坚志》甲志卷一六提到的"阎大翁者，居鄱阳，以贩盐致富，家赀钜亿"；丙志卷一五提到的"建康巨商杨二郎，本以牙侩起家，数贩南海，往来十余年，累赀千万"；丁志卷六提到的"温州巨商张愿，世为海贾"，则是大商富工的典型事例。这些上层市民高宅华舍，生活奢侈，盛气凌人，称雄一方。如临安富商王彦太"有华室，颐指如意"；④ 常州无锡富家戴氏"于邑中营大第，备极精巧，至铸铁为范，度椽其中，稍不合，必易之。又曳绵往来，无少

---

① 梁庚尧：《南宋城市的社会结构》，中国台湾《大陆杂志》1990年第4期。
② （宋）朱熹：《晦庵别集》卷七《审实粜济约束》，《四部丛刊》本。
③ （宋）真德秀：《西山文集》卷七《申尚书省乞再拨太平广德济粜米》，《四部丛刊》本。
④ （宋）洪迈：《夷坚志》支戊卷六《王彦太家》，《全宋笔记》第九编第5册，大象出版社2018年版，第452页。

留碍则止";① 衢州龙游县巨富虞孟文，为买一妾，竟费钱 14 万缗。②
不过，同为上层市民，其经济状况在不同城市之间又存在着差异。淳熙（1174—1189）中，建康府城的"房廊之家，少者日掠钱三二十千，及开解库、店业之家，家计有数十万缗者，营运本钱动是万数"；同府的句容县城"有房廊及开解库、店业之家，富者家计不过五七千缗而止，而营运本钱不过三二千缗而止，其日掠房钱一百五十六文足"。③ 显然，句容县上等富户的财产和经营规模远不能与府城的富家相比。南宋中期公布的《庆元条法事类》卷四八《赋役门》规定："诸坊郭品官之家免科配，若营运与民争利，在镇、寨、城、市及第一等，县第三等，州第四等者，并不免。"市镇坊郭第一等人户、县城坊郭第三等以上人户和州城坊郭第四等以上人户在经济状况上大致相近，故同时列入不免科配的范围。可见，由于城市规模的不同、工商业发展水平的高低，上层市民的资产状况也随之有所不同。

中层市民多为一般工商业者，也包括部分中小官吏。他们的经营规模普遍不大，资产有限，其生活在正常情况下较为宽裕。南宋前期著名学者吕祖谦曾谈到严州分水县居民的经商情况，称该县"其民大抵行贾，铢衰厘积，仅仅自足"。④《夷坚志》中也有不少这类事例。如湖州市民陈小八"经商贩缣帛致温裕"；饶州市民郑百三"启肆贩缯帛"，"资力颇赡"；鄱阳市民许二、许三兄弟"多酿酒沽，而日输官课，稍致富足"；临川市民王明"居廛间贩易，赀蓄微积丰"。

下层市民人数众多，包括小商小贩、个体工匠、雇佣劳力、贫寒士人，以及失业人员等。他们家无积蓄，收入微薄，或者根本没有较稳定的收入，常陷于饥寒交迫的境地，成为官府赈济的主要对象。以临安为

---

① （宋）洪迈：《夷坚志》甲志卷十六《戴氏宅》，《全宋笔记》第九编第 3 册，大象出版社 2018 年版，第 170 页。
② （宋）洪迈：《夷坚志》丙志卷十五《虞孟文妾》，《全宋笔记》第九编第 4 册，大象出版社 2018 年版，第 153 页。
③ （宋）周应合：《景定建康志》卷四十一《田赋志二》，《宋元方志丛刊》，中华书局 1990 年影印本，第 2 册，第 2003 页上栏。
④ （明）吕祖谦：《东莱吕太史文集》卷十二《分水县徐君墓志铭》，《钦定四库全书》，北京图书馆出版社 2005 年影印版，第 12 页 3a。

例：淳熙十三年（1186），宋孝宗下诏赈济临安"城内外贫乏老疾之人"，知府韩彦质"措置欲以二十万人为率"，也就是说，需要救济的城市贫民达20万人。淳熙十六年（1189），守臣张匀奉诏赈济，"在城九厢、城南、城北两厢共抄札到二十六万八千余口"，较三年前增加了数万人。① 绍熙五年（1194），大臣蔡戡称临安城内外需要长期赈济的贫民有"五万余家，约三十万人"。② 南宋中期，临安城内外在籍居民约百万人，③ 这意味着全城有1/3左右的居民常常处于衣食不继的窘境中。号称繁华的都城尚且如此，其他城市下层市民的生活情况可想而知。绍兴元年（1131），绍兴府赈济城中乞丐，抄札姓名，收入济养院赡养，并制定了相应的奖惩措施，其中有一条是："拘籍累及千人已上，至来年三月一日，死不及二分，给度牒一道；及五百人已上，死不及二分，支钱五十贯；二百人已上，死不及二分，支钱二十贯。"④ 显然当时绍兴城内乞丐的数量是相当多的，否则不会在有关规定中列出"千人已上""五百人已上"之类的情况。建康府城"名为繁庶，而民生最艰，素无藏盖"，⑤ 所属的句容县更是"坊郭之内，多是贫民下户"。⑥ 到南宋后期，庆元府城内外六厢，每年需要救济的贫民有近2万人。⑦

由此可见，在南宋市民阶层中，真正富裕的属于少数，大多数处于贫穷状态。从这个角度讲，所谓城市的繁荣实际上只是少数人财富的增长，而不是市民阶层的普遍富裕。不过，由于市民阶层的兴起和壮大从

---

① （清）徐松辑：《宋会要辑稿》第7册，食货68之84、68之89，中华书局1957年版，第6259页下栏、第6298页上栏。

② （宋）蔡戡：《定斋集》卷六《乞赈济札子》，《钦定四库全书》集部，中华书局1990年影印版，第112页。

③ 陈国灿：《宋代江南城市研究》，中华书局2002年版，第199页。

④ （清）徐松辑：《宋会要辑稿》第7册，食货68之138，中华书局1957年版，第6322页下栏。

⑤ （宋）周应合：《景定建康志》卷二十三《城阙志四》，《宋元方志丛刊》第2册，中华书局1990年影印本，第1688页上栏。

⑥ （宋）周应合：《景定建康志》卷四十一《田赋志二》，《宋元方志丛刊》第2册，中华书局1990年影印本，第2001页上栏。

⑦ （宋）吴潜、梅应发、刘锡：《开庆四明续志》卷十八《民俗》，《宋元方志丛刊》第6册，中华书局1990年影印本，第5930页。

本质上讲是城市工商业发展的结果，其内部等级关系主要也是以经济因素为基础形成的，财富的多寡和贫富分化，既导致了市民之间经济地位的差异，也决定了他们社会地位的高低。因此，与传统等级制下身份划分的世袭性和绝对性不同，南宋市民的社会等级和贵贱之分并不是固定不变和不可逾越的，而是随着经营状况的变化和财富的转移，处于不断的升降、沉浮之中。富贵者一旦经营不当，丧失财富上的优势，便会由上层沦为下层；贫穷者如果经营得法，跻身富裕行列，便会由下层跃升上层。咸淳元年（1265），建康府制订的《平籴仓条画》中有这样一条规定："甲牌户或有迁移，或口数增减，或贫富升降，请提领官行下各厢，每季从实抄具，结罪保明，仍不时覆实。"① 要求各厢每季都上报居民"贫富升降"的情况，说明当时市民的贫富变动是相当频繁的。无怪乎时人袁毂感叹地说："昔之农者，今转而为工；昔之商者，今流而为隶。贫者富而贵者贱，皆交相为盛衰矣。"②

三 市民行业组织：自主意识的增强

各种形式市民行业组织的大量出现，是南宋城市社会变动的一个引人注目的现象。尤其是在工商业领域，"行""团""作"等组织十分活跃。时人吴自牧说："市肆谓之团行者，盖因官府回买而立此名，不以物之大小，皆置为团行，虽医卜工役，亦有差使，则与当行同也。"③《夷坚志》丁志卷九进一步提到："临安宰猪，但一屠长为之长，每五更击杀于作坊，须割裂既竟，然后众屠儿分挈以去。"说明当时行、团之类的组织已相当普遍，甚至连屠宰卖肉行业也不例外。

不过，围绕工商业行作组织的性质和职能，学术界历来有不同的看法。有的认为行作组织类似欧洲中世纪的行会；有的认为行作是官府出于科索的需要而组织起来的官方机构；也有的认为行作是民间自发形成

---

① （宋）周应合：《景定建康志》卷二十三《城阙志四》，《宋元方志丛刊》第 2 册，中华书局 1990 年影印本，第 1686 页上栏。
② （宋）袁毂：《多福院记》卷一，《全宋文》第 39 册，巴蜀书社 1994 年版，第 554 页。
③ （宋）吴自牧：《梦粱录》卷十三《团行》，中国商业出版社 1982 年版，第 104—105 页。

的同业组织。① 其实，南宋时期的行作组织有着多重性质，不能简单地视之为官方组织或民间组织。

从历史上看，最初的"行"属于政府管理工商业的一种形式。汉唐时期，城市工商业被强制限定于规定的区域——通常是城市中的"市"。在每个"市"里，工商活动又按行业分别集中于一起，并标之以"行"之类的名称。从晚唐开始，随着城市工商业的发展和传统坊市制度的日趋松弛，"行"的性质逐渐发生变化，即由政府性工商贸易区域管理形式向行业组织转变。唐代的《纂异记》谈到苏州城内工商业者的宗教活动时说："吴泰伯庙，在东阊门之西。每春秋季，市肆皆率其党，合牢醴祈福于三让王，多图善马、彩舆、女子以献之，非其月亦无虚日。乙丑春，有金银行首纠合其徒，以绡画美人捧胡琴以从，其貌出于旧绘者，名美人为'胜儿'，盖户牗墙壁会前后所献者，无以匹也。"② 每个行业都由"行首"主持开展宗教活动，说明行业组织已具有相当的自主性。入宋以后，坊市制的全面瓦解进一步改变了政府对工商业活动方式和区域的原有限制，行作组织的官方色彩也进一步减弱。到南宋时期，尽管官府出于摊派科配和控制市场活动的需要，有时也直接参与一些行作的组织和建立，但这种做法越来越遭到工商业者的抵制。绍兴二十六年（1156）七月，户部尚书权兼临安府韩仲通说："居民日用蔬菜果实之类，近因牙侩陈献，置团拘买，扣除牙钱过多，致细民难于买卖……欲乞并行住罢。"宋高宗"从之"。③ 临安城果蔬的买卖本来已有菜行、青果团之类的行业组织，官府为多征收牙钱，又增设牙行，欲行垄断，导致商品流通不畅，不久即予废除。可见在工商业者自主意识不断增强的情况下，官府强制建立行业组织的做法已很难延续。

---

① 有关这方面的讨论，参见戴静华《两宋的行》，《学术研究》1963 年第 9 期；杨德泉《唐宋行会制度研究》，《宋史研究论文集》，上海古籍出版社 1982 年版；魏天安《宋代行会制度史》，东方出版社 1997 年版。

② （唐）李玫：《纂异记·刘景复》，《纂异记·甘泽谣》，上海古籍出版社 1991 年版，第 10 页。

③ （宋）李心传：《建炎以来系年要录》卷一七三，绍兴二十六年七月辛亥，《钦定四库全书》史部第 3 册，上海古籍出版社 1992 年影印本，第 327—441 页上栏。

事实上，南宋时期的工商行作组织一方面承担着协助官府分摊科配和进行行业管理的职能，故得到官府的承认和支持。耐得翁《都城纪胜》所说的"市肆谓之行者，因官府科索而得此名，不以物之大小，但充合用者，皆置为行"①，正反映了行作组织的这一特点。由此不难理解每当某些行作组织发生变动时，便会立即引起官府的注意，并加以干预。有的地方官府甚至对行户的入籍与退出实行严格的控制，以保证科配的正常进行。如太平州黄池镇，"诸般百物，皆有行名，人户之挂名籍，终其身以至子孙，无由得脱"②。但另一方面，作为行业联合体，行作组织又有着加强同业者之间联系、维持工商业秩序、协调市场活动等职能。由于工商业的迅猛发展和城市市场的不断扩大与复杂化，如何统筹同行业的商品生产与销售，保持商品流通渠道的通畅，避免恶性的市场竞争，成为城市工商业者所面临的共同问题。从某种程度上讲，这种内在需求较之应付官府科配的外在压力更是推动各种行作组织大量出现的主要因素。也正因如此，南宋行作组织日益呈现出专门化的趋势。以临安城的行作组织为例，总体上可分为商人组织、手工业者组织和工商兼营者组织三类，每类包括不同具体行业的组织，每个行业又按生产分工和流通环节组成各自的行作，如在花饰业，有方梳行、冠子行、销金行等；在米、肉等食品销售领域，有批发性行业组织和零售性行业组织。加入行作组织的工商业者，在个人经营上是自由的，但商品经济和市场活动已使他们结成有一定共同利益的整体，并由此逐渐形成相应的行业群体特征。如在服饰上，"诸行百户衣巾装著，皆有等差。香铺人顶帽披背子。质库掌事，裹巾著皂衫角带。街市买卖人，各有服色头巾，各可辨认是何名目人"；在语言方面，每个行业有本行的"俚语"和"行话"，"买卖七宝者谓之骨董行、钻珠子者曰散儿行，做鞋靴者名双线行、开浴堂者名曰香水行"③。

---

① （宋）耐得翁：《都城纪胜·诸行》，中国商业出版社1982年版，第4页。
② （宋）真德秀：《西山先生真文忠文集》卷七《申御史台并户部照会罢黄池镇行铺状》，《四部丛刊》本，第28、29页。
③ （宋）吴自牧：《梦粱录》，浙江人民出版社1980年版，第161、115页。

除了工商业领域，在商业性文化娱乐业，"社""会"之类的行业组织也较为常见。《武林旧事》《都城纪胜》《梦粱录》《西湖老人繁胜录》等南宋文献，都谈到当时临安城内各种"社""会"的情况。其中，"社"大多为演艺人员组织，如绯绿社（杂剧）、齐云社（蹴鞠）、遏云社（唱赚）、同文社（耍词）、角抵社（相扑）、清音社（清乐）、锦标社（射弩）、锦体社（花绣）、英略社（使棒）、雄辩社（小说）、翠锦社（行院）、绘革社（影戏）、律华社（吟叫）、云机社（撮弄）、蹴鞠打球社、川弩射弓社、小女童象生叫声社、射弓踏弩社、射水弩社、傀儡社等；"会"则是从事市民文学创作的文人组织，如永嘉书会、九山书会、古杭书会、武林书会等。这些文化组织少则数十人，多则几百人。如清乐社"有数社，每社不下百人"，其中"福建鲍老一社有三百余人；川鲍老社亦有一百余人"。与行作组织相比，"社""会"组织较少地受政府干预，更多属于民间自主的活动团体，其目的在于以群体的力量在激烈的文化演艺市场中占有一席之地，同时规范个体行为。如临安的演艺组织往往包括若干个专业表演团体，称为"一甲"，一般为五六人或七八人，多者十余人。他们在内部管理和经济上是独立的，其演艺活动则由所在的社统一出面联系和安排。一旦某个表演团体违反组织规定和安排，就会受到相应的处罚，甚至被赶出组织，丧失演出机会。

显然，形式多样的行业组织表面上是市民按照不同行业分工的组合形式，实际却包含着市民对社会活动自主性的追求。这种局限于行业领域的自主意识虽然并没有上升到完全自觉的程度，但它促使市民越来越多地以群体的方式处理与政府和社会的关系，协调彼此之间的活动，发挥自身的作用和影响，因而在很大程度上是市民阶层形成群体意识的开始。

四　余论

自从 20 世纪前期部分日本学者提出"唐宋变革论"以来，中国古代城市到宋代发生重大变革的观点已越来越多地为我国史学界所接受。这种变革就其表现而言是城市经济、社会和文化功能的显著增强，逐渐

第二章 勾栏光影：走向市井的宋代通俗文艺之韵

向真正意义上的综合性、开放性社会活动中心方向演进；就其实质而言则是市民阶层的兴起，尤其是到南宋时期，市民阶层作为具有相对独立性的城市社会群体基本确立。

每一种社会阶层的兴起，必然引发社会领域的相应变动。南宋时期市民阶层的日趋活跃，在一定程度上改变了城市原有的社会结构和文化体系。一方面，不断壮大的工商业群体和日趋市民化的官僚、士人、地主、农民的结合，推动城市社会关系的重新组合，促使传统宗法观念下的世袭性、身份性等级划分逐渐向商业观念下的职业性、财富性等级划分转变。另一方面，以"重商"为核心的市民思潮和具有大众化、世俗化特征的市民文化的兴起，对长期以来作为城市意识形态主流的儒家思想和士人文化产生多方面的冲击。南宋中期一度颇为活跃的浙东事功学派积极倡导"农商并重"的思想，强调"商藉农而立，农赖商而行"，[①]认为工商与士农一样，都是百姓的正常本业。应该说，这种观念正是市民意识的反映。从更广阔的视野来看，市民阶层的兴起使城市文明逐渐突破农耕文明汪洋中的"孤岛"格局，向整个社会体系扩散。以工商业为核心的市民经济的壮大，不仅使城市经济活动越出城墙向郊区扩展，从而打破了城乡之间泾渭分明的空间界线，而且以市场活动和商品流通的形式向小农经济的内部渗透，成为各式市镇在农村地区广泛兴起的外在动力。同时，市民文化的兴盛，带来社会文化的一系列调整，最突出的表现是在士人文化平民化和世俗文化高雅化基础上的文化重心下移。有学者指出，到明代后期，"史统散而小说兴"，代表士人精英文化的历史哲学和代表市民文化的世俗文艺之间呈现出此消彼长的趋势。[②]其实，这种趋势在南宋时就已经出现。

当然，南宋时期的市民阶层毕竟处于初兴阶段，更多停留于由经济活动和商业精神结合起来的社会联合体，而且受到既有政治权力体系和占有优势地位的小农经济的双重限制。广大市民关注的焦点不是政治革

---

① （宋）陈亮：《陈亮集》（增订本）卷十二《四弊》，中华书局1987年版，第140页。
② 王毅：《明代拟话本小说之文化理念与历史哲学的发生——拟话本作为平民社会伦理小说的成因》，《文学遗产》1999年第5期。

新和社会改造，而是自身工商业活动的正常开展和生活方式的维护。由此不难理解，为什么各种行业组织的出现最终并没有引发超越行业范围的市民社会运动。事实上，市民阶层独特的社会结构和等级——作为其主导力量的上层市民属于现有社会秩序的既得利益者，数量众多的下层市民又无力反抗，居于两者之间的中层市民则安于现状——很大程度上决定了其不可能成为城市活动的主导力量，更无法承担起社会变革主力的角色。这也是中国古代市民阶层与欧洲历史上市民阶层的重要差别所在。我们运用"市民社会"之类的西方理论来分析中国历史实际时，应该充分注意到这种差别。正如罗威廉（William T. Rowe）在《晚清帝国的"市民社会"问题》一文中所指出的："市民社会这个概念不仅太富价值含义，而且也太缺乏明确界定……寻求在中国发现（或发明）这个概念的结果则无异用一系列价值判断来审视中国的历史，而这些价值判断所根据的原则是源出于我们自身地方性经验的期望，甚至这些期望的产生也未经正当性证明。"①

第二节 体悟市井之韵：唐宋比较视角下的西湖话本叙事

在江南城市化进程中，市民文学以市民趣味为标准，以市场需要为杠杆，对各种文体施加影响，如同一块巨石投入水中，激起巨大波澜，从核心到外围，由强至弱，产生一股股通俗化、市民化的强大冲击波。就影响力而言，由内而外的层次分别是话本戏曲—词—诗文等，其中以话本的社会影响和辐射面最大、最广。在以话本为中心的市民文学辐射圈中，从文本形式中体现出来的娱乐功能与教化功能恰好形成逆向的消长。

南渡以来，来自汴京乃至全国各地的"说话"艺人云集临安。他们在瓦舍勾栏演出，重操旧业，并在激烈的竞争中不断完善"说话"

---

① ［美］罗威廉（William T. Rowe）：《晚清帝国的"市民社会"问题》，载邓正来、［英］J. C. 亚历山大主编《国家与市民社会——一种社会理论的研究路径》，中央编译出版社2002年版，第418页。

艺术，细化流程，明确分工，组织起行会和编写话本的团体，各分家数，形成了一些职业化很高的"说话"艺人群体，为市井民众说唱各种类型的话本。今存明钞本《说郛》卷三之《古杭梦游录》中的有关南宋"说话"四家的记载明确，主要可分为以下四家：一是小说；二是说铁骑儿；三是说经；四是讲史书。南宋时期耐得翁的《都城纪胜》之《瓦舍众伎》条有云："凡傀儡敷演烟粉灵怪故事，铁骑公案之类，其话本或如杂剧，或如崖词，大抵多虚少实，如巨灵神朱姬大仙之类是也。影戏……其话本与讲史书者相同"，① 这些故事往往具有极强的艺术感染力。罗烨《醉翁谈录》中的《舌耕叙引》有云："说国贼怀奸从佞，遣愚夫等辈生嗔；说忠臣负屈衔冤，铁心肠也须下泪。讲鬼怪，令羽士心寒胆战；论闺怨，遣佳人绿惨红愁。说人头厮挺，令羽士快心；言两阵对圆，使雄夫壮志"。②

"城市叙事"指的是发生在城市空间中的、带有城市属性的故事情节的叙事内容或段落。在宋元话本中，最为人所熟知和称道的就是关于杭州的叙事，在以《碾玉观音》《错斩崔宁》《西山一窟鬼》《菩萨蛮》《白娘子永镇雷峰塔》等为代表的一批杭州题材话本中，南宋说书人在生动说唱故事情节的同时，也展示出独特的叙事形态及其背后的城市情怀。

如何更深入地理解宋元话本中城市叙事的特色？本书选择了一个唐宋比较的视角，唐传奇与宋元话本在城市叙事方面有诸多之不同，由于城市空间属性上的差别，造成了迥然有别的文化主题。如果将唐传奇之曲江叙事与宋元话本之西湖叙事展开比较，尤可看出不同时代不同地域之典型场景书写上的文化差异。

就世俗层面的城市空间而言，我们发现，唐代传奇笔记正面描写城市平民生活的篇章很少，只有《李娃传》《北里志·张住住》《大唐奇事·昝规》等寥寥数篇。在关于长安的故事书写中，馆阁宴饮，仕女

---

① （宋）耐得翁：《都城纪胜》之《瓦舍众伎》，《东京梦华录》（外四种），文化艺术出版社1998年版，第86页。
② （宋）罗烨：《醉翁谈录》卷一《舌耕叙引》，古典文学出版社1957年版，第5页。

王公优游其中,这种贵族化的色彩正是唐代城市空间的固有特色。所处时代的城市属性决定了城市叙事文本之属性,曲江叙事与西湖叙事,尽管文化底色不同,在叙事文本形态上却同样丰盈饱满,这使得两者的比较有了历史文化层面的纵深感。不同的城市场域,不同的写作者或说书人,不同的故事主体,通过相互映照,更能够凸显出后者在文化意蕴上的嬗递,即走向市井空间的现世体悟。这里有两个关键词:一是"走向市井",指的是城市生活场域的属性,前者城市叙事中的主体是贵族而非市民,"走向市井"体现的是重心下移的努力方向;二是"现世体悟",指的是对"饮食男女,人之大欲存焉"的现世情怀之追求,包含了对于城市生活的种种世俗体悟。

一 作为叙事场景的城市空间: 曲江与西湖

正如前文所述,就城市发展而言,由唐至宋经历了一场重大的历史性变革,西方学者称之为"中世纪城市革命"①。从北宋初期城市工商业逐步发展而造成的"侵街"现象,到坊市制度的彻底瓦解,工商业市场获得空前的自由度。随着手工业和商业的发展,宋代城市日益繁荣,城市空间不断开辟,城市人口增加。整体的城市风貌与唐代相比发生了重大的变化。

就城市叙事而言,唐与宋的城市空间描绘在空间序列上有较明显的不同,这就意味着空间之间的转换与渗透不同。在唐代,城市叙事多为帝都叙事,因此其城市空间主要是由宫廷空间、寺观空间、坊巷空间、山水名胜空间等组合起来,以政治文化空间为主体。宋后城市生活的内容更为丰富,其空间序列乃是以市井空间为中心,庭园空间、山水空间、寺观空间等多空间的转换与融合。

作为叙事场景的曲江大多与政治文化有关。曲江乃是唐代长安士人最喜前往、最为活跃的场所之一,因曲江空间活动的丰富性,唐传奇中的曲江叙事涉及的题材内容亦较多,如山水风物、官员聚会、商贩买

---

① [美]施坚雅:《中华帝国的城市发展》,载施坚雅编《中华帝国晚期的城市》,叶光庭译,中华书局2000年版,第23—26页。

卖、婚姻爱情、侠客豪士等。文人对曲江正面描写不多，但曲江作为唐传奇的故事场景却是不可替代的，其空间的主要内涵一直与时代之政治文化密切相关。

曲江最著名的是唐时新科进士之曲江会，它是曲江风流的核心所在。所谓"曲江会"，即是新科进士在曲江举行的各种游宴活动的总称。在李肇《唐国史补》卷下对其有简要记载："既捷，列书其姓名于慈恩寺塔，谓之题名会。大宴于曲江亭子，谓之曲江会。"① 曲江会上的这些游宴活动与普通宴聚相比，除了饮酒赋诗、乐歌妓舞等之外，还有许多特殊习尚，且各有名目，《唐摭言》卷三"宴名"列出大相识、次相识、小相识、闻喜、樱桃、月灯、打球、牡丹、看佛牙、关宴十种②。曲江会逐渐成为新科进士的以庆祝为重心的宴聚，且规模越来越大，以至后来连皇帝也要参加，"上御紫云楼，垂帘观焉"，"曲江之宴，行市罗列，长安几于半空"，几乎成为长安最热闹的时候，有诗云："及第新春选胜游，杏园初宴曲江头。紫毫粉壁题仙籍，柳色箫声拂御楼"③，杏园探花、雁塔题名、曲江流饮、曲江游宴活动被誉为第一流人物的第一等风流事，成为千古美谈。

新科进士在曲江恣意游乐，产生不少有趣的故事。如《太平广记》贡举五之《卢彖》："崔沆及第年，为主罚录事。同年卢彖俯近关宴，坚请假，往洛下拜庆。既而淹缓久之，及同年宴于曲江亭子，彖以雕幰载妓，微服弹鞚，纵观于侧。"④ 小说中的新科进士卢彖不与同年欢庆，却与艳妓相亲，结果为人告发。此外，还有《剧谈录》记载的《裴休》一文，讲述了裴休于曲江荷花盛发时与省阁名士同游的故事，其所遇亦可解颐。"升平裴相国廉察宣城，朝谢后，未离京国，时曲江荷花盛发，与省阁名士数人同游。自慈恩寺屏去左右，各领小仆，步至紫云楼

---

① （唐）李肇：《唐国史补》，上海古籍出版社编：《唐五代笔记小说大观》，上海古籍出版社2000年版，第193页。
② （唐）王定保：《唐摭言》，上海古籍出版社编：《唐五代笔记小说大观》，上海古籍出版社2000年版，第1597页。
③ （唐）刘沧：《及第后宴曲江》，《全唐诗》卷五八六，中华书局1960年版，第6791页。
④ （宋）李昉：《太平广记》，中华书局1961年版，第1359页。

下，见五六人坐于水际。裴公与名士憩于旁。中有黄衣饮酒半酣，轩昂颇甚，指顾笑语轻脱。裴意稍不平，揖而问之：'吾贤所任何官？'率尔而对曰：'喏，即不敢，新授宣州广德县令。'连问裴曰：'押衙所任何职？'裴公效曰：'喏，即不敢，新授宣州观察使。'于是狼狈而走，同坐亦皆奔散。朝士抚掌大笑。"① 曲江之畔，名士贵官如云，言行不可不谨慎矣。

曲江除了作为进士、官员聚会之所，还是政府祈雨之地，同样有着鲜明的政治色彩。《册府元龟》卷五十四《帝王部·尚黄老第二》记载："（唐肃宗）乾元元年（758）二月旱，于曲江池投龙祈雨。又令道士何智通于尚书省都堂醮土神用特牲，设五十余座。右仆射裴冕及尚书侍郎官并就位如朝仪。"② 同书卷一百四十四《弭灾第二》记载："乾元元年五月己亥亢旱，阴阳人李奉先自大明宫出金龙及纸钱，太常音乐迎之，送于曲江池。投龙祈雨。宰相及礼官并于池所行祭。"③《新唐书》卷一百六十三亦云："岁旱，文宗忧甚。戡躬祠曲江池，一夕大澍。"④ 乾隆年间《西安府志》卷七十六拾遗志引《宣室记》云："萧昕为京兆尹，京师大旱。天竺僧不空三藏居静住寺，善持念召龙兴云雨。昕诣寺谓三藏结坛致雨，三藏乃命其徒取桦木皮尺余，钻小龙于上，震舌呼咒。食顷以龙授昕，曰：'可投曲江中'。昕如言。投之，旋有白龙身长数丈自水出，状如曳素。倏忽亘天，暴雨骤降。比及永崇里，道中之水已决渠矣。"⑤

宋代城市发展以及随之产生的空间变迁对于城市叙事有着重大影响，这种重大转变表现在以下几方面：一是典型的城市空间被极大地拓展开来，比如街衢市场、勾栏瓦舍，成为最具时代特征的空间景观；二是传统的城市空间如宫廷、酒楼、名园、佛寺、道观等得到了继续关

---

① （唐）康骈：《剧谈录》，上海古籍出版社编：《唐五代笔记小说大观》，上海古籍出版社2000年版，第1495页。
② （宋）王钦若：《册府元龟》，中华书局1960年版，第605页。
③ （宋）王钦若：《册府元龟》，中华书局1960年版，第1752页。
④ （宋）欧阳修、宋祁撰：《新唐书》，中华书局1975年版，第5013页。
⑤ （清）舒其坤修，严长明纂：《西安府志》，台北：成文出版社1969年版，第3814页。

注,并在相关描写上有所递进;三是城市空间之间的转换变得频繁,各类空间相互渗透,呈现多元交错的态势,商业空间、娱乐空间、政治空间等彼此交织,城市空间被赋予了多种属性。

西湖周边的湖山佳景可谓得天独厚,而由此开展的游赏盛会也喧阗热闹。《警世通言》卷二十三《乐小舍拼生觅偶》写乐小舍思恋顺娘,城中每有胜会,皆美服出行,小说写道:"每遇清明三月三,重阳九月九,端午龙舟,八月玩潮,这几个胜会,无不刷鬓修容,华衣美服,在人丛中挨挤。"① 由此可知,临安城里每年至少有四次盛会,其中的清明和端午都与西湖有关。"水光潋滟晴方好,山色空濛雨亦奇。欲把西湖比西子,淡妆浓抹总相宜",如同苏轼诗所云,西湖是临安人四时皆宜的去处。《武林旧事》卷三:"西湖天下景,朝昏晴雨,四序总宜。杭人亦无时而不游,而春游特盛焉……日糜金钱,靡有纪极。故杭谚有'销金锅儿'之号,此语不为过也。"② 《警世通言》卷二十三《乐小舍拼生觅偶》:"……时值清明将近,安三老接外甥同去上坟,就便游西湖。原来临安有这个风俗,但凡湖船,任从客便,或三朋四友,或带子携妻,不择男女,各自去占个座头,饮酒观山,随意取乐。"③ 另如《西湖三塔记》《白娘子永镇雷峰塔》《西山一窟鬼》等话本中都有游览西湖的记载。若说西湖的夜游之盛,则在小说《裴秀娘夜游西湖记》中表现亦颇充分,文中写道:

> 这临安府城内开铺店坊之人,日间无工夫去游西湖,每遇佳节之日,未牌时分,打点酒樽、食品,俱出涌金门外,雇请画舫或小划船,呼朋唤友,携子提孙。公子王孙,佳人才子,俱去夜游,有多少密约偷期之事。各人游至三更已后,去那六条桥亭子上歇宿,时人称为"西湖里点灯,东湖里明"。④

---

① (明)冯梦龙:《警世通言》,人民文学出版社 1956 年版,第 332 页。
② (宋)孟元老:《东京梦华录》(外四种),古典文学出版社 1956 年版,第 376 页。
③ (明)冯梦龙:《警世通言》,人民文学出版社 1956 年版,第 331 页。
④ (明)余象斗:《万锦情林》,《古本小说集成》第四辑,上海古籍出版社 2017 年版,第 203—204 页。

在西湖周边游览的过程，就是一个世俗空间不断转换的过程。《武林旧事》卷三《西湖游幸》："时承平日久，乐与民同，凡游观买卖，皆无所禁。画楫轻舫，旁午如织。至于果蔬、羹酒、关扑、宜男、戏具、闹竿、花篮、画扇、彩旗、糖鱼、粉饵、时花、泥婴等，谓之'湖中土宜'。又有珠翠冠梳、销金彩缎、犀钿、髹漆、织藤、窑器、玩具等物，无不罗列。如先贤堂、三贤堂、四圣观等处最盛。或有以轻桡趁逐求售者。歌妓舞鬟，严妆自炫，以待招呼者，谓之'水仙子'。至于吹弹、舞拍、杂剧、杂扮、撮弄、胜花、泥丸、鼓板、投壶、花弹、蹴鞠、分茶、弄水、踏混木、拨盆、杂艺、散耍、讴唱、息器、教水族飞禽、水傀儡、鬻水道术（宋刻无'水'字）、烟火、起轮、走线、流星、水爆、风筝，不可指数，总谓之'赶趁人'，盖耳目不暇给焉"①，尤其值得注意的是其中的"时承平日久，乐与民同，凡游观买卖，皆无所禁"之语，可见出西湖作为世俗空间极大的包容性。

二　从贵族趣味到现世情怀

从曲江到西湖叙事，仔细比较，就能发现不同的时代风尚与文化趣味。曲江之作为新科进士的聚会之地，还与当时的上巳节风俗相关。上巳节曲江游宴是古代祓禊风俗的演变和发展，是唐代规模最大的游宴活动，尤以玄宗开元、天宝时为最盛。杜甫《丽人行》诗中的"三月三日天气新，长安水边多丽人"之句，即指此宴而言。每年的三节：正月晦日、三月三日、九月九日，京城士女咸要来此登赏祓禊。届时"彩幄翠帱，匝于堤岸。鲜车健马，比肩击毂"②。"长安士女游春野步，遇名花则设席藉草，以红裙递相插挂，以为宴幄"，又"都人士女，每正月半后，各乘车跨马，供帐于园圃，或郊野中，为探春之宴"③。

"争攀柳丝千千手，间插红花万万头"就是对曲江游宴女郎的绝妙

---

① （宋）孟元老：《东京梦华录》（外四种），古典文学出版社1956年版，第375页。
② （唐）康骈：《剧谈录》，《唐五代笔记小说大观》，上海古籍出版社2000年校点本，第1495页。
③ （五代）王仁裕：《开元天宝遗事》，《唐五代笔记小说大观》，上海古籍出版社2000年校点本，第1738、1742页。

描写。唐代长安仕女春游，有一种习俗，即十分讲究在头上插上名贵的鲜花，时人称之曰"斗花"。《开元天宝遗事·斗花》记载：长安王士安，春时斗花，戴插以奇花多者为胜，皆用千金市名花植于庭苑中，以备春时之斗。[1] 其实她们相斗的何止鲜花，从服饰、化妆乃至步态都无不讲究，唯恐逊人。在这个日子里，"公卿家率以其日拣选东床"[2]。她们亦可借此见到平时无缘一睹的王孙公子、风流进士等青年男子，大开眼界。

长安城的侠与妓故事，总是与贵族生活相联系，同样也出现在曲江叙事中，成为长安叙事的重要组成部分。曲江是贵族文人的游赏和进士曲江宴举办之地，也是"人物喧杂、举国胜游"的民众游览地，在热闹非凡的曲江游宴展开之时，不免发生一些不平之事。在唐代小说中也塑造了一些豪士侠客形象，如《宣慈寺门子》一文近于纪实，讲述了唐僖宗乾符二年三月，在新科进士曲江宴时发生的一个故事：

> 饮兴方酣，俄睹一少年跨驴而至，骄悖之状，傍若无人。于是俯逼筵席，张目（明抄本"张目"作"长耳"）引颈及肩，复以巨垂枨筑佐酒。谑浪之词，所不能听。诸子骇愕之际，忽有于众中批其颊者，随手而堕。于是连加殴击，又夺所执枨，垂之百余。众皆致怒，瓦砾乱下，殆将毙矣。当此之际，紫云楼门轧然而开，有紫衣从人数辈驰告曰："莫打。"传呼之声相续。又一中贵驱殿甚盛，驰马来救。复操垂迎击，中者无不面仆于地。敕使亦为所垂。既而奔马而反，左右从而俱入门，门亦随闭而已。坐内甚忻愧，然不测其来，又虑事连官禁，祸不旋踵，乃以缗钱束素，召行殴者讯之曰："尔何人？与诸郎君阿谁有素？而能相为如此。"对曰："某是宣慈寺门子，亦与诸郎君无素，第不平其下人无礼耳。"众皆嘉

---

[1] （五代）王仁裕：《开元天宝遗事》，《唐五代笔记小说大观》，上海古籍出版社2000年校点本，第1738页。

[2] （唐）王定保：《唐摭言》，上海古籍出版社编：《唐五代笔记小说大观》，上海古籍出版社2000年版，第1595页。

叹，悉以钱帛遗之。复相谓曰："此人必须亡去，不然，当为擒矣。"后旬朔，坐中宾客多有假途宣慈寺门者，门子皆能识之，靡不加敬。竟不闻有追问之者。①

"曲江大会"引得士女观看，万人空巷，丽人如云，不少妓女亦借此出位。如《刘泰娘》文曰：

> 刘泰娘，北曲内小家女也。彼曲素无高远者，人不知之。乱离之春，忽于慈恩寺前见曲中诸妓同赴曲江宴，至寺侧下车而行，年齿甚妙，粗有容色。时游者甚众，争往诘之，以居非其所，久乃低眉。及细询之，云："门前一樗树子。"寻遇暮雨，诸妓分散。其暮，予有事北去，因过其门，恰遇犊车返矣，遂题其舍曰："寻常凡木最轻樗，今日寻樗桂不如。汉高新破咸阳后，英俊奔波遂吃虚。"同游人闻知，诘朝诣之者，结驷于门矣。②

长安北里妓刘泰娘，先前因"居非其所"，门前冷落，鲜有光顾者。其在与诸妓同赴曲江宴之后，游人争相探询，由此招揽到更多恩客。唐时的青年士人总是在曲江附近遇见淑女佳人，唐人小说以曲江为爱情奇遇的发生地可谓开创一个传统。

从曲江到西湖，贵族趣味演变为现世情怀。就人物身份而言，参与曲江之会者大都为进士官员，节庆之时则有名媛丽人游步其中，因此所叙述的不外乎风流高会的奇闻逸事。而对于杭州西湖而言，市井民众成为主流，表达的也多是发迹变泰的平民梦想。

就节庆风俗而言，比之于唐代曲江上巳节祓禊风俗，西湖叙事中多的是放生描写，展示出普通民众的宗教情怀。杭州之放生风俗约起于五代，以后诸朝的杭州，皆沿袭这一旧俗。比如《都城纪胜》之《社

---

① （宋）李昉：《太平广记》，中华书局1961年版，第1468—1469页。
② （唐）孙棨：《北里志》，《唐五代笔记小说大观》，上海古籍出版社2000年校点本，第1413页。

第二章 勾栏光影:走向市井的宋代通俗文艺之韵

会》:"城中太平兴国传法寺净业会,每月十七日则集男士,十八日则集女人,入寺讽经听法。岁终则建药师会七昼夜。西湖每岁四月放生会,其余诸寺经会各有方所日分。"①《西湖老人繁胜录》在说"佛生日"时,有云:"府主在西湖上放生亭设醮祝延。圣寿作放生会,士民放生会亦在湖中。船内看经、判斛、放生;游人湖峰上买飞禽、乌龟、螺蛳放生。"②《武林旧事·浴佛》:"四月八日为佛诞日,诸寺院各有浴佛会,僧尼辈竞以小盆贮铜像,浸以糖水,覆以花棚,铙钹交迎,遍往邸第富室,以小杓浇灌,以求施利。是日西湖作放生会,舟楫甚盛,略如春时小舟,竞买龟鱼螺蚌放生。"③

在曲江边,带有传奇色彩的往往是关于侠与妓的奇闻逸事,而在西湖边,除了红尘中市井细民,还有一类形象活跃其中值得注意,那就是佛教僧人。临安城内外寺院极多,《武林旧事》卷五《湖山胜概》中所列有数百座,为话本提到的则有灵隐寺、传法寺,如《菩萨蛮》写陈可常受屈,为郡王所责,灵隐寺的印长老"连忙入城,去传法寺,央住持桌大惠长老,同到府中,与可常讨饶"。④再如《喻世明言》卷三十《明悟禅师赶五戒》(谭正璧先生以为宋元旧本)中对天竺寺"三生石"来历的记载,尽管在唐人袁郊笔下《甘泽谣》已有李源与圆观三生相会的故事,而宋人之处其境言其事,更为切近。

在西湖周边的寺院中,最著名的僧人当属于济公。济公故事自南宋以来即在民间广泛流传。明代释大壑曾撰写《道济传略》:"道济,字湖隐,天台李茂春子。母王氏,梦吞日光而生,绍兴三年十二月初八日也。年十八,就灵隐瞎堂和尚远落发。风狂嗜酒肉,浮沉市井,或与群儿呼洞猿、翻筋斗,游戏而已。寺众讦之,瞎堂云:'佛门广大,岂不容一颠僧?'遂不敢摈。自是人称济颠。"⑤明代田汝成《西湖游览志余》卷十四《方外玄踪》亦记载了关于济颠的故事:"济颠者,本名道

---

① (宋)孟元老:《东京梦华录》(外四种),古典文学出版社1956年版,第98页。
② (宋)孟元老:《东京梦华录》(外四种),古典文学出版社1956年版,第117页。
③ (宋)孟元老:《东京梦华录》(外四种),古典文学出版社1956年版,第378页。
④ (清)缪荃孙:《京本通俗小说》,古典文学出版社1954年版,第22页。
⑤ 转录自释际祥《净慈寺志》,杭州出版社2006年版,第226页。

俗世雅意：浙风宋韵的多维审视

济，风狂不饬细行，饮酒食肉，与市井浮沉，人以为颠也，故称济颠。始出家灵隐寺，寺僧厌之，逐居净慈寺，为人诵经下火，累有果证，年七十三岁，端坐而逝。人有为之赞曰：'非俗非僧，非凡非仙，打开荆棘林，透过金刚圈。眉毛厮结，鼻孔撩天，烧了护身符，落纸如云烟。有时结茅宴坐荒山巅，有时长安市上酒家眠，气吞九州，囊无一钱。时节到来，奄如蜕蝉。涌出舍利，八万四千。赞叹不尽，而说偈言。'呜呼！此其所以为济颠者耶？今寺中尚塑其像。"[1] 文中所记的济公乃是一个"饮酒食肉，与市井浮沉"的酒肉和尚，却又深谙佛理，急人危难，救世济民。在佛教徒的观念中，他们普度众生，求的是来生，关注的却是现世。济公故事所倡导的现世理念正与西湖叙事世俗化的文化品格相通。

如果说，曲江叙事中的故事主人公多的是士、侠、妓，那么到了西湖叙事则更多的是释、商、女。我们不妨来比较唐传奇中的温庭筠《华州参军》和被视为宋元旧本的《白娘子永镇雷峰塔》（前简称《华州》，后简称《白娘子》）。分别发生在曲江和西湖边的两段艳遇，分明可见出两者在文化精神上的传承与接续。

温庭筠《华州参军》："华州柳参军，名族之子，寡欲早孤，无兄弟。罢官，于长安闲游。上巳日，于曲江见一车子，饰以金碧。从一青衣姝亦俊雅。已而翠帘徐褰，见掺手如玉，指画青衣令摘芙蕖。女之容色绝代，斜睇柳生良久。生鞭马从之，即见车入永崇里……"[2]

我们再来看《白娘子永镇雷峰塔》中生药铺伙计许宣与白娘子相遇的情形："那妇人同丫鬟下船，见了许宣，启一点朱唇，露两行碎玉，向前道了一个万福。许宣慌忙起身答礼。那娘子和丫鬟舱中坐定了。娘子把秋波频转，瞧着许宣。许宣平生是个老实之人，见此等如花似玉的美妇人，旁边又是个俊俏美女样的丫鬟，也不免动念……"[3]

两幅画面人物形象有别，叙述口吻不同，风格迥异，一边是贵族名

---

[1] （明）田汝成：《西湖游览志余》，上海古籍出版社1958年版，第275页。
[2] （宋）李昉：《太平广记》，中华书局1961年版，第2713页。
[3] （明）冯梦龙：《警世通言》，人民文学出版社1956年版，第253页。

士与淑女名媛之一见钟情，雍容雅致；一边是商铺伙计与丧偶少妇的同船相遇，俚俗活泼。曲江叙事突出的是门第观念与贵族品位，西湖叙事则是更纯粹的世俗欲念与现世体悟。

其实，除去这些，这两个故事有着更多令人惊奇的相似之处。首先，就城市叙事而言，《华州》以曲江叙事开篇，故事发生地主要在长安，《白娘子》以西湖叙事开篇，故事发生地主要在临安；就情节而言，两个故事讲述的都是一男与一女一婢的故事，情节结构都是三合三散，也即是男女主人公三次聚合又三次分离，最终以悲剧结尾；就人物而言，《华州》中的女主人公生前抛弃本夫王生，投奔男主人公柳参军，死后精魂不灭，与婢女之魂再次千里投奔，《白娘子》中的女主人公本为蛇精所化，一次次与小青寻觅许宣。两人都表现出对于感情的一往情深，矢志不渝。

通过这些比较，我们可以发现一个事实，到了温庭筠所处的晚唐时期，曲江叙事尽管在整体叙述上还有政治化、贵族化的传统特征，其思想内涵已悄然发生改变，《华州参军》是一场由女性发起的热烈的爱情追逐，成就了一段穿越生死的颇具个性解放意识的情爱叙述，这似乎表明市民化审美趣味的逐渐形成，就此而言，此《华州参军》对于其后之宋元话本《碾玉观音》《白娘子永镇雷峰塔》等篇的启示可谓意义非凡。由此可见，从曲江到西湖，走向市井空间的现世体悟，这是由唐而宋之城市叙事的必然选择。

三 城市空间想象与文化意蕴

有西方学者认为，"城市既是一种景观、一片经济空间、一种人口密度；也是一种生活中心和活动中心；更具体一点说，也可能是一种气氛、一种特征、或者一个灵魂"。[①] 在曲江叙事与西湖叙事中，正因为出于不同之空间想象，展示不同之文化情怀，曲江与西湖在相关叙事中都近于具有象征意味的文化符号。就两种城市叙事的文化心理而言，如

---

① 法国地理学家潘什美尔语，转引自梅新林、赵光育《现代文化学》，内蒙古人民出版社1995年版，第199页。

果说，曲江代表的是神秘的、不可预测的政治命运，西湖则更多展现出亲切的、当下的世俗热情。

　　长安曲江见证了唐代文士文化的形成。士人通过科举考试在长安取得的还不仅仅是一个资格，恐怕极为重要的还有及第以后所举行的种种诸如谢恩、期集、过堂、题名、燕集等带有礼仪性质的活动，通过这些活动士人们除了拜谒权臣、疏通关节，从而为自己的仕途做好铺垫之外，还通过雁塔题名、曲江游宴等天下瞩目的盛大仪式向世人昭示了自己的荣耀，士人们也依此象征性地获得了身份上的确认，这是其他方式很难替代的。由于科举制打破了门第、身份等诸多条条框框的限制，使许多文士热衷于功名，期望一朝成名。故曲江因为特殊的地理和政治地位而成为文人心中的神圣之地。"大君及群臣，宴乐方嘤鸣"（储光羲《同诸公秋霁曲江俯见南山》），"春光深处曲江西，八座风流信马蹄"（权德舆《酬赵尚书杏园花下醉后见寄》），曲江作为长安城的主要地标之一，它因新科进士的曲江游宴而带上了特定的政治和文化符号意义。而曲江宴所借以传达的特定政治蕴涵，正是唐代长安城作为全国政治中心的背景所带来的。曲江本身不是一般意义的地域范围，而是具有深厚精神内涵及强大辐射力的历史遗迹与文化名胜。文人与曲江之间的关系，能折射出特定时代精神的影像。正因为如此，在传奇小说中，曲江的文化意蕴才更加彰显。在《李娃传》中，荥阳生天门街唱挽歌，被其父发现，以为奇耻大辱，"乃徒行出，至曲江西杏园东，去其衣服，以马鞭鞭之数百"。这一地理位置的选择显然别有意味，表达了荥阳公对儿子功名曾经的极高期待，以及梦想破灭后的无限失望，在这里，曲江意象可视为一种特殊的政治文化符号。

　　曲江作为独特的自然人文空间，政治命运的不可把控有时又是和自然力量的令人敬畏联系在一起的。前文提到，曲江池除了供人游乐之外，同时也是唐朝廷早年祈雨的地方，且颇为灵验，因而成为神异之地。唐代欧阳詹《曲江池记》云："至若嬉游以节，宴赏有经，则纤埃不动，微波以宁，荧荧淳淳，瑞见祥形。其或淫湎以情，泛滥无数，则飘风暴振，洪涛喷射，崩腾骆驿，妖生祸觊。其栖神育灵，与善惩恶有如此者。"① 用曲江的平静和泛滥成灾来比附社会现实，多有迷信。但换一个角度来看，则可见出时人心目中的曲江形象。开元年间李蒙、裴士南、李捎云等即因参加新科进士的曲江会，泛舟曲江，结果出现意外，造成舟覆人亡的悲剧。此事在当时应影响颇大，在《广异记》《定命录》等多种唐代小说集中皆有记载，而较为典型的则是《独异志》中的表述：

> 开元五年春，司天奏玄象有谪见，其灾甚重。玄宗震惊，问曰："何祥？"对曰："当有名士三十人，同日冤死。今新及第进士，正应其数。"其年及第李蒙者，贵主家婿。上不言其事，密戒主曰："每有大游宴，汝爱婿可闭留其家。"主居昭国里，时大合乐，音曲远畅，曲水涨江，联舟数艘，进士毕集。蒙间（明抄本间作闻之），乃逾垣奔走，群众惬望。才登舟，移就水中，画舸平沉。声妓篙工，不知纪极，三十进士，无一生者。②

此后，在天宝三载亦曾发生曲江水患。彼时曲江寻春人众，曲水忽涨，溃破堤岸，寻春者转眼化为鱼食。有学士樊铸专门就此事作《檄曲江水伯文》一篇，向曲江之神主兴师问罪。在曲江这一独特的城市空间中，显然承载着来自社会与自然双重不可预测的力量。

安史之乱后，曲江这颗帝国明珠，随着唐王朝的几经战乱而逐渐褪去光彩，诗人们仍不住怀念曲江胜景。比如流寓夔州的杜甫创作了著名的《秋兴八首》，其六略带有总结意味地写曲江之景："瞿唐峡口曲江头，万里风烟接素秋。花萼夹城通御气，芙蓉小苑入边愁。珠帘绣柱围黄鹄，锦缆牙樯起白鸥。回首可怜歌舞地，秦中自古帝王州。"此时诗人身在夔州，并没有亲到曲江岸边，凭借联想写到长安曲江，又由曲江想到国家的风雨飘摇和自己的孤寂处境。杜甫怀恋曲江的繁盛，想起大唐往日的繁华，此时的曲江已成为大唐王朝昔日兴盛的象征。

---

① （清）董诰等编：《全唐文》卷五百九十七，中华书局1983年版，第6034页。
② （宋）李昉：《太平广记》，中华书局1961年版，第1184页。

俗世雅意：浙风宋韵的多维审视

区别于唐之曲江，西湖作为市井空间，概括而言，有几个特点值得注意：首先是这一空间的开放性与全民色彩，即不分贵贱贫富、不分季节时令的空间共享性。尽管同样是京城所在，但是城市世俗空间不断拓展，城市空间的政治色彩逐渐褪去，游宴不再是士人的特权专属。其次是超仪式性与世俗化，曲江大会上的仪式性在此亦不复存在，曾经的政治习俗、节庆仪式已被世俗的日常生活风尚所掩盖，活跃在城市中的已是五行八作的市民人群，他们完全可以不受礼法之拘牵，在西湖山水间自由演绎着自身的喜怒哀乐和爱恨情仇。

在南宋说话人的口中，西湖就是时下的，切实可感的。我们时时刻刻可以感受到话本中的那种现场感和真实感。说话人同样用的是全知的叙述视角，却经常站在听说者同等的位置上，叙述大家都比较熟悉的景物，比如话本里反复出现的"钱塘门"。《碾玉观音》："绍兴年间，行在有个关西延州延安府人，本身是三镇节度使咸安郡王。当时怕春归去，将带着许多钧眷游春。至晚回家，来到钱塘门里，车桥前面"；《碾玉观音》："时遇春天，崔待诏游春回来，入得钱塘门，在一个酒肆，与三四个相知方才吃得数杯，则听得街上闹吵吵……"；《西山一窟鬼》："婆子道：'只道教授忘了老媳妇。如今老媳妇在钱塘门里沿城住'"；《菩萨蛮》："（郡王）出了钱塘门，过了石涵桥大佛头，径到西山灵隐寺"①；等等。说书者多次有意提到钱塘门，乃是临安的主要城门之一。目的即是要唤起听说者的现场感，显然这个钱塘门当是众听说者经常出入的。据《梦粱录》记载，临安城四周"旱门十有三，水门五者"：城南只有嘉会门。东由南至北分别为便门、候潮门、保安门、新门、崇新门、东青门和艮山门。城西傍西湖，由南至北有钱湖、清波、涌金（丰豫）、钱塘四门，据《武林坊巷志·驻房营二》引《淳祐志》卷五、《咸淳志》、《浙江通志》曰："《城社》：城西门，钱塘门。"又同书引《郭西小志》曰："钱塘名门，绍兴二十八年，增作杭城西四门，曰钱塘、钱湖、清波、丰豫，此钱塘名门之始。"② 另外，同书又

---

① （清）缪荃孙：《京本通俗小说》，古典文学出版社1954年版，第35、33、18页。
② （清）丁丙：《武林坊巷志》第八册，浙江人民出版社1990年版，第740、742页。

多有出钱塘门过湖上的记载,可知钱塘门实为城内前往西湖的主要通道,故屡被话本小说提及。

更能显示话本这种现场感的是南宋临安说话人现时现地的口吻,它不断表现出对听说者的关注,不时提醒听说者同样了解的地点和情况,甚至插入"今时"之类的提示语。比如《西山一窟鬼》:"(吴秀才)且只得胡乱在今时州桥下开一个小小学堂度日,等待后三年春榜动,选场开,再去求取功名","时遇清明节假……,(吴秀才)取路过万松岭,出今时净慈寺里看了一回,却待出来……";"(吴秀才)一程离了钱塘门,取今时景灵宫贡院前,过梅家桥,到白雁池边来,问到陈干娘门首时,十字儿竹竿封着门"①;《错认尸》:"(乔俊)就央人赁房一间,在铜钱局前,今对贡院是也。"② 另外,可以见出说话人对临安城极为熟悉,几乎是了如指掌,比如《张生彩鸾灯传》:"舜美自思:'一条路往钱唐(塘)门,一条路往师姑桥,一条路往褚家堂,三四条叉路,往那一路好?'"③ 如《西湖三塔记》:"(奚宣赞)一直径出钱塘门,过昭庆寺,往水磨头来。行过断桥,四圣观前,只见一伙人围着闹哄哄。"④ 前者写叉道,后者写出城路线,都极为真实。

在《白娘子永镇雷峰塔》的开头曾汇集一些西湖景物的传说,从金牛寺到金华将军庙,从飞来峰到孤山路,从白公堤到苏公堤。这种对西湖风土人物的赞美即使在话本演述中也得到充分体现,不仅仅是对当地人情风物的亲切描写和刻画,有时候则表现了说话人溢于言表的自赏情绪,比如《白娘子永镇雷峰塔》中便反复出现夸赞杭州人的话,镇江的李员外称白娘子"便是杭州娘子生得俊俏",青青对许宣说的话则是"官人,娘子爱你杭州人生得好"。⑤ 而白娘子终究因为爱杭州人,成为永远的"杭州娘子",雷峰塔在这样的故事情境中产生,想来给当时听说此话本的杭州人带来了些许的遗憾。再如《西山

---

① (清)缪荃孙:《京本通俗小说》,古典文学出版社1954年版,第33、36、41页。
② 石昌渝:《清平山堂话本校注》,江苏古籍出版社1990年版,第245页。
③ (明)熊龙峰:《熊龙峰四种小说》,古典文学出版社1958年版,第9页。
④ 傅惜华选注:《宋元话本集》,四联出版社1955年版,第298页。
⑤ (明)冯梦龙:《警世通言》,人民文学出版社1956年版,第436、441页。

一窟鬼》所写鬼故事应是当时流传甚广的传闻,《梦粱录》卷十六《茶肆》:"更有张卖面店隔壁黄尖嘴蹴球茶坊,又中瓦内王妈妈家茶肆,名一窟鬼茶坊,大街车儿茶肆、蒋检阅茶肆,皆士大夫期朋约友会聚之处"①,至于是先有一窟鬼故事,还是先有一窟鬼茶坊,则未见文献上的记载。总的来说,这些传说故事都在湖光山色的映衬下,充满了世俗传奇的色彩,展示着宋人对于杭州、对于西湖始终不变的世俗热情。

英国文化学者迈克·克朗在《文化地理学》中曾指出:"长久以来,城市多是小说故事的发生地。因而,小说可能包含了对城市更深刻的理解。我们不能仅把它当作描述城市生活的资料而忽略它的启发性,城市不仅是故事发生的场地,对城市地理景观的描述同样表达了对社会和生活的认识。"② 在中国城市叙事的漫长历史中,曲江叙事与西湖叙事只是两个时代关于城市空间的典型文学文本,因为两个城市空间中自然与人文景观的相互影响、深度融合,却成就了城市叙事文本颇为丰富的文学与文化内涵。此种演变的意义至少三个方面:一是对于文学叙事而言,传统题材被注入新的内容,新的故事主题正在酝酿,新的文学主题开始引领新的文学风尚;二是对于时代文化转变而言,两个时代都城叙事的发展嬗递鲜明指示着历史演进的基本路向,在我们对于唐而宋变迁的粗线条认知框架中,填补和还原了空间演进中的诸多历史细节,丰富了我们的历史想象;三是对于城市的精神品格而言,不同的时代文化赋予了城市新的思想内涵,文学文本融入了城市之中,或与城市彼此映照,成为城市精神成长和个性铸造不可或缺的组成部分。有西方学者曾指出:"城市和关于城市的文学有着相同的文本性(textuality),也就是说,我们阅读文学文本的方法与城市历史学家们阅读城市的方法相类似"③,换言之,正因为城市叙事与城市有着独特的互融性和互文性,

---

① (宋)孟元老:《东京梦华录》(外四种),古典文学出版社1956年版,第262页。
② [英]迈克·克朗:《文化地理学》,杨淑华、宋惠敏等译,南京大学出版社2003年版,第63页。
③ [美]理查德·利罕:《文学中的城市——知识与文化的历史》,吴子枫译,上海人民出版社2009年版,第9页。

所以我们可以通过城市叙事来深入地解读宋代城市，更贴切地感悟城市之韵，理解城市的历史。

第三节　宋元南戏与民间生活伦理

如果说，在宋代城市化进程中，话本是浙风宋韵冲击波的第一波的中心，那么归属于戏曲类的南戏则处在与话本相邻的重要位置。如果说前文是从唐宋时代更替的角度来理解宋代话本叙事的市民化特色，那么下面我们则是从民间生活伦理的视角来看待宋元南戏所传递的、充满市井意味的价值观。

南戏，古籍中又称戏文、温州杂剧、永嘉杂剧、鹘伶声嗽等，其艺术体制与北曲杂剧存有显著差异。南戏产生于宋代的温州，据明祝允明《猥谈》、徐渭《南词叙录》等书的记载及今人钱南扬《戏文概论》等书的考证，戏名上添加"温州"或"永嘉"，系因剧本大多出于温州人之手。[①] 南戏的扩张性极强，约在南宋末已传播至北方的大都，又衍生出余姚、海盐、弋阳、昆山"四大声腔"，其中余姚与海盐二腔均在今浙江境内。据陆容《菽园杂记》、徐渭《南词叙录》、汤显祖《宜黄县戏神清源师庙记》、兰陵笑笑生《金瓶梅》等书的载录，在昆山腔崛起之前，海盐腔曾风靡大江南北。经现代学界的不懈考证，可知戏文剧目有二百余种，但存世剧本不及十分之一，据平湖钱南扬先生考索，大致保存宋元戏文原貌、且能考知其作者的有5种：宋九山书会编《张协状元》、宋古杭才人新编《宦门子弟错立身》、宋永嘉书会编撰《白兔记》、元武林书会萧德祥编撰《小孙屠》、元高明撰《琵琶记》，"九山书会"是南宋永嘉的民间创作组织，高明也是温州人，"武林""古杭"都指今日浙江杭州。而经明人之手修改过的有14种，其中作者可考者有3种：《荆钗记》《拜月亭》《杀狗记》。《荆钗记》系宋吴门学究敬先书会柯丹丘著；《拜月

---

① 参阅钱南扬《戏文概论》，中华书局2009年版，第23页。

亭》的作者，学界比较流行的说法是杭州人施惠。①《杀狗记》作者，明代以来学者一般认为是元末明初浙江淳安人徐仲由，此戏屡经后人改窜，修改者有徐时敏、吕天成、冯梦龙等人。综上，现存8种可考知作者的南戏中有7种为浙人所作。不难推知，那些已佚剧本的戏文作者也多为浙江人。

南戏来自民间，以里巷歌谣为主，属于不登大雅之堂的村坊文艺，故其曲文、念白广泛吸收了当时社会通行的谚语、成语及格言、警语等，不仅有力增强了戏曲舞台表演效果，更以艺术化方式向基层民众传授了切于实用的生活伦理，有效发挥了戏曲社会教化的功能。南戏中这些通俗且警拔的语句又见于宋元以来的一些民间道德教育读物，如《名贤集》《昔时贤文》《事林广记》等。对照考察宋元南戏中谚语、格言与《昔时贤文》等读物之关系，可以从一个独特角度梳理、归结出宋元浙江民间社会所推重的一些生活伦理价值，进而探讨早期南戏社会教化的实际内容及教化功能发挥的独特机制。以下拟以宋元四大南戏与《增广贤文》等读物之关系为中心加以考察论析。

一 四大南戏中谚语、格言与《增广贤文》等德育读物之关系

宋元南戏的创作主体是浙江地区的书会才人，它们描写的是下层民众的真实生活情状，表现的是他们的朴素生活理念和道德立场，譬如他们改变生活处境的物质渴求，提高社会地位的政治祈盼。在人际交往中，面对人心难测、世风浇薄的社会，他们所主张的道德原则。在人生旅途上遭遇众多不可知、不可抗拒力量时，他们所提出的应对策略，等等。这些价值理念不仅体现于剧情演绎，人物命运遭际，更反映在曲文、念白中频繁引用的谚语、格言等。

《荆钗记》《白兔记》《拜月亭》《杀狗记》（以下简称《荆》《刘》

---

① 曹楝亭本《录鬼簿》卷下《施惠》条载："一云姓沈。惠字君美，杭州人，居吴山城隍庙前，以坐贾为业。公巨目美髯，好谈笑。……诗酒之暇，惟以填词和曲为事，有《古今砌话》，亦成一集。其好事也如此。"（中国戏曲研究院编：《中国古典戏曲论著集成》第二集，中国戏剧出版社1959年版，第123页。）

《拜》《杀》）四大南戏，又称"四大传奇"，作为宋元戏文中的代表性剧目，在戏曲史上长期享有盛誉，《曲海总目提要》中《白兔》条云："元明以来，相传院本上乘，皆曰《荆》《刘》《拜》《杀》。……乐府家推此数种，以为高压群流。"① 学界一般认为其产生于宋元，但现存明刊本经过了明人不同程度的改动。② 不过，其曲文、念白多引民间谚语、格言的风貌仍然得以保留。

《名贤集》是我国古代一种著名的蒙学读物，具体作者不详。根据内容，学界一般认为是南宋以后儒生所辑撰。它汇集历代名贤有关修身治家的格言、警语，以及民间流行的有关为人处世的谚语、俗语，以四言、五言、六言、七言的韵文形式编撰而成。宋元以至明清，讽诵者自童蒙及于成人，在中国民间社会影响深远。

《增广贤文》又名《昔时贤文》或《古今贤文》等，一般简称《增广》，作者亦不详。是一部在宋元以来民间社会影响很大的道德教育读物，并被作为蒙学教材，代代相传。据考证，此书编成于宋代③，是在唐宋时颇为流行的《太公家教》基础上，吸收了《神童诗》等读物内容编撰而成。此书荟萃有关待人接物、修身齐家的格言警语、谚语俗语，以三言、四言、五言、六言、七言偶句形式纂辑成书，句式灵活，颇便诵读。有人称《增广》这种文体为"箴言体"。④ 明清时又屡遭修改，因而版本众多。至清代同治年间周希陶又进行重订扩充，更名为《重订增广贤文》。

《事林广记》是南宋末陈元靓编撰的一部日用百科全书式的通俗类书，专门辑录民众日常实用的知识。由于此书切于实用，广受欢迎，自元而明，屡刊屡增，不断增补新的内容以适应民众现实需要。因而，《事林广记》保存了丰富的宋元社会日常生活资料。《事林广记》原本已佚，

---

① （清）黄文旸：《曲海总目提要》卷四，天津古籍出版社1992年版，第139页。
② 本节内容所据四大南戏版本为俞为民先生以毛氏汲古阁本为底本校注的《宋元四大戏文读本》，由江苏古籍出版社1988年2月出版。以下不再另注。
③ 胡同庆：《〈太公家教〉与〈增广贤文〉之比较》，《敦煌研究》1987年第2期。
④ 胡同庆：《〈太公家教〉与〈增广贤文〉之比较》，《敦煌研究》1987年第2期。

但元明刊本存世众多。① 在现存比较常见的元至顺（1330—1333）建安春桩书院刻本（以下简称"至顺本"）前集卷九"人事类"（下）和元后至元六年（1340年）建阳郑氏积诚堂刊本乙集卷上"人事类"均有子目《警世格言》，其下皆有11个细目：《存心警语》《处己警语》《治家警语》《养生警语》《应世警语》《结交警语》《居官警语》《为吏警语》《禅机警语》《道家警语》《通用警语》，分别辑录十余条至数十条不等的格言警语。两个元刊本中的《警世格言》相比较，以至顺本为更丰富，本书所据即此版本②。

上述道德教育读物的中心内容是教人如何修身治家、为人处世，面向基层民众，切于生活实用。其价值取向以儒家观念为主导，辅以佛、道二家某些思想观念，还夹杂一些粗朴的民间意识形态。这种格局基本反映了中国民间思想文化结构的实情。从论述形态讲，它们带有实践理性特征，只提论断，不作论证阐发，颇类格言警语。另一方面，文体通俗，形式灵活，采用普通民众所喜闻乐见的偶句及韵文形式，叶韵悦耳，朗朗上口，易于记诵，便于传播。

四大戏文中格言警语与《名贤集》《增广贤文》③《事林广记》内容对照表

四大戏文中格言警语	四大戏文具体出处	《事林广记》	《名贤集》	《增广贤文》
世上万般皆下品，思量唯有读书高。	《荆》2出			万般皆下品，惟有读书高。
子孝双亲乐，家和万事成。	《荆》3出	同《荆》	妻贤夫祸少，子孝父心宽。	同《名贤集》
遇饮酒时须饮酒，得高歌处且高歌。	《荆》3出、《拜》29出			同《荆》

---

① 关于《事林广记》版本存世及诸本关系问题，请参阅1963年中华书局影印《事林广记》卷首胡道静所撰《前言》及日本学者森田宪司《关于在日本的〈事林广记〉诸本》（收入1982年河北大学出版社出版的《国际宋史研讨会论文选集》一书）一文。

② （宋）陈元靓：《纂图增类群书类要事林广记》，元至顺年间（1330—1333）建安春桩书院刻本。

③ 本节内容中《名贤集》《增广贤文》所采用版本为宋洪、乔桑编《蒙学全书》本，吉林文史出版社1991年版。

第二章　勾栏光影:走向市井的宋代通俗文艺之韵

续表

四大戏文中格言警语	四大戏文具体出处	《事林广记》	《名贤集》	《增广贤文》
不求金玉贵， 惟愿子孙贤。	《荆》6出			不求金玉重重贵， 但愿儿孙个个贤。
娶妻莫恨无良媒， 书中有女颜如玉。	《荆》6出			书中自有千钟粟， 书中自有颜如玉。
黄金满籝， 不如教子一经。	《荆》6出	遗子万金满籝， 不如教子一经。		积金千两， 不如多买经书。
受人之托， 必当终人之事。	《荆》6出、 《杀》20出	得人钱财， 与人消灾。 得人钱谷， 与人作福。		
着意种花花不发， 等闲插柳柳成荫。	《荆》6出、 《拜》25出			有意栽花花不发， 无心插柳柳成荫。
一家女子百家求， 九十九家不罢休。	《荆》8出			一家养女百家求， 一马不行百马忧。
天下无不是的父母。	《荆》11出			天下无不是的父母， 世上最难得者兄弟。
万般皆是命， 半点不由人。 祸福生死皆由命， 果然半点不由人。	《荆》13出、 《杀》6出		百年还在命， 半点不由人。	大家都是命， 半点不由人。
黄河尚有澄清日， 岂可人无得运时？	《荆》14出、 《刘》31出			同《荆》
若无渔父引， 怎得见波涛？	《荆》14出			不因渔父引， 怎得见波涛？
未晚先投宿， 鸡鸣起看天。 逢桥需下马， 过渡莫争先。	《荆》15出	逢桥须下马， 有路莫行船。		未晚先投宿， 鸡鸣早看天。
真个路遥知马力， 果然日久见人心。 自古路遥知马力， 果然日久见人心。	《荆》18出、 《杀》31出	路遥知马力， 事久见人心。	路遥知马力， 日久见人心。	同《名贤集》

续表

四大戏文中格言警语	四大戏文具体出处	《事林广记》	《名贤集》	《增广贤文》
十年身到凤凰池， 一举成名天下知。	《荆》19 出			十年窗下无人问， 一举成名天下知。
糟糠之妻不下堂， 贫贱之交不可忘。	《荆》19 出	同《荆》		
大鹏飞上梧桐树， 自有旁人说短长。 大风吹倒梧桐树， 自有傍人说短长。 假饶染就千红色， 也被傍人道是非。	《荆》19 出、 《杀》17 出、 《杀》34 出			假缎染就真红色， 也被旁人说是非。
平生不作皱眉事， 世上应无切齿人。	《荆》19 出	同《荆》		平生莫作皱眉事， 世上应无切齿人。
万事不由人计较， 一生都是命安排。	《荆》23 出、 《杀》8 出			同《荆》
天有不测风云， 人有旦夕祸福。	《荆》28 出、 《拜》15 出		人有旦夕祸福， 天有昼夜阴晴。	
莫信直中直， 须防仁不仁。	《荆》29 出	莫信直中直， 须防人不仁。		同《荆》
祸福无门， 唯人自召。	《荆》29 出、 《杀》29 出			善恶随人做， 祸福自己招。
夫妻本是同林鸟， 大限来时各自飞。 夫妻本是同林鸟， 限到各分别。	《荆》31 出、 《荆》34 出			人生似鸟同林宿， 大限来时各自飞。
正是雁飞不到处， 果然人被利名牵。 雁飞不到处， 人被利名牵。	《荆》33 出、 《刘》14 出		雁飞不到处， 人被利名牵。	
万事分已定， 浮生空自忙。	《荆》34 出、 《刘》7 出、 《杀》30 出		万事已分定， 浮生空自忙。	万事皆已定， 浮生空自忙。
人无百岁期， 空作千年计。			人生不满百， 常怀千岁忧。	同《名贤集》
三寸气在千般用， 一日无常万事休。	《荆》34 出		同《荆》	为人何必争高下， 一旦无命万事休。

第二章　勾栏光影:走向市井的宋代通俗文艺之韵

续表

四大戏文中格言警语	四大戏文具体出处	《事林广记》	《名贤集》	《增广贤文》
落花有意随流水, 流水无心恋落花。	《荆》34出			流水下滩非有意, 白云出岫本无心。
凡事劝人休碌碌, 举头三尺有神明。 万事劝人休碌碌, 举头三尺有神明。	《刘》3出、 《杀》26出			万事劝人休瞒昧, 举头三尺有神明。
官清公吏瘦, 神灵庙祝肥。	《刘》4出	官清人吏瘦, 神灵庙祝肥。		官清书吏瘦, 神灵庙祝肥。
得放手时且放手, 得饶人处且饶人。 得放手时须放手, 可饶人处且饶人。	《刘》4出、 《拜》7出	饶人不是痴, 过后得便宜。		饶人不是痴汉, 痴汉不会饶人。 欺人是祸, 饶人是福。 饶人算之本, 输人算之机。
一年之计在于春, 一生之计在于勤, 一日之计在于寅。	《刘》6出	一日之计在于寅, 一年之计在于春。		一年之计在于春, 一生之计在于勤。
三杯和万事, 一醉解千愁。	《刘》11出			三杯通大道, 一醉解千愁。
长江后浪催前浪, 世上新人趱后人。	《刘》16出			长江后浪催前浪, 世上新人赶旧人。
恨小非君子, 无毒不丈夫。	《刘》16出、 《杀》24出		量小非君子, 无度不丈夫。	
是非只为多开口, 烦恼皆因强出头。	《刘》18出	同《刘》	同《刘》	
常将冷眼看螃蟹, 看你横行到几时？	《刘》20出、 《杀》10出			但将冷眼观螃蟹, 看你横行到几时？
若将容易得, 便作等闲看。	《刘》24出			莫将容易得, 便作等闲看。
儿孙自有儿孙福, 莫与儿孙作远忧。	《刘》24出			儿孙自有儿孙福, 莫为儿孙作马牛。
欲求生富贵, 须下死工夫。 日后欲求生富贵, 眼前须下死工夫。 正是欲成生富贵, 眼前须下死工夫。	《刘》25出、 《拜》12出、 《杀》33出			欲成生富贵, 须下死工夫。

俗世雅意:浙风宋韵的多维审视

续表

四大戏文中格言警语	四大戏文具体出处	《事林广记》	《名贤集》	《增广贤文》
隔墙须有耳,窗外岂无人?	《刘》31出	墙有缝,壁有耳。		同《事林广记》
势败奴欺主,时乖鬼弄人。势败奴欺主,时衰鬼弄人。	《刘》32出、《杀》22出		官败如花谢,势败奴欺主。命强人欺鬼,时衰鬼弄人。	
善恶到头终有报,只争来早与来迟。	《刘》32出、《拜》7出、《杀》35出	善有善报,恶有恶报。善恶无报,时节未到。	同《刘》	同《刘》
世事短如春梦,人情薄如秋云。轻薄人情似纸,迁移世事如棋。	《刘》33出、《拜》1出			人情似纸张张薄,世事如棋局局新。
一举首登龙虎榜,十年身到凤凰池。	《拜》2出			同《拜》
当权若不行方便,后代儿孙骑马驴。	《拜》6出	莫若当权时,与人行方便。	若不与人行方便,念尽弥陀总是空。	积德与儿孙,要广行方便。
假饶人心似铁,怎当官法如炉。	《拜》6出	人心似铁,官法如炉。	同《事林广记》	同《事林广记》
湛湛青天不可欺,未曾举意早先知。	《拜》7出	人心生一念,天地皆悉知。		天眼恢恢,疏而不漏。
正是家贫显孝子,国难见忠臣。	《拜》10出		家贫知孝子,国乱识忠臣。	
明知山有虎,故作采樵人。	《拜》20出			明知山有虎,莫向虎山行。
药医不死病,佛度有缘人。	《拜》25出			药能医假病,酒不解真愁。
人离乡贱。	《拜》26出	人离乡贱,物离乡贵。	同《事林广记》	
与人方便,自己方便。	《拜》26出	天上人间,方便第一。	同《拜》	一毫之善,与人方便。
画虎画皮难画骨,知人知面不知心。	《杀》2出			同《杀》
曾记桃园结义深,从来仁义值千金。	《杀》3出			钱财如粪土,仁义值千金。

续表

四大戏文中格言警语	四大戏文具体出处	《事林广记》	《名贤集》	《增广贤文》
人情若比初相识，到老终无悔恨心。人情若是初相识，到底终无怨恨心。	《杀》3出、《杀》28出		人情好似初相见，到老终无怨恨心。	相逢好似初相识，到老终无怨恨心。
结交须胜己，似我不如无。	《杀》4出	同《杀》		同《杀》
酒逢知己千杯少，话不投机半句多。	《杀》4出		同《杀》	
触来勿与竞，事过必清凉。	《杀》5出			同《杀》
常将有时思无日，莫待无时思有时。	《杀》6出	常将有日思无日，莫待无时当有时。		常将有日思无日，莫把无时当有时。
富家不用买良田，书中自有千钟粟。	《杀》6出			书中自有千钟粟，书中自有颜如玉。
热心闲管招非，冷眼无些烦恼。	《杀》7出	是非只为多开口，烦恼皆因强出头。	同《事林广记》	
闭口深藏舌，安身处处牢。	《杀》7出	同《杀》	同《杀》	
屋漏更遭连夜雨，船迟又被打头风。	《杀》10出			屋漏更遭连夜雨，行船又遇打头风。
人平不语，水平不流。	《杀》14出		同《杀》	人贫不语，水平不流。
命里穷时只是穷，拾了黄金变了铜。运退黄金失色，时来铁也争光。	《杀》14出、《杀》18出		同《杀》	运去金成铁，时来铁似金。
嫩草怕霜霜怕日，恶人自有恶人磨。	《杀》14出			强中自有强中手，恶人终受恶人磨。
富贵不然亲兄弟，贫寒亲的不相亲。我有黄金千万两，不因亲者却来亲。	《杀》15出、《杀》17出	贫居闹市无相识，富在深山有远亲。	白马红缨彩色新，不是亲者强来亲。	贫居闹市无人问，富在深山有远亲。

续表

四大戏文中格言警语	四大戏文具体出处	《事林广记》	《名贤集》	《增广贤文》
成人不自在， 自在不成人。	《杀》16出		同《杀》	
礼义生于富贵， 盗贼出于贫穷。	《杀》18出			同《杀》
处事少时烦恼少， 识人多处是非多。	《杀》18出		衣服破时宾客少， 识人多处是非多。	知事少时烦恼少， 识人多处是非多。
家有一心， 有钱买金； 家有二心， 无钱买针。	《杀》19出	同《杀》		两人一般心， 无钱堪买金； 一人一般心， 有钱难买针。
妻贤夫祸少。	《杀》20出	妻贤夫祸少， 子孝父心安。	妻贤夫祸少， 子孝父心宽。	同《名贤集》
是非终日有， 不听自然无。	《杀》23出			同《杀》
利刀割水伤犹没， 恶语伤人恨不消。 利刀割水两难开， 好语解人金腰带。	《杀》24出、 《杀》25出		良言一句三冬暖， 恶语伤人六月寒。	利刀割体痕易合， 恶语伤人痕不消。 伤人一语， 利如刀割。
船到岸边先修理， 莫等江心补漏迟。	《杀》24出		临岸勒马收缰晚， 船到江心补漏迟。	
吃酒弟兄千个有， 临难之时一个无。	《杀》24出			有茶有酒多兄弟， 急难何曾见一人？
夫妻且说三分话， 未可全抛一片心。	《杀》24出	逢人且说三分话， 未可全抛一片心。		同《事林广记》
因风吹火， 用力不多。	《杀》25出			同《杀》
人间私语， 天闻若雷； 暗室亏心， 神目如电。	《杀》26出	同《杀》	同《杀》	同《杀》
送君千里， 终有一别。	《杀》27出			同《杀》
狗有湿草义， 马有垂缰志。	《杀》34出		马有垂缰之义， 狗有湿草之恩。	

续表

四大戏文中格言警语	四大戏文具体出处	《事林广记》	《名贤集》	《增广贤文》
根深不怕风摇动，树正何愁月影西。	《杀》34 出	根深不怕风摇动，树正何愁月影斜？		同《事林广记》
国正天心顺，官清民自安。	《杀》35 出	同《杀》	同《杀》	

从上表可以看出，在所摘录四大戏文 102 条成语、格言中，与《增广贤文》内容相同或相近者有 71 条，接近率达 70%；与《名贤集》相同相近者 34 条，接近率为 33%；与《事林广记》相同相近者 32 条，接近率为 31%。四大戏文与其他三种读物共有内容有 9 条，约占 9%。因此，四大戏文与《增广贤文》等通俗读物的关系确实值得研究。当然，《增广贤文》等书是专门辑录成语格言、传布世俗伦理规范的读本，尽管它们在流传过程中版本纷纭，但其内容条目还是具备相对较高的规范性和稳定性，而包括四大戏文在内的戏曲、小说在使用与上述读物相应的内容时，除了一部分直接袭用之外，则采取"拿来主义"态度，根据特定语境、声情需要，进行了精心改造，正如上表所展示，以便更好地为其所用，为其增色。

二 四大南戏所反映的宋元民间生活伦理

日本著名思想史家沟口雄三曾把广义的中国儒教按其不同的层次、对象、范畴划分为十个方面，其中把"民间伦理"，即渗透于民间生活中的文化观念、群体意识作为一个方面，并将其分解为三个层面：一是由为政阶层注入的，来自上方的"教化伦理"；二是平民为了维持自身生活需要的，来自下方的"生活伦理"；三是表现在社会职业观念上的"职业伦理"。[1] 中国学者李长莉在此基础上将中国传统社会伦理的基本结构区分为教化伦理与民间生活伦理。她认为，自汉代实行"独尊儒术"以后，直至清代，儒家伦理一直被历代统治者奉为正统教化伦理，

---

[1] ［日］沟口雄三：《中国儒教的十个方面》，《孔子研究》1991 年第 2 期。

在官僚士大夫阶层的提倡和教化下,渗入民间的社会生活之中,居于主导地位。与此同时,在民间的实际生活中,还存在着来自人们生活需要和生活经验不同于正统教化伦理的民间生活伦理。尽管它们往往受到排斥,或居于末流,但却一直在人们的实际生活中发挥着一定影响。① 按照这种伦理结构划分思路,四大戏文和《增广贤文》等道德教育读物中的伦理规范属于民间生活伦理的层次。

《名贤集》、《增广贤文》和《事林广记》的"人事类"均属世俗道德教育读物,而本书所摘录四大戏文成语、格言既然与上述读物存在密切关联,因此,从谚语、格言这个独特角度,以《增广贤文》等通俗读物作参照,可以窥见四大戏文及早期南戏所反映的民间生活伦理状貌之一斑。

第一,读书致贵,升官发财。宋代科举取士对象范围的扩大,使读书做官思想在民间社会得到空前张扬,在四大南戏中有浓墨重彩的渲染,与《增广贤文》等道德教育读物互相呼应。如下数例:"万般皆下品,惟有读书高。"(《荆》2出、《增广贤文》)"不求金玉贵,但愿子孙贤。"(《荆》6出、《增广贤文》)"娶妻莫恨无良媒,书中有女颜如玉。"(《荆》6出、《增广贤文》)"黄金满籝,不如教子一经。"(《荆》6出、《事林广记》与《增广贤文》)"十年身到凤凰池,一举成名天下知。"(《荆》19出、《增广贤文》)"富家不用买良田,书中自有千钟粟。"(《杀》6出、《增广贤文》)

第二,世情浇薄,处世谨慎。从身处下层社会的深刻感受出发,四大南戏创作主体对人心不古、世道沦丧的冷酷现实发出深长叹息,表露出戒慎恐惧的心理,与《增广贤文》等读物的警戒训示同一声腔。"势败奴欺主,时乖鬼弄人。"(《刘》32出、《杀》22出、《名贤集》)"世事短如春梦,人情薄如秋云。"(《刘》33出、《增广贤文》)"轻薄人情似纸,迁移世事如棋。"(《拜》1出、《增广贤文》)"人情若比初相识,到老终无怨恨心。"(《杀》3出、《杀》28出,《名贤集》、《增广贤

---

① 李长莉:《十九世纪中叶上海租界社会风尚与民间生活伦理》,《学术月刊》1995年第3期。

文》)"人离乡贱,物离乡贵。"(《拜》26 出、《事林广记》与《名贤集》)"富贵不然亲兄弟,贫寒亲的不相亲。"(《杀》15 出,其他三种读物略同)"吃酒弟兄千个有,临难之时一个无。"(《杀》24 出、《增广贤文》)"画虎画皮难画骨,知人知面不知心。"(《杀》2 出、《增广贤文》)"夫妻且说三分话,未可全抛一片心。"(《杀》24 出、《事林广记》与《增广贤文》)"夫妻本是同林鸟,大限来时各自飞。"(《荆》31 出、《荆》34 出、《增广贤文》)"莫信直中直,须防仁不仁。"(《荆》29 出、《增广贤文》与《事林广记》)

第三,善恶必报,顺天安命。站在社会下层民众立场,四大南戏充斥大量有关天、命、时、运不可抗拒,社会个体只好安命顺从的警语,与《增广贤文》等读物的教化理念互相印证。"万般皆是命,半点不由人。"(《荆》13 出、《名贤集》与《增广贤文》)"万事不由人计较,一生都是命安排。"(《荆》23 出、《杀》8 出、《增广贤文》)"万事分已定,浮生空自忙。"(《荆》34 出、《刘》7 出、《杀》30 出、《名贤集》与《增广贤文》)"善恶到头终有报,只争来早与来迟。"(《刘》32 出、《拜》7 出、《杀》35 出,《名贤集》、《增广贤文》、《事林广记》三种皆有)"运退黄金失色,时来铁也争光。"(《杀》18 出、《杀》14 出、《增广贤文》、《名贤集》)

第四,修身正己,诚信为本。四大南戏与《增广贤文》等读物中格言警语传达的民间生活伦理与儒家教化伦理的取向是相同的,即重视修身,强调诚信。"根深不怕风摇动,树正何愁月影西。"(《杀》34 出、《事林广记》与《增广贤文》)"人间私语,天闻若雷。暗室亏心,神目如电。"(《杀》26 出,《事林广记》、《名贤集》、《增广贤文》三种皆有)"湛湛青天不可欺,未曾举意早先知。"(《拜》7 出、《事林广记》与《增广贤文》)"凡事劝人休碌碌,举头三尺有神明。"(《刘》3 出、《杀》26 出、《增广贤文》)"平生不做皱眉事,世上应无切齿人。"(《荆》19 出、《事林广记》与《增广贤文》)"受人之托,必当终人之事。"(《荆》6 出、《杀》20 出、《事林广记》)

第五,妻贤子孝,家庭和睦。中国传统社会家国一体,家庭和睦、家庭幸福是世俗大众最现实的理想追求，也是达致社会和谐、国运昌盛的基础。四大南戏与《增广贤文》等读物立场一致。"子孝双亲乐，家和万事成。"（《荆》3出，《事林广记》、《名贤集》、《增广贤文》三种皆有）"天下无不是的父母。"（《荆》11出、《增广贤文》）"妻贤夫祸少。"（《杀》20出，《增广贤文》、《事林广记》、《名贤集》三种皆有）"家有一心，有钱买金；家有二心，无钱买针。"（《杀》19出、《事林广记》与《增广贤文》）

第六，行善积德，忍让宽容。植根于下层民众生活的深厚土壤，四大南戏吸纳了许多劝人不与社会对立、多与别人方便的箴言教条。"当权若不行方便，后代儿孙作马驴。"（《拜》6出，《事林广记》、《名贤集》、《增广贤文》三种皆有）"与人方便，自己方便。"（《拜》26出，《名贤集》、《事林广记》、《增广贤文》三种皆有）"得放手处且放手，得饶人处且饶人。"（《刘》4出、《拜》7出、《事林广记》与《增广贤文》）

第七，惜时勤勉，奋发有为。发挥个体主动性，自强不息，改变人生处境，追求远大志向，是底层民众鲜活、旺盛生命力的真实写照，四大南戏与《增广贤文》等读物对此都持充分肯定的态度。"一年之计在于春，一生之计在于勤，一日之计在于寅。"（《刘》6出、《事林广记》与《增广贤文》）"长江后浪催前浪，世上新人趱旧人。"（《刘》16出、《增广贤文》）"欲求生富贵，须下死工夫。"（《刘》24出、《拜》12出、《杀》33出、《增广贤文》）"成人不自在，自在不成人。"（《杀》16出、《名贤集》）"常将有时思无日，莫待无时思有时。"（《杀》6出、《事林广记》与《增广贤文》）

第八，惧官守法，随分安适。在等级森严的官僚社会体系中，底层细民要想平安生存，就不能与官府作对，必须学会退缩忍让，随分安适。"假饶人心似铁，怎当官法如炉？"（《拜》6出，《事林广记》、《名贤集》、《增广贤文》三种皆有）"遇饮酒时须饮酒，得高歌处且高歌。"（《荆》3出、《拜》29出、《增广贤文》）"触来勿与竞，事过必清凉。"（《杀》5出、《增广贤文》）"处事少时烦恼少，识人多处是非多。"（《杀》18出、《名贤集》与《增广贤文》）

第九，慎重结交，远离是非。细民百姓面对难测的人心，复杂的社会，与人交往必须慎重选择，远离是非。"结交须胜己，似我不如无。"（《杀》4出、《事林广记》与《增广贤文》）"热心闲管招非，冷眼无些烦恼。"（《杀》7出、《事林广记》与《名贤集》）。"是非只为多开口，烦恼皆因强出头。"（《刘》18出、《事林广记》与《名贤集》）"闭口深藏舌，安身处处牢。"（《杀》7出、《事林广记》、《名贤集》）"是非终日有，不听自然无。"（《杀》23出、《增广贤文》）"隔墙须有耳，窗外岂无人？"（《刘》31出、《事林广记》与《增广贤文》）

从以上梳理、归纳可以看出，宋元南戏所宣讲的民间生活伦理价值，有些与正统儒学教化伦理及佛、道观念相一致，如修身正己、诚信为本，妻贤子孝、家庭和睦，善恶有报、行善积德等，但有些价值理念则呈现与后者不同程度的背离取向，如"结交胜己"的势利选择，慨叹"人情轻薄似纸"而提倡不相信世间一切人的不和谐导向。而这些是非标准、伦理价值，正是民间意识形态的真实折射，与底层民众的生活实践非常契合，因而能唤起他们强烈的共鸣。这些在戏曲艺术世界中得到验证和肯定的价值原则很容易内化为他们日常生活中的行为准则，从而编织起一个属于他们自己的价值世界。元末明初，虽然随着文人参与戏文创作，南戏审美取向趋向雅化，但为了争取基层民众，编创主体仍然有意识地向民间意识靠拢，如元末高明改编《琵琶记》，不仅在副末开场中公开宣称"不关风化体，纵好也徒然"①，而且也大量吸收民间流行的谚语、成语、格言警语等，以迎合基层民众的实际需要，发挥戏曲"人生教科书"的社会功能。

三 民间生活伦理与四大南戏剧情构撰

上述生活理念、道德原则渗透于南曲戏文的艺术肌体，成为其选择题材、构撰情节、塑造人物的一种重要动能。限于篇幅，此处仅择其中之二而略加论析。

---

① 钱南扬：《元本琵琶记校注》，中华书局2009年版，第1页。

（一）读书致贵与民间婚姻道德。宋元戏文题材体现出强烈的书生命运关怀情结，描写最多的就是贫穷书生应试及第、发迹变泰的题材，这可能与浙江地区书会才人的人生经历有直接关系，这种选材倾向并为后来的传奇戏所继承发展。本来，封建社会人与人之间存在尊卑贵贱地位的差异是升官发财思想深入人心的根本基础。而赵宋王朝基于"尚文抑武"的治国方策，及扩大统治基础、牢笼知识分子的政治需要，将科举取士的规模扩充至科举史上"空前绝后"的境地。宋代科举考试设有贡举、武举、制举、词科、童子举以及宗室应举等科目。其中，贡举一科取士最多，占据宋代科举取士总量的绝大部分。据统计，两宋贡举共取士110130人，平均每年344人。而宋之前的唐及之后的元、明、清诸朝，皆不能比肩。唐代贡举、制举等共取士20619人，平均每年71人。元代98年开科16榜，取士1135人，平均每年不到12人。明代276年开科88榜，取士24612人，平均每年89人。清代实行科举的266年开科112榜，取士26832人，平均每年103人。据此可以计算，宋代平均每年取士的人数约为唐代的5倍、约为元代的30倍、约为明代的4倍、约为清代的3.4倍。[①] 南宋的首都即今之杭州，其时浙江考生的中式率名列前茅。这样，宋代庶民阶层通过科举考试进入统治阶层的机会大大增加，极大激发了农、工、商等阶层读书向学的热情，"富家不用买良田，书中自有千钟粟；安居不用架高梁，书中自有黄金屋"的美好前景，在向每个读书人招手，学优则仕的观念渗透每个人的心灵。许多蒙学读物和通俗文艺作品成为这种观念的传播者、强化者。除了题材集中于书生发迹变泰，戏文中许多成语、格言更是直接袭用专门宣扬读书做官思想的《神童诗》，如早期南戏《张协状元》引首《诸宫调张叶》中张叶的念白："看的，世上万般俱下品，思量惟有读书高。"[②] 再如《荆钗记》第2出【玉芙蓉】曲中"书堂隐相儒，朝野开贤路"两句，显由《神童诗》中"道院迎仙客，书堂隐相儒"二句改

---

① 张建伟、张学强：《宋代科举扩大取士与冗官问题——兼论当代高校招生中的"扩招"现象》，《国家教育行政学院学报》2008年第9期。

② 钱南扬：《永乐大典戏文三种校注》，中华书局1979年版，第2页。

写而来。同出四句下场诗"圣朝天子重英豪，常把文章教尔曹。世上万般皆下品，思量惟有读书高"则蹈袭《神童诗》首四句。再如《白兔记》第7出"久旱逢甘雨，他乡遇故知"二句直取自《神童诗》。而同一出"洞房花烛夜，一对好夫妻"两句，前一句借用了《神童诗》中现成诗句，后一句是剧作者临时拼凑的。在宋元南戏中，那些顺利到达理想码头、挤入上流社会的书生，在处理新的人生重大问题时，开始背叛中状元之前的民间道德立场，在婚姻问题上，状元们往往做出"富贵易妻"的利己主义选择。明代戏曲家沈璟《南九宫谱》卷四收有无名氏【正宫·刷子序】曲二支，题作《集古传奇名》，其一云："书生负心，叔文玩月，谋害兰英。张叶身荣，将贫女顿忘初恩。无情李勉，把韩妻鞭死。王魁负倡女亡身。叹古今，欢喜冤家，继着莺燕争春。"[①] 所咏4部南戏皆为书生负心题材。而今存《荆钗记》搬演王十朋中状元后，坚守与钱玉莲的荆钗婚盟，执意不从万俟宰相的招赘，终与玉莲团圆。据有的学者研究，这种结局系明初人修改的结果，此剧早期形态也是状元婚变戏。[②] 而浙江地区正是书生负心人伦悲剧的重灾区，如《赵贞女》《张协状元》等浙人作戏文原本都是负心故事。因为富贵易妻的行为违背了民间所推重的"糟糠之妻不下堂"的道德原则，因而南戏创作主体同声批评、谴责状元们的背信弃义行为。可见，来自民间的读书致贵、婚姻道德等观念对宋元戏文的渗透何其深切！

（二）家庭和睦、慎重结交与《杀狗记》剧情的概念化。学界一般认为，四大戏文中《杀狗记》的艺术成就最低。我们认为，此剧之所以失败的一个重要原因是"教化"过度，未能处理好社会教化与艺术表演之间的关系。富人孙华听信酒肉朋友、市井无赖柳龙卿、胡子传的挑拨，不念手足之情，将亲兄弟孙荣逐出家门。孙华与柳、胡二人曾在蒋园结义，声称"赛关张"，不愿同日生，只愿同日死。两个结义兄弟曾对孙华发下豪言壮语："大哥有事，都是我弟兄两个担当，火里火里

[①] （明）沈璟：《南九宫十三调曲谱》，王秋桂辑：《善本戏曲丛刊》（第三辑第27册），台北：学生书局1984年版，第191—192页。
[②] 俞为民：《宋元南戏考论续编》，中华书局2004年版，第187页。

去，水里水里去。大哥若是打杀了人，也是我们弟兄两个替你偿命。"还声称："曾记桃园结义深，从来仁义值千金。"孙华无偿供柳、胡二人衣食钱物。这真是"人情若比初相识，到老终无悔恨心"。孙华之妻杨月真为使丈夫回心转意，设计"杀狗劝夫"良策，将一条黄狗杀死，然后扮成人的尸体模样放在后门口。夜间吃酒回来的孙华撞见躺在门口的尸体，吓破了胆，怕吃官司，便去找柳、胡二人帮忙移尸灭迹，不料两个结义兄弟听说孙华杀了人，皆装病不去，翻脸不认人，甚至落井下石，到官府去首告孙华。这果然应了"吃酒弟兄千个有，临难之时一个无"的警语。最终孙华还是听从贤妻建议，请胞弟孙荣前来相助，孙荣不念旧恶，为兄埋尸消灾。柳、胡二人将孙华首告至开封府，府尹明镜高悬，断明是非，将两个恶人严惩治罪，这又验证了"善有善报，恶有恶报"的格言。杨月真杀狗劝夫，获得皇帝旌表，果然是"妻贤夫祸少"。孙华孙荣兄弟二人重新团结，洗雪冤情，战胜恶人，真个是"家和万事成"。不能不说，此剧对世俗生活伦理的书写非常到位，的确切中浇薄的世情。但其艺术效果未获好评，却又表明，戏文作为一种表演艺术，它固然可以承载道德教育功能，但如果违背艺术创作规律，变成某些道德理念或意识形态的传声筒，又会导致艺术主体性的丧失。

四 结语

"文以载道"是中国文化的一贯传统，传统戏曲的社会教化功能即所谓"高台教化"，历来受到统治阶层和正统文士的重视，现代学界也对此进行了多方面论述。但是古人的提倡和今人的探讨，往往存在方法简单、认识片面的偏失，即仅从正统儒家教化伦理的角度审视、评价戏曲的社会教化功能，肯定其意义，总结其原则。而对早期民间形态戏曲和文人雅化后戏曲在教化内容、教化机制等方面的差异则视而不见、鲜有论及。究其原因，一是对戏曲在民间社会的生存实态缺乏全面深入的了解，二是思维方式僵化、参照体系单一，忽视戏曲所承载的价值观念的包容性和复杂性。然而，传统戏曲，尤其是民间形态的戏曲作品，之所以能在民间保持经久不衰的艺术生命力，根本原因在于它们以民众喜闻乐见的方式大力宣扬了民间的道德追求和价值理想。这些价值原则和生活理念真正发挥了社会教化的作用，直接指导了他们的现实生活。明乎此，则我们对于传统戏曲，尤其是民间形态戏曲社会教化问题的探讨，就应该扭转长期以来仅仅局限于官方意识形态视角的偏差，重视民间生活理念视角的固有优势和独特穿透力，去重新审视传统戏曲创作与民间生活伦理、戏曲艺术表演与社会教化实施等之间的关系，以使我们对戏曲教化功能的提倡与研究，既遵循艺术创作规律，又有的放矢，发掘和发挥戏曲社会整合的功能和作用。从古为今用的角度看，自民间生活伦理视角研究宋元戏文，对于我们探讨如何最大限度地发挥传统戏曲（也包括其他大众文艺形式）弘扬传统美德、促进和谐社会构建的功能，也有现实的启迪。

第四节　雅俗交流视域中的宋代谣谚传播

在宋代通俗文艺的传播中，尽管市民化、通俗化成为主流方向，但在很多情况下雅与俗并非截然分开，彼此对立，而是相互依存，彼此借鉴。由于雅文化与俗文化彼此融合，有大量的文艺作品介于雅俗之间，两者兼具。比如俗话雅韵，宋元以后杭州兴起的通俗小说，如"卖油郎独占花魁"、"金玉奴棒打薄情郎"等西湖小说，充满了文人的情感和趣味；再如雅诗俗趣，如杨维祯首创《西湖竹枝词》（九首），引得天下人竞相唱和，其二云："家住西湖新妇矶，劝郎休唱金缕衣。琵琶比是韩朋木，弹得鸳鸯一处飞。"[①] 民俗意味的竹枝词以文人的口吻出之，这本身就是雅俗相融的典型方式。而本节内容主要讨论的就是宋代文人如何参与创作和传播通俗文化中的谣谚，以及由此如何和民间文化密切互动的话题，简言之，也就是讨论雅俗交流视域中的宋代谣谚传播问题。

谣谚，通常被称为民谣民谚，是典型的民间文化。论及谣谚的传播

---

① 雷梦水等编：《中华竹枝词》，北京古籍出版社1997年版，第1623页。

与接受者一般被笼统地定义为"民众",通常与文人的精英文化相区别。如果从文化程度角度将谣谚的创作、传播、接受群体作一定的划分,大体可分成两个层面:文人层面、民间层面。而文人层面有上层士大夫文人与中下层文人之别;民间层面的情况更加复杂,自耕农、佃农、新兴市民以及各行各业的手工业者、大小商人,各色人等。但这一划分并非绝对,各阶层不是孤立存在,而是处于互为依托的动态流动系统中,而且"民众"本身包括部分非官员身份的文人,在讨论谣谚传播与接受现象时,这一界定只是相对而论,但这对于从社会群体角度将谣谚划入民间文化的探讨却意义重大。同样,对于揭示文人在文化创造和传承中的特殊地位和影响具有重要意义,文人的作用不仅适用于精英文化,而且亦体现在民间文化。本节试图通过谣谚传播方式的探讨揭示宋代雅俗交流视域中文人传播谣谚现象,揭示容易被忽视但又切实存在的文人在民间文化创作、传播中的重要作用。

一 文人与谣谚传播

从保存至今的文献看,谣谚虽若隐若现散落于各处,但系统辑录将其汇聚,留存于纸质的谣谚总量还是不少的,可想而知,谣谚在人们日常生活中使用频率绝不低。谣谚在社会上广泛流传,确切创作者却很难还原。即使最初有具体作者,这些作品在随后的流传中,通常因为不同地域、不同时代种种元素的加入,使得作者身份模糊化,通常冠之以"民众"。好奇尚异是人们的普遍心理,不分阶级、阶层、身份、贵贱、性别、长幼,作为社会成员常在不自觉间成为谣谚传播链中的一员。但毋庸置疑的是,文人无论在谣谚创作还是传播中皆扮演了不可或缺的角色。

按社会学理论,群体背景不同的人,他们制造言论、接受舆论、进行传播的强度、表现、影响度是不一样的。个人、群体属性不同,也就意味着社会化的条件、社会地位、文化背景、价值观念、立场看法以及心理特点等都存有差异,而且对于舆论传播的需求,接触和反映社会的方式也是千差万别的。人们的文化程度、智力水平、见识能力永远不可能处于同一水平,因而对现实问题的评价、意见、反映以及表达方式存在很大差距。通常而言，文化素质低的个体，在表达意见时不占优势。而文化素质高，意味着具备对公共意见做出较为系统、深刻、准确、简洁概括和提炼的条件，具有一定文化素质的个体往往能成为舆论传播中的核心人物，因而对舆论的传播更具影响力。他们的意见一旦在街谈巷议中出现，就能吸引更多人的接受、模仿、传播。文人显然是社会知识文化的代表群体，在社会意见的表达，舆论的传播中更具优势。口耳相传的谣谚是民众意见表达的典型形式，其社会影响力的扩大与提升，与文人参与休戚相关。

另外，口头传播的谣谚立于文字无疑更需要文人的参与，人们盛传的谣谚进入文人视野，经由他们记录、传述、整理，这是谣谚实现二次传播和再创作的必要条件。保存于书面的谣谚，一般是经过文人记录或加工，无论加工得好还是不好，都足以说明在谣谚的流传过程中文人的参与行为。有些谣谚还有可能是文人假借民间谣谚宣传其个人或某一部分人的政治见解、主观愿望和思想感情。举"二十四史"选录的谣谚为例，这是历代官定的"正史"，内容经过一再审查，文字经过辗转修改才能保存下来这是无疑的。不过，要评判那些谣谚思想性的强弱高下，以至探讨它们的作者究竟是劳动人民还是文人学士，情况会是很复杂的。分析谣谚得以保存在文献中的原因，难以一言概之，有的是文人在创作著书时书面引用，或为增强说服力，或作为情节过渡，或以俗谚作为引子继而进一步阐述其观点，有的则是记录谣谚、谶谣的创作、传播和接受状况，还有的是作为奇闻异事，激起文人的好奇之心得以记载。而文人有感于时事"故作行路谣"[1] 亦是常见，正如诗云："阳春白雪真难和，泚笔惟书道路谣。"[2]

谣谚与文人的关系还不尽如此。从另外的角度观察，民众自然要受到主流意识、主流文化的影响，受到文人思想意识的影响。对于民众而

---

[1] （宋）真德秀：《浦城劝桑》，《全宋诗》卷二九二二，北京大学出版社1991年版，第34843页。

[2] （宋）许应龙：《和闽帅之二》，《全宋诗》卷二八三六，北京大学出版社1991年版，第33776页。

俗世雅意：浙风宋韵的多维审视

言，最典型的影响莫过于受到以儒家思想为核心的主流意识文化的熏习，在思想与行动上，它成为一种潜在的精神向标。这种影响必然会渗透到他们的口头创作中。另外，值得注意的是，民众的感悟多来自生产生活的实践经验，而实践经验往往是感性大于理性，如果脱离了特定的环境甚至容易变成片面的知识。而在民谣民谚中，难免夹杂着带有片面性的实践经验。这一缺点的克服，文人的参与显然十分必要。经过文人周密地推敲和改造，使之更加完善，然后再反馈给民众社会，这是理想化的构想，但确实是谣谚传播与再创造过程中现实存在的。

一位竹枝词撰者曾指出："夫郡有志，邑有乘……其中或以地僻见遗，或以世远无载，轶事遗文，为乡党所乐道者，文人学士搜罗放失，传述而咏歌之，此輶轩之采，所以及于下里巴人也。"[①] 历史上散布于社会各角落的口头民谣转变成文字得以保存，进而又"及于下里巴人"，不能不说是文人的功劳。在文人的记录活动中，几乎可以肯定地说，民谣不可避免地要经过他们的润色和加工。尽管文人的志趣与大众有着明显的距离，但鲜活而生动的民谣的确打动了他们。知识阶层经常有意识地模仿或利用谣谚的形式写诗作歌、论事说理，也使民谣元素在正统文学作品中得以表现。与此同时，文人也借谣谚这种形式，把他们的观念和意识散发到下层社会。另外，诸多蛊惑人心的谶谣既不能太过高深，也不能过于直白，编造起来还要费一点心思，显然不会出于贩夫走卒之类的普通民众之手，而只能记在文人的账上。如此看来，所谓的"造谣""编谣"，发明权多半应该归之于文人。

当然，文人在改造、酌定谣谚的过程中，自然而然地接受着谣谚文化的影响与渗透。文人一方面与统治者发生着紧密的联系，另一方面也与民众有着难以割舍的接触。在接触中，文人一方面会极力宣扬他们的思想主张，民众在其影响下，难免在自己的口头创作中自觉或不自觉地体现出文人的意识。另一方面，有大批文人关注广大民众的愿望、理想和利益，聆听民众的呼声，体察民众的疾苦，成为民众的代言人并自觉

---

① （清）陈祁：《清风泾竹枝词》，顾炳权编：《上海历代竹枝词》，上海书店出版社2001年版，第593页。

地吸收民众的口头创作精华,丰富自身的艺术创造力。从客观上讲,他们不但指导和丰富了民众的口头创作,并使之得到进一步提升,而且使民众的精神财富得到了很好的保存和弘扬。正所谓"必无使尧童灶妾之得挂其颊而后可,在学士大夫,披览及之,亦可以省其宿读而悄然矣"①。

二 口传风谣,推波助澜

宋代大兴科举,在"恩逮于百官者,惟恐其不足"② 之时代性政策推动下,文人群体日趋庞大,这成为探讨宋代谣谚文化繁荣的时代背景与前提。对宋廷庞大的文官群体的描述史不绝书。他们登于庙堂之上,会于宴席之间,流连勾栏之中,云游四方名胜,加之具备文化知识,无论是创作还是传播都具备良好条件。宋廷倡行采听风谣,文官群体借谣谚之制作、采集、传播,试图影响当朝政策调整、人物品评的努力在两宋乃是常见现象。宋代各地方官员有观风谣的职责,上任官员有责任和义务巡采各地民风,察听风谣,道路之言,上报朝廷,所谓"道逢田间叟,时访以耕牧"。③ 谣谚被视为各地民情的浓缩,"公于里谚民谣,最能体察"④。歌谣、民谚可"识时变,观风土",自然成为官员搜集民情舆论的对象。欧阳修认为,"古者惧下情之壅于上闻,故每岁孟春,以木铎徇于路,采其风谣而观之。至于俚言巷语,亦足取也"。⑤ 基于这样的认识,文人采录风谣在相关政策的基础上进一步演变为一种自觉行为。

代表着雅文化的宋代文人其实包含了诸多层次,除了庞大的文官群体,还包括寓居各州县的地方乡绅,即所谓"地方精英"。他们有的致仕回乡,有的待任在家,有的长期活跃于乡里,或经营或耕读,他们往往在乡里拥有较广阔的活动空间,通常能够左右当地的舆论,成为基层社

---

① (清)杜文澜:《古谣谚》卷一〇〇《集说》,中华书局1958年版,第1071页。
② (清)赵翼撰,曹光甫校点:《廿二史札记》卷二五《宋史·宋制禄之厚》,凤凰出版社2008年版,第356页。
③ (宋)孔武仲:《清江集钞·舍轿马而步》,吴之振等:《宋诗钞》,中华书局1986年版,第435页。
④ (清)刘毓崧:《古谣谚》,《古谣谚》,中华书局1958年版,"序"第2页。
⑤ (宋)欧阳修撰,李逸安点校:《欧阳修全集》卷一二四《崇文总目叙释·小说类》,中华书局2001年版,第1893页。

俗世雅意：浙风宋韵的多维审视

会中颇具影响力的群体。他们关注时事，关心吏治，与地方官员有着千丝万缕的联系，在政令推行、教化普及等地方事务中占据重要地位，因而成为中央使者观风谣的重要信息来源。他们的意见往往成为特定区域内士人群体的代表性见解。无论是地方官员还是朝廷使者对这部分人尤其重视，礼遇有加。这部分人在民间谣谚传播中自然也是一个不可忽视的群体。

大小官吏在日常言谈中，引用、巧用俚语俗谚实乃司空见惯。据载："有小官为贵人客，醉中误涂改贵人所为文，明日皇恐，以启谢曰：'昨朝醉去，巧儿作事拙儿嗔；今日醒来，大人不责小人过。'"[①] 士大夫作语相戏，传戏谑之语，和酬唱之辞，屡见不鲜，营造出一幕幕文人相戏的景象。例如，"王文康公苦淋，百疗不瘥，洎为枢密副使，疾顿除，及罢，而疾复作。或戏之曰：'欲治淋疾，惟用一味枢密副使，仍须常服始得不发。'"又如，"梅金华询久为侍从，急于进用，晚年多病，石参政中立戏之曰：'公欲安乎？惟服一清凉散即瘥也。'"[②] 即使在宋廷官场中，官员之间以语相戏亦司空见惯，成为观察民间谣谚在文人群体中生发、传播的一个基点。据记载，宋时吏部有一胥吏，好滑稽，"有董公迈参选，失去官诰，但存印纸，遂投状给据。一日，侍郎问其胥曰：'此事无碍否？'胥曰：'朝公大夫董公迈，失一官诰印纸在，也不碍。'侍郎觉其谑侮，杖一百，罢之。"与此语形式相类，俗有舞十般癞云："一般癞来一般癞，浑身烂了肚皮在，也不碍。"[③] 实在是戏谑之作。像这样的下层官吏，有一定的文化知识，在日常生活中以戏谑的口吻创作类似口头禅的俗语，与民谣民谚类似。诸多俗谚，一经文人巧用，至情入理，自然增添了语句的生动性和感染力。

太学、州县学中的生员，年轻的学子们是文人中非常活跃的群体。学堂集中了大量的年轻人，嬉笑怒骂自然是常事，故各类官私学堂也就成了谣谚传播的渊薮之一。谣谚就在学员们随意的日常言谈中产生与传播。就

[①] （宋）沈作喆撰，俞钢、萧光伟整理：《寓简》卷五，《全宋笔记》第四编（五），大象出版社 2003 年版，第 49 页。
[②] （宋）魏泰撰，李裕民点校：《东轩笔录》卷三，中华书局 1983 年版，第 34 页。
[③] （明）田汝成：《西湖游览志余》卷二五《委巷丛谈》，中华书局 1958 年版，第 467 页。

读学员一方面是谣谚吟咏的对象，同时也是谣谚的创作者、传播者和接受者。诸如淳熙太学诸生为陈贾云："周公大圣犹遭谤，伊洛名贤亦被讥。堪叹古今两陈贾，如何专把圣贤非。"① 此语亦雅亦俗，引古论今，褒贬之意明了，源于太学诸生，自然为士子们传唱。太学诸生如此，可以想见各地州县学生员亦大同小异。全国各地数十万待考的举子，是一支有文化的谣谚创作、传播、接受的流动大军。比如至庆历后有"文选烂，秀才半"一语。南宋建炎以降，尚苏氏文章，因而又有"苏文熟，吃羊肉；苏文生，吃菜羹"② 之类。文献中明确指出此"乃士子语"，从内容上亦可分辨科举考试的文风转向自然是应举士人关注的热门话题。

刚健、清新的语言是最鲜活、富有生命力的语言，在农民和不识字的市民生活中却处处可以找得到，它从本质上讲绝不是书斋里的创造物，但却被保存在文人作品中，不过，其大多数是从民间语言中借用或深化而来的③。民谚虽为俚语，但有些词句比经典之作更贴切生动、简洁流畅。欧阳修曾指出，《论语》所谓"驷不及舌"就不如俗谚"一言既出，驷马难追"形象而有韵味④。所谓"虽俚字俗语不能离俗，而得古风人遗意。其辞亦有可采者"⑤。基于这样的共识，文人逐步接受俗语言的影响，到宋代已呈现明显化趋向。

谣谚吸引文人的一大魅力在于"理"，所谓"世间俚语，往往极有理者"⑥，"言虽戏，皆深致于理也"⑦，古往今来的文人学士论述不少。

---

① （宋）李心传编：《道命录》卷五《陈贾论道学欺世盗名乞摈斥》，中华书局1985年版，第44页。
② （宋）陆游撰，李剑雄、刘德权点校：《老学庵笔记》卷八，中华书局1979年版，第100页。
③ 参见武文《民间文学与作家文学·引论》，《中国民间文学古典文献辑论》，民族出版社2006年版，第5页。
④ （宋）欧阳修撰，储玲玲整理：《笔说·驷马不及舌说》，《全宋笔记》第一编（五），大象出版社2003年版，第209页。
⑤ （明）王世贞：《艺苑卮言》卷七，丁福保辑：《历代诗话续编》（中），中华书局1983年版，第1070页。
⑥ （宋）胡仔纂集，廖德明校点：《苕溪渔隐丛话》前集卷五四《宋朝杂记上》，人民文学出版社1962年版，第369页。
⑦ （明）郎瑛：《七修类稿》卷四九《奇谑类·谚语至理》，上海书店出版社2001年版，第520页。

俗世雅意：浙风宋韵的多维审视

《诗筏》有云："盖圣贤事境圆明，风谣工歌，无不可以入理。"[1] 李如篪指出："俗谚有云：'人能变火，龙能变水。'此虽俗说，细详之亦甚有理。"[2] 徐度认为"等人易得久，瞋人易得丑"一语"虽鄙，亦甚有理"[3]。罗大经谈"吃拳何似打拳时"时指出："此言虽鄙，实为至论。"[4] 谣谚的价值和闪光之处在于"理"，这也是俚谚被文人关注、引用、评述、传播的一大原因。面对谣谚的恰到好处，文人似乎很难抗拒，日常生活中，引俗谚说事理、论人情，一切都在自然地进行。所谓"吾谓善用者，虽鄙语恒言，俱臻妙境；不善用者，虽经史所载，但觉尘腐而已"[5]。俚语俗谚一经文人点化，进入文人视野，其价值便得以进一步提升。

谣谚除了言简意赅，理趣丰富之外，还具有鲜明的时效性。宋代文人参与时政谣谚的创作与传播亦能从文献中找到依据。靖康初年，金兵大举攻宋，因军民抵抗，汴京未被很快攻破，但当进犯金兵刚退去，朝廷却专注于一系列不得人心之事。《鸡肋编》有云："靖康初，罢舒王王安石配享宣圣，复置《春秋》博士，又禁销金。时皇弟肃王使虏，为其拘留未归，种师道欲击虏，而议和既定，纵其去，遂不讲防御之备。"因此，太学学子为之语曰："不救肃王废舒王，不御大金禁销金，不议防秋治《春秋》。"[6] 一语道破了当时宋廷应敌的态度与政治的腐败。

宋代谣谚中人物品评谣谚占有相当大的比重，其中离不开文人的参与。嘉祐年间，富弼、欧阳修、包拯、胡翼之皆朝廷重臣，"富韩公为宰相，欧阳公在翰林，包孝肃公为御史中丞，胡翼之侍讲在太学，皆极

---

[1] （清）贺贻孙：《诗筏》，《清诗话续编》，上海古籍出版社1983年版，第190—191页。
[2] （宋）李如篪：《东园丛说》卷下《天雨》，中华书局1985年版，第60页。
[3] （宋）徐度撰，查清华、顾晓雯整理：《却扫编》卷上，《全宋笔记》第三编（十），大象出版社2008年版，第125页。
[4] （宋）罗大经撰，王瑞来点校：《鹤林玉露》丙编卷二《论事任事》，中华书局1983年版，第260页。
[5] （清）吴雷发：《说诗菅蒯》，《昭代丛书》卷三二，台湾新文丰出版公司1989年丛书集成续编本，第200册，第387页上。
[6] （宋）庄绰撰，萧鲁阳点校：《鸡肋编》卷中，中华书局1983年版，第43页。

天下之望"。于是士大夫作谣语相传:"富公真宰相,欧阳永叔真翰林学士,包老真中丞,胡公真先生。"[1] 文人作谣,赞颂官吏,一经传播,终将转变为民众对当事人的称颂,进而转化为民意。

除了褒扬人物的谣谚之外,更多的是对反面人物的贬抑,作为民意的传达与提炼,一经士大夫传播,在一定程度上影响当事人的仕途。在宋廷风闻言事的制度下,一方面可以将反映吏治的民间谣谚传达于上,起到褒善抑恶的效果;但另一方面也难免有部分人利用民间言论制造"莫须有"罪名为政治阴谋服务。谣谚赋予官员的褒贬,进而影响政治人物命运沉浮,这种影响力的发挥亦与文人的参与密不可分。

口头传播的谣谚最终还是通过书面记录得以传承,不过从记录的文字中我们不难发现,宋代文人除了在口头交往中广泛引用谣谚,还参与谣谚的创作、传播,助推谣谚舆论功能的进一步发挥。

三 载于文字,强化传播

谣谚历时传承,除了口耳相传,主要靠文字载录,同时也存在口耳相传与文字保存兼有的现象。谣谚载于文字,这不得不归功于文人。在文化的传承上,掌握着文字的文人具有天然的社会责任。古代谣谚文字传播大致可分碑铭雕刻、题壁印证、典籍记载等传播形式,而谣谚的这些传播形式无疑要打上文人印记。

(一) 碑铭雕刻

这是谣谚传播的常见途径。谣谚是伴着人类文明的起源而发展的,关乎社会政治的内容出现在先秦,甚至更早,在没有纸张的情况下,以刻于实物的方式保存和传播,与文明保存和流传的主体方式保持一致。这种记述人类文明的方式一直被保存,直至纸张的出现,但是这种传谣的方式却并未消失,反而发生了传播效能上的转化和深入。因为以碑铭雕刻的方式传谣比普通的纸质传播方式更具有神秘

---

[1] (宋)洪迈:《容斋随笔》五笔卷三《嘉祐四真》,上海古籍出版社1978年版,第843页。

性，较之口头传谣的神秘性有过之而无不及。口头传谣还可见到传播者，而碑铭传谣则更难捕捉源于何处、由何人所作等信息，所以更增添了传播的神秘性。两宋之际有诸多碑刻传谣的现象，兹举数例。据《宋史》记载："建炎三年四月，鼎州桃源洞大水，巨石随流而下，有文曰：'无为大道，天知人情；无为窈冥，神见人形。心言意语，鬼闻人声；犯禁满盈，地收人魂。'金石同类，类金为变怪者也。"[①]显然，石刻文字并非天成，乃是人为作品。其实，众多石谶并不能与现实相吻合，往往因文人好奇加上个人意愿而被记录。《侯鲭录》有云："南京人家掘得一石，上有字可考，云：'猪拾柴，狗烧火，野狐扫地请客坐。'不知是何等语也。"[②] 这样的石谶以模糊的语言流布，一旦遇到可作解释、附会的现象、事件或人物，则往往会成为社会舆论的中心而广为流传。谶语模棱两可的语句得以流传，其动力并不在于与事实的吻合度有多高，而是为人们解释、附会留下了广阔的空间。此类语句留于文字，无疑需要文人参与。

(二) 题壁印证

谣谚的另一种传播方式为题壁印证，这得益于题诗的传统。把谣谚题写在建筑物墙壁上，能在较长一段时间内得以保存，有机会让更多的人浏览、传诵，从而提高谣谚流传的范围和速度。寺庙道观的墙壁，是传谣者的首选。因为寺庙道观本身就给人以神秘之感，同时又是人来人往之地，所以将谶谣题于寺观庙宇之壁，可以借人们对佛祖、天师、神怪的崇信之念，为谣谚内容增添神秘色彩。显然，谶谣预言的创作、解读、书写，不识字、不具备书写能力的人是无法做到的。王铚《默记》记有一则故事：

（宋哲宗绍圣三年，1096）时彦举进士第一人，后为江东小

[①] （元）脱脱等：《宋史》卷六六《五行志四》，中华书局1977年版，第1447页。
[②] （宋）赵令畤撰，孔凡礼点校：《侯鲭录》卷六《南京掘出之石有字可考》，中华书局2002年版，第149页。

漕。因按部舟行于大江，阻风系舟僻左港汊一山下。因与同载二三举人尽却从者，上山闲步。山甚峻，披荒以行。及转山背，忽一小寺出于山顶，已有一老僧下山迎问曰："岂非时状元乎？"彦既讶："了无从者，且非当路，何以知其至也？"僧曰："此寺佛殿后有人题壁曰：'某年月日，时状元到寺。'某志之有年，今日乃其所记之日时也。某及时晨起，相望久矣。"彦始吐实，而未之信也。相与至佛殿后，旋扫去积尘，始见其字，皆如僧言。而别有题年月，则彦尚未生之前也。观其旁又曰："此去十三年，官终四品。"彦录之以归，常以语于人。至大观初，彦以吏部尚书卒，正四品。距见题字时，适十三年矣。[1]

此神秘故事的情节真假姑且不论，但却为我们展示了谶谣、诗谶题于寺观舍壁现象的真实存在。

除了寺庙道观的墙壁，各种建筑物的墙垣都有可能成为谣谚的传播载体。据《宋史》记载："绍兴二年，李纲帅长沙，道过建宁，僧宗本题邑治之壁曰：'东烧西烧，日月七七。'后数日，江西盗李敦仁入境，焚其邑，七月七日也。"[2]"淳化中，崇文院西序直庐绝高处，有人题两句诗云：'秋风送炎去，庭树叶齐落。'是年立秋日，史馆检讨宋炎罢职。来年立秋日，叶齐黜。"[3] 此类亦诗亦歌谣的形式，常常题写在人们关注的建筑物上，一经传播，从而起到独特的社会效应。题壁谣谶，无论是否被证实，或者说是否应验，即使是附会之说，人们也宁信其有不信其无，这是被披上神秘外衣之后产生的特殊传播力。题壁传谣与石刻传谣，有异曲同工之妙，而在传播效果上不相上下，显然都离不开文人的参与。

---

[1] （宋）王铚撰，汤勤福、白云松整理：《默记》，《全宋笔记》第四编（三），大象出版社2008年版，第145—146页。
[2] （元）脱脱等：《宋史》卷六六《五行志四》，中华书局1977年版，第1447页。
[3] （宋）江少虞：《宋朝事实类苑》卷四七《崇文院诗》，上海古籍出版社1981年版，第628页。

(三) 典籍记载

谣谚留于文字的几种传播形式，最终要通过典籍记载才能为更多人所见并提高流传于后世的可能性。典籍记载属于二次传播，是记录一次传播的符号，后人又通过它来认识一次传播的内容，这一过程得以实现的媒介则是文人群体。谣谚被文人保存于典籍，情况又分多种。文人撰写历史著作，在介绍、评述人物时常借用谣谚，以富含褒贬的民间谣谚来评判其功过得失，将其作为社会舆论再冠之以民意，言简意赅，同时又非一家之言，效用独特。文人在笔记、日记、文集中也好引谣谚，特别是笔记中保存了大量原生态且富有社会价值的谣谚，记录了民间社会丰富多彩的一面，成为谣谚保存、流传的重要载体。另外，谣谚亦引起部分对社会文化具有敏锐感、敢为风气之先、具有创新性精神文人的关注，他们以专书收集、载录，从而使谣谚作为独立文体得以更好保存。如果从文献史料分类的角度谈谣谚的典籍传播，类型众多，诸如：正史、奏章、笔记、文集、家训、类书、诗话等。本书以臣僚奏章与笔记小说作为谣谚向上传播与向下传播的两种典型载体，展现文人在谣谚典籍传播中的作用。

在宋代官员奏章中引用谣谚的现象十分普遍，其类型又可以分为若干。最常见的是朝廷官员引时政谣谚以及论理民谚知人论事，借以表达对时事的见解、对人物的品评、对现实形势的阐发，增强行文的说服力。官员采集风谣，其目的是向最高统治者提供民间社会的时事、信息以观民风，调整时政，考察吏治，正所谓"入奏风谣受圣知"[1]。除了口头上奏之外，最常用的便是通过书面奏章向上传达，因而使诸多反映时事、品评人物的谣谚得以载录。宋廷倡行台谏制度，在一定程度上影响了宋代人物品评谣谚繁盛，保存在宋代官员奏章中的人物品评谣谚数量之多、出现频率之高为宋以前罕见。这类例子不胜枚举。

建中靖国元年（1101），"用丞相章惇言，举蔡京为翰林学士。满

---

[1] （宋）王禹偁：《送丁谓之再奉使闽中》，《全宋诗》卷六七，第764页。

第二章 勾栏光影：走向市井的宋代通俗文艺之韵

朝上下，皆喜谀佞，阿附权势，无人敢言其非"。而殿中侍御史龚夬则上表奏言："臣伏闻蔡卞落职，太平州居住，天下之士，共仰圣断。然臣窃见京、卞表里相济，天下知其恶。民谣有云：'二蔡二惇，必定沙门；籍没家财，禁锢子孙。'又童谣云：'大惇、小惇，入地无门；大蔡、小蔡，还他命债。'""百姓受苦，出这般怨言。但朝廷不知之耳。"① 民谣作为百姓怨言的集中体现，通过朝臣上传至徽宗，在朝廷内外舆论压力下，迫使徽宗不得不重新考虑对章惇等人的任用，之后章惇罢相，差知越州（今浙江绍兴）。而在徽宗初立时，崔鶠就曾上书指出当朝宰相章惇："狙诈凶险，天下士大夫呼曰'惇贼'。贵极宰相，人所具瞻，以名呼之，又指为贼，岂非以其孤负主恩，玩窃国柄，忠臣痛愤，义士不服，故贼而名之，指其实而号之以贼邪。京师语曰：'大惇小惇，殃及子孙。'谓惇与御史中丞安惇也。"② 虽然不能说章惇罢相是民谣舆论直接作用的结果，但毋庸置疑的是，通过朝臣上奏民谣承载的咒骂之声无疑触动了当朝最高统治者徽宗的神经，面对"民谣如轰霆"的舆论形势，使其不得不对当事人任用作出调整，以免激起更大的民愤和民怨。

朝臣有奏章云："京有反状，陛下何从而知？臣是以知京必反也。"进而引其家乡"（今福建莆田）谶云：'水绕壶公山，此时方好看。'京讽部使者凿渠以绕山。日者星文谪见西方，日蚀正阳之月，天意所以启陛下聪明者，可谓极也。奈何陛下略不省悔，默悟帝意，止于肆恩赦，开寺观，避正殿，减常膳，举常仪，以答天戒而已。然国贼尚全首领，未闻枭首以谢天下百姓，此则神民共愤，祖宗含怒在天之日久矣。"③ 谶语"水绕壶公山，此时方好看"成为参奏蔡京谋帝位意图的诠释和依据。在台谏官的奏章中，常借品评官员的民谣民谚作为民意的再现，不可否认，这背后承载着纷繁复杂的政治因素，不能一言以概之。

---

① 佚名：《宣和遗事》前集，中华书局1985年版，第8页；黄淮、杨士奇编：《历代名臣奏议》卷一八〇《去邪》（上海古籍出版社1989年版，第2364页上）记载，龚夬在奏章中指出："蔡京与卞表里相济，天下共知其恶，播于民谣，号'二蔡'。又曰'大蔡小蔡'者是也。"

② （元）脱脱等：《宋史》卷三五六《崔鶠传》，中华书局1977年版，第11214页。

③ （宋）王明清：《挥麈录》后录卷三，上海书店出版社2001年版，第88页。

皇祐中，汾河流域有谣云："汉似胡儿胡似汉，改头换面总一般，只在汾州洲子畔。"① 此谣意图是用以攻击狄青。狄青为汾州西河（今山西汾阳市）人，因为平定侬智高有功而任枢密使，招致朝臣嫉妒，欲以谣言中伤之。谣言扩散，"士大夫无贵贱相与语于亲戚朋友，下至庶民无愚智相与语于闾巷道路"，最终势必传达至最高统治者。欧阳修于至和三年（1056）（时为翰林学士）《上仁宗乞罢狄青枢密之任》云："然则青之流言军士所喜，亦其不得已而势使之然也。臣谓青不得已而为人所喜，亦将不得已而为人所祸者矣。为青计者，自宜退避事权，以止浮议。而青本武人，不知进退。近日以来，讹言益甚。或言其身应图谶，或言其宅有火光。道路传说，以为常谈矣，而唯陛下犹未闻也。……未有显过，但为浮议所喧，势不能容尔。……但武臣掌机密而为军士所喜，自于事体不便，不计青之用心如何也。伏望圣慈深思远虑，戒前世祸乱之迹，制于未萌。"② 宋廷奉行重文轻武的国策，对武将设防。很显然，欧阳修上书以应图谶的传闻达于仁宗，希望以此引起仁宗的戒备而达到罢狄青的目的。

在宋臣奏章中，民间谚语作为论据亦是十分常见。宋代士大夫引用谚语作为论证理据，深谙以其论事说理可恰到好处、深入浅出之理。诸如，吏部尚书宋琪上书言边事，"刍粟储畜，率皆有备"，"缘路五七程，不烦供馈，止令逐都兵骑，裹粮轻赍，便可足用"，进而引"磨镰杀马"一谚点明"劫一时之力"的效用，"旬浃之余，固无阙乏矣"③。绍兴间，张浚引"筑舍道旁，三年不成"一语论君王"听言之难"，进而引"机不可失，贼不可纵，时不再来"④ 论时势。刘平于宝元二年（1039）闰十二月呈《上仁宗乞选用酋豪各守边郡》，引"寇不可玩，敌不可纵"论如何利用西夏内讧之机，做好鄜延、环庆、泾原、秦陇

---

① （明）杨慎：《古今风谣·宋皇祐中邕州谣》，中华书局1985年版，第55页。
② （宋）欧阳修：《上仁宗乞罢狄青枢密之任》，《宋朝诸臣奏议》卷四六《百官门·宰执上》，上海古籍出版社1999年版，第494—495页。
③ （元）脱脱等：《宋史》卷二六四《宋琪传》，中华书局1977年版，第9131页。
④ （明）黄淮、杨士奇编：《历代名臣奏议》卷二○五《听言》，上海古籍出版社1989年版，第2700页上。

的军事布防①。王禹偁引谚"重赏之下，必有勇夫"，乞望当朝君主能对"边上骁雄之士"，采取"多署赏赐，高与官资"的方式进行诱导，认为"继迁本是匹夫，偷生假息，苦无财利，以结人心"，只要"明数罪恶，晓谕蕃戎及部下逼胁之徒"，则"使贪使愚"的兵法则可以奏效，所谓"言贪者利其财，愚者不计其死也"②。王禹偁引民谚言简意赅地向君主揭示了用人之法。绍兴三年（1133）七月丁卯，湖南安抚司奏状引谚"当断不断，反受其乱"③，说明"决之贵早"的道理，从而引出"今日之事，臣愿陛下以时果断而行之，毋惑谗邪之言，毋沮忠鲠之论倪"④的论谏。范祖禹引"贵不与骄期而骄自生，富不与奢期而奢自至"乞崇俭戒奢⑤。司马光引"御寒莫如重裘，弭谤莫如自修"乞益致孝谨⑥。苏轼反对王安石变法，引古语"有病不治，常得中医"论不治之治、无为之为的治国方略⑦。诸多民间谚语在朝臣奏章中频频使用。很显然，这类民间语言在不经意间已经幻化成引用者自身的意识，在论理时往往信手拈来。民间谚语的理不仅为普通平民接受，亦为各阶层官僚接受，从而使最高统治者亦在潜移默化中成为接受者、传播者。

谶纬、图谶之类虽经隋唐禁毁，到两宋时期失去了汉唐时期的鼎盛，一度消陨，但并没能从根本上肃清谶应思想的影响，反而使其从社会上层向更广泛的社会基层演进。随着市民文化的兴起，在文化的通俗化趋向中，由传统谶应思想结合谣谚形式而幻化成更为丰富的谣谶，行

---

① （元）脱脱等：《宋史》卷三二五《刘平传》，中华书局1977年版，第10501页。
② （宋）李焘：《续资治通鉴长编》卷三五"太宗淳化五年春正月"，中华书局1979年版，第771页。
③ （宋）罗大经撰，王瑞来点校：《鹤林玉露》乙编卷五《断决》，中华书局1983年版，第209页。
④ （宋）李心传：《建炎以来系年要录》卷一五"建炎二年五月己丑"，中华书局1985年版，第319—320页。
⑤ （宋）范祖禹：《上宣仁皇后乞崇俭戒奢》，《宋朝诸臣奏议》卷一一《君道门·恭俭》，上海古籍出版社1999年版，第99页。
⑥ （宋）司马光：《上英宗乞益致孝谨》，《宋朝诸臣奏议》卷九《君道门·慈孝上》，上海古籍出版社1999年版，第80页。
⑦ （宋）苏轼：《上哲宗论圣人处晦而观明处静而观动》，《宋朝诸臣奏议》卷八《君道门·政体》，上海古籍出版社1999年版，第74页。

之于下，在社会各阶层广泛流传。"谣谶之语，……前世多有之，而近世亦有焉。"①众多谶语频频出现在宋人笔记中，并呈现出史无前例的繁盛景象，而且很多出自文人之手。宋代是笔记小说这一文体的大发展时期，并具有一个突出特点，其创作出发点多是为补正史之阙。各类谶谣随同各类奇闻逸事保存在笔记小说中，而民谣谶语又随着笔记小说的传播实现二次传播，进入更广领域的传播。诸如洪迈志怪笔记小说《夷坚志》是宋代记录谶应故事的代表性著作，初成，"士大夫或传之，今镂板于闽，于蜀，于婺，于临安，盖家有其书"，"人以予好奇尚异也，每得一说，或千里寄声"②，往往是"群从姻党，宦游岘、蜀、湘、桂，得一异闻，辄相告语"，"非必出于当世贤卿大夫，盖寒人、野僧、山客、道士、瞽巫、俚妇、下隶、走卒，凡以异闻至，亦欣欣然受之，不致诘"③。诸如《夷坚志》之类的著作，收录较多口传谶谣，并随着人物故事的流布引人注目，为世人接受。民众看了笔记小说之类的著作后，于是又开始新的"街谈巷议"，又有了新的受众，笔记小说的传播亦带动着谣谚的二次、多次传播与接受。

诉诸文字的诸多谣谚已经过引用、传播、记录等环节之参与者——文人的筛选、提炼，尤其是鞭挞时政的谣谚是在统治者对社会舆论进行控制的夹缝中保存下来，实属不易。通过谣谚文字传播途径的分析，文人的影响与作用得到具体呈现，在谣谚载于文字的过程中无疑体现了文人对谣谚的接受。

四　余论

宋代雅文化与俗文化的交流互动颇为微妙，谣谚之传播与接受即可见一斑。文人作为有一定的思想和见识，能明确表达思想、观点的群体，是一个可以实现较广范围的相互交流，与官僚阶层交叉并能同官方沟通的群体。除此之外，又与"民"有着水乳交融、千丝万缕的联系，

---

① （宋）吴处厚撰，李裕民点校：《青箱杂记》卷七，中华书局1985年版，第69页。
② （宋）洪迈撰，何卓点校：《夷坚乙志·序》，中华书局1981年版，第185页。
③ （宋）洪迈撰，何卓点校：《夷坚支乙志·集序》，中华书局1981年版，第795页。

尤其是宋代,文人中"民"的因素进一步增强,但文人又往往将自己放在民之上和民之外,这一矛盾对立,为谣谚的研究提供了一个特殊的视角。我们注意到文人对谣谚的关注、认识,显然夹杂、渗透着这一矛盾心理、态度和立场。文人特殊的身份角色,使其自然地成为下情上达的媒介,这是谣谚能得以影响最高统治者并达到影响政策调整、人物命运转迁等效果的至关重要的群体。另外,民间谣谚得以诉诸文字,能上升为人类的知识经验得以世代流传,无疑与文人的关注、引用、记载、提炼和升华息息相关。不可否认,具有民间鲜活力量的东西,一旦被文人学士采用,进入正统,任何文艺形式都难逃被修正甚至篡改的命运,在谣谚的传承中显然亦不可回避这一现象。民谣处于文人文化之外,但又与文人群体保持着密切联系。

　　文人在自觉与不自觉中与谣谚发生着不容忽视的社会互动,谣谚得以立于文字、载于典籍实现传播离不开文人,即使是口传谣谚亦留下了文人参与创作与传播的史据。在分析、探求谣谚的创作源头、传播过程、接受效果时,将文人作为一个单独的考察对象列出,深入考察谣谚与文人群体的关系,揭示文人在民间文化传播中的作用,无论对加深谣谚研究还是民间文化传承、精英文化与民间文化的融合与变迁问题的探究都是十分有意义的。文人对民谣的传播、接受、记录、创作以及由此对谣谚带来的种种影响,是以往谣谚研究和民间文化研究中被忽视的命题。事实上,以社会群体为划分依据的精英文化与民间文化,分别代表了雅文化和俗文化,两者并非泾渭分明,而是互相渗透、相互传播、互为影响,通过谣谚传播载体的分析论证文人在民间文化创作、传播中的作用,为这一认识的进一步确立提供一个新的视角。

第三章　丽逸江南：融会南北的宋词之韵

在宋代城市化、世俗化的辐射下，话本戏曲之外受到影响的又一波是词。本书探讨宋词的视角，首先是雅与俗。严格地说，词并不属于真正的市民文学范畴，它属于市民文学与士大夫文学之间的桥梁。它较早的形式敦煌曲子词，就是兴起于民间，然后由细民而文人，由文人而细民，在发展上构成了一个循环。正是这种发展路径决定了宋词的雅与俗，既相互矛盾又彼此协调，互为作用。一方面，城市生活在文化、娱乐方面要求，上自皇宫盛会，中至文人学士的家宴结社，下到市民阶层的街巷深处，都有文人制词，乐工谱词，歌伎唱词。这使得许多词作在相当程度上带有娱乐性、软媚性和通俗性。另一方面，宋词的发展进境又反映出宋代文化艺术活动日趋"文人化"，越来越讲究"意内言外"的风雅蕴藉，词作也因此变得更为雅致。

其次是南与北。南北宋词发展演变的轨迹显著。北宋词多风花雪月之吟唱，无寄托可供寻觅，多即席配乐而作，多自然感发、率情之作；南宋词多黍离芰麦之悲苦，多用比兴寄托手法，以精心构思、巧妙安排为主，逐渐演变为文人案头的雅致文学。北宋词处于歌词的兴起、发展、逐渐走向全盛的时代，在歌词之题材、体式、风格等多重角度做了诸多的尝试与开拓，而南宋词则承继其后，最终将歌词引导向全面鼎盛的阶段。[①] 陶尔夫与刘敬圻在《南宋词史》中曾指出："中国词史，大

---

① 诸葛忆兵：《南北宋词异同平议》，《北方论丛》2002年第1期。

体上经历了兴起期、高峰期、衰落期与复兴期四个阶段。纵观此四个阶段,南宋恰值高峰时期。"① 由此可见南宋词的典范意义。

本章内容正是在宋词演变的历史语境中,探讨宋词的主体意象、美学风格以及婉约和豪放的代表人物,尤其重点关注融会了南北特色的宋词之韵。

第一节 宋词的主体意象及其女性化特征

意象是文学和美学的一个重要概念,是主体的生命情调与客体自然景象的融合再创。主体通过观察外部客观事物,将物象带入主观构思,再经过主体审美经验的决断与选择以及思想情感的融合凝铸,并综合运用各种艺术手段与技巧而创造出来的主客观合成体就是意象。意象是意中之象、表意之象、创意之象,美学家朱光潜说:"美感的世界纯粹是意象世界,超乎利害关系而独立"②,作为一种独特的文学表达,意象广泛存在于诗词曲各种抒情类文体中。而意象的选择既有文学史的积淀,创作者的情绪与思想倾向,同时也受到时代背景与社会文化的影响,宋词意象有着宋之时代文化的鲜明特点。

一 宋词的主体意象

词始于唐而盛于宋,以其特有的艺术形式和巨大的艺术魅力吸引了社会各阶层,不断演变发展,直至最后与"唐之诗""元之曲",成为中国文学史上三足鼎立的"一代之文学"。所谓"诗庄词媚",宋代文人继唐代文学合南北两长之后,更多的受益于南方江山之助。宋词往往取南方的景点化生活场景,或者很多词作直接就是描写南方的实际生活,使词境远远走出传统的花间、尊前的限制。宋代三百二十多年的历史中,有一千四百九十多位词人参与创作,留下了两万余首作品,凝聚成宋人内心世界的种种图景。有学者从传统文化哲学本体论的深度出

---

① 陶尔夫、刘敬圻:《南宋词史》,黑龙江人民出版社1992年版,第522页。
② 朱光潜:《谈美》,当代世界出版社2019年版,第4页。

发，提出宋词中存在"主体意象"这一现象。

宋代是一个集传统文化大成的时代，就文人而言，大多具有广泛接受多种思想文化的气度，文人角色与哲学头脑往往合而为一，文学观念与哲学思想兼具。宋代一些哲学色彩浓厚的论著如《太极图说》《通书》《皇极经世书》等，曾经被王国维评为"凡此诸子之书，亦哲学，亦文学"。① 再比如"山抹微云君"的秦观同时是"博综史传，通晓佛书，讲习医药，明练法律"的通才；欧阳修兼具诗人、词人、唐宋八大家、历史学家、金石学家、艺术家等多重身份；苏轼诗词文兼擅，书画史精通，同时还对儒释道三家都有深入研究，被誉为宋代全才型的文人。宋人以哲学之才促发文学创作，反映出的正是哲学与艺术一致性的时代气象。正如陈寅恪所说，"华夏民族之文化，历数千载之演进，造极于赵宋之世"。宋代作为中国古代历史上文化最发达的时期，科举制度的完善与推行，造就了一个比唐代更加庞大、更有文化素养的文人阶层，两宋理学作为传统儒学的新发展，宋代文人几乎无人不在思考道与理的问题，加上艺术修养的大幅提高，一代多情多思的宋人在时代风貌的感召下，将这一点展示得淋漓尽致。宋人在从事文学创作时，既历史地不自觉地受到五行、阴阳等传统哲学的影响，又自然而然地体认到新的时代的哲学思想。完全可以推断，宋人对自先秦以来流行的五行思想由温习到自觉地使用已经到了高度纯熟的程度，特别是在创作描述自然、社会、人的结构的文学作品——词时，不可能摆脱作为终极哲学指导的五行思想而作漫无边际的玄想，所谓"一时代最完美确切之解释，须向其时之诗中求之，因诗之为物，乃人类心力之精华所构成也"，宋人作词时，体认一代人的思想主体倾向是必然的。

五行图式是构成物质世界、人类社会、人本体的基本模式，由五行抽象出来的万能数字"五"被宋人当作太极的象数代表，成了根植于他们脑海中的集体无意识。宋人写词关注的主要对象是自然、社会与人，通过对对象结构的描写，凸显主体的内在情意。这样就离不开从对

---

① （清）王国维：《奏定经学科大学文学科大学章程书后》，载《静庵文集》，辽宁教育出版社1997年版，第178页。

象觅取篇幅的材料——小意象，然后就其通过心灵的重新编制，构设成显示意义的成品——大意象。而集体无意识是不露痕迹的追求，只有进入具体文本中才能寻觅到。宋人的创作心理与哲学范畴的沟通在于，宋词在选择意象时，无意识地将五行建构的图式作为观照的对象模式，据宋词主体意象统计的结果显示，宋词的主体意象即占据全宋词主体位置的意象恰好为五种类型，正好与国人"把一切事物分为五个方面的倾向"相应和。主体意象的五种类型可以与五行的木、火、土、金、水形成类型对应，具体意象称呼则可以借乐府旧题《春江花月夜》作为代表头字，如此就出现了宋词主体意象为"春、江、花、月、夜"的说法。就内容而言，主体意象的头字确定后，再进行联想，可以得出一个系列的意象群，就是主体意象的一种类型：如春为头字可以联想出四时、时辰，由时辰可以联系出具体的时间，这是表示时间的主体意象；"江、花、月、夜"这四种则是表示空间的主体意象，江为头字可以联想到河、水、雨、雪等，花为头字可以联想到不同种类的花木与芳草等，月为头字可以联想到广泛的天体如太阳、星辰等，夜为头字可以联想到与之相对的昼以及上元、黄昏、七夕等。在这个基本规则统领下，根据唐宋词研究名家唐圭璋主编的《全宋词》《唐宋词选注》《唐宋词鉴赏辞典》等系列进行人工统计，可以发现：《全宋词》中以春为头字的四时意象约一万二千次，以江为头字的水意象约一万九千次，以花为头字的花草意象约二万次，以月为头字的日月意象约七千四百次，夜的意象约八千次。《唐宋词选注》等选本及《唐宋词鉴赏辞典》中的名家名作统计结果与上述结果完全吻合。尤其值得注意的是，从宋词创作名篇看，可以说，春、江、花、月、夜这五种意象是支撑词坛的主要基点。

宋词之所以主体意象如此集中，主要在于与唐诗宫廷朔漠无所不写、农村市井无所不写、政治经济文化无所不涉的广阔文体题材范围相比较，宋词的书写范围实际上始终没有跳出生活世相、借景抒情的总体格局。上至家国之怀，下至一己之情，宋词基本上是以言情为主的。虽然宋词写尽了人生世相，以不断变化的笔墨构词设篇。然而，其文体题材类型仍是有限的，这种文体题材的有限性，导致宋词主体意象的类型化色彩特别明显。计算机字频统计与人工统计相结合，会发现宋词的主体意象类型无外乎上述五种，其中当然也包括了如周邦彦《蝶恋花·早行》这样全篇写"夜"而整篇文本中没有一个"夜"字出现的作品。

　　以特定的主体意象表达宋代词人的心中之情，并非一时一世造就的现象，其中隐含着深厚的中华民族的集体无意识文化心理。春天、水边、花前、月下、夜晚的类型生活在古人心中有着深刻记忆，春天意味着时序，水边是在具体位置生活的类型概括，花前追求的是生活的品位，月下寄予着人类的多重情思，夜晚点明的是活动的时辰。而在宋代词人的生活场景中，春夏秋冬四时的生活也不过是春天生活的延伸；人在水边眺望大约可以转换成在梅雨打湿的屋檐下等候情人；花前畅饮完全可以移位到春草丛生的地上；赏月的目光可以转为对繁星的凝视；夜的描写可以是全程的，也可以是阶段性的，夜具有可以被切割的性质，黄昏、子时、五更、清晓等就成了词人不能不涉及的生活节点。人类生活的类型无非是在什么季节的什么时辰在什么地方做了什么事情，这与上述被分割出来的五个生活要素完全合拍。《全宋词》中的词虽然不是每一首都写出了生活中的各个环节，但以整体的眼光观察，会发现一个大的生活场景画面。这个画面恰似唐人张若虚所写《春江花月夜》的翻版。而以"春江花月夜"五个字作为领头，各自后面缀成联想域，对全宋词进行逐篇、逐字统计，可以发现："春、江、花、月、夜"展示了生活场景的立体构象，是时空合一的统一体，与中国古人尊天地四方、重古今时序的观念完全一致。在集体无意识的促动下，将描写自然宇宙与描写内心宇宙结合在一起，又完美地体现了中华民族天人合一的体道精神。张若虚的《春江花月夜》被誉为"孤篇压全唐"，渗透着浓郁的诗意美与哲理美，为后人展示了人之所以为人的内心图景，是心声心画完美结合的审美实践。而宋代文人普遍具有的好学善思、多愁善感等典型气质，在文学创作上又具有强烈的学唐变唐的能力，诗体学唐而变唐是全面的，而词体学唐则主要是学习唐五词中那些偏重书写内在心绪和生活场景的部分。宋词在宋人普遍更高的文化素质下，主体的心绪被物化后更具有艺术的美感，宋人体认四时的变化与感情抒发的选择，构设精美的画面，营造抒情的氛围，在在体现了传统与新时代的聚合，具有自觉创新的因子。

二 帘：一个传统意象的心理学阐释

帘作为一种遮蔽门窗的器物早在先秦时期就已产生，从字源角度看，《释名》称"㡘，廉也，自障蔽为廉耻也"①，《说文解字·巾部》称"㡘，帷也"②，《竹部》也称"廉，堂簾也"③。清代的朱骏声在《说文通训定声》中则详细解释说："簾，堂簾也。从竹廉声，声类廉，户蔽也。按：缕竹为之，施于堂户，所以隔风日而通明者，亦曰薄，今作箔。其布者曰㡘。"④可见帘最早具有的实用功能乃在于障蔽或遮蔽，随着社会文化的发展，帘的原始意义不断改变，成为一种身份的象征，《礼记正义》曰："天子外屏，诸侯内屏，大夫以帘，士以帷"⑤，帘在原始意义之外具有了距离感和成为权力的象征。同时，实用的帘也越来越朝着文饰雕琢的方向发展，成为社会交际中身份品第、尊卑贵贱的象征。而传统的礼乐文化特别注重帘的伦理防卫功能，这样可垂可卷的帘就成为内外空间转换的枢纽。

同时，当实用性的帘一步步发展出抽象意义的时候，也就成为诗词中的一个意象，尤其是在唐宋抒情文学中，帘成为一个频繁出现的传统意象。从字频统计的角度看，《全宋词》中收录词二万一千多首，以帘入词者近三千首，占全宋词的10%弱，字频表中排名第130位；相较于《全唐五代词》中"帘"的字频排名102位，在器物类意象中仅次于"玉"，再加上同义或近义的词如"幕""帐""幄""帷""箔""幌"等，数量就更加可观。

---

① （清）王先谦：《释名疏证补》第六卷《释床帐第十八》，上海古籍出版社1984年版，第291页。
② （汉）许慎：《说文解字》卷七下《巾部》，上海古籍出版社2007年版，第375页。
③ （汉）许慎：《说文解字》卷五上《竹部》，第217页。
④ （清）朱骏声：《说文通训定声》·谦部第四》，国学整理社1936年版，第86页。
⑤ （汉）郑玄：《礼记正义》卷第三十四《郊特牲第十一》，上海古籍出版社2008年版，第1043页。

帘在宋词中的频繁出现,这一现象有着深刻的经济、政治、文化的背景。从经济层面讲,宋代城市经济发达,人们普遍都很重视帘的生产与应用。宫廷与富贵之家都很重视帘的装饰与美化作用,内部往往有专门负责生活与采购帘幕的部门;普通百姓家也很注意帘在日常生活中的使用,民间杂货市场上帘也是常见商品之一,宋词中经常会以"帘幕万家"来描写人口密集或人烟辐辏的地方,繁华都市如钱塘(今浙江杭州)则有"风帘翠幕,参差十万人家"。此外,宋代酿酒业与娱乐业发达,各种酒楼妓馆等消费场所往往遍布各种帘幕作为行业标志物。从政治与文化层面来讲,宋代科举制发达,真正实现了"朝为田舍郎,暮登天子堂",文官制度盛行,在激发文人仕进热情的同时,也使得他们的性格在不断遭遇挫折之中逐渐走向内敛与封闭,由于"诗言志"的强大力量,宋人往往在诗里表达传统的修身治国平天下的理想与信念,而在词里曲折地表达遭受政治挫折后的失落、感伤与痛苦。在宋词中,仅以帘为名的词牌就有《隔帘花》《真珠帘》《珍珠帘》《隔帘听》《卷珠帘》《疏帘淡月》等。词中的帘,品种繁多,状态各异,就前者言,有珠帘、绣帘、画帘、翠帘、水晶帘、珍珠帘、虾须帘等;就后者言,有卷帘—开帘、低帘—高帘、下帘—上帘、疏帘—重帘、昏帘(晚帘)—昼帘等。帘的原始功能在于遮蔽和阻隔。一层帘幕,把处于同一时间内的空间分成内外两个世界,使得内外不能自由地交通,但同时这种"遮"和"隔"又有其特殊性,它既不像"侯门一入深如海"(崔郊《赠去婢》)那样遥不可及,也不像"墙里秋千墙外道"(苏轼《蝶恋花·春景》)那样难以逾越。它虽遮蔽了帘内的世界,隔开了帘外的世界,却又知道伊人不远,可以心意相通,消息暗传。然而,从另一个角度而言,虽然暗香可度,笑语可闻,却又是实实在在地被分隔于两个世界。因此,可以说,帘之妙处正在于它的隔未全隔,而通未全通,也可以说是隔犹未隔,通犹未通,只看当事人的心态和感觉如何,这便预示了帘具有喜剧性与悲剧性的双重内涵,以词人常用的"隔帘看未真"一句为例,就可以有两种感受截然相反的心理,第一,乐观的视角:虽然隔帘看未真,但毕竟是看到了,这是何等的幸福;第二,悲观的视角：虽然隐隐约约看到了，然而毕竟得不到真切实在的接触，这又是何等的痛苦。

以帘的位置和状态而言，宋词中的帘，一般来说构成了三种场景，一是"垂"（或用"下""不卷"），二是"卷"（或用"开""挂"），介于二者之间的，则是"半卷"。就帘隔离的对象而言，有时是人与人，有时是人与物（也即景），而在人与物的隔离中，往往映现出的也是人的情绪与心理。

当人与人（通常是一个在帘内的女子和一个在帘外的男子）隔帘相对时，二者就进入了一种微妙的情境中，并常常因此产生同样微妙的情绪反应以至情感交流。当帘幕低垂时，帘内的世界对帘外人而言，就成了一种神秘幽深的存在，他或者可以闻到帘内的幽香，或者可以听到帘内的笑语，甚至可以隐隐约约看到帘内人的身影。总之，他可以通过种种信息感知到帘内人的存在，但这一存在对他而言又是那样地近在咫尺却不可接近，那样的引人入胜却不可触摸。而帘外的世界对帘内人而言，则隐喻着一种美丽然而难以预测的诱惑，一种与当下生存不同的别样的激情与热烈，在她内心深处，不管是接受还是抗拒，那样一种隐密的渴望已经被点燃，所有的困惑与挣扎最终将在她的生命中留下痕迹。以著名的柳永的《隔帘听》为例："咫尺凤衾鸳帐，欲去无因到，虾须窣地重门悄。认绣履频移，洞房杳杳。强笑语，逞如簧，再三轻巧。梳妆早，琵琶闲抱。爱品相思调。声声似把芳心告。隔帘听，赢得断肠多少。恁烦恼，除非共伊知道。"场景是他和与他隔帘相对的女子，他可以听到她的笑声、她的歌声，甚至可以想象她的一切言行与举止——她轻盈细碎的脚步，她强颜欢笑背后的酸楚，她晨起梳妆时那慵懒的模样，她斜抱着琵琶的姿态……种种想象之后，他仍然明白，她是始终处于一个他"欲去无因到"的世界里，这一世界对于他而言，注定将是一个只能隔帘而听、断肠多少的命运，这一结局是他早已知道并且表示理解和接受的，虽然这接受是那么的无奈，虽然他的痴恋与哀伤并不为帘内的人所了解。此时的帘，不仅隔开了两个人的身，似乎也隔开了他们的心，至少帘外的人是这样认为的。帘内的人对这帘外人的态度是不很明朗的，道是无情又似声声呼唤，道是有情又似诸多推拒。她来回的走动或许是无目的的，她的欢笑或许是无奈的，她的梳妆也只是百无聊赖的掩饰，唯有她的歌声是潜意识里真情的流露，是生命中无法排解的爱与愁。她有意无意地让他听到，却没有再进一步的行动，是不能还是不愿？没有回答。总之，这一层帘的存在，使得内外的两个人处于一种互相不明了、不理解的隔膜状态，这尤其加重了双方对情感的犹豫与猜疑。

有时候，帘内人虽然在场，却未出场，即她只是作为一种现实的存在，却未表现出任何情感的波动，这对帘外人来说，似乎更成为一种多情却被无情恼的惆怅。如舒亶《木兰花·蒋园口号》："琉璃一片春湖面，画舫游人帘外见。水边风嫩柳低眠，花底雨干莺细啭。秋千寂寂垂杨岸，芳草绿随人渐远。一番乐事又将离，金盏莫辞红袖劝。"他在一次春游之中，偶尔从帘外窥到了那游春的女子，再加上那水那风，那低垂的柳枝，那花那雨，那婉啭的黄莺，这一切的存在本身就构成了一种无言的美丽，构成了一种并不需要占有就可以享受的美丽。然而无缘亦无意相识的她终究是要离去的，而这依然使他感到深深的孤独和失落，她走后那岸边寂寞的秋千和身后绿绿的芳草，更反衬出她曾经真实的存在是一种怎样鲜活的生命景致。芳草的意象使人联想到五代牛希济"记得绿罗裙，处处怜芳草"的名句，然而这一次却是"处处怜芳草，因忆绿罗裙"了。对帘内的她来说，既不知道自己的存在曾经装点过他春日的风光，也不知道自己的离去触动了一份敏感的心情。她是行云流水地来，亦是毫无挂碍地去，一次邂逅的美丽似乎没有在她的心灵中印下痕迹。但唯其如此，这对帘外的他来说，才尤显得刚才的相遇犹如一场迷离的梦。

还有一种特殊场景，即帘外人与帘内人二者之中有一个是不在场的，也就是说在一帘分开内外的这一特定场景中，有一方是缺席的，但这一缺席人的存在却通过另一种更隐秘更微妙的方式表现了出来，并且更加强烈和鲜明地传达出缺席者的不在场所造成的结果。一种情境是帘外人的缺席，如苏轼《贺新郎·夏景》："乳燕飞华屋。悄无人、桐阴转午,晚凉新浴。手弄生绡团扇,扇手一时似玉。渐困倚,孤眠清熟。帘外谁来推绣户,枉教人、梦断瑶台曲。又却是,风敲竹。石榴半吐红巾蹙。待浮花、浪蕊都尽,伴君幽独。秾艳一枝细看取,芳心千重似束。又恐被、秋风惊绿。若待得君来向此,花前对酒不忍触。共粉泪,两簌簌。"从整首词的表现来看,帘外人并未出现。但我们从帘内女子的举动、神态及她所表现出的无意识或下意识的感触与忧思,可以看出她此时此刻的寂寞、无聊、慵倦。她的孤眠,她的一曲瑶台梦,她对繁花将落的恐慌,对秋之必到的忧惧,以及最后"共粉泪,两簌簌"的伤感,都表现出她内心的孤独与对青春易逝的担忧。"帘外谁来推绣户,枉教人、梦断瑶台曲。又却是,风敲竹"一语,看似抱怨,实际上是一种等待落空的感伤,期盼之余的幽怨,渴望背后的绝望,尽管这些希望、期盼和等待都是沉潜于她意识底层的。一个寂寥落寞的黄昏,暗示红颜终将老去凋零的繁花,引逗起无限幻想的隐约的敲门声,这一切都隐秘地传达出了她对未出场的帘外人的渴望,也是她对一种新的生命与生活的渴望。

  还有一种场景是帘外人在场,而帘内人缺席。也就是说,抒情主体仅看到了帘,而并未看到所想看到的对象,但仅是这一物件已引起了他无限的联想和思想,这可以蒋捷的《祝英台》为例:"柳边楼,花下馆。低卷绣帘半。帘外天丝,扰扰似情乱。知他蛾绿纤眉,鹅黄小袖,在何处、闲游闲玩。最堪叹。筝面一寸尘深,玉柱网斜雁。谱字红鸳,剪烛记同看。几回传语东风,将愁吹去,怎奈向、东风不管。"他通过半卷的绣帘看到自己所爱慕的女子并不在其中,这时候的帘,执行的恰是它原始功能的反面,它不是隐藏而是泄露了帘内人的行踪,由于帘内人的不在场,因此帘内的世界就不再具有吸引力,反而以它的空洞引起了抒情主体的反感。但他仍然想象着她室内的景象,回忆着曾经的甜蜜与温存。然而,结果是,这一回忆与想象更加深了他的思念与忧伤。对那位未出场的女子,他想象她正在无忧无虑地游玩,而对比之下,自己却正陷于苦苦相思之中,因此不由地对她产生了一种嫉妒乃至怨恨的心态。他对她的渴望因她现时的不在场而显得更加深重和痛苦,也因她的不在场而显得更加纯洁和真挚。

宋词的作者往往是站在帘外的遥望者,他遥望并想象着帘内的世界,对他而言,帘内代表的是一个虽然存在于眼前,自己却无缘或者无权进入的世界,这个世界既是空间的存在,也是时间的存在。这时候,薄薄的一层帘,就变成了阻隔情感的天堑。如贺铸《减字木兰花》:"欹枕有时成雨梦,隔帘无处说春心。一从灯夜到如今",潇潇夜雨,一灯如豆,柔情蜜意因一层珠帘阻隔而无处可诉,唯任雨泣灯残,一夜悠悠无眠。一层薄薄的帘竟能有如此强大的阻碍力量,对这一点说得最透彻的是许棐《喜迁莺》:"一重帘外即天涯。何必暮云遮",帘的存在不止是一种现实的存在,更是一种心理的存在;不止是一种生活物品的存在,更是一种情感隔膜的存在。帘作为一种似有若无的阻隔,似乎是非人力所能逾越的,至少在宋代写恋情的词中从来没有哪一个人能穿帘而过,去和心上人相见。而在词中,真正能穿帘而过的往往是明月,是流莺,是飞燕、落花、飞絮。如毕良史的《临江仙·席上赋》:"霜月穿帘乍白,苹风入坐偏凉。麂灯促席诧时光。桃花歌扇小,杨柳舞衫长",如方岳的《如梦令·春思》:"知是谁家燕子。直恁惺忪言语。深入绣帘来,无奈落花飞絮",如贺铸的《定风波·卷春空》:"墙上夭桃嫩嫩红,巧随轻絮入帘栊。自是芳心贪结子,翻使,惜花人恨五更风",如黄廷璹的《兰陵王》:"欢游地,都在梦中,双蝶翩翩度帘幕。"即使是在黑夜的梦里,似乎也没有词人可以穿过那薄薄的珠帘,走进意中人的梦乡。

当然,词中的帘并不总是垂下的,也有卷起来的时候,当帘卷起的一刹那间,内外两个世界就豁然贯通,构成一个彼此敞开、相互对话的完整存在。然而,这一场景的出现在宋词中形成了一个非常有趣的现象,当帘外与帘内的两个人相对时,那帘几乎是从来不曾卷起的;而当帘卷起时,帘内人看到的总是帘外的风光,而非帘外的人,似乎开帘的目的本来就是为了看景,如曹勋的《木兰花慢》:"断虹收霁雨,卷帘幕、与风期。正燕子将雏,莺儿弄巧,日影迟迟",又如韩淲的《冉冉云·弄花雨》:"倚遍阑干弄花雨。卷珠帘、草迷芳树。山崦里、几许云烟来去。"帘外的风景或清丽或凄迷,但帘内人的心绪在这景物的衬托下或愉悦或忧伤,但帘外与帘内的对峙已不再是人与人的相对,而是人与景的相对。当帘隔离的对象是人与自然时,帘内与帘外就形成两种场景,这时候就产生了两种情况,一种是场景对照,或以帘外之悲景衬帘内之喜乐,或以帘外之乐景衬帘内的悲情。典型的如苏轼《蝶恋花·密州冬夜文安国席上作》:"帘外东风交雨霰。帘里佳人,笑语如莺燕。深惜今年正月暖,灯光酒色摇金盏。掺鼓渔阳挝未遍,舞褪琼钗,汗湿香罗软。今夜何人吟古怨,清诗未就冰生砚。"一层帘,隔开的仿佛是两个截然相反的天地和季节,外面的寒冷与因之而应生的凄怆或痛苦之感,在这帘内的红香翠暖中被消解,被融化,终至被遗忘了。另一种是场景感应,即帘外之自然与帘内之人情形成一种异质同构的关系,悲则同悲,乐则同乐。前者如欧阳修《满路花》:"春禽飞下,帘外日三竿。起来云鬓乱,不妆红粉,下阶且上秋千。"这是一个"金龟朝早,香衾余暖,孾娇由自慵眠"而被"小鬟无事须来唤"惊醒的幸福的小女人,早上醒来,她的心情与帘外的春光一样明媚,而那莺莺燕燕的生机直接感染了她,使得她尚未梳妆就登上了秋千架。对这个此刻如此幸福和快乐的小女人而言,这不仅是一个自然的春天、季节的春天,也是一个爱情的春天、生命的春天。外面的世界和她一样充满生机,充满对未来生活的向往与憧憬。后者如秦观的《如梦令》:"池上春归何处,满目落花飞絮。孤馆悄无人。梦断月堤归路。无绪,无绪,帘外五更风雨。"也许是同样的春天,然而,他的心里却满是悲怆的记忆,那孤独的旅途,那不知何日成行的归路,也许是回乡的梦惊醒了异乡的人儿,不眠的夜里,正是听风听雨的寂寞时候。

帘作为一种柔情而忧伤、具有强烈女性化倾向的意象在宋词中的大量出现,一方面有词作为一种文体本身的限定;另一方面与当代士人心态也有较大的关联,尤其是在对这一传统意象的处理中,词人普遍流露出一种对既定现实的无奈情绪,既无力进行抗争,又无法断然舍弃,结果只能在忧郁、感伤、惆怅中自语自慰,自己为自己营造一个小小的柔弱的艺术世界,借以逃避外界的风风雨雨。"一重帘外即天涯",这不仅是对"帘"的限定，更是对个体生命活力与激情的限定；不仅是对爱情阻隔的怅惘，也因此丧失了人生拼搏与奋斗的意志。在重重帘幕下，词人在自己狭小的情感空间里默默咀嚼着孤独与寂寞。

三　宋词意象的女性化特征

在第一部分所论述的宋词的主体意象"春、江、花、月、夜"中，如以性别学的视野来看，江类意象的性别色彩是不太明显的，既有"大江东去，浪淘尽、千古风流人物"（苏轼《念奴娇》）的雄阔，也有"快阁晴，西江一带风物，尽把祝长生"（徐鹿卿《水调歌头》）的平和，也有"日日思君不见君，共饮长江水"（李之仪《卜算子》）的柔情，而其他的四种类型意象就整体而言，则都呈现出一种女性化的审美色彩。"帘"自然也是一个更倾向于女性化的意象，无论是太平宰相晏殊的"小阁重帘有燕过"（《浣溪沙》），婉约派大家李清照的"帘卷西风，人比黄花瘦"（《醉花阴》），还是抗金名将岳飞的"人悄悄，帘外月胧明"（《小重山》），豪放派大家苏辛的"绣帘开，一点明月窥人"（《玉楼春》）、"行人长见，帘底纤纤月"（《念奴娇·书东流村壁》），都有"帘"意象的不同形态和状态，表达的都是偏向于女性化的细腻幽柔的情感。虽然在不同类型的词人词作中，帘意象占比明显不同，据学者统计，苏轼的三百一十多首词中，提到帘的有32首，占比约10%；辛弃疾六百二十多首词中，提到帘的有28首，占比约4%。相对而言，婉约派词人比其他风格的词人用到帘意象的更多，如周邦彦的一百八十多首词中，用到帘的近30首，约占15%；秦观的八十多首词中用到帘的约占20%。帘在婉约词中更多是作为一种意象符号，表达一种距离之美、朦胧之美，与月、梦、影、风、雨等这样本身就能引人无尽遐想的事物巧妙结合，营造出全新的审美境界，主要意象类型有双燕穿帘、明月窥帘、风雨袭帘等，作为一种词情发展的场景，小小的帘寄托了无数情思，帘后隐藏着多少有情人的痴心、痴情、痴怨。

宋词中还频繁出现一种与帘类似的意象：屏风，虽然屏风意象也会出现在男性的书房描写中，以素屏、砚屏、书法屏、文人山水画屏等方式出现，均显示出属于男性文人的况味。然而使用更多的还是在与女性相关的词中，其在《全宋词》中出现频率很高，约是《全唐诗》出现频率的四倍，如欧阳修《滴滴金》："曲屏深幌解香罗，花灯微透"，黄庭坚《忆帝京》："人醉曲屏深，借宝瑟、轻招手"，蔡伸《满庭芳》："云屏掩，鸳鸯被暖，欹枕听寒潮"，晁端礼《踏莎行》："屏山掩梦不多时，斜风细雨江南岸"，许棐《杨柳枝》："不如屏里画鸳鸯，永成双"，史达祖《鹧鸪天》："小屏谁与画鸳鸯"……就整体而言，其女性化倾向也是不言而喻的。词作为一种具有浓郁抒情性与特殊表现力的文体，崇尚含蓄蕴藉，绮丽婉媚，情致婉转，"词为艳科"不仅是其本色特征，也是其审美倾向。清康熙时文人田同之谓"词之体如美人，而诗则壮士也"①，清末文人王国维也称"词之为体，要眇宜修，能言诗之所不能言，而不能尽言诗之所能言"②，所谓"要眇宜修"本质上也是一种女性化的审美。词具有女性化的审美特征，宋词尤其具有女性化的审美特征，这一拟人化的说法已经是学界的一种共识，有学者指出：宋词的女性化特征主要是指词中直接或间接地大量描写女性题材；或者是以女性视角来观照社会人生；或者是用词体艳科的笔触（一种感伤的女性式的悲悯情怀）去表现士大夫情怀，以柔媚之美来书写生命的感伤和离别的惆怅，即便与男女情事无关，但却洋溢着女性化的柔美情思，呈现出一种浓重的悲凉。这一女性化特征既源于中国文化人格的和谐温润，又是"晚唐以来时代精神已不在马上，而在闺房"的表现，更是宋王朝对内专制集权，对外妥协退让的政治军事现状造成的整体社会心态。再加上在商业经济繁荣背景下催生的宋人享乐心态，重女乐，尚婉媚成为歌坛风尚，词多作于酒案歌席之间，娱宾遣兴，自然会偏向香艳柔婉一路。即使一些传统上认为比较宏大的题材如爱国之感，宋人也惯于以女性化的方式来表达，如辛弃疾著名的《摸鱼儿·更能消几番风雨》，词人以惜春美人自喻，以美人伤春比喻词人面对日益衰落的国事不能挽回，只能闲居村野的深沉悲哀之情。词人将国恨家仇与个人

---

① （清）田同之：《西圃词说》，《中国古代文学批评史》，岳麓书社1999年版，第529页。
② （清）王国维：《人间词话》卷下，上海古籍出版社2008年版，第18页。

的不得志借助传统的香草美人的手法婉转地表达，创造了隐约柔美、摧刚为柔的特殊表现手法，怪不得夏承焘评之为"肝肠似火，色貌如花"①。

有研究者提出，宋词的女性化特征主要表现为三个方面：以女性题材或女性形象为写作主题，以女性化情感表达为话语模式，以女性化意象与语言为表达方式。前二者与语言风格前人论述已多，此不赘述。就女性化意象而言，宋词在意象的选择上也体现出鲜明的女性化审美特质，往往具有小巧柔美的特点。随手翻阅《全宋词》，其中的闺阁物事、环珮钗簪、红巾翠袖比比皆是，花鸟草树等意象更是笼罩全词。词学大家缪钺曾说过："诗词贵用比兴，以具体之法表现情思，故不得不铸景于天地山川，借资于鸟兽草木，而词中所用，尤必取其轻灵细巧者。是以言天象，则微雨断云，疏星淡月；言地理，则远峰曲岸，烟渚渔汀；言鸟兽，则海燕流萤，凉蝉新雁；言草木，则残红飞絮，芳草垂杨；言居室，则藻井画堂，绮疏雕栏；言器物，则银釭金鸭，凤屏玉钟；言衣饰，则彩袖罗衣，瑶簪翠钿。"② 除此之外，还有宋词中已得到学界关注和研究的意象诸如梦、泪、影、雨、楼、柳、香、镜、蜂蝶、庭院、衾枕、梳篦、秋千等，无不是"以柔为美"的具有女性化审美倾向。

在中国传统的文学样式中，词与女性关系最为密切，从文人创作到词的传播离不开女性的参与，因而使得宋词在发展过程中带上了浓厚的女性气息。然而女性化虽然是宋词意象的整体审美倾向，但并不是说女性词人的创作就必须为女性化所局限，如被沈曾植誉为"倜傥有丈夫气"的李清照，她不仅比一般女性更具有男性化也即"文人化"性质，其词的创作也如此。李清照出身书香之家，父母均有很高的文化修养，生活环境更是宽松自由，她可以登高踏雪，饮酒分茶，打马赌戏、收藏金石，这些活动不仅充实了她的词作内容，也开拓了她的心胸眼界，如她的《如梦令》"常记溪亭日暮"追忆夏夜沉醉晚归的生活，《怨王孙》"湖上风来波浩渺"写秋末光景，都充满勃勃生机，超越了女性词人伤

---

① 夏承焘、陆蓓容编：《大家国学·夏承焘卷》，天津人民出版社2008年版，第206页。
② 缪钺、缪元朗编：《冰茧庵文史丛稿》，商务印书馆2019年版，第143页。

春悲秋的常见情调，整体境界也开阔很多。而且易安词中塑造的意象也往往能传达出她独特的心性与品格，如"何须浅碧深红色，自是花中第一流"的桂花（《鹧鸪天》）、"此花不与群花比"的梅花（《渔家傲》）、"玉骨冰肌未肯枯"（《瑞鹧鸪》）的银杏，都是那样不同流俗。而在她的梦境中，她仿佛灵魂飞上"帝所"，与天帝平等对话，毫无女性的卑弱之感，执着如屈原，浪漫如庄生，学诗如杜甫，表现出渴望超越他人、突破现实境遇的强烈欲望。而其他一些能够突破自身性别界定的女性词人，往往也能够获得更大的审美空间，如孙道绚的《醉思仙》超越悼念亡夫的伤痛表现出超然清空，朱淑真的《酹江月》以出世的精神超越"原来女性化的感知方式和生活角色"。① 所以以性别学视角观照宋词，并不是要去寻找男性对女性的压抑或同情，抑或女性的意识与反抗，而是通过梳理，看到宋词发展中的一条"双性同体"之路。

第二节　世俗化背景下两宋词体范式的美学嬗变

王国维的《人间词话》在评论李后主词时曾指出，李煜的意义在于"变伶工之词而为士大夫之词"，也就是说，事实上，他是把词划分为"伶工之词"和"士大夫之词"两大类，我们如果从另一个角度来看王国维的划分，就能产生新的理解。就文学主体和接受对象而言，词其实具有两属性，或曰双栖性，它既是民间的、市民的，又是上层文人的。词有两种主体：一是市井文人，如以柳永、曹组等为代表，以词描绘城市生活，付与歌女传唱，属于市民的自娱自乐；一是上层文人，典型如欧晏，并不正视词的文学地位，以词为娱乐工具，作为士大夫宴乐佐酒之助；两类词的创作背景和主体虽然大不同，但是传播中介却都是歌妓。

指出词起于民间，另一种解说是，词在民间的传播极为广泛，它在被市民阶层接纳以后，就开始愈加世俗化，甚至带动了整个时代文学风

---

① 邓红梅：《女性词史》卷下《女性词试蕾》，山东教育出版社2000年版，第136页。

气的变易，我们说宋词作为"一代之文学"，不在于文人创作了多少数量的词作，而在于词的创作和传播是怎样地深入人心。从史籍记载来看，词在有宋一代的流传，席卷朝野，乃是上至皇帝权贵，下及村野民妇、黄口小儿。在宋代宫廷里，曾经日以市井词曲为戏。史书记载"（蔡攸）与王黼得预宫中秘戏。或侍曲宴……多道市井淫媟谑浪语，以蛊帝心"①，"（李邦彦）每缀街市俚语为词曲，人争传之，自号'李浪子'"②。这些权臣的丑态在《大宋宣和遗事》被进一步地刻画演绎，如"蔡攸进见无时，便辟趋走，或涂抹青红，优杂侏儒，多道市井淫媟谑浪之语，以蛊上心"③。再如"当时李邦彦以次相阿附，每燕饮，则自为倡优之事，杂以市井诙谐，以为笑乐。人呼李邦彦做'浪子宰相'。一日，侍宴，先将生绡画成，就文贴体；将呈伎艺，则裸其衣，宣示文身，时出狎语。上举杖欲笞之，则缘木而避。中宫自内望见，谕旨云：'可以下来了！'邦彦答道：'黄莺偷眼觑，不敢下枝来'"④。位于权力塔尖的帝王权相尚且如此，普通民众对于民间词曲的喜爱自不待言。

由于时风的浸染，宋时普通民众对于词曲体现出很高的鉴赏和表达能力。如《全宋词》就记录一首万俟咏所作的《凤凰枝令》，其下有序文云："自腊月十五日放灯，纵都夹人夜游。妇女游者，珠帘下邀住，饮以金瓯酒。有妇人饮酒毕，辄怀金瓯。左右呼之，妇人曰：'妾之夫性严，今带酒容，何以自明，怀此金瓯为证耳。'隔帘闻笑声曰：'与之。'"⑤这个小插曲也被编入当时话本《元宵编金盏》中，后来的《大宋宣和遗事》又在此基础上进一步敷演，将这"窃杯女子"描写成一个出口成章的才女，给小说平添了许多情趣。《大宋宣和遗事》云："是夜鳌山脚下人丛闹里，忽见一个妇人吃了御赐酒，将金杯藏在怀里，吃光禄寺人喝住：'这金盏是御前宝玩，休得偷去！'当下被内前等子拿住这妇人，到端门下。有阁门舍人且将偷金杯的事，奏知徽宗皇

---

① （元）脱脱：《宋史》卷四百七十二，中华书局1977年版，第13731页。
② （元）脱脱：《宋史》卷三百五十二，中华书局1977年版，第11120页。
③ 《大宋宣和遗事·元集》，商务印书馆1934年版，第33页。
④ 《大宋宣和遗事·元集》，商务印书馆1934年版，第33、34页。
⑤ 俞朝刚、周航：《全宋词精华》，辽宁古籍出版社1995年版，第264页。

帝。圣旨问取因依。妇人奏道：'贱妾与夫婿同到鳌山下看灯，人闹里与夫相失。蒙皇帝赐酒，妾面带酒容，又不与夫同归，为恐公婆怪责，欲假皇帝金杯归家与公婆为照。臣妾有一词上奏天颜，这词名唤《鹧鸪天》：月满蓬壶灿烂灯，与郎携手至端门。贪观鹤笙歌举，不觉鸳鸯失却群。天渐晓，感皇恩，传赐酒，脸生春。归家只恐公婆责，也赐金杯作照凭。'徽宗览毕，就赐金杯与之。"① 这则记载的意义在于从一个平民女子的词曲修养，大致能够让人想见宋世的词曲之盛。与此可相参对的是《碧鸡漫志》记载的另一段趣事："嘉祐间，汴都三岁小儿，在母怀饮乳，闻曲皆捻手指作拍，应之不差。"② 虽然这只可能是一个案，词的普及则毋庸置疑。

纵观两宋时期，正是在城市文艺发展、市民文学繁荣的背景下，词首先是在市井之间获得了大发展，逐渐向文人群体普及，在内容与形式的熔铸上渐形成一些带有独特美学特征的体式。从北宋至于南宋，由俗趋雅，历经了从"俚俗体"到"侧艳体"，再到"雅正体"的发展演变过程，在其间多所浸染的词对于市民文学本色风格，却是渐行渐远。

一 平易疏放之俚俗体

柳永词对于推进词的俗化具有突出的意义。柳词的写作，不仅不再是为裨补时政，甚至有些不完全是为个人的抒情言志，而是在出入秦楼楚馆时应歌者之请而写。"多游狎邪，善为歌辞。教坊乐工，每得新腔，必求永为辞，始行于世。于是声传一时。"以至于柳永之词，在当时就极为流行，"凡有井水饮处，即能歌柳词"③。

"俚俗"是柳永词的最大特征，这从一些负面评论中也可以清楚了解。《碧鸡漫志》评柳词道："柳耆卿《乐章集》，世多爱赏该洽，序事闲暇，有首有尾，亦间出佳语，又能择声律谐美者用之，惟是浅近卑

---

① 《大宋宣和遗事·亨集》，商务印书馆1934年版，第36页。
② （宋）王灼：《碧鸡漫志》卷一，载《羯鼓录·乐府杂录·碧鸡漫志》，古典文学出版社1957年版，第58页。
③ （宋）叶梦得：《石林避暑录话》卷三，上海书店出版社1990年版，第91、92页。

俗，自成一体，不知书者尤好之。予尝以比都下富儿，虽脱村野，而声态可憎。"① 黄升在《花庵词选》中评论柳永的词为"长于纤艳之词，然多近俚俗，故市井小人悦之"②。

柳永词的俚俗体现在内容和形式两方面。柳永不仅从音乐体制上改变和发展了词的声腔体式，而且从创作方向上改变了词的审美内涵和审美趣味，着意运用通俗化的语言表现世俗化的市民生活情趣。具体表现为：第一，表现了世俗女性大胆而热烈的爱情意识；第二，表现了被遗弃或失恋的平民女子的痛苦心声；第三，表现了下层妓女的不幸和她们从良的愿望；第四，展现了北宋繁华富裕的都市生活和丰富多彩的市井风情。北宋主要的都市，如汴京、扬州、苏州、杭州、成都、长安等地，柳永都有词做过描绘。柳永在词的语言表达形式上，也进行了大胆的革新。他的词充分运用现实生活中的日常口语和俚语，不仅生动活泼，而且使听众既感到亲切有味，又易于理解接受。在表现方法上创造性地运用了铺叙和白描的手法。他把过去只有几十字的短令发展到百多字的长调，并且能将有趣的白话融入词中，表现出平民化的表述风格。虽然其中有的词表现出庸俗低级趣味，但大多数作品却显示出市民文艺自然流畅、通俗浅近的俚俗色彩。如《玉女瑶仙佩·佳人》："拟把名花比，恐旁人笑我，谈何容易。细思算，奇葩艳卉，唯是深红浅白而已。争如这多情，占得人间千娇百媚。"

其实，受到市民文学巨大影响的宋词，通俗化倾向较为明显，较为典型地体现在用词的口语化与人生态度的世俗化。除了被认为是"词语尘下"的柳永词（李清照《词论》），两宋词人的词作中颇多里巷俗语。如李清照自己的词句也被认为是"闾巷荒淫之语，肆意落笔，自古缙绅之家能文妇女，未见如此无顾忌也"③，即使是为后来雅词派词人所推崇的周邦彦也不免有"天便教人，霎时得见何妨"（《风流子》）

---

① （宋）王灼：《碧鸡漫志》卷二，载《羯鼓录·乐府杂录·碧鸡漫志》，古典文学出版社1957年版，第61页。
② （宋）黄升：《花庵词选》卷五，辽宁教育出版社1997年版，第84页。
③ （宋）王灼：《碧鸡漫志》卷二，载《羯鼓录·乐府杂录·碧鸡漫志》，古典文学出版社1957年版，第64页。

第三章 丽逸江南：融会南北的宋词之韵

之类的俗语。可见词的俚俗化是当时普遍的时代风气。

下面我们不妨以"俚俗体"中颇有代表性的滑稽派为例，来看看"俚俗体"的风格特点，以及它们是怎样体现市民趣味的。王灼的《碧鸡漫志》卷二云："长短句中作滑稽无赖语，起于至和、嘉祐之前，犹未盛也。熙丰、元祐间，兖州张山人以诙谐独步京师，时出一两解。泽州孔三传者，首创诸宫调古传，士大夫皆能诵之。元祐间，王齐叟彦龄；政和间，曹组元宠，皆能文，每出长短句，脍炙人口。彦龄以滑稽语噪河朔。组潦倒无成，作红窗迥及杂曲数百解，闻者绝倒，滑稽无赖之魁也。"又说："今少年妄谓东坡移诗律作长短句，十有八九不学柳耆卿，则学曹元宠。"①

柳永与曹组（元宠）都堪称滑稽派的鼻祖，据《大宋宣和遗事》记载："有教坊大使曹元宠口号一词，唤做《脱银袍》：济楚风光，升平时世；端门交撒碗，遂逐旋温来。吃得过，那堪更使金器，分明是与穷汉消灾灭罪。又没支分，犹然递滞，打笃磨槎来根底。换头巾，便上弄交番厮替。告官里，驰逗高阳饿鬼。"② 如柳永有一首《传花枝》词云："平生自负，风流才调，口儿里，道知张陈赵。唱新词，改难令，总知颠倒。解刷扮，能哄嗾，表里都峭。每遇着，饮席歌筵，人人尽道，可惜许老了！阎罗大伯曾教来，道人生、但不须烦恼。遇良辰，当美景，追欢买笑。剩活取百十年，只恁厮好。若限满，鬼使来追，待倩个，掩通著到。"从中可以见出滑稽派的特征：以市井俚语入词，以戏谑调笑为手段，带有明显的市井喜剧精神。这类作品在当时数量很多，曹组有《红窗迥》及杂曲数百解，另一词人王彦龄有《望江南》数十曲。而且，他们的滑稽词大都脍炙人口，噪于河朔，传入宫廷，后来"祖述者益众"，成为一股文学潮流。③

当时滑稽派的词人主要是在宫廷官府里侍奉的艺人。两宋时期，歌

---

① （宋）王灼：《碧鸡漫志》卷二，载《羯鼓录·乐府杂录·碧鸡漫志》，古典文学出版社1957年版，第62页。
② 《大宋宣和遗事·亨集》，商务印书馆1934年版，第35页。
③ 邓魁英：《两宋词史上的滑稽词派》，《中国文化研究》1996年冬之卷，第96—103页。

舞宴饮在宫廷生活中占据着空前重要的位置,诸色伎艺人中便专有"御前应制"者。词人如北宋的曹组、张充臣、邢俊臣等,都曾出入宫廷,"供奉禁中"。南宋的张抡、康与之、曾觌、吴琚也都是御前应制的宫廷词人。一些达官贵人的家中也都有些"食客",或称"闲人"。据吴自牧的《梦粱录》卷十九记载:"姑以今时府第宅舍言之,食客者,有训导蒙童子弟者,谓之'馆客'。又有讲古论今、吟诗和曲、围棋抚琴、投壶打马、撇竹写兰,名曰'食客',此之谓闲人也。"① 这种"吟诗和曲"的闲人中便多有滑稽词的作者。他们大多是混迹于民间的潦倒文人,如曹组曾六举不第,一世"潦倒无成";王彦龄只是个太原掾官。张充臣、邢俊臣则是艺人,后来因为出名得以"供奉禁中"。

滑稽词一直为文人所轻视,如王灼认为"嫚戏汙贱",曾慥编选《乐府雅词》时,在序中声明:"涉谐谑则去之。"直到明清时期滑稽词在词史上的名声依然不好,金应珪在《词选后序》中批判说:"诙嘲则俳优之末流,叫啸则市侩之盛气。"秦巘在他的《词系》(未刊稿)"凡例"中说:"词有俳谐,殊堕恶道。"尽管如此,滑稽词自有其不可磨灭的价值,顾随的《倦驼庵稼轩词说》曾论到俳谐词,他说:"词中有所谓俳体者,颇为学人诟病。苦水却不然。窃以为俳体除尖酸刻薄、科诨打趣及无理取闹者外,皆真正独抒性灵之作也,以其人情味独重故。"②

大多数的滑稽词是以讽刺的尖锐和戏谑的趣味为特色的,如王偁《东都事略》卷十一《徽宗纪》载:"皇帝崇尚道教,号教主道君皇帝。(政和七年)二月,改天下天宁观为神霄玉清万寿宫。无观者以寺充。"③ 皇帝下诏把佛寺硬要改成道观,这本身就构成了一种笑料。于是有人以和尚的口吻写了一首《夜游宫》:"因被吾皇手诏,把天下,寺来改了。大觉金仙也不小。德士道,却我甚头脑。道袍须索要,冠儿戴,恁且休笑。最是一种祥瑞好。古来少,葫芦上面生芝草。"④ 而描写日常生活

---

① (宋)吴自牧:《梦粱录》卷十九,浙江人民出版社1984年版,第182页。
② 顾随:《倦驼庵稼轩词说》,载《顾随全集》,河北教育出版社2014年版,第36页。
③ (宋)王偁:《东都事略》卷十一,眉山程舍人宅刊行本。
④ (宋)洪迈:《夷坚三志》己卷第七,载《夷坚志》,九州图书出版社1998年版,第1526、1527页。

情趣的则如柳永的一首《红窗迥》,记春日园林中之所见:"小园东,花共柳。红紫又一齐开了。引得蜂蝶燕和莺,成阵价,忙忙走。花心偏向蜂儿有,莺共燕,吃他拖逗。蜂儿却入,花里藏身,胡蝶儿,你且退后。"①表现出十足的世俗趣味。

在两宋时代,许多大词家如苏轼、辛弃疾等都作过带有滑稽色彩的小词,辛弃疾力主抗金,却壮志未酬,长期赋闲于江西铅山,故常作些疏放滑稽的小词自遣。例如他有一首《永遇乐》,题注曰:"戏赋辛字,送茂嘉十二弟赴调。"其词曰:"烈日秋霜,忠肝义胆,千载家谱。得姓何年,细参辛字,一笑君听取。艰辛做就,悲辛滋味,总是辛酸辛苦。更十分向人辛辣,椒桂捣残堪吐。世间应有,芳甘浓美,不到吾家门户。比著儿童,累累却有,金印光垂组。付君此事,从今直上,休忆对床风雨。但赢得靴纹绉面,记余戏语。"作者通过对于姓氏之"辛",寄寓平生的身世之感,在调侃中见出深沉,在戏谑中见出悲凉。这类词其实属于滑稽中的另类,它尽管表面上以调侃为特征,但是却明显带有文人的风骨和情怀,几乎脱离了滑稽词用以寄身的市井意识,所以不能算是俚俗体了。

二 狎邪香媚之侧艳体

在宋代很长一段时间里,由于文人中盛行"诗庄词媚"的观点,词一直被认为是"艳科""小道"而不受重视。欧阳修的《西湖念语》谓:"因翻旧阕之词,写以新声之调,敢陈薄伎,聊佐清欢。"②其中的"陈薄伎""佐清欢",亦是对词的游戏功能的理解。毛晋跋黄庭坚《山谷词》谓:"鲁直少时,使酒玩世,喜造纤淫之句,法秀道人诫曰:笔墨劝淫,应堕犁舌地狱。鲁直答曰:空中语耳。"③此亦道出山谷词游戏玩笑的特征。更有甚者,则是对词之功能的极端轻视,宋初词人钱惟演曾自称:"平生惟好读书,坐则读经书,卧则读小说,上厕则

---

① (宋)柳永:《柳永词集》,上海古籍出版社2017年版,第184页。
② (宋)欧阳修:《六一词》,浙江古籍出版社1990年版,第7页。
③ (明)毛晋:《汲古阁书跋》,古典文学出版社1958年版,第84页。

阅小辞（词）。"① 这种观念一直持续到南宋，南宋初年胡寅的《题酒边词》所说："词曲者，古乐府之末造也。……然文章豪放之士，鲜不寄意于此者，随亦自扫其迹，曰：谑浪游戏而已也。"②

以市井文人尤其是民间艺人为作者的词作逐渐流行，这些所谓的"伶工之词"，也开始影响士大夫的创作，如柳永词就不仅在市井，在文人中也极为流行，士大夫阶层并没有完全改变"词为艳科"的看法，他们不只是通过词这种形式逞弄才学，更主要是将之视为宴会上佐酒助兴的工具，这些词的出现是与歌妓们密切联系在一起。从这些词产生的背景，酬答的方式与对象，乃至创作者主观的态度等方面，都足以说明其文学属性，它们不属于市民阶层，却带有很强的娱乐性和非正统性，所描绘的却只限于士大夫狎邪的生活内容。我们把这类词称为"侧艳体"。

"侧艳体"之说始见于王灼的《碧鸡漫志》，在该书卷二的"各家词短长"条中，王灼描述了北宋词坛的几大派，其中就有"侧艳体"："（万俟）雅言初自集分两体，曰'雅词'，曰'侧艳'，目之曰《胜萱丽藻》，后召试入官，以侧艳体无赖太甚，削去之，再编成集，分五体，曰'应制'，曰'风月脂粉'，曰'雪月风花'，曰'脂粉才情'，曰'杂类'。周美成目之曰《大声》。"③ 由于万俟咏词集不传于后世，所以《胜萱丽藻》中的"侧艳"是一类什么样的词颇难确定。经岳珍考证指出，其实，《胜萱丽藻》中的"侧艳"是个音乐术语，当是该部分词调所从属的音乐类别，也就是说"侧艳"属于与雅乐相对的俗乐，这样，"侧艳体"就只是文体的概念，而不牵涉内容和格调方面的判断。但是这一本初含义一向就被歧解了，包括王灼本人，他在《碧鸡漫志》里却又把温庭筠的"侧辞艳曲"解释为"淫言媟语"，并用"侧艳体"来概括以柳永为首的专写北里狎邪生活的词作。所以说"自宋

---

① 引自欧阳修《归田录》卷二，上海古籍出版社2012年版，第22页。
② （宋）胡寅：《题酒边词》，毛晋辑：《宋六十名家词丙集》，上海杂志公司1936年校点本。
③ （宋）王灼：《碧鸡漫志》卷二，载《羯鼓录·乐府杂录·碧鸡漫志》，古典文学出版社1957年版，第60页。

代以后,'艳词'、'侧艳之词'的含义便无一例外地指艳情词,尤其侧重狎邪艳游这一特定的含义"①。我们也正是在美学格调层面上来探讨宋词的这种俗化倾向。

王灼将柳永视为"侧艳体"的始作俑者,因为表现狎邪生活是柳永词的主要特征。现存柳永词213首,其中明显为写狎邪生活的近150首。叶梦得《避暑录话》云,柳永"多游狎邪,善为歌辞"。所以我们将"侧艳体"也定义为狎邪之词。柳永词的体性特征多见于宋人议论,苏轼曾指出秦观词受其影响。"秦少游自会稽入京,见东坡。坡云:'久别当作文甚胜,都下盛唱公"山抹微云"之词。'秦逊谢。坡遽云:'不意别后公却学柳七作词。'秦答曰:'某虽无识,亦不至是。先生之言无乃过乎?'坡云:'销魂当此际,非柳词句法乎?'秦惭服,然已流传,不复可改矣。"② 词的侧艳一体,展示词的艳俗化倾向,它所表现的是俚俗体与雅正体之间的中间状态。因为我们这里所讨论的"侧艳体"主要侧重于题材与格调,所以在事实上,它既包容了以柳永为代表的以俚俗语写男女情爱的"侧艳之辞",也包括了《唐宋词流派史》里指出的以"晏欧为首的尚雅词派"所创作的"侧艳之辞"。刘扬忠所指的"晏欧为首的尚雅词派",显然只是相对于柳永等人"既艳且俗"的词作而言,对于南宋的"雅正体"词,它仍然是过渡状态。

我们不妨从文人与歌妓之间的关系来讨论"侧艳体"词的概貌,然后对之做一个简单的分类分析。词之问世就是以宴乐为导向,以佐酒助兴为其功能,以歌妓为媒介。这就注定了词与宴乐、与歌妓,有着难解之缘。

宋人饮酒享乐而以文字佐其欢,相沿于唐人酒令。北宋人蔡居厚云:"唐人饮酒必为令以佐欢,其变不一。乐天所谓'闲征雅令穷经史',韩退之'令征前事为'者,今犹有其遗习也。"③ 宋人宴游之乐更成风习,

---

① 岳珍:《"艳词"考》,《文学遗产》2002年第5期。
② (宋)黄昇:《唐宋诸贤绝妙词选》卷二,四部丛刊本,第21页。
③ (宋)蔡居厚:《蔡夫宽诗话》,郭绍虞:《宋诗话辑轶》(卷下),中华书局1980年版,第389页。

酒筵旁的调笑游戏也就成了宋人的日常生活主要内容。曲子词则在其中发挥着重要的角色功能，成为宋人生活中不可或缺的佐欢之具，而演唱词曲的歌女，也总是被词人们赏识，成为一些词人生命中的重要部分。

北宋初期的晏几道，有《小山词序》曰："始时，沈十二廉叔、陈十君龙，家有莲、鸿、蘋、云，品清讴娱客，每得一解，即以草授诸儿，吾三人听之，为一笑乐而。"① 柳永更是整天流连于汴京的秦楼楚馆，恣情游宴，"忍把浮名，换了浅斟低唱"（《鹤冲天》），且一直眷恋着心娘、佳娘、虫娘、酥娘等歌妓。苏轼在杭州为官时，尤其爱怜一位叫王朝云的钱塘名妓，并纳为侍妾。后来苏轼被贬惠州，其家妓纷纷离去，唯有朝云随苏轼至贬所，患难与共。朝云死后，苏轼还作《西江月》词以悼念，词曰："高情已逐云空，不与梨园同梦。"苏门学士秦观也与歌妓交往甚密，宋代曾慥《高斋诗话》载："秦少游在蔡州，与营妓娄琬字东玉者甚密，赠之词云：'小楼连苑横空。'又云：'玉佩丁东别后'者是也。"所赠词为《水龙吟》，结句云："念多情但有，当时皓月，向人依旧。"又赠歌妓陶心儿词云："天外一钩横月带三星，谓心字也。"② 秦观以"心"赠妓，可谓把歌妓当成知心人看待。至于说周邦彦与宋徽宗为名妓李师师争风吃醋而作《柳阴直》一词的事，更是广为流传。南宋的姜夔也有范成大所赠歌妓小红与之诗乐相和，"自作新词韵最娇，小红低唱我吹箫"（《过垂虹》）。

据《石林诗话》记载，张先八十多岁时还与歌妓交往甚密，苏轼因此作诗戏之："诗人老去莺莺在，公子归来燕燕忙。"张先并不以为忤，和曰："愁似鳏鱼知夜永，懒同蝴蝶为春忙，"甚为东坡所赏。③ 宋代文人乐与歌妓交往与当时的社会风气有着直接的关系，如前所述，由于整个国家的弱势处境、文人自我意识的觉醒、城市经济的繁荣以及统治者的倡导，两宋社会始终弥漫着奢华之风，甚至有人为了追逐时尚，

---

① （宋）晏几道：《小山词·序》，三秦出版社2020年版，第3页。
② （宋）曾慥：《高斋诗话》，见《四部备要·集部·苕溪渔隐丛话》卷五十"秦少游"，上海中华书局据芸经楼仿宋本校刊，第197页。
③ （宋）叶梦得：《石林诗话》卷下"张先乐府掩诗名"，广西师范大学出版社1995年版，第93页。

自我粉饰，潘永因的《宋稗类钞》卷五："士大夫昵裙裾之乐。每苦侍巾栉辈得之艰难，或得一焉，不问色艺如何。虽资至凡下，必极加以美称，名浮于实。类有可笑者。岂故为是矜衒，特偿平日妄想。不足则夸尔。"① 由此看来，文人与歌妓往来似乎不仅仅是娱乐的需要，简直成了一种身份的象征。

更值得注意的是，南渡后"大江东去"式的豪放词人似乎多了起来，但并没有因此而远离都市文化的风花雪月。南渡后的词其语言更近口语本色和散文化，亦多作豪放悲凉语，词人与市井青楼的关系却更密切了。《鹤林玉露》中讲到与秦桧抗争的净臣胡铨，从贬所回归时于湘潭胡氏园题诗云："君恩许归此一醉，傍有梨颊生微涡"，表露了对侍妓黎倩的眷恋之情，因此而使朱熹颇有微词。② 如南宋初曾被陈与义赞许过"疲兵敢犯犬羊锋"（《伤春》诗语）的抗金将领向子諲（1085—1152），其《酒边词》就多有"儿女子态"，如《殢人娇·钱卿席上赠侍人轻轻》："白似雪花，柔于柳絮。胡蝶儿、镇长一处。春风骀荡，蓦然吹去。得游丝、半空惹住。波上精神，掌中态度。分明是、彩云团做。当年飞燕，从今不数。只恐是、高唐梦中神女。"再如《相见欢》："腰肢一缕纤长。是垂杨。泥泥风中衣袖、冷沉香。花如颊。眉如叶。语如簧。微笑微颦相恼、过回廊。"

《癸辛杂识》中记载豪放派词人张孝祥一次将二百两银的润笔换成红罗百匹犒赏歌妓。《齐东野语》提到爱国诗人陆游怀念在蜀时相与的歌女而作《风入松》，叹息"前辈风流雅韵，犹可想见也"③。南宋豪放派词人领袖辛弃疾登上建康赏心亭，"把吴钩看了，阑干拍遍，无人会，登临意"，之后想到的是"唤取红巾翠袖，揾英雄泪"。岳珂在《桯史》中就说："稼轩以词名，每燕必命侍妓歌其所作。"④ 上述几例中的文人都是慷慨任气的豪放人物而非普通的依红偎翠之辈，却是

---

① （清）潘永因：《宋稗类钞》下册卷五，书目文献出版社1995年版，第454、455页。
② （宋）罗大经：《鹤林玉露·地集》卷六"自警时"，上海书店出版社1990年版，第272页。
③ （清）张思岩：《词林纪事》，中华书局1957年版，第313页。
④ （宋）岳珂：《桯史》卷三"稼轩论词"，三秦出版社2004年版，第88页。

"英雄气短,儿女情长"。

上面描述中涉及的词作当然未必都是"侧艳体",但是许多确实又都是,如柳永、晏几道、秦观、张先、向子諲等人的词作。绝大多数的"侧艳体"都是在词人与歌妓舞女的交往和酬唱中完成的,从上面的描述足以见出这一体式所表现的广泛性,无论是朝廷重臣如欧阳修、晏殊,还是中下层文人如柳永,无不囊括其内。具体作品不可胜举。就情趣格调而言,大致可以分为两类,即通俗如柳永,雅致如欧晏。

柳永的这类词以通俗平易为特色。如《小镇西》:"意中有个人,芳颜二八。天然俏、自来奸黠。最奇绝。是笑时、媚靥深深,百态千娇,再三偎著,再三香滑。久离缺。夜来魂梦里,尤花殢雪。分明似旧家时节。正欢悦。被邻鸡唤起,一场寂寥,无眠向晓,空有半窗残月。"再如他咏舞妓之词,《柳腰轻》:"英英妙舞腰肢软,章台柳,昭阳燕。锦衣冠盖,绮堂筵会,是处千金争选。顾香砌、丝管初调,倚轻风、佩环微颤。乍入霓裳促遍。逞盈盈、渐催檀板。慢垂霞袖,争趋莲步,进退奇容千变。算何止,倾国倾城,暂回眸、万人肠断。"当然柳永常年混迹于歌馆楼台,不免沾染市井猥琐习气,有的词就写得颇为卑俗,令人不堪。如《西江月》:"师师生得艳冶,香香于我情多。安安那更久比和。四个打成一个。幸自苍皇未款,新词写处多磨。几回扯了又重挪。奸字中心著我。"

北宋词人写侧艳之词,几成风尚,江尚质云:"贤如寇准、晏殊、范仲淹、赵鼎,勋名重臣,不少艳词。"[①] 其中欧阳修留下的艳词达六十余首,堪为代表。其中较为通俗的有《醉蓬莱》:"见羞容敛翠,嫩脸匀红,素腰袅娜。红药阑边,恼不教伊过。半掩娇羞,语声低颤,问道有人知么。强整罗裙,偷回波眼,佯行佯坐。更问假如,事还成后,乱了云鬟,被娘猜破。我且归家,你而今休呵。更为娘行,有些针线,诮未曾收啰。却待更阑,庭花影下,重来则个。"

此词中间掺入不少俗字俗语,有着明显的通俗气息,但是这类词

[①] 孙克强:《唐宋人词话》,河南文艺出版社1999年版,第174页。

在欧词中并不占多数，其大多数词虽然内容写艳情艳事，更多的却是区别于柳词之俗，带着士大夫的雅致格调。如《临江仙》："柳外轻雷池上雨，雨声滴碎荷声。小楼西角断虹明。阑干倚处，待得月华生。燕子飞来窥画栋，玉钩垂下帘旌。凉波不动簟纹平。水精双枕，畔有堕钗横。"再如《望江南》："江南蝶，斜日一双双。身似何郎全傅粉，心如韩寿爱偷香。天赋与轻狂。微雨后，薄翅腻烟光。才伴游蜂来小院，又随飞絮过东墙。长是为花忙。"对于欧阳修之艳词，王国维曾有评价："词之雅郑，在神不在貌，永叔、少游虽作艳语，终有品格。"①

与欧阳修艳词风格相近的，是在词方面与之齐名的晏殊，较有代表性的作品有《木兰花》："红条约束琼肌稳，拍碎香檀催急衮。城头鸣咽水声繁，叶下间关莺语近。美人才子传芳信，明月清风伤别恨。未知何处有知音，长为此情言不尽。"更有名的一首则是《浣溪沙》："一向年光有限身，等闲离别易销魂，酒筵歌席莫辞频。满目山河空念远，落花风雨更伤春，不如怜取眼前人。"尽管写的是儿女情事，却见出作者的雍容仪态，见出节制，这种气度显然不可能为市井中汲汲于衣食的伶工所具备。

三　乐与政通之雅正体

以上欧晏的例子也说明，在宋词的通俗化、市民化的过程中，士大夫创作主体始终在施加影响，这就使得宋词总是在"雅"与"俗"之间摇摆，这从当时统治者对词的矛盾心态中也可以看出，据《后山诗话》载："柳三变游东都南北二巷，作新乐府，骫骳从俗，天下咏之，遂传禁中。仁宗颇好其词，每对宴，必使侍从歌之再三。"② 受到天下靡然所向的时风影响，连深处禁宫的皇帝也受到了柳永词的熏染。而另一段记载表露的态度却与此恰恰相反，据吴曾《能改斋漫录》记载："仁宗留意儒雅，务本理道，深斥浮艳虚薄之文。初，进士柳三变，好为淫

---

① 孙克强：《唐宋人词话》，河南文艺出版社1999年版，第203页。
② （宋）陈师道：《后山诗话》，见何文焕《历代诗话》第六册，乾隆庚寅年刊本。

冶讴歌之曲，传播四方。尝有《鹤冲天》词云：'忍把浮名，换了浅斟低唱，'及临轩放榜，特落之，曰：'且去浅斟低唱，何要浮名。'"[①] 这两则记载似皆为事实，折射出仁宗既喜爱又排斥的矛盾心态，这也正代表了当时士大夫阶层对于俗词的真实看法，一方面为市民文学的世俗描绘所吸引；另一方面却又为根深蒂固的传统教化观念所约束。

在徽宗朝，作为统治者的徽宗自然意识到过于兴盛的世俗文化对统治的不利影响，故在趋俗之时也不忘提倡"雅"。据吴熊和的《高丽唐乐与北宋词曲》所引《高丽史》卷七十《乐一》，徽宗曾为赐高丽大晟乐两次下诏，强调雅正之乐的教化作用，政和三年诏："夫今之乐犹古之乐，朕所不废。以雅正之声，播之今乐，肇布天下，以和民志。卿保有外服，慕义来同，有使至止，愿闻新乐。嘉乃诚心，是用有锡。"政和五年诏："三代以还，礼废乐毁。朕若稽古，述而明之。百年而兴，乃作大晟。千载之下，聿追先王。此律谐音，遂至羽物。雅正之音，诞弥率土。以安宾客，以悦远人。逖惟尔邦，表兹东海。请命下吏，有使在庭。古之诸侯，教尊德盛，赏之以乐，肆颁轩□，以作尔祉。夫移风易俗，莫若于此。"明确提出"雅正"之乐的教化之功用。大晟府的建立，就是要倡导雅乐，要以乐化天下。[②]

尤其是到了南宋后期，词作家和评论者更加重视雅俗之辨，对于那种浅近俚俗之作颇为轻视。首先是对柳永提出非议，胡仔在《苕溪渔隐丛话》中就直接以词的内容来判断雅俗，"呜呼，小有才而无德以将之，亦士君子之所宜戒也。柳之乐章，人多称之。然大概非羁旅穷愁之词，则闺门淫媟之语。若以欧阳永叔、晏叔原、苏子瞻、黄鲁直、张子野、秦少游辈较之，万万相辽。彼其所以传名者，直以言多近俗，俗子易悦故也"。[③]

甚至连辛弃疾、刘过的"豪气词"都被排斥在雅词之外，张炎在

---

① （宋）吴曾：《能改斋漫录》卷十六，商务印书馆1941年版，第418页。
② 参见吴熊和《高丽唐乐与北宋词曲》，《吴熊和词学论集》，杭州大学出版社1999年版，第34—53页。
③ （宋）胡仔：《苕溪渔隐丛话·后集》卷三十九，人民文学出版社1981年版，第319页。

《词源》里就指责辛派词作"非雅词也,于文章余暇,戏弄笔墨,为长短句之诗耳"①,曾慥编选《乐府雅词》,在序中声明:"裒合成篇,或后或先,非有诠次,多是一家,难分优劣,涉谐谑则去之。"②张炎十分强调"词欲雅而正"③。沈义父的《乐府指迷》要求作词"下字欲其雅,不雅则近乎缠令之体"④。南宋末的林景熙《胡汲古乐府序》以"清而腴,丽而则,逸而敛,婉而庄"⑤为词体的审美法度。他们极力推重雅正,其所反对的"市井气"和"教坊之习",就是那些与清空、雅正相对立的鄙语艳词以及戏谑滑稽之作。

大倡"雅正"之音的最重要代表是鲖阳居士的《复雅歌词序略》。《复雅歌词序略》约作于绍兴十一年至二十四年间,承继了"乐与政通"的传统观念,追述词乐的发展和流变,将词远绍《诗经》,以期当今词坛恢复《诗经》以来的"骚雅"传统,以补国事之中兴。基于这样的思想,鲖阳居士对自温飞卿以来的近三百年词坛历史作了总结:"迄于开元、天宝间,君臣相为淫乐,而明皇尤溺于夷音,天下熏然成俗。于是才士始依乐工拍弹之声,被之以词句;句之长短,各随曲度,而愈失古之声依永之理也。温、李之徒,率然抒一时情致,流为淫艳猥亵不可闻之语。吾宋之兴,宗工巨儒、文力妙天下者,犹祖其风,荡而不知所止。脱于芒端,而传唱四方,敏若风雨,人人歆艳,咀味于朋游尊俎之间,以此为相乐也。其韫骚雅之趣者,百一二而已。"⑥

从宋词题材和形式的发展演变来看,有两个方面决定了宋词市民化、通俗化的不彻底性。一是大量词描写的是上层文人的生活题材,充满了士大夫的雅趣。南宋词人对"雅"的推崇,直接导致后人以"雅"来命名自己的词集,张孝祥就是其中之一。他的词集《雅词》,有不少

---

① (宋)张炎:《词源》卷下,见唐圭璋编《词话丛编》,中华书局1986年版,第267页。
② (宋)曾慥:《乐府雅词·引》,辽宁教育出版社1997年版,第5页。
③ (宋)张炎:《词源》卷下,见唐圭璋编《词话丛编》,中华书局1986年版,第266页。
④ (宋)沈义父:《乐府指迷》,上海国光书局印刷所1915年影印本。
⑤ (宋)林景熙:《胡汲古乐府序》,《弄山集》卷五,上海商务印书馆1935年版,第112页。
⑥ (宋)鲖阳居士:《复雅歌词序略》,引自吴熊和《吴熊和词学论集》,杭州大学出版社1999年版,第91、92页。

人为之作序，陈彦行在《于湖先生雅词序》中云："凡数百篇，读之泠然洒然，真非烟火食人辞语。"① 其中主要所指就是词描绘了文人的雅致生活，表达的就是对生活境界的一种审美追求。

二是词自身形式的发展，即通过不断的格律化、雅化，向传统诗歌靠近，也就是说在词的表现形式上开始努力摆脱民间趣味。沈义父的《乐府指迷》引吴文英的主张来阐释其雅化观点："盖音律欲其协，不协则成长短之诗；下字欲其雅，不雅则近乎缠令之体；用字不可太露，露则直突而无深长之味；发意不可太高，高则狂怪而失柔婉之意"，从音乐、语言、旨意等角度来论述"雅"，从这四条标准出发，《乐府指迷》推周邦彦词为宋词之冠。"凡作词，当以清真为主。盖清真最为知音，且无一点市井气，下字运意也有法度，往往自唐宋诸贤诗句中来，而不用经史中生硬字面，此所谓冠绝也。"而认为"康伯可、柳耆卿音律甚协，句法亦多有好处，然未免有鄙俗语"。"姜白石清劲知音，亦未免有生硬处。"② 词既以雅为最高标准，《乐府指迷》《词源》《词旨》诸书，一致地以周邦彦之"清空雅正"为词的标准风格，梦窗、草窗、梅溪、碧山、玉田诸词家，亦皆力避俚俗，务求典雅。

南宋末年由草窗、玉田诸家参与的西湖吟社就是以追求词的雅化为宗旨的文学社团。我们先来看周密的《采绿吟》"采绿鸳鸯浦"词序中的一段记载："甲子（1264）夏，霞翁会吟社诸友逃暑于西湖之环碧。琴尊笔砚，短葛练巾，放舟于荷深柳密间。舞影歌尘，远谢耳目。酒酣，采莲叶，探题赋词。余得《塞垣春》，翁为韵谱数字，短箫按之，音极谐婉，因易今名云。"③

这里记述的即是该吟社的一次活动。文中的霞翁，即杨缵，字继翁，号守斋，又号紫霞翁，为该社之盟主。参加者有张枢（字斗南，号寄闲）、周密（字公谨，号草窗）、施岳（字仲山，号梅川）、李彭老

---

① （宋）陈彦行：《于湖先生雅词序》，张孝祥：《于湖居士文集》，上海古籍出版社1980年版，第424页。
② （宋）沈义父：《乐府指迷》，上海国光书局印刷所1915年影印本。
③ （宋）周密：《苹洲渔笛谱》卷一，中华书局1985年版，第14页。

(字商隐，号筼房)、吴文英(字君特，号梦窗)、徐理(号南溪)、张炎(字叔夏，号玉田)、王沂孙(字圣与，号碧山)、毛敏仲、徐天民等①。这是一个以词的创作为主，兼及吟诗的社团。特别关注词的音乐功能，审音辨律、损益琴理、删繁润简、别制新声乃是该社活动的主要内容。杨缵本以精通音律著称，周密说他"洞晓律吕，尝自制琴曲二百操，……近世知音无出其右者"②。在他的影响下，该社的成员对词的音乐性的热衷可谓到了痴迷的程度。这样的特点由周密《苹洲渔笛谱》的记载就可以看到："西湖十景尚矣。张成子尝赋《应天长》十阕，夸余曰：'是古今词家未能道者。'余时年少气锐，谓：'此人间景，余与子皆人间人，子能道，余顾不能道耶？'冥搜六日而词成。成子惊赏敏妙，许放出一头地。异日霞翁(杨缵)见之，曰：'语丽矣，如律未协何？'遂相与订正，阅数月而后定。是知词不难作，而难于改；语不难工，而难于协。"③

正如张炎的《词源》卷下所谓："近代杨守斋精于琴，故深知音律。……与之游者，周草窗、施梅川、徐雪江、奚秋崖、李商隐。每一聚首，必分题赋曲。但守斋持律甚严，一字不苟作，遂有《作词五要》。"④袁桷的《琴述赠黄依然》云："往六十年，钱塘杨司农以雅琴名于时，有客三衢毛敏仲、严陵徐天民在门下，朝夕损益琴理。"⑤可见出他们所创作的多是放浪山水、寄兴适情之篇什，不重内容，唯重音律之协，情思之雅。

以上我们描述了词的三种体式的发展，这似乎就是一个在雅俗交融的文化背景下进退消长的过程。由于受到通俗文学的影响，决定了词在市民文学发展中的中间状态和在俗化中的过渡地位。如研究者所论："苏轼以后的两宋词坛，无论是在创作实践还是词学观念上，既有对'骚雅之趣'的孜孜追求，又有对'郑卫之声'的苦苦留恋，两者既相

---

① 参见萧鹏《西湖吟社考》，《词学》第7辑，华东师范大学出版社1989年版，第88—101页。
② (宋)周密：《浩然斋雅谈》卷下，辽宁教育出版社2000年版，第36页。
③ (宋)周密：《苹洲渔笛谱》卷一，上海古籍出版社1985年版，第1页。
④ (宋)张炎：《词源》卷下，见唐圭璋编《词话丛编》，中华书局1986年版，第267页。
⑤ (元)袁桷：《清容居士集附札记》卷四十四，中华书局1985年版，第756页。

互冲突，又相并而行。"① 这就注定了词在归属上的尴尬和特性上的斑驳，既有实用功能与审美品质的纠缠，又有娱乐质与教化质的交错。词的这种特殊的发展趋向也决定了它在宋元文学转型过程中的独特地位。

第三节 婉约之韵：易安南渡词核心意象之转换及其象征意义

词作为最具宋韵的文体，约略可说原本是南方之文学，其发展之高峰则由南北文化合拱而出。从唐圭璋的《宋词四考·两宋词人占籍考》看，江南词人较之齐鲁在数量上的优势显而易见（仅浙江一省，两宋词人就达216人，而山东仅31人）。词原本是南地柔山软水间的渔歌樵唱、歌楼画舫中的曼舞轻歌。由晚唐五代经北宋到南宋的历史，就词的发展空间的变化而言，经历了先由南方佳丽之地往北方政治文化中心挺进、继而又随着朝廷南渡而由北往南折返的历程。两宋词不同发展阶段的代表人物，一般认为分别是北宋的柳永（闽人）、苏轼（蜀人而词创作于大江南）、周邦彦（浙之钱塘人），南渡前后的济南二安，南宋的姜夔（赣人）、吴文英（浙之四明人）等。这些词坛领袖人物占籍的位移，正与词史发展空间的总体变化相一致。就齐鲁而言，受儒家正统文化的制约，词的发展原是大大滞后于江南的，稍有可观的词人出现较晚。直到北宋后期，晁补之、李之仪以融合了儒家思想的创新词论特出于词坛，受其影响，"济南二安"继而异军突起，并因南渡而成就词名，分别代表了婉约、豪放两种不同风格的词的最高成就。

在词体的北行过程中，灵动而散漫的南人之词受到中原文化的洗礼，融进了意态典雅而题旨正大的正统质素，提高了词的品位和表现力，就连注重词之"本色"的闺阁中人李易安的词作也时常"倜傥有丈夫气"，就是典型的例子，而这正与作为儒家文化发祥地的齐鲁文化有关；而由北往南的折返，对词体而言，可谓向"故土"的回归，如

---

① 沈松勤：《两宋词坛雅俗之辨的文化阐释》，《社会科学战线》2002年第2期。

鱼得水一般自在而亲切，但因此前南风北渐时的文化交融和沉积，在南归的过程中必然呈更加多元的发展态势。词的这样的发展历程犹如一位在明山秀水间缓歌曼舞的女郎，她旋歌旋舞地撞入了一座庄严静穆的庙堂，自然而然地驻足而立、整顿衣裳，在体验了蔼蔼长者的醍醐之灌后，也融入参礼者队伍，其声朗朗，其言侃侃；出得身来，也许仍是惯性地沉思遥想、长歌慢吟，也许就忘乎所以地在和风细雨中重又摇曳着身姿浅吟低唱起来。词史的这种变化，正是南北文化的对立、碰撞、交融、分流有以致之。

两宋之交的南渡词人，其创作风格的前后变化，尤其是南渡后词境的拓展和深化，既是个体生命在时代风雨中载沉载浮的心灵映射，同时也是江南文化独具的气韵对北人的熏染浸润所致，是南北文化既相区别又相交融的结果。而济南二安在南渡词坛中特具典型性和代表意义，可谓北人南化的宋韵文化的标志，具有符号象征的意义。

李清照以愁情词创作孤标独步，其词境和意旨的前后变化，以核心意象的转换为表征，借意象组合及流动达成的象征来实现。

词较之于诗更偏重于抒情，尤重愁绪的抒发。南宋是词的转型期，其重要标志之一，是抒发愁绪之"愁"从"流连光景惜朱颜"向"欲将血泪寄山河"[1]作内质的变异。而这种与"山河"相连的血泪愁境，开拓者则是一批"飘零遂与流人伍"[2]的南渡词人。他们受尽颠沛流离之苦，自称为"江湖倦客"[3]。怀着这一份"倦"的心情，他们唱出的歌，也就为南宋词坛抒发愁绪定了感情基调。即使到南宋后期，吴文英在《唐多令》中还唱着"何处合成愁，离人心上秋"。这"离人心上秋"之愁，正是时代浪子——"江湖倦客"心情的延续。

从这个角度看李清照，她实属转型期南宋词坛极具代表性的歌者，

---

[1] 李清照诗《上枢密韩肖胄诗》："子孙南渡今几年，飘零遂与流人伍。欲将血泪寄山河，去洒东山一抔土。"（见徐北文《李清照全集评注》，济南出版社1990年版，第196页。下引李清照作品版本同此。）

[2] 徐北文：《李清照全集评注》，济南出版社1990年版，第196页。

[3] 李纲：《永遇乐·秋夜有感》中有"江湖倦客，年来衰病，坐叹岁华空逝"句，见《全宋词》第2册，中华书局1965年版，第901页。

俗世雅意：浙风宋韵的多维审视

因为她是"北人"南渡群体中非常典型的一员，切身经历了"与流人伍"的"飘零"生涯，凭"忧患得失，何其多也"①的"江湖倦客"心情，她唱出的歌也就特具"欲将血泪寄山河"这一愁绪之新质。而她的创作转变的特色，也因之代表了南宋词坛的一种普遍现象，从而具有深邃的象征意义。

一 易安词南渡前的核心意象

李清照愁绪的这种新质是如何显示出来的呢、这种显示又何以见得成了南宋词的一种普遍现象呢？

这可从她南渡前后词创作中核心意象之转换谈起。

诗词要靠意象抒情。传统诗词之所以有恒久的艺术生命力，乃在于抒情所凭借的意象并非纯直观反射的客观具象，而是颇有隐喻意味、虚实难分的主观具象，其中还包括相当数量的、具有原型象征性能的意象。如果我们把传统诗词中通常使用的意象作一统计，细加分类，整理出一套中国诗歌意象系统，将会发现很多世纪以来我们民族的诗歌抒情文本其实不过是这套意象的巧妙调配、有机组合。而每一位诗人面对这一套意象，又必然会作出符合自己艺术气质和特定时期审美趣味的选择。凡是风格独具的成熟诗人，都有属于自己的核心意象。核心意象的潜在选择，同诗人特定时期的审美趣味有着必然的关系。李清照南渡前后，由于生活环境改变导致审美趣味变化，其词创作也就有了核心意象的转换。

大致说来，李清照南渡前的词，核心意象有四个："楼""月""琴""花"。"楼"能感发出寂寞怀远的闺思，它延展出"危栏""帘幕""沉水""金猊""玉簟""纱橱"等，如《多丽》"小楼寒，夜长帘幕低垂"，《念奴娇·春情》"楼上几日春寒，帘垂四面，玉阑干慵倚"。"月"能感发出空寥、凄清的心境，它还可延展出"中秋""星桥""暗香""花影""玲珑地"等，如《一剪梅》"雁字回时，月满西楼"，《小重山》"花影压重门，疏帘铺淡月，好黄昏"。"琴"能感发

---

① （宋）李清照：《金石录后叙》，见《李清照全集评注》，济南出版社1990年版，第213页。

出恍惚幽眇的情致,它可延展出"瑶瑟""羌管""横笛""玉箫"等,如《浣溪沙·春情》"倚楼无语理瑶琴",《满庭芳》"更谁家横笛,吹动浓愁"。"花"能感发出悼惜朱颜的感喟,它可延展出"红藕""海棠""江梅""白菊""酴醾"等,如《如梦令》"试问卷帘人,却道海棠依旧。知否,知否,应是绿肥红瘦",《渔家傲》中的"雪里已知春信至,寒梅点缀琼枝腻"。这位女词人南渡前的词基本上就是借这些核心意象及其延展出的准核心意象作有选择的组合,来展开抒情的。如咏梅词《浣溪沙·春景》,就显示着这些核心意象的巧妙搭配:

> 小院闲窗春色深,重帘未卷影沉沉。倚楼无语理瑶琴。远岫出云催薄暮,细风吹雨弄轻阴。梨花欲谢恐难禁。

细品此词文本,可以发现它有一个组织严密的抒情系统,并借此来传达一个怀春少女的闺愁。而在这个系统中就用了三个核心意象:"(闺)楼""(瑶)琴""(梨)花",它们又分别派生出烘染性的子意象:"闺楼"延展出"闲窗""重帘"而形成一个"闺楼"意象系列,来兴发感动出一种百无聊赖的慵懒感;"瑶琴"派生出"倚楼""无语"而形成一个"瑶琴"意象系列,来兴发感动出一种长恨莫名的迷惘感;"梨花"延展出"暮云""风雨"而形成一个"梨花"意象系列,来兴发感动出一种芳华易谢的无奈感。这三个意象系列所感发出来的三类人生感喟,又融汇成一脉作为怀春心理表征的闲愁——美丽的忧伤情愫。这是生活大环境安定、小环境舒适的闺中少女心灵世界青春病态美的体现。

二 易安词南渡后的核心意象

但南渡后李清照的词,核心意象却转换成"江""雁""雨""梦"了。比较而言,易安词南渡前的核心意象"楼、月、琴、花",客观具象特征鲜明,其功能偏于纯直观反射的感兴;但"江、雁、雨、梦"则主观感情色彩较重,其功能偏于感兴隐示,有的甚至具有了原型象征的功能。这是李清照词抒情艺术走向成熟的标志,值得深入探讨。

"江"是李清照南渡后词作中的核心意象,它尤具原型象征意味。一般说来,这个核心意象能隐示出一种天涯浪迹的长恨。它还可派生出"双溪""江湖""舴艋舟""千帆""春浪"等。这个核心意象的本体意义有二:一是总在流动,二是能载船。前者以其动荡不定的特性还可派生出"江湖"以及"流人"、"江湖倦客"等,并且本体和派生物都内寓一种离乱人生感,所以李清照在南渡后的词《瑞鹧鸪·风韵雍容未甚都》中有"谁怜流落江湖上,玉骨冰肌未肯枯"之句,隐示着她漂泊江湖"与流人伍"的人生离乱生涯虽长恨绵绵却依旧保持着高洁情操。由于隐示流离漂泊的"江"的另一本体特征是能载舟,因而也就派生出一个"舟"载愁的准核心意象,隐示李清照南渡后离乱生涯之悲惨:连遭兵燹战乱、丧偶流寓、"颁金"之诬、再嫁离异、诉讼系狱、收缴禁书等,确实"忧患得失,何其多也"。由这个核心意象及其派生意象组合而成的《武陵春·风住尘香花已尽》特别值得注意。宋高宗绍兴五年(1135)春天,她在浙江金华写了这首词,其写作背景值得注意。在《打马图经序》中她说:"自南渡来,流离迁徙……今年冬十月朔,闻淮上警报,江浙之人,自东走西,自南走北,居山林者,谋入城市,居城市者,谋入山林,傍午络绎,莫卜所之。易安居士亦自临安溯流,涉严滩之险,抵金华,卜居陈氏第。乍释舟楫而见轩窗,意颇适然。"[①] 可见,《武陵春》是她到达金华四个月后写的。这时,她在经历了颠沛流离后暂时安定下来。然而,她的心绪仍然是愁苦不宁的,这种愁苦不宁就反映在《武陵春》中:

> 风住尘香花已尽,日晚倦梳头。物是人非事事休,欲语泪先流。　闻说双溪春尚好,也拟泛轻舟。只恐双溪舴艋舟,载不动许多愁。

---

① (宋)李清照:《打马图经序》,《李清照集笺注》,上海古籍出版社2018年版,第298页。

她在词中以"江"来展开对愁绪的抒发，这标志着她在南渡后的生活，已经从闺楼闲眺的兴趣转为对江船漂流的关注，于是核心意象便从"楼"转为"江"了。同一时期写于金华的还有一首《题八咏楼》诗："千古风流八咏楼①，江山留与后人愁。水通南国三千里，气压江城十四州。"对家国之愁的抒发也采用"江"这个核心意象来展开。第三句"水通南国三千里"中的"水"，就指"双溪"汇流而成的那条江，"南国"泛指中国南方。这一句并非眼前实景的具体描绘，而是对"江山留与后人愁"这"愁"之深广的隐喻。第四句"气压江城十四州"则是对"愁"之沉重的隐喻，一种实景的意象象征化表现。由此可见，这首七绝也显示出把"水"即"江"作为抒发"愁"的核心意象在使用。不过，比较而言，《武陵春·风住尘香花已尽》中"江"的审美价值更高，因为在"只恐双溪舴艋舟，载不动许多愁"中，"江"载"舟"而"舟"载不动"愁"。"江"这个被展开来表现的核心意象，充分显示出女词人具有极机智的意象拟喻化抒情才能。诚如沈祖棻在《宋词赏析》中发现的：李煜将愁变成水，秦观将愁变成随水而流的东西，李清照又进一步把愁搬上了船。② 这是意象拟喻化抒情经验进一步发展的表现。这个与"舟""愁"相联系而展开来表现的核心意象"江"，已成了原型象征意象，具有很高的抒情审美价值，以致使这首词成了千古名篇。梁启超在《艺蘅馆词选》中认为这首词是"感愤时事之作"③，也许太政治化了一点，但李清照以"江"为核心意象写下的这首词，的确表现出她对因战乱带来的离乱人生能否结束已不抱希望了。我们从这首词不难体味，李清照以转换核心意象抒发出的愁绪比南渡前词中所抒发的愁绪深广得多。

"雁"能隐示人生孤苦、前景苍凉的觉识，它还可以派生出"归鸿""征鸿"。"雨"能隐示出一种生存阴湿无光的觉识，它还可以派生

---

① 这里需注意，八咏楼、黄鹤楼之类，自然不可与"闺楼"同日而语；登楼远望自然不同于闺楼闲眺。
② 沈祖棻：《宋词赏析》，上海古籍出版社1980年版，第146页。
③ 梁令娴：《艺蘅馆词选》乙卷，中华书局1935年版，第85页。

出"风雨""三更雨""黄梅雨""细雨"等。需要注意的是，李清照南渡后词中的核心意象"雁""雨"，南渡前也是常用的，问题在于这两个意象在南渡前的文本构成中不一定具有牵一发而动全身的功能，因而不能算核心意象。我们不妨把"雁""雨"在南渡前、后期使用的功能价值作一比较。就"雁"来说，南渡前李清照词中用了三次，如《一剪梅·红藕香残玉簟秋》中有"云中谁寄锦书来？雁字回时，月满西楼"。这是说，"云中锦书"在月满西楼雁回时寄来了，因此才有"一种相思，两处闲愁"。又如《蝶恋花·泪湿罗衣脂粉满》中有"好把音书凭过雁，东莱不似蓬莱远"，意即"姐妹们一定会托'过雁'把'音书'传来，因为莱州并没有蓬莱那么遥远"。这些"雁"意象所感发出来的不过是："雁"一定会传来"锦书"安慰自己，缓解闲愁。可见在她南渡前的词中，"雁"不能算核心意象。但南渡后李清照词中的"雁"，就不是作缓解愁绪用了。如《菩萨蛮·归鸿声断残云碧》："归鸿声断残云碧，背窗雪落炉烟直。烛底凤钗明，钗头人胜轻。角声催晓漏，曙色回斗牛。春意看花难，西风留旧寒。"这首词写她在异乡度人日的景况。上片写从黄昏到深夜度人日时室内外情景，并和其内心活动相应合。开篇头一句"归鸿声断残云碧"，可说带动了全局。因为"残云"而"碧"，给人一种浓重的颓唐凄清感；"归鸿"而"声断"，则隐示着几近绝望的乡愁。这使下片中的她在经历了一夜无眠迎来又一个春晓时，也仍然摆脱不了"归鸿声断"，心头还是处在"西风留旧寒"中。可见此词中的"归鸿"，确有核心意象的功能。在其传世名篇《声声慢·寻寻觅觅》中，"雁"作为核心意象的地位更鲜明。词云：

  寻寻觅觅，冷冷清清，凄凄惨惨戚戚。乍暖还寒时候，最难将息。三杯两盏淡酒，怎敌他、晚来风急？雁过也，正伤心，却是旧时相识。 满地黄花堆积。憔悴损，如今有谁堪摘？守着窗儿，独自怎生得黑！梧桐更兼细雨，到黄昏，点点滴滴。这次第，怎一个愁字了得！

生活中珍贵的一切都已丧失，包括梦绕魂牵的家乡，再难归去；亲密相处的伴侣——丈夫，也永远失去了，我们的抒情主人公只能作无可奈何的寻觅。在她"正伤心"的时刻，竟然找到了当年曾为她和他传递过两地相思之"锦书"的旧相识——"雁"。可"雁"并没有停下来传递新的"锦书"给她，而顾自鼓翼远去了；它带来的只是梧桐、细雨、黄昏、无人采摘的憔悴黄花，无尽的愁、愁、愁……"雁"起了承上启下的作用，大有举足轻重之地位，是全篇的核心意象。

再说"雨"。南渡前李清照也多次用过，但在文本中，它不过是对深闺闲愁起点染、烘托作用而已。如《点绛唇·寂寞深闺》的"惜春春去，几点催花雨"。这是以雨点缀"留连光景"之闲愁。《蝶恋花·泪湿罗衣脂粉满》的"四叠《阳关》，唱到千千遍。人道山长山又断，萧萧微雨闻孤馆"，《如梦令·昨夜雨疏风骤》的"昨夜雨疏风骤，浓睡不消残酒"，《浣溪沙·小院闲窗春色深》的"远岫出云催薄暮，细风吹雨弄轻阴"，《浣溪沙·淡荡春光寒食天》的"黄昏细雨湿秋千"，等等，只是为闺中青春情味润色而已。"雨"意象在这些南渡前的词文本中扮演的全是陪衬角色。然而南渡后就不同了，这期间"雨"意象只隐示其阴湿、凄凉，具体表现在："雨"和"风"连在一起成"风雨"，隐示破坏生活平静的灾难，如《永遇乐·落日熔金》："元宵佳节，融和天气，次第岂无风雨？""雨"和"梧桐"连在一起，强化"雨"的哀寂境界，如《声声慢·寻寻觅觅》："梧桐更兼细雨，到黄昏，点点滴滴。这次第，怎一个愁字了得。""雨"和"泪"连在一起，昭示"雨"的凄楚，如《青玉案·征鞍不见邯郸路》："如今憔悴，但余双泪，一似黄梅雨。"泪似黄梅雨，以其经久阴湿的特性来感发。李清照对"雨"意象的表现作了这三方面的调整与修补，就更富有具象性、立体感，也强化了对其阴湿、凄凉生涯无休无止的象喻、感发功能，从而也使"雨"意象进入词文本的核心圈。《添字丑奴儿·窗前谁种芭蕉树》最典型地体现了这一点：

窗前谁种芭蕉树，阴满中庭。阴满中庭，叶叶心心，舒卷有余情。　　伤心枕上三更雨,点滴霖霪。点滴霖霪,愁损北人,不惯起来听。

词的上片,是对下片的铺垫,目的是强化下片雨打芭蕉之"雨韵"的凄寂落寞效果,重心更放在对"三更雨"那一片"点滴霖霪"声愁损"北人"的表现。这一意象抒情所达到的艺术效果,正如民国无名氏的《眉峰碧》词所写的:"薄暮投村驿,风雨愁通夕。窗外芭蕉窗里人,分明叶上心头滴。"[1] 真是滴在心头的雨啊!"雨"这个意象在这两首词中都处于牵一发而能动全局的地位,正是核心意象。通过对李清照南渡前后词中"雁""雨"意象使用情况的比较,不难看出:南渡后它们在词中多是作为核心意象使用的。

"梦"在李清照南渡后词中更明显地扮演着核心意象的角色,它能感发出一种人生必然从幻美走向幻灭这一宿命的顿悟。南渡前李清照词中也有几处写到"梦",但像《蝶恋花·暖雨晴风初破冻》中"独抱浓愁无好梦,夜阑犹剪灯花弄"中的"梦"其实不能算作意象,因为"无好梦"只是"睡不好"的另一种陈述而已。《小重山·春到长门春草青》中"碧云笼碾玉成尘,留晓梦,惊破一瓯春"的"晓梦",也只是对她与丈夫在一起时美好往事的略显抽象的譬比,感发功能也不强,很难说是个合格的意象。只有《浣溪沙·莫许杯深琥珀浓》中"瑞脑香消魂梦断"的"梦"、《浣溪沙·淡荡春光寒食天》中"梦回山枕隐花钿"的"梦",才称得上是具有感发功能的意象,而后一例中的"梦",能"回"能"隐",感发功能尤强。不过,这些"梦"意象都是对青春闲情的点缀,在文本中只是配角而已,并未成为核心意象。南渡后的词中,"梦"出现的次数比南渡前几乎多一倍,并且几乎都起了文本构成的核心作用。如《摊破浣溪沙·揉破黄金万点轻》:"揉破黄金万点轻,剪成碧玉叶层层。风度精神如彦辅,太鲜明。梅蕊重重何俗甚,丁香千结苦粗生。熏透愁人千里梦,却无情。"词的上片赞扬桂花

---

[1]　唐圭璋编:《全宋词》第5册,中华书局1965年版,第3664页。

的形体气质、风度精神,为下片抒情主人公的幻灭感作铺垫,主旨在下片,全凭"千里梦"支撑起来。梅花香之俗①、丁香结之粗来反衬桂花香之浓郁、形之轻细,强调桂花的浓香"熏透愁人千里梦",使她的美好愿望成空。显然,这里的"千里梦"是不可替代的核心意象,它所完成的审美使命就是生存的幻灭。再看《好事近·风定落花深》:"风定落花深,帘外拥红堆雪。长记海棠开后,正伤春时节。酒阑歌罢玉尊空,青缸暗明灭。魂梦不堪幽怨,更一声啼鴂。"上片表现春风过去残红遍地的暮春景象,下片写歌舞升平年代已成过去,眼前筵席散尽,唯剩青灯明灭。而所有这些描写都是用来烘托抒情主人公"不堪幽怨"的"魂梦"。再加上此时传来"一声啼鴂",从另一角度烘托"魂梦"的幽暗。可见,通篇结构是围绕幽暗的"梦"筑成的,"梦"在此显然成了核心意象,感发出一片无可摆脱的幻灭感。如果说上面论析的这些核心的"梦"意象,还只是由离乱现实直接触发把握到的,那么在《渔家傲·天接云涛连晓雾》中,"梦"这个核心意象,则是由离乱现实间接触发而引起内在精神骚动、心态失衡时把握到的。词曰:

天接云涛连晓雾,星河欲转千帆舞。仿佛梦魂归帝所,闻天语,殷勤问我归何处? 我报路长嗟日暮,学诗谩有惊人句。九万里风鹏正举,风休住,蓬舟吹取三山去。

这是一首让梦意象充分展开来表现的词,梦——如同弗洛伊德在《梦的解析》中所说,它"不是空穴来风",也"不是荒谬的","它完全是有意义的精神现象","实际上,是一种愿望的达成"②。因此,梦成为一个象征结构,乘星河蓬舟飞升天界这一个"梦"意象本身,是她潜藏在无意识中的愿望的隐喻。隐喻她欲摆脱人世苦海而去寻求新的

---

① 对于"梅蕊重重何俗甚"句中的"俗",颇"不好理解"。周振甫认为"不知是否'淡'字之误"。
② [奥]弗洛伊德:《梦的解析》第三章《梦是愿望的达成》,文化艺术出版社2005年版,第14页。

寄托。而新的寄托则是天界梦游，帝所陈词，尘世超越。从整个"梦"意象的流变过程看，女词人灵魂中荡开的一场理想追求只是虚无的幻想，一番精神寄托只是宿命的幻灭。所以，这个用"梦"作主导意象所构成的词文本，让我们明晰地看出李清照面对苦难人生的无奈，也让我们见出这位女词人南渡后词中以"梦"为标志的主导意象的转换，隐示着她的感受世界已从闲情的幻美转为宿命的幻灭。

三 易安词意象组合转变的象征意义

李清照南渡前后的词创作采用两套不同的核心意象来构成抒情文本，最集中地显示在两篇作品中。其中一篇是她写于崇宁四、五年间的《满庭芳·小阁藏春》：

> 小阁藏春，闲窗锁昼，画堂无限深幽。篆香烧尽，日影下帘钩。手种江梅更好，又何必、临水登楼？无人到，寂寥浑似、何逊在扬州。　　从来知韵胜，难堪雨藉，不耐风揉。更谁家横笛，吹动浓愁？莫恨香消玉减，须信道、扫迹情留。难言处，良宵淡月，疏影尚风流。

这里"小阁藏春""江梅渐好""谁家横笛""良宵淡月"是有机地组合在一起的，亦即把"楼、月、琴、花"四大核心意象全部调动起来作了一场巧妙的搭配，并加以合乎自然常理的生发，从而使文本达到了这样一个目的：通过对"梅"的内外生态与随风飘零命运的动人表现，隐喻自身清冷寂寞的闺阁生涯和芳年将逝的困惑前景。可以说，多数李清照南渡前的词都显示为这样一类伤感的情调和小我的格局——富贵人家青年女子的闺阁愁。但写于南渡后与"流人"为伍的《浪淘沙·帘外五更风》[①]，情况就不同了。这首词可以说是李清照南渡后词

[①] 赵万里、王仲闻、黄墨谷等李清照研究者将此词定为存疑之作。但清代陈廷焯《白雨斋词话》中有"凄艳不忍卒读，其为德父作乎"之说（人民文学出版社1983年版，第53页）。若果为李清照所作，则因"紫金峰"可释为"紫金山"而可以判定它为南渡后李清照辞别建康时所作。

创作中核心意象转换的一次集大成。请读文本：

> 帘外五更风，吹梦无踪。画楼重上与谁同？记得玉钗斜拨火，宝篆成空。　　回首紫金峰，雨润烟浓，一江春浪醉醒中。留得罗襟前日泪，弹与征鸿。

词中"帘外五更风，吹梦无踪"，用了"梦"意象；"回首紫金峰，雨润烟浓"，用了"雨"意象；"一江春浪醉醒中"，用"江"意象；"留得罗襟前日泪，弹与征鸿"，用"雁"意象。这可说是把南渡后漱玉词的四大主导意象都用上了。前人赞叹这首词"情词凄绝，多少血泪"①，这动人心弦的艺术境界正是靠四个主导意象巧妙搭配、有机组合而形成的。由"江"隐示的天涯漂泊、"雁"隐示的前程苍茫、"雨"隐示的现实阴暗、"梦"隐示的人生幻灭，水乳交融般地汇成并感发出了这首词的江湖倦客离乱愁，而与南渡前词中那一片深闺少妇的儿女闲愁是大异其趣的。

一个诗人，随着所处时代和生活环境的变动，其心灵对生活的审美敏感也会发生变更，同时会影响到出于这种心灵敏感的核心意象发生转换，这是合乎自然的。反之，从核心意象的转换去透视特定的生活遭际对诗人创作心态的制约性，也是合乎情理的。南渡后李清照词核心意象的转换以及所抒之愁内质的变异，扩大并深化了她南渡后的词境，这正是国破家亡的离乱人生促成的。生活折磨了她，却也成全了她——正像成全了整个南宋词坛一样。因此，李清照南渡后词核心意象的转换极具典型性，具有普遍、深邃的象征意义。

第四节　豪放之韵：幼安词中齐鲁文化与江南文化之叠合

辛弃疾（1140—1207）之所以成为南宋乃至中国词坛上开宗立派、

---

① （清）陈廷焯《云韶集》中语，转引自徐北文《李清照全集评注》第160页该词"集评"。

俗世雅意:浙风宋韵的多维审视

有着广泛影响的杰出词人,是由时世政治、地理人文等诸多因素促成的,而并非他主观上从一开始就刻意追求的结果。关于这一点,宋代范开在《稼轩词序》中就说过一段很深刻的话:

>……公一世之豪,以气节自负,以功业自许,方将敛藏其用以事清旷,果何意于歌词哉,直陶写之具耳。故其词之为体,如张乐洞庭之野,无首无尾,不主故常;又如春云浮空,卷舒起灭,随所变态,无非可观。无他,意不在于作词,而其气之所充,蓄之所发,词自不能不尔也。[1]

这是说:辛弃疾走上长短句创作之路,是由特定的时代氛围、特殊的生活处境和他本人特有的心灵感应性能综合作用的结果,但比较而言,特有的心灵感应性能又具有某种决定性意义。因为,诚如黑格尔在《美学》中所说的:"只有心灵才是真实的,只有心灵才涵盖一切,所以一切美只有涉及这较高境界而且由这较高境界产生出来时,才真正是美的。"[2] 心灵是什么?是埋藏在潜意识中,在特定情况的触动下会本能地反映出来的精神意识。正因如此,故一个人总离不开哺育他、萌发他、催化他心灵成熟的地域文化,而任何的心灵活动也总是打着特定地域文化情结的烙印的。从这个意义上说,地域文化对辛弃疾心灵感应性能的形成、对促成其词创作进入较高审美境界,无疑会起重要的影响。不过,影响辛弃疾的地域文化并非单一,而是多元的,因而显得复杂。就他在世68年的经历看,他把人生舞台基本上搭在了分属两个不同文化体系的环境中。前22年他生活在属于齐鲁文化圈的山东,后46年则在浙江、江苏、江西、福建、安徽等属于江南文化圈的地域度过。从童年、少年到青春之花初放的前22年,辛弃疾土生土长于山东,齐鲁文化对他一生的个性气质和文化品格的形成,无疑起了奠基的作用;但不

---

[1] 范开:《稼轩词序》,引自邓广铭笺注《稼轩词编年笺注》附录二,上海古籍出版社1993年版,第596页。

[2] [德]黑格尔:《美学》第一卷,朱光潜译,商务印书馆1996年版,第5页。

能否定的是，这以后他生活在长江三角洲和江西等地，时间上比在山东要多两倍，且此时正是他认识观念、人生行为在原有基础上调整和发展的时期，因而江南文化对他的影响绝不可低估。可以说，这以后的辛弃疾，如同陈寅恪所说的那样，也已成了"为此（江南）文化所化之人"[1]了。所以，应该说对辛弃疾的心灵感应性能起关键性作用的文化品格，实是齐鲁文化与江南文化交相作用的一个叠合形态。

这个叠合形态的地域文化品格，在辛弃疾身上显示为一个系统结构。

鉴于齐鲁文化与江南文化（放大一点，则分属于北方文化与南方文化；缩小一点，则对应于河朔文化与江左文化）确有较明显的不同，所以历来有人把它们加以比较，论及两种文化所派生的不同文学风尚的也不乏其人。魏征的《隋书·文学传序》就说："江左宫商发越，贵于清绮；河朔词义贞刚，重乎气质。气质则理胜其词；清绮则文过其意。理胜者便于时用，文华者宜于咏歌。"[2] 刘师培在《南北文学不同论》中也说："大抵北方之地土厚水深，民生其间，多尚实际。南方之地水势浩洋，民生其际，多尚虚无。民崇实际，故所著之文不外记事、析理二端。民尚虚无，故所作之文，或为言志、抒情之体。"[3] 如果把齐鲁文化与江南文化多方面的比较加以归纳，就总体而言大致有如下相对的几个方面：齐鲁文化崇儒学而江南文化尚老庄；齐鲁文化崇政治伦理而江南文化尚诗性审美；齐鲁文化崇农耕而江南文化尚经商；齐鲁文化崇实际而江南文化尚虚无；齐鲁文化崇守成而江南文化尚开拓；齐鲁文化崇执着而江南文化尚通达；齐鲁文化崇规范而江南文化尚自由；齐鲁文化文气质朴而江南文化诗风飘逸。这样的比较，并不含价值褒贬，却明显地呈现出两极对立。当然，由于无论"齐鲁"还是"江南"，都是在极为广袤辽阔的区域范围内，在极其悠远恒久的人类生活进程中历史地沉积演化而成的区域文化概念，其间难免会有非典型性时空的存在，甚

---

[1] 陈寅恪：《寒柳堂集·寅恪先生诗存》，上海古籍出版社1980年版，第6页。
[2] （唐）魏征：《隋书》卷七十六《文学传序》，中华书局1973年版，第1730页。
[3] 刘师培：《南北文学不同论》，载劳舒编《刘师培学术论著》，浙江人民出版社1998年版，第162页。

至也可能会有一些迥然不合于典型的特例，但是，这些特例若放在如此久远的时空中，几乎是可以忽略的，因而并不影响我们在对两地文化作宏观的、印象式的扫描后得出的这种结论，只是我们不能将这种结论太过绝对化而已。并且，地域的分野不可能永远阻隔文明的交汇，随着社会的进步、交通的发达，不同地域之间交流日益频繁密切，这种文化的两极对立也会走向双向交流以致会通。刘师培在《南北文学不同论》中就认为杨素、薛道衡的诗作已有"吐音近北，摛藻师南"[1]、折衷南北的特点。魏征在论述了南北不同地域作者各自的短长后，曾提出："若能掇彼清音，简兹累句，各去所短，合其两长，则文质斌斌、尽善尽美矣。"[2] 这是一种理想，却也合乎南北文化异地互动的趋势。而真正能够南北融合的典型莫过于辛弃疾了，他那齐鲁文化与江南文化叠合而成的独特的文化品格，成了他长短句写作特具的高格局终于能够确立的决定性条件。在这样的文化品格的陶铸下，辛弃疾词的抒情格调，也就顺理成章地表现为如下四个方面的文化叠合关系：一是漂泊中的安定感与安定中的漂泊感；二是审美的实用化与实用的审美化；三是个人的非个人化表现与非个人的个人化表现；四是以儒家运思显道家境界与以道家运思显儒家境界。下面分而论之。

一 漂泊中的安定感与安定中的漂泊感

从地域文化特定的精神气质来看，出于儒学规范的齐鲁文化有一个重要特点是崇农耕重守成，以及处事态度的执着以至于固执的程度，这种特质外化于人的生存取向，就往往显现为一种"扎根"意识。诚如同样来自齐鲁文化圈的现代诗人臧克家在一首小诗《三代》中所写的："孩子／在土里洗澡；／爸爸／在土里流汗；／爷爷／在土里葬埋。"这就是说：齐鲁大地的人们世世代代扎根于这一方土地，家园是这个文化圈里的人牢不可破的生存信念，并借此求得安定感。江南的情况则不同。东

---

[1] 刘师培：《南北文学不同论》，载劳舒编《刘师培学术论著》，浙江人民出版社1998年版，第166页。原文"摛"作"擒"，误，今改。
[2] （唐）魏征等：《隋书》卷七十六《文学传序》，中华书局1973年版，第1730页。

南沿海自卷转虫海侵期以后，稻作的生产方式遭到破坏，多数越人因此以捕捞为生，或者稻作、捕捞兼顾，以致早就掌握帆船航海技术，漂洋过海谋求出路，他们生不安顿、命运莫测，却也自由自在、闯荡世界，久而久之也就形成一种四海为家的集体无意识，所谓"一蓑烟雨任平生"也就成了他们的生存意趣，进而使偏于老庄意识的江南文化有了一个重要特点：尚经商求开拓，以及处世态度通达以至于超然的地步，这种生存意趣使得从这个文化圈里出来的人总潜在地怀有一份闯荡世界的漂泊感。对于辛弃疾来说，其心灵感应性能由于有着这两种文化叠合体的投影，故其词创作中显出了运思结构的奇特：既有漂泊中的安定感，又有安定中的漂泊感。

所谓漂泊中的安定感，是指心灵感应立足于安定感，又让安定感与漂泊感对立统一起来。淳熙九年（1182）辛弃疾罢官后赴带湖家居，自号稼轩，写了一些归隐意识浓郁的作品，其《水调歌头·盟鸥》曰：

> 带湖吾甚爱，千丈翠奁开。先生杖屦无事，一日走千回。凡我同盟鸥鹭，今日既盟之后，来往莫相猜。白鹤在何处，尝试与偕来。　　破青萍，排翠藻，立苍苔。窥鱼笑汝痴计，不解举吾杯。废沼荒丘畴昔，明月清风此夜，人世几欢哀。东岸绿阴少，杨柳更须栽。[1]

此作给人的突出印象是诗人对"带湖"——自己的家园的爱。值得注意的是末了的两行。陈廷焯在《白雨斋词话》中认为结句"信手拈来，便成绝唱"[2]，的确。但令人叫绝的是什么呢？他没有说，笔者认为令人叫绝的正是漂泊中的"扎根意识"，是对五柳先生回归园田境界的向往，是强烈到有点固执的家园安定感"愈直朴，愈有力"的表现。但我们又不能不看到，辛弃疾是北人南渡者，真正属于他的家园远

---

[1] 邓广铭笺注：《稼轩词编年笺注》卷二，上海古籍出版社1993年版，第115页。下引辛弃疾词版本同此。
[2] （清）陈廷焯：《白雨斋词话》卷八，上海古籍出版社2009年版，第182—183页。

俗世雅意：浙风宋韵的多维审视

在山东，在江南他只是个漂泊者，带湖只是他的客乡而已。可是诗人却把客乡当成自己的家园了！这不是说他已忘了山东祖籍，而是反映着两点：一方面他始终怀有齐鲁文化中扎根守成的固执意识；另一方面又显明他的家园意识已指向身之所寄的家了，所以这实在是漂泊中的安定感的体现。

再说安定中的漂泊感：是指立足于漂泊感，又让漂泊感与安定感对立统一起来。下面这首《清平乐》也是辛弃疾隐居带湖时（1182）写的，全作是：

> 绕床饥鼠，蝙蝠翻灯舞。屋上松风吹急雨，破纸窗间自语。
> 平生塞北江南，归来华发苍颜。布被秋宵梦觉，眼前万里江山。①

这是他独宿博山王氏庵时有感而发。从"归来华发苍颜"看，这博山也还是可以使他扎根、带给他安定感的一个广义的家园地，纵使这里饥鼠绕床、蝙蝠翻飞灯前，一片贫瘠荒芜，也还是值得留恋的。但在他心灵深处，却依旧怀着一份对"平生塞北江南"的神往和因"眼前万里江山"而欲持枪跃马、闯荡天下、一扫妖氛的渴求，正如清代许昂霄在《词综偶评》中说的，此词"有老骥伏枥之概"②。这正是由心灵骚动体现出来的漂泊意绪。所以，作为一种抒情逻辑的显示，此作正体现了安定中的漂泊感。

这种漂泊意绪在辛弃疾南渡后、乡居前的作品中表现得尤其典型，如任建康府通判时（1169）所写的《水龙吟·登建康赏心亭》：

> 楚天千里清秋，水随天去秋无际。遥岑远目，献愁供恨，玉簪螺髻。落日楼头，断鸿声里，江南游子。把吴钩看了，栏杆拍遍，无人会、登临意。　　休说鲈鱼堪脍，尽西风、季鹰归未？求田问

---

① 邓广铭笺注：《稼轩词编年笺注》卷二，第172页。
② （清）许昂霄：《词综偶评》，唐圭璋编：《词话丛编》本第二册，中华书局1986年版，第1556页。

舍，怕应羞见，刘郎才气。可惜流年，忧愁风雨，树犹如此。倩何人唤取，红巾翠袖，揾英雄泪？

建康赏心亭处于宋金对峙的夹心地带，位居辛弃疾的故乡与客地之间。此地登临，正有作南北文化生态之选择的意味，内心矛盾纠结是自然的。登亭北望，眼前江流浮地、秋色无际，落日危悬、断鸿凄唳，天涯望断处的家园正陷于北人的轮蹄，作者欲手执吴钩跃马扬鞭收复失地而不得；身后，是赖以寄身的江南，那里有鲈鱼堪脍、良田美宅，向来是文人雅士系心萦怀之地。乐享风物之美、首重求田问舍，可以说是出于人潜意识中欲固着于土地以求安定的本能需求，有很强的扎根意识的北人辛弃疾也不能免。只是江南的时代"风雨"让他的愁恨如水绵延、如山堆积，家国之忧使他暂时既"怕"且"羞"于自求安乐而忘光复初衷罢了。作此词时辛弃疾一心北伐，尚无求田问舍之计划，心境自然与后来的带湖山庄、瓢泉别墅时期有别。以"江南游子"自居的辛弃疾，既有对客地"江南"的油然认同而又理性抗拒，又有游子对家乡故园的深情回望而又被无情阻隔，进退不得的矛盾之际，终于只能借红粉之温情，拭英雄之血泪，在高天广地之间立锥，拍遍栏杆，作漂泊者无奈的抚心之叹了！

通过这三个词例我们可以进一步明确：辛弃疾的心灵感应由于受了两类文化叠合的制约，始终处在矛盾中。这种矛盾关系是对立统一的，表现为辛弃疾既盼望人生的扎根守成，又神往理想的探求拓展，其结果是，这人生行事的两面旗帜叠相辉映成了一面不同于众的大旗，那就是让漂泊与安定双向交流，以致进而能感奋于跃马沙场，退而能沉湎于息心田园。这是一个世事洞明的中国士大夫文人典型的心态，也是两种文化叠合或者嫁接后结出的心灵果实。

二 审美的实用化与实用的审美化

辛弃疾绝不是一个"纯诗"写作者，造就他文化品格之基础的齐鲁文化也不允许他去写姜白石们那样的"纯诗"。齐鲁文化崇政治伦

俗世雅意:浙风宋韵的多维审视

理、讲实际、求实效,化育于其中的诗人自然奉之为人生的规范和守则。正因如此,在南渡之初,风华正茂、报国心切的辛弃疾并无意于以词章展现才华,他把才华全用在向朝廷频献策论上。刘克庄的《辛稼轩集序》中有这样一番话:"辛公文墨议论尤英伟磊落。乾道、绍熙奏篇及所进《美芹十论》、上虞雍公《九议》,笔势浩荡,智略辐辏,有权书衡论之风。其策完颜氏之祸、论请绝岁币,皆验于数十年之后。"①这末一句"皆验于数十年之后"尤值得注意,它表明辛弃疾这些策论是很有实用价值的。这些正是辛弃疾齐鲁文化心态的反映。却也不能不看到,辛弃疾北渡南来意味着文化空间的位移。人的地理空间移动行为,究其动力机制,实建置于内外两个方面。外在机制是指由外部力量而生的力的推进。辛弃疾这一场空间位移,从外在看,来自政治斗争的原因。至于内在机制,则是指人的内在因素所生作用力的推进。辛弃疾内在空间位移之力除了某些纯属个人天性的因素外,更主要的是精神文化转移引发之作用力所致。他因为这场空间位移来到江南,进入江南文化圈,在江南文化氛围中耳濡目染,终于从崇政治伦理移向重诗性审美,尚虚无、求精神自由的江南文化使他渐渐地从勤于写政治实用性很强的策论转向吟咏心灵自由的歌词创作,加上仕途不顺,频遭排挤打击,更促成他在宇宙生命虚幻的审美境界中流连。不过,儒家的崇政治伦理的齐鲁文化意识毕竟是他文化品格的基础,所以尚虚无、求精神自由的诗意的江南文化并没有能够完全取代作为辛氏精神之基因的齐鲁文化,其结果是两种文化趋于叠合,这也就使他的词创作出现了实用的审美化和审美的实用化对立统一的现象。

先看审美实用化。这大抵指作者运思之初原是对客体对象心有所感、以物及心,但在运思推进的过程中,创作心理有所变化,转为以心及物,对引发自己之感兴的客体改变了态度,变成为我所用,客体也就被任意摆布而成了"心"(主观意图)的比拟物了。如果此时之"心"(主观意图)有实用印证的倾向,那也就会使全作从审美转为实用,亦

---

① (宋)刘克庄:《辛稼轩集序》,见邓广铭笺注《稼轩词编年笺注》附录,上海古籍出版社1993年版,第597页。

即审美实用化了。辛弃疾写于淳熙六年三月的《摸鱼儿》就是这样一类作品。该词前有小序表明这是他"自湖北漕转湖南"时,同僚置酒小山亭饯行席上所作。暮春三月,春将归去,多情词人触景而生留春不住的感慨,人生的春天已然流逝,从而生命哀感油然而生。文本的上片属于纯审美抒情,但下片突兀而出,拉扯出环绕陈皇后的"长门事""相如赋"以及赵飞燕、杨玉环和"蛾眉曾有人妒"等一连串典故。典故以及典故间的拼凑原本不是不可以,只要它们具有某种集体无意识的原型或抒情意味,那是会产生很强烈的审美效果的。但此处这些典故却只给人以集体有意识的(即公认的)比拟效果,可见下片已从上片的由物及心的感兴向由心及物的比拟转变,成为某种实用理性的譬比了。这些譬比是针对南宋朝廷任用小人、排斥忠良的腐败政局的,其中也夹杂着作为忠良的词人自己遭诽谤被排斥的愤慨。值得指出的是:这个下片虽用了不少实用性譬比的典故,却倒也能以独特的语言结构而显示出主体激越的情绪,不仅同上片合拍,还比上片更甚。尤其是"君莫舞。君不见玉环、飞燕皆尘土"几句紧接"闲愁最苦。休去倚危栏,斜阳正在,烟柳断肠处",这些戏剧化表现,初看也给人实在而语无伦次之感,细加品味,也同上下片的关系一样,貌似突兀,正表现出诗人情绪的激动。细读全篇,这种激动情绪几乎是首尾贯穿的:

  更能消、几番风雨,匆匆春又归去。惜春常怕花开早,何况落红无数。春且住。见说道、天涯芳草无归路。怨春不语。算只有殷勤,画檐蛛网,尽日惹飞絮。　　长门事,准拟佳期又误。蛾眉曾有人妒。千金纵买相如赋,脉脉此情谁诉?君莫舞。君不见、玉环飞燕皆尘土!闲愁最苦。休去倚危栏,斜阳正在,烟柳断肠处。

全词除了意象的运用和突兀转换同直接抒情相应和,显出激情传达的优势外,语言表述的独特性确也是强化激情显示的重要方面,特别是"更能消几番""何况""且住""算只有""准拟""君不见""休去"等关联、转折语气词恰如其分的设置,作用尤大。怪不得清代黄蓼园在

俗世雅意:浙风宋韵的多维审视

《蓼园词评》中说它"辞意似过于激切"①,也怪不得南宋罗大经在《鹤林玉露》卷四中说"愚闻寿皇见此词,颇不悦,然终不加罪。可谓盛德也已"②。这都表明,它是一场审美实用化追求。审美是心灵自由的产物,实用须应合社会的规范。辛弃疾貌似立足于审美,实质以实用理性的譬比来议论朝政和发泄自己的郁愤,对立统一的关系处理得恰如其分。"寿皇"之不加罪,非"盛德"也,实系辛弃疾独特的抒情机智,让当政者也对他无可奈何。如此看来,两种文化的叠合很有利于诗人的创作。

出于同样的认识,再来看看实用审美化。这是辛弃疾面对政治事件、现实形势,用词直接表达自己的态度之作。可以说,它们是真正上了审美层次的政治抒情诗。对辛弃疾的这一类词,我们习惯于用政治实用性的尺度来衡量、评估,但往往会以图解化的政治实用替代审美化的政治实用,以致进入评估辛弃疾创作成就的误区。如那首"为叶丞相作"的《洞仙歌》,是相当散文化、抽象空泛的一首歌功颂德词,谈不上有多少审美价值,有评者就凭"好都取山河献君王",就评它"是时代的声音","具有深远的历史意义和强烈的现实意义","具有较高的艺术成就",③就不免言过其实,有拔高之嫌了。不过,辛弃疾的确有不少政治抒情之作达到了实用审美化较高的层次。如"为陈同甫赋壮词以寄"的《破阵子》:

> 醉里挑灯看剑,梦回吹角连营。八百里分麾下炙,五十弦翻塞外声。沙场秋点兵。　马作的卢飞快,弓如霹雳弦惊。了却君王天下事,赢得生前身后名。可怜白发生!

这是一曲"梦回"青春年代度过的军营生活和战斗经历之作,它抒发了作者心中誓要收复中原失地的爱国激情,却又不免渗透着英雄迟

---

① (清)黄蓼园:《蓼园词评》,唐圭璋主编:《词话丛编》本,第四册,第3091页。
② 见邓广铭编著《稼轩词编年笺注》第67页所引。
③ 叶嘉莹主编:《辛弃疾词新释辑评》,中国书店2006年版,第84页。

暮之悲凉。它以自我真实心境的表达，以及以壮阔感、动感、力感高度交融而成的激越豪迈的气势，展现了诗性审美的高品位。诚如陈廷焯的《词则·放歌集》眉批所云：它是"淋漓悲壮，顿挫盘郁"[①]，可以"独步千古"之作。却也不容漠视，文本中还含有一层隐秘心理：期盼执政者对已罢官的自己重新起用——这可以从他表现酣醉梦中回忆往昔驰骋沙场的壮景后的结语中见出，那就是："了却君王天下事，赢得生前身后名。"这当然表明他仍有殉忠君王、奔赴沙场、收复失地的壮志雄心；而"可怜白发生"则从另一个角度——此生若再闲置下去，将难以实现报国之志的焦灼心绪的表达来进一步陈述自己的一片忠心之未泯。这就是文本的政治实用内涵因出之于主体真实心情和壮阔豪迈的意境烘染而显出了高度的审美化，获得了文本的高品位。

极相类似的还有这首题为"有客慨然谈功名，因追念少年时事，戏作"的《鹧鸪天》：

壮岁旌旗拥万夫，锦襜突骑渡江初。燕兵夜娖银胡䩮，汉箭朝飞金仆姑。　追往事，叹今吾，春风不染白髭须。却将万字平戎策，换得东家种树书。

此词同样写有志难申的郁闷、对时事朝政的批判，体现为一种政治实用，但以今与昔、动与静对比鲜明的画面，令人震撼，引人沉思，产生强烈的艺术效果。渡江之初的英姿飒爽、气吞山河、所向披靡，与而今的老迈、颓唐、无奈，对比之间形成一种饱满的张力，让人的审美情绪刚从冲天的豪气中上举，却忽儿又陷入掷向深谷的悲慨，让人在对抒情主体体贴和同情的同时，自然而然地转向对时局的思考，从而获得审美而又实用的效果。

这也正是齐鲁文化崇政治实用、江南文化尚诗性审美的一场文化叠合的成果，或者说是两者对立统一的产物。

[①] （清）陈廷焯：《词则·放歌集》卷一，见孙克强编著《唐宋人词话》，河南文艺出版社1999年版，第613页。

三　个人的非个人化表现与非个人的个人化表现

西方诗学理论中流行着一句名言，那是艾略特在《传统与个人才能》一文中说的话："诗不是放纵感情，而是逃避感情；不是表现个性，而是逃避个性。"[①] 这句话由于违反常理常情而显得新鲜，竟也在我国现代诗学理论界广为流传。这种颇为机智的诡辩性言说，由于是在历史与自我、群体情感与个体情感的辩证关系上立说的，倒也自有其合理性。我们仿效这样的辩证思路来看辛弃疾的词创作中他者与自我、外象与自体的辩证关系，也颇有一点新奇的意味值得细品，因为这也同齐鲁文化与江南文化在他心灵感应机制中的叠合有关。说具体点，也就是同齐鲁文化中的尊他者与江南文化中的重自我、齐鲁文化中的崇实际与江南文化中的尚虚无作双向交流有关。正是这种双向交流，使辛弃疾构筑诗歌世界的抒情逻辑能让上述超越常理的心灵辩证法渗透进去。这种心灵辩证法的实质不是别的，是体现以假象代替真相、以虚象代替实象的做法而已，而这种做法则全要归之于两种文化的对立统一对辛弃疾运思的展开进行遥控。

先看个人的非个人化表现。这是一种或寓意或象征的写作。在这方面辛弃疾的表现是很少采用寓意化写法，采用的是象征。寓意和象征之不同，在于前者是表意思，后者则达心灵。流行的诗评往往着眼于"意思"的传达，而把"心灵"的表现也与之划在一起了。而对辛弃疾这种个人的非个人化表现的论析，也颇见有人进入了这个误区。典型的一例是《满江红·暮春》。原作是这样的：

> 家住江南，又过了、清明寒食。花径里、一番风雨，一番狼籍。红粉暗随流水去，园林渐觉清阴密。算年年、落尽刺桐花，寒无力。
> 庭院静，空相忆。无说处，闲愁极。怕流莺乳燕，得知消息。尺素如今何处也，彩云依旧无踪迹。谩教人、羞去上层楼，平芜碧。

[①] ［英］艾略特：《传统与个人才能》，载赵毅衡编选《"新批评"文集》，中国社会科学出版社1988年版，第32页。

第三章 丽逸江南:融会南北的宋词之韵

这是写空闺暮春怀远之愁,词意显露,但评者却因其纯属非个人化表现而欲求一窥主体的精神风韵,以给人最终的解释。于是也就有了一些想当然的说法。在朱德才、薛祥生、邓红梅编著的那部很具学术价值的《辛弃疾词新释辑评》中,这样的说法就搜罗了一些,"把它与作者自身的情感状态联系起来,因而得出它是一首政治寄托词的结论。如以春意衰败寄托时局衰微之意,以盼望游子音讯,寄托盼望北伐消息之意,以怕流莺乳燕,寄托忧谗畏讥之心,也就是说,词中这位寂寞的江南女子,是作者对于自己的政治形象的审美化和柔化创造"。他们认为这种"句句扣死"的说法"未免失于穿凿"①,的确,究其实,此乃追求寓意所致。如果我们从追求心灵象征表现的角度去看,说词中这位寂寞的江南女子是诗人对自己心灵(而不是政治)形象的审美化和柔化创造,应该说还是可以的。在笔者看来,这是辛弃疾追求个人的非个人化表现成功的例子,它实在是诗人以心及物、物再感于心而强化心灵波动的一种特具感兴功能的象征表现,表现着诗人对自己远离家乡、亲人不得团聚的离乱人生之哀。这里有政治实用,却是人性化的;这里有人性虚无,却又政治化了。从这些现象中我们能看出:这实是辛弃疾独特的心灵辩证法在创作运思过程中遥控所致。本着这样的认识,我们对《清平乐·村居》也可以从个人的非个人化表现来理解。历来评者大都把它当作田园牧歌来品赏,事实也是如此,这个文本首先提供给我们的正是这方面的感受信息。试看:

> 茅檐低小,溪上青青草。醉里吴音相媚好,白发谁家翁媪。
> 大儿锄豆溪东。中儿正织鸡笼。最喜小儿亡赖,溪头卧剥莲蓬。

如此文本确宛若一幅农家生活素描,令人赏心悦目。须要指出:它好像是一场纯客观的非个人化写作。但文本里有个关键词:"醉里吴音相媚好"的"醉里"。有了这个词,也就表明这幅农家生活素描是醉眼

---

① 朱德才、薛祥生、邓红梅编著:《辛弃疾词新释辑评》,中国书店2006年版,第9页。

俗世雅意：浙风宋韵的多维审视

朦胧中呈现的，它有如实的一面，也有虚幻的一面。在诗人感应的过程中，心灵的辩证法来遥控了。这让我们看到实的虚和虚的实相统一的辩证关系，于是这幅素描画飘起来了，化成主体象征，象征着心灵波动中生出的一点独特的精神，即生命的美存在于遗世独立、体随自然的境界中。由此可见，个人的非个人化表现正是齐鲁文化崇实际与江南文化尚虚无相叠合的体现。

再看非个人的个人化表现。这项追求，应该说是一个具有"眼前万里江山"视野、致力于为人类、为民族、为现实社会而抒情的大词人所要具备的。说它受心灵辩证法遥控那更是显然。也就是说，面对邦国社会大事进行咏唱，个人小天地里的哀乐荣辱当然要离得远了；不过，邦国社会大事又非得通过创作主体个人真切的感受来咏唱不可，否则即便凑成了诗篇，也会概念化，而不是心灵的产物了。明乎此理，我们当会明白辛弃疾非个人的个人化表现的重要性。突出的一例是他写于淳熙二、三年（1175、1176）间的那首"书江西造口壁"的《菩萨蛮》，诗人时任江西提点刑狱使，过皂口，有感于南渡之初金兵追隆祐太后到此处的清江郁孤台，未及而还——这一段屈辱历史，而成此作。这是一场在"惜水怨山"中的历史描述，全作是这样的：

> 郁孤台下清江水，中间多少行人泪。西北望长安，可怜无数山。　青山遮不住，毕竟东流去。江晚正愁余，山深闻鹧鸪。

可以看到，此作体制虽小但容量颇大，仅"郁孤台下清江水，中间多少行人泪"就让人感到它以实含虚、以现实包孕历史的宏观抒情气势。张德瀛《词徵》卷一以李白的《忆秦娥》和辛弃疾此作为例说："前人巨制，多寓微旨。"[①] 这个"微旨"，可以把《词徵》接下去称这些"巨制"能让人"触物牵绪，抽思入冥"[②] 的说法拿来参证，实指含有历史的规律性思考而言：其一，从"西北望长安，可怜无数山"到

---

① （清）张德瀛：《词徵》卷一，《词话丛编》本，第五册，第4079页。
② （清）张德瀛：《词徵》卷一，《词话丛编》本，第五册，第4079页。

"青山遮不住，毕竟东流去"，暗示着离乱人生的悲苦，以及卖国求生的恶势力终会被时代巨流冲去，这是铁定的历史必然；其二，从"江晚正愁余，山深闻鹧鸪"看，富于现实感而又能借现实而"抽思入冥"的诗人站在历史的大江边，不能不在苍茫的鹧鸪声中引发出"愁余"的现实苍茫感。所以说此诗是一场现实包孕历史的抒情，其理即在此。历史的抒写，当然是非个人的事。个人可以包含在历史中，但个人的命运遭际只能是构成历史的一个因子而已，何况在这场历史性抒情中，辛弃疾自身在离乱年代的经历并未涉及，所以可以说它是客观的，非个人的书写。不过，全作又让人感受到强烈的抒情性。与其说这是诗人站在清江岸边、郁孤山下引起怀古的激情，发出这一片历史感慨而体现出来的抒情性，毋宁说这是诗人心灵中波动着的一腔历史感慨，拿清江、青山、郁孤台和离乱年代的流亡者（包括隆祐太后）等组合而成的一幅心象的外现，是他在"江晚正愁余"时分幻现出来的虚象。于是这个文本中强烈的抒情性也就让人明白：全来自诗人个人。

类此的在非个人的历史书写中透现着主体强烈的个人抒情的作品，在辛弃疾的笔下颇为不少，其中名篇又如《永遇乐·京口北固亭怀古》：

> 千古江山，英雄无觅，孙仲谋处。舞榭歌台，风流总被，雨打风吹去。斜阳草树，寻常巷陌，人道寄奴曾住。想当年，金戈铁马，气吞万里如虎。　元嘉草草，封狼居胥，赢得仓皇北顾。四十三年，望中犹记，烽火扬州路。可堪回首，佛狸祠下，一片神鸦社鼓。凭谁问：廉颇老矣，尚能饭否？

如题所示，这是一首"怀古"之作，以饱含历史感的笔触，客观地细数了京口一带的历史陈迹和往古英雄。就这么一首事典堆积的词，却被明代杨慎在《词品》中论为辛词中第一，想来并非因为它纯属非个人的历史书写，而在于它怀古与伤今的水乳交融。曾经风流的"舞榭歌台"而今已被"雨打风吹去"；那些"气吞万里"的英雄人物，却早已杳然无觅处；天地扰攘，烽火连年，"千古江山"的宏大历史时空，时时处处都在无言地述说着现实的困境，在困境中，分明就有那么一个声音，在沉思吟想后，带着伏枥老骥的不甘，悲壮地呐喊。历史映衬着现实，现实幻化出历史，穿越于虚实之间的，是尊史宥情的作者借感古而慨今的强烈的主体意识，是作者一己对现实政治的识见借古人古事而得到巧妙的言说。因此，这非个人的历史书写是有着分明的个人化色彩的。这种创作现象正反映着南北两种文化的叠合，对造就一个大词人是起了多大的作用！齐鲁文化所崇之"实"，竟然被辛弃疾移入心灵里，拆解、重组成一个实际与虚无融合而成的全新的意象实体了。以诗词的质的规定性要求看，这样一种非个人的个人化意象实体表现，才是诗词之为诗词真正的魅力所在。

四 以儒家运思显道家境界与以道家运思显儒家境界

这可说是辛弃疾受两种文化叠合的文化内驱促成词创作获得杰出成就方面最值得一谈的，因为这涉及词学中最重要的两个内容：运思与境界。这两个内容其实是可以辩证统一的：运思创造境界而境界促成运思。说明白点就是：什么样的运思路子决定着什么样的境界创造，什么样的境界创造会透现出什么样的运思路子。由此可见：境界是诗学结构的最高层次，而运思则是通向这最高层次的阶梯。境界也就是意境，只不过二者审美的侧重点不同，意境侧重于艺术审美，境界则侧重于精神审美。本节内容由于专论两种文化的叠合对辛弃疾词艺术世界构筑的影响作用，须从精神审美的视角进入，故选择用境界。上文一再提及：齐鲁文化崇实用，是儒家思想的体现；江南文化尚虚无，可说是道家思想的体现。把文化圈的不同作为逻辑起点来看运思与境界的创造，也是可分出两条路子来的：以儒家思想为基础进行创作的词人，其运思大抵显示为由物及心。由此导致创作过程大抵表现为：由对现实的描绘而生情（即"心"），情则通过艺术来表现其所自出的现象，这样一来，也就使主体与客体、心与物之间生出一种交互作用，主观情感与客观景物（包括社会生活）得以辩证地统一起来，从而在心物两端间产生情景交融的境界。当然,存在于这个境界中的主体与客体始终是二分的。以道家思想为基础进行创作的词人,其运思大抵显示为身与物化。由此导致创作过程大抵表现为:认物(客体对象)是有情的,因此创作中常把自然(客体对象,物)拟人化,赋予人的情感,这样一来,主观情感与客观景物因同样有情而显出了"乘物以游心"的浑然一体,从而使主客体关系显出了物我同一以致物我两忘的境界,于是存在于这个境界中的心与物、主体与客体也就没有任何隔阂了。明乎此种关系后,我们也就可以来讨论两类文化叠合导致辛弃疾在创作中那种以儒家运思显道家境界与以道家运思显儒家境界这种对立统一情况了。

先看以儒家运思显道家境界。道家那种"乘物以游心"显示出来的物我同一、物我两忘的境界,大抵说是借身与物化的运思来达到的,这结果就使诗歌世界总以拟人化的形态呈现出来。可是有些别出心裁的诗人偏要用以物及心的运思,让诗歌世界也采取以景寓情的形态来呈现,如孟浩然的五绝《宿建德江》就是个例证。辛弃疾也喜爱这种奇妙的嫁接,如那首"黄沙道中即事"的《鹧鸪天》,就别有一种神韵奇味。全作是这样的:

句里春风正剪裁,溪山一片画图开。轻鸥自趁虚船去,荒犬还迎野妇回。 松共竹,翠成堆。要擎残雪斗疏梅。乱鸦毕竟无才思,时把琼瑶蹴下来。

文本提供给我们的是春风里残雪未消、疏梅已放、松竹呈现一片碧翠,而轻鸥、荒犬、乱鸦也纷纷挣脱冬之沉梦而嬉闹蹦跳于溪畔、路上、枝头,正是在这种种描绘中,文本展现出了大自然一片如画美景,勃勃生机,盎然意趣。诗人显然欲采用以物及心的运思,通过以景寓情,把春之气息浓郁的一个诗歌世界表现出来,而这个意图也显然是达到的。可不是吗?鸥趁空船有多自在,犬迎野妇何等温馨,而园中松竹斗梅、枝头乱鸦蹴雪,在在让人感到众生在自由地、自主地、随分地享受着赋性生命。但诗人似乎无意让这个诗歌世界因着以物及心、以景寓情的儒家运思策略而作平面化的现象罗列和单向感应反射,他要一个活跃的、富有生命力的、让众生万物在多元的情景交流中化死寂为生动、化隔阂为交流、化孤立为交融的一个诗歌世界,于是在以物及心、以景寓情的运思中赋予客观世界的"物""景"有和人的自我同样的"心""情",办法是通过万物拟人的关系,化以物及心为物我同一,化以景寓情为景即情、情即景的物我两忘,把一片"乘物以游心"的道家境界浸润遍这个用儒家运思搭起框架的诗歌世界中,从而完成了以儒家运思显道家境界的审美创造,也给后世读者带来了鸥自趁虚船、狗乐迎野妇、松竹擎残雪斗梅、乱鸦无才思蹴雪等众生万物同具生命、同怀情感的神韵奇味。

再看以道家运思显儒家意境。儒家那种心物互映、主观之情与客观之景形成情景交融的境界大抵说是用以物及心的运思来达到的,却也另有一些词人追求新趣,偏要用身与物化的运思让诗歌世界在一片拟人化的万物融合中来呈现。李白的五绝《独坐敬亭山》就是个例证。辛弃疾同样爱用这种嫁接的策略来填词,如那首"建康中秋夜为吕叔潜赋"的《太常引》:

一轮秋影转金波。飞镜又重磨。把酒问姮娥:被白发、欺人奈何! 乘风好去,长空万里,直下看山河。斫去桂婆娑,人道是、清光更多。

此作从整体情调看是逸思遄飞的心境表现,反映着诗人内在生命力的旺盛。内在生命通过中秋望月作即时寄兴,原是诗人——特别是富于浪漫激情的词人常见的行为,如果硬要说"斫去桂婆娑"有驱除主和派佞臣的寓意,"被白发、欺人奈何"系诗人深感自己蹉跎岁月、壮志难酬而生的迟暮之叹,未免牵强。那么他寄兴的是什么呢?是宇宙中奔跃、旋飞、活力无限的动态美景!"秋影"之"转金波"、"镜"之飞与"重磨"、"乘风"驰骋长空、"直下"俯看山河、"斫去"婆娑桂枝,这些都是动象,它们组合在一起,在在都显出诗人对一片飞动壮景的心灵感应与赞叹。宗白华在《看了罗丹雕刻以后》一文中说:"我们知道'自然'是无时无处不在'动'中的。物即是动,动即是物,不能分离……动者是生命之表示,精神的作用;描写动者,即是表现生命,描写精神。自然万象无不在'活动'中,即是无不在'精神'中,无不在生命中。"[1] 这话表明:宇宙中的动象是物,人感到宇宙无时不在"动"中的动觉,是一种"精神"即"心"。由此说来,由动象之"物"及"动觉"之心而生的动象寓动觉,也就是达到了儒家所追求的以景寓情境界,而辛弃疾这首《太常引》就提供给我们一个飞动之物中寓有创作主体昂扬、搏击、上征气势的精神,即以景寓情的儒家境界。但辛弃疾致力于营造这个境界所采用的运思很值得注意,竟来自道家那套身与物游、把"物"高度拟人化的策略。这不仅表现在原本是静景的动象化方面,更表现在"把酒问姮娥"这种"我"与秋月的人化关系上,表现在"斫去桂婆娑,人道是、清光更多"这种人与月中阴影的人化关系上。试想:如若采用情景交融的运思策略,大宇宙这一片飞动的壮景与充满生命活力的精神,能得到如此高度的审美传达吗?显然是不可能的。此类的作品,可简单再举一例。《西江月·遣兴》曰:

醉里且贪欢笑,要愁那得工夫。近来始觉古人书,信著全无是处。　昨夜松边醉倒,问松"我醉何如"?只疑松动要来扶,以手推松曰"去"!

这看似诙谐幽默的游戏之作,出之以忘我齐物、物我尚友的道家运思,以高度拟人深刻象征的笔法,以人松之间的平交与对话,幻现了沉醉中生命的欢乐与不羁、放达与洒脱,而恍惚之际的片刻欢愉和看破,其实则反衬出清醒之时作者作为儒者的郁郁寡欢和无尽悲慨。而这种儒者的立场竟也借虽则摇摇醉矣却仍傲岸有力的"以手推松"之举而得以守护和坚持。

---

[1] 宗白华:《看了罗丹雕刻以后》,载宗白华《美学漫话》,长江文艺出版社2008年版,第193—194页。

所以，以道家运思显儒家境界的这种诗歌世界构筑方式的嫁接法，辛弃疾在创作中运用自如。这是他的心灵创造事业能有如此高成就的一个极重要的条件。当然也不能不指出：这种"嫁接"策略能够把握好，对于辛弃疾来说有着一个内在决定因素：齐鲁文化与江南文化的叠合所生的"潜能"在对他的创作活动遥控着。

综上所述，辛弃疾以南渡为界把人生舞台搭在了齐鲁与江南这两个明显两极对立、分属不同体系的文化环境中，其文化品格，实是齐鲁文化与江南文化的叠合形态。

对齐鲁文化与江南文化叠合形成的辛弃疾词的艺术世界的考察，颇可启示我们对有关诗人与地域文化关系的思考。自来能成为大家的人，有非凡资禀当然是一个重要条件，但资禀须有后天的滋育、润泽、催化，而在这后天条件中，地域文化所起的作用不可低估。而最直接的一点作用是生活经验必须浸润在特定的地域文化感受中才能化为作者本真的诗性感受。因此，研究一个诗人（词人），把他和他所寄生的地域文化联系起来，实在很有必要。这不仅在于通过特定人文地理环境可以深入地探求到诗人的抒情个性的特质及其形成的来龙去脉，也在于通过地域语言表述方式（包括语音、语调）可以发掘出文本更内在的意蕴，尤其重要的是可以把握到一个诗人心灵波动的特殊性，诸如他的心灵敏感区、心灵审美导向等更隐秘的内容。而生存空间的位移导致文化环境的改变，对诗人文化心态、创作风格的影响，尤其值得重视。诗人受不同的文化环境的影响，选择不同的接受、效法对象，从而形成带有不同地域特点的新的诗风，对此若作细致深入的考察，那就会使我们更接近于诗人及其诗创作的本真境界。有人云："子厚与昌黎齐名，然栖身湘粤，偶有所作，咸则《庄》《骚》，谓非土地使然欤？"[①] 这很值得我们深思。辛弃疾由齐鲁南下，长期活动、生活在江南尤其是浙赣一带，赖以寄生的文化空间的位移造成的文化嫁接和重组，给他和他的创作带来的是一种有全新生命力的精神风度和艺术风

---

① 刘师培：《南北文学不同论》，见劳舒编《刘师培学术论著》，浙江人民出版社1998年版，第166页。

格。这是一个典型的个案，代表着一种文学文化现象，这种现象在两宋之交的南渡词人群中表现得比较普遍，举一反三，当不难对南宋初期词坛的总体风貌留下一个大体的印象；追源溯流，也可为南宋词后来的发展厘清源泉和脉向。

第四章　真味愈在：包蕴情理的宋代诗文之韵

正如前文所说，在宋代城市化进程中，市民文学是以市民趣味为标准，以市场需要为杠杆，对各种文体施加影响，如同一块巨石投入水中，激起巨大波澜，从核心到外围，由强至弱，产生一股股通俗化、市民化的冲击波。就影响力的大小而言，在话本、戏曲、词之外的就是诗文。而这种影响力对于处于中上层文人的诗文创作来说，可能是隐曲而微妙的。在雅与俗的背景范畴之下，结合特定时期的时代文化，对于诗文创作的理解则可能转化为情与理、文与道之间的对立与融通、争议与弥合。

所谓"一切好诗，到唐已被做完"[1]，作为生于诗国盛唐之后的宋人，如何务去陈言，汲汲创新，成为他们文学写作之际的首要问题。宋代诗歌史就在接受先驱影响与摆脱前在格套的张力中得以形成。宋初的白体与晚唐体诗人，多数只能无奈接受前人的巨大影响，积习难忘，新创乏力；在书写方法方面也未有行之有效的见解。至西昆诗人兴起，师法义山，在"于唐却近"的风貌之下，创用的多样化互文手法，为宋调形成提供了形式技巧方面的丰富借鉴，被江西诗派奉为创作指南，成为宋诗演进过程中的重要环节。成熟有效的书写手法与尚理崇雅的精神追求相结合，构成了宋调的独特审美特征，所谓"初如食橄榄，真味久愈在"。

---

[1] 鲁迅：《致杨霁云信》，《鲁迅全集》第十三卷，人民文学出版社2005年版，第307页。

第四章　真味愈在：包蕴情理的宋代诗文之韵

理趣是构成宋调独特韵味的重要因素，但伴随宋代理学思潮的兴起，文章与性理的分裂也成为突出现象。元祐之际，分别以周程与欧苏为代表的文理之裂开始明朗化，到南宋末年，甚至有"洛学起而文字坏"的极端评论。纷争之中，吕祖谦首倡文理融会之说，来弥合义理与文章的分裂，这在他受敕编纂的一代之书《宋文鉴》中有鲜明表现。会融文、理的主张倡扬性理之学与文章之学的合辙，落实到文辞上表现为理畅辞达，细化到个体身份上，则是学者与文人的合一。在文以载道的阐释体系中，文与道分属不同，有二元论迹象。会融文、理消解了二元论色彩，但也不同于文理合一的观念。文理合一归向于一元论，文章即为性理，性理在本质上与文章无异。而会融文、理虽然强调会一归同，但实际上理居于优势地位，文则辅理而行，二者的关系类似于内容与形式，故而道沿圣以垂文，圣因文而明道。文章与义理为有机统一，离则两伤。吕学的弥合分裂主旨，大概即在于此。自吕祖谦开始，至叶适、陈耆卿、吴子良，可以看作是倡导文、理合辙的代表。他们的主张，通过浙东文人群体的文化活动，在元明之际得到了积极响应。

第一节　宋调肇始：《西昆酬唱集》与宋诗演进

宋祥符初，杨亿集馆阁同人唱和诸作成《西昆酬唱集》，一洗诗坛芜鄙之习，"五代以来，未能有其安雅"。[1] 故诗集甫行，"时人争效之，诗体一变"。[2] 其诗以义山为宗，心摹手追，当时却多有"扫搩"之讥。[3] 然而在丰赡的文学积淀之上追求纯然创新，拒绝乞灵于人，确乎难能，正像 Isidore Ducasse 所说，"诗应该由大家写，而不是一个人"，故而后人颇有为之不平者，"杨、钱、刘、晏诸公，何罪于人？乃论诗

---

[1] （清）刘熙载：《艺概·诗概》，上海古籍出版社1978年版，第65页。
[2] （宋）欧阳修：《六一诗话》，《历代诗话》本，中华书局1981年版，第270页。
[3] （宋）刘攽《中山诗话》载："祥符、天禧中，杨大年、钱文僖、晏元献、刘子仪以文章立朝，为诗皆宗尚李义山，号'西昆体'，后进多窃义山语句。赐宴，优人有为义山者，衣服败敝，告人曰：'我为诸馆职扫搩至此。'闻者欢笑。"《历代诗话》本，第287页。

者，动辄鄙薄'西昆'，甚至演为掊撃义山之剧，吾不解也"。① 其实所有的文本都不是封闭自足的，它们向其他文本敞开，其所指只存在于与他种文本的互文指涉当中，每一本书都是回应前人所言，或是预言后人的重复。因此西昆体师法义山，在"于唐却近"②的风貌之下，实际上却具有强烈的互文色彩，与宋调主流实则潜通暗接。其互文手法的多样化更为宋调形成提供了形式技巧方面的丰富借鉴，成为宋诗演进过程中的重要环节。

一 诗歌写作的忧虑姿态与焦虑的纾解

真正的强者诗人无不以创造性为艺术追求，唯恐死于前人句下，可以说整部诗歌史几乎就是一部接受先驱影响与摆脱前在格套的动态历程。作为唐代诗歌巅峰之后的宋人，处境可谓艰难，前人影响的焦虑成为他们创作时挥之不去的心灵阴霾，"若夫宋诗，则迟更二三百年，天地之精英、风月之态度、山川之气象、物类之神致，俱已为唐贤占尽。即有能者，不过次第翻新，无中生有"。③ 一句话，生于唐后实在是诗人的一大不幸，凡所能言几乎人尽言之，这种忧郁的体验是他们创作时首先要面对的问题。"我们传统意义上的诗歌一旦沦亡，那就必然是一种自杀——被它自身的历史传统力量所扼杀。"④ 这也许并非危言耸听，传统在一定意义上对于创新具有沉重的抑制力量，宋初诗坛典型体现了这种诗歌创作的忧虑姿态。

宋初承五代斯文凋敝余绪，"国初之诗，尚沿袭唐人"，⑤ "诗有白体、昆体、晚唐体"。⑥ 白体诗人主要有徐铉、李昉、李至、王禹偁等，

---

① （清）薛雪：《一瓢诗话》，人民文学出版社1979年版，第111页。
② （清）王士禛：《带经堂诗话》卷二九，人民文学出版社1963年版，第828页。
③ （清）翁方纲：《石洲诗话》卷四，人民文学出版社1981年版，第122页。
④ ［美］哈罗德·布鲁姆：《影响的焦虑》，徐文博译，生活·读书·新知三联书店1989年版，第9页。
⑤ （宋）严羽：《沧浪诗话·诗辨》，见《沧浪诗话校释》，人民文学出版社1961年版，第24页。
⑥ （元）方回：《送罗寿可诗序》，《桐江续集》卷三十二，景印《文渊阁四库全书》本，台湾商务印书馆1986年版，第1193册，第662a页。

他们以坦易浅切为尚,以闲散乐天为宗,顺承了自晚唐以来被推尊为"广大教化主"的白居易的诗风。在写作态度上,他们倾心于率性挥洒,故熟滑随意之作较多,以致有流于容易鄙俗的弊端产生。在白乐天的强势影响之下,大部分白体诗人亦步亦趋,过分发挥了白诗平易的一面,而对于其切直、流美、锻炼的诗歌多样性关注不足,从而湮没于前在诗人的光环当中。就中王禹偁成就最为突出,有"王黄州主盟一时"①之说。《小畜集》中多有剀切平易之作,颇得乐天神髓。在诗歌典范的选求方面,王禹偁实有摆脱乐天影响的意图,在摹写乐天并有所得之余,复追求向上一路,正像他自称的"本与乐天为后进,敢期子美是前身"(《自贺》),体现了遍参大家从而深造自得的积极用意。虽然他自溯渊源,有"谁怜所好还同我,韩柳文章李杜诗"(《赠朱严》)的感慨,但诗道难返,实未臻其境。其时另有歆羡姚、贾清寂孤寒诗风者,竞为晚唐体,"九僧最逼真,寇莱公、鲁三交、林和靖、魏仲先父子、潘逍遥、赵清献之父,凡数十家,深涵茂育,气极势盛"。②他们以贾岛诗为创作范式,尤倾心于隐逸清苦的意境,并注重精细雕琢的苦吟工夫。他们虽然也有意韵深远之作,但过求琢炼则易成僻涩,过求清苦则易遁纤微,故往往境界逼仄,失于尖巧,所作"大概不外江山、月露、草木、虫鸟及偈禅语录字句而已"。③九僧不免为许洞所困,寇准"富贵之时所作诗皆凄楚愁"④,或不免有为文造情之嫌,都从侧面映射出晚唐体的缺失。可以说无论是白体还是晚唐体诗人,他们虽然有意树立范式,仿佛步武,诗歌取径各异,但面临的忧郁与困境却是共同的:他们多数只能无奈接受前人的巨大影响,结习难忘,新创乏力;在书写方法方面也纷纷缄默,未有行之有效的见解。"国初沿袭五代之余"⑤的

---

① (宋)胡仔:《苕溪渔隐丛话》前集卷二十二引《蔡宽夫诗话》,人民文学出版社1962年版,第144页。
② (元)方回:《送罗寿可诗序》,《桐江续集》卷三十二,景印《文渊阁四库全书》本,台湾商务印书馆1986年版,第1193册,第662b页。
③ (清)叶矫然:《龙性堂诗话初集》,《清诗话续编》本,上海古籍出版社1983年版,第947页。
④ (宋)文莹:《湘山野录》卷上,中华书局1984年版,第8页。
⑤ (宋)何汶:《竹庄诗话》卷十六引《蔡宽夫诗话》,中华书局1984年版,第312页。

局面未能得到根本改观，在西昆诗人迈上诗坛之际，忧郁的境况仍然存在。

忧郁来自对前驱诗人巨大影响的清醒认识，体现了对于摆脱前人体系束缚的深沉忧虑。文学影响存在于作品的记忆当中，它是潜在、偶然而又无处不在的，否认前人的影响只会是一种徒劳，"哪怕有时候文学试图挣脱那条联系着先前文学的纽带，争取彻底的超越或尽可能多的个性（使自己成为自己的起源），但作品仍旧满目记忆，因为与某物决裂，即肯定了此物的存在"。① 西昆诗人以诗歌群体的面目出现具有一定的或然性，② 他们中间有不少人都与稍前的白体诗人有交往，甚至还在一定程度上接受了他们的诗歌影响。像张秉、刁衎、舒雅就与王禹偁颇有酬唱，王禹偁还有送杨亿闽中迎侍之作，而杨亿本人更写有《读史学白体》。前辈诗人的探索与无奈为他们的继续前行提供了镜鉴，诗人们所感受到的被影响的焦虑促使他们对自己阅读过的作品与模式加以利用和改变，而馆阁修书的际遇恰好给他们提供了良好的切磋环境与钩稽整理文学记忆碎片的机会。

为他们提供酬唱机缘的是景德二年（1005）真宗决定修纂大型类书《历代君臣事迹》。这部后被赐名《册府元龟》的大书共一千卷，"其书分三十一部，部有总序；又子目一千一百四门，门有小序"，③ 历时八年始成，集中了当时众多有名学者，西昆诗人中有多人厕身其间。景德二

---

① ［法］蒂费纳·萨莫瓦约：《互文性研究》，邵炜译，天津人民出版社2003年版，第66页。
② 今本《西昆酬唱集》中参与酬唱、名姓可考者有十七人，即杨亿、刘筠、钱惟演、李宗谔、陈越、李维、刘骘、刁衎、任随、张咏、钱惟济、丁谓、舒雅、晁迥、崔遵度、薛映与刘秉。郑再时《西昆酬唱集笺注》据晁说之《清风轩记》定"刘秉"当为"张秉"之误，足称定谳。祝尚书据《后村诗话》"王沂公只有一篇，在卷末"之记载，指出唱和者当有王沂公曾，方与杨亿序所称"属而和者又十有五人"相合，此诗今逸。祝先生还指出，今本存诗二百五十首，与宋代书目所记"二百四十七章"不合，计入王曾的逸诗，今本当有四篇为他作窜入或伪作。详见氏著《宋人总集叙录》（中华书局2004年版）卷一相关论断。参与酬唱的诗人中有整体风格不受西昆体牢笼者，如张咏、丁谓；亦有未及参与酬唱而与西昆体风格契合者，如晏殊、二宋。但以《西昆集》而论，所有作品都具有雅丽典重的面貌也是不争的事实，故本书所称"西昆诗人"均指此而言。
③ （清）永瑢等：《册府元龟》提要，《四库全书总目》卷一三五，中华书局1983年版，第1145页。

第四章　真味愈在:包蕴情理的宋代诗文之韵

年九月丁卯,真宗"令资政殿学士王钦若、知制诰杨亿修《历代君臣事迹》。钦若请以直秘阁钱惟演等十人同编修"。[①] 据程俱记载,先后参与的还有杜镐、刁衎、李维、戚纶、王希逸、陈彭年、姜屿、宋贻序、陈越、陈从易、刘筠、查道、王曙、夏竦、孙奭。[②] 其中杨亿发挥作用尤巨,"其序次体制皆亿所定,群僚分撰篇序,诏经亿窜定方用之"。[③] 这部类书搜讨广博,对众多资料分别部居,依类编排,"甄综贯串,使数千年事无不条理秩然"。[④] 类书排纂的资料多为片段文字,这些文本的记忆碎片经过重新编排、整理、分类,相应地取得了新的意义。这种钩稽文本、以新的模式加以改造书写的方法,无疑会影响诗人们的创作思维。即使是没有参与类书编纂的诗人,也属于当时的博洽之士。如晁迥"喜质正经史疑义,摽括字类"(《宋史》卷三百五本传);李宗谔"风流儒雅,藏书万卷","景德二年召为翰林学士"(《宋史》卷二百六十五本传);晁迥景德二年五月"以起复左谏议大夫拜"翰林学士(洪遵《翰苑群书》卷十)。渊博的学识终于借助"佐修书之任"[⑤]的机会以诗歌酬酢的形式表现出来,而杨亿、刘筠与钱惟演则是这次诗歌演试的中枢力量。[⑥] 钱惟演"文辞清丽,名与杨亿、刘筠相上下。于书无所不读,家储文籍侔秘府"。[⑦] 杨亿才思博赡,幼时即有神童之誉,在创作方式上深受类事影响,"凡为文章所用故事,常令子侄诸生检讨出处,每段用小片纸录之,既成则缀粘所录而蓄之,时人谓之'衲被'焉"。[⑧]

---

① (宋)李焘:《续资治通鉴长编》卷六十一,中华书局1980年版,第1367页。
② (宋)程俱撰,张富祥校证:《麟台故事校证》卷二,中华书局2000年版,第54页。
③ (元)脱脱等:《杨亿本传》,《宋史》卷三百五,中华书局1977年版,第10082页。
④ (清)永瑢等:《册府元龟》提要,《四库全书总目》,第1146页。
⑤ (宋)杨亿:《西昆酬唱集序》,见王仲荦《西昆酬唱集注》,上海书店出版社2001年版,第1页。
⑥ 正如纪昀所言:"大抵《西昆唱酬集》中,当以大年、子仪、思公为冠,其余虽附名其间,皆逐浪随波,非开坛建帜者也。"(《律髓刊误》评《汉武》,见《瀛奎律髓汇评》卷三,上海古籍出版社1986年版,第129页。)三人诗作共202首,占《西昆集》80%强,其余十数人则自觉趋同,受其沾溉,成为三人的羽翼。风格的一致性在一定程度上是由于酬唱的促成,而这种诗歌创作多带有演练诗艺的戏作成分。但恰恰是这种尝试使得他们的诗歌书写方式走向成熟。
⑦ (元)脱脱等:《钱惟演本传》,《宋史》卷三百一十七,中华书局1977年版,第10342页。
⑧ (宋)朱熹:《五朝名臣言行录》卷四,《朱子全书》本,上海古籍出版社、安徽教育出版社2002年版,第12册,第133页。

这其实就是一种互文书写，使得文本碎片以重新言说的形式构成新的文本，和类书的编纂方式颇为类似。在这一点上刘筠可谓与杨亿同好，"唐明皇以诸王从学，召集贤院学士徐坚等讨集故事兼前世文辞，撰《初学记》。刘中山公子仪爱其书，曰：非止初学，可为终身记"。① 这部因"欲学缀文须检事及看文体"而编纂的类书的主要目的就是为了文学创作"易见成就"，② 刘筠推重此书正反映了他对以互文书写而使前在文本进入新的意义循环的方法的重视与认同。他们的认识在前驱诗人那里得到了共鸣，这位异代知音正是他们从广泛阅读中而获识的李商隐。杨亿曾言："旧说李商隐为文，多检阅书册，鳞次堆积，时号'獭祭鱼'。"③ 创作方法上的共同认识是西昆诗人选择李商隐的重要原因，以酬酢唱和为契机，他们终于实现了对忧郁的升华与超越，以创新的姿态步入了诗坛。

二 宗尚义山与互文书写

《西昆集》"其诗宗法唐李商隐，词取妍华，而不乏兴象"，④ 西昆诗人选择义山诗作为创作范式其实经历了较长时间的甄别与研味。杨亿自述了这一诗学渊源："至道中，偶得玉溪生诗百余篇，意甚爱之，而未得其深趣。咸平、景德间，因演纶之暇，遍寻前代名公诗集，观富于才调，兼及雅丽，包蕴密致，演绎平畅，味无穷而炙愈出，钻弥坚而酌不竭，曲尽万态之变，精索难言之要，使学者少窥其一斑，略得余光，若涤肠而换骨矣。由是孜孜求访，凡得五、七言长短韵歌行杂言共五百八十二首。"⑤ 杨亿初读义山诗亦无别解，只能算是直觉式的喜好。咸平、景德年间正是他为知制诰及修纂《册府元龟》的时期，也是昆体形成的时期。此间杨亿遍读博参，在细研前人诗作之后，终于体味到义

---

① （宋）宋敏求：《春明退朝录》卷下，中华书局1980年版，第45—46页。
② （唐）刘肃：《大唐新语》卷九著述门，中华书局1984年版，第137页。
③ （宋）杨亿：《杨文公谈苑》，李裕民辑佚整理本，上海古籍出版社1993年版，第23页。
④ 《西昆酬唱集》提要，《四库全书总目》卷一八六，第1693页。
⑤ （宋）江少虞：《宋朝事实类苑》卷三十四，上海古籍出版社1981年版，第435页。少数异文据四库本校正。

山诗的妙处：不仅风格方面沉博绝丽，而且其诗作由于包蕴深密、典实富赡的互文性而产生由此及彼的衍射效果，具有"真味久愈在"的独特魅力。这成为杨亿搜访李商隐诗作并加以取法效仿的深层原因。刘筠在这一点上与之仿佛，或许更有彼此切磋的影响在，宋人曾记载他钟情于义山诗歌的生动细节："子仪画义山像，写其诗句列左右，贵重之如此。"① 领袖诗人的诗学好尚深刻影响了西昆诗人，《西昆集》成了这一趋尚的集中展示，凸显了强烈的互文特征。

互文性是对文本间相互交错、彼此映射的关系的一种强调，其理论本身就是一个动态的发展过程。它首先由 Julia Kristeva 提出，指一篇文本中交叉出现的其他文本的表述，是已有和现有表述的易位。后来 Philippe Sollers 又对此作了修订，指每一篇文本都联系着若干篇文本，并且对这些文本起着复读、强调、浓缩、转移和深化的作用。② 从广泛意义来说，互文性其实是文学性的一种面貌，没有任何文本不具有互文性。但是从数量与程度而言，必然有些作品的互文性比其他作品要多一些，因此可以像热拉尔·热奈特那样，将互文性分为几种不同的类型。③ 在此理论观照之下，我们可以发现互文书写成为《西昆集》中最典型的创作模式。④

杨亿在序言当中对这次唱和的互文书写性质作了直接的揭示："因以历览遗编，研味前作，挹其芳润，发于希慕，更迭唱和，互相切劘。"⑤

---

① （宋）刘攽：《中山诗话》，《历代诗话》本，中华书局1981年版，第288页。
② 参见《互文性研究》第3、5页相关论述。
③ 热奈特以极具个性色彩的术语对互文性进行了明确区划，将之分为五类。第一种为文本间性，指一文本在另一文本中的实际出现，如引语。第二种为副文本，如标题、前言、跋。第三种为元文本，指一文本与它所评论的文本之间的关系。第四种为承文本性，指先前已经存在的另一文本的派生文本，这更属于真正的文学作品，因为它强调了文学的改造作用。第五种为广义文本性，指类属关系，如《诗集》对于"诗"这一体裁的暗示。参氏著《隐迹稿本》，见《热奈特论文集》，史忠义译，百花文艺出版社2001年版，第68—80页。本节内容中的互文分析吸收了他的观点。
④ 有意味的是，西昆体虽因杨刘诸人酬唱之作的结集而得名，但后人往往溯及义山，将其诗作称为"昆体"。如惠洪的《冷斋夜话》卷四称："诗到李义山，谓之文章一厄。以其用事僻涩，时称西昆体。"元好问"诗家总爱西昆好"亦然。这其实属于典型的互文式阅读，因为互文涉及读者对一部作品与他种作品之间关系的领会，这存在于读者的记忆当中，是不具有时序性的。
⑤ （宋）杨亿：《西昆酬唱集序》，见王仲荦《西昆酬唱集注》，上海书店出版社2001年版，第2页。

他的表述为解读《西昆集》提供了重要线索：这些诗作属于编书的副产品，它们有丰富的历史文本作为创作资源；诗作深受"前作"影响，是诗人们出于"希慕"而进行的有意识摹拟仿作，当然这以李商隐的作品为主；创作的主要方法是"挹其芳润"，强调了对于前人作品的积极借用或者袭用。序中所言"取玉山策府之名，命之曰'西昆酬唱集'"，既是对创作环境的描绘，也是对诗作书卷气息的暗示。

互文性还存在于诗作的标题当中。《西昆集》共有诗题七十，若除去"再赋"之类的题目，则仅有六十六题。而其中竟有十四则诗题与李商隐全同：《无题三首》（9篇）、《无题》（2篇）、《无题二首》（4篇）、《泪二首》（6篇）、《南朝》（4篇）、《槿花》（4篇）、《夜意》（1篇）、《荷花》（15篇）、《七夕》（3篇）、《公子》（3篇）、《即目》（2篇）、《宋玉》（3篇）、《霜月》（4篇）、《属疾》（4篇）。标题完全袭用的比例高达20%；诗作则有六十四篇，占诗集的30%强。还有一些诗题仅有些微区别，如《馆中新蝉》（6篇，李商隐有《蝉》）、《夜宴》（4篇，李有《夜饮》）、《旧将》（4篇，李有《旧将军》）、《初秋属疾》（3篇，李有《属疾》）、《刘校理属疾》（2篇，李有《属疾》）、《戊申年七夕五绝》（25篇，李有《七夕》）、《偶作》（2篇，李有《偶题》）。另有一些诗题以首句前两字命题，实不能涵盖全篇，与义山有些篇章命题方式相似，风格朦胧绝丽，当亦归为无题一类，如《赤日》（2篇）、《别墅》（3篇）、《前槛》（2篇）、《洞户》（2篇）。[①]依此计算，集中有一百一十九首诗歌与李商隐诗作同题，其互文性的比例是相当高的。这一单纯的文本现实醒目地提示了与义山诗的关联。西昆诗人以这种形式体现了对义山诗作的踵武与揣摩，同题意味着重述前人，这可以是对前人的直接抄袭，也可以是互观与摹仿，还可以是同题竞作，是一种骋艺与创新的角胜心态反映。其中的动因是复杂的。

西昆诗人对义山具体作品的借镜更为突出。作为文学上的迟来者，李商隐的诗作是他们无法规避的艺术存在。对于这位他们宗尚的前驱诗

---

① 《夕阳》（3篇）虽亦以首字为题，但诗作颇为切题，与无题类风格亦不相似，故不计入。

人的诗歌，西昆诗人们以心摹手追的积极姿态进行了临摹。就这样，义山诗以互文的方式走进了《西昆集》，实现了文学记忆的激活与传递。这主要包括两种方式：一是义山诗以直接引用的形式出现在新文本中，两者构成共生关系；二是则体现为派生关系，义山诗并未切实出现。可以看到，最严格意义上的互文，也就是一文本在另一文本中明确出现，并非西昆诗人所热衷，众多诗句中只有"犹歌起夜来"用了李商隐的成句。而其他则都是通过各种方式对义山诗进行强调、转移、改造与转化。这包括了对义山诗的断取选用、通过增加潜在的词义来转化原作、对原有诗作形式的突出、变乱原作的次序、使用原作的字面而赋予新的含义等。通过这种手法，义山诗得到不同程度的复述与改写从而以新的面目出现。明确的粘贴痕迹已不存在，前文本成为文下之文并进而融入新文本当中。这能否被简单地指责为"掉掇"？

应当指出，即使是最直白的掉掇，从某种程度上来说已是一种改变。将片段文本从原文本中选择出来，就已经改变了它的原本意义，而其中的选择又包含了作者的衡鉴；将之插入新的文本，由于其位置与语境的变化，片段文本保持原本意义就更不可能，它必然更多地体现作者的意图。从理论角度来说，一切文本都是二级文本，它立足于潜在的前文本之上，实现了新的书写。所有的题目都是共通的，当文学发展到成熟阶段以后，永恒的情感体验、生命活动都成为人所常言，文学就成为一种重复。这并非简单的抄袭，而是将人已言之的内容以己言出之，使文学作为一种记忆得到延续与传递。而以己言书写的方式就尤为重要，因为"创造不是内容的创造，而是方式的创造，或者说是将内容和方式结合的创造"。[①] 西昆诗人的贡献在于他们突出了一种书写方式，将掉掇的外衣转变成了创造的新装。

西昆诗人对义山诗的崇尚更多程度上是一种改写。这首先表现在对于同一内容的关注，像《泪》《荷花》《槿花》都出现在李商隐的诗歌中，西昆诗人在这些题目上殚竭心虑，搜罗故实，巧作安排，保留了诗

---

① [法] 蒂费纳·萨莫瓦约：《互文性研究》，邵炜译，天津人民出版社2003年版，第60页。

歌的内容，却以新的形式加以表达。方回称："凡昆体必于一物之上，入故事、人名、年代及金玉锦绣等以实之。"① 虽有以偏概全之嫌，但颇能反映此类诗歌的创作手法。这属于简单改造。

更重要的是间接改造，或称摹仿。它要求对原作深入体味，提炼出蓝本的手法结构，把握蓝本的独特风格，从而形成一种范式，并依此范式创作新的文本。它借鉴了蓝本的书写方式，以蓝本的风格来表达不同的内容。杨亿自述知制诰时尝与余恕（按：当为陈恕）共读义山诗，感叹"古人措辞寓意如此之深妙，令人感慨不已"。② 所欣赏更多的是义山深婉屈曲的风格。西昆诗人对义山诗的抽绎带有主体的印记，体裁上他们最重视的是近体，整个诗集所收250首诗全为近体，其中七律147首，五律23首，五排51首，七绝29首；风格上他们取法更多的是义山无题诗的幽丽深密，同时加上了典重的色彩。"诗的影响——当它涉及两位强者诗人，两位真正的诗人时——总是以对前一位诗人的误读而进行的。这种误读是一种创造性的校正，实际上必然是一种误译。"③ 西昆诗人的摹仿正是致力于从抄袭中解脱出来，其中的误读是形成自身特色的必然选择，也是摹仿的价值所在。他们的努力从"《西昆集》行"，"唐贤诸诗集几废而不行"④ 这一效应中可以得到反映，而《汉武》《宣曲》诸什布在人口亦体现出读者对他们的认同。

互文性在《西昆集》中还有更广泛的反映。诗人们不仅仅宗尚义山，还表现出对唐彦谦诗作的激赏。"杨大年、刘子仪皆喜彦谦诗，以其用事精巧，对偶清切。""杨文公酷喜唐彦谦诗，至亲书以自随"，其原因则是"唐彦谦最善用事"。⑤ 用事是诗歌创作中的常用手法，义山

---

① 参见李虚己《建茶呈使君学士》评语，《瀛奎律髓汇评》卷十八，上海古籍出版社1986年版，第717页。

② （宋）阮阅编撰：《诗话总龟》后集卷五《求意门》，人民文学出版社1987年版，第32页。

③ ［美］哈罗德·布鲁姆：《影响的焦虑》，徐文博译，生活·读书·新知三联书店1989年版，第31页。

④ （宋）欧阳修：《六一诗话》，《历代诗话》本，中华书局1981年版，第266页。

⑤ （宋）蔡正孙：《诗林广记》前集卷九，中华书局1982年版，第150页。

诗包蕴深密之致很大程度上可归因于典实的运用。"事类者，盖文章之外，据事以类义，援古以证今者也。"① 这种方式将历史与现实、他人与自己调和为一，在此文本当中实现了与典实的交流，使得事类作为文化符号得以传递，从而收到余味曲包的效果。在这一过程中，不一定能确指具体的原文本，意义的传递与增值以文化记忆的形式融入新的文本。用事并非仅如使用代称那样简单，即使是单纯使用字面，也会因为其中蕴含的历史文化内涵而使得字面具有深度的包蕴色彩，成为有意味的形式。西昆诗人对用事的爱好当然是积学以储宝的自然流露，也是对李商隐写作方式的一种借鉴，同时还属于一种积极的有意追求。从宋初诗坛对用事的态度来说，也可见出西昆诗人探索诗歌书写方式的努力。白体自不消说，晚唐体则"忌用事，谓之点鬼簿，惟搜眼前景而深刻思之"。② 昆体的探索显然与之是大异其趣的，正是这种尝试推动了西昆体书写方式的成熟，在他们笔下，李商隐的诗歌终于从直接引入、改造变形到最终作为一种文学记忆、一种文化符号融入作品当中，这意味着互文书写的创新意义的实现。

互文书写使得诗歌不再是封闭的文本，诗歌当中同时包含了多种文下之文。阅读也不再是一种线性的过程，每一处互文都提示读者的联想与思考。诗歌成为多种所指相互关联的网络，彼此生发，相互映照，使诗歌有了更多令人回味的空间。西昆诗人的这种积极探索凸显了互文书写的魅力与价值，"自《西昆集》出，时人争效之，诗体一变"③，这种"耸动天下"④ 的轰动并非出于偶然。

三 昆体工夫与宋诗演进

典型的西昆体以用典富赡、辞藻华美、风格典丽为特征，在宋初有

---

① （南朝梁）刘勰著，范文澜注：《文心雕龙注》卷八《事类》，人民文学出版社1958年版，第614页。
② 《晚唐两诗派》，杨慎《升庵集》卷六十，景印《文渊阁四库全书》本，台湾商务印书馆1986年版，第1270册，第578c页。
③ （宋）欧阳修：《六一诗话》，《历代诗话》本，中华书局1981年版，第270页。
④ （宋）刘克庄：《后村诗话》前集卷二，中华书局1983年版，第22页。

首变诗格之功，故而当日风靡一时。① 这与后世论诗不屑提及西昆的情况恰成鲜明比照。《宋诗钞》为重要宋诗总集，号称"虽稗史、杂录、地志、山经、碑板、家乘所有，无不捃摭"，② 而杨亿、刘筠、钱惟演却无一入选，西昆诗人中唯一选入的张咏，其诗也为西昆风格之外者。盖其不满李蘉《宋艺圃集》"取其离远于宋而近附乎唐者"，欲立意于"尽宋人之长，使各极其致"，③ 在吴之振看来，西昆体恐怕是要排斥在宋调之外的。那么对西昆体到底该怎样评价，其对于宋诗发展的意义究竟如何？

其实西昆体甫一兴起，就处于舆论的旋涡当中。诗人们的酬酢刚于1008年秋天结束，次年就遭受了政治的考验。祥符二年正月己巳，"御史中丞王嗣宗言：翰林学士杨亿、知制诰钱惟演、秘阁校理刘筠，唱和《宣曲》诗，述前代掖庭事，词涉浮靡。上曰：词臣，学者宗师也，安可不戒其流宕？乃下诏讽厉学者，自今有属词浮靡、不遵典式者，当加严谴。其雕印文集，令转运使择部内官看详，以可者录奏"。④ 真宗下诏显然是事出有因，"初不缘文体发也"，⑤ 因而并未对西昆体的流行产生多少负面影响，从此后西昆之作的盛行就可以看出诏书实际上收效甚微。

对西昆体加以严厉谴责的当推石介。这位言行矫激的卫道者重视的是"读书不取其语辞，直以根本乎圣人之道；为文不尚其浮华，直以宗树乎圣人之教"。⑥ 他抨击杨亿"穷妍极态，缀风月，弄花草，淫巧

---

① 石介《祥符诏书记》称杨亿于王禹偁（卒于1001年）、孙何（卒于1004年）卒后，"遂肆然无复回避，为文章宗主二十年"。这一时间段与西昆体兴起大致对应，而杨亿卒于1020年，可知当时西昆体实为文坛主流。石介《与君贶学士书》称"自翰林杨公唱淫辞哇声，变天下正音四十年"，此书作于1034年；次年所作《答欧阳永叔书》言"今天下为杨亿，其众哓哓乎口，一倡百和"，《怪说·中》云"今天下有杨亿之道四十年矣"，可见当时西昆体仍有相当影响。"四十年"之说则稍有夸大。

② （清）吴之振等：《宋诗钞·凡例》，中华书局1986年版，第5页。

③ （清）吴之振等：《宋诗钞·凡例》，中华书局1986年版，第5页。

④ （宋）李焘：《续资治通鉴长编》卷七十一，中华书局1980年版，第1589页。此诏今存《宋大诏令集》卷一百九十一，题为《诫约属辞浮艳令欲雕印文集转运使选文士看详诏》，另见石介《祥符诏书记》所引。

⑤ 《西昆酬唱集》提要，《四库全书总目》，中华书局1983年版，第1693页。

⑥ 《代郓州通判李屯田荐士建中表》，《徂徕石先生文集》卷二十，中华书局1984年版，第241页。

侈丽，浮华纂组，刓镂圣人之经，破碎圣人之言，离析圣人之意，蠹伤圣人之道"。① 但实际上石介虽论及诗歌，重点却在批驳西昆诸人的骈文。他指出杨亿"谓古文之雄有仲涂、黄州、汉公、谓之辈，度己终莫能出其右。乃斥古文而不为，远袭唐李义山之体，作为新制"，② 以古文与新制对举，可知其用意所在。同时田况亦称："陈从易者颇好古，深摈亿之文章，亿亦陋之。天禧中从易试别头进士，策问时文之弊曰：或下俚如《皇荂》，或丛脞如《急就》。亿党见者深嫉之。近山东石介尝作《怪说》以诋亿，其说尤甚于从易。"③ 亦可见集矢之主要对象为时文。盖宋人以"西昆"称说者，实亦有时文一体在。"天圣以来，穆伯长、尹师鲁、苏子美、欧阳永叔始唱为古文，以变西昆体，学者翕然从之。其有杨刘体者，人戏之曰：莫太'昆'否？石介守道深疾之，以为孔门之大害。作《怪说》二篇，上篇排佛老，下篇排杨亿。于是新进后学不敢为杨刘体，亦不敢谈佛老。后欧阳公、苏公复主杨大年。"④ 其指称甚为明显。故而认为《怪说》一出，西昆体诗歌即趋消息，实有误解之嫌。另外石介从为文之道立论，重道轻文，也未触及西昆要害，因而其影响未免要大打折扣。

其实宋人对西昆体尚有持平之论。刘攽虽讥其"挦撦"，但仍推重杨亿《汉武》，认为"义山不能过也"。⑤ 欧阳修对之更是称道不置："杨大年与钱刘数公唱和，自《西昆集》出，时人争效之，诗体一变。而先生老辈患其多用故事，至于语僻难晓，殊不知自是学者之弊。如子仪新蝉云：'风来玉宇乌先转，露下金茎鹤未知'，虽用故事，何害为佳句也？又如'峭帆横渡官桥柳，叠鼓惊飞海岸鸥'。其不用故事，又岂不佳乎？盖其雄文博学，笔力有余，故无施而不可。"⑥

---

① 《怪说·中》，《徂徕石先生文集》卷五，中华书局1984年版，第62页。
② 《祥符诏书记》，《徂徕石先生文集》卷十九，中华书局1984年版，第220页。
③ （宋）田况：《儒林公议》，载《全宋笔记》第一编第五册，大象出版社2003年版，第87页。
④ 《五朝名臣言行录》卷十引《吕氏家塾记》，朱子全书本，上海古籍出版社、安徽教育出版社2002年版，第12册，第325页。
⑤ （宋）刘攽：《中山诗话》，《历代诗话》本，中华书局1981年版，第288页。
⑥ （宋）欧阳修：《六一诗话》，《历代诗话》本，中华书局1981年版，第270页。

西昆体的真正问题在于，诗人们虽然着意出新，以互文手法大胆尝试，但是往往痕迹未泯，缺乏浑然之致；且风格单一，格局偏小。这限制了诗歌进一步拓展的空间。其实二宋等西昆后派的诗人们就已经意识到了这一点，他们已有向清新平淡的风格发展的趋势，并表现出推尊杜甫的倾向。① 故而当苏、梅、欧阳崛起，及至苏、黄大行，西昆体终于融入宋诗发展的洪流当中。

因此，宋调的发展不是对西昆体的排斥，相反，西昆诗人所创用的书写方式在宋诗演进过程中得到了大力的发扬。"宋初杨、刘以降，其源渐宏肆，遂不得不放出欧、苏矣。""情景脱化，亦俱从字句锻炼中出。古人到后来，只更无锻炼之迹耳。"② 互文手法实为宋调重要特征，深刻影响了宋诗的发展进程，而这不可避免要溯及西昆体。只是这些诗坛的后继者有鉴于"杨大年西昆体，非不佳也，而弄斤操斧太甚"，③ 故而在有效汲取其创作手法的同时，又欲追求浑成之致。欧、梅、坡、谷之兴起，实属于诗歌发展的内在必然。"杨刘诸公倡和《西昆集》，盖学义山而过者，六一翁恐其流靡不返，故以优游坦夷之辞矫而变之，其功不可少，然亦未尝不有取于昆体也。"④ 可以说，平淡就是对西昆雕琢之弊的一种反拨，"久而雕篆太甚，则又有能言之士变为别体，以平淡胜深刻"。⑤ 正像宋人所指出的："欧阳文忠公诗始矫昆体，专以气格为主，故其诗多平易疏畅。"⑥ 他们在研味西昆诗作的同时，也加深了对义山诗的认识。西昆诗人对义山已有诗学发现之功，而义山诗经过再次释读，又具有了另外一重意义。王安石就很推重李商隐，"王荆公晚年亦喜称义山诗，以为唐人知学老杜而得其藩篱，惟义山一人而已"。⑦

---

① 祝尚书《论后期"西昆派"》论此问题甚悉，文见《社会科学研究》2002 年第 5 期。
② （清）翁方纲：《石洲诗话》卷三，人民文学出版社 1984 年版，第 86、115 页。
③ （宋）张表臣：《珊瑚钩诗话》卷一，《历代诗话》本，中华书局 1981 年版，第 455 页。
④ （明）张綖：《西昆酬唱集序》，《西昆酬唱集注》附录二，上海书店出版社 2001 年版，第 340 页。
⑤ （元）方回：《瀛奎律髓汇评》卷三，上海古籍出版社 1986 年版，第 134 页。
⑥ （宋）叶梦得：《石林诗话》卷上，《历代诗话》本，中华书局 1981 年版，第 407 页。
⑦ （宋）魏庆之：《诗人玉屑》卷十七，上海古籍出版社 1959 年版，第 362 页。

第四章 真味愈在：包蕴情理的宋代诗文之韵

由尊义山而重老杜，宋诗发展迈出了重要一步。杜诗作为典范被确立，在很大程度上是因为其"体兼众制，文备多方"的集大成意义，而杜诗绝去绳墨的浑成之境更为诗人们所倾心仰止。在这一诗学演进过程中，西昆体作为一种诗歌实践提供了重要的借镜作用。宋人早就看出："义山亦自觉，故别立门户成一家。后人挹其余波，号'西昆体'，句律太严，无自然态度。黄鲁直深悟此理，乃独用昆体工夫，而造老杜浑成之地，今之诗人少有及此者。"① 此论尤为窥见深际，揭示了黄庭坚在承用西昆体互文方法的同时，又追求对技巧的突破，从而实现"不烦绳削而自合"的浑成境界。这正是方回所说的"山谷之奇，有昆体之变，而不袭其组织"。② 山谷之诗虽然与西昆体貌不相类，但实际上沿袭其书写方法，这种诗学道路甚至具有指导写作的实际意义。山谷曾将之总结为两种方法："诗意无穷，而人之才有限。以有限之才追无穷之意，虽渊明、少陵不得工也。然不易其意而造其语，谓之换骨法；窥入其意而形容之，谓之夺胎法。"③ 不难看出，这正是对西昆诗人所倡用的互文书写的理论概况：换骨法约指以其他方式表达同一内容，正对应于西昆体书写方式中的简单改造；而夺胎法约指以同一方式表达其他内容，正对应于间接改造或模仿。可以看出"鲁直好奇，兼喜使事，实阴效杨、钱而外变其音节"，虽则诗学成就有高下之分，而写作方式却是一脉相承。这一方法被江西诗派奉为创作指南，在宋调的演进过程当中，西昆体的影响无疑是潜在而又更为深远。钱锺书指出，"是西昆体那样认准了一家去打劫还是像江西派那样挨门排户大大小小人家都去光顾"，④ 为宋诗给我们的大教训，寓庄于谐，实为对这种诗学书写方式变本加厉的发展进程的深刻揭示。

可以说，在诗歌价值方面，"从北宋诗歌的整个发展看来，西昆体不过像一薄层、一小团的油花，浮在水面上，没有在水里渗入得透，溶

---

① （宋）朱弁：《风月堂诗话》卷下，中华书局1988年版，第112页。
② 黄庭坚：《咏雪奉呈广平公》评语，见《瀛奎律髓汇评》卷二十一，第886页。
③ （宋）惠洪：《冷斋夜话》卷一，中华书局1988年版，第15—16页。
④ 钱锺书：《王安石小传》，《宋诗选注》，生活·读书·新知三联书店2002年版，第67页。

解得匀；它只有极局限、极短促的影响"。但我们在认同这一大判断的同时，也千万不要忽视，从诗学发展特别是书写方式角度而言，西昆体对宋调的影响是相当深远的，宋初的白体、晚唐体更多的是承续晚唐五代的诗风，而西昆体则奋意出新，"首变诗格"，① 成为宋调的滥觞。对西昆体之于宋诗演进的诗学意义，还是郑骞的《论诗绝句》说得好：

> 精严组织开山谷，深婉风神近玉溪。
> 莫道杨刘无影响，西昆一脉到江西。

第二节　情理通融与灵心雅致：吕祖谦的诗歌创作

吕祖谦是南宋乾淳时期著名的思想家、史学家和教育家。在南宋间吕祖谦与朱熹、张栻既并称"东南三贤"，又与朱熹、陆九渊在哲学史上鼎足而三，乃是实至名归的学术泰斗。值得注意的是，他还是一名重要的文学家，除了编选《古文关键》《宋文鉴》《丽泽集诗》等重要诗文选集，还创作了不少诗文作品，无论对当时或者后世都产生较大的影响。但是吕祖谦理学之声名太著，其文学成就因而掩映不彰，有关研究并不多见，尤其是诗歌方面的研究实为寥寥，亦不甚详备。

据《吕祖谦全集》② 辑录，吕祖谦现存诗作包括《东莱吕太史文集卷第一》所收99首，《东莱吕太史外集卷第五拾遗》所收12首，《新增附录》所收吕集佚诗词5首（诗3，词2），合计116首。

总的来看，哪怕考虑散佚的因素，吕祖谦诗歌数量不可谓多，原因有二：一是吕祖谦主观上对于诗歌创作并不热忱。尽管作为古文家，吕祖谦十分重文。他说过"辞章，古人所不废"，又说过"言语足以动人，文章足以耸众"。但是主观上不甚关注，仍然是影响吕祖谦诗歌创

---

① （宋）刘克庄：《后村诗话》后集卷一，中华书局1983年版，第57页。
② 本节中所引吕祖谦文字皆出自黄灵庚等主编《吕祖谦全集》，浙江古籍出版社2008年版，下不一一注明。

作数量的重要因素。他教育弟子读书也是先经史后诗文。其《与内弟曾德宽书》说："小三弟所说读书件数太多，今当只看一经一史为常课，而以诗文之类为余课乃是耳"（《东莱吕太史别集》卷十）；二是吕祖谦自认为不善为诗。他在给周必大的信中谈到所作哭芮煜诗时说："近偶作哭芮文十绝……今诗初非所习，正以往时有不敢作诗之语，深愧此意，聊挂延陵之剑耳。"（《与周丞相子充》，《东莱吕太史文集》别集卷九）

尽管诗歌数量并不多，但学界评价颇高。江西派诗人、吕祖谦的外祖父曾几，在《赠外甥吕祖谦》的诗中就称赞吕祖谦"能诗"[1]。后人有评曰："宋诸诗人掩于文者，宋文景、苏明允、曾子固、晁无咎；掩于词者，秦太虚、张子野、贺方回、康与之；掩于书者，石延年、蔡君谟；掩于画者，王番卿、方与可；掩于儒者，朱仲晦、吕伯恭。"[2]

下面仅举一端，即可见一斑。吕祖谦的应制诗以其对仗工整、文辞典雅颇为后来选家所重。元代方回《瀛奎律髓》将其应制诗收入卷五升平类，云："淳熙五年（1178）戊戌九月十二日阜陵车驾幸秘书省，公时为著作佐郎兼权礼部郎官。上有诗，见前。公和外，又有此二诗。稳重端整，过于无益空言者万万矣。"孝宗赐诗下后，"丞相以下皆进诗"。当时吕祖谦所作为《恭和御制秋日幸秘书省近体诗》《贺车驾幸秘书省二首》，这些诗虽以歌功颂德为主题，但气势恢宏、用典浑然，堪称应制诗中的佳作。查慎行评曰："东莱不以诗名，而应制乃尔称题，有专家所不及者。合前后三章观之，儒者气象可见。"尤其是《贺车驾幸秘书省二首》（其一），因为用韵妥帖、结构整饬，在三首中评价最高，纪昀评："此却无道学气，不碍诗格。"又有无名氏评："此首称雅饬。"[3]

---

[1] （清）张伯行：《濂洛风雅》卷四《赠外甥吕祖谦书》，商务印书馆1939年版，第60页。
[2] （明）胡应麟：《诗薮·杂编》卷五，上海古籍出版社1958年版，第314页。
[3] （元）方回：《瀛奎律髓汇评》卷五，李庆甲集评校点，上海古籍出版社2005年版，第228页。

俗世雅意：浙风宋韵的多维审视

就题材内容而言，吕祖谦的诗歌主要包括挽章、赠别诗和咏景诗等，概而分之，可为两类：写人与写景，本节即以此为中心，分别论之。我们撰述一个重要的命意在于，当吕祖谦以各类文体构建其精神世界时，在文选、史论、奏疏、祭文、游记等之外，吕祖谦的诗歌又扮演了怎样的角色？通过其诗歌作品，我们又能够窥见其端正平和、大气从容的精神空间中又有怎样的诗性之光？

一　挽章赠别：历史理性与诗家才情

挽章、赠别诗是吕祖谦诗歌的主体部分，其中挽章内容最多，占一半左右。吕乔年在《东莱吕太史文集序》中说："乔年闻之先君曰，太史之于文也，有不得已而作，故今所传，诗多挽章，文多铭志。余皆因事涉笔，未尝有意于立言也。是以平生之作率无文稿。"① 吕乔年认为，吕祖谦之所以"诗多挽章，文多铭志"，这是与其一贯的处世之法，即讲求实务，为文写诗往往力求有用，有补于世有关。

宋诗一向喜说理，形成了务实尚论的"宋调"，四库馆臣在评论邵雍的《击壤集》时，曾讨论宋诗理学倾向的历史渊源，指出："自班固作《咏史》诗，始兆论宗。东方朔作《诫子》诗，始涉理路。沿及北宋，鄙唐人之不知道，于是以论理为本，以修词为末，而诗格于是乎大变，此集其尤著者也。"② 若诗歌创作"以论理为本，以修词为末"，喋喋不休，显然令人生厌。

吕祖谦的卓异之处在于展示出道与文，或曰理性与才情的融合。文以载道是自唐以来古文创作的重要传统，但宋自元祐以后，不少文人由于未能深刻理解理学与文学的内在关联，带来了文与理的割裂甚至对立，后人批评宋文之弊是"尚其文者不能畅于理，据于理者不能推之文"③。宋时正是吕祖谦最早指出了这一问题并试图加以调和。吴子良

---

① （宋）吕乔年：《东莱吕太史文集跋》，《中华大典·宋辽夏金总部》，上海古籍出版社2016年版，第1290页。
② 《四库全书总目》卷一五三《击壤集提要》，中华书局1965年版，第1322页。
③ （元）刘将孙：《刘将孙集》卷二十九《赵青山先生墓表》，吉林文史出版社2009年版，第238页。

作《筼窗续集序》介绍吕祖谦的主张说："自元祐后，谈理者祖程，论文者宗苏，而理与文分为二。吕公病其然，思融会之。"[1]

吕祖谦强调为文须端正平和、大气从容，作诗则在端正平和中蕴含深切之情，以成感人之韵。他曾以善著书者加以类比说明，说："善著书者藏其趣于无趣之中，非欲掩人之目也。得趣于无趣，则其趣无时而穷也；善作乐者，藏其声于无声之中，非欲塞人耳也。得声于无声，则其声无时而穷也。至书无悦人之浅效，而有化人之深功；至乐无娱人之近音，而有感人之余韵。"（《宁嬴从阳处父》，《东莱博议》卷22）理性与才情之融会亦庶几如此。

通过对吕祖谦挽章、赠别诗的考察，我们能够发现一个史家厚重的人生感慨，用深广的历史意识加以观照，卓尔不凡的诗心才情时时逸出理学家的思想格局和精神轨则，在端正平和之外，更多深邃与苍茫之思，在写人咏史之间交织着学人之思、哲人之识与才人之情。

在历史理性之映照下，吕祖谦面对辞世或告别的尊长故旧感慨遥深，其内涵包括两个方面，首先是对于中原旧家兴衰之感，比如《王通直挽章》："近来南国冢，半是北人坟。异县谁怜我，同乡又失君。深居传雅尚，坚坐挹清芬。日落长安第，三槐拂暮云"，其中"近来南国冢，半是北人坟"句尤其痛切，既有国土沦丧的悲凉，亦有恢复无果的无奈。南来家族依次凋零，这是吕祖谦挽章中的重要命题，"中原遗俗尽，旧族素风还"（《巩采若府推母钱夫人挽章二首》），"埋骨虽南土，倾心向北辰"（《何叔京挽章二首》）皆是如此。进而言之，还有对于中原学术承传的感慨，吕祖谦以学者立命，"接中原文献之正传"，对于学术传承极为在意，在多首诗作中予以追溯探讨。"同支派别胄遥遥，南渡衣冠尚北朝。千载画图文献在，两朝开济政明昭"（《睢阳五老图赞》）；"四海膺门峻，亲承二纪中。论交纵父祖，受教自儿童。山岳千寻上，江河万折东。微言藏肺腑，欲吐与谁同"（《端明汪公挽章二首》）；"文献定知丞相似，渊源还自洛阳来"（《向运使挽章》）；"同

---

[1]（宋）吴子良：《筼窗续集序》，《赤城集·赤城后集》卷十七，中国文史出版社1997年版，第265页。

门风雨散,孤学丝桐绝。怀哉五马桥,寒迳寻遗屦"(《酬上饶徐季益学正》)表达的都是对于中原学术在南渡之后存亡绝续的追怀和感念,充分体现了吕祖谦浓重的学术情怀。

再就是诗中浸润的哲人之识。吕祖谦眼见周边师友渐次零落,面对生死穷通,不禁生发出多种人生感悟。其中既有对人情世故洞悉后的了然与豁达,"身世浑如梦,功名莫问天"(《周尧夫主管挽章》);也有对人生得失的反思,"善人终有恃,公道亦徐还"(《陈能之少卿挽章二首》);更有对生存状态的思索,"深居物外风烟老,静看人间日月忙"(《蒋世修秘书父朝奉挽章》),"向使胸中有荣辱,那能八十鬓毛班(斑)"(《苏仁仲计议挽章二首》)。

作为一位特别注重儒家正统的理学家,吕祖谦在诗歌中展示的才人之情尤值瞩目。吕祖谦的创作一向体现其辞气平和的理论主张,叶适认为吕祖谦编选《皇朝文鉴》就体现了这种思想,指出:"吕氏自古乐府至本朝诗人,存其性情之正、哀乐之中者,上接古诗,差不甚异,可与学者共由,而从之者尚少,故略为明其大概如此。"① 宋人赵汝愚称吕祖谦文章"发于议论而平正,见于文章而春容"(《祭文》,《东莱吕太史集附录》卷二)。但在另一方面,吕祖谦论诗尤重情,集中体现于评论《诗经》,他认为:"诗者人之性情而已,必先得诗人之心,然后玩之易人。《诗》三百篇大要近人情而已。"(《门人所记诗说拾遗》,《丽泽论说集录》卷三)又说:"诗者出于情性,古人采诗以观民风,即此意也。春秋列国赋诗之际不能自隐其情,况唐虞之时,诗,有不出于真情者乎?"(《皋陶谟》第四,时澜修订《增修东莱书说》卷四)

对于师友谢世的痛悼之情,吕祖谦几不能自已,诗句发乎肺腑。孝宗乾道七年,吕祖谦师友芮烨、刘夙、王十朋相继辞世,他在给朱熹的信中语极沉痛:"今岁善类凋丧特甚,王、芮、刘三公相继下世,殊令人短气,阳气微茫如缕,其将奈何!"(《与朱侍讲元晦》,《东莱吕太史文集》别集卷七),如《王龟龄詹事挽章二首》痛悼王十朋:"诸老收

---

① (宋)叶适:《习学记言序目》卷四十七,中华书局1977年版,第701页。

第四章 真味愈在：包蕴情理的宋代诗文之韵

声尽，佳城又到公。苍天那可问，吾道竟成穷。旌卷莆田雨，箫横雩浦风。今年襟上泪，三哭万夫雄"（之一）。作者仰天而叹，"苍天那可问，吾道竟成穷"，世事命运苍茫未可知，相知颇深的师友转眼离去，精神上失去同道的痛苦难以用语言表达，更心酸的是，这已是"一哭""二哭"之后的"三哭"了，此前师长芮烨亦过早病故，吕祖谦就写下《祭芮祭酒文》，这种痛楚在四年之后依然无法释怀，后又写下《祭酒芮公既殁四年门人吕某始以十诗哭之》以悼念、赞叹芮先生"少年便把笔班扬，咳唾珠玑落四方""吴兴盛事人能数，直至胡公到芮公""胸怀北海与南滨，却要涓涓一勺清"，可见其感念之深，追思之切！

在抒发深情之时，吕祖谦大多用语精警，意境苍凉，比如《端明汪公挽章二首》："异时忧世士，太息恨才难。每见公身健，犹令我意宽。彫零竟何极，回复岂无端。此理终难解，天风大隧寒"中的"天风大隧寒"，《祭酒芮公既殁四年门人吕某始以十诗哭之》："先生墓木绿成围，弟子摧颓昼掩扉。大雪繁霜心已死，有时清梦尚抠衣"中的"大雪繁霜"，"清梦抠衣"，《何叔京挽章二首》："寒碑卧风雨，千载有深期"中的"寒碑风雨"，都取象幽寒，烘托哀情，余韵悠远。

值得注意的是，吕祖谦之文人才情，亦不限于哀情，其写人咏史亦有少量豪迈之作，体现了其情感世界的丰富性，两首古风体颇为突出，一为《寄章冠之》，描画一豪情才士形象，其诗曰："章侯平生一诗囊，酬风酢月遍四方。浩歌姑熟酒淋浪，醉呼太白同举觞。遂登浮玉临渺茫，江涛挟笔益怒张。沙头倚樯乐未央，兴阑忽上秋浦航。门前槐花日夜黄，闭门琢诗声绕梁。白袍纷纷渠自忙，飘然邂逅非所望。自言久厌世锁缰，合眼已梦庐山苍。君才甚硕气方刚，身虽欲隐文则彰。江湖故人半朝行，左推右挽摩天翔。而我戢翼甘摧藏，不能与俗相迎将，径当行前扫山房。俟君功成还故乡，却驾柴车迎路傍。"一为《汉铜弩机歌》，写汉代之攻匈奴利器铜弩机，实有以古喻今之意，想当年，"甘泉宫中烽火催，武库掔镞殷春雷。山西都尉部千弩，意气欲压天山摧"，叹如今，"土花蚀尽缪篆青，千年遗恨今未平。雕鞍过尽不回首，落身几案依旧檠"，无限展望："是机虽缺神凛然，想成风沙射雕天。径欲

221

匹马南山边，何必一臂三十絫。"此两首与吕祖谦平素风格确不相类，也可见出，在其端正平和表面下的内心深处，对于当时的奇情文人、洒脱才士又有怎样的精神期许，对于国家贫弱，武备松弛，又有怎样血脉偾张的热忱向往。

概而言之，吕祖谦的写人咏史是理性与才情的融合，也是弘学与致用的统一。作者聚焦于挽章别诗，看似不经意而为，或曰不得已而为，其实有着一定的学术逻辑，正人伦、通古今、发深情，这是吕祖谦对于自身史家、哲人、才子等多重身份的自我体认，也是其学术思想表达的自觉选择，论人如论己，诗心相映，自我抉发，从而映照出深邃的历史理性与丰厚的生命感悟。

二 写景抒怀：审美情致与紫薇诗艺

写景是吕祖谦诗作中的又一重要部分，颇值注意的有：《城楼》《西兴道中二首》《晚望》《春日七首》《富阳舟中夜雨》《野步》《晚春二首》《夏日》《秋日》《夏夜》等，自然清新，各具风神。

可为代表的如《城楼》："城峻先迎月，帘疏不隔风。棋声传下界，雁影没长空。岛屿秋光里，楼台海气中。登临故待晚，雨外夕阳红。"方回曾曰："（伯恭）五言诗亦佳，有云'棋声传下界，雁影没长空'、'岛屿秋江（光）里，楼台海气中'，盖少作也。"他认为这首《城楼》堪称五律佳作。后人冯舒亦云"亲至福州，方知其佳，因城楼犹是旧物耳"。[①]

再如《春日》："一川晓色鹭分去，两岸烟光莺带来。径欲卜居从钓叟，绿杨缺处竹门开"，亦曾赢得赞许。《载酒园诗话·朱熹》云："道学诸公诗亦自有佳句。如徐崇父《毅斋即事》'苔色上侵闲坐处，鸟声来和独吟时'殊清气；林献斋《送光泽苏县丞》'松听莫笑无公事，薰幕常能致俊流'用事颇切；吕东莱《春日绝句》曰'一川晓色鹭分去，两岸烟光莺带来'尤雅倩也。"[②]

[①] （元）方回：《瀛奎律髓汇评》卷五，李庆甲集评校点，上海古籍出版社2005年版，第228页。

[②] 郭绍虞编，富寿荪校点：《清诗话续编》，上海古籍出版社1983年版，第446页。

吕祖谦写景诗可见出其对于诗歌语言的锤炼之功,这些写景之作,其笔法与作者之写游记相若,可以参看。吕祖谦《入越录》之语言多诗意,如写雪轩观雪:"登雪轩,轩占卧佛殿右偏,湖山聚落,皆来献状,以宜观雪得名。今虽不与雪值,然雾雨空蒙,亦奇观也";写鉴湖秋光:"秋水平岸,菰蒲青苍,会稽秦望、云门诸山,互相映发,城堞楼观,跨空入云,耳目应接不暇";写鉴湖雨景:"穿鉴湖支港,斜雨入蓬,……独山野桥,烟树可画";写曲水之因,"山盖版筑所成,缭绕深邃,曲径回复,迷藏亭观,乍入者惶惑不知南北。山背有流,杯岩凿城,引鉴湖为小溪,穿岩下键,以横闸激浪,怒鸣过闸,遂为曲水……"又如《游赤松山记》:"复曳杖入小桃源,瞑色已满岩谷矣。徒倚枕流,四际溟蒙,水天一色。泉声松韵,始有暴风急雨之骤至;徐而察之,又若车驰卒奔而未有所止也。云间时有疏星点缀,林杪与水景相照,清澈无底……",皆是寥寥几笔,白描勾勒,似不用力,而情景如画,可见其描摹景物之功力。

　　吕祖谦的学术有其家学渊源,其实,其诗歌亦如是。吕祖谦写景抒怀诗就较为集中地体现出家传诗艺对其的重要影响,吕祖谦伯祖乃是江西诗派著名诗人吕本中。吕本中(1084—1145),字居仁,世称东莱先生,诗人,词人,理学家。诗属江西派,著有《春秋集解》《紫薇诗话》《东莱先生诗集》等,今人赵万里《校辑宋金元人词》,辑有《紫薇词》。故人亦以"紫薇"称之。吕本中诗数量较大,约一千二百七十首。其提出的诗歌创作"活法"说,深刻影响了南宋诗坛以至后世。

　　吕本中在崇宁年间所作的《江西诗社宗派图》中曾解释其"活法",所谓:"灵均自得之,忽然有入,然后惟意所出,万变不穷,是名活法。"[①] 后又于绍兴三年(1133)作的《夏均父集序》中也说:"学诗当识活法。所谓活法者,规矩备具,而能出于规矩之外;变化不测,而亦不背于规矩也。是道也,盖有定法而无定法,无定法而有定

[①] 王大鹏等编:《中国历代诗话选》,岳麓书社1985年版,第559页。

法。知是者则可以与语活法矣。谢玄晖有言：'好诗流转圆美如弹丸'，此真活法也。"①

所谓"活法"，指的就是诗句流动婉转，清新不板滞，如方回的《瀛奎律髓》在谈到本中诗时就说："居仁在江西派中最为流动而不滞者，故其诗多活"，"简斋诗高峭，吕紫薇诗圆活"。②

吕祖谦从小就跟随吕本中，受其影响很深。他曾回忆这段少年生活："绍兴初，寇贼稍定，舍人与诸父相扶携出桂岭，憩（临川），访旧友多死生，慨然太息，乃收聚故人子弟（曾信道辈）与吾兄弟，共学亲指画，孜孜不倦……"（《题伯祖紫薇翁与曾信道手简后》）。在其诗歌中，吕祖谦也常常追忆伯祖，如《酬上饶徐季益学正》："吾家紫薇翁，独守固穷节。金銮罢直归，朝饭尚薇蕨。峨峨李杜坛，总角便高蹑。暮年自誓斋，铭几深刻责。名章与俊语，扫去秋一叶。冷淡静工夫，槁干迂事业。有来媚学子，随叩无不竭。辞受去就间，告戒意尤切。典刑自耆老，护持何敢阙。嗟予生苦晚，名在诸孙列。拊头虽逮事，提耳未亲接。徐侯南州秀，少也尝鼓箧。示我百篇诗，照坐光玉雪。因之理前话，讲绎霏谈屑。两都弟子员，家法严城堞。取善则未周，守旧犹有说。同门风雨散，孤学丝桐绝。怀哉五马桥，寒逵寻遗屐。"诗中表达出对于伯祖其人、其文、其诗的推崇与感念。

在少年时期的耳濡目染之下，吕祖谦深受伯祖诗艺的影响。在他的诗歌创作中，尤其是在写景咏怀诗作中，曲折深刻的构思，流转轻快的句子，自然凝练的语言，恰是"活法"融会之处。具体表现为章法、句法与字法上的流转圆美，从而形成一种行云流水的灵动感。

吕本中在诗艺上也实践了自己的"活法"。一方面，诗法灵活，体现为：章法，起承转合自然顺畅，情感结构流环曲折；句法，精练劲健，流动不滞；字法，炼字有力，动词活用；另一方面，表现手法灵活，体

---

① 上海书店1989年据商务印书馆1926年版重印《四部丛刊》初编第213册《后村先生大全集》卷九五，第14—15页。

② （元）方回：《瀛奎律髓》，黄山书社1994年版，第409、603页。

第四章 真味愈在：包蕴情理的宋代诗文之韵

现为巧用对比，善于用典，活用比喻。另外，诗风上也很灵活。①

与吕祖谦诗作两相参看，颇能给人会心之感。本中七绝《木芙蓉》："小池南畔木芙蓉，雨后霜前着意红。犹胜无言旧桃李，一生开落任东风。"祖谦七绝《游丝》："游丝浩荡醉春光，倚赖微风故故长。几度莺声留欲住，又随飞絮过东墙。"情景相类，语言明快，格调相近。本中五律《兵乱后杂诗》："万事多翻覆，萧兰不辨真。汝为误国贼，我作破家人！求饱羹无糁，浇愁爵有尘。往来梁上燕，相顾却情亲。"祖谦五律《周尧夫主管挽章》："五柳传觞地，风流魏晋前。曾探孝先笥，惯坐广文毡。身世浑如梦，功名莫问天。从今风雪夜，不上剡溪船。"同有属对工整，用语精警，寄意遥深之妙。

以句法为例，吕祖谦诗作在句法上深得紫薇"流动不滞"之特点，具体表现为：一是善用虚词以显示诗脉，二是多用流水对以显语势之畅。诗人善用虚词及虚词句式。虚字能调节诗歌语气节奏，避免诗歌单调、平直，于一波三折中有深婉顿挫之致。吕本中诗中常用的虚字有"唯""自""但""已""更""才""未"等。比如"唯有双丛庭下菊，殷勤还作去年花"（《阴》，卷一）；"岭下微阴已自寒，早行山路觉衣单"（《过岭将至江华先寄朱成伯二首》，卷一二）；"环城但浊水，满目唯荒山"（《永州西亭》，卷一三）。吕祖谦诗中常用的虚字则有"唯""却""已""故""定""更""待""未"等，在诗歌句法上有继承，亦有发展变化，如《晚春二首》："向人不改故时面，唯有苍官与此君"，《西兴道中二首》："东岸红霞西岸绿，却将景色为平分"，《富阳舟中夜雨》："万顷烟波一叶舟，已将心事付凫鸥"，《晚望》："故知不入豪华眼，送与凫鸥自在看。"同样流动婉转，可见神韵相通。

多用流水对，更是吕祖谦承继的明显特征，吕本中七律《春日即事》："雪消池馆初春后，人倚栏杆欲暮时"，《柳州开元寺夏雨》："钟唤梦回空怅望，人传书至竟沈浮。"五律《兵乱后杂诗》（其一）："后死翻为累，偷生未有期"，《兵乱后杂诗》（其四）："汝为误国贼，我作

---

① 参见张楠《吕本中诗歌研究》，硕士学位论文，郑州大学，2008年。

破家人。"而且很多情况下,颔联与颈联都是连用流水对,以尽其流转顺畅之语势。祖谦亦如此,《蒋世修秘书父朝奉挽章》:"深居物外风烟老,静看人间日月忙",《夏夜》:"炎蒸渠酷吏,闲静我羲皇",《游上天竺》:"僧来混不语,吾亦欲忘言",两人不少诗句相互对照,实有异曲同工之妙。

吕本中写诗,以"活法"为中心,又讲求"悟入"与"涵养",所谓"悟入"与"涵养"又是以读书为第一要务,而这些于吕祖谦而言,正是学人本色,这也是吕祖谦习紫薇诗艺,能得其三昧的重要原因。

三　余论

于中国文学史而言,吕祖谦诗歌之影响力或许有限,而对于祖谦本人而言,其诗歌作品却是不可或缺的重要部分,也是后人面对一个完整的吕祖谦,无法绕过的真实存在。这个存在应视为一个独立的存在,其挽章不可为祭文、铭文所替代,其写景诗亦不可为游记所掩抑,它所呈现的是一个丰富、多维、极具纵深的精神世界。正因为诗性之光的照射,这位恪守儒学正统的理学家方显得如此温润、雅致而富有神采。

面对吕祖谦诗作,后人颇多遗憾,遗憾其终志不在此,饱学且富才情,未能多产。更遗憾其年不永,若天假以时日,其人之成就当更为卓异宏大。吟咏吕祖谦之挽章,无法回避其人之悲情人生,吕氏之个人生活亦时时与挽章悼文相随,父母过早去世,前后三妻早亡,二子一女夭亡,本人多年"萎痹",人生之悲苦莫有更甚于此者。吕祖谦即在挽悼相继之生活底色中奋然前行,其情其志令人感佩。岳父韩元吉在吕祖谦死后,痛悼二女与爱婿:"青云涂路本青毡,圣愿相期四十年。台阁久嗟君卧疾,山林今叹我华颠。伤心二女同新穴,拭目诸生续旧编。斗酒无因相沃酹,朔风东望涕潸然"(《吕伯恭挽词》),情境悲凉,不禁令人记起祖谦挽诗:"身世浑如梦,功名莫问天",就此而言,吕祖谦多作挽章,恍若一个悲情的隐喻。

第三节 一代诗文汇编《宋文鉴》的编刊之争

吕祖谦的《宋文鉴》甄选汇编北宋一代诗文，按照诗、赋、律赋等文体编次，析为61门，共150卷，是断代总集的代表之作，历来备受推重。章学诚所说"今之尤表表者，姚氏之《唐文粹》、吕氏之《宋文鉴》、苏氏之《元文类》，并欲包括全代，与史相辅"，[①]足以反映其"一代之书"的重要价值。

然而南宋初年围绕此书的编刊，却引起了不小的争议。书成上进后，孝宗特旨褒奖，除吕祖谦直秘阁，就遭到陈骙的反对，不惜缴还词头。孝宗钦赐书名，下令刊版，却因大臣秘奏，最终仍是"遂不果刻"。[②]周必大奉旨撰序，大受孝宗激赏，"后进呈《皇朝文鉴序》，上曰：'卿之文在廷莫及，真匠手也。'"[③]吕祖谦一读之后，却"命子弟藏之"。[④]师友之中也恶评如潮，吕祖谦终身敬畏的张栻对编纂一事很不理解："如编《文海》，何补于治道？何补于后学？徒使精力困于翻阅，亦可怜耳。"朱熹甚至对吕祖谦的学生声称："近读伯恭所集《文鉴》，极有可商量处。前辈要亦多浪得名者，不知后世公论竟如何尔？"[⑤]纷扰杂乱当中，与淳熙四年（1177）接受孝宗编类敕命时的踌躇满志形成鲜明对照，吕祖谦退居之后"遂绝口不道《文鉴》事"。[⑥]唯一例外的也许要数吕氏门人叶适，他毫不吝惜地称许此书"自古类

---

① （清）章学诚：《书教中》，《文史通义校注》卷一内篇一，中华书局1985年版，第41页。
② （宋）周必大：《玉堂杂记》卷中，载《周必大全集》卷一七五，四川大学出版社2017年版，第1677页。
③ （宋）楼钥：《少傅观文殿大学士致仕益国公赠太师谥文忠周公神道碑》，载《楼钥集》卷九十九，浙江古籍出版社2010年版，第1733页。
④ （宋）吕乔年：《太史成公编〈皇朝文鉴〉始末》，载《宋文鉴》附录一，中华书局2018年版，第2118页。
⑤ （宋）朱熹：《答巩仲至》，《晦庵先生朱文公文集》卷六十四，朱子全书本，上海古籍出版社、安徽教育出版社2002年版，第23册，第3106页。
⑥ （宋）吕乔年：《太史成公编〈皇朝文鉴〉始末》，载《宋文鉴》附录，中华书局2018年版，第2118页。

书未有善于此"。①

编刊一代文集，何以纷纭若此？官员与学者，对此本应具有不同的立场，却俨然意见趋同。让吕祖谦耗费如许心力的《宋文鉴》，不经意间所获关注早已超越文章本身。种种争议，究竟是党争余绪，还是学术分歧，或仅仅是文章好尚的不同？围绕此书编刊产生的种种理解与误解，不妨在论定之后重新加以审视。

一　"校正"与"大去取"：争论中展开的《宋文鉴》

淳熙三年（1176）十月，在乡居多年之后，因李焘推介参与重修《徽宗皇帝实录》，吕祖谦除任秘书省秘书郎，兼国史院编修官、实录院检讨官，此年吕祖谦正好四十岁。② 次年三月，《实录》二百卷成书上进，吕祖谦得到转官一阶的褒劝。③ 在此期间，吕祖谦博闻强记、长于纂述的才能渐次为人所知。

恰好在这年，孝宗读到了书肆通行的江钿所编《宋文海》。④ 这是一部北宋诗文选集，根据今天所能见到的宋人最详尽的描述，此书"辑本朝诸公所著赋、诗、表、启、书、论、说、述、议、记、序、传、文、赞、颂、铭、碑、制、诏、疏词、志、挽、祭、祷文，凡三十八门。虽颇该博，而去取无法"。⑤ 孝宗似乎对《宋文海》印象不错，"淳熙四年（1177）十月五日，诏临安府校正开雕《圣宋文海》"。⑥ 出于对坊本质量的担忧，周必大提出异议，认为需要馆阁官重新董理，以与一

---

① （宋）叶适：《皇朝文鉴一·周必大序》，载《习学记言序目》卷四十七，中华书局1977年版，第695页。

② 《东莱吕太史文集附录·年谱》，载《吕祖谦全集》第一册，浙江古籍出版社2008年版，第745页。

③ 周必大称李焘荐举后，吕祖谦"审订增削数百条，书遂成，特迁一官"。见《敷文阁学士李文简公焘神道碑》，《周必大全集》卷六六，第617页。

④ 诸书所引多作"江钿"，惟陈振孙《直斋书录解题》卷十五《皇朝文鉴》解题中，引及周必大上对之语，称"此书江佃类编"。然《玉堂杂记》卷中正作"乃近时江钿编类"，故"江佃"实误。《太史成公编〈皇朝文鉴〉始末》亦引周必大奏事语作"江佃"，同误。

⑤ （宋）晁公武：《宋文海一百二十卷》解题，见《郡斋读书志校证》卷二十，上海古籍出版社1990年版，第1071页。书中"疏词"点断为"疏、词"，则为两种文体。

⑥ 《校勘经籍》，载《宋会要辑稿·崇儒五》，上海古籍出版社2014年版，第2845页。

第四章 真味愈在：包蕴情理的宋代诗文之韵

代文治之绩相互辉映。

孝宗就人选问题询求大臣意见后，十一月九日正好遇到吕祖谦轮对，于是"上遂令伯恭校正，本府开雕，其日甲辰也"。[①] 李心传认为这是赵雄（1129—1194）推荐的结果："始赵丞相以西府奏事，上问伯恭文采及为人何如，赵公力荐之，故有是命。"[②] 西府即枢密院，赵雄"同知枢密院事"是此年的"十一月庚子（五日）"，[③] 孝宗征询刚刚升职的赵雄，显示出对人选一事的关心。不过吕氏家族的记述却是另外一个版本："一日，参知政事王公淮、李公彦颖奏事。上顾两参道周公前语，俾举其人。李公首以著作佐郎郑鉴为对。上默然，顾王公曰：'如何？'淮对：'以臣愚见，非秘书郎吕祖谦不可。'上以首肯之，曰：'卿可即宣谕朕意，且令专取有益治道者。'王公退，如上旨召太史宣谕。太史承命不辞。"[④] 李彦颖举荐的郑鉴以议论切直著称，淳熙三年（1176）孝宗曾特命召试馆职，虽然"策中所言，或是或非"，仍超授校书郎，至此时已升任著作佐郎。[⑤] 孝宗的沉默应对，应该是顾虑郑鉴虽论事剀切而未必精善文事。[⑥] 吕祖谦文名日盛，两大臣复不约而同加以荐举，终于促使孝宗择定人选。李心传与吕乔年的记载虽似歧异，但恰好可以组成事件的递进环节。赵雄荐之在前，王淮申之于后，又有轮对之际的切实了解，孝宗遂通过王淮传达了这一使命。

事情接下来的发展颇有戏剧性。吕祖谦首先为修订确定基调，即并非校正新刊《宋文海》，而是另起炉灶重加编选，"伯恭言《文海》元系书坊一时刻行，名贤高文大册尚多遗落，乞一就增损，仍断自中兴以

---

① （宋）李心传：《建炎以来朝野杂记》乙集卷五《文鉴》，中华书局2000年版，第596页。
② （宋）李心传：《建炎以来朝野杂记》乙集卷五《文鉴》，中华书局2000年版，第596页。
③ （宋）徐自明：《宋宰辅编年录校补》卷十八淳熙四年，中华书局2012年版，第1233页。
④ （宋）吕祖谦：《太史成公编〈皇朝文鉴〉始末》，载《宋文鉴》，中华书局2018年版，第2117页。
⑤ 参《建炎以来朝野杂记》乙集卷八《孝宗奖郑自明魏元履》，第632页。
⑥ 实际上吕祖谦与朱熹都对郑鉴的学养有所评论。吕祖谦以为他"失在不学"，见《与朱侍讲》，《吕祖谦全集》第一册，第427页。朱熹更直言不讳地批评郑鉴"前日文字固为剀切，但论事多而论理少"，见《答郑自明书》，《晦庵先生朱文公文集》卷第二十五，四部丛刊本。

前铨次，庶几可以行远。十五日庚戌，许之"。① 几天之后，孝宗又追加任命知临安府赵磻老及临安教官两人，辅助吕祖谦的校正工作。围绕校订旧稿还是别选新集，大家未能统一意见。二十日赵磻老以行政事务繁忙、教官不能携出内府书籍为辞，请求以吕祖谦专任其事，得到允许。李心传时代仍能看到《孝宗实录》，所述经过颇详："时祖谦已诵言皆当大去取，其实欲自为一书，非复如上命。议者不以为可，磻老及教官畏之，不敢与共事，故辞不肯预，而祖谦方自谓得计。"② 可见吕祖谦主张"大去取"，放弃了更显简易地在《宋文海》基础上弥缝校正，不惜借助舆论，将重选主张公开化，以先声夺人之势强力推动了"一代之书"的编纂。

"校正"与"大去取"之争，实际上反映了编纂宗旨的不同。孝宗偶然读到《宋文海》而表示认同，这本来并无问题；但诏令重加刊版，其行为就具有象征意味。皇帝崇重斯文，留意著述，通过刊行著作而强化文治，既能彰显皇朝文化之盛，又能垂范后世，已经超越个人行为而凸显时代意义。在带有"润色鸿业"性质的代表作选择方面，周必大从《宋文海》精粗混并、编类芜乱出发，判断此书难以传后，不足以承担这一文化使命。他明确提出需要馆阁有学之士重编本朝文章，是"校正"说的反对者。吕祖谦欣然受命，也与"成一代之书"的理想有关，故而他在接手之后积极排除干扰，最终确立了"大去取"即重新编选的方针。采择文章以映现时代，有益治道，吕祖谦与翰苑词臣周必大就此取得了一致。

二 从坊本到一代之书：《宋文鉴》对《宋文海》的超越

吕祖谦综汇秘籍，勤加铅椠，至淳熙五年（1178）十月，"书乃克成"。③ 尚未上进，十二月十四日夜，吕祖谦突患中风，又为医者所误，

---

① （宋）李心传：《建炎以来朝野杂记》乙集卷五《文鉴》，中华书局2000年版，第596页。
② （宋）李心传：《建炎以来朝野杂记》乙集卷五《文鉴》，中华书局2000年版，第597页。
③ （宋）吕乔年：《太史成公编〈皇朝文鉴〉始末》，载《宋文鉴》，中华书局2018年版，第2117页。

第四章 真味愈在：包蕴情理的宋代诗文之韵

一度危殆。病情稍微稳定，吕祖谦请祠求去。孝宗知闻之后，向王淮打听《文海》编纂是否已经完成。淳熙六年（1179）正月二十四，"枢密使王淮宣旨，问所编《文海》次第。公遂以其书缴申三省以进"。① 至此，文集编选工作基本完成。根据吕祖谦自述，"所有编次到《圣宋文海》一部，共一百五十四册，并临安府元牒到御前降下《圣宋文海》旧本一部，计二十册。并用黄罗夹复，封作七复，欲望特与敷奏缴进"，② 可见是新编与旧本一起呈进。新编正文共150卷，目录4卷，誊写分装为154册，则一卷为一册。旧本《文海》共120卷，分为20册，每册容量与新本不同，应该是维持了坊刻原貌。

国家图书馆今存江钿《宋文海》宋刻残本，半叶十三行，行二十二字，卷首尾皆双行大字刊"新雕圣宋文海卷第几"。卷首刊有分卷目录，不具作者名，后接正文，下注作者。此本仅存六卷，所录以北宋为限，卷四古赋、卷五卷六赋、卷七记、卷八铭、卷九诏。从避讳可知此本刊刻于高宗时期，由于残损过甚，难以讨论全书整体编选特点与得失，但仍可据此与《宋文鉴》加以对照。

《宋文海》的选文标准，虽因缺乏全本目录与序跋信息，难以获得直接认知，但录文的多样复杂与良莠杂陈足以说明问题。卷六以整卷篇幅收录了崔公度的《感山赋》，是一篇带有汉大赋铺张扬厉色彩的太行山赋，曾受到欧阳修与韩琦的荐赏，自然属于名作。卷五所录崔公度《珠赋》，则被王安石认为胜过《感山赋》，当然也有选入的理由。但卷五同时选录了王令的《藏芝赋》、《思归赋》与《竹赋》，则属于摹拟习作范畴而未见高妙。王令在宋人中并不是以赋名家的作手，其集中存赋也仅四篇而已，《宋文海》如此录文，只能从入手材料的便利与贪多务得的数量取胜考量来解释。卷四所选欧阳修《憎苍蝇赋》，是一篇带有俳谐性质的寓言式古赋，并非欧赋之最上乘，也曾受到王若虚的讥弹，

---

① （宋）吕祖谦：《东莱吕太史文集附录·年谱》，载《吕祖谦全集》第一册，浙江古籍出版社2008年版，第747页。
② （宋）吕祖谦：《进编次〈文海〉剳子》，载《吕祖谦全集》第一册，浙江古籍出版社2008年版，第60—61页。

衡"一代之书"为准则的《宋文鉴》就舍弃了此篇。卷九所录之诏，平泛之作更多。周必大所称的"江钿所编颇失之泛，故其命名有取于'海'"，[①] 能反映出宋人对此书编选有失泛滥的观感。

在文体分类方面，《宋文海》录有序，却不收跋；注意到碑、志，却不收行状；选录了制、诏，却未收诰、敕；而最具现实意义，能反映时代政治生态的奏疏，却一篇未录，不能不说是最大的缺憾。可以提及的是江钿所关注到的"疏词"一体，这应该不是因句读不同而断成的"疏"与"词"两体。因为词在其时文体地位仍较卑下，别集往往讳收"小词"，总集中特意收录词作当更罕见。而且如果指涉的确实是"词"，则应该置于赋、诗之后，而非制、诏与志、挽之间。疏词是一种广求众力、祷祈募缘的民间应用文体，尤其多用于释道。如功德疏、道场疏、募缘疏等，都可归入这一文类。如果严格限定以"疏词"为题，则在宋代也是极小众的文体。疏词的选择，同样反映了江钿的非典型性民间文体立场。

实际上，《宋文海》的坊刻个性非常鲜明。首先，体例驳杂。在作者的标示方面，或呼名，或称谥、称字，或名、字并用。一人多文之际，或连标作者，或承前省略，缺乏统一体例。其次，校勘弗精。虽然是宋刻本，但文字校勘方面殊难令人满意。如王令的《竹赋》中，"确乎不拔，以节终始者欤"后面，夺去"死传其徒，不私其子者欤"一句。《珠赋》中"夹埭长陂，程水壤之固护；饬官命属，厌功利之纷挐"，脱去"护"字；"方诡置之渐张"之"置"，形讹作"置"。

最后，主名多误，这也是最致命的一点。卷五《太玄赋》，署名黄鲁直。此赋一般被认为是扬雄的作品，最早见于《古文苑》。卷七收录《东室记》，署名苏轼。此文未见学界引及，然核诸苏氏眉山生活环境已全然不类，而文气之软俗，则与苏轼浩然超逸之气绝不相侔，主名必误。更严重的是主名承前省略的那部分作品。像卷四的《花权赋》与《怪竹赋》，并未收入《小畜集》，也未见他书转录，但

[①] （宋）周必大：《论文海命名札子》，载《周必大全集》卷一一〇，四川大学出版社2017年版，第1029页。

因别无旁证，依例归入王禹偁作品，亦可接受。而卷九《皇帝崇经术手诏》，根据承前省名之例，当为张商英之作，但《长编》卷三零六录此诏，定为赵君锡之作，显然当以《长编》为正。同卷《明堂制度手诏》，夹在两篇未署名但实为王安石的诏文中间，而《宋大诏令集》定为政和五年八月所颁下，自然不会是王安石作品。其后的《戒励百官诏》《重定神宗皇帝徽号诏》《重定哲宗皇帝徽号诏》《内降行明堂礼诏》《御笔禁浮言诏》《御笔戒文弊诏》《求隐士诏》，多见录于《宋大诏令集》，为崇宁、政和年间所作，也不可能出自王安石之手。周必大在编订欧阳修文集之际，就发现了《宋文海》录文主名的不可靠："江钿《文海》多以他人文为公作。其章章者，《筠州学记》，曾巩文也；《察言论》，唐庚文也。甚至元丰以后暨徽宗朝所下制诏，亦有托公名者，自当删去。"① 名作主名也被混淆，制诏之误与卷九之虚托王安石如出一辙。

站在今人的后见立场，《宋文海》的辉光实在于其文献价值。由于是宋人选宋文，又不收录于他书，此类诗文自然有资辑佚与考订。然而从另一角度来看，由于其他选集皆不辑入，则《宋文海》选文的典范性与认可度仍不免要打上问号。

吕祖谦的编纂工作就是在《宋文海》这样的典型坊本基础上展开的，"此书为《文鉴》所托始"，② 难度可以想见。吕乔年以子侄之便，"间得于传闻"，获悉了吕氏编纂的核心要义："国初文人尚少，故所取稍宽。仁庙以后，文士辈出，故所取稍严。如欧阳公、司马公、苏内翰、苏黄门诸公之文，俱自成一家，以文传世。今姑择其尤者，以备篇帙。或其人有闻于时而其文不为后进所诵习，如李公择、孙莘老、李泰伯之类，亦搜求其文以存其姓氏，使不湮没。或其尝仕于朝，不为清议所予，而其文自亦有可观，如吕惠卿之类，亦取其不悖于理者，而不以人废言。又尝谓本朝文士比之唐人，正少韩退之、杜子美，如柳子厚、

---

① 曾三异校语，《欧阳文忠公集》外集卷九之末，四部丛刊本，第29页。
② （清）瞿镛编：《铁琴铜剑楼藏书目录》卷二十三《新雕圣宋文海六卷》，上海古籍出版社2000年版，第663页。

俗世雅意：浙风宋韵的多维审视

李太白，则可以追逐者。如周美成《汴都赋》亦未能侔国家之盛，止（只）是别无作者，不得已而取之。若断自渡江以前，盖其年之已远，议论之已定，而无去取之嫌也。"① 这一段话类似夫子自道，既涉及选文准则，又衡论文学现象，尤其值得注意。吕氏已意识到文学发展与时代的不平衡性，需要以时存文：国初名家名作尚少，不得不放宽入选标准，以反映时代文学样貌；仁宗之后文学步入巅峰期，大家云集，各有专集行世，则只需择要示范。别择之际，既可偶尔以人存文，亦不能因人废文。作品虽未能尽如人意，但也不妨聊备一格。以上四点可以看作总集入选标准。至于北宋断限，则有力避纷扰，追求纂修独立性之意。推重韩杜，则反映了宋人的普遍看法。

朱熹的回忆正好与此相互弥补："伯恭《文鉴》，有正编其文理之佳者；有其文且如此，而众人以为佳者；有其文虽不甚佳，而其人贤名微，恐其泯没，亦编其一二篇者；有文虽不佳，而理可取者。凡五例，先生云已亡一例。"② 朱熹提到了入选的四条准则，其中文理俱佳，洵乎名作，这是选文的理想状态，可以看作最高标准。其他如舆论认可、以人存文、以理存文，都反映了面对具体作品时所做出的取舍。综合两人所论，所谓五条凡例，虽不中大致也不会偏差太多。

确立编纂准则之后，吕祖谦全力以赴，充分利用当时的最佳图书收藏资源，"尽取秘府及士大夫所藏本朝诸家文集，旁求传记他书，悉行编类"，③ 完成了一代文集编选工作。在编选标准的确立、选源的蒐讨、文类的析分、选篇的择定、压卷的揭橥、内容的权衡诸方面，都体现出吕祖谦文献编类之学的精详惬当。《宋文海》终被替代，"《文鉴》行而是书遂晦"，④ 市场与文化的无声选择，为这一超越提供了最好的注脚。

---

① （宋）吕乔年：《太史成公编〈皇朝文鉴〉始末》，载《宋文鉴》，中华书局2018年版，第2118页。
② （宋）朱熹：《朱子语类》卷一百二十二，中华书局1986年版，第2954页。
③ （宋）李心传：《建炎以来朝野杂记》乙集卷五《文鉴》，中华书局2000年版，第596页。
④ 《新雕圣宋文海残本六卷》解题，《爱日精庐藏书志》卷三十五，上海古籍出版社2014年版，第713页。

三　政治的两极：攻讦与谀颂

《宋文鉴》的编纂用时不到一年，至淳熙五年（1178）十月编纂告成，吕祖谦却迁延应对，不见起始的风发踔厉。经孝宗催促而不得不上进之后，吕祖谦就不由自主地陷入政治旋涡。事情的发展有悖初衷，吕祖谦渐渐意兴阑珊。个中心曲，吕祖谦向前辈至交李焘进行了倾诉："《文海》奏篇，异数便蕃。一时纷纷，盖因忿激而展转至此。病中唯静审以处之而已。其始亦未欲以闻，盖累有宣谕，故不敢缓也。"① 作为朝官的吕祖谦，敏锐地觉察到政治气候的潜变，却难以置身事外，一代之书的编选也由此带有更多政治意味。

围绕《宋文鉴》奏进而引起的风波，可以分为三个阶段：封还词头、赐名作序及近臣密告。其间层折往复，既有初始的小折其锋，继有中间的峰回路转，最终仍以官方冷遇收场。孝宗对此书具有异于寻常的兴趣，吕乔年以家族亲闻之便，对此有生动的记述："一日，因王公奏事，问曰：'闻吕某得末疾，朕固忧其太肥。向令其编《文海》，今已成否？'王公对曰：'吕某虽病，此书编类极精，缮写将毕，方欲缴进，适值有疾，故未果。'上甚喜，曰：'朕欲见诸臣奏议，庶有益于治道。卿可谕令进来。'王公即使其从具宣圣谕。久之，乃以其书缴申三省投进。书既奏御，上复谕辅臣曰：'朕尝观其奏议，甚有益治道，当与恩数。又闻其因此成病，朕当从内府厚锡之。'已而降旨，吕某编类《文海》，采摭精详，与除直秘阁。又宣赐银绢三百疋两。"② 具见孝宗对此书其实甚为满意，对于奏议则尤为欣赏，于是对"因此成病"的吕祖谦进行了破格的赏赐。

不过此举遭到了中书舍人陈骙的反对，他认为以修书而获授馆职是过于优遇，于是利用当直起草制诰的权责，封还词头不予配合。陈骙事先知会了时任右丞相的赵雄，尽管赵雄不认可他的意图，但陈骙坚守己

---

① （宋）吕祖谦：《与李侍郎》，载《吕祖谦全集》第一册，浙江古籍出版社2008年版，第703页。
② （宋）吕乔年：《太史成公编〈皇朝文鉴〉始末》，载《宋文鉴》，中华书局2018年版，第2117页。

见。陈骙拒绝草制，最终引发了孝宗的直接干预，二月七日辅臣奏事之际，孝宗亲自批示："馆阁之职，文史为先。祖谦所进《文海》，采取精详，有益治道，故以宠之，可即命词。"[1] 至此陈骙已别无选择，于是起草制词。制语虽貌似引用孝宗批旨而加褒奖，但"行之不诬""人斯无议"等语，借规切之词却暗含讥讽，实即"假王言以寓诬诋"。当然此举终属于事无补，"公辞免职名至再，竟不允，乃拜命"。[2] 孝宗仍以直秘阁的帖职，对吕祖谦特示恩数。

此事既定，孝宗下旨命周必大为此书作序。[3] 四月辛卯（三日），序文上进。[4] 此文谓文辞盛衰与政治道德相表里，有强烈的尊宋意识，大张"我宋之文"，突出宋代文章之盛远胜前朝，甚至称颂"皇帝陛下天纵将圣如夫子，焕乎文章如帝尧"，[5] 是一篇典型的润色宏业、铺张盛世之作。孝宗自然很满意，十天之后，周必大特转一官。[6] 而此时吕祖谦已经得祠东下，回到婺州了。[7]

赐名撰序之后，《宋文鉴》正待"下国子监板行"，[8] 却又忽起波澜。这次是出于密奏，"会有近臣密启，云所载臣僚奏议有诋及祖宗政事者，不可示后世"。[9] 孝宗最看重此书的就是具有鉴戒作用的奏疏，密奏指责"所载章疏皆指祖宗过举，尤非所宜。于是上亦以为邹浩《谏立刘后疏》语讦，别命他官有所修定"。[10] 废孟后、立刘后是哲宗亲

---

[1] （宋）李心传：《建炎以来朝野杂记》乙集卷五《文鉴》，中华书局2000年版，第596页。
[2] （宋）吕祖谦：《东莱吕太史文集附录·年谱》，载《吕祖谦全集》第一册，浙江古籍出版社2008年版，第748页。
[3] 《年谱》淳熙六年："二月丙午（十八日），得旨撰《文鉴序》。"见《周必大全集》卷首，第26页。
[4] 《年谱》淳熙六年，《周必大全集》卷首，四川大学出版社2017年版，第26页。
[5] （宋）吕祖谦：《皇朝文鉴序》，载《宋文鉴》卷首，中华书局2018年版，第1页。
[6] 《年谱》淳熙六年："辛丑（十三日），转中大夫"，见《周必大全集》卷首，第26页。
[7] 《年谱》淳熙六年："四月七日，买舟东归。十三日，至婺。"《吕祖谦全集》第一册，第748页。
[8] （宋）吕乔年：《太史成公编〈皇朝文鉴〉始末》，载《宋文鉴》，中华书局2018年版，第2118页。
[9] （宋）李心传：《建炎以来朝野杂记》乙集卷五《文鉴》，中华书局2000年版，第597页。
[10] （宋）吕乔年：《太史成公编〈皇朝文鉴〉始末》，载《宋文鉴》，中华书局2018年版，第2118页。

第四章 真味愈在：包蕴情理的宋代诗文之韵

政时期重要政治事件，邹浩之疏风节凛然，切直无忌，在当时影响极大，不过孝宗还是命令崔敦诗进行修改。崔敦诗所作只是部分修订，对于邹浩文字的处理，尤其值得关注："至如名在当世，号称直臣，言虽有疑不可登载，亦不可无，聊以备一人之作，如邹浩之类是也"，① 则崔敦诗并未投鼠忌器，将邹浩文字删尽了事，而仍旧坚持以人存文。

事情并未随着崔敦诗删定上呈而结束，因为对《宋文鉴》的攻击还包含了其他作品，据说"有媢者密奏云：'《文鉴》所取之诗，多言田里疾苦之事，是乃借旧作以刺今。'"②《孝宗实录》相关记述可作补充，"及书成，前辈名人之文搜罗殆尽，有通经而不能文词者亦以表奏厕其间，以自矜党同伐异之功，荐绅公论皆疾之"。李心传指出："史臣所谓通经不能文词，盖指伊川也。时侂胄方以道学为禁，故诋伯恭如此，而牵联及于伊川。"③ 比合而观，可知对《宋文鉴》选文的指斥，既重点指向奏疏，又包含了诗歌，同时道学家身份也给程颐的入选带来质疑。其实所选程颐之文不限于表奏，奏疏6篇，序3篇，论1篇，说1篇，书2篇，启2篇，策问、祭文、行状、墓表、传各1篇，计有20篇，不算太少。所选多为述学之文，体现了吕祖谦对"文"的独立识见。而"能文词"的要求流于形式，表明攻击者其实并不了解吕祖谦编纂的主旨。李心传认为这一指责的书写方式还与《孝宗实录》成书的宁宗时期政治风向有关，此时韩侂胄实行党禁，道学被斥为伪学，于是道学家的选文问题被放大。正像朱熹所说的那样，"吕丈编奏议，为台谏所怀挟"，④ 本应顺理成章的《宋文鉴》刊版，最终却是不了了之。

对于这一纷争，不妨回看吕祖谦本人所作"因忿激而展转至此"

---

① 《进重删定吕祖谦所编〈文鉴〉劄子》，崔敦礼《宫教集》卷五，四库本。按崔敦诗为崔敦礼之弟，四库所收《宫教集》系《永乐大典》辑佚本，提要指出劄子或为《大典》误题，或为敦礼代作。故将之视为崔敦诗作品，亦无不可。
② （宋）吕乔年：《太史成公编〈皇朝文鉴〉始末》，载《宋文鉴》，中华书局2018年版，第2118页。
③ （宋）李心传：《建炎以来朝野杂记》乙集卷五《文鉴》，中华书局2000年版，第597页。
④ 《朱子语类》卷一百二十二，《朱子全书》本，上海古籍出版社、安徽教育出版社2002年版，第18册，第3857页。

的定性，如果能够结合孝宗时期的政治生态，对之当能形成更全面的认识。淳熙之后，孝宗即位已逾十年，政权运作日益得心应手。崇尚"乾纲独运"，重用近习，以内批来进行人事任免，成为孝宗惯用的平衡外廷权力的工具，而这也渐渐引起了有识臣僚的不满。

淳熙四年（1177）终于发生了反近习的标志性事件。五月二十五日，"谢廓然赐出身，除殿中侍御史。廓然之命自中出，中书舍人林光朝不肯书黄"。① 林光朝甘犯雷霆之威，却并未促使孝宗收回这一"轻台谏、羞科目"的任命，② 因为谢廓然得到了强力支持，"廓然，附曾觌者也"，③ 而曾觌为孝宗潜邸旧人，是恃宠弄权的近习代表。实际上孝宗任用谢廓然并非简单因其投身曾觌，亦有平衡牵制外廷权力之虑，故周必大看出"上用廓然，意固有在"。④ 林光朝很快外放，谢廓然知恩图报，连章弹劾拂逆曾觌私愿、折辱其从官的参知政事龚茂良，使其落职南窜，贬卒英州。

事虽不济，但林光朝的抗章举动一时震动朝野，士气大振。吕祖谦作为林光朝好友，不禁大喜过望，此时他还朝不过半年有余，对于政治走向还带有谨慎乐观。在接下来的轮对中，吕祖谦经过深思熟虑，终于向孝宗郑重提出了专断与近习问题。在委婉指明近习扰政已端倪渐显之后，吕祖谦提出了忠告。孝宗显然深信自己的驾驭能力，对近习之弊不以为意。倒是谢廓然攻击龚茂良结党，引起了他的警惕。⑤ 相对于自幼陪伴自己的内侍近臣，孝宗更担心的是外廷士大夫。

以吕祖谦一门四相、七世簪缨的显赫家世与其本人的博综通达、宽厚恭谨，他身上无疑承载了相当多来自朝野上下的期待。而他先后于乾道八年（1172）与淳熙五年（1178）为省试、殿试考官，更扩大了他的文化影响。吕祖谦与张栻、朱熹、陆九渊、薛季宣、陈傅良、陈亮、

---

① （宋）留正等撰：《皇宋中兴两朝圣政》卷五十五，清嘉庆宛委别藏本。
② 《宋史》卷四百三十三《林光朝列传》，中华书局1985年版，第12863页。
③ 《宋史》卷三百八十五《龚茂良列传》，中华书局1985年版，第11845页。
④ 《三省密院覆奏朝殿所得旨》，载《周必大全集》卷一八一，第1707页。
⑤ （清）毕沅撰：《续资治通鉴》卷一百四十五，淳熙四年六月，中华书局1957年版，第3884页。

周必大等人的密切交往，都显示了他在当时已隐然具有的思想领袖地位。淳熙入朝，尤荷众望："吕伯恭在馆中，人谓且入西掖、北门矣。"① 出于相近的学术思想与政治主张，朝中的理学人士也渐有形成松散群体之势。②

从吕祖谦多次与朱熹、潘景宪书信谈及等待轮对来看，他对于劄子内容是有充分准备的。来自孝宗的实际回应未免令人失望，甚至引起了远在静江府的张栻关注："伯恭既已转对，恐当为去就计。近见台臣论程学云云，如伯恭在彼，尤不应恝然也。"③ 他与朱熹所谈论的台臣攻击程学，正是淳熙五年（1178）正月的事情，"侍御史谢廓然乞戒有司，毋以程颐、王安石之说取士"，④ 得到了孝宗首肯。谢廓然将程学与新学相提并论，禁止科举以其学说取士，貌似平允，但以此时新学备受弹压的际遇可知，谢廓然对程学实为肆然攻击。此后赵彦中、郑丙、陈贾、林栗等人变本加厉，终于激成韩侂胄当权之际的道学之禁。正像王夫之慨然指出的那样，以道学为名而蠹君害士，"谢廓然之倡之也"。⑤

也就在此稍后的二月，发生了陈骙缴还词头事件。陈骙早年本有论事不忌的直声，曾经是反对外戚张说干政的有力一员。而此时对吕祖谦不满，理由是帖职的除命过于优厚。反外戚与驳帖职孰轻孰重是不言可喻的，抵制权势逼人的张说时尚凛然不惧，而此时却要事先知会赵雄，不免耐人寻味。吕祖谦修书有功，与除馆职本属与身份、职任相匹配的举动。陈骙"再上缴章"的举措有借题发挥之嫌，所以孝宗"皆留中

---

① （宋）王炎：《送相士张舜举序》，载《双溪类稿》卷二十四，景印《文渊阁四库全书》本，台湾商务印书馆1986年版，第1155册，第705c页。

② 理学、道学及宋学诸概念由于外延的宽狭不同以及内涵的部分交叉，颇易致混淆。本书对于宋代所兴起的有别于汉唐训注解经方式、强调理性思辨、主于辨伪疑难的儒学思潮，多用理学一词。而对于程朱一系重视理论体系建构、偏于内圣、强调传承派系脉络且带有较强理论排他性的儒学思潮则使用道学一词。在南宋特定的语境中，道学因贴上党派攻评标签而往往带有贬义色彩。

③ （宋）张栻：《答朱元晦》，载《张栻集》卷二十四，中华书局2015年版，第1123页。

④ 《宋史》卷三十五《孝宗三》，中华书局1985年版，第667页。

⑤ （明）王夫之：《宋论》卷十三，中华书局1964年版，第227页。

不行"，① 坚持了除命。

最终陈骙借起草制词暗寓贬词而发泄了不满情绪，这并非光明正大之举，却也反映了其时的政治氛围。自谢廓然出任台官以来，理学人士与近习之间的关系日趋紧张，多人开始不安于朝。继林光朝斥外后，吕祖谦的好友陈傅良也因为"浸有相嫉者"，渐渐感受到压力，开始寻求外任。吕祖谦加以慰留，"吕公祖谦方在三馆，谓公曰：'盍少留？'公曰：'出处之义，不敢不谨其始也。'"陈傅良于是在淳熙五年（1178）十月，"添差通判福州"。② 同时外任的还有石斗文，他激切反对近习用事，曾抨击朝廷"创开便门，不知便门之私，乃复滋甚"。③ 当此之际，吕祖谦不免落寞，他将近况告诉陈亮："朋游散落，益复鲜况。适当天民、君举相继引去之后，又不欲成群队，只得痴坐静待而已。"④ 虽然对朝政仍有谨慎观察的期待，但绝去"群队"之迹，已可说明他颇为警惕了。

陈骙的政治立场虽然因文献散佚的原因而不够清晰，但是从宋人沧州樵叟《庆元党禁》对他此后深交韩侂胄、排挤理学有力支持者赵汝愚的特笔描写来看，他对理学人士并无多少好感是显而易见的。陈骙排击吕祖谦，可以看作他对政坛风向的一次试探。需要特别一提的是，陈骙与谢廓然属于乡党，两人都是台州临海人。

其实这一时期周必大同样不安于位。淳熙五年（1178）正月，周必大连上《乞郡劄子》《再乞外任劄子》，未获允。五月请对之际丐外。闰六月因"微闻言官谢廓然相忌"，十四日上《再乞去札子》。七月复有《第三乞外劄子》。急切求去的原因，则是对近习纠结台谏排挤士大夫的不安："会谏议大夫谢廓然乞令朝士久次者听更迭补外。于是吏部

---

① （宋）吕乔年：《太史成公编〈皇朝文鉴〉始末》，载《宋文鉴》，中华书局2018年版，第2117页。
② （清）孙锵鸣：《陈文节公年谱》，载《孙锵鸣集》，上海社会科学院出版社2003年版，第545页。
③ （明）徐象梅：《两浙名贤录》卷二十三《枢密院编修石天民斗文》，明天启刻本。
④ （宋）吕祖谦：《与陈同甫》，载《吕祖谦全集》第一册（别集卷十），浙江古籍出版社2008年版，第475页。

尚书韩元吉、侍郎李椿相继得请。或谓臣污朝最久，廓然未必不相及。"① 此后周必大改变策略，请求祠禄，由于孝宗坚决不允方才作罢。吕祖谦对这一切变动深为关切，他告诉外任常德的李焘："周丈自春来请去之章已四上。李寿翁亦以病告经月。陈能之入史院一日即得眩晕之疾，迨今未平。大抵目前善类或去或病，悒悒殊鲜况也。"② 从他将周必大、李椿与陈举善合称为"善类"来看，这一松散的同人共同体是隐然存在的。而求去中的周必大，也表现出对吕祖谦的汲引。孝宗以为周必大乞外有翰苑职事繁剧的原因，提出召人与之分力，"因问吕祖谦能文否，公奏：'祖谦不但能文，极知典故。翰苑须常用有学问之人，乃为有补。'"③ 当然这一举荐恐怕也带有副作用，吕祖谦仕宦前途看好，对于"媢者"来说并不是好消息，只会成为密奏攻讦的催化剂。

密奏者究竟是谁？由于《宋文鉴》其时并未刊行，能知悉其书详细情况的人是很有限的。有则宋人记事提出，"东莱修《文鉴》成，独进一本于上前。满朝皆未得见，惟大珰甘昺有之，公论颇不与"。④ 颇有指责吕祖谦将《宋文鉴》呈送一套给甘昺之意，这当然不会是事实，但这一谣传提示了重要信息：除了孝宗之外，最可能知晓此书情况的就是日常侍卫皇帝的近习了。文中所说的甘昺在此后的宁宗过寿康宫事件中曾发挥重要作用，贵宠一时。其兄甘昪是孝宗亲信，早在乾道年间就已权势煊赫，故甘昺确实具备接触到《宋文鉴》的可能。更重要的是，"时曾觌以使弼领京祠，王抃以知合门兼枢密都承旨，昪为入内押班。相与盘结，士大夫无耻者争附之"，⑤ 是淳熙时期近习用事的标志性事件。在近习与外廷士大夫对立之势渐成的情况下，以《宋文鉴》录文

---

① （宋）周必大：《御批丐祠不允奏并诏书跋》，载《周必大全集》卷一四，四川大学出版社2017年版，第117页。
② （宋）吕祖谦：《与李侍郎》，载《吕祖谦全集》第一册，第700页。
③ 《行状》，《周必大全集》附录卷三，第1924页。
④ （宋）张端义：《贵耳集》卷上，景印《文渊阁四库全书》本，台湾商务印书馆1986年版，第865册，第416c页。
⑤ 《宋史》卷四百六十九《甘昪列传》，中华书局1985年版，第13673页。

偏颇为借口，假手台谏肆加攻击，应不违背事件的发展逻辑。

即使是暂获安定的周必大也不得不改变此前的立场，向现实政治的压力妥协。他对孝宗宠任曾觌的态度趋向圆滑，① 这是周必大"政治成熟"的表现，为他此后的通达宦途铺平了道路，他与理学人士的关系也渐由亲近趋向分离。周必大应制草就的《皇朝文鉴序》，更属于典型的润色皇猷性质文字，难辞谀颂之嫌。当序文寄达婺州时，吕祖谦以冷处理的方式含蓄表明了自己的态度。而后来叶适对于其中"建隆、雍熙之间其文伟，咸平、景德之际其文博，天圣、明道之辞古，熙宁、元祐之辞达"尤其不满，认为这忽视了文学发展的不平衡性阶段特征，拔高了宋初文辞的实际成绩，有违常识。

其实无论是攻讦还是谀颂，两种悖反行为的背后，同样缺失的都是对《宋文鉴》本身价值的关注。一代之书沦为政治工具，意味着其学术独立品格的缺位，这与吕祖谦的初衷构成了巨大反差。笔者倾向于将围绕编刊而产生的争议，纳入政治史视野加以解读，将之视作逐渐获得经典阐释话语权的理学人士与代表皇权的近习势力的一次初步角力。虽然理学群体渐次积聚，但在政治诉求上只能说具有松散的近似性，而难以形成致密的统一体，尚不具备政敌所惯斥的"朋党"特征。特别是隐具思想领袖地位的吕祖谦借身体原因退出纷争，并从此别离政坛，更使两者间的张力骤然消于无形。十多年后当朱熹成为理学群体的核心之际，由于处事方法、个人性格以及政坛人脉的差异，双方力量的对立陡然鲜明，而编刊事件只能算是后此对立的萌蘖形态，纷争或不妨被视作远更矫激的庆元党禁的一次较小范围、极低烈度预演。当叶适指责"此序无一词不谄，尚何望其开广德意哉！盖此书以序而晦，不以序而显，学者宜审观也"，② 虽不无慨乎言之的意味，但他对序文矮化《宋文鉴》学术性的指认，无疑深刻而又敏锐。

---

① 《宋史》卷四百七十《曾觌列传》，第 13691 页。
② （宋）叶适：《习学记言序目》卷四十七《皇朝文鉴一·周必大序》，中华书局 1977 年版，第 696 页。

四　文与理：理学家的分合

《宋文鉴》的编刊引起政治纷争或尚能理解，但在理学同人之间，也同样激起不同意见，这多少有点出人意料。刘克庄就已注意到这一内部分歧："本朝文治虽盛，诸老先生率崇性理、卑艺文。朱主程而抑苏，吕氏《文鉴》去取多朱氏意；水心叶氏又谓'洛学兴而文字坏'。二论相反，后学殆不知所适从矣。"[①] 他观察到理学家在因应性理与文章之间张力时所持有的不同态度，并以文与理的对立来阐释这一矛盾。刘克庄称赏东莱门人楼昉的《崇古文诀》"尚欧曾而并取伊洛"，期待它"与《文鉴》并行"。这启发我们思考，属于文集的《宋文鉴》如何处理文与理的关系？在作为吕氏朋友的理学家的思维世界里，《宋文鉴》究竟呈现出什么样的面相？

伴随道学的兴起，文与理的对立在北宋中期变得显豁。吕祖谦是南宋具有兼包并蓄色彩的思想家，以其为代表的浙东学人对此却有独绝的认识："自元祐后，谈理者祖程，论文者宗苏，而理与文分为二。吕公病其然，思会融之，故吕公之文早葩而晚实。逮至叶公，穷高极深，精妙卓特，备天地之奇变而只字半简无虚设者。寿老一见，亦奋跃策而追之几及焉。"[②] 在吴子良梳理出的脉络中，吕祖谦、叶适、陈耆卿，当然也还包括他自己，都明确意识到文、理割裂之弊，而刻意强调文理会融。他们文辞高妙，自然在性理的成就上也相应不俗。东莱一系的主张是会融文、理。道学家素倡文以载道，甚者有"作文害道"的极端言论，具二元工具论迹象。会融文、理则强调会一归同，文章即为性理，性理在本质上与文章无异。二者的关系接近内容与形式，理居于优势地位，文则辅理而行。然两者为辩证统一体，离则两伤。吕氏弥合分裂的主旨，大概不离于此。正因为吕氏会融文、理的主张，文在浙东一系学术话语体系中的内涵及地位，也与道学家所轻视的文辞区别明显。而吕祖谦编修《宋文鉴》，性质上亦非仅是文学的选录与编排，更带有文理

[①]（宋）刘克庄：《刘克庄集笺校》卷九六《迂斋标注古文》，中华书局2011年版，第4049页。
[②]（宋）吴子良：《赤城集》卷十七《筼窗续集序》，明弘治十年刻本，第19页。

会融的学术特征。

东莱友人对《宋文鉴》的编纂一直较为关心。淳熙五年（1178）冬天，陈亮还向他打探："《文海》已编成未？"①而张栻在得知吕祖谦因劳成疾后，在致朱熹的一封书信中，此事竟占据了全部篇幅："伯恭近遣人送药与之，未回。渠爱敝精神于闲文字中，徒自损何益？如编《文海》，何补于治道？何补于后学？徒使精力困于翻阅，亦可怜耳。承当编此文字，亦非所以承君德。今病既退，当专意存养，此非特是养病之方也。"②张栻为吕祖谦开出了"存养"的药方，既是对其身体病弱的关切，又是对之专心向道的劝诫。《宋文鉴》的价值，在张栻看来只是"闲文字"，这当然是崇理抑文的理学式偏见。

朱熹的情况则要复杂得多，这位宋代文学成就很高的道学家，就编书一事与吕祖谦保持了密集的沟通，两人文集中现存就有八封书信讨论及此。他的关注点集中于义理，文辞居于从属地位。他晚年告诉学生："伯恭《文鉴》去取之文，若某平时看不熟者，也不敢断他。有数般皆某熟读底，今拣得也无巴鼻。如诗好底都不在上面，却载那衰飒底。把作好句法，又无好句法；把作好意思，又无好意思；把作劝戒，又无劝戒。"这与信中所说相似而更显豁，即以为选目不佳，而诗歌尤其不入人意，内容、形式、讽劝，尽显不足。另有学生记录，则称"伯恭《文鉴》去取，未足为定论"。结合其他所述，如"东莱《文鉴》编得泛，然亦见得近代之文""伯恭所编奏议，皆优柔和缓者，亦未为全是"，③可见朱熹对《宋文鉴》最终呈现的选文标准不太认同。所谓泛、和缓，都指向选文的经典性，也即不符合朱熹首讲义理的要求。因而刘克庄所说的"朱主程而抑苏，吕氏《文鉴》去取多朱氏意"，只能是部分正确。朱熹确实在编选标准方面提供了有价值的建议，但在篇目甄别上吕祖谦其实与朱熹分歧甚大，苏轼的诗文在《宋文鉴》中是入选数量最

---

① （宋）陈亮：《与吕伯恭正字》，载《陈亮集》（增订本）卷二十七，河北教育出版社2003年版，第256页。

② （宋）张栻：《答朱元晦》，载《张栻集》卷二十四，中华书局2015年版，第1132页。

③ （宋）朱熹：《朱子语类》卷一百二十二，《朱子全书》本，上海古籍出版社、安徽教育出版社2002年版，第18册，第3857页。

第四章 真味愈在:包蕴情理的宋代诗文之韵

多的,即是显证。

对《宋文鉴》作出全面评述的,当属吕氏门人叶适。由于亲承诲论,叶适对于此书的主旨,甚至个别篇目入选的用意,都有切至的体会。他根据昔日所闻,加以自家领悟,在《习学记言序目》中对《宋文鉴》进行了逐篇析论,认为此书"因文示义,不徒以文,余所谓必约而归于正道者千余数,盖一代之统纪略具焉"。[1] 契合吕祖谦合周程、欧苏之裂的会融主张,也体现了修成"一代之书"的学术期待。叶适强调此书"欲约一代治体归之于道,而不以区区虚文为主"。[2] 这是大判断,包蕴丰富。作为政治理想的上古时期,文、理会一,文与道俱。后世共推汉唐治绩可观,但既已不能尊道,文又与理乖舛。选家赞赏的司马迁、韩愈,只能算是以文称雄。《宋文鉴》的学术理想,是通过别择合乎准则的"文"以合于道,从而为一代政治提供范式。

自内在学理而言,吕祖谦、叶适一系的浙东理学家,对文与理的认识一脉相承,而与道学家保持了距离。文理会融的主张,在浙东学术中不断张大,至元明之际,终于通过《元史》的修纂而成为思想主流。《元史》将文苑传并入儒林,昌言"经艺、文章,不可分而为二也明矣",[3] 不失为吕、叶学术思想的后世知音。《宋文鉴》在理学人士中引起分歧,是南宋时期学术争鸣之际浙东一系主张尚未取得共识的表现。在叶适积十六年劬劳而成的《习学记言序目》五十卷中,凡经十四卷,诸子七卷,史二十五卷,而以《宋文鉴》收束全书,独占四卷,且《宋文鉴》是唯一的集部作品,也是叶适唯一论评的宋人著述。叶适高自赏誉的,"独吕氏《文鉴》去取最为有意,止百五十卷,得繁简之中,鲜遗落之憾",[4] 盖有深意存焉。

---

[1] (宋)叶适:《习学记言序目》卷五十《皇朝文鉴四·总论》,中华书局1977年版,第755—756页。
[2] (宋)叶适:《习学记言序目》卷四十七《皇朝文鉴一·周必大序》,中华书局1977年版,第695页。
[3] (明)宋濂等:《元史》卷一百八十九《儒学传序》,中华书局1976年版,第4313页。
[4] (宋)叶适:《习学记言序目》卷三十七《隋书二》,中华书局1977年版,第547页。

五　余论

论及吕祖谦的学术成就，学界多以"得中原文献之传"誉许之。此说虽凸显了吕祖谦的学术地位与渊源，却往往忽视吕氏慨然以中原文献自任的担当与勇气。《宋文鉴》的编纂写校，即为这一文化精神的突出写照。吕祖谦承命不辞，以积极主动姿态介入，体现了铨择一代文献的使命意识。通过对文理会融的引接，《宋文鉴》试图将文章与学术、政治理想统合起来，以获得文与理的平衡。这是对北宋中期以来理学诸家兴起时学术和鸣状况的复归，而寻取文章与科举的平衡成为他们特别留意的途径。

宋代科举考试的科目，包含考查经学知识的经义、评估文学水平的诗赋以及衡量政治与历史能力的策论。这三方面内容正好构成了理想型士大夫的完备知识素养。南宋浙东一系理学人士与科举的密切关联，与道学人士的鄙弃态度形成了鲜明对照。吕祖谦甚至将应举与读书打通，他曾表示："人能以应科举之心读书，则书不可胜用矣，此无他，以实心观之也。"① 而朱熹对于吕氏"留意科举文字之久"的不满，② 早为大家所熟知。在《宋文鉴》中，吕氏特别选录了属于科举时文范畴的律赋、论、策、制策、经义及策问，更展示了别具只眼的识力。

浙东一系对于史学的推重，尤其与道学家凿枘不合。浙东士人所见宽宏，史学、制度及至现实世界中的各专门分野，无不可纳入"理"来认知，故其所倡文理会融之说，实将文章、政治与思维规律绾合为一，其学术带有强烈的现实性。《宋文鉴》选录反映政治生态的奏疏、田里疾苦的诗作，是"理"对于政治生活的深度关切与介入，也是其"文章"内涵的丰富性体现，与道学家重视"理"之理性超越路径不同。浙东士人所表现出的博物倾向、知识考古特征，也不妨向此溯源。

---

① （宋）吕祖谦：《丽泽论说集录》卷十，《吕祖谦全集》第二册，浙江古籍出版社2008年版，第255页。

② （宋）朱熹：《与张敬夫》，《晦庵先生朱文公文集》卷三十一，《朱子全书》木，上海古籍出版社、安徽教育出版社2002年版，第21册，第1334页。

邓广铭早就提出："文学、史学方是浙东各家学术的汇流之地，也即是浙东学术的主流所在"，"若作为一个整体而看浙东之学，则正是熔铸性理、经制、文史三方面的学问于一炉之内的"。[①] 蒙文通也主张："北宋之学，洛、蜀、新三派鼎立，浙东史学主义理、重制度，疑其来源即合北宋三派以冶于一炉者也。"他还进一步阐释了浙东一系"文章"的含义与学术渊源："浙东之文章本之经史，以义理、考证润饰辞翰，其末流亦大率如此，倘本之蜀者，尤多合北宋三派以为一者也。"[②] 这种大判断与吕氏欲合周程、欧苏之裂的努力正相吻合。故而若将《宋文鉴》单纯视为断代文学总集，无疑是对吕氏学术思想的弱化。此书价值不应局限于文学领域之内，它同时也是全面了解与诠释以吕祖谦为代表的南宋浙东学人学术思想的良好载体。叶适所说的"后有欲明吕氏之学者，宜于此求之矣"，[③] 真可谓深入腠理的知音赏会之论。

第四节　存史撷英：历代宋诗选本论略

宋诗和唐诗是中国古典诗歌的两大范型，宋诗之韵与唐诗之韵，如同春花秋月，各擅其场。选本是古代文学一种重要的传播载体和批评方式，展示了作品跨越时代的感染力和影响力。自唐以后，唐诗选本的编选和刊刻连绵不绝，数量浩若繁星，宋诗选本的编刻虽然没有唐诗选本这么繁荣，但数量亦相当可观，同样是古代诗歌研究一个不可忽视的领域。宋诗选本的发展经历了宋元、明、清三个不同阶段，各阶段都有其不同的特点，在诗学史上的地位和影响亦各不相同，本节主要从文献编纂和诗学演进两个方面略作阐析。

---

① 邓广铭：《浙东学派探源》（1935年8月29日），载《邓广铭全集》第十卷，河北教育出版社2005年版，第27—28页。

② 蒙文通：《致柳翼谋（诒徵）先生书》（1935年9月），载《蒙文通文集》第三卷《经史抉原》，巴蜀书社1995年版，第414—415页。

③ （宋）叶适：《习学记言序目》卷五十《皇朝文鉴四·总论》，中华书局1977年版，第756页。

一　宋元：宋诗文献的初步整理与审美特征的总结

宋元时期大部分宋诗选本，其编纂处于宋诗演进的历程上，故在诗学史上占有非常特殊的地位。这一时期的宋诗选本可考者约有十六种，分为：

> 杨亿《西昆酬唱集》、陈充《九僧诗集》、佚名《江西宗派诗集》、叶适《四灵诗》、陈起《江湖集》、曾慥《皇宋百家诗选》、郑景龙《续百家诗选》、刘克庄《本朝五七言绝句》《中兴五七言绝句》《分门纂类唐宋时贤千家诗选》、蔡正孙《唐宋千家联珠诗格》《诗林广记》、吴渭《月泉吟社》、方回《瀛奎律髓》、杜本《谷音》、金履祥《濂洛风雅》。

这些选本性质不一，在诗学史上的地位和影响亦多有差异，我们将之分为四类。第一类是基于流派总结而形成的宋诗选本。流派众多是宋代文学的重要特点，而选本成为流派互通声气、宣扬文学主张的一种重要方式，这也是宋代文学的新气象。宋人选宋诗与文学流派的联系，如《九僧诗集》之于宋初晚唐体，《西昆酬唱集》之于西昆体，《江西宗派诗集》之于江西诗派，《四灵诗》之于四灵诗派，《江湖集》之于江湖诗派，《月泉吟社》《谷音》之于遗民诗派，《濂洛风雅》之于理学诗派，等等。这些选本有一些是流派形成甚至消歇以后的总结，但也有一些成书于流派发展过程中，对流派的形成、影响的扩大，起了非常重要的作用，它们是宋诗形成演进中不可或缺的推动力量。如《西昆酬唱集》直接促成了宋初西昆体的盛行，欧阳修的《六一诗话》云："盖自杨刘唱和，《西昆集》行，后进学者争效之，风雅一变，谓'西昆体'。由是唐贤诸诗集几废而不行。"[①]"永嘉四灵"起，人竞效姚贾之体，亦源于叶适《四灵诗》的选编。赵汝回的《瓜庐集序》即言："水心先生

---

① （清）何文焕：《历代诗话》，中华书局1980年版，第266页。

既啧啧叹赏之，于是四灵之名，天下莫不闻。"[1] 而江湖诗派的形成，陈起《江湖集》的刊刻是最重要的纽带。叶茵《赠陈芸居》说："气貌老成闻见熟，江湖指作定南针。"[2] 称陈起是江湖诗派的"定南针"，实际上也就是说这一诗派主要是在《江湖集》的选编与刊刻基础上形成的。

第二类是基于整理一代文献而形成的宋诗选本。这类选本肇其始者是南宋初曾慥的《皇宋百家诗选》。经过近二百年的发展，至南宋初期，宋诗终于以一种独立的面目出现于诗坛，曾慥《皇宋百家诗选》立足于断代视野，第一次对宋诗进行了系统整理。该选本录寇准等二百家，仿王安石《唐百家诗选》不取杜、韩例，未选欧、王、苏、黄四大家诗。后人对此书褒贬不一，贬者谓之"识鉴不高，去取无法，为小传略无义类，议论亦凡鄙"[3]，褒者谓之"叙诸诗，词旨温丽，纪次详实，尊贤乐善，得诗人本意"。但无疑它对宋诗文献的保存起过非常重要的作用，所以，孙觌《与曾端伯书》说："宋兴二百年，宗公巨儒，骚人墨客，专门名家，大篇短章，或脍炙士大夫之口，或沦废于兵火，几亡而仅存，搜揽大略尽矣。"[4] 另外，这是一部具有江西诗派倾向的选本，这既是当时诗坛风气的反映，也体现出在经历元祐年间的诗歌高潮后，宋人在与唐诗的比较中已获得一定的自信。[5] 郑景龙后又编有《续百家诗选》，凡二十卷，补曾慥所遗漏，不过，其质量显然不如曾书，故《直斋书录解题》谓之"率略尤甚"[6]。

第三类专注于宋诗审美特征的梳理和总结，以方回《瀛奎律髓》最为典型。《瀛奎律髓》在宋诗学史上是一个非常重要的选本，其意义大概可从三个方面来看。首先，《瀛奎律髓》是第一个对宋诗的重视高过唐诗

---

[1] （宋）陈起：《江湖小集》卷七十三，《文渊阁四库全书》本，第1页b。
[2] （宋）陈起：《江湖小集》卷四十，《文渊阁四库全书》本，第6页b。
[3] （宋）陈振孙：《直斋书录解题》，上海古籍出版社1987年版，第447页。
[4] （宋）孙觌：《鸿庆居士集》卷十二，《文渊阁四库全书》本，第4页b、第1页b。
[5] 卞东波：《〈宋百家诗选〉考》，《中国诗学》第八辑，人民文学出版社2002年版，第191—198页。
[6] （宋）陈振孙：《直斋书录解题》，上海古籍出版社1987年版，第452页。

的选本,它选诗人380位,其中宋人217位,约占总数的57%,入选诗歌2992首,其中宋诗1765首,约占总数的59%。在选诗二十首以上的35位诗人中,唐人12位,宋人23位。[①] 其次,它以选本的形式,第一次对宋诗风格、体制、源流进行了系统的梳理,虽然其宗尚江西的立场有所偏至,某些判断亦不甚准确,但它对流派的界定、对流派自身的演变及不同流派之间的渊源递嬗关系的阐述,仍然有很高的学术价值,对后世发挥了非常重要的影响。所以,诋诃方回最甚的冯舒亦不得不承认:"此书于诗派甚明。"[②] 再次,方回以选本的形式揭示出宋诗平淡、生新、尚锻炼的艺术特征。以上三点对于后世尤其是清代诗学有很深的影响。

第四类是为初学而作的普及性宋诗选本。这主要出现于南宋后期,如刘克庄选《本朝五七言绝句》《中兴五七言绝句》,另外还有托名刘克庄的《分门纂类唐宋时贤千家诗选》。另外像一些诗话、诗格,其性质亦多有近于选本者,如蔡正孙《唐宋千家联珠诗格》和《诗林广记》等。这些选本皆为童蒙初学而作,但它们同样蕴含比较丰富的诗学信息。如这些选本都是唐宋合选,一定程度也说明编者对宋诗的自信。另外,这些选本都产生于南宋后期,选了比较多江湖诗派的作品,其他作品风格亦多近晚唐,这也正是当时诗坛创作风气的一种反映。

总之,宋元时期的宋诗选本在宋诗学史上占有非常重要的地位,首先,这些选本对宋诗作了初步整理,它们是后人了解、研习宋诗的重要文献;其次,《西昆酬唱集》《四灵诗》等选本直接参与并影响了宋代诗史的演进历程,对宋诗审美特征的形成起过重要的推动作用;再次,以《瀛奎律髓》为代表的宋诗选本对宋诗审美特征进行了初步总结,于后世亦影响至深。

二 明代宋诗选本的编纂

明代是一个唐诗的时代,宋诗的接受进入低潮,但是,宋诗选本的

[①] 莫砺锋:《从〈瀛奎律髓〉看方回的宋诗观》,《唐宋诗论稿》,辽海出版社2001年版,第542—562页。

[②] (元)方回:《瀛奎律髓汇评》卷五,李庆甲集评校点,上海古籍出版社2005年版,第1107页。

第四章 真味愈在：包蕴情理的宋代诗文之韵

编纂并没有因此完全沉寂，笔者调查统计得明人编宋诗选本约十五种，分别为：瞿佑《鼓吹续音》、杨廉《选注风雅源流》、符观《宋诗正体》、王萱《宋诗绝句选》、杨慎《宋诗选》、李蓘《宋艺圃集》、慎蒙《宋诗选》、陈光述《宋元诗选》、潘是仁《宋元名家诗集》、周诗雅《宋元诗选》、许学夷《宋三十家集》、曹学佺《石仓宋诗选》、朱华国《宋元诗选》、张可仕《宋元诗选》、周侯《宋元诗归》。

另明人还编有一些宋诗个人选本，如刘弘集注《苏诗摘律》，杨慎《苏黄诗髓》，沈白辑、陈鎏评《东坡诗选》，赵夔《王状元集注东坡律诗》，陈仁锡评《东坡先生集》，袁宏道选评、谭元春增删《东坡诗选》，张自烈评《和陶集》，张岱评《和陶集》，毛晋《苏子瞻诗》；诗文合选本则有李贽《坡仙集》、崔邦亮《宋苏文忠公集选》、陈梦槐《东坡集选》、阎士《黄楼集》、五行父《苏公寓黄集》、方介卿《苏文忠公寓惠集》、陈荣《苏文忠公居儋录》等[①]。另外，欧阳修、梅尧臣、朱熹的诗歌亦较受明人关注，如杨慎辑有《宛陵六一诗选》，吴讷辑有《晦庵诗抄》，等等。

前人所编宋诗总集，在明代亦多有得重刊者。比较频繁的是《宋文鉴》和《瀛奎律髓》，如《宋文鉴》可考者，即有天顺本、弘治补刊天顺本、正德本、嘉靖晋藩本、万历官版本、五经堂本、江苏局本、文林阁本等八种刊本；《瀛奎律髓》则有成化龙遵叙本和建阳本两种。另外，《西昆酬唱集》有嘉靖玩珠堂刻本，《南岳唱酬集》有天顺本和崇祯本两种。明末毛晋刊刻《诗词杂俎》，其中收入的宋诗选本有《月泉吟社》和《谷音》两种。而在此之前，《月泉吟社》曾于正统十年（1445）和嘉靖二十二年（1543）两次重刊，《谷音》亦有洪武张椠刻本和扬州府刻本两种。

从文献角度而言，明代宋诗选本可谓功过并存。一方面，明人轻视宋诗，致使宋诗文献大量散佚；另一方面，选本对宋诗的整理使得一些文献能够保存至今，功不可没。明代后期出现了一些规模较大的宋诗选

---

① 王友胜：《简论明代的苏诗选评》，《惠州学院学报》2002年第1期。

本，如李蓘《宋艺圃集》收诗291家凡2550首，潘是仁《宋元名家诗集》收宋代诗人26家，曹学佺《石仓宋诗选》收诗192家凡6717首。许多宋诗依靠它们才得以保存至今，譬如，清代所刻《四灵诗集》、鲍廷博知不足斋影写《南宋八家集》、嘉庆六年（1801）石门顾修重辑《南宋群贤小集》以及乐清郑见田息耒园刊《四灵诗集》、冒广生永嘉诗人祠堂丛刻《永嘉四灵诗集》等，皆源于潘是仁《宋元名家诗集》。清代四灵诗的又一版本是毛氏汲古阁影宋《四灵诗》，存诗虽较潘本为多，但仅存徐玑和徐照的诗，翁卷、赵师秀二人之诗，仍需根据潘刻。所以，潘是仁《宋元名家诗集》即使到现在，仍有非常重要的文献价值。明代宋诗选本也是清人编选宋诗的重要文献来源，这其中以《宋元名家诗集》和《石仓宋诗选》所起作用最大。如吕留良、吴之振、吴尔尧编纂《宋诗钞》，其中赵师秀《清苑斋诗钞》、翁卷《苇碧轩诗钞》、徐照《芳兰轩诗钞》、徐玑《二薇亭诗钞》、真山民《山民诗钞》、花蕊夫人《花蕊诗钞》，皆取自《宋元名家诗集》。陈焯《宋元诗会》选宋人诗，以取《石仓宋诗选》为最多，次为《宋诗钞》，再次即《宋元名家诗集》。吴绮《宋金元诗永》、顾贞观《积书岩宋诗删》、王史鉴《宋诗类选》亦多有承于曹、潘二选者。而范大士、王仲孺《历代诗发》的宋代部分，前八章取自《宋诗钞》，最后一章取自《宋金元诗永》，则亦间接接受《宋元名家诗集》和《石仓宋诗选》的影响。

但是，明代宋诗选本大都存在比较严重的文献缺陷，这既损害自身价值，也给后人尤其是清代宋诗选本带来不良影响。譬如，明代一些宋诗选本对诗人姓名、字号、生活年代的考证相对粗疏，致使出现相关错讹，或将一人析为二人，或杂入其他朝代的诗人，清代选本对此虽有所纠正，但还是沿袭了不少错误。如释德洪与释惠洪原为一人，《石仓宋诗选》却误作两人，《宋元诗会》《宋金元诗永》皆沿其误；致中为徐玑字，《石仓宋诗选》亦误作两人，《宋诗钞》徐玑小传有纠正，但《宋元诗会》《积书岩宋诗删》仍沿曹氏之误。再如，系诗错误、张冠李戴的现象在明代宋诗选本中亦复不少，清代选本深受其害，最典型的是苏舜钦《田家词》（南风霏霏麦花落），实为张耒《有感三首》中的第三首,《苏舜钦集》并未载此诗,将它误作苏诗始于李蕙《宋艺圃集》,此后如《石仓宋诗选》《宋诗钞》《宋金元诗永》《宋元诗会》《积书岩宋诗删》《宋诗善鸣集》《历代诗发》《御选宋诗》皆沿其误,谬种流传,以此为甚。

明代宋诗选本对清代选本最恶劣的影响是对原作的删改和漏抄。删改原作是古代选本的一种普遍现象,明代宋诗选本在这方面尤好师心自用,如《宋艺圃集》卷五范仲淹《和章岷从事斗茶歌》,李蕙注曰:"此篇中有四句欠佳者,今削之似愈。"又卷九欧阳修《哭圣俞》注亦云:"中削原本数句,觉胜。"① 这是明删,后人尚可据原集恢复原貌,但对于更多不加注明的暗删,则往往袭其误而不自知,如王安石《题南康晏使君望云亭》"望云才喜雨一犁",《石仓宋诗选》即不动声色地改作"望云才喜动春犁"。贺铸《丛台歌》最后几句原本为:"盘纡棘迳撩人衣,禾黍晚成貐貐肥。层檐碧瓦碎平地,梦作鸳鸯相伴飞。登临吊古将语谁,城郭人民今是非。指君看取故时物,南有清流西翠微。彷徨华表不忍去,岂独辽东丁令威。"《石仓宋诗选》大概觉得原作太过烦琐,不但大加删削,还调换了诗句次序,改作:"登临吊古将谁语,城郭人民今是非。层檐碧瓦碎平地,梦作鸳鸯相伴飞。"② 对于这两处删改,吴绮《宋金元诗选》都未作辨别地加以袭用。以上是有意的删改,明代宋诗选本还程度不同地存在出于疏忽和偷懒的漏抄情况,此以《石仓宋诗选》最为严重。以苏轼为例,《石仓宋诗选》卷一百五十三收苏轼诗凡163首,其中漏抄二句以上者就有29首,最多的如《与客游道场何山得鸟字》竟一下子漏抄了二十句。这显然不是编选者出于文学角度考虑的删削,而是抄书者偷懒所致。清代宋诗选本受此所欺,实在不少,如《宋元诗会》卷十三梅尧臣《寄题滁州亭》漏抄末八句,同卷王令《寄崔伯易》遗漏中间十八句,卷四十三叶适《宿石门》漏抄中间十四句,《陈同甫抱膝斋》漏末十二句,卷四十六刘宰《送友人归茅山》漏"万里端自兹"下四句,都是承《石仓宋诗选》而来。《宋

---

① (明)李蕙:《宋艺圃集》卷五、卷九,《文渊阁四库全书》本,第5页b、第16页a。
② (明)曹学佺:《石仓历代诗选》卷一四九,《文渊阁四库全书》本,第1页b。

金元诗永》卷四欧阳修《寿楼》漏最后六句,《鸭鹎词》漏最后两句,《忆焦坡》漏最后两句,也都是受了《石仓宋诗选》的影响。

三　宋诗选本与明代诗学

明代宋诗选本的诗学批评是围绕复古派全盘否定宋诗的偏激观点展开的,这种批评主要来自内外两个方面。在外,先有洪熙、成化年间以陈献章、庄昶为代表的性理诗派,继之为嘉靖年间以唐顺之、王慎中为代表的"唐宋派",后又有公安派、竟陵派;在内,则是来自复古派对自身诗学主张的检讨和纠偏,这种检讨和纠偏,一开始是杨慎、李蓘等复古派边缘人物的零敲碎打,但后来逐渐得到王世贞、胡应麟、李维桢等复古派中心人物的响应,从而在明末掀起一股编选宋诗的小高潮。性理诗派、唐宋派、公安派在诗学主张上都偏向于宋诗,但无论是宋诗选本的编纂数量和文献价值,还是对宋代诗史与美学特征的梳理,复古派的成就都要远远高过这些诗派,明代宋诗选本因而显现出极为独特的批评倾向。

明代复古派对待宋诗经历了一个从全盘否定到有条件接受的历程。复古派排斥宋诗,基于两点,第一,宋诗"主理",完全违背诗歌讲究"缘情绮靡"、比兴错杂的审美本质,如李梦阳《潜虬山人记》所说:"诗有七难,格古、调逸、气舒、句浑、音圆、思冲、情以发之,七者备,而后诗昌也。然非色非神,宋人遗兹,故曰无诗矣。"[①] 第二,取法乎上,强调创作典范选择的纯粹性。此点,从严羽开始,就极为强调,《沧浪诗话》谓:"学诗者以识为主,入门须正,立志须高,以汉魏晋盛唐为师,不作开元、天宝以下人物。若自退屈,即有下劣诗魔入其肺腑之间,由立志之不高也。行有未至,可加工力,路头一差,愈骛愈远,由入门之不正也。"[②] 宋人不仅作"宋诗",亦有作"唐诗"者,李梦阳、何景明叫人"不读唐以后书",不是不知道此点,只是为了保持创作典范的纯粹性,就不惜作过情之论了。

[①] （明）李梦阳:《空同集》卷四十八,《文渊阁四库全书》本,第14页b。
[②] （清）何文焕:《历代诗话》,中华书局1980年版,第687页。

第四章 真味愈在：包蕴情理的宋代诗文之韵

明代复古诗学的演进，是在坚持以"格调"为中心的基础上，越来越重视个人性情与才能。与此相适应，创作论上，由强调"拟议"趋向重视"悟入变化"；诗歌传统的接受，由重"雅"趋向重"博"，即由强调诗学典范的纯粹性转向强调博览古今，穷究正变；诗史论上，由"主正斥变"趋向"主正重变"。嘉、隆以后，复古派在审美类型上对宋诗作出否定的基本立场并没有改变，其对"变体"、宋诗的接受，主要源于诗歌传统接受观的松动。王世贞一改何、李对大历以后诗"洁癖"式的厌弃，认为博观不但不会降低学诗的品格，反而能提高诗识，所以他提出"师匠宜高，捃拾宜博"①。此一说法在后期复古派中渐成共识，如胡应麟谓："矧（宋）诸人制作，亦往往有可参六代、三唐者，博观而慎取之，合者足以法，而悖者足以惩，即习诗之士，讵容尽废乎？"② 许学夷亦云："学诗者，识贵高，见贵广。不上探《三百篇》《楚骚》、汉魏，则识不高；不遍观元和、晚唐、宋人，则见不广。识不高，不能究诗体之渊源；见不广，不能穷诗体之汗漫。"③

"主正重变"并没有改变复古诗派以盛唐为理想的诗学旨归，这使得复古派宋诗选本往往以唐诗的标准来择汰宋诗，即"以唐存宋"。如杨慎《升庵诗话》评宋人诗甚多，但凡拈出予以表彰者必近唐调，贬斥者则多为宋调，其选宋诗的标准不难推知。李蓘《宋艺圃集书后》谓："昔人选诗，取于欲离欲近，故余是编，亦旁斯义，离者离远于宋，近者近附于唐。执斯二义，以向是编，则庶几无谪于宋哉！"④ 近唐远宋，其义甚明。另如《石仓宋诗选》将寇准置于卷首，原因就是寇诗"声调遒逸"⑤，近于唐风。而某些宋调特征明显的诗人，则明显在贬斥之列，如黄庭坚选诗仅55首，数量在所有入选诗人中排到了四十位以外，而杨万里则亦仅收21首，苏舜钦更少，8首而已。

许学夷《诗源辩体》原有诗论和诗选两部分，现在我们所见到的

---

① （清）何文焕：《历代诗话》，中华书局1980年版，第960页。
② （明）胡应麟：《诗薮》，上海古籍出版社1979年版，第307页。
③ （明）许学夷：《诗源辩体》，人民文学出版社1987年版，第249页。
④ （明）李蓘：《宋艺圃集》卷末，明万历五年暴孟奇刻本。
⑤ （明）曹学佺：《寇忠愍集小序》，《石仓历代诗选》卷一二四，明崇祯四年刻本。

只是其诗论部分，诗选部分惜已散佚。陈所学《〈诗源辩体〉跋》："若是书而外，所选诗，自唐溯周，手录四千四百七十五首，自宋迄明，手录六千三百六十二首。"① 宋诗部分，据清人杨大鹤云有三十家，对照《诗源辩体》相关论述，可推知十三家，分别为林逋、梅尧臣、欧阳修、苏轼、曾巩、王安石、黄庭坚、陈师道、陆游、朱熹、刘克庄、严羽、谢翱。许学夷在选诗上大体亦持以唐存宋的标准，择其"正"而遗其"变"，如《诗源辩体》中提到："七言律若梅圣俞、王介甫、黄鲁直、陈无已，所录而外，多生涩怪僻，实出晚唐恶道。""圣俞五言律，前十余卷格颇近正，入录为多。"② 不录"生涩怪僻"的"晚唐恶道"，收录的都是"格颇近正"的诗歌，可见仍以格调为根本旨归。

但另一方面，许学夷从穷究正变、博观慎取的立场出发，将复古派辨别体格、析分源流的批评传统运用在宋诗上，从而对宋诗变迁与美学特征多有揭示。其诗选除收录整诗以外，还有摘句，而在这部分，往往会录入一些不符合盛唐诗美学特征的"变体"，如《诗源辩体》谓："或疑圣俞、鲁直怪僻句采入《辩体》过多，恐读者易厌。愚谓：二家之诗，前贤多未发明，其全集人未肯竟读，怪僻者全篇不可编入，而摘句又不容多，则人终不能知宋人之极变也。"③"变体"不录全诗，是表明宗唐贬宋的根本立场，置之摘句，且不厌其多，是从诗史角度阐明其体制、风格、源流。这种将创作与批评一分为二的态度，大大深化了复古派对宋诗的认识，许学夷代表着明代宋诗学的最高水平。

理学诗派是明代提倡宋诗的一股重要力量，其编选的选本数量亦不在少数，如瞿佑《鼓吹续音》、吴讷《晦庵诗钞》、杨廉《选注风雅源流》、刘弘《苏诗摘律》、符观《宋诗正体》、王萱《宋诗绝句选》、唐顺之《二妙集》，其编者都有浓厚的理学背景。其中《晦庵诗钞》专录朱熹五言诗，杨廉《选注风雅源流》专录宋元明三朝理学家之诗，王萱《宋诗绝句选》则冠朱熹于首，《二妙集》以"诗法与理俱妙"为选

---

① （明）许学夷：《诗源辩体》，人民文学出版社1987年版，第436页。
② （明）许学夷：《诗源辩体》，人民文学出版社1987年版，第378页。
③ （明）许学夷：《诗源辩体》，人民文学出版社1987年版，第381页。

第四章 真味愈在：包蕴情理的宋代诗文之韵

诗标准，表现出明显的理学旨趣。不过，这些编者在明代诗坛多属边缘人物，故影响非常有限，其重道轻文的思想旨趣也很难对宋诗美学特征有深刻揭示。唯符观《宋诗正体》在彰扬宋诗伦理价值的同时，对宋诗主张理趣、平淡的审美特征多有揭示。如针对复古派批评宋诗主理悖情、意兴索然的观点，《宋诗正体》则认为宋人"或摹写景物，或铺叙事情"；"自有意兴"；"赋事精切，超然远到"；"陈古讽今，旨深义奥"；"骚之亚也"；"声病"不足以"轩轾其价"①。这些评价显然已完全跳出唐诗以"情韵"为核心的审美范畴，触及宋诗重理趣、贵敷陈、尚人文的审美本质。

明末诗坛，流派纷起，相互之间，既有针锋相对的论争，但也不乏诗学思想的融合。复古派后期对自身偏至的诗学主张多有检讨，主格调而不废性情。与之对立的公安派鉴于末派俚俗之弊，后期诗学主张亦有调整，如袁宏道和袁中道晚年强调在陶写性灵的同时，也注意吸收复古派的气格和法律。两派诗学遂有融合之势，潘是仁《宋元名家诗集》一定程度上体现了这种趋势。

潘是仁对复古派的认同，从他对严羽的评价即可见一斑："樵川严沧浪好为诗家月旦，凡所标摘，如悬秦镜，妍媸莫可遁。故是集工苦推敲，其沉心雅度，读之如入维摩室中，无一处不作旃檀香者，总于品骘间得者居多也。"②不但对严羽的创作予以高度评价，且服膺其论诗。评价诗人亦喜持"格调"之说，如《唐眉山诗集》小引："及观所作，有唐之音调而不拾其牙后慧，殆元白者流。"《石屏诗集序》："惜其气运如此，故声调不纤于唐。"③但是，公安派的影响也很明显，如《雪岩诗序》："诗贵得情，故有苦心雕琢，而读之毫不令兴起，有矢口而出，而隽永之味反津津不竭者，在情不在学也。"④重视性灵，以天然真趣为贵。甚谓可以不读书，如《石屏诗集序》："公每以不多读古人

---

① （明）符观：《宋诗正体》卷首、卷尾，明正德二年重刊本。
② 《国立中央图书馆善本序跋集录》，台北"国立中央"图书馆1994年版，第176页。
③ 《国立中央图书馆善本序跋集录》，台北"国立中央"图书馆1994年版，第174、177页。
④ 《国立中央图书馆善本序跋集录》，台北"国立中央"图书馆1994年版，第178页。

书为恨,韦苏州云:'平生不识字,把笔学吟诗。'苏州寄兴冲淡,远追陶谢,顾不识字耶?石屏亦何必多读书哉!"① 有趣的是,给潘书作序的分别是李维桢、焦竑、袁中道,袁中道是公安派的领袖之一,李维桢则是复古派后期的代表人物,曾被王世贞列入"末五子"。这也可以视为潘融合复古与公安两派诗学的证据。

竟陵派对宋诗亦有所关注,如谭元春辑有《东坡诗选》,周侯辑有《宋元诗归》,后者显然是继钟惺《诗归》而作,惜已亡佚②。清初邵喦、柯弘祚所编《宋诗删》也是一个体现竟陵诗学旨归的选本,重点拈出晚唐姚贾一派。

总之,围绕复古派"宋无诗"的偏至观点,明代宋诗选本进行了反拨或纠偏,其普遍的"以唐存宋"的选诗标准自是存在局限,但仍有助于深化当时人们对宋诗的认识,开拓视野,并为清代宋诗的兴起奠定了一定的基础。

四 清代宋诗本的编纂

清代是宋诗复兴时期,宋诗选本的编纂亦进入一个繁荣阶段。宋诗断代选本、宋金元诗合选本、唐宋诗合选本,这三类是宋诗选本的主体,据笔者调查,清人所编三类选本刻本见存者凡有三十六种,分别是:吕留良等《宋诗钞》、吴绮《宋金元诗永》、陈焯《宋元诗会》、陆次云《宋诗善鸣集》、吴曹直等《宋诗选》、潘问奇等《宋诗啜醨集》、陈訏《宋十五家诗选》、周之鳞等《宋四名家诗选》、邵喦等《宋诗删》、顾贞观《积书岩宋诗删》、张豫章等《御选宋诗》、王史鉴《宋诗类选》、陆钟辉《南宋群贤诗选》、张伯行《濂洛风雅》、马维翰《宋诗选》、曹庭栋《宋百家诗存》、梁诗正等《御选唐宋诗醇》、戴第元《唐宋诗本》、沈德潜《宋金三家诗选》、姚培谦等《宋诗百一钞》、姚培谦《唐宋八家诗》、汪照等《宋诗略》、严长明《千首宋人绝句》、吴翌凤

---

① 《国立中央图书馆善本序跋集录》,台北"国立中央"图书馆1994年版,第177页。
② 清邓显鹤称周侯"诗染竟陵习气太深",见《沅湘耆旧集》卷三十九,清道光二十三年南村草堂刻本,第15页a。

《宋金元诗选》、陆式玉《今体宋诗选》、姚鼐《五七言今体诗钞》、翁方纲《小石帆亭五言诗续钞》《七言律诗钞》、戴熙《宋元四家诗》、张怀溥《唐宋四家诗钞》、侯廷铨《宋诗选粹》、许耀《宋诗三百首》、佚名《宋诗三百首》、顾廷伦《顾郑乡先生宋诗钞》、管廷芬等《宋诗钞补》、佚名《宋代五十六家诗集》。

抄本见存者数量亦复不少，笔者所见约二十八种[①]。另如王士禛《古诗选》、刘大櫆《历代诗约》、曾国藩《十八家诗钞》虽为通代选本，但于清代诗坛影响深远，故亦为宋诗重要选本。厉鹗《宋诗纪事》、陆心源《宋诗纪事补遗》严格来说属于诗话，但也具备一定的选本性质。

与前代宋诗选本相比，清代宋诗选本在文献编纂上体现出以下三个方面的特点。第一，数量众多，规模浩大，体例多样。数量众多已见于上。以规模而言，清代大型宋诗选本无论体量还是数量都要远远高于前代，如吕留良等《宋诗钞》收诗人84家约13245余首，陈焯《宋元诗会》收宋代诗人496家约6266首，曹庭栋《宋百家诗存》收诗人凡百家，张豫章等《御选宋诗》收诗人凡882家。厉鹗《宋诗纪事》收录诗人更多，达3812家。另吴绮《宋金元诗永》、吴曹直《宋诗选》、顾贞观《积书岩宋诗删》、陈訏《宋十五家诗选》、王史鉴《宋诗类选》、戴第元《唐宋诗本》等，收诗皆在千首以上。它们大多旁搜远绍，哀成巨帙，不少诗歌和资料更不见于他书记载，尤为珍贵。

从体例上来看，除了传统的以人系诗与分体二种以外，又有以类分

[①] 分别为国家图书馆藏佚名《宋诗钞》、刘钟英《三体宋诗》，上海图书馆藏郑钺《宋诗选》、佚名《宋诗抄精选》、佚名《御选分韵近体宋诗》、佚名《朱批宋诗选》，台北图书馆藏卢世㴶《宋人近体分韵诗钞》、佚名《唐宋四家诗选》、田雯《山疆书屋唐宋四家诗选》、佚名《四宋人诗》，山东图书馆藏丁耀亢《宋诗英华》、佚名《宋诗征》，湖北图书馆彭元瑞《宋四家律选》、任文化《宋金元诗约》，湖南图书馆藏佚名《宋诗课本》、佚名《宋人诗选》、段时恒《段七峰先生选钞唐宋诗醇》、佚名《唐宋诗醇摘钞》，南京图书馆藏佚名《积书岩宋诗选》，人民大学图书馆藏杨行传《宋诗随意钞》，桂林图书馆藏况澄《宋七绝选录》，江西图书馆藏幔云居士《宋诗选》，四川图书馆藏李嘉绩《宋诗略》，中山大学图书馆藏佚名《宋诗元诸家诗钞》、佚名《宋元诗钞》，吉林大学图书馆藏孔昭焜《唐宋贤诗》，山西祁县图书馆藏佚名《唐宋诗钞》，重庆图书馆藏甄复《唐宋人诗》。

者，如王史鉴《宋诗类选》；以韵分者，如卢世㴶《宋人近体分韵诗钞》、佚名《御选分韵近体宋诗》等；专选一体者，如严长明《千首宋人绝句》、翁方纲《小石帆亭五言诗续钞》《七言律诗钞》等；评注本，如潘问奇《宋诗啜醨集》、姚鼐《五七言今体诗钞》等。另许多选本亦兼录诗话，如王史鉴《宋诗类选》、汪照《宋诗略》、佚名《宋诗三百首》等。

从选诗动机看，除了创作借鉴和文学批评外，清代宋诗本也有其他动机，如董沛《甬上宋元诗略》目的在于表彰乡邦先贤；张伯行《濂洛风雅》、陆式玉《今体宋诗选》意在弘扬道学；吕留良《宋诗钞》、邵晁《宋诗删》、潘问奇《宋诗啜醨集》则很大程度将选宋诗作为表达遗民情感的方式。编纂动机的多元，说明宋诗对清代文化的影响已超越文学，渗透至更深更广的范围。

第二，核心选本影响巨大。清代出现了一些影响巨大的宋诗选本，尤以《宋诗钞》《宋百家诗存》《宋诗纪事》三者最为典型。一方面，它们是清人接受宋诗的核心媒介，如梁章钜《退庵随笔》称阅读宋诗，除"名家专集"外，"则泛览吴之振之《宋诗钞》、曹庭栋之《宋诗存》、厉鹗之《宋诗纪事》足矣"。[1] 1915年，商务印书馆重印《宋诗钞补》，郑孝胥在跋中阐述了清代宋诗总集的流传情况："宋诗见选录者，明曹学佺《石仓历代诗选》中有宋诗一百七卷，康熙《御定四朝诗》中有宋诗七十八卷，作者八百八十二人，皆非专选。宋诗若陈思所编《两宋名贤小集》三百八十卷，始于杨亿，终于潘音，凡一百五十七家者，乃掇拾赝托之书，其本且不易得。惟吴之振之《宋诗钞》、曹庭栋之《宋百家诗存》为两宋诗人菁华之所在。治宋诗者，孰能舍此？"[2] 可见直至民国初期，人们对宋诗的了解还是主要通过《宋诗钞》、《宋百家诗存》及《宋诗纪事》。

另一方面，它们是清代其他宋诗选本最重要的文献来源。以《宋诗钞》为例，据不完全统计，清代宋诗选本中，取资于《宋诗钞》者至少有21种。由于宋诗文献的缺少，康熙朝宋诗选本对《宋诗钞》和

---

[1] 郭绍虞编，富寿荪校点：《清诗话续编》，上海古籍出版社1983年版，第1980页。
[2] （清）管庭芬、蒋光煦：《宋诗钞补》卷尾附跋，商务印书馆1914年版。

《石仓宋诗选》普遍依赖较大。如各家取于《宋诗钞》的比例，吴曹直《宋诗选》约占到51%，《宋诗善鸣集》约占82%，《五朝七律英华》约占85%，《宋诗啜醨集》占100%，《宋诗删》占95%，《历代诗发》占83%，《宋金元诗永》《宋元诗会》《积书岩宋诗删》《宋诗类选》虽无准确的数字，但从它们与《宋诗钞》重合诗歌的数量看，比例同样不低。其他宋诗选本沾溉于《宋诗钞》《宋诗纪事》者亦复不少。

《宋诗钞》等选本之所以会获得如此巨大的影响，除了规模浩繁外，也与它们较高的文献质量有关。以《宋诗钞》为例，其抄阅校勘最为精审。如晁冲之《鸡肋集钞》，其底本为《鸡肋集》崇祯年间顾凝远诗瘦阁刻本，两者的异文仅有8处，而《鸡肋集钞》有9431字，异文率仅为0.8‰，由此可见其校勘之精。当然，包括《宋诗钞》在内的清代宋诗选本，同样存在不少文献问题，但相比前代而言，文献质量确实高出许多。

第三，地域文化特征明显，浙江编选宋诗风气最盛，成就也最高。清代宋诗选本的编纂，体现出严重的地域性不平衡，大多出自江苏、浙江二省，当然，江南作为清代绝对的经济、文化重心，这并不奇怪，值得注意的是浙江文人在宋诗选评领域的成就。现存宋诗选本中，出于浙人者有14种，即《宋诗钞》、《宋十五家诗选》、《宋四名家诗钞》、《宋诗善鸣集》、《宋诗啜醨集》、《宋诗删》、《宋诗选》（郑鈊）、《宋诗选》（马维翰）、《宋百家诗存》、《宋诗纪事》、《顾郑乡先生宋诗钞》、《甬上宋元诗略》、《宋诗钞补》、《宋诗纪事补遗》等。已佚者笔者考得8种，分别为曹溶《宋诗选》、周斯盛《宋元诗选》、王先吉《宋金元诗选》、吴兴祚《宋元声律选》、沈树本《唐宋六大家诗》、童槐《宋诗评选》、张庚《宋诗选》、朱休度《宋绝句选》等。二者合计约22种，从数量上看，浙人编选本似乎并不占有绝对优势，但进一步考察，就不难发现浙江对宋诗选本的贡献是其他地域无法比拟的。譬如以文献规模而论，清代宋诗选本收诗超过2000首的凡有10种，其中出于浙人者就占了7种。《宋诗钞》《宋百家诗存》《宋诗纪事》已见于上，另《宋四名家诗钞》收诗人4家约2506首，《宋十五家诗选》收诗人15家约

3413首,《宋诗钞补》收诗人100家约2780首[①],陆心源《宋诗纪事补遗》收诗人3000余家有8000余首。以影响而论,清代影响最大的三种宋诗选本《宋诗钞》《宋百家诗存》《宋诗纪事》,也都出自浙人之手。

附带提及的是,清代以前纂辑的一些宋诗选本、总集也是经过浙人的整理、重刊而得以流行,其中最重要的要数陈起《南宋群贤小集》和方回《瀛奎律髓》。陈起编纂的宋人小集在清代大部分时间,只以抄本形式在藏书家中流传,乾隆时杭州藏书家吴焯始据宋本及各种抄本汇录成六十四家。嘉庆六年(1801),石门人顾修将之付梓,此书始有较广泛的流播。《瀛奎律髓》在明代和清初并没有很大的影响,至康熙五十一年(1712),吴宝芝刊行是书,才渐渐引起人们的注意。除了总集,在宋诗话整理和宋人别集的评注方面,浙人的作用也是首屈一指,兹略举数例,如现可考题为《全宋诗话》者凡有六部,分为林衡、沈荣本、沈炳巽、钟廷瑛、孙涛、张宗祥所撰,除林、钟二位外,其他四位皆为浙人。清人对宋人诗集的评注主要集中在苏轼身上,可考者凡七种,其中浙人就占了五种,即查慎行《苏诗补注》、陈兆仑《评注苏文忠公诗》、汪师韩《苏诗选注笺释》、冯应榴《苏文忠公诗合注》、王文诰《苏文忠公诗编注集成》等。

由此可见,清代浙人纂辑宋诗选本,在文献规模、质量及影响上都占有绝对优势,诗话之整理,诗集之评注,亦占突出地位,一定意义上我们甚至可以说,清代宋诗文献的版图基本上是由浙人奠定的。

五 宋诗选本与清代诗学

与前代相比,宋诗选本与清代诗学的互动关系更为深入、明显,全面阐述两者关系非本书所能,兹从创作影响、唐宋诗之争、朝野离立三个方面择其要者论之。

第一,宋诗选本与清代诗坛关系密切,是创作风向转变的重要推动力量。清代学习宋诗的风气主要在清初和晚清两头,清初宋诗风约始于

[①] 厉鹗《宋诗纪事序》自云"三千八百一十二家",实际上未及此数。

康熙十年，消歇于康熙末年，这段时间，宋诗选本的编纂达到空前的兴盛，笔者统计产生于康熙时期的宋诗选本可考者有 30 余种，它们是时代风气的产物，反过来也进一步推动宋诗的盛行。宋荦《元诗选序》说："先世予友石门吴孟举《宋诗钞》行世，学者靡然趋之。"[1] 吴骞《拜经楼诗集续编自序》亦引杭世骏说云："浙中诗派夙宗唐音……自吴孟举、陈言扬等三数公专以宋诗为尚，学者靡然从之，于是浙西风雅，几为之一变。"[2] "吴孟举、陈言扬"指的就是二人分别编纂的《宋诗钞》和《宋十五家诗选》。宋荦和吴骞都认为是《宋诗钞》等选本推动了康熙宋诗风气的盛行。事实上，正如上文所云，不但是康熙朝，整个清代《宋诗钞》《宋百家诗存》都是人们了解宋诗的首要文献。道咸以后，学习宋诗，风气更盛，姚鼐、翁方纲导源于前，祁寯藻、曾国藩大倡于后，这其中也少不了选本的推动之功，如翁方纲辑有《小石帆亭五言诗续钞》《七言律诗钞》，姚鼐辑有《五七言今体诗钞》，曾国藩辑有《十八家诗钞》。

第二，以嘉庆前后为界，清代宋诗选本接受宋诗的基本立场，经历了由"主真重变"到"重理尚法"的嬗变。与明代不同的是，清人已很少对唐诗和宋诗持偏于一隅的态度，融合唐宋成为清代诗坛的主流，区别在于对宋诗的接受标准和接受程度。清代前期对宋诗的推崇，大多基于一种"主真重变"的理论[3]，"主真"即强调诗以性情为本，"重变"即是承认风格变迁的合理性，其对宋诗的辩护策略，本质上是从文随世变的诗史角度确立其在诗歌传统中的合理地位，而不是直接从审美特征出发论证其存在意义，反而倾向于从理论上作出虚化。这种理论体现在批评上，有两个趋向，一是兼容并包，充分承认各派风格的合理性，此以《宋诗钞》为代表："是选于一代之中，各家俱收，一家之中，各法俱在。"[4] 但在审美标准上无所持衡，必然会流于粗率流易，

---

[1] （清）顾嗣立：《元诗选》卷首，中华书局 1987 年版，第 5 页。
[2] （清）吴骞：《拜经楼诗集续编》，《清代诗文集汇编》，上海古籍出版社 2010 年版，第 127 页。
[3] 张健：《清代诗学研究》，北京大学出版社 1999 年版，第 362—403 页。
[4] （清）吕留良、吴之振、吴尔尧：《宋诗钞》，中华书局 1986 年版，第 3 页。

这也是清人对《宋诗钞》最大的批评。康熙一朝创作上的宋诗风气同样有粗率之弊，这与《宋诗钞》不能说毫无关系①。有鉴于此，清代前期许多宋诗选本转而选择第二条路，即在坚持固定审美标准的基础上容纳宋诗。

大多数宗唐派宋诗选本选择的都是这条路径，即"主正重变"，坚持唐诗基本的审美标准，如蕴藉、气格、声调等，而将宋诗分成"善变"与"不善变"两种，前者存之，后者汰之。这事实上是延续明末复古派接受宋诗的策略，只是表现出更大的宽容，并非仅仅只是从提高诗识、扩大视野角度容纳宋诗，而是认为"善变"的宋诗也可以成为学习的典范。同时，宗唐派往往将《宋诗钞》和康熙宋诗风所表现出来的粗率弊病作为集中的批判目标，悬为厉禁，譬如清代前期的宋诗选本一般将苏轼和陆游推为宋诗典范，但宋诗派选诗还会注意到范成大和杨万里，而宗唐派则往往待二人甚苛，原因就在于范、杨表现出来轻俗之病更为明显。

除了神韵、格调这些主流的宗唐诗派，其他一些诗派的选本对宋诗流易之弊亦有批评，只是他们推出来的审美理想并非盛唐，而是中晚唐，如《宋诗啜醨集》《宋诗善鸣集》对姚贾一派念兹在兹，就其诗学渊源而言，是明代竟陵派的遗绪。而冯舒、冯班批评《瀛奎律髓》，则着力抉出西昆派。

清代前期主要从诗史论的角度确立宋诗地位，从风格论的角度持衡宋诗，"唐诗蕴藉，宋诗迳露"，是关于唐宋分野的普遍观点，诗学典范多推崇苏、陆，而对黄庭坚少有注意。但从嘉庆前后开始，清人接受宋诗的基本立场出现变化，代表者是翁方纲和姚鼐。翁方纲不再满足于从浅层的诗史论和风格论角度来看待唐宋诗之争，而试图从更深层的诗美特征及文化性格角度来沟通唐宋。他的"肌理说"是完全基于宋诗的一种诗学理论，如果说"主情重变"是消解了唐诗的正统性，"肌理说"则试图以"理"为核心建立宋诗在诗史上的正统地位，甚至涵盖

---

① 申屠青松:《〈宋诗钞〉与清代诗学》，《暨南学报》2010年第5期。

唐诗。其理论是否成立另当别论，但因此他对宋诗以学问、议论、文字为诗的审美特征确实有了较为完整的概括，指出宋诗主理，义理、考据与辞章相互统一，妙境全在实处，善敷陈，务生新，"刻抉入里"，"益加细密"。他将"细肌密理"作为诗歌价值评判的最高标准，这包括形式层面如字法、句法、章法、音节等方面的精雕细琢，也包括内容层面意义结构关系的"顺逆承乘"。而在这方面的典范就是黄庭坚，翁方纲在说到宋诗"益加细密""刻抉入里"的核心特征时说："而其总萃处，则黄文节为之提挈。"① 所以，如果说得粗暴点，翁方纲认为，诗歌的正统是宋诗，宋诗的典范是黄庭坚。

姚鼐的诗学渊源、理论主张与翁方纲差异甚大，但是他试图沟通文法与诗法的观点使得其诗学同具强烈的形式主义气息。姚鼐将自己的诗学旨趣归纳为"熔铸唐宋"，不过，他于唐诗和宋诗并非平等视之，对"宋诗"的理解偏于形式、方法，而且主要是通过古文的章节句法、字词锻炼、声调韵律等，而关于意蕴、神韵、气格等，则仍多归诸"唐诗"。所以，所谓"熔铸唐宋"，一定程度上就是学习宋诗精深细密、起伏顿挫的诗法，追求盛唐气象高华、骨肉匀停的审美理想。正如姚氏门生方东树所云："文字精深在法与意，华妙在兴象与辞。"② 前者以宋诗为擅长，后者则推唐诗为胜场。方东树重点发挥了姚鼐"诗法通于文法"的思想，对宋诗陈言务去、法律谨严的一面有了更多揭示。因为这一点，姚、方二人都对黄庭坚推崇备至，姚鼐云："山谷刻意少陵，虽不能到，然其兀傲磊落之气，足与古今作俗诗者澡濯胸胃，导启性灵。"③ 方东树云："杜、韩而后，（黄）真用功深造，而自成一家，遂开古今一大法门，亦百世之师也。"④ 如果说姚的评价是半抱琵琶，只重点指出黄的生新精刻是医治袁枚性灵派轻俗弊病的良药，那么方的评价就如翁方纲，接近于将黄推为宋诗的典范。

---

① （清）翁方纲：《石洲诗话》，人民文学出版社1981年版，第119页。
② （清）方东树：《昭昧詹言》，人民文学出版社1961年版，第11页。
③ （清）姚鼐：《今体诗钞》，上海古籍出版社1986年版，第3—4页。
④ （清）方东树：《昭昧詹言》，人民文学出版社1961年版，第225页。

俗世雅意：浙风宋韵的多维审视

清代前期选本对黄庭坚并不重视，其收诗排序大多在十名开外。翁《七言律诗钞》仅收七律一体，姚《今体诗钞》亦仅收五律、七律二体，选诗并不完整，尚难以窥测他们对宋诗的整体态度，但即使如此，也可看出黄的地位已有改变，俨然有与苏、陆三足鼎立之势。如翁选收宋人七律，数量列前四者依次为苏轼（94）、陆游（89）、王安石（42）、黄庭坚（38），姚选前三依次为陆（87）、苏（31）、黄（28）。至曾国藩《十八家诗钞》，则在翁、姚二人基础上，进一步提高了黄的地位，如七古选唐宋6家，依次为苏轼（328）、黄庭坚（165）、李白（157）、杜甫（146）、白居易（114）、韩愈（78），黄列第二；七律选7家，依次为陆游（554）、苏轼（540）、黄庭坚（286）、元好问（162）、杜甫（150）、李商隐（117）、杜牧（55），黄列第三。晚清诗坛，效宋成风，主要学的就是黄庭坚，从理论基础而言，实是翁、姚二人启之。

第三，朝野离立是清代宋诗选本的重要特征。严迪昌曾经指出，清代诗学发展的一个基本特点是呈现出明显的朝野离立之势①，这一特点也体现在宋诗学与宋诗选本上。首先，唐宋诗之争在清代本身就是一定的朝野离立性质，顺康雍乾时期，主唐者多在朝，而主宋者多在野，与宋诗多流易发露、瘦硬槎枒相比，唐诗的高格响调、壮气远韵显然更能点缀升平。其次，就宋诗选本而言，如果说温柔敦厚、沉雄典雅代表着其庙堂传统，那么遗民与寒士倾向则体现出其野逸传统。

在清初复杂的文化环境下，宋诗成为遗民寄托民族情感的载体，选本中如《宋诗钞》《宋诗删》《宋诗啜醨集》便是遗民宋诗学的代表，其编者如黄宗羲、吕留良、柯弘祚、潘问奇皆为遗民。《宋诗钞》体现出浓厚的"诗史"精神，将诗歌作为天地元气和士人精神人格的反映。故其选诗有两个重要标准，一是宗经尚理，重点揭示宋诗的理学精神和伦理本质，二是崇尚雄健浩瀚，"吴《钞》大意总取浩浩落落之气"。②吕留良等揭示出这两点，意在教化世道，鼓舞人心，希冀恢复。《宋诗

---

① 严迪昌：《清诗史》，浙江古籍出版社2002年版，第16—31页。
② （清）翁方纲：《石洲诗话》，人民文学出版社1981年版，第112页。

删》取向类似，着力发扬宋诗忧君爱国的主题和倔强不屈的人格特质，书中感念时事、哀伤故国之作几乎占了三分之二，风格则偏于苍凉激越。《宋诗啜醨集》编者同样有浓厚的故国之思，但与《宋诗钞》和《宋诗删》不同，他们对恢复并不存希望，其选诗多及清寒幽峭之作，一方面是受竟陵诗学影响；另一方面也是编者苦闷伤感心理的反映①。

与此形成鲜明对比的是，康熙部分宋诗选本则对清廷体现出明显的依附倾向，以宣扬诗教、温柔敦厚为宗旨。《御选宋诗》自不必言，其选诗标准一承《御选唐诗》："是编所取，虽风格不一，而皆以温柔敦厚为宗。其忧思感愤、倩丽纤巧之作，虽工不录，使览者得宣志达情，以范于和平，盖亦用古人以正声感人之义。"② 吴绮主张"诗之为教，本于和平，道之所存，原于忠厚"③，故其《宋金元诗永》选诗多偏于和平、含蓄，宋诗之直铺广引、槎枒激愤则很难见到踪影。陈焯《宋元诗会》称其选诗目的是："盖将以鼓吹升平，效儒臣之职分，不仅嘉惠艺林已也。"④ 这种倾向并非纯粹对诗教传统的继承，一定程度上也是对《宋诗钞》等遗民倾向的批评与反拨。如康熙十一年（1672），时任礼部侍郎的沈荃为曾灿《过日集》作序，就斥责《宋诗钞》所录"皆村野学究肤浅鄙俚之辞"，"趋向不正，是舍周孔而谋管商"，而称赞《过日集》"沉雄典雅"，"诚足以正风尚，而敦世教也已"。⑤ 无独有偶，康熙二十年（1681）前后，时任文华殿大学士的冯溥"尝率同馆集万柳堂，大言宋诗之弊，谓开国气象，顿骛此佻凉鄙夯之习，无论升降，即国运盛杀，于此系之，不可不饬也"。⑥

康熙后期开始，清廷统治日渐稳固，遗民思潮亦逐步消退，但宋诗选本的政治倾向并没有朝野合流，只是由遗民与清廷的对立变成了寒士

---

① 申屠青松：《清初宋诗选本与遗民思潮》，《南京师范大学文学院学报》2009 年第 4 期。
② （清）玄烨：《御选唐诗》卷首，《文渊阁四库全书》本。
③ （清）吴绮：《林蕙堂全集》卷四，《文渊阁四库全书》本，第 16 页 a。
④ （清）陈焯：《宋元诗会》卷首，清康熙二十一年刻本。
⑤ （清）曾灿：《过日集》卷首，清康熙间刻本。
⑥ （清）毛奇龄：《西河诗话》卷五，张寅彭《清诗话三编》，上海古籍出版社 2015 年版，第 813 页。

与庙堂的疏离。民族矛盾的长期存在，高压的政治，仕途的狭窄与逼仄，使得部分文人的思想倾向虽不致走向遗民式的对立，但却体现出一种冷漠、孤傲式的疏离，这是康乾盛世的另一道风景。寒士疏离倾向在诗歌创作中的代表就是浙派、高密诗派的枯寒风气，在宋诗选本领域，则以浙派诗人所撰者为代表，如厉鹗《宋诗纪事》、曹庭栋《宋百家诗存》、马维翰《宋诗选》等。试以影响最大的《宋诗纪事》为例，其寒士品格和对政治秩序的疏离是非常明显的。首先，厉鹗将搜罗废坠、表彰寒士作为自己的撰著目的和选诗宗旨。正如全祖望所说："樊榭之为是，盖意存乎收罗废坠，故荟萃惟恐有遗。正以见诗之有得于风雅之遗者，旁搜远取，不必尽在于大家，而又得其诗以传其人，使不与草木同朽，则亦表章之功所寄也。"[1] 用厉鹗自己的话说，就是为"江湖林薮之士""复发其幽光"[2]。厉鹗为代表的浙派诗人大多出身布衣，有功名者，亦多仕途蹇涩，所以，所谓表彰林薮实是厉鹗基于自身社会地位和生存状态而为古今寒士发出的不平之鸣，并试图以文献保存、诗心延续彰显寒士的历史存在和文化品格。这与沈德潜等人的葵藿向日、歌咏帝力显然是大异其趣的。

浙派宋诗选本从题材选择、审美偏嗜、诗学典范等各方面都表现出对寒士身份的高度认同。如寒士诗学题材上多偏于田园、山水之作，马维翰《宋诗选》中大半为此类之什。寒士诗学多尚清，尚寒，尚幽，尚涩，从晚唐到九僧，到江湖，到竟陵，我们不难看到这种审美传统的传承。曹庭栋《宋百家诗存》小传评诗即多以此为据，若"清深""清峭""清俊""清丽""冲淡""清疏""清迥""清空""清苍""清润""闲远""萧散"等词，所在皆是。在诗学典范上，浙派宋诗选本则推崇江湖诗人。若《宋百家诗存》所录百家，三分之二隶属江湖诗派。传为宋代陈起编纂、专录江湖诗人的《南宋群贤小集》更是被浙派诗人广泛传抄、整理、选刻。雍正三年（1725），吴焯历经十年，抄成《南宋群贤小集》六十四家。此后，赵昱、杭世骏、余元甲等先后传

---

[1]（清）全祖望：《鲒埼亭集外编》卷二十六，四部丛刊初编本，第15页b。
[2]（清）厉鹗：《宋诗纪事》，上海古籍出版社2008年版，第1页。

抄。雍正九年（1731），陆钟辉又据吴氏抄本选辑《南宋群贤诗选》。江湖诗人在社会地位、思想情感、审美嗜好与浙派诗人可谓高度合拍，堪称寒士诗人的典型。吴焯《南宋杂事诗》最后一首有云："名集犹传六十人，湖云江月话津津。"① 言语间颇有以江湖后身自居之意，这种情感在浙派诗人中应该不是个别的。甚至到咸、同年间，杭州人戴熙选《宋元四家诗》，录林逋、姜夔、倪瓒、王元章四家诗，揆其所选，清寒典雅，仍然体现出强烈的野逸品格。

与浙派形成鲜明对照的是以沈德潜代表的清代中期主流诗学，则体现出浓厚的庙堂气息，其选本大多将纪恩扬美、粉饰升平的"雅颂"传统作为诗歌择汰的首要标准。如沈氏言其选诗标准云："先审宗旨，继论体裁，继论音节，继论神韵，而一归于中正和平。"② 所谓"审宗旨"即重视诗歌的伦理教化价值，所谓"中正和平"即与盛世相符的雍容尔雅，一言以蔽之，曰"温柔敦厚"。沈氏诸选本，包括《宋金三家诗选》，皆持此为准。这一选诗标准同时也影响了一大批乾隆、嘉庆间的宋诗选本，《御选唐宋诗醇》自不必言，吴翌凤《宋金元诗选》云其选诗"归于雅正"③，姚鼐《今体诗钞》亦云选唐宋诗是"存古人之正轨，以正雅祛俗"④。《宋诗百一钞》的编者姚培谦以"原本忠爱、温柔敦厚"轩轾李、杜⑤，可见其选诗亦属沈氏一派。

沈德潜和姚鼐都曾经严辞批判过浙派和厉鹗的诗歌风格，如袁枚称沈德潜"诮浙诗，谓沿宋习、败唐风者，自樊榭为厉阶"⑥。姚鼐亦云："吾断谓樊榭、简斋皆诗家之恶派。"⑦ 这种批判并不仅仅是出于审美层面，还有一大部分是因为厉鹗荒寒幽清的风格有悖于盛世风雅。而对于来自王公大人的批评，厉鹗也有所了解，他的回应可谓针锋相对，其

---

① （清）厉鹗等：《南宋杂事诗》，浙江古籍出版社1987年版，第95页。
② （清）沈德潜等：《历代诗别裁集》，浙江古籍出版社1998年版，第59页。
③ （清）吴翌凤：《宋金元诗选》卷首，清乾隆五十八年斯堂刻本。
④ （清）姚鼐：《今体诗钞》，上海古籍出版社1986年版，第1页。
⑤ （清）姚培谦：《松桂读书堂文集》卷九，《四库存目丛书》影印乾隆间刻本。
⑥ （清）袁枚：《与沈大宗伯论诗书》，《袁枚全集》，江苏古籍出版社1993年版，第283页。
⑦ 陈伯海：《历代唐诗论评选》，河北大学出版社2003年版，第987页。

《樊榭山房续集自序》云："世有不以格调派别绳我者，或位置仆于诗人之末，不识为仆之桓谭者谁乎？"[①] 倔强兀傲，俨然有与沈德潜分庭抗礼之势，也生动体现出厉鹗对其野逸传统的自觉坚持。

道光以后，随着帝国主义的入侵和国内反抗的持续上涨，清廷政治日渐衰败，士大夫试图用诗歌的雍容典雅来点缀升平，也相应失去了现实的土壤。诗坛上效宋成风，朝野同靡，一方面，是诗学自身演进的结果；另一方面也是源于现实环境的刺激，矫激瘦硬、苍凉雄放的宋诗更符合晚清文人的心境和情感表达需要。正是在国破民残的历史背景下，体现在宋诗学和宋诗选本上的朝野之别也就渐渐消失不见，至少变得不怎么鲜明了。

六 结语

综上所述，宋诗选本的编纂可以分成宋元、明、清三个阶段。宋元时期的宋诗选本对宋诗文献进行了初步整理，对宋诗审美特征和诗史发展进行一定程度的总结，而《西昆酬唱集》等许多选本与相关流派关系密切，是流派发展和宋诗演进的重要推动力量。

明代是宋诗接受的低潮时期，但在万历以后出现了一个选编宋诗的小高潮，所编选本在文献上可谓功过并存。一方面，使得因受忽视而散佚严重的宋诗文献得到了保存；另一方面，这些选本在文献方面存在较多问题，从而给后人带来了很多不必要的讹误。从诗学层面而言，明人选编宋诗的动力主要来自复古派内部的自我纠编和调整，"以唐存宋"成为普遍的标准，部分选本对宋诗体制、源流有所探讨，从而为清初宋诗的兴起奠定了一定的基础。明代性理诗派、唐宋派、公安派、新安派等也编有一些宋诗选本，对宋诗有所弘扬，但整体质量不高，故影响非常有限。

清代是宋诗选本编纂的繁荣期，并显现出更为深刻广泛的文化渗透力。文献上表现为数量众多，规模浩繁，体例多样，总体文献质量较

---

① （清）厉鹗：《樊榭山房集》，上海古籍出版社1992年版，第951页。

高。部分核心选本如《宋诗钞》《宋百家诗存》《宋诗纪事》尤其影响巨大，他们是整个清代人们了解宋诗除名家专集以外的主要文献，同时也是清代许多宋诗选本的直接文献来源。相比以前宋诗选本，清代宋诗选本表现出对现实创作和诗学演进更深刻的互动关系，是推动宋诗风气转变的直接力量。以嘉庆前后为界，清代宋诗选本接受宋诗的基本立场经历了从"主真重变"到"重理尚法"的转变，其本质是从诗史论和风格论的浅层接受变成从诗美本质论的深层接受，翁方纲和姚鼐是完成这一转变的关键性人物。

特别值得注意的是，清代浙江文人在宋诗选本编纂中的重要贡献及体现出来的独特文化传统。清代最重要的三个宋诗选本皆出自浙人，如果扩展及其他宋诗文献，如诗话、评注及前代选本的整理、刊刻，浙人贡献更大，甚至可以说，清代宋诗文献的版图基本是由浙人奠定的。清代宋诗选本体现出浓厚的朝野离立特点，而代表野逸传统的正是浙人所编宋诗选本，前期主要是以《宋诗钞》为代表的遗民思潮，后期主要是以《宋诗纪事》为代表的寒士倾向，这应该就是浙人所欣赏的宋诗之韵吧！

第五章　乐技风雅：转捩新境的宋代艺术之韵

两宋文化繁荣的重要表现就是各类舞乐、曲艺、书法、绘画、雕塑、工艺美术等各类艺术都得到长足发展，产生了一批具有划时代意义的艺术精品，这些匠心独运的创造在艺术史上留下浓墨重彩的篇章。在宋韵文化冲击波的辐射影响中，宋代艺术表现出雅俗兼胜的普遍特征，但在具体艺术形式中又有所偏重，音乐艺术偏于俗之韵，绘画艺术和造型艺术则偏于雅之韵。

在音乐方面，宋代社会从宫廷到民间的演出体制、欣赏主体的审美需求等发生诸多变化，对延续下来的隋唐音乐艺术提出了新的挑战，旧有的艺术形式已经不能适应新的时代需求。为适应市民阶层文化生活、审美娱乐的需求，新的音乐艺术形态应运而生，促使中国音乐由宫廷乐舞占主流向市民俗乐为大宗的转变。因此，就音乐文化发展史而言，两宋是中国音乐文化的转型期。这种转型从性质上来说是中国音乐主流从宫廷转向民间，由贵族化转向平民化；就音乐形式而言，是我国最具代表性的歌舞音乐转向市民音乐的典型形态：说唱音乐和戏曲音乐，音乐形式转变也是宋代音乐文化转型中最直观、最鲜明的表现。音乐艺术总体依然属于宋代城市化进程深刻影响的文化类型。

宋代绘画是中国绘画史上的一个极致。格物精神的盛行使得宋人创作非常注重捕捉万物生机，观物"写生"便成为主要手段。宋代画家深入自然，以自然为师，写生专注仔细，对自然物象穷尽其理，凝笃精神，严谨求实。总体而言，两宋画风有别，北宋山水画多灿烂辉煌，质

第五章 乐技风雅:转捩新境的宋代艺术之韵

感强烈,时而柔和温雅,气势宏大,其后逐渐走向自我表现,追求意境。南渡后多描绘秀丽江南山水景色,构图简约,但花鸟画则更趋严谨精致。现代著名学者郑振铎对于宋画极为推崇,他说:"宋代画家们所绘写的题材是多方面的,差不多是无所不包,从大自然的瑰丽的景色到细小的野草闲花,蜻蜓、甲虫,无不被捉入画幅,而运以精心,出以妙笔,遂蔚然成为大观",正因为如此,"论述中国绘画史的,必当以宋这个光荣的时代为中心"。[1]

更值得注意的是,宋人多以"韵"论书画艺术。"韵"进入绘画美学始于南朝谢赫,他在《古画品录》中提出"绘画六法",其中第一条便是"气韵生动"。宋人继承了以"韵"论书画的审美传统,如郭若虚《图画见闻志》卷一云:"凡画:气韵本乎游心,神采生于用笔,用笔之难,断可识矣";黄休复《益州名画录》引欧阳炯《壁画奇异记》云:"六法之内,惟形似气韵二者为先";韩拙《山水纯全集》云:"凡用笔先求气韵,次采体要,然后精思。"黄庭坚在《题摹燕郭尚父图》中指出"凡书画当观韵",更是将"韵"作为鉴赏书画的原则和准绳。[2]

宋人的审美趣味理性而严谨、含蓄而笃实。这种审美观念必然反映在社会生活中,其衣、食、住、行诸用器的造型和纹饰也都体现出这种平淡的韵味,如瓷器、砚台、茶盏、漆器等,大都造型简约,少有雕饰。从所见的宋代工艺美术的造型和装饰看,都显得比较平实,田自秉在概括宋代工艺的美学风格时就指出:"宋代的工艺美术,具有典雅、平易的艺术风格。不论陶瓷、漆器、金工、家具等,都以朴质的造型取胜,很少有繁缛的装饰,使人感到清淡的美。"[3] 典型如南宋时期的浙江龙泉青瓷,以薄胎厚釉为主要特征,粉青和梅子青釉的烧成更是将青瓷的艺术境界推向了高峰,青瓷产品造型简约,釉色淡雅柔和,如美玉一般,符合士大夫追求的"类玉类冰"的君子品格。由此可见,宋代的"工艺等的技术性很强、纯由匠人运作的门类,也能较好地体现同

---

[1] 郑振铎主编:《宋人画册》前言,浙江人民美术出版社2016年版,第2页。
[2] 周积寅编著:《中国画论辑要》,江苏美术出版社2005年版,第231、232、247页。
[3] 田自秉:《中国工艺美术史》,东方出版中心1985年版,第257页。

时代以文人为主流的审美思潮,并与绘画结合,与艺术潮流保持同步,可以说在整个古代工艺美学思想史中,宋代的工艺美学思想是与同时的哲学、美学思想步伐最为一致的一个朝代"。①

第一节　从宋诗到宋乐:《宋诗钞》中的乐舞资料

元人虞集曾说"一代之兴,必有一代之绝艺,足称于后世者",后人也常将宋词界定为"一代之胜",宋代词调音乐也成为音乐学界研究宋乐的重要内容和载体。但实际上,从数量上来看,宋诗远超宋词,所表现的内容也更为繁杂。因此,从音乐史料角度来看,宋诗与宋词一样,都生动地反映了宋代文人的音乐生活,甚至更为全面和多样,这从《宋诗钞》中已经得到充分印证。从现有数据可以看出,宋代文人涉及音乐的诗极为繁多,内容囊括宋代乐舞的方方面面,诸如盛行的乐器、乐舞、乐曲,还有著名的歌舞伎、音乐家,精彩的音乐故事,乐舞的审美,等等。从中可以发现宋代文人的音乐爱好、音乐审美志趣、乐舞活动和乐舞追求。这些散见于个人诗作中的内容,最终汇成了整个宋代文人乐舞生活的全貌,也体现了唐宋转型之际,整个宋代社会的音乐艺术之韵及其主要特色。

一　《宋诗钞》版本及其编者

大型诗歌汇编《宋诗钞》是清代影响最大、流传最广的一部宋诗选本,这在前文关于宋诗选本的讨论中多有论及,但并未就此作出详细介绍,因此在讨论《宋诗钞》中的乐舞资料之前,实有细说之必要。

《宋诗钞》由吴之振、吕留良、吴自牧等人,自康熙二年(1663)至康熙十年(1671)编选刊刻而成。由于其编撰目的是破除宋诗不如唐诗之观念,展现宋诗独特之风貌。故编撰者始终秉承"以宋存宋"理念,尽可能全面、丰富地将宋诗包罗,力图展现宋人之全貌、宋诗之

---

① 杭间:《中国工艺美学史》,人民美术出版社2007年版,第106页。

本相。因此，《宋诗钞》基本反映了宋诗面貌，具有典型性和代表性。

从版本来看，现存《宋诗钞》共有六个可考版本：其一是清康熙十年（1671）吴氏鉴古堂刻本，名为《宋诗钞初集》，不分卷，全二十六册；其二是清康熙十年（1671）三余堂藏刻本，名为《宋诗钞选》；其三是清文渊阁四库全书本，名为《宋诗钞》，共一百六十卷；其四是民国三年（1914）上海涵芬楼影印本，共九十四卷，全十册（一至八册为吴之振等选编《宋诗钞初集》，九、十册为管庭芬等选辑的《宋诗钞补》）；其五是民国二十四年（1935）商务印书馆出版的万有书库本，全二十四册，由李宣龚点校；其六是中华书局1986年版，全四册，该书以民国三年上海涵芬楼影印本为底本，一至三册为吴之振、吕留良、吴自牧选编的《宋诗钞》，第四册为管庭芬、蒋光煦选辑的《宋诗钞补》。前三册为初集，第四册为补集。同时，这一版本在底本基础上加上标点、改正了明显的错别字、统一部分异体字，并删除了重复部分。本节以中华书局本为基础进行分析。

编者吴之振（1640—1717），字孟举，号橙斋，别号竹洲居士，晚年又号黄叶老人、黄叶村农，浙江石门（今桐乡）洲泉镇人；吕留良（1629—1683），字庄生，一字用晦，号晚村，别号耻翁、南阳布衣、吕医山人等，明末清初杰出的学者、思想家、诗人，浙江崇德县（今桐乡崇福镇）人；吴自牧，吴之振的侄儿，生平事迹不详，文章、诗作在当时享名气，并且尤为喜爱宋诗；管庭芬（1797—1880），原名怀许或廷芬，字培兰、子佩，号芷湘，晚号笠翁、芝翁、渟溪老渔等，清代著名学者、藏书家、画家，浙江海宁路仲人；蒋光煦（1813—1860），字日甫、爱荀，号雅山、生沐、放庵居士，浙江海宁硖石人。

二　《宋诗钞》文本书写体例和乐舞史料分布

《宋诗钞》目录依次为吴之振序、凡例、校补宋诗钞记，并列百家诗。《宋诗钞初集》在实际收编过程中只辑录了八十四家诗，另有十六家有目无诗，《宋诗钞补》将这十六家补录，并对初集中的六十九家进行补充，共计一万两千余首诗。体例安排上，《宋诗钞》以人为次，时间跨度为两宋,除杨万里有九集,谢翱和周必大各有两集之外,基本按照一人一集的定式编排,每集所收录诗的数量均在五首以上。编撰者在每集之初附以小传介绍诗人,并对诗人及其作品进行品评考证。

据统计,《宋诗钞》所涉乐舞内容繁杂,其中以乐舞为专题的诗作相对较少,大都是在诗中论及了乐舞、乐器、乐人相关内容。因此,在整理过程中,凡涉及乐人、乐舞、乐器、乐谱、乐律等音乐事项的,均予以辑录,共计有1254首,具体分布情况如下(注:《宋诗钞》共收录100家诗,下图中数据仅统计有乐舞内容的诗人):

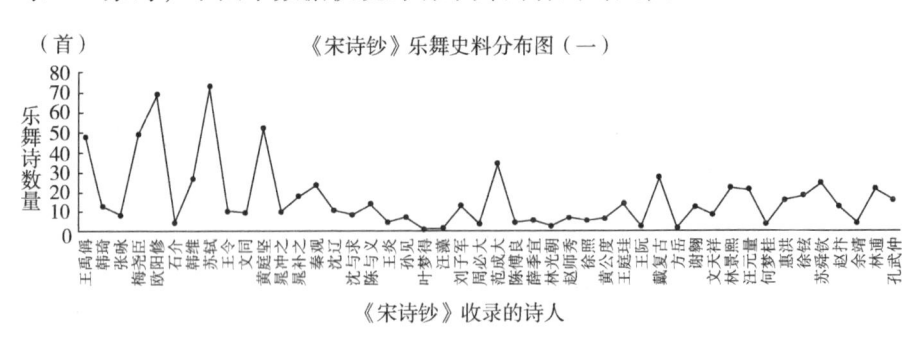

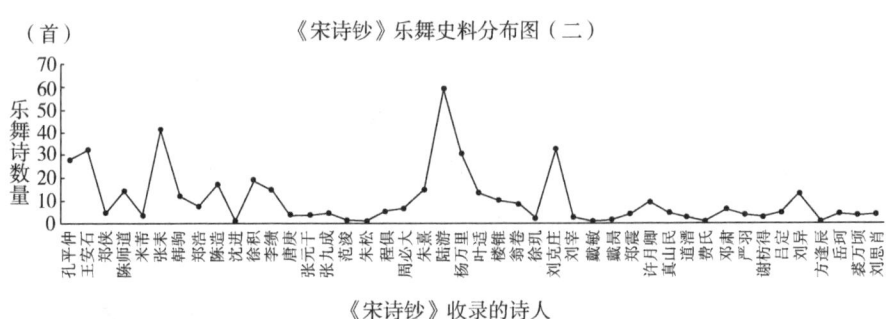

图2 《宋诗钞》中乐舞史料分布图

从统计图来看,诗中涉及音乐最多的诗人(乐舞诗的数量超过50首)是苏轼、欧阳修、陆游、黄庭坚、梅尧臣。这一定程度上说明这些诗人对音乐的偏爱,当然,这也与《宋诗钞》收录诗人的诗作数量有关。

按照乐舞史料的表现内容来看,基本可以划分为乐器、乐曲、乐人、乐事（音乐活动）四大类，①下文分而述之。

三 《宋诗钞》中的乐器类史料

《宋诗钞》中涉及乐器的诗共计716首，占总乐舞史料总数的57.1%。这说明乐器在宋代文人音乐生活及宋代社会音乐活动中占有极为重要的地位。归纳起来，文人诗作中所涉及的乐器集中体现在吹管、打击和弦乐三类。

（一）吹管类乐器

《宋诗钞》中涉及吹管乐器的诗作共有287首，占乐器类史料的40.1%。诗文中提到的吹管乐器主要有：笛、笙、簧、竽、角、筘、箫、埙、籥、龠、韶华管、觱篥、龙管、芦管等。

1. 笛

笛是《宋诗钞》乐器类诗作中出现频率较高的一类，共有136首，且种类丰富，有横笛、玛瑙笛、渔笛、长笛、短笛、羌笛、龙须笛、铁笛、尺八、玉笛、龙笛等。其中描述最多的是横笛，涉及不同的场所。如徐铉《送魏舍人仲甫为荆州判官》云"如闻郡阁吹横笛"（96）②；林逋《山北写望》云"一曲谁横笛，蒹葭白鸟飞"（393）；王安石《江上》"离情被横笛，吹过乱山东"（616）。江上渔夫闲暇消遣、抒怀所用之笛，称之为"渔笛"，诗人对此进行描绘主要是借此抒发寄情山林之趣。如林景熙《渔笛》"楚竹声何远，苍茫想钓舟。……曲终枕蓑卧，无梦到凉州"（3684）。羌笛常常与边愁、思乡相联系，如范成大《石湖芍药盛开》云"羌笛夜阑吹出塞，当年如此梦扬州"（3497）；严羽《送友人》云"黯黯离筵夕照收，江城羌笛起边愁"；等等。

也有诗人根据形制，称之为"长笛""短笛"，前者如林景熙《纪

---

① 四个类别之间并非泾渭分明，常常会集中在一首诗之中，因此本书所统计的各类乐器、乐曲、乐舞史料条数，均采用重复计数方式得到。

② 文中所有的诗作均来自（清）吴之振等选编，（清）管庭芬等补编《宋诗钞》，中华书局1986年版（2015年重印）。为避免重复引用，仅在括号内标注页码。

梦》、释惠洪《浙竹》、沈辽《龟兹舞》、黄庭坚《赠张仲谋》《登快阁》、陆游《对酒作》等。后者如戴复古《杜仲高相遇约李尉》、方岳《田头》、王庭珪《从叔军冕见访》、戴复古《儒衣陈其姓工于画牛马鱼一日持六簇为赠以换诗》等。

宋人也在诗中对不同材质的笛进行描绘，如：玛瑙笛，以玛瑙玉为原材料制作而成，孔武仲《赋玛瑙笛》对此记载尤详，诗中云："弘农学士九尺长，颊颧山起鬓髯张。从容奏罢阳春曲，气衰坦腹眠绳床。由来雅器自有合，不与教坊管弦杂"（442）；铁笛，刘克庄《病后访梅九绝》、文天祥《山中即事》均有提及；玉笛，刘克庄《明皇按乐图》云："戏呼宁哥吹玉笛"，孔武仲《高楼行》云："百尺曹亭吾独有，更教玉笛倚栏吹"；等等。

部分文人在诗作中谈到笛的制作工艺，如沈与求《何子楚为范明伦九疑石》云："峨弁千峰倚天碧，上有修竹材可笛"（3342）；惠洪《浙竹》云："坚干犹堪制长笛，最合宫商胜金石"（3732）；范成大《临江仙》云："龙须将笛绕，雁字入筝飞"（1742）。

也有将"笛"称之为"篴""尺八"，并在诗中进行了详细描绘，前者如刘克庄《追何南塘韵呈汤伯纪尹子潜》，描绘了用篴演奏西凉曲的情景（2589）；后者如惠洪《谒蔡州颜公祠堂》云"尺八横吹入醉乡"（3008）。

显然，随处可见的笛声说明在宋人的音乐生活中，笛已经成为一种非常普遍的乐器，在不同社会群体、不同场景下频繁使用，成为文人寄情抒怀、娱乐的重要媒介之一。

2. 笙、簧、竽、箫

笙，《宋诗钞》所载有笙、玉笙、桃枝笙之称，如孔武仲《高楼行》"半夜微闻奏笙笛"（446），苏轼《送刘寺丞赴余姚》"玉笙哀怨不逢人"（672），等等；箫有洞箫、短箫、凤箫、箫管之称，如苏轼《金山梦中作》"卧吹箫管到扬州"（691），《次韵孔毅甫久旱已而甚雨三首》中有"洞箫入手清且哀"之句（685），朱熹《读道书作》云"激烈玉箫声"（1652），等等。

第五章　乐技风雅：转捩新境的宋代艺术之韵

当然，笙、簧、竽、箫更多是通过组合的形式在诗中呈现，如王安石《有感》"笙簧不入耳"（585），孔平仲《梦锡杨节之孙昌龄见过小饮》"此乐胜笙竽"（484），黄公度《题凉峰》"笙箫离管发"（3535），等等。归纳起来，"笙－簧"组合最为常见，其次是"笙－箫"，"笙－竽"相对较少，但无论是哪种组合形式，笙是基础，这在一定程度上反映了宋人乐器组合的观念。

3. 角、觱

宋代文人对角、觱的描写多有伤怀、失意、苦闷之感。如：李觏《晚闻角》"胡觱更何物，只此已伤神"（1368），《晓角》"肠断城头画角声，灯青月黑酒微醒"（1374）；陆游《冬夜闻角声》"袅袅清觱入雪云，白头老守卧中军"（1869）；文天祥《京城》"北城悲觱发，失涕万人挥"（3654）；沈与求《邵子非谓予有天台之行见贻以诗次其韵》"为说惊魂招楚些，忍闻悲曲动胡觱"（3345）。

当然，角、觱也是农人、小儿日常的娱乐之器，如戴复古《乌盐角行》描述了农人耕作、闲暇之际吹角寻乐场景，诗云："一声催得大麦黄，一声唤得新秧绿。人言此角只儿戏，孰识古人吹角意。田家作劳多怨咨，故假声音召和气。吹此角，起东作。吹此角，田家乐。此角上与邹子之律同宫商，合钟吕。形甚朴，声甚古，一吹寒谷生禾黍"（2654）。沈辽《和张宝臣即元韵》亦云："田里小儿放猪猭，为乐往往鸣箫觱"（1224）。

（二）打击类乐器

在乐器类诗作中，涉及打击类乐器的共有253首，占乐器类诗作的35.3%。其中又以鼓最多，共计200首，其他还有钟、拍板、铎、钲、铙、磬等。

1. 鼓

据统计，《宋诗钞》中出现鼓类乐器名称有11种，分别是：羯鼓、铜鼓、鼍鼓、鼛鼓、鱼鼓、金鼓、衙鼓、战鼓、腰鼓（土鼓）、蚵鼓。

羯鼓，陈旸《乐书》云："龟兹、高昌、疏勒、天竺部之乐。状如

279

漆桶，下承以牙床，用两杖击之。"①《宋诗钞》对羯鼓的描绘主要集中在羯鼓的演奏风格和声震天际的音响特征，如陆游《九月一日夜读诗稿有感走笔作歌》有"羯鼓手匀风雨急"（1884），刘克庄《燕》有"劝君莫入珠帘去，羯鼓如雷打出来"（2528）。陈造《复次韵寄程帅二首》"羯鼓声中花作锦，壶筹多处酒为池"（1206）也描述了宋人在羯鼓声中享乐饮酒的生活状态。

鼍鼓，诗人常常在描绘民间节日风俗中提及，说明宋代该乐器主要在民间使用。如陆游《丰岁》有"羊腔酒担争迎妇，鼍鼓龙船共赛神"（1911）；苏轼《次韵刘景文周次元寒食同游西湖》有"共向北山寻二士，画桡鼍鼓聒清眠"（703）。

鼙鼓，陈旸《乐书》云"卑者所鼓也"②，即军中所用。但在《宋诗钞》中，鼙鼓的活动场所既有军队之中，也有民俗活动，前者如汪元量《襄州道中》有"鼙鼓夜达明，角筯竞于悒"（2957）。后者如陆游《闲游所至少留得长句》有"圆鼙坎坎迎神社，大字翩翩卖酒旗"（1990）之句。

鱼鼓，寺庙所用之器。诗人所借鱼鼓之声描绘寺庙的清静、素雅，如晁冲之《香山示孔处厚》"日高下马古寺门，鱼鼓欣闻脱清饿"（1056），《拟一上人怀山之什》"山空牛斗寒，寺静鱼鼓肃"（1061）。

金鼓、铜鼓，在宋代文人诗作中常常具有一种特定的意义，如邹浩《邻家集射》云"墙东金鼓不停声，知是将军奕世孙"（1138），描写了权贵之家集射活动的场景。梅尧臣《十一日垂拱殿起居闻南捷》"昔日苦病今不病，铜鼓弃掷无镖枪"（242）则描绘了铜鼓传讯的喜悦。

衙鼓，官舍衙门所用，张耒《官舍岁暮感怀书事三首》记有："衙鼓冬冬送夕阳，经时无客上高堂"（637）。

战鼓，军队征战时所用，常用来描绘戍边士兵生活场景，如苏轼《司竹监烧苇园因召都巡检柴贻勖左藏以其徒会猎园下》有"戍兵久闲

---

① （宋）陈旸：《乐书》，张国强点校，中州古籍出版社2019年版，第621页。
② （宋）陈旸：《乐书》，张国强点校，中州古籍出版社2019年版，第569页。

可小试，战鼓虽冻犹堪挝"（1035）。

腰鼓，主要在民俗乐舞活动中运用，如苏轼《惜花》"道人劝我清明来，腰鼓百面如春雷"（657），描绘了在清明节赏花活动中百面腰鼓共同演奏的盛大场景；秦观《雷阳书事三首》"一笛一腰鼓，鸣声甚悲凉。借问此何为，居人朝送殇"（1148）描绘了丧葬时的音乐场景。此外，范成大《次韵平江韩子师侍郎见寄三首》记载了南方地域以蚺蛇皮为腰鼓主要材质的现象，有云："南人以蚺蛇皮作腰鼓，响彻异常"（1747）。

2. 钟、磬

《宋诗钞》对钟的记载有两种情况：一是作为生活中的实用器具，如文武百官上朝的信号钟，或寺庙的报时钟、食饭钟。如刘子翚《景阳钟二首》云："景阳钟动晓寒清，度柳穿花隐隐声。三十六宫梳洗罢，却吹残烛待天明"（1532）、张元幹《留寄黄檗山妙湛禅师》云："白云遮日蔽秋寺，青嶂闻猿惊暮钟"（1472）等；二是作为乐器，多用于宫廷祭祀、朝会等雅乐活动，如陆游《舟中晓赋》"吹残画角钟初动"（1957）、薛季宣《谷里章》"撞钟击磬礼耶毗（2339）"等。

《宋诗钞》中还出现了长乐钟、琉璃钟、九黄钟、镈钟之名，如韩驹《馆中直宿书事》"卧闻长乐钟声近，尚忆寒山半夜时"（1094），林景熙《次翁秀峰》"唐陵愁问永和帖，楚水梦闻长乐钟"（2910）。显然，诗文中的长乐钟多为借代，具有特定的含义。琉璃钟，如汪元量《燕歌行》"烹龙炰鸾割驼峰，紫霞潋滟琉璃钟"（2956）、晁补之《赠戴嗣良》"蛾眉稍进琉璃钟"（1118）等。

磬，文人多借此抒情，或营造一种清雅幽谧之境。如朱熹《斋居闻磬》"此时邻磬发，声合前山响"（3468），王禹偁《庶子泉》"架竹落僧厨，远声入清磬"（21），等等。

当然，在文人的诗作中，钟磬常常是作为组合的形式呈现的，以表达某种意境。如王令《金山寺》"楼台影落鱼龙骇，钟磬声来水石寒"，程俱《豁然阁》"扁舟还北城，隐隐闻钟磬"，张耒《寄答参寥五首》"更酬而迭唱，钟磬日撞鸣"，等等。

3. 拍板

陈旸《乐书》载："拍板，长阔如手掌，大者九板，小者六板，以韦编之。胡部以为乐节，盖所以代扦也。"[1] 王禹偁《拍板谣》详细记载了它的材质结构、功能及其在乐队、舞队中的统领地位，诗云：

> 麻姑亲采扶桑木，镂脆排焦其数六。双成捧立王母前，曾按瑶池白云曲。几时流落来人间，梨园部中齐管弦。管弦才动我能应，知音审乐功何全。吴宫女儿手如笋，执向珉筵为乐准。……（66）

文人诗作中还有檀板、六板之名。檀板即檀木制成的拍板，如刘子翚《汴京纪事二十首》"缕衣檀板无颜色，一曲当时动帝王"（1538），欧阳修《答通判吕太傅》"舞踏落晖留醉客，歌迟檀板换新声"（361）。六板，由六块木板连接而成，也称小拍板。如徐积《赠陈留逸人》云："能作陇头声，其女操六板"（1266）。当然，从所有记载拍板的诗作来看，宋人常常是将拍板作为歌唱的伴奏乐器使用，而且有关诗作也相对较少，并没有显示出它在宋代音乐中的重要地位。

（三）弦乐器

在乐器类史料中，涉及弦乐器的共有292首，占乐器类史料的40.8%。其中琴最多，205首；琵琶次之，46首；其他还有：筝、瑟、箜篌、阮、奚琴、胡琴等。

1. 琴

《宋诗钞》中鼓琴、听琴的主要群体是文人和僧人，诗中提到琴的称谓有多种，如七弦琴、祥琴、素琴、雅琴、绿绮琴、焦桐琴、瑶琴、焦尾琴、白玉琴、南风琴、响泉、韵磬等，涉及琴的内容主要有三个方面：

第一，古琴演奏、琴曲听赏活动。如苏舜钦《演化琴德素高昔尝

---

[1] （宋）陈旸：《乐书》，张国强点校，中州古籍出版社2019年版，第660页。

第五章 乐技风雅:转掖新境的宋代艺术之韵

供奉先帝闻予所藏宝琴求而挥弄不忍去因为作歌以写其意云》对古琴演奏者的高超演奏技艺、诗人的聆听感受进行了细致入微的描述,诗云:"风吹仙籁下虚空,满坐沉沉竦毛骨。按抑不知声在指,指自不知心所起。节奏可尽韵可收,时于疏澹之中寄深意"(146)。

第二,琴人。它涉及文人、僧人、道家、后妃、宫人等善琴者,如王庭珪《和刘美中尚书听宝月弹桃源春晓》"抱琴释子眉发苍,响泉韵磬鸣长廊"(3556)。王阮《和贫士》"吾闻戴安道,不对王侯琴。当时岂不能,低眉求赏音。一曲朝得闻,千金夕来寻。舍之不肯顾,轻重得所斟"(2633)。

第三,借琴抒怀。宋代文人对琴的情感不仅仅是将鼓琴作为文人的基本素养,听琴作为日常娱乐重要内容,更多的是通过对琴的描绘来抒发个人的忧思、感悟以及家国情怀。如晁补之《阎子常携琴入村》"阎夫子,通古今,家徒四壁犹一琴。……人谓君琴语辛苦,此曲无乃伤天和,君不见夫子宋围不糁犹弦歌"(1120),王禹偁《秋居幽兴》"幽兴将何遣,燋琴贳酒杯"(47),赵抃《送章岵少卿提举洞霄宫》"樽中不空酒,琴面已无弦"(192),等等,都体现了借琴抒怀之意。

除此之外,宋人诗中还涉及了琴曲、琴谱、挑琴、买琴、琴价、琴材等方面,如张耒《次韵张公远二首》谈到了挑琴之法,所谓:"可待挑琴知有术"(1031);翁卷《送姚主簿归龙溪》谈到了琴的价格,云:"只将零月俸,买得一张琴"(2449);刘克庄《答友生》亦云:"家为买琴添旧债"(2512);林逋《湖山小隐二首》讲到了学琴所用《南薰谱》,诗云:"琴僧近借南薰谱,且并闲工子细抄"(402);欧阳修《答端明王尚书见寄兼简景仁文裕二侍郎二首》阐明了文人对琴书的重视,其云:"琴书自是千金产,日月闲销百刻香"(389);欧阳修《赠杜默》"愿以白玉琴,写之朱丝绳"(317),陆游《北窗闲咏》"古琴百衲弹清散,名帖双钩拓硬黄"(1871)都涉及了琴的材质问题;欧阳修《奉答原甫见过宠示之作》"援琴写得入此曲,聊以自慰穷山间"(350)则谈到琴曲创作问题。

综上,"琴"贯穿于文人音乐生活的方方面面,无论是个人情感抒发、还是交友雅集宴饮，都少不了"琴"的存在。这种现象充分印证了宋代文人普遍存在"鼓琴为天下第一"的观念，琴成为文人娱乐生活、抒情达意的首选。

2. 琵琶

宋代琵琶极为流行，这在《宋诗钞》中有着明显体现。归纳起来，宋代文人诗作中的琵琶形象，多源于文人宴饮雅集、交友活动。如戴复古《琵琶行》，梅尧臣《依韵和永叔戏作》，韩维《又和杨之美家琵琶妓》《和微之饮杨路分家听琵琶》，黄庭坚《代书》，沈辽《春日行》，等等，均生动描述了宴饮之中琵琶演奏者的高超技艺、观众的听赏感悟。其中具有代表性的有欧阳修在《于刘功曹家见杨直讲褒女奴弹琵琶戏作呈圣俞》诗中对女乐人及其琵琶演奏技艺的描绘，诗云：

> 大弦声迟小弦促，十岁娇儿弹啄木。……娇儿身小指拨硬，功曹厅冷弦索鸣。繁声急节倾四坐，为尔饮尽黄金觥。……娇儿两幅青布裙，三脚木床坐调曲。……（346）

苏轼《宋叔达家听琵琶》对琵琶演奏场景的描绘也十分精彩：

> 数弦已品龙香拨，半面犹遮凤尾槽。新曲翻从玉连锁，旧声终爱郁轮袍。梦回只记归舟字，赋罢双垂紫锦绦。何异乌孙送公主，碧天无际雁行高。（647）

将上述两首诗对比发现，两位诗人在琵琶演奏技法的描述上有一定出入。欧阳修描绘的乐人是用手指来弹拨琵琶弦，而苏轼诗中则强调乐人是用龙香拨片进行弹奏。这说明北宋时期，琵琶在演奏上至少存在两种不同的演奏方式。当然，二者所奏琵琶是否为同一类型，还需要进一步考证。

除文人乐舞活动外，《宋诗钞》中还描绘了宗教祭祀活动中运用琵琶的现象，如梅尧臣《十一月十二日寒昭亭神》"瑟琶嘈嘈神降言，福汝佑汝无灾孽"（276）。

从乐器组合形式来看，在文人诗作中，琵琶常常与筝合奏，如黄庭坚《己未过太湖僧寺》云"谷鸟与溪濑，合弦琵琶筝"（938）。当琵琶为舞蹈伴奏时，又常常与鼓相应和，如陆游《锦亭》"琵琶弦繁腰鼓急，盘凤舞衫香雾湿"（1841）、《九月一日夜读诗稿有感走笔作歌》"华灯纵博声满楼，宝钗艳舞光照席。琵琶弦急冰雹乱，羯鼓手匀风雨疾"（1884）等。

3. 筝

《宋诗钞》中也有大量关于筝的描写，如欧阳修《李留后家闻筝坐上作》"不听哀筝二十年，忽逢纤指弄鸣弦。绵蛮巧啭花间舌，呜咽交流冰下泉。常谓此声今已绝，问渠从小自谁传"（363）。苏轼《甘露寺弹筝》也描绘了聆听筝声的感受："多景楼上弹新曲，欲断哀弦再三促。江妃出听雾雨愁，白浪翻空动浮玉。唤取吾家双凤槽，遣作三峡孤猿号。与君合奏芳春调，啄木飞来霜树杪"（3168）。

从诗文来看，筝在演奏中常见的组合形式是"筝—琵琶""筝—笛""筝—箫""筝—瑟"四种，但在描写筝的时候，诗人常常用"哀筝"一词，如上文欧阳修云"不听哀筝二十年"，苏舜钦"哀筝自响吹霜风"（164），杨万里"怨笛哀筝总不如"（2156），等等。这说明宋人对筝的审美体验中，普遍存在一种以悲为美的认知。

4. 瑟

据《宋诗钞》所载，瑟的运用场所主要有两类：一是文人宴享，如晁补之《同鲁直文潜饮刑部杜君章家次封丘杜观仲韵》"两鬓亦解倚瑟语，催送花前红袖舞"（1122）、陈师道《次韵夏日》"解醉佳人锦瑟傍"（825）等；一是宗教风俗活动，如陆游《十二月初一日得梅一枝绝奇戏作长句今年于是四赋此花矣》"湘娥鼓瑟为招魂"（1835）、梅尧臣《十一月十二日寒昭亭神》"瑟琶嘈嘈神降言，福汝佑汝无灾孽"（276）等。

5. 奚琴、胡琴

奚琴，陈旸《乐书》载："奚琴本胡乐也。出于弦鼗而形亦类焉，奚部所好之乐也。盖其制，两弦间以竹片轧之，至今民间用焉。"①《宋诗钞》收录的文人诗作中也记录了有关奚琴的音乐活动，如欧阳修《试院闻奚琴作》云："奚琴本出奚人乐，奚虏弹之双泪落。抱琴置酒试一弹，曲罢依然不能作。"（384）这段描写与陈旸记载的差异之处在于演奏方式，《乐书》所载为"两弦间以竹片轧之"，而欧阳修则说是"抱琴""弹之"。因此，奚琴在宋代的真实演奏方式还有待进一步考证。

胡琴一词，唐代已经出现，《宋诗钞》中提到胡琴的诗较少，主要有：梅尧臣《吴冲卿出古饮鼎》"又荷君家主母贤，翠羽胡琴令奏侧"（245），石介《士廷评相会梓州》"重欲同君注周易，且来共我听胡琴"（429），孔平仲《次韵王通叟》"千金骏马将辞主，一曲胡琴遂掩棺"（503），等等，包括孔平仲在《四日群集于景德寺》题记中也写到督铁使钱公家有妾，擅长胡琴（511）。但上述记载都未明确其形制和演奏形式，是否为陈旸《乐书》所云"马尾胡琴"或"奚琴"（嵇琴），尚需论证。

四 《宋诗钞》乐曲类史料

由于文人在诗文中对乐曲的记载相对模糊，因此辨析时相对复杂。初步统计，《宋诗钞》中有关乐曲类的诗共有139首，占乐舞史料总量的11.1%。从体裁来看，主要有声乐曲、器乐曲、鼓吹曲、舞曲等。

（一）声乐曲

据统计，《宋诗钞》中提到的歌曲类别多样，有山歌、棹歌、词调、乐府古曲等，应用场合也各不相同。如《竹枝》是盛行荆楚之地的民歌，故黄庭坚《次韵王稺川客舍》云："此曲朱门歌不得，湖南湖北竹枝歌"（915）。陆游《将离江陵》则点出了此类乐曲的风格："竹枝本楚些，妙句寄悽怆"（1862）。《菱歌》也常常被诗人提及，如严羽《怀南昌旧游》云："楼笛吹晴雪，菱歌漾晚风"（3628）；朱熹《采菱

---

① （宋）陈旸：《乐书》，张国强点校，中州古籍出版社2019年版，第632页。

舟》亦云："一曲菱歌晚，惊飞欲下鸥"（3477）。《宋诗钞》中还涉及了其他少数民族地区的民歌，如苏轼《将至广州用过韵寄迈迨二子》记有："蛮唱与黎歌，余音犹杳杳"（732）。

文人诗作中提到的歌曲还有《渭城》《紫芝歌》《小秦王》《玉树后庭花》《金缕》《骊歌》《扣角歌》《摸鱼儿》《篷篷歌》《湖阴曲》等。其中《渭城》相对较多，如晁冲之《复用韵》云："若为修禊无丝竹，古调新诗唱渭城"（1063）。

不仅如此，文人们还通过诗文阐释了歌曲创作之法，如黄庭坚在《竹枝词二首》跋中介绍了创作经验："古乐府有'巴东山峡巫峡长，猿鸣三声泪沾裳'，但以抑怨之音和为数叠，惜其声今不传。予自荆州上峡入黔中，备尝山川险阻，因作二叠，传与巴娘，令以《竹枝》歌之……或各用四句入《阳关》、《小秦王》，亦可歌也"（911—912）。杨万里《圩丁词十解》也描述了作品创作与传唱的过程："余因作词，以拟刘梦得《竹枝》、《柳枝》之声，以授圩丁之修圩者歌之，以相其劳云"（2270）。

宋代诗人也常常关注民间祭祀、丧葬仪式中的乐曲。如梅尧臣《和才叔岸傍古庙》提到了山神祭歌《山鬼曲》（210），孔武仲《辞三妃庙》记载了民众祭祀时用《九歌》（455）。林光朝《哭伯兄鹊山处士蒿里曲》则记载了丧葬用乐《薤露》《蒿里》，如其题记云："窃观之，近古葬显者则歌《薤露》，又有《蒿里》之曲，施诸闾巷。乃取鹊山号哭之声作是曲"（2380）。

（二）器乐曲

在器乐曲中，《宋诗钞》涉及最多的是琴曲，有《醉翁吟》《阳春白雪》《广陵散》《欸乃》《高山流水》《桃源春晓》等。归纳起来，诗人主要从听曲之感、赞奏曲之高超、溯乐曲之源三个维度展开。如欧阳修《赠沈遵》描述了琴曲《醉翁吟》的创作背景和听赏感悟："群动夜息浮云阴，沈夫子弹醉翁吟。醉翁吟，以我名，我初闻之喜且惊。宫声三叠何泠泠，酒行暂止四坐倾。有如风轻日暖好鸟语，夜静山响春泉鸣。坐思千岩万壑醉眠处，写君三尺膝上横"（341）。王庭珪《和刘美中尚书听宝月弹桃源春晓》则刻画了演奏者的高超技艺和乐曲的审美意趣："抱琴释子眉发苍，响泉韵磬鸣长廊。能谈往事悲孟尝，昔时台沼今耕桑。又如勇士赴敌场，坐令游子思故乡。清猿抱木号鸿荒，孤吟划见丹凤翔。曲终待月西南厢，重调十指初不忙。如见古画秦衣裳，春天百鸟争颉颃。桃源归来今已忘，弹到落花空断肠"（3556）。

《宋诗钞》还记载了大量的琵琶曲、笛曲和器乐合奏曲，如琵琶曲有《玉连琐》《郁轮袍》《出塞》等，笛曲有《折柳》《西凉》《何满子》《梅花三弄》等，角曲有《落梅》，合奏曲有《春芳调》《六幺》《梁州》《乌楼曲》《清商》等。

（三）鼓吹曲

《宋诗钞》记载了各类仪式用乐曲，其中最典型的是鼓吹曲，这集中体现在谢翱《晞发集钞》。其中收录有《宋铙歌鼓吹曲》十二首，分别是《太祖尝微时歌日出，其后卒平僭乱，证于日。为日离海第一》《宋既受天命，为下所推戴，惩五季乱，誓将整师，秋毫无所犯。为天马黄第二》《宋既有天下。李筠怀不轨，据壶关以叛，王师讨平之。为征黎第三》《上亲征李重进至广陵，临其城拔之。为上临墉第四》《湖湘乱命，将拯之，至江陵，周保权已平。贼出军澧南以拒，卒取灭亡。为军澧南第五》《王师拯，湖湘道渚宫高，继冲惧出迎，悉以其版籍来上。为邻之震第六》《蜀主昶惧，阴结太原，获其谍，六师征之。昶至以母托，上许归母。数日昶卒，母以酒酹地，因不食亦卒。为母思悲第七》《刘铤乱岭南，为象陈以拒王师，象奔踶反践，俘铤以献。为象之奔第八》《上命将平南唐，誓城陷，毋得辄戮一人，众咸听命。为征誓第九》《钱氏奄有吴越，朝会贡献不绝于道，至是以版图归职方。为版图归第十》《陈洪进初隶南唐，崎岖得达于天子，至是籍其国，封略来献，为附庸毕第十一》《太祖征河东，班师以伐功，遗太宗卒成其志。为上之回第十二》。《宋骑吹曲》有十首，分别是《亲征曲第一》《回銮曲第二》《遣将曲第三》《归朝曲第四》《谕归朝曲第五》《李侍中妾歌第六》《孟蜀李夫人词第七》《南唐奉使曲第八》《伎女洗蓝曲第九》《邸吏谒故主曲第十》(2832)。这显然是诗人应召而作，属于国家的仪式用乐。

(四) 舞曲

《宋诗钞》中涉及舞蹈的诗共计132首，占总乐舞诗的10.5%，诗中提到的舞蹈作品有：《踏歌》《竹枝》《杨柳枝》《白纻》《霓裳舞》《六幺》《伊州》《凉州》《小垂手》《采莲舞》《剑舞》《花舞》《浑脱》《胡旋舞》《鸲鹆舞》《龟兹舞》《春风小契丹》《真定舞》《金刚舞》等，这其中既有传统歌舞、宋代队舞，也有四夷乐舞、佛教歌舞等。而诗人在描写中常常将舞蹈作品与舞蹈表演者的舞姿、服饰、舞蹈特点结合起来。如《六幺》，范成大《酒边二绝》云："日长绣倦酒红潮，闲束罗巾理六幺"(1748)。梅尧臣《莫登楼》亦云："腰鼓百面红臂韝，先打六幺后梁州"(286)。

专题性描写舞蹈作品的相对少见，代表性的是沈辽《龟兹舞》，诗云：

> 龟兹舞，龟兹舞，始自汉时入乐府。世上虽传此乐名，不知此乐犹传否。黄扉朱邸昼无事，美人亲寻教坊谱。衣冠尽得画图看，乐器多因西域取。红绿结袄坐后部，长笛短箫形制古。鸡娄揩鼓旧所识，饶贝流苏分白羽。玉颜二女高髻花，孔雀罗衫金画缕。红靴玉带踏筵出，初惊翔鸾下玄圃。中有一人奏羯鼓，头如山兮手如雨。其间曲调杂晋楚，歌词至今传晋语。(1221)

其他还有张耒在《白纻词效鲍照》中生动刻画了《白纻》舞优美的动作："摇轻裾，曳长袖，为楚舞，千万寿。……回纤腰，出素手，髻堕鬓倾钗欲溜，为君歌舞君饮酒"(3246)。谢翱《铁如意》也描绘了五六人月下起舞作歌，互争高低的场景："仙客五六人，月下斗婆娑。散影若云雾，遗音杳江河。其一起楚舞，一起作楚歌。双执铁如意，击碎珊瑚柯。一人夺执之，睨者一人过。更舞又一人，相向屡偻傞。一人独抚掌，身挂青薜萝。夜长天籁绝，宛转愁奈何"（2843）。

从《宋诗钞》中文人诗作对舞蹈的描写可以看出，文人视野中的舞蹈强调舞腰、舞袖。舞者要求腰部纤细，肌肤洁白似雪，如欧阳修《答谢景山遗古瓦砚歌》云："圆歌宛转激清徵，妙舞左右回纤腰"（374）；苏轼《次韵王巩》云："舞腰似雪金钗落"（668）；惠洪《次韵亭上人长沙雪中怀古二首》云："飞雪满空如舞腰"（3760）。诗人常常将飞雪下降盘旋的样子比作舞者扭动的腰姿，可见宋代舞蹈动作的灵巧妖娆。在舞袖方面，宋人常常认为舞蹈服装必须有足够长的舞袖，才能彰显舞者功力，达到一种审美意境。如韩驹云："善舞需长袖"（1092），张元幹亦云："舞袖要须长"（1465），黄庭坚甚至发出了"地褊未堪长袖舞"（908）的遗憾，这充分说明追求长袖翩翩之舞，是众多文人的审美理想之一。

五 《宋诗钞》乐人类史料

《宋诗钞》中所涉及的乐舞表演者比较宽泛，既有专职的伎乐之人，也有文人琴家、僧道之人。这类诗共计96首，占《宋诗钞》乐舞诗总量的7.7%，其中以琴人和乐伎居多。

（一）琴人

《宋诗钞》对琴人的记载相对丰富，涉及文人琴家、僧人琴家、道人琴家和宫人弹琴者等。其中，文人琴家有欧阳修、范仲淹、苏轼、林逋、阎子常、汪元量等，这也印证了上文统计乐舞诗作时，苏轼和欧阳修的乐舞诗是《宋诗钞》中相关题材数量最多的现象，即这些文人琴家因懂音知乐，故对写作乐舞诗有着独特的兴趣和爱好。当然，文人诗常常从两个维度来描写琴人、琴家。一是自我刻画，如林逋在《湖山小隐》自云："家藏独有琴"（393），宴饮时则"援琴有余兴，聊复寄吟觞"（394），寂寥时则"一琴牢落倚松窗"（410），张耒在《和即事》中亦云："弹琴废久重寻谱"（1025），由此可见，以琴自娱在文人生活中具有极为重要的地位。二是记录他人，如苏轼在《赠沈遵》中记载了沈遵创作琴曲《醉翁亭》之事。著名琴人阎子常，因演奏水平极高，也多次被不同的文人记录在诗中，如黄庭坚《次韵无咎阎子常携琴入村》、晁补之《阎子常携琴入村》《李成季得阎子常古琴作》等，这说明文人在娱乐生活中常常有着相对固定的"朋友圈"。

宋代琴僧的数量也很多，并形成了琴僧流派。一些知名的琴僧、道人与文士相互欣赏，成为知音、挚友，因此，他们也常常作为文人诗作记录、描写的对象。如欧阳修的《送琴僧知白》云："吾闻夷中琴已久，常恐老死无其传。夷中未识不得见，岂谓今逢知白弹。遗音髣髴尚可爱，何况之子传其全。……岂知山高水深意，久以写此朱丝弦。酒酣耳热神气王，听之为子心肃然"（378）。在《赠诗僧道通》诗中，欧阳修也有"钱塘僧思聪总角善琴"（733）的描述。文天祥《听罗道士琴》也对善琴道士进行了记录，并营造了一幅仙乐缥缈的画卷："断崖千仞碧，下有寒泉落。道人挥丝桐，清风转寥廓。飘飘襟袂举，冰纨不禁薄。紫烟护丹霞，双舞天外鹤"（3666）。欧阳修《赠无为军李道士二首》则刻画了李景仙道士"琴人合一"的境界："无为道士三尺琴，中有万古无穷音。音如石上泻流水，泻之不竭由源深。弹虽在指声在意，听不以耳而以心。心意既得形骸忘，不觉天地白日愁云阴"（332）。

宋代宫廷善琴者也曾纳入文人的视野，如苏舜钦写到了曾经供奉过真宗的琴待诏演化，诗中展现其高超的琴艺以及对琴的痴爱（146）；而汪元量则有"宫人清夜按瑶琴"（2940）之句。

（二）乐伎

宋代文人与乐伎之间有着密切的关系，文人宴饮雅集中离不开乐伎相佐，因此，《宋诗钞》中记载了大量的乐伎，有名者如小胜、谢娘、英英、莺莺、爱爱、徐冬冬、李宜、阎姬、刘淑女、李师师等。晁补之《赴广陵道中三首》记载了乐伎小胜助酒侑觞的场景，所谓："南都留守使双鬟劝酒，小胜其字也"（1130）。刘子翚《野步》有"谢娘歌白纻"（1531）。除宴饮雅集外，文人士大夫家中也蓄养乐伎以供享乐，如徐铉《正初答钟郎中见招》云:"冬邻妓女字英英"(72);范成大《次韵平江韩子师侍郎见寄三首》云:"莺莺,子师家善歌者,前年过婺,券满已去"(1748)。

诗人也关注到民间勾栏瓦肆、青街柳巷中的乐伎。如徐积《爱爱歌》"爱爱乃是娼家女,浑金璞玉埋尘土。歌舞吴中第一人,绿发双鬟才十五"(3351)。当然,作为社会的低贱阶层,乐伎年老色衰之后的凄惨生活也深得文人同情,如刘克庄《老妓》就描写了此种景况:"籍中歌舞昔驰声,憔悴犹存态与情。爱说旧官当日宠,偏呼狎客小时名。薄鬓易脱梳难就,半被常空睡不成。却羡邻姬门户热,隔楼张烛到天明"(3547)。

除了歌伎,《宋诗钞》还记载了琵琶乐人康昆仑、杜彬,笛子爱好者杨朴等,这也充分说明宋代参与乐舞群体的庞杂。

六 《宋诗钞》乐事类音乐史料

《宋诗钞》中,以描述乐事为主的诗(除上述乐人、乐曲和乐器类诗之外)共计87首,占总乐舞史料的6.9%,主要涉及宫廷音乐活动与民间音乐活动两大类。

(一) 宫廷音乐活动

诗人记载的宫廷音乐活动事项主要集中在三方面:其一宫廷宴享乐舞活动,如杨万里《正月五日以送伴借官侍宴集英殿十口号》记载了皇帝与臣子宴饮欢愉的场面。所谓"槛前一曲绕虹梁","猛士缘竿亦壮哉,踏空舞阔四裴回,一声白雨催花鼓,十二竿头总下来"(2254)。杨万里另一首诗《德寿宫广寿口号》则记载了淳熙丙五年初一日,高宗八十大寿,百官共贺、礼乐九奏的重要活动(2205)。花蕊夫人的《宫词》更是详细描述了内廷各种宴享乐舞活动,诗云:"离宫别院绕宫城,金版轻敲合凤笙。夜夜月明花树底,傍池长有按歌声";"御制新翻曲子成,六宫才唱未知名。尽将觱篥来抄谱,先按君王玉笛声";"太常奏备三千曲,乐府新调十二钟"(3058—3064)。

其二是宫廷祭祀活动，如王禹偁《南郊大礼诗七首》、秦观《次韵侍祠南郊》两首诗对宫廷南郊祭祀大礼的场景、繁杂的用乐程序进行了描述，并强调了乐曲的高妙雅致、和谐统一。

其三是皇帝出行卤簿鼓吹活动，如谢翱的《宋铙歌鼓吹曲》《宋骑吹曲》等，详细介绍了帝王仪仗出行时所用鼓吹、骑吹盛况。

（二）民间音乐活动

《宋诗钞》对民间音乐活动的记载，也主要体现在三个方面：其一是对各类节庆活动用乐的描绘，涉及的节日有：七夕、寒食、清明、端午、元宵、中秋、除夕、上巳等。如上元节，同样是歌舞声声，但文人眼中则各不相同，韩琦云："丝竹声沉"（105），张耒云："管弦楼上争酤酒，巧笑车头旋买花"（1038），韩维云："箫鼓千门沸"（556）。端午节的乐舞活动在杨万里看来是"急鼓繁钲动地呼，碧琉璃上两龙趋。一声翻倒冯夷国，千载凄凉楚大夫。银碗锦标夸胜捷，画桡绣臂照江湖。三年端年真虚过，奇观初逢慰道涂"（2242）。再如寒食节，范成大诗云："酒侣晨相命，歌场夜不休"（1723）。

其二是记录民间祭祀音乐活动，如欧阳修《黄牛峡祠》刻画的是"潭潭村鼓隔溪闻，楚巫歌舞送迎神"（315）；苏轼《黄牛庙》则是"庙前行客拜且舞，击鼓吹箫屠白羊"（735）。唐庚《戊子大水》"踏歌喧喧杂铙鼓"，"西门君曲老巫舞"（1402）则刻画了民众通过歌舞祭祀乞求避免水涝灾害的乐事活动。

其三是记录民间丧葬活动，如秦观《雷阳书事》云："一笛一腰鼓，鸣声甚悲凉。借问此何为，居人朝送殇"（1148）；林光朝《哭伯兄鹊山处士蒿里曲》云："桐棺三寸更何疑，却取江枫短作碑。惟有一般蒿里曲，长箫欲断更教吹"（2380）。

七　结语

综上，《宋诗钞》虽不能等同于全部宋诗，但窥一斑而知全貌，《宋诗钞》中的乐舞诗生动、翔实地体现了宋代文人的生活圈、交往圈和文化圈，也并由此建构了相对固定的音乐文化生态，体现了宋代文人音乐娱乐的审美风尚。

归纳起来，这种娱乐生活主要表现为三个基本类型：一是宴饮之乐，包括节日欢聚、家中宴享或专门性雅集，计有172首诗。乐舞活动的主要对象是乐伎，或邀请勾栏瓦肆知名乐人、或携带私家乐伎，或聘请政府专职乐人，以歌舞器乐侑觞，从而实现宾主欢愉之目的。二是朋友之情，有122首诗，宾主双方的离愁别绪、不舍之情都通过乐舞得以释放、表达、提升。三是个人修身抒怀，有159首。从《宋诗钞》来看，宋代文人修身抒怀以琴乐为首，听琴、奏琴成为文人修身养性的主要途径之一。同样，琴也是文人抒发仕途失意、苦闷之情的最佳音乐载体。

如果将其放在历史长河中来看，《宋诗钞》中的乐舞诗不仅反映了宋代文人一方面高举崇雅旗帜，流连山水之间，追求至雅之器（琴）的审美理想；另一方面又俯身融入市井勾栏，在杯盏之间、词乐曲唱之中满足声色之需的现实追求。同时也反映了在唐宋继代过程中的音乐文化转型，市井之乐、词调音乐成为当时社会音乐文化的主体和主流，宋代文人在这一过程中则起到了引领、助推的关键作用。

第二节 从歌舞到戏曲：音乐要素在宋代的多元汇集

宋代是中国音乐文化的转型期，这种转型的核心特征是以戏曲为代表的市民音乐形式出现，包括杂剧、唱赚、诸宫调等，并广受民众追捧。问题是这种新的艺术形式是如何形成的，是渐进式变化还是突然地勃发。从艺术自身发展规律来看，结合英国历史学家汤因比的"挑战与应战"理论、费孝通的人类社会"继替"理论，宋代杂剧、南戏的崛起显然不是无源之水，无本之木。是前代以歌舞大曲为主体的诸多艺术形式在宋代的继替，是对同一时期其他新兴艺术如唱赚、鼓子词、诸宫调、词调音乐等借鉴吸收的结果。如果说，传统是一条河流，而在宋代音乐文化转型之际，新兴艺术更凸显了对前代诸种艺术支流的兼收并蓄，并形成新的更大的支流，与前代艺术、新兴艺术一起形成具有宋代风韵和历史基因的大潮,奔涌向前。

一 时代的新需要与旧音乐艺术的局限

公元10世纪初,后周大将赵匡胤发动"陈桥兵变",收复南平、南汉、后蜀、吴越、北汉等割据政权,于公元960年建立了统一的北宋王朝,结束了自唐末以来长期混战、分裂割据的局面。

宋代政治相对稳定,生产力得到恢复,经济有很大发展,工商业也出现空前繁荣局面。随着隋唐城市严苛的管理格局和夜禁制度的消失,以及宋代坊市界限的突破和街巷新制的形成,市民经济逐渐成为社会发展主流。

大型城市的出现和市民阶层的壮大,决定了社会娱乐的总体发展趋势,促进歌舞艺术逐渐具有更鲜明的商品化特征。为适应新的市民阶层需要,音乐表演艺术的形式和内容发生了巨大的调整和变化。

隋唐时期属于宫廷的歌舞大曲,艺术精美、结构庞大,学习、排练以至演出,需要大量的乐舞人员、时间、金钱,并要求有宽阔的表演场所。《唐六典》卷一四"协律郎"条曾说,太乐署掌教雅乐大曲需三十天方成,清乐大曲则更需时间,竟多达六十天方成。[①] 宋元小商品经济文化及市民的娱乐审美,当然不可能以这样的方式来提供产品满足需求。宋代都市中市民阶层及大量休假军士,终日"烂赏迭游,莫知厌足",[②] 日趋繁华的勾栏瓦肆,游人如织,乐人纷纷献艺,出现了"不以风雨寒暑,诸棚看人,日日如是"的新型艺术消费方式[③]。纷繁的娱乐消费,不断刺激与市民本身文化审美属性相适应的民间乐舞艺术的萌发勃兴,商品经济的快速发展,赋予了音乐艺术更多的商品属性。于是,追求乐舞艺术的叙事性、戏剧性、新奇性,成为市民阶层猎奇、享乐的主体。隋唐繁

---

① (唐)唐玄宗御撰:《唐六典》卷一四《协律郎二人正八品》,光绪二十一年广雅书局刊本,第91页。
② (宋)孟元老:《东京梦华录·序》,载《东京梦华录》(外四种),古典文学出版社1956年版,第1页。
③ (宋)孟元老:《东京梦华录》卷五"京瓦伎艺"条,载《东京梦华录》(外四种),古典文学出版社1956年版,第30页。

俗世雅意：浙风宋韵的多维审视

荣一时的歌舞大曲，因过于强调抒情，表演难免单调、冗长，与市民阶层的娱乐审美需求背道而驰，除在宫廷还有机会整体上演外，更多则以"摘遍"方式应对不同场合需要，有如后世戏曲"折子戏"的上演形式。

从宫廷音乐表演体制来看，隋唐形成了以地域划分的九、十部伎和以演奏形式划分的坐、立二部伎。在演出体制上是列九、十部伎于庭，采用以乐部逐次演奏为特征的"分部奏曲"制度。隋代宴飨中九部伎的演出顺序是：《国伎》《清商伎》《高丽伎》《天竺伎》《安国伎》《龟兹伎》《康国伎》《疏勒伎》《文康伎》。唐承隋制，在宴飨中设九、十部伎于庭，原则上也必须是从第一部伎至第十部伎全部演出。这些部伎的表演，大都规模庞大，乐曲风格气势雄浑，风格多样。两宋文弱，不可能再现大唐盛象。北宋王朝160多年的统治，辽、金的骚扰、侵袭，边境战事不息，政府不堪重负，捉襟见肘。"靖康之难"北宋覆亡，直接导致了南宋政权偏安一隅局面的形成，朝廷经济、政治窘况加剧。宋代政治经济的衰弱，影响制约中央政权的文化举措，从北宋政府开国之初承隋唐之制设立教坊四部，并鼓吹臣僚多置"歌儿舞女以终天年"的豪气，到"靖康之难"北宋宫廷乐舞机构破损殆尽，乐人伶工十不存其一，再到南宋政权对教坊的时立时废，最终形成"和雇"的宫廷演出制度，此多种重大变化，说明了两宋政权由于内外因素，已经无力在宫廷实行唐代庞大的梨园、教坊制度，蓄养大批乐人。更为重要的是，宋代由于音乐文化的转型，受市民乐舞艺术的冲击，宫廷演出制度发生了重要转变，形成以饮酒行盏为时间单元的"分盏奉乐"演出体制。[①] 正如陈旸《乐书》"教坊"条所云：

> 圣朝循用唐制，分教坊为四部……自合四部以为一，故乐工不能遍习，第以大曲四十为限，以应奉游幸二燕，非如唐分部奏曲也。[②]

这种以饮酒行盏为时间单元的演出体制决定了在行盏间隙演出宴乐

---

① 韩启超：《宋代宫廷燕乐盏制探微》，《交响》2007年第1期。
② （宋）陈旸：《乐书》卷一八八，《文渊阁四库全书》，台湾商务印书馆1986年版，第849页。

节目必须具有"乐以佐食"的娱乐目的，而非隋唐列九、十部伎于庭，展示国之威仪的政治目的。由于整个宴会和饮酒仪式紧密结合，这就要求所演出的宴乐节目相对较短小。因此，隋唐大曲、法曲、龟兹、鼓笛之曲尽量裁减，留其精华部分而演，诸如大曲常用"摘遍"，而不用演其全部。唯一特殊的是宋代队舞延续了隋唐歌舞大曲的奢华，载歌载舞的庞大规模在北宋宫廷宴飨常常上演，但到南宋已经不用。代之而起的是戏剧性更强、滑稽调笑突出，融合整个宴飨仪式分段演出，并能串联其他歌舞艺术的杂剧，以及结构短小、艺术精良的进弹子、圣花、杂手艺、撮弄、弄傀儡、鼓板、唱赚、小唱、曲子等，需要人数较少而又更受欢迎的民间艺术形式。

综上，宋代社会的音乐演出体制、欣赏主体的审美需求等发生诸多变化，对延续下来的隋唐音乐艺术提出了新的挑战，旧有的艺术形式已不能适应新的时代需求。为适应市民阶层文化生活、审美娱乐的需求，新的音乐艺术形态应运而生，促使中国音乐从隋唐以歌舞大曲为主的宫廷音乐转向以戏曲为主的市民音乐。因此，从音乐文化发展史的角度来说，宋代是中国音乐文化的转型期。这种转型从性质上来说是中国音乐主流从宫廷转向民间，由贵族化转向平民化；就音乐形式而言是我国最具代表性的歌舞音乐转向戏曲。

二 从歌舞大曲到杂剧的转换

歌舞大曲是隋唐宫廷音乐表演的主体，是歌舞伎乐文化发展到顶峰的典型代表。宋代市民音乐成为音乐文化的主流，杂剧取代歌舞大曲成为社会娱乐欣赏的主体。虽然有不少学者认为唐宋之间文化发展出现了重大断层现象，但艺术的传承有其独特的规律，前代发展至鼎盛的歌舞大曲依然在沿承发展，并没有因时代变迁而骤然消亡，只不过退居艺术潮流的次要位置。以杂剧为代表的新艺术形式崛起，并非无源之水，无本之木，前代歌舞大曲和新生杂剧艺术之间必然有着密切的继替关系。

事实上，歌舞伎乐时代向戏曲时代的转换，不是突变，也不是断层，而是一个渐变的，既有继承、吸收和融合，又有所创新的转型过程。前文已述，隋唐歌舞大曲以及歌舞戏为宋元戏曲的形成提供了充分的养料，并对宋元戏曲起到了音乐上的构建作用。在隋唐歌舞大曲达到辉煌又悄然衰落之际，继代而生的宋杂剧不可能完全摒弃以隋唐歌舞大曲为主体的诸多艺术因素而单独发展。二者内在的密切联系，在现存许多记载大曲或杂剧的史料中时隐时现。如南宋史浩《鄮峰真隐漫录》中记录的大曲，已经具有明显的杂剧表演因素；周密《武林旧事》记载280本"官本"杂剧段数，有将近一半的剧目缀以大曲、法曲名目。

另外，从"杂剧"一词的起源来看，也与前代艺术有着密切的关系。王国维由于受史料限制，虽提出"杂剧之名，始起于宋"，[①]却又云："宋之滑稽戏，大略与唐滑稽戏同，当时亦谓之杂剧。"[②]

当代学者则普遍认为"杂剧"出现于中唐或晚唐，甚至更早，所依据的史料主要有四：

其一，初唐高僧道宣（596—667）《量处轻重仪本》卷一载：

> 杂剧戏剧：为蒲博、棋弈、投壶、牵道、六甲行成。并所须鹘、马局之属。[③]

其二，唐代李德裕《李文饶文集》卷一二载：

> 蛮退后，京城传说，驱掠五万余人，音乐伎巧，无不荡尽。……蛮共掠九千人，成都郭下，成都华阳两县，只有八十人。其中一人是子女锦锦，杂剧丈夫二人，医眼大秦僧一人。余并是寻常百姓，并非工巧。[④]

其三，抄写于唐玄宗开元年间的敦煌遗书ДХ02822《蒙学字书》

---

① 王国维：《戏曲考原》，载《宋元戏曲史》，百花文艺出版社2002年版，第133页。
② 王国维：《宋元戏曲史》，百花文艺出版社2002年版，第14页。
③ 转引自刘晓明、屠应超《论唐代杂剧的形态》，《广州大学学报》2004年第11期。
④ （唐）李德裕：《宣令更商量奏来者》，载《李文饶文集》卷一二，涵芬楼影明刊本，第95页。

（现藏于俄国）载：

1. 音乐部第九
2. 龙笛　凤管　（秦）筝　琵琶　弦管
3. 声律　双韵　秫琴　觱篥　云箫
4. 箜篌　七星　影戏　杂剧　傀儡
5. 舞绾　拓枝　官商　丈　水盏
6. 相扑　曲破　把色　笙簧　散唱
7. 遏云　合格　角徵　欣悦　和众
8. 雅奏　八佾　拍板　三弦　六弦
9. 勒波　笛子①

其四，《古今图书集成》本《教坊记》书名后列有一小标题："杂剧。"②

综上文献，"杂剧"之名并非宋代独有，唐代已出现，似乎与百戏杂技密切相关。明人胡应麟则强调了它与唐代歌舞戏、参军戏的密切联系，云：

《教坊记》云踏摇娘者……观此，唐世所谓优伶杂剧、妆服节套大略可见。……杂剧自唐、宋、金、元迄明皆有之。③

今人学者刘晓明、屠应超更进一步论证了唐代杂剧的四种基本形态：歌舞戏、杂技、博戏、谐戏，指出广义的宋杂剧直承唐代杂剧的传统，包括歌舞戏与杂技在内。④

---

① 李小荣通过考证，推论出该写卷最早抄出的时间应在唐玄宗开元之际，说明唐五代敦煌地区不但有"杂剧"之名，更有"杂剧"之实（剧本）。但此结论有待进一步印证。参见李小荣《敦煌杂剧小考》（《社会科学研究》2001年第3期）。
② 此文献是戏曲学者刘晓明首次发现，但《古今图书集成》本《教坊记》常不为治学者倚重。参见刘晓明《杂剧起源新论》（《中国社会科学》2000年第3期）。
③ （明）胡应麟：《少室山房笔丛》（卷二五），《文渊阁四库全书》本（光盘版），参见康保成《〈踏谣娘〉考源》，《国学研究》2002年第10期。
④ 刘晓明、屠应超：《论唐代杂剧的形态》，《广州大学学报》2004年第11期。

俗世雅意:浙风宋韵的多维审视

虽然宋杂剧与前代"杂剧"有着本质不同,但一种新的文艺形式产生是一个渐变过程,必定会受到当时盛行的旧文艺形式的影响和滋养。旧的艺术形式在面对新时代赋予的挑战时也必然会作出各种调整与变革。隋唐歌舞大曲在宋代作出应战的表现,使其演进呈现出两个明显的趋势:

趋势一:隋唐歌舞大曲以"摘遍"形式延续,并成为南北曲的具体曲牌。

宋陈旸《乐书》云:

> 圣朝循用唐制分教坊为四部,……自合四部以为一,故乐工不能遍习,第以大曲四十为限,以应游幸二燕,非如唐分部奉曲也。[1]

元燕南芝庵《唱论》亦云:

> 词山曲海,千生万熟。三千小令,四十大曲。[2]

这说明隋唐歌舞大曲至宋代依然延续。有关宋代四十大曲,《宋史·乐志》记载尤详:

> 所奏凡十八调、四十大曲:一曰正宫调,其曲三,曰《梁州》、《瀛府》、《齐天乐》;二曰中吕宫,其曲二,曰《万年欢》、《剑器》;三曰道调宫,其曲三,曰《梁州》、《薄媚》、《大圣乐》;四曰南吕宫,其曲二,曰《瀛府》、《薄媚》;五曰仙吕宫,其曲三,曰《梁州》、《保金枝》、《延寿乐》;六曰黄钟宫,其曲三,曰《梁州》、《中和乐》、《剑器》;七曰越调,其曲二,曰《伊州》、《石州》;八曰大石调,其曲二,曰《清平乐》、《大明乐》;九曰双

---

[1] （宋）陈旸:《乐书》卷一八八,《文渊阁四库全书》,台湾商务印书馆1986年版,第849页。
[2] （元）燕南芝庵:《唱论》,载《中国古典戏曲论著集成》（一）,中国戏剧出版社1959年版,第162页。

调，其曲三，曰《降圣乐》、《新水调》、《采莲》；十曰小石调，其曲二，曰《胡渭州》、《嘉庆乐》；十一曰歇指调，其曲三，曰《伊州》、《群臣相遇乐》、《庆云乐》；十二曰林钟商，其曲三，曰《贺皇恩》、《泛清波》、《胡渭州》；十三曰中吕调，其曲二，曰《绿腰》、《道人欢》；十四曰南吕调，其曲二，曰《绿腰》、《罢金钲》；十五曰仙吕调，其曲二，曰《绿腰》、《彩云归》；十六曰黄钟羽，其曲一，曰《千春乐》；十七曰般涉调，其曲二，曰《长寿仙》、《满宫春》；十八曰正平调，无大曲，小曲无定数。①

现有史料无法证明隋唐歌舞大曲的部分乐曲在宋代是否曾严格或完整地被保留或演出，现今所能看到的宋大曲史料，包括《宋史·乐志》记载的四十大曲，也多出自宋人删节改编而成。正如宋人沈括《梦溪笔谈》云：

> 所谓"大遍"者，有序、引、歌、㽞瓦、嗺、哨、催、攧、衮、破、行、中腔、踏歌之类，凡数十解，每解有数叠者。裁截用之，则谓之"摘遍"。今人大曲，皆是裁用，悉非"大遍"也。②

近人王国维也认为：

> 故大曲遍数，往往至于数十，唯宋人多裁截用之。即其所用者，亦以声与舞为主，而不以词为主，故多有声而无词者。自北宋时，葛守诚撰四十大曲，而教坊大曲，始全有词。然南宋修内司所编《乐府混成集》，大曲一项，凡数百解，有谱无词者居半，则又不以词重。其攧、破、催、衮，以舞之节名之。③

---

① （元）脱脱：《宋史》，中华书局1985年版，第3347—3349页。
② （宋）沈括：《梦溪笔谈》卷五《乐律一》，敦煌文艺出版社2003年版，第36页。
③ 王国维：《宋元戏曲史》，百花文艺出版社2002年版，第37页。

俗世雅意：浙风宋韵的多维审视

显然，宋代没有延续唐代大曲的庞大结构，而是根据观众的审美需求对歌舞大曲进行裁减，以"摘遍"的形式，择其庞大结构中的部分精彩内容进行演出。如宋代周密《武林旧事》卷七载：

> 教坊大使申正德进新制《万岁兴龙曲》乐破，对舞。
> 小刘婉容进自制《十色菊千秋岁》曲破，内人琼琼、柔柔对舞。
> 教坊都管王喜等进新制《会庆万年薄媚》曲破，对舞。①

可见宫廷演出歌舞大曲，以精彩热烈的"曲破"为主。在具体演出中，甚至对"曲破"作进一步"摘遍"，只演出"曲破撷前一遍"。如孟元老《东京梦华录》卷九"宰执亲王宗室百官入内上寿"条描述歌舞大曲在宫廷宴飨上的演出情景：

> 舞旋多是雷中庆……舞曲破撷前一遍，舞者入场。至歇拍，续一人入场。对舞数拍，前舞者退，独后舞者终其曲，谓之"舞末"。②

由此，《梦粱录》所谓"葛守诚撰四十大曲"，显然不是撰全新大曲，而是将宋初裁截过的、失之曲词者补上词——演唱的段落，使之成为宋代教坊中的规范版本。③ 而这一过程本身也说明了宋人对隋唐大曲及宋大曲的不断改编、修订。

隋唐大曲在宋代以"摘遍"形式出现，说明了庞大、冗长的大曲已经不能适应需要，大曲渐趋向短小结构发展。究其原因除了与宋人的审美变化、演出条件密切相关，还与宋代词乐的繁盛有关。"盖隋以来，今之所谓曲子者渐兴，至唐稍盛，今则繁声淫奏，殆不可数。"④ 市井坊间"凡有井水处，皆能歌柳词"。曲子、词调音乐的盛行也影响

---

① （宋）周密：《武林旧事》，浙江人民出版社1984年版，第117—118页。
② （宋）孟元老：《东京梦华录》，中华书局1982年版，第220页。
③ 项阳、张欢：《大曲的原生态遗存论纲》，《黄钟》2002年第2期。
④ （宋）王灼：《碧鸡漫志》，载《中国古典戏曲论著集成》（一），中国戏剧出版社1959年版，第106页。

歌舞大曲的发展趋势。宋词成为一代之胜，曲牌也成为宋代重要的乐曲形式，并从"专曲专用"演化为"一曲多用"。宋人在对歌舞大曲进行"摘遍"的过程中，自觉或不自觉地将众多熟知的固定曲牌运用于大曲之中，替代大曲的部分结构。长短句形式的曲牌用于大曲，使宋大曲在力图继承唐大曲组曲结构的同时产生变化，隋唐时期并不独立的大曲内部结构组成，如衮、催等，渐趋独立成为固定的乐曲曲牌，从而使整个大曲形成以曲牌联缀为主的套曲体或联曲体。在曲牌为主导的情况下，强化了不同曲牌自身演奏速度的差异，不同宫调、风格的变化，歌乐有所侧重，这从宋大曲的实际演出中也能得以印证。因此，从音乐体制上来说，宋代大曲在继承隋唐歌舞大曲基本结构形式的基础上，逐渐演变成以词调作为基本元素填充的曲牌联缀体制。

当然，在隋唐歌舞大曲向宋代大曲演进以及宋代大曲自身演进过程中，一部分歌舞大曲音乐形成类似词调音乐的固定形式，逐渐被宋元南戏吸收，成为戏曲中的曲牌或曲牌组合。如宋代杂剧多用诗、乐、舞综合的"曲破"表演；南戏《张协状元》第十六出运用了【菊花新】曲破的摘遍形式，由【菊花新】—【后衮】—【歇拍】—【终衮】组成；《琵琶记》第十五出保存了一个完整的"入破"曲段，由【入破第一】—【破第二】—【衮第三】—【歇拍】—【中衮第四】—【煞尾】—【出破】构成，整个唱段由生一人独唱，除黄门的两句道白外，基本是一个很有层次的连续唱段。王国维在《宋元戏曲史》云："七曲相连，实大曲之七遍，而亡其调名者也。"[①]

另外，从唐宋歌舞大曲的伴奏乐器及其组合也能看出二者的继替关系。唐代大曲的伴奏乐队形式多样，清乐乐队所用乐器主要有编钟、编磬、琴、瑟、击琴、琵琶（阮）、箜篌、筑、筝、节鼓、笙、笛、箫、篪、埙等十五种乐器。西凉乐队所用乐器有编钟、编磬、弹筝、搊筝、卧箜篌、竖箜篌、琵琶（曲项）、五弦琵琶、笙、箫（排箫）、大觱篥、小觱篥、长笛（箫）、横笛、腰鼓、齐鼓、檐鼓、铜拔、贝等十九种乐

---

① 王国维：《宋元戏曲史》，百花文艺出版社2002年版，第115页。

器。龟兹乐队所用乐器有竖箜篌、琵琶（曲项）、五弦琵琶、笙、横笛、箫（排箫）、觱篥、毛员鼓、都昙鼓、答腊鼓、腰鼓、羯鼓、鸡娄鼓、铜钹、贝等十五种乐器。宋代宫廷大曲所用乐器，据元代马端临《文献通考》载，有琵琶、箜篌、五弦、笙、筝、觱篥、笛、方响、羯鼓、杖鼓、大鼓、拍板十二种,[①] 相比前代不仅在乐器组合上发生了巨大变化，而且乐器数目也相对减少。即便如此，宋代歌舞大曲在其自身演化中亦不断变化。对宋、辽、金大曲文物中所用乐器进行比对，可以看到这样一个趋势，丝弦乐器进一步减少，击节乐器得到强化。例如河南禹县白沙一号北宋墓大曲舞壁画，画中除一舞者外，其余十人都在奏乐，所用乐器属于丝弦的有两个，分别是琵琶和箜篌，其余的是大鼓、杖鼓、觱篥、笙、笛、拍板（图3）；张家口一号辽墓大曲舞壁画十一人的伴奏乐队，只有一个丝弦乐器——琵琶（图4）；张家口六号辽墓大曲舞壁画六人乐队中也只有一个琵琶（图5）；河南修武大曲石刻九、

图3　河南禹县白沙一号北宋墓大曲舞壁画

---

① （元）马端临：《文献通考》卷一四六，中华书局1986年版，第1283页。

十人的伴奏乐队已经没有一件丝弦乐器，全部由管乐器和鼓、板组成（图6）；其他如襄汾、高平出土大曲石刻亦如此（图7）。丝弦乐器的进一步减少，拍板乐器的继起及鼓、笛、板伴奏乐器组合趋于定型化，说明大曲伴奏乐器及乐队组合也在逐渐向宋元戏曲伴奏乐队嬗变。

图4　张家口一号辽墓大曲舞壁画

图5　张家口六号辽墓大曲舞壁画

图6　河南修武大曲石刻（局部）

图7　高平金代大曲石刻

趋势二，向杂剧演进，形成"杂剧大曲"① 和宋、金杂剧。

隋唐之际，歌舞大曲已经出现和参军戏融合的趋势（陆参军）。宋代音乐文化的转型更进一步促进了歌舞大曲的变革，隋唐歌舞大曲在宋

---

① 付洁硕士论文《从歌舞大曲到"杂剧大曲"——唐宋文化转型中的音乐案例分析》（中国艺术研究院，2007年）提出"杂剧大曲"的新概念。本书沿用此概念。

代变革的重要体现之一就是以"摘遍"形式演出，另一个重要体现是沿着叙事性方向发展，加强歌舞的戏剧性因素，形成杂剧大曲，最终发展成宋元杂剧。

宋代大曲向杂剧的嬗变从以下几个方面得以印证：

第一，部分宋代大曲已经体现出以歌舞演故事的杂剧演出体制和曲牌联缀的音乐体制。

北宋叙事性歌舞大曲史料相对少见，以曾布《水调歌头大曲》为代表，整个曲辞内容主要叙冯燕一事，歌颂豪侠之士知过能改的品性。[①] 故事源自于唐代沈亚之传奇《冯燕传》及司空图《冯燕歌》，后世笔记小说多有记述。相比唐大曲以抒情为主的歌舞表演而言，此大曲已经具有某种明确的叙事成分，处于一种变抒情为叙事，或寓抒情于叙事之中，又能以歌舞敷演故事的过程之中。这是北宋大曲不同于唐大曲的重要特征之一。

虽然史料无法提供直接音乐资料，但从其歌词内容亦可以窥知一二。《水调歌头大曲》从名称上来说是以《水调歌头》词牌名缀以"大曲"，显然是受词调音乐影响的结果，其音乐风格、曲调组合有三种可能：以词调音乐为主；以大曲音乐为主；或是二者有机融合。从其仍属于大曲名目，并且运用大曲结构来看，应属于大曲为主、兼收词调的音乐形式。但无论属于何种情况，此时大曲吸收词调音乐并发生改变是可以肯定的。

整首大曲由【排遍第一】【排遍第二】【排遍第三】【排遍第四】【排遍第五】【排遍第六带花遍】【排遍第七撷花十八】七首乐曲构成。宋王灼云：

> 凡大曲有散序、靸、排遍、撷、正撷、入破、虚催、实催、衮遍、歇指、煞衮（一本实催下云：衮、拍遍、歇、杀衮）始成一曲，此谓大遍。……后世就大曲制词者，类从简省，而管弦家又不

---

① （宋）曾布：《水调歌头大曲》，载（宋）王明清《玉照新志》卷二（丛书集成初编），中华书局1985年版，第34—35页。

肯从首至尾吹弹，甚者学不能尽。①

由此，可以说明《水调歌头大曲》所保留的歌词和音乐部分应该是宋人对大曲进行"摘遍"裁减后保留的"排遍""撷"等极少部分，而非如唐代完整的大曲结构。

《碧鸡漫志》卷三又云：

> 宣和初，普府首山东人王平，辞学华赡，自言得夷则商霓裳羽衣谱，取陈鸿、白乐天长恨歌、传，并乐天寄元徽之霓裳羽衣曲歌，又杂取唐人小诗、长句，及明皇、太真事，终以徽之连昌宫词，补缀成曲，刻板流传。曲十一段，起第四遍、第五遍、第六遍、正撷、入破、虚催、衮、实催、衮、歇拍、煞衮，音律节奏，与白氏歌注大异，则知唐曲今世决不复见，亦可恨也。②

显然，北宋"补缀成曲，刻板流传"的现象已经极为普遍，也说明宋代歌舞大曲在进行"补缀""摘遍"重组的过程中，汲取了大量曲子、词调、说唱音乐，侧重于乐曲的叙事性。

南宋史浩《鄮峰真隐漫录》卷四六之"大曲"名目下，记录了他创作的部分大曲歌词，③ 以及当时大曲演出概况，对研究南宋大曲的结构、表演状况、性质等，具有一定价值。

《鄮峰真隐大曲》共计七套，从歌词内容看，《采莲》《采莲舞》《太清舞》《柘枝舞》四首大曲以歌舞表演为主，有一定的叙事成分，但不以追求故事发展为主，与唐大曲的风格类似，属于抒情性大曲；《渔父舞》《花舞》《剑舞》是以叙事为主的歌舞大曲。这种叙事性大曲集中反映了前代歌舞大曲在南宋的变革，体现了歌舞大曲新的发展趋势

---

① （宋）王灼：《碧鸡漫志》卷三，载《中国古典戏曲论著集成》（一），中国戏剧出版社1959年版，第129页。
② （宋）王灼：《碧鸡漫志》卷三，载《中国古典戏曲论著集成》（一），中国戏剧出版社1959年版，第131页。
③ 后人常将史浩所创作的七首大曲统称为《鄮峰真隐大曲》。

和特点。其中，以《剑舞》最为典型。

结合宋代宫廷演出史料及教坊乐语结构来看，《剑舞》主要由六部分组成：

第一部分属"教坊致语"。

  二舞者对厅立茵上。竹竿子勾，念：（辞略）

第二部分属"口号"。

  二舞者自念：（辞略）

第三部分属"勾合曲"。

  竹竿子问：既有清歌妙舞，何不献呈？
  二舞者答：旧乐何在？
  竹竿子再问：一部俨然。
  二舞者答：再韵前来。
  乐部唱剑器曲破，作舞一段了，二舞者同唱【霜天晓角】：（辞略）

以上三部分对应宫廷宴乐表演第四盏"参军色执竹竿拂子，念致语、口号。诸杂剧色打诨，再作语，勾合大曲舞"。①

第五部分属"教坊合曲"。

  乐部唱曲子，作舞剑器曲破一段。舞罢，二人分立两边。别两人汉装者出，对坐，桌上设酒果。竹竿子念：
  伏以断蛇大泽，逐鹿中原。佩赤帝之真符，接苍姬之正统。皇

---

① （宋）孟元老：《东京梦华录》卷九，中华书局1982年版，第221页。

威既振，天命有归。势虽盛于重瞳，德难胜于隆准。鸿门设宴，亚父输谋。徒矜起舞之雄姿，厥有解纷之壮士。想当时之买勇，激烈飞扬；宜后世之效颦，回旋宛转。双鸾奏技，四坐腾欢。

乐部唱曲子，舞剑器曲破一段。（一人左立者上茵舞，有欲刺右汉装者之势。又一人舞进前翼蔽之。舞罢，两舞者并退，汉装者亦退。复有两人唐装出，对坐。桌上设笔砚纸，舞者一人换妇人装立茵上。）

竹竿子勾，念：伏以云鬟耸苍璧，雾縠罩香肌。袖翻紫电以连轩，手握青蛇而的皪。花影下、游龙自跃；锦茵上、跄凤来仪。轶态横生，瑰姿谲起。倾此入神之技，诚为骇目之观。巴女心惊，燕姬色沮。岂唯张长史草书大进，抑亦杜工部丽句新成。称妙一时，流芳万古。宜呈雅态，以洽浓欢。

乐部唱曲子，舞剑器曲破一段。（作龙蛇蜿蜒曼舞之势。两人唐装者起。二舞者、一男一女对舞，结剑器曲破彻。）

第六部分属"放队"，为整个演出的结尾部分，通过"竹竿子"的放队词结束全舞。

竹竿子念：（辞略）
念了，二舞者出队。

从以上记载来看，史浩《剑舞》具有三个显著特征：其一，具有明显的叙事性，全曲通过歌舞、念白形式，在"竹竿子"的参与下，以演绎汉代"鸿门宴"和唐代"张旭、杜甫观看公孙大娘舞剑器"之事为主；其二，吸收了北宋形成的宫廷演出体制和教坊乐语的固定结构程式，使歌舞大曲的演出具有一定的程式性，基本与教坊乐语"致语""口号""勾合曲""放队"等一致；其三，整首大曲所用音乐为《剑器》曲破，表演上有歌唱、舞蹈、对白、装扮。

尤其值得重视的是，《剑舞》中第五部分分前后两段演绎两场不同的故事，实际上已经与《东京梦华录》所载北宋崇宁（1102—1106）

以后天宁节宴第五盏,"参军色作语,问小儿班首近前,进口号,杂剧人皆打和毕,乐作,群舞合唱,且舞且唱,又唱破子毕,小儿班首入进致语,勾杂剧入场,一场两段"①的记载相同。前段通过"竹竿子"所念"鸿门设宴,亚父输谋",演绎汉代"鸿门宴"之事。后段则叙述唐代"张旭、杜甫观看公孙大娘舞剑器"之事。前后两个故事以"剑舞"为核心,以《剑器》曲破音乐为纽带。情节的转换及两舞者角色身份的转换,仅通过"竹竿子"的一句话"岂唯张长史草书大进,抑亦杜工部丽句新成",即宣告完成。整个演出虽然以舞蹈为主,但强调的是以歌舞敷演故事,前后两段剧情、舞者扮演之人物的大幅转变,突出了其具有"杂"的性质。

当然,北宋大曲敷演故事还属于叙述体,而非代言体。其以歌舞演述故事,或是将大曲歌舞作为故事动作表演的背景,或是以第三者歌唱方式叙述一个完整故事,或是配合音乐舞蹈,在歌唱和勾遣队词中叙述故事轮廓。歌舞大曲的动作、装扮皆有定制,未必与所演人物、所要之动作完全相适合。这和以套曲为中心,歌舞并举的元杂剧演故事还有一定区别。但从史浩所撰歌舞大曲来看,南宋大曲已经基本确立了以歌舞演述故事的体例,具有一定的程式性,接近杂剧演出的一场两段形式。

因此,史浩的《剑舞》证明了至少在这一时期,歌舞大曲已经突破唐、宋大曲的体制,形成了类似杂剧一场两段形式的歌舞剧形式。正如胡忌所说:"二个故事的演出形象已全同戏剧,所欠者惟演者不全司唱和不加宾白而已。"②

同样,南宋洪适所撰《勾南宫薄媚舞》和《勾降黄龙舞》所用大曲分别是《南宫薄媚》和《降黄龙》。前者叙述郑六遇妖狐故事,后者叙述名妓灼灼与裴质的恋爱故事。从勾词中"奏女妖之妍唱""愿吐妍辞""歌舞既阑""歌罢舞停"等语言,可见二者为歌舞并起的演出形式,而由勾队词中"本事愿闻""岂无本事"之语,答词和遣队词对故

---

① (宋)孟元老:《东京梦华录》卷九,中华书局1982年版,第221页。
② 胡忌:《宋金杂剧考》,中华书局2008年版,第40页。

事轮廓及人物情感的描写，推想歌舞表演中，应当有故事的演绎。①

另外，从史浩所撰抒情大曲来看，也已经具有教坊乐语及宫廷"队舞"演出的程式性，并在音乐上突破了曲破的限制，形成了曲牌联缀体。如《采莲舞》大曲，表演时由五位身份各异的仙女翩翩起舞，"五人舞，到入破，先两人舞出，舞到上住，当立处讫。又二人舞。又住，当立处。然后花心舞彻"。演出过程中，有伴奏、齐唱、对话，有"竹竿子"勾、遣队的"入破"曲段。很明显，这是运用队舞形式进行的歌舞表演，体现了宋代歌舞大曲与北宋宫廷盛行的大型艺术形式"队舞"相结合的特征。开创了宋大曲音乐的另一种发展趋向，即以词调音乐为基础，吸收教坊乐语和宫廷宴乐表演的固定程式，逐渐向"队舞"或"队戏"甚至"舞剧"方面嬗变。史浩所撰大曲《太清舞》《花舞》《渔父舞》《剑舞》等从表演形式来看均具有此特征。

宋代王灼《碧鸡漫志》卷三载："霓裳羽衣曲……近夔帅曾端伯增损其辞为勾遣队口号，亦云开宝遗音。"② 进一步印证了宋代歌舞大曲体制已经发生了重大改变，广泛采用教坊乐语体制，形成以参军色（竹竿子）和舞者两类角色为主的固定表演程式。

宋歌舞大曲的另一个重要转变是以宋代词调音乐和已经形成固定曲牌的大曲为基础，形成了联曲体模式。如史浩《采莲舞》，从"入破第一"开始的双人舞，到扮花心的仙女舞最后"彻"遍的一个完整的"入破"曲段中，所用乐曲及连接顺序是：【双头莲令】—【采莲令】—【采莲曲破】—【渔家傲】—【画堂春】—【河传】—【双头莲令】。并且，歌舞演出时多有反复，如【渔家傲】一曲就反复十次之多，类似词调音乐或南北曲中的"又一体"，其中【双头莲令】和【采莲曲破】已成为无词的器乐曲形式。

宋大曲的由繁趋简以及叙事歌舞的产生、表演方式的转变必然对前代歌舞大曲音乐形式产生质的突破，大量曲牌的运用也增强了宫调使用

---

① （宋）洪适：《盘洲文集》卷七八《乐章一》，商务印书馆1923年版，第499页。
② （宋）王灼：《碧鸡漫志》卷三，载《中国古典戏曲论著集成》（一），中国戏剧出版社1959年版，第129页。

第五章 乐技风雅：转捩新境的宋代艺术之韵

的灵活性。现虽无法知晓史浩所撰诸多歌舞大曲是否运用了多个宫调，但一人主唱，多次同曲异词的重复，并穿插歌舞的形式，显然比单纯叙事演唱的诸宫调在表演形式上更为复杂。

《采莲舞》中除【采莲曲破】外，还运用了【双头莲令】【采莲令】【渔家傲】【画堂春】【河传】等曲，虽无法判断是单一宫调还是多宫调，但在一首大曲之内将诸多风格各异的曲牌连接起来，本身就说明了此时歌舞大曲音乐戏剧性表现力的增强，为宋代兴起的诸宫调、鼓子词等说唱艺术和戏曲音乐的进一步发展提供了经验。

因此，宋代大曲已经形成了曲牌联缀体，隋唐歌舞大曲的破、撷等结构在宋代演化成各个独立曲牌。正如吕洪静所指出的，宋大曲对以曲为本位的北杂剧的形成所给予的影响，主要不在其演述故事，而在其以成套的曲子配合歌舞表现故事的艺术形式。[①]

同样，形成类似曲牌体的歌舞大曲音乐也成为南曲音乐的主要构成。如早期南戏《张协状元》中，【普天乐】【大圣乐】【薄媚】【迎仙客】【千秋岁】【乌夜啼】【红绣鞋】【菊花新】【三台令】【五更转】十首乐曲，据考证均来自唐宋歌舞大曲；《张协状元》第16出运用的联套音乐（中吕宫【剔银灯】—【大影戏】—【缕缕金】—【思园春】—【菊花新】—【后衮】—【歇拍】—【终衮】）显然是大曲结构的遗存。

代言是区分杂剧与大曲的基本界限，史浩《太清舞》中"花心"一人重复主唱【太清歌】五遍，中间穿插舞蹈、合唱、致语等，从花心主唱其中一段歌词来看，已经具有代言体歌唱的形式。如花心连续演唱，叙述渔人迷路、误入桃花源、受到款待，感受到桃花源人情纯朴，风景如画，似天上仙境。当后行吹【太清歌】，群舞之后，花心再次出场则是用第一人称演唱："我今来访烟霞侣。沸华堂箫鼓。疑是奏均天，宴瑶池金母。欲将桃种散阶除，俾华宝、须看三度。方记古人言，信有缘相遇。"[②]

---

① 吕洪静：《唐、宋大曲的"入破"曲段在戏曲中的应用》，《交响》1990年第2期。
② （宋）史浩：《鄮峰真隐大曲》，载《丛书集成续编》第207册，上海书店1994年版，第7页。以下有关史浩大曲文献皆出自该书第4—14页，不再标注。

史浩的另一部大曲《渔父舞》也有代言的因素。此舞中的八阕【渔家傲】都是齐唱，通过歌舞来模仿渔父的生活。值得注意的是，渔父似乎已经形成了固定角色，取代了"竹竿子"在演出中的位置，勾队词和遣队词，都是渔父自念。虽然史浩在曲辞中没有明确记载其中的唱词是由渔父来唱，但从剧中角色渔父自念勾队、放队，以及舞台提示"戴笠子""披蓑衣""取楫鼓动""钓鱼"等属于渔夫的固定动作来看，渔父除了具有"竹竿子"的主持功能外，还应该参与表演和歌唱。如是这样，代言体因素已经存在，已类似元杂剧中抒情性较强的折子。

比《渔父舞》更具代言体特征的是杨万里《归去来兮引》大曲。全部十二支曲，基本是檗栝陶渊明《归去来兮辞》的内容。从歌词来看，通篇都是运用第一人称，如第一支曲辞：

归去来兮引
侬家贫甚诉长饥，幼稚满庭闱。正坐瓶无储粟，漫求为吏东西。
偶然彭泽近邻圻，公秫滑流匙。葛巾劝我求为酒，黄菊怨、冷落东篱。
五斗折腰，谁能许事，归去来兮。①

王国维云：

此曲不著何宫调，前后凡四调，每调三叠，而十二叠通用一韵，其体于大曲为近。虽前此如东坡【哨遍】隐括《归去来辞》者，亦用代言体，然以数曲代一人之言，实自此始。要之，曾、董大曲开董解元之先，此曲则为元人套数杂剧之祖。故戏曲之不始于金元，而于有宋一代中变化者，则余所能信也。②

因此，杨荫浏总结说："我国的歌舞剧，在宋代已经形成独立的体

---

① 唐圭璋编纂，王仲闻参订，孔凡礼补辑：《全宋词》，中华书局1999年版，第2152页。
② 王国维：《戏曲考原》，载《宋元戏曲史》，百花文艺出版社2002年版，第156页。

第五章 乐技风雅:转捩新境的宋代艺术之韵

系,也并非过言。"①

同样,宋歌舞大曲与杂剧高度融合,宋、金杂剧本身包含了大量的唐宋大曲。

宋代周密《武林旧事》卷十"官本杂剧段数"载有二百八十本杂剧名目,据王国维精密考之,"其用大曲者一百有三,用法曲者四"。②这些大曲曲辞已佚,但就其中有些名目看,明显是叙事的。如《六么》(绿腰)二十本中的《王子高六么》《崔护六么》《莺莺六么》《女生外向六么》《驴精六么》《孤夺旦六么》;《瀛府》六本中的《索拜瀛府》《赌钱望瀛府》《醉院君瀛府》;《梁州》七本中的《四僧梁州》《食店梁州》《法事馒头梁州》;伊州五本中的《裴少俊伊州》;《薄媚》九本中的《错取薄媚》《郑生遇龙女薄媚》;《降黄龙》五本中的《列女降黄龙》《偷标降黄龙》;《胡渭州》四本中的《单番将胡渭州》;《大圣乐》三本中的《柳毅大圣乐》;《道人欢》四本中的《越娘道人欢》;《剑器》二本中的《病老爷剑器》《霸王剑器》;《君臣相遇乐》一本的《裴航相遇乐》;《罢金钲》一本中的《牛五郎罢金钲》;等等。

这些官本杂剧段数,就名目的形式看,是采用后缀大曲名称的体例。有以人名冠在大曲名前,如《崔护六么》《莺莺六么》《裴少俊伊州》《柳毅大圣乐》《牛五郎罢金钲》等;有以人物身份冠在大曲名前,如《和尚那石州》《病老爷剑器》《霸王剑器》;有以戏剧角色名称冠在大曲名前,如《老孤嘉庆乐》《双旦降黄龙》《孤夺旦六么》等;还有的可能是将故事主题冠在大曲名前,如《郑生遇龙女薄媚》《梦巫山彩云归》《赌钱望瀛洲》《看灯胡渭州》等。虽然不见文献记载官本杂剧的具体内容,但从剧目中可以考见的情节来看,叙事内容已经涉及历史人物、传说、神话和志怪故事、文人仕女的爱情传奇以及世俗故事等。③

虽然,我们无法了解这些带有大曲名目的官本杂剧具体演出形式,

---

① 杨荫浏:《中国古代音乐史稿》(上册),人民音乐出版社1981年版,第342页。
② 王国维:《宋元戏曲史》,百花文艺出版社2002年版,第47页。
③ 廖奔、刘彦君:《中国戏曲发展史》(一),山西教育出版社2000年版,第248页。

但几乎占宋杂剧段数一半的用大曲名目者,无疑有力地说明了歌舞大曲与杂剧的密切血缘关系——二者已高度融合,很难分清彼此。也可以说,带有大曲名目的官本杂剧,实际上是隋唐歌舞大曲直接孕育而生,在它呱呱落地之时,还带有母体的脐血。

《武林旧事》载"官本杂剧段数"中有四段没有具体曲名,只缀以"法曲",如《棋盘法曲》《孤和法曲》《藏瓶法曲》《车儿法曲》,不知具体是以叙事还是抒情性歌舞为主,据王国维的说法,音乐上运用法曲是可以肯定的。

另外,官本杂剧段数中还有一种带"爨"字的杂剧四十三段,如《新水爨》《喜朝天爨》《醉花阴爨》《三十拍爨》《三十六拍爨》《半夜月爨》《金莲子爨》《说月爨》《黄河赋爨》《钟馗爨》《木兰花爨》《扑蝴蝶爨》等。《新水爨》来源于唐大曲《新水令》,《三十拍爨》据王国维考证,实用《三台》曲,《三十六拍爨》亦与此相仿。

又据寒声考证,这些带"爨"字的杂剧段数,实为川滇"踏爨""踏歌"一类歌舞形式,其乐曲可以是大曲"摘遍",也可以是民间曲调。这也是宋末元初《武林旧事》"官本杂剧段数"中反映大曲向戏剧音乐演变的可靠依据。[1]

纵观当时音乐文化发展情况,结合前文所述,宋宣和元年(1119),山东人王平"杂取陈鸿、白乐天长恨歌、传,并乐天寄元徽之霓裳羽衣曲歌,又杂取唐人小诗、长句"以"补缀成曲"的形式,铺叙明皇、太真之事来看,[2] 只有大曲的音乐结构最有能力表现这些复杂的故事情节。

《中国戏曲发展史》亦说:

> 大曲的音乐体制具备特殊的结构张力,它有自己的节奏规律,表演中必须遵从这些规律,否则就会导致旋律的破坏。因此,杂剧在把它纳入自己的表演体制中来时,也必须照顾到其原来的结构,

---

[1] 寒声:《大曲与宋元杂剧音乐》,《黄河之声》1997年第4期。
[2] (宋)王灼:《碧鸡漫志》卷三,载《中国古典戏曲论著集成》(一),第129页。

尊重其节奏。这样，杂剧结构就与其音乐结构密不可分了。①

由此，这些运用大曲的杂剧名目，很可能是运用了大曲的音乐体制，歌舞相结合的表演形式来演绎人们熟知的故事。金代董解元在《西厢记》诸宫调开篇【太平赚】中写道：

……比前贤乐府不中听，在诸宫调里却着数，一个个旖旎风流济楚不比其余。②

其后【柘枝令】唱道：

也不是崔韬逢雌虎，也不是郑子遇妖狐，也不是井底引银瓶，也不是双女夺夫，也不是离魂倩女，也不是竭浆崔护，也不是双渐豫章城，也不是柳毅传书。③

学者吕洪静指出这八个故事都不是用诸宫调形式说唱的，而是用大曲形式演唱的。④

元代关汉卿《钱大尹智宠谢天香》杂剧《楔子》中有："郑六遇妖狐、崔韬逢雌虎，那大曲内尽是寒儒"之句，⑤所唱的两个剧目与董解元所说的两个剧目相同，印证了这种说法。

从北宋宫廷杂剧演出情况来看，杂剧与歌舞大曲也有着密切关系，《东京梦华录》载北宋崇宁以后"天宁节"宴第五盏云：

乐部举乐，小儿舞步进前，直叩殿陛。参军色作语，问小儿班首近前，进口号，杂剧人皆打和毕，乐作，群舞合唱，且舞且唱，

---

① 廖奔、刘彦君：《中国戏曲发展史》（一），山西教育出版社2000年版，第262页。
② （金）董解元：《古本董解元西厢记》，上海古籍出版社1984年版，第14页。
③ （金）董解元：《古本董解元西厢记》，上海古籍出版社1984年版，第14页。
④ 参见钟涛《宋大曲以歌舞演故事探略》，《青海师范大学学报》2004年第4期。
⑤ 王国维：《宋元戏曲史》，百花文艺出版社2002年版，第53页。

又唱破子毕，小儿班首入进致语，勾杂剧入场，一场两段。是时教坊杂剧色鳖膨刘乔、侯伯朝、孟景初、王颜喜而下，皆使副也。内殿杂戏，为有使人预宴，不敢深作谐谑，惟用群队装其似项，市语谓之"拽串"。杂戏毕，参军色作语，放小儿队。又群舞〔应天长〕曲子出场。①

宫廷演出时，杂剧夹杂在大曲、队舞之间，先由参军色（竹竿子）勾队，引导队舞演员出场。"不敢深作谐谑，惟用群队装其似项"之句，说明"竹竿子"和队舞参与杂剧演出，实际上形成了一种载歌载舞的形式。

另外，杂剧在民间、官宦府邸的演出形式，也与宫廷演出一样，是"歌舞间以杂剧"。如南宋初年朱弁记载：

宋子京修唐书，尝一日逢大雪，……其间一人来自宗子家，子京曰："汝太尉遇此天气，亦复何如？"对曰："只是拥炉，命歌舞，间以杂剧，引满大醉而已！如何比得内翰。"②

杂剧是新兴艺术，也是宋代最受观众喜爱的节目之一。无论是宫廷大型演出还是官宦府邸的小型娱乐活动，"歌舞间以杂剧"的演出方式说明有两种可能：其一，歌舞大曲已经不受欢迎，需用杂剧来调剂氛围，从而达到娱乐效果。但实际上歌舞大曲作为隋唐高度发达的艺术，诗、乐、舞的高度综合，至宋代又以"摘遍"形式演出，使人望而生厌的可能性很小；其二，宋歌舞大曲与杂剧有着相似之处，正因为二者在表演上或者在音乐上局部的共性，导致宋人常将二者结合演出。结合前文论述，笔者认为，宋代之所以出现"歌舞间以杂剧"的形式，主要是因为深受歌舞大曲影响的杂剧艺术在演出体制上依然保留着歌舞大

---

① （宋）孟元老：《东京梦华录》卷九"天宁节"条，中华书局1982年版，第221页。
② （宋）朱弁：《曲洧旧闻》卷六，载《宋元笔记小说大观》（三），上海古籍出版社2001年版，第2999页。

曲的某些遗制。

综上，一种新的文艺形式，必定会受到当时盛行的旧文艺形式的影响和滋养。大曲作为宫廷教坊乐，自然影响力极大，而且经唐宋两代的沿袭发展，已相当成熟。杂剧借用它的音乐结构，不但利于新艺术形式的传播，而且也符合观众旧有的欣赏习惯。正因为杂剧与大曲在宋代出现惊人的相似性，并且现今留存的史料似乎无法明确辨别二者的具体区别，却总能找出二者的密切血缘关系。这充分说明宋代的杂剧，就是在隋唐歌舞大曲的不断"孕育"和"催生"下逐渐成熟的。从某种意义上来说，大曲就是诸多宋杂剧剧目的"母体"。刘永济说："盖宋代剧曲既承唐代大曲之后，又下开金、元杂剧之先，实古今戏剧发展的枢纽。"[①] 虽强调杂剧之作用，实际上也承认了大曲对宋杂剧的母体作用。

当然，除了歌舞大曲对宋杂剧产生重要影响外，前代参军戏也对宋杂剧的形成产生了重大影响，宋杂剧中以插科打诨、说白为主的杂剧段数显然主要源自隋唐参军戏。这种说白为主的杂剧与从歌舞大曲母体中诞生的以歌舞叙事为主的杂剧共同构成了宋杂剧的主体。如部分宋代杂剧绢画就形象地刻画了这两类杂剧的具体演出形式（图8被当今学者称为《眼药酸》，是以科白、滑稽调笑为主的杂剧段数；图9是由两个女子装扮成付净、付末，并有乐器伴奏，属于以歌舞为主的杂剧段数）。

三 说唱音乐体制的影响

宋代说唱音乐的勃兴首推诸宫调，这是一种大型说唱形式，产生于北宋神宗熙丰、元祐年间（1068—1085），孔三传首创。据《碧鸡漫志》载：

> 熙、丰、元祐间，兖州张山人以诙谐独步京师，时出一两解。泽州孔三传者，首创诸宫调古传，士大夫皆能诵之。[②]

[①] 刘永济：《宋代歌舞剧曲录要》，中华书局2007年版，第31页。
[②] （宋）王灼：《碧鸡漫志》卷二，载《中国古典戏曲论著集成》（一），中国戏剧出版社1959年版，第115页。

图 8　宋代杂剧绢画《眼药酸》

图 9　宋代杂剧绢画

第五章 乐技风雅:转捩新境的宋代艺术之韵

早期南戏与诸宫调有着密切血缘关系,具体表现在以下几个方面:首先,南戏和诸宫调在宫调运用上极为相似。

徐渭在《南词叙录》中一再指出:南戏始于宋光宗朝,其曲,则宋人词而益以里巷歌谣,不协宫调,故士大夫罕有留意者。但南戏"不协宫调"并非不用宫调,徐渭是指南戏用宫调混乱、不严谨的现象。而这种"不协宫调"实际上说明了南戏所用宫调之多、所用宫调之自由,不局限于一两个宫调或一两种联套模式。这种将诸多宫调连接一起,以短套为主,异宫之间穿插大量科诨的宫调、曲牌组合形式与诸宫调有着一定的相似性。也就是说,南戏的宫调运用、曲牌组合,采取了诸宫调的形式。

其次,南戏与诸宫调在曲牌联套上有着密切的继承关系。

被证明产生于南宋末年,属于南戏的初级形态的产物,是研究南戏第一手资料的永乐大典戏文三种之一《张协状元》,在第一出副末自报家门时便运用了诸宫调的艺术形式:

> 生上(白)【水调歌头】—(再白)中吕引【满庭芳】—(末唱)仙吕引【凤时春】—(白)—(唱)双调引【小重山】—白—(唱)羽调【浪淘沙】—白—(唱)仙吕引【犯思园】—白—(唱)商调引【绕池游】—白—(唱)南吕引【望江南】—白—(唱)大石调引【烛影摇红】。①

其中"副末开场"说"诸宫调唱出来因",原因是有人"前回曾演"《状元张叶传》(诸宫调)。杨荫浏认为它"可能是宋代的《诸宫调》保存在元代戏曲里的一个片段,……可以视为《诸宫调》中最为原始的形式"。② 学界也因此说南戏《张协状元》是在诸宫调《状元张叶传》的基础上改编而成。笔者认为从戏曲发展的角度来说,此应为诸宫调发展成熟之后在戏曲中的成功运用,而不是诸宫调的原始形式在

---

① 钱南扬:《永乐大典戏文三种校注》,中华书局1979年版,第1—4页。
② 杨荫浏:《中国古代音乐史稿》(上册),人民音乐出版社1981年版,第316页。

南戏《张协状元》中的遗留。

其证一，通过上例，结合全本剧情及副末开场所说："诸宫调唱出来因"之语，可以看出，剧作者有意在一出之内运用了一个极为短小的诸宫调来叙述全剧的剧情；但它仅用了九个曲牌，并没有叙述完整，到精彩之处便停止，这是为了造成悬念吸引听众。

其证二，《董解元西厢记》（以下简称《董西厢》）中，带【赚】的独特联套没有被北杂剧继承，却被《张协状元》《小孙屠》《琵琶记》《荆钗记》《刘知远》《拜月亭》《杀狗记》等宋元南戏脚本所采用，明清传奇运用得也很广泛。杨荫浏也说："【赚】后来在南方的戏曲音乐中运用的比较广泛，北方音乐中的【赚】，可以说是绝无仅有。"① 据笔者统计，《张协状元》与《董西厢》相比，所用曲牌名称相同者达二十六个，其中【赚】的运用形式完全一致。

《张协状元》中有两次运用了【赚】这一曲牌，并且都是作为过曲形式和其他曲牌联用成套，如：

第14出：南吕宫【薄媚令】—【红衫儿】—【赚】—【金莲子】—【醉太平】—【尾声】。

第20出：仙吕宫【醉落魄】—【四换头】—【赚】—中吕过【绛罗裙】—中吕过【呼唤子】—【尾声】。

在南曲中，【薄媚令】【醉落魄】常作为引子运用，这两套带【赚】的联套实际上是运用了前有引子，后有尾声，并且带【赚】的"缠令体"。

《张协状元》第35出，也采用了"缠达"形式：

越调【赵皮鞋】—正宫【喜迁莺】—越调【赵皮鞋】—南吕宫【五更转】—越调【赵皮鞋】—南吕宫【五更转】

---

① 杨荫浏：《中国古代音乐史稿》（上册），人民音乐出版社1981年版，第322页。

郑西村也指出《董西厢》运用的曲牌体式，多与南戏中曲牌相同，如《琵琶记·辞朝》和《裴度还带》中的【点绛唇】，其词谱体式与《董西厢》完全相同，仍即苏东坡、周邦彦、姜夔等所填的词体，而北杂剧的【北点绛唇】其句型却已经有所改动了。[①] 这也证明了以《张协状元》为首的早期南戏是吸收了诸宫调这一艺术形式而逐渐完善的。

其证三，从时间的角度来说，《张协状元》是戏文初期的作品，但此时，诸宫调在南方活动频繁，盛行于南宋都城临安（今杭州）。绍兴年间著名艺人张五牛创作有《双渐苏卿诸宫调》，时间略与《刘知远诸宫调》相同，而赵真真、杨玉娥则以演唱商正叔《双渐苏卿》改编本而声名大振。《太平乐府》卷七收录有杨立斋的《鹧鸪天》《哨遍》《耍孩儿》套曲咏其事，说"张五牛创制似选石中玉，商正叔重编如添锦上花""赵真真先占了头名榜，杨玉娥权充第二个家"等[②]，只是此本诸宫调已佚。

关于诸宫调在南宋演唱情况，除上举赵真真、杨玉娥外，见于《青楼集》和《武林旧事》的还有秦玉莲、秦小莲、高郎妇、黄淑卿、王双莲、秦本道等，而《梦粱录》亦说"熊保保及后辈女童，皆效此，说唱亦精"，[③] 可谓盛极一时。另外，《武林旧事》所载"官本杂剧段数"中还有《诸宫调霸王》《诸宫调卦册儿》，元代石君宝旅居南方时也创作有《诸宫调风月紫云亭》。这说明在《张协状元》产生之际，诸宫调已作为一种成熟的说唱艺术流行于各个阶层，有着深厚的群众基础。因此，剧作者为了迎合广大观众，以群众喜闻乐见的诸宫调形式来开场，是对诸宫调这一艺术形式的继承，是一种成熟的运用。

除了诸宫调对南北曲及其代表性剧种形成产生较大影响外，宋、金之际盛行的其他说唱艺术的曲调体制也为南北曲的进一步发展完善提供了充分养料。

---

① 郑西村：《南宋"温州杂剧"产生问题的商榷》，《戏剧艺术》1984 年第 2 期。
② （元）杨朝英辑：《朝野新声太平乐府》卷七，民国十二年（1923 年）武进陶氏影元刊本。
③ （宋）吴自牧：《梦粱录》卷二十，"伎乐条"，载《东京梦华录》（外四种），古典文学出版社 1956 年版，第 310 页。

唱赚被认为是宋代艺术歌曲的最高形式，所用音乐丰富，表演难度很大，《都城纪胜》云："凡唱赚最难，以其兼慢曲、曲破、大曲、嘌唱、耍令、番曲、叫声诸家腔谱也。"[①] 可见在南宋时期唱赚已经具有高度的综合能力，歌舞大曲、时令艺术、词调及番曲都被吸收融合。这种高度的综合能力显然已突破歌舞大曲、曲破的乐曲体制，更能充分地展开叙事。

从文献来看，唱赚的曲体结构在北宋已经确立，主要有缠令和缠达。前有引子、中间有若干曲牌联缀，后有尾声者为缠令，引子后两腔互迎者为缠达。宋元南戏广泛运用了"引子+正曲+尾声"的缠令套曲组合形式。南宋绍兴年间（1131—1162），艺人张五牛根据民间歌唱艺术"鼓板"中具有四片结构的《太平令》音乐，创造了一个具有散板与定板两种节奏形式的曲牌"赚"，并运用于缠令套曲中。南宋陈元靓《事林广记》记载有两套带【赚】的缠令，一套是中吕宫《圆里圆》，曲牌联套结构为：

【紫苏丸】—【缕缕金】—【好孩儿】—【大夫娘】—【好孩儿】—【赚】—【越恁好】—【鹘打兔】—【尾声】。

另一套黄钟宫《愿成双》缠令为俗字谱，其结构为：

【愿成双令】（引子）—【愿成双慢】—【狮子序】—【本宫破子】—【赚】—【双胜子急】—【三句儿】（尾声）。[②]

前文已述，这种带【赚】曲牌的独特运用形式，被南曲普遍运用。

据南宋吴自牧《梦粱录》"伎乐"条载，在唱赚的基础上又形成了"覆赚"，可以表现花前月下及铁骑之类复杂的长篇故事。从字面理解，

---

① （宋）耐得翁：《都城纪胜》"瓦舍众伎"条，载《东京梦华录》（外四种），古典文学出版社1956年版，第79页。
② （宋）陈元靓：《事林广记》之《文艺类》，中华书局1963年影印本，第191—197页。

"覆"同"复",具有重复之意。单一的套曲是无法满足长篇故事的需要,能表现大型不同风格故事的"覆赚"显然可能产生了运用多套唱赚连接表现故事的音乐体制。既然运用多套唱赚,必然突破单一宫调联套体制限制,形成不同宫调的套曲连用形式。这与南戏音乐体制基本相似。

当然,戏曲在成长过程中,曾多方面吸收其他说唱音乐养料,如宋代流传下来的叫卖调、涯词、陶真、鼓子词、货郎儿等。

四 词调音乐与民歌的融入

在文人的观念中,戏曲是由诗、词演变而来的,如明人王世贞《曲藻·序》中云:"曲者,词之变。"[1] 明人何良俊曰:"诗变而为词,词变而为歌曲,则歌曲乃诗之流别。"[2] 李渔也宣称戏曲文辞创作"莫过填词一种"[3]。近人臧晋叔亦云:"诗变而词,词变而曲,其源本出于一。"[4] 何为也认为从词的"按谱填词"到曲的"依词谱曲",在音乐上是一个重大变革。这一变革,使曲牌音乐能摆脱它固有形式的限制,可以作出多样的丰富变化,从而具有更大的适应力与表现力。因此,当中国古代的音乐由诗、词发展到曲的阶段,就有可能朝着戏剧音乐的方向演变了。[5]

从宋杂剧来看,隋唐以来大量的词调音乐和当时盛行的俚歌俗曲进一步丰富了其音乐要素。据统计,周密《武林旧事》所载宋官本杂剧段数,其音乐用普通词调者有 35 个。当然,这仅限于《武林旧事》所记官本杂剧名目,有宋一代的杂剧不可胜数,所用词调显然无法全部统计。同样,词调音乐也是南戏音乐的主要来源。

徐渭《南词叙录》云:

永嘉杂剧兴,则又即村坊小曲而为之,本无宫调,亦罕节奏,

---

[1] (明)王世贞:《曲藻》,载《中国古典戏曲论著集成》(四),中国戏剧出版社1959年版,第25页。
[2] (明)何良俊:《四友斋丛说》,中华书局1959年版,第337页。
[3] (清)李渔:《闲情偶寄》,上海古籍出版社2000年版,第63页。
[4] (明)臧晋叔:《元曲选》序二,中华书局1958年版,第4页。
[5] 何为:《从唐诗宋词到元曲的演变》,《中国音乐》1981年第3期。

> 徒取其畸农市女顺口可歌而已,谚所谓随心令者。……其曲则宋人词而益以里巷歌谣,不叶宫调,故士夫罕有留意者。①

可见,宋人词调和村坊小曲是南戏音乐的主要构成。据王国维《宋元戏曲史》统计:沈璟《南九宫谱》所收曲谱共543章,其中出于唐宋词者190章,占全数1/3强。曲调与词调同名者有75调,约占现存全部曲调的1/4,其中有的字句平仄相同,有的虽字句平仄不甚相同,但系由同名词调演变而来。②

对现存宋代南戏《张协状元》所用曲牌的统计也印证了徐渭的说法。《张协状元》所用曲牌,除【尾声】【后衮】【歇拍】【终衮】外,共运用159个不同曲牌。③ 据民国时期《全唐词选》及唐圭璋编《全宋词》,《张协状元》所用曲牌来源于唐宋词调的共有70个,近乎全部曲牌的一半。散见于《宦门子第错立身》《小孙屠》以及其他南戏中的词调音乐亦不在少数。

另外,从对词调体式的运用上,也可看出宋词调音乐对南戏音乐的核心构建作用。

两宋时期词调音乐非常发达,词乐入曲的现象犹为普遍。《张协状元》是戏文初期的作品,在词调音乐进入南戏的过程中,其曲牌体式、句式、格律方面保持着较大的稳定性。根据洛地研究,《张协状元》第一场中的首曲【水调歌头】就与"词"全合,丝毫没有在入曲的过程中脱离词调发生变化:

水调歌头

张元幹词

缥缈九仙阁,壮观在人间。凉飙乍起四围晴黛入阑干。韶华催

---

① (明)徐渭:《南词叙录》,载《中国古典戏曲论著集成》(三),中国戏剧出版社1959年版,第240页。
② 王国维:《宋元戏曲史》,百花文艺出版社2002年版,第110页。
③ 钱南扬:《永乐大典戏文三种校注》,中华书局1979年版,第1—2页。

第五章 乐技风雅：转捩新境的宋代艺术之韵

白发，光景改朱容。人生浮世浑如萍梗逐西东。

已过中秋时候，便是菊花重九，为寿一尊欢。陌上争红斗紫，窗外莺啼燕语，花落满庭空。

今古登高意，玉帐正清闲。／

世态只如此，何用苦匆匆。／

引三巴，连五岭，控百蛮。元戎小队旧游曾记并龙山。

但咱门，虽宦裔，总皆通。弹丝品竹那堪咏月与嘲风。

闽峤更宽南顾，闻道天边雨露，持橐诏新颁。

苦会插科使砌，何吝搽灰抹土，歌笑满堂中。

且拥笙歌醉，廊庙更徐还。

一似长江千尺浪，别有一家风。①

更为重要的是，以《张协状元》为代表的早期南戏作品在词牌的运用上，基本沿用宋词的上、下篇格式，分上、下两阕。相比而言，元杂剧在词调音乐的运用上则发生了很大变化，仅用词的上阕或下阕。这说明南戏在渊源上更近宋词调音乐，换而言之，宋代词乐是构成南戏音乐的主要部分之一。

南戏不协宫调、畸农市女随心可歌的乡野风格决定了它的音乐构成除宋词调音乐之外，还存在另一个重要的组成部分，即"里巷歌谣"，这为其增添了时代特征和生活气息。南戏《张协状元》中有70个没有出处的曲牌，文献很少记载，仅在《九宫正始》《九宫大成南北词宫谱》见其踪迹。从曲牌名称来看大部分是流行于乡村街市的里巷歌谣，畸农市女随心而唱的民歌小曲，如【刮鼓令】【门黑麻】【斗双鸡】【排歌】等；有些是以地名作为曲牌名的，应是流行于当地的民歌，如【福清歌】【复襄阳】【福州歌】【台州歌】等；也有一些佛曲和法曲，如【上堂水陆】【和佛儿】等与民歌类似，广为流传。这些风趣活泼，反映各方风土人情及各种情趣的曲调，显然属于

---

① 洛地：《词乐曲唱》，人民音乐出版社2001年版，第19页。

徐渭所说的"里巷歌谣"。

宋、金之际,随着社会的变化,北方音乐传到中原,深受人们喜爱。南宋曾敏行《独醒杂志》卷五曰:

> 先君尝言,宣和间客京师,街巷鄙人多歌番曲,名曰［异国朝］［四国朝］［六国朝］［蛮牌序］［蓬蓬花］等,其言至俚,一时士大夫亦皆歌之。①

江万里《宣政杂录》云:

> 宣和初收复燕山以归朝,金民来居京师,其俗有臻蓬蓬歌,每扣鼓和臻蓬蓬之音为节而舞,人无不喜闻其声而效之者。②

正由于番曲大量涌入中原,盛行大江南北,对南方戏曲也产生影响,周密《癸辛杂识》中说:"今回回皆以中原为家,江南尤多,宜乎不复回首故国也。"③ 此文献虽未提及音乐,但北方少数民族大量在南方定居导致番曲影响南方音乐,融入南戏是必然的,据考证,早期南戏《张协状元》中的【紫苏丸】【越恁好】【蛮牌令】等曲牌就是来自时令番曲。

综上,从社会继替规律来看,宋代是中国音乐文化的转型期,是近世俗乐的开端。从艺术自身的发展规律来看,这也是一个承上启下的特殊阶段,前代的诸种艺术形式,如歌舞大曲、曲子、参军戏、歌舞戏等在宋代进一步被吸收、转化,新的艺术形式随着社会的转型、市民阶层的崛起而萌生、勃发、兴盛。宋杂剧、南戏的兴盛代表着集大成的新兴

---

① (宋)曾敏行:《独醒杂志》卷五,载《宋元笔记小说大观》(三),上海古籍出版社2001年版,第3246页。
② (宋)江万里:《宣政杂录》之《词识》,《说郛》卷二十六,上海古籍出版社1988年版,第455页。
③ (宋)周密:《癸辛杂识》续集上,载《宋元笔记小说大观》(六),上海古籍出版社2001年版,第5785页。

艺术——戏曲产生，为一代之绝艺的形成奠定了扎实的基础。与此同时，唱赚、诸宫调、鼓子词、词调音乐在不同的社会阶层中流行，满足了不同人群的娱乐需求，而这些艺术形式已经与隋唐截然不同，并具有宋代之神韵。这也进一步促使两宋音乐摆脱了唐以前以宫廷音乐为主体的现象，开始走出宫廷，迎合大众，使市民音乐成为社会音乐文化的主流。

第三节　百代标程：宋画艺术的历史演进及其画史影响

宋代郭若虚曾下过一个著名论断："若论佛道人物仕女牛马，则近不及古；若论山水林石花鸟禽鱼，则古不及近。"[1] 作为北宋中叶的画家，郭若虚的这个论述是十分中肯的。两宋绘画延续了南北朝开启的写真之路，无论是山水、花鸟以及人物画方面，宋代绘画都达到了后世难以企及的高度，成为后世画家不断学习、借鉴的对象。元明清三代，中国绘画虽走向强调"笔墨精神"的写意之路，但宋画的影子，却时时出现在后世艺术家笔下。

史尧弼在《策问》中曾豪言："惟吾宋二百余年，文物之盛跨绝百代。"[2] 在后世眼中"重文轻武"的柔弱形象，一直是两宋的写照。其实在真实历史中，重文的宋代并不柔弱。无论是太祖赵匡胤的赫赫战绩，还是岳飞的背嵬军战绩，四川钓鱼台力抗蒙哥的王坚，甚至崖山海战中陆秀夫的那决绝一跳，都显示出宋人强大的战斗力与绝不屈服的精神。两宋其实一直很无奈。燕云十六州的失去，造成了巨大的生存压力，异族文化的强势存在，时时压迫着宋人神经。理想的万里河山、江山一统与现实的无力回天、残山剩水，残酷地煎熬着宋人内心，最终造就了绝华千古的两宋艺术。

从早期的壮美、优美，到徽宗的秀美，最终到南宋安详、闲适的表

---

[1] 参见（宋）郭若虚《图画见闻志》，俞剑华注释，上海人民美术出版社1963年版，第36页。
[2] （宋）史尧弼：《莲峰集·策问》，《全宋文》第217册，上海辞书出版社、安徽教育出版社2006年版，第328页。

面下渗透出的凄迷与悲怆。精致而典雅的两宋绘画，勾勒出宋人富于理想又无奈于现实，不断调适又不屈不挠的内心世界。

宋代绘画中名作繁多，《千里江山图》《清明上河图》[①] 是其中最为脍炙人口的佳作。本节尝试以《千里江山图》为突破口，以此一窥两宋山水画、人物画、风俗画以及花鸟画的技术变迁，北南宋之际的绘画主题和审美的转换与嬗变。

一 《千里江山图》：从壮美、优美到秀美

《千里江山图》绢本设色，纵 51.5 厘米，横 1191.5 厘米，无款，作者不详[②]。《千里江山图》采取长卷全景的形式，以青绿手法，荡气回肠地展现了徽宗统治下秀美的山河想象，是北宋山水画代表作，被誉为中国十大名画之一。

《千里江山图》全画从右下的近山缓缓展开，经过中间一片广阔的湖水，进入山势错落有致、激动人心的中段，经过一段和缓的水面，最终以一座高峰收尾。

全画连贯有秩，山脉连绵，远山遥遥，近水淼淼，秀丽多姿又气象万千。此画综合运用了北宋成熟的"三远法"，布局安排得当，物象大

---

① 《清明上河图》作者的身份、描绘的时间地点以及主题，现阶段学界争论颇多。如有专家认为张择端为金朝人，此画为谍画。争议颇多，但有一点毋庸置疑，即此画描绘的是汴京附近的景物。本节于此画不拟重点讨论。

② 《千里江山图》的作者一直以来被认为是王希孟，其根据是卷后蔡京题跋："政和三年闰四月八日赐。希孟年十八岁，昔在画学为生徒，召入禁中文书库，数以画献，未甚工。上知其性可教，遂诲谕之，亲授其法，不逾半岁，乃以此图进。上嘉之，因以赐臣京，谓天下士在作之而已。"其实这种看法值得商榷。首先，此段题跋的真伪值得怀疑，此题跋的字体与蔡京似乎不符；其次，此段仅说作者为"希孟"，并非直指"王希孟"。其实"王希孟"的提法较晚才出现。较早出现在人们视野之中的记录，来自清人宋荦《西坡类稿》："宣和供奉王希孟，天子亲传笔法精；进得一图身便死，空教肠断太师京"，其下小注："希孟天资高妙，得徽宗秘传，经年设色山水一卷进御，未几死，年二十余。其遗迹只此耳。徽宗以赐蔡京。京跋云：'希孟亲得上笔法，故其画之佳如此，天下事岂不在乎上之作之哉！今希孟已死，上以兹卷赐太师，臣京展阅深为悼念'云。"这段叙述影响颇广，才有了后世王希孟的名字，以及王希孟年二十余岁过世的说法。这段叙述自身疑点较多，如希孟是画学生徒，却何以进入"禁中文书库"？按照惯例，徽宗朝画学生大多进入了翰林图画院。可参见（清）宋荦《西坡类稿》卷十三述鹿轩诗，台湾商务印书馆1934年版，影印《文渊阁四库全书》本，第113页。

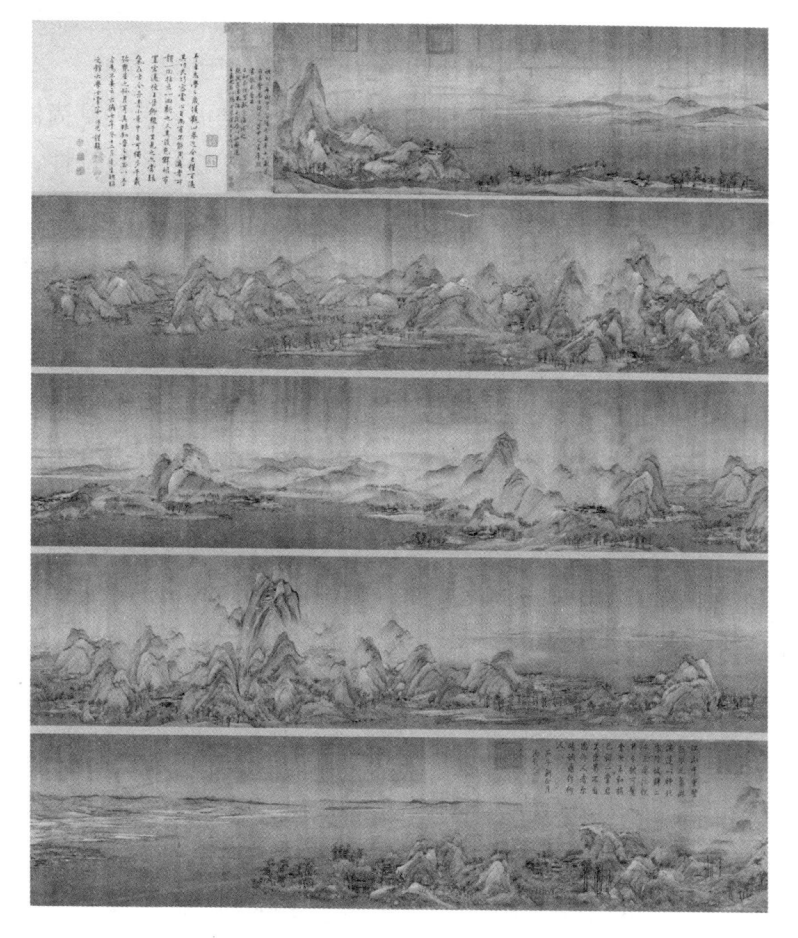

图10 北宋传王希孟《千里江山图》

小合理，位置适宜；山石先以墨色勾勒，再施以青绿重彩层层渲染，通过勾勒、皴擦、点染等种种技巧，把山石塑造得真实可信；客舟渔船、桥梁飞禽、田宅村舍等事物描绘细致入微，令观者在追踪这些细节的过程中，沉醉于画中而不能自拔。

《千里江山图》不仅是北宋山水成就的集大成者，也凸显了中国山水画的最高成就，在此画身上，可以看到前期众多山水画家艰辛努力的影子。

(一) 从"皴法"到"三远法":山水画表现的困境与突破

山水画在中国的起源很早,现存的山水画最早可以追溯到尚停留在"图示"阶段的汉代[1]。由于人物画起源最早,加之毛笔的特性,山水画初期无论是造型,还是经营位置,都深受人物画影响。

早期山水画造型,主要是以勾勒为主,填色为辅。这种技术显然不适合描绘树木与山石。如在宋摹顾恺之名作《洛神赋图》中,与逐渐成熟的人物描绘相较,山石仅仅是单勾填色,即无空间感,也无质感,树木似"伸手布指",显得十分稚拙。

图11 顾恺之(宋摹)《洛神赋图》(局部)

如何有效地处理树石的质感与空间感,一直是山水画家的难题。唐代张彦远曾关注到此时两个重要的发展方向:对笔墨造型的探索与青绿为主的探索[2]。前者以吴道子、张璪、王洽为代表,后者以大小李将军

---

[1] 美国学者方闻曾经把中国画分为图示期、写真期与写实期三个阶段。这种划分虽受到许多诟病,但是从宏观的山水技术的发展角度观之,还是颇有可取之处。参见[美]方闻《心印——中国书画风格与结构分析研究》,李维琨译,陕西人民美术出版社2004年版。

[2] "山水之变,始于吴(道子),成于李思训、李昭道",此说参见(唐)张彦远著,孙祖白校注《历代名画记校注》,收于《朵云》第3集,上海书店出版社1982年版,第152页。

为代表①。经过众多画家艰苦的努力，最终在五代时期，山水画进入了真正的萌芽期②。

从现存墓室壁画来看，唐至五代时期，树木、山石的质感、空间感表达等方面，比之顾恺之时代取得了显著进步。五代荆浩有一段著名的论述："吴道子有笔而无墨，项容有墨而无笔，吾将采二子之所长，成一家之体。"③ 荆浩所说的"成一家之体"，是山水画的独特技术——皴法。皴法的出现，标志着山水画终于找到了适合自身的描绘技巧。④

"位置经营"是困扰中国早期山水画家的另一个难题。以现存的图像资料来看，即使到了五代，山水画中同样给人以生硬、拼凑之感。如董源《寒林重汀图》，虽走出了《洛神赋图》"人大于山，水不容泛"的困境⑤，然而依旧有着前期人物画带状构图的影子，显得生硬、突兀。这个难题最终在北宋早期得到了合理解决。辽宁法库县叶茂台第七号辽墓的墓室壁画《山奕候约图》与北宋范宽《溪山行旅图》，便是具有说服力的例证。

较之早期的山水画，《山奕候约图》⑥的物象描绘，有了显著进步，但画面布置却依旧显得稚嫩与笨拙。前景、中景与后景山脉的布置，缺乏关联合理性，山中、山后两座院落及前中景的树木安排，虽开始注意

---

① 据《唐朝名画录》记载：又明皇天宝中忽思蜀道嘉陵江水，遂假吴生驿驷，令往写貌。及回日，帝问其状。奏曰："臣无粉本，并记在心。"后宣令于大同殿图之，嘉陵江三百余里山水，一日而毕。时有李思训将军，山水擅名，帝亦宣于大同殿图，累月方毕。明皇云："李思训数月之功，吴道子一日之迹，皆极其妙也。"

② 虽然后世在论及此段山水绘画之时，往往提及王维，如明代陈继儒《偃曝谈余》云："山水画自唐始变，盖有两宗，李思训、王维是也"，其实王维并未有画作存留，甚至在唐人的绘画记载中也不见王维。故所谓王维是南宗的鼻祖之说存疑。（唐）朱景玄：《唐朝名录》，载《中国书画全书》第一册，上海书画出版社1993年版，第450页。

③ （五代）荆浩：《笔法记》，人民美术出版社1963年版，第5页。

④ 其实，早在魏晋南北朝时期就有人提出山水画的概念，并有大量的文人开始关注山水画。可参见赵超的博士论文《"画山水"观念的起源：宗炳〈画山水序〉研究》，中国美术学院出版社2013年版。

⑤ 后世对于《洛神赋图》中空间布置的批评是，"人大于山，水不容泛"，物象"伸手布指"。参见（唐）张彦远著，孙祖白校注《历代名画记校注》，载《朵云》第3集，上海书店出版社1982年版，第150页。

⑥ 由于缺乏宋代早期的山水画资料，美术史家往往以此图作为五代到宋代前期的代表。

图 12　辽墓的墓室壁画《山奕候约图》

近大远小的规律，却显得刻板、突兀且有"拥挤"之嫌。反观《溪山行旅图》，无论是山石、树木的塑造，还是画面秩序感，都有了极大的提升。《溪山行旅图》的画面分成前后两部分，呈倒"T"字形，画面简洁明了，树木、行人、屋宇、瀑布等事物，描绘精细又恰如其分，整个画面显得协调统一，显示出一股成熟气息。

《溪山行旅图》的出现，预示着宋人已逐步掌握了对于山水空间布置的密码，即后世所谓的"三远法"："自山下而仰山颠，谓之'高

图 13　北宋范宽《溪山行旅图》

远';自山前而窥山后,谓之'深远';自近山而望远山,谓之'平远'。"①"三远法"不仅是北宋对于前代山水布置的经验总结,也包含着传统文人对山水表达意境的理解,如郭熙对"三远"意境的论述:"高远之色清明,深远之色重晦;平远之色有明有晦;高远之势突兀,深远之意重叠,平远之意冲融而缥缥缈缈。其人物之在三远也,高远者

---

① （宋）郭熙:《林泉高致》,载《中国书画全书》第一册,上海书画出版社 1993 年版,第500 页。

明了,深远者细碎,平远者冲淡。明了者不短,细碎者不长,冲淡者不大,此三远也。"① 后世一些画家虽然总结出了其他的方法,如"迷远""阔远",其实都是以这三种为基础的拓展而已②。

中国传统术语中,把描绘对象的外貌称为"似"。与西方不同,对于中国绘画而言,把事物看似准确地呈现出来,并不是绘画的真正目的。"三远法"并不建立在眼睛真实"所见"的基础上,不以"欺骗"眼睛为目的,而是建立在心灵感受的基础之上。因此,"三远法"是一种迥异于西方的空间表述体系,体现了中国人独特的宇宙观、价值观与审美观。对于山水画而言,真正重要的并不是肉眼所见的"似"山,而是心眼所见之"真"山。"似""真"评价是中国传统绘画的重要命题,隐含着中国绘画重点在于关注心灵,而不在于观照外物的文化特质。恰如《笔法记》提出的:"画者,华也,但贵似得真,岂此挠矣。"③

宋代是中国传统中最接近视觉的时代,但是即使如此,宋画也绝不是对现实存在物亦步亦趋的真实描绘,中国传统绘画其实从未向现实物象简单俯首。徽宗论述描绘月季与孔雀的两则轶事④,一直为后人津津乐道,认为这是徽宗对绘画真实性重视的铁证,从而认为宋画乃特注重写实。其实若仔细体会这两段文字,会发现无论是"盖四时、朝暮、花、蕊、叶皆不同"一句,还是"孔雀欲升藤墩,先举右脚",都指向

---

① (宋)郭熙:《林泉高致》,载《中国书画全书》第一册,上海书画出版社1993年版,第500页。
② (宋)韩拙《韩氏山水纯全集》:"郭氏谓山有三远,愚又论三远者:有近岸广水,旷阔遥山者,谓之'阔远';有烟雾溟漠,野水隔而仿佛不见者,谓之'迷远';景物至绝,而微茫缥缈者,谓之'幽远'。"参见《韩氏山水纯全集 六如画谱》,中华书局1985年版,第2页。
③ (五代)荆浩:《笔法记》,北京人民美术出版社1963年版,第3页。
④ (宋)邓椿《画继》曰:"徽宗建龙德宫成,命待诏图画宫中屏壁,皆极一时之选。上来幸,一无所称,独顾壶中殿前柱廊栱眼斜枝月季花。问画者为谁,实少年新进,上喜赐绯,褒锡甚宠。皆莫测其故,近侍尝请于上,上曰:'月季鲜有能画者,盖四时、朝暮、花、蕊、叶皆不同。此作春时日中者,无毫发差,故厚赏之。'"另一则:"宣和殿前植荔枝,既结实,喜动天颜。偶孔雀在其下,亟召画院众史令图之。各极其思,华彩烂然,但孔雀欲升藤墩,先举右脚。上曰:'未也。'众史愕然莫测。后数日,再呼问之,不知所对。则降旨曰:'孔雀升高,必先举左。'众史骇服。"参见《中国书画全书》第二册,上海书画出版社1993年版,第723页。

第五章 乐技风雅：转捩新境的宋代艺术之韵

事物之"理"，而不是具体特定的时间、地点与事物。

另一段常常被误解的文字来自苏轼。文人画的主导者苏轼在《书鄢陵王主簿所画折枝》[①]中的"论画以形似，见与儿童邻"一句经常被引用，意思是：如果以是否接近于原物作为标准来论画，那么这种见解就和儿童差不多了，这一观点一般被认为属于反"形似"论。但原诗是这样的："论画以形似，见与儿童邻。赋诗必此诗，定非知诗人。诗画本一律，天工与清新。边鸾雀写生，赵昌花传神。何如此两幅，疏澹含精匀。谁言一点红，解寄无边春。"细品此诗，苏轼其实对于绘画的造型近似问题并没有简单否定，一方面，他认为"论画以形似，见与儿童邻"；另一方面，他认为造型如果真实传神，也应该充分肯定，所谓"边鸾雀写生，赵昌花传神。何如此两幅，疏澹含精匀"。就此而言，后世在谈论此诗之时，不免断章取义，取前舍后，其实误会了苏轼的本意。苏轼在诗中进而提出了"诗画本一律"的观点，认为绘画不仅展示表面的形象，更应表达深刻的内涵。苏轼其实是延续了中国传统对绘画的理解，与张彦远的"成教化，助人伦"的思想一致，都把绘画功能指向人的心灵。

这两段文字的分析，可以更好地理解传统绘画看待事物的方式，即并不关注"似"，只关注具有永恒价值的事物[②]，故对于"形"，可以提倡，也可以不提倡，关键在于是否表达了内心，即"真"。"似""真"分野的背后，不仅使传统山水画具有独特的道德功能[③]，也造成了山水画的位置安排往往具有道德意蕴："大山堂堂为众山之主，所以分布以次冈阜林壑为远近大小之宗主也。其象若大君赫然当阳而百

[①] （宋）苏轼：《书鄢陵王主簿所画折枝》，载《苏轼全集》，燕山出版社2009年版，第720页。

[②] 其实恰恰是徽宗朝的绘画把象征性推到极致，如《芙蓉锦鸡图》《祥龙石图》《瑞鹤图》等都是此类例子。对于这些作品的研究，可以参见杨勇《〈芙蓉锦鸡图〉寓意考》（《新美术》2016年第7期）以及陈叙《瑞鹤图研究》（硕士学位论文，浙江师范大学，2014年）。

[③] （宋）郭熙《林泉高致》："嗜欲者，生之贼也。名贤纵乐琴书，图画代去杂欲"，换言之，山水画的目的不是记录山的形貌，而是为了陶冶情操，修身养性，故而山水画往往与士大夫的道德情操联系在一起，恰如郭思在论述观看父亲绘画过程后，发出的感叹："先子向思每丁宁委曲，论及于此，岂非教思终身奉之以为进修之道耶！"参见郭熙《林泉高致》，载《中国书画全书》第一册，上海书画出版社1993年版，第499页。

辟奔走朝会，无偃蹇背却之势也。长松亭亭为众木之表，所以分布以次藤萝草木为振契依附之师帅也，其势若君子轩然得时，而众小人为之役使。"①

"三远法"的这种意蕴，不仅使艺术家可以通过不同的布置方法，也可使后人通过这些不同的布置安排，体味古人对时代、社会以及人生的不同感受以及时代的审美意识差异。如《溪山行旅图》用高远法，巨山顶天立地，给人一种强烈的压迫感，显得庄严肃穆，让人感受到北宋前期那种昂扬自信与豪迈之气；而《早春图》则是北宋中叶郭熙的名作，采取的是深远法。此画从前景的两棵松树画起，通过"S"形，不仅凸显着主峰强烈的动势变化，也使读者的视野随着山势进入山后，山间云雾紧锁，恰合"烟霞锁其腰，则高矣"②之论。米芾观此画的观后感是"淡墨如梦雾中"③，此语甚确。相较于《溪山行旅图》山脉的推远方式，《早春图》中的"S"形显得更加强烈、灵动，纵深感更强，但是也丧失了《溪山行旅图》中的雄浑气魄，显得文雅而优美。

与《溪山行旅图》《早春图》相较，《千里江山图》综合运用了这三种方法，描绘了波澜壮阔、包罗万象的千里江山。《千里江山图》是宋代现存为数不多的青绿山水画。青绿山水的鼎盛期是在唐代④，进入宋代逐渐减少。与具有平民气息的水墨山水画不同，青绿山水画大多出自宫廷，本身具有雍容华贵的贵族气质。

《千里江山图》山脉处理更加复杂，山脉之间有着烟波浩渺的大片水域，这种经营方式，有意弱化了《溪山行旅图》的霸悍，《早春图》的灵动，显得幽邃而深美，使其显得富贵之外，多了一层安详、秀美气息。

---

① （宋）郭熙：《林泉高致》，载《中国书画全书》第一册，上海书画出版社1993年版，第500页。
② （宋）郭熙：《林泉高致》，载《中国书画全书》第一册，上海书画出版社1993年版，第500页。
③ （宋）米芾：《画史》，载《画学集成》，河北美术出版社2002年版，第420页。
④ 因山水中运用矿物质石青、石绿等颜色，故而其山水被称为"青绿山水"，若其中加入金粉，则称为"金碧山水"。关于青绿山水的来源现在学界意见不一，有专家认为其来源与佛教有关，出现于南北朝时期。现存最早的青绿山水卷轴画是传隋朝展子虔的《游春图》，但无论是构图方式，还是山石、树木的塑造方式，都与现今挖掘的墓室壁画有较大差距，疑为伪作。

图 14　郭熙《早春图》

图 15　《千里江山图》（局部）

俗世雅意:浙风宋韵的多维审视

图16 《千里江山图》（局部）

《千里江山图》中对水域的处理，很容易让人联想到王诜名作《烟江叠嶂图》。王诜，太原（今属山西）人。《宋史》记载："诜字晋卿，能诗善画，尚蜀国长公主，官至留后。"[1] 王诜与苏轼关系密切，他们都是宋代文人画家的代表性人物。王诜与徽宗的关系也非同一般。据蔡絛《铁围山丛谈》卷四："王晋卿家旧宝徐处士《碧槛蜀葵图》，但二幅。晋卿每叹阙其半，惜不满也。徽庙默然，一旦访得之，乃从晋卿借半图，晋卿惟命，但谓端邸爱而欲得其秘尔。徽庙始命匠者标轴成全图，乃招晋卿示之，因卷以赠晋卿，一时盛传，人已慜异，厥后禁中谓之旧日图者。是以太上天纵雅尚，已着龙潜之时也。"[2]

《烟江叠嶂图》同样是一幅青绿山水，在两座大山中间横亘着极为广阔的水域，体现出文人浩渺的忧伤与哀思。《千里江山图》借鉴了《烟江叠嶂图》的水域处理，但调整了山水之间的比例，去除了《烟江叠嶂图》中的哀怨与神秘，保留了一丝文人的柔美，生成出一种独特的秀美气息。

从《溪山行旅图》到《早春图》再到《千里江山图》，可以使人清

---

[1] 熙宁二年（1069）王诜娶英宗女魏国大长公主，拜左卫将军、驸马都尉。苏轼的"乌台诗案"发生时，以王诜、王定国为首的二十九人被列为同谋。王诜因苏轼牵连贬官，责授昭化军节度行军司马，均州安置，移颍州安置。参见（元）脱脱等撰《宋史》卷二百五十五，中华书局1999年版，第7368页。

[2] （宋）蔡絛：《铁围山丛谈》卷四，中华书局1983年版，第78页。

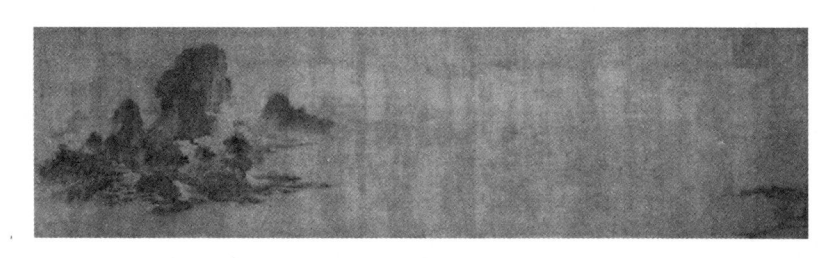

图 17 王诜《烟江叠嶂图》

晰地感受到北宋审美意识的变迁，从北宋早期的豪情万丈，到中叶的些许哀怨，再到之后的退守心灵一隅，体现出从壮美、优美到秀美的审美转变。

二 从"行旅"母题到"家"母题

"山以水为血脉，以草木为毛发，以烟云为神彩，故山得水而活，得草木而华，得烟云而秀媚。水以山为面，以亭榭为眉目，以渔钓为精神，故水得山而媚，得亭榭而明快，得渔钓而旷落，此山水之布置也。"[①]郭熙的这段论述谈论的虽是经营位置，但也道出物象与表达之间的密切关系，即山水画中出现的水、亭榭、渔钓等母题，都有着明确的表达目的，所谓"水得山而媚，得亭榭而明快，得渔钓而旷落"。

在中国传统中，任何母题往往具有明显的隐喻性或象征寓意，这个基本逻辑一直没有改变过。从青铜时代的饕餮纹、凤鸟纹，到后世的梅兰竹菊四君子，都是这种观念的产物。"千载寂寥，披图可鉴"，唐代张彦远这句话，往往被人误解为绘画的主要功能是"存形"。前文已经说到，对于中国传统而言，存形一直不是绘画追求的主要目标。张彦远的用词"鉴"指的是镜子，镜子不仅具有照出形象的功能，早在魏晋顾恺之时期，"镜鉴"就与道德自省联系在一起。绘画"成教化、助人伦"的目的，使中国绘画非常重视象征性，从来都是诉诸观念而不只

[①] （宋）郭熙：《林泉高致》，收于《中国书画全书》第一册，上海书画出版社1993年版，第501页。

是视觉。[1]

相较于汉至唐代的仙山乐土，北宋早期山水往往被称为"行旅山水"。萧山、古寺、行旅、瀑布等是这个时期主要描述的母题。这些在《溪山行旅图》中体现得淋漓尽致。

北宋初期出现的行旅母题，大多数专家认为与文人士大夫科考有关。[2]由于科举制度的实施，使大量文人离开家乡，前往京城赶考，一旦折桂后，往往又要赶赴地方任职，这一切使宋人对旅途场景有着切身感受，行旅题材显然容易引发他们的共鸣。但若言二者有着必然关联，似又可以商榷。

关注过墓室壁画者，都了解一个事实，比之唐代，北宋墓室不仅墓室小，其中的装饰也逐渐减少，这暗示着宋人打破了唐代的神权观念，将注意力主要置于现实世界。在唐代，知识分子不仅上升的渠道窄，而且大多对国计民生并无多少主张，为官往往只为谋生之道。有宋一代，取士宽厚之风，一直不衰，[3]又秉承"重文抑武"的右文政策，舆论环境宽松，加之强大异族的时时压迫，激发出了北宋文人"先天下之忧而忧，后天下之乐而乐"的忧患意识和"居庙堂之高则忧其民，处江湖之远则忧其君"的担当精神。

正是以此为背景，仔细品味行旅题材，会发现在《溪山行旅图》行旅劳顿的表面，不仅没有丝毫的疲惫与辛酸，反而展示出一种"天将降大任于斯人也"的气魄，隐藏着文人那种"虽万千人，吾往矣"的豪迈。梦乡虽存，但现实残酷。宋人一次次面对失败、无奈的残酷现实，只得

---

[1] 贡布里希在论述西方绘画发展的过程中曾经提出一个"知道"和"看见"两分法，中国类似于知道。参见［英］E. H. 贡布里希《艺术与错觉》（*Art & Illusion*），杨成凯、李本正、范景中译，邵宏校，广西美术出版社2012年版。

[2] 参见石守谦《山鸣谷应——中国山水画和观众的历史》第三章"帝国和江湖意象：1100年前后山水画的双峰"，上海书画出版社2019年版。

[3] 太宗继位之后，不仅延续了"右文"的家法，且有过之。据有关学者统计，太祖一朝十六年中录取进士共一百八十八名，诸科一百二十名，太宗仅太平兴国二年一年间，就录取进士一百零九名，诸科二百零七名，超过太祖一朝录取的总和。"太宗还常虑有遗材，至有复试、再试、再放之举。一旦金榜题名，即授以官职，有的还破格提升。"参见杨渭生《两宋文化史》，浙江大学出版社2008年版，第8页。

第五章 乐技风雅：转捩新境的宋代艺术之韵

不断进行内心调适。这造成了他们看待、理解以及体会世界方式的不断演进，在思想上，从周敦颐到张载，再到著名的程颢、程颐兄弟，体现出北宋时期哲思的演进；在绘画艺术中则体现为母题关注点的不断变换。

《早春图》中虽然萧山、古寺、瀑布母题不变，但却减弱了行旅的氛围，多了一重归家的意味。如前景左段是归家的妇人，右段是打渔下船的渔夫，中段有归家的樵夫，大多是归家者的形象，仅有中间骑着驴子的行旅老者。这种对"家"的关注，到了《千里江山图》表现得尤为明显。《千里江山图》中的行旅被客舟、渔船替代，萧山、古寺被田宅、村舍替代，瀑布被桥梁、飞禽小桥替代，等等，不一而足。这种母题的转变，反映出北宋后期社会文化以及审美观念的巨大变迁。

《千里江山图》与《溪山行旅图》《早春图》一样，都采取的是全景式构图，但是人物与山的关系并不一致。在《溪山行旅图》中，人是匆匆过客，萧山、古寺暗示着山仅仅是行旅途中的一站；在《早春图》中出现的十三个人都围绕着主山进行活动，他们有的人在进入山中，有的人正在回归；在《千里江山图》中，山乃成为人活动的场域，湖泊、田宅都在山与山构成的场域之内，无论是行人还是渔夫，其活动都与自身所处的环境相关，不与山直接发生关系，换言之，人在山中。

《千里江山图》中的客舟渔船、桥梁飞禽、田宅村舍意象，推动了"家"母题的建构，若联系"千里江山"的深广含义，这些显然都是为了凸显绘画的主题——徽宗对于治下"国家"的想象。

纵观北宋一朝，无论是《溪山行旅图》、《早春图》还是《千里江山图》，其中的山岭都具有一定的象征意味，但母题的变迁，却凸显出北宋时期从壮美、优美到秀美的审美转变：《溪山行旅图》象征的是需要治理的远方，《早春图》暗示的是君主的威严，《千里江山图》则通过波澜壮阔的"千里江山"[①]描绘，隐曲地表达了徽宗心目中安详和

[①] 对于中国传统而言，以"江山"替代"国家"是一个不证自明的常识，其实这个问题背后隐伏着一个值得探讨的特别视角。如金观涛、刘青峰所言，全世界只有两个文明出现了对山水的兴趣，一个是欧洲，一个是中国，其实欧洲文明中真正关注山水（西方称为风景画）的时期是17世纪，要远远晚于中国。参见金观涛、刘青峰《中国思想史十讲》（上卷），法律出版社2015年版。

谐的国家图景。而这种转变也恰恰迎合了那个时代对于国家清明治理的期待。

三 一片江南景——闲适下的凄迷与悲怆

《千里江山图》中"家"的意象，在南宋被一再放大。从北宋末年至南宋现存的画作来看，婴戏、牧童、仕女、归家、山水四景、烟雨江南等，这些母题看似复杂多元，其实都指向一个共同的中心主题——家园。

对美术史稍有了解的读者会发现，似乎在北宋徽宗时期婴戏题材开始流行，出现了一些婴戏题材的名家，如"杜孩儿，京师人，在政和间其笔盛行，而不遭遇，流落辇下，画院众工必转求之，以应宫禁之须"。[①] 现存的婴戏图，大多为北宋末至南宋时期，如南渡画家苏汉臣的《秋庭婴戏图》，此图细致地描绘了两个正在玩推枣磨的儿童，他们背后高大的湖石、芙蓉与雏菊则暗示着所置身的是一个秋天的院落。

婴戏题材中偶尔会出现妇女，这点在南宋时期体现得尤为明显。南宋时期婴戏题材的画作渐多，名家渐少，一些与女性相关的题材逐渐流行起来，如《靓装仕女图》《绣栊晓镜图》等，甚至出现了一些与婴戏、女性以及家园相关的新题材，如《骷髅幻戏图》《货郎图》《踏歌图》等。

在这些题材中，女性母题颇值得注意。在中国传统绘画中，除一些神祇外，女性大多与劝谏主题相关，如汉代武梁祠画像石西壁画中出现的无盐丑女、齐义继母、秋胡妻、朱明妻等节妇烈女，以及魏晋时期描绘女子贞德的《女史箴图》、司马金龙墓出土的《孝经图》等。唐朝时期出现了大量"仕女画"，但它们要么描绘的是宫廷贵妇，如《虢国夫人游春图》《簪花仕女图》，要么就是描绘妇女劳作的绘画，如《捣练图》等。

北宋女性题材几乎延续了前代传统，但进入南宋，随着风俗画流行，

[①] 参见邓椿《画继》卷六，载《画史丛书》第一册，上海人民美术出版社1963年版，第46页。

图 18　（传）苏汉臣《秋庭婴戏图》

这些题材中，女性或以慈母的形象出现，如《婴戏图》《货郎图》《骷髅幻戏图》，或以家庭劳作的形象出现，如《女孝经图》《纺车图》，或是居于院落之中思夫的女子，如《靓装仕女图》《绣枕晓镜图》等，这些女性形象逐渐脱离单一的教化形象，与家庭的概念联系在一起，女性母题逐渐从关注道德内涵，转变为家庭符号的象征。

在汉语语境下，"家"往往是与"国"连在一起，形成"国家"一词。在中国传统中，"国家"不仅是一个地域概念，更是一个共同体概念。恰如金观涛等所说："只有中国人把国和家放在一起讲而产生'国

图19　南宋佚名《靓装仕女图》

图20　南宋佚名《绣栊晓镜图》（局部）

图 21　南宋佚名《骷髅幻戏图》

家'一词,'家'是私,'国'是公,公私融合在一块儿,这是一个巨大的创造。正因为'家'与'国'同构,公领域价值和家族内部私领域的价值被打通了。"[①]

"家国"一词虽然出现较早,但北宋之前,人们关注的重点在"国",在绘画中往往以大山大川表达"国"的形象;进入南宋,却以"家"来隐喻"国"。南宋绘画中牧童、小路、归途、烟雨江南等意象,这些看似平淡,却都是围绕着"家园"概念展开。

这种从国到家的关注视角的变化,与历史环境密切相关。比之北宋,南宋丧失了长江以北的地区,宋金关系远远不如宋辽。北宋时期,无论是太祖还是太宗,都在积极争取灭辽,虽然在景德二年(1005)与辽缔结"澶渊之盟",北宋每年给辽国银十万两,绢二十万匹的"岁

[①] 金观涛、刘青峰:《中国思想史十讲》,法律出版社2015年版,第60页。

俗世雅意:浙风宋韵的多维审视

币",但两国皇帝以兄弟相称,关系尚属平等。到了南宋,无论是绍兴十一年(1141)的"绍兴和议",还是隆兴二年(1164)十二月的"隆兴和议",都极为屈辱,不仅"岁币"(绍兴和议称为"岁贡")翻了一番,南宋面对金国还被迫以"叔侄"相称,还有割地。

国势的转变,使南宋人一直在现实与梦想之间低首徊徨。"醉里挑灯看剑,梦回吹角连营。八百里分麾下炙,五十弦翻塞外声。沙场秋点兵。马作的卢飞快,弓如霹雳弦惊。了却君王天下事,赢得生前身后名。可怜白发生!"辛弃疾的这首《破阵子》,无疑是当时志士心灵的真实写照。更多的不得不走向内敛务实的南宋人,审美却发生了巨大转向,向外的视野逐渐转向内在,逐渐失去了北宋早期的那种豪气干云的气息,开始把精致、娴雅发挥到某种极致,在优哉游哉的表面下掩藏着内心的不屈与倔强,在闲适的题材中透露出凄迷与悲怆。

南宋时期,除了晚年的李唐及其弟子萧照尚有一些宏伟的山水作品之外,后期的画家很少再绘制宏大的山水题材,代表作如《四景山水图》《踏歌图》《山水十二景》。《千里江山图》中作为点景,在高大蜿蜒的山脉中显得渺小与无足轻重的田园舍宅,在南宋山水画逐渐占据了主导,《千里江山图》中辽阔的视角被拉近,象征远方的远景,在南宋山水的迷雾中变得模糊不清,前景获得了前所未有的关注,树木、行人与家园意象被放大且更易于感受。

《四景山水图》为南宋大家刘松年所作,绢本设色,现收藏于北京故宫博物院。据庄肃《画继补遗》记载,刘松年为杭州人,出生于现在的清波门,即"暗门",故人称"暗门刘","工画道释人物山水"。[①]《四景山水图》描绘了杭州一年四季的景色。《四景山水图》中,巨幅的高山已经被远山与大片的湖面替代,山水甚至成了家园的背景,家园概念被凸显得淋漓尽致。典型如《春景图》,此画分为前、中、后三段。前景中两人身着齐膝衣,手牵着马匹,顺着小路徐徐而行,两边柳

---

① (元)庄肃《画继补遗》卷下:"刘松年,钱唐人,家暗门,时人呼为暗门刘。画院祇候,工画道释人物山水,颇恬洁,与张训礼相上下,但平坡远岸不及之尔。"见《画继补遗》,《中国美术论著丛刊》,人民美术出版社1963年版,第13页。

图 22　南宋刘松年《春景图》

树枝叶繁茂，显示出暮春景色；中段的重点是被树木、雨雾掩映的屋宇楼阁，暗示着家园；远景是遥遥云雾中的青山，整幅画把西湖的秀美景色以及对家园的迷恋之情表达得颇为充分。

从"国"到"家"关注重心的转变，启示南宋画家收缩视野，采取"以小观大"的策略，开启了一条关注局部之路径，这条路被称为"截景山水"，代表画家是南宋画院画家马远、夏圭（亦作"珪"），人称"马一角、夏半边"。

马远、夏圭与南宋初期的李唐、刘松年，并称"南宋四大家"，他们都隶属于南宋画院。画院机构，是宋代一个独特的现象，最早的画院可能出现于五代时期的西蜀与南唐，但真正的发展却是在宋代。北宋雍熙四年，隶属于翰林院的一个"图画局"，升格为"翰林图画院"，后世简称"画院"。翰林图画院成立的主要目的是为了服务宫廷的宣传、装饰等工作，主要是一个创作机构，但由于皇家的需要，也存在着教育画工的任务，故而画院在北宋中叶之后，逐渐形成了自己独特的绘画传统、风格甚至教育理念和方式。[①] 翰林图画院这种类似学派的机构，导

---

① 具体对两宋画院教育的分析，可以参见杨勇《两宋画院教育研究》，中国社会科学出版社2018年版。

俗世雅意：浙风宋韵的多维审视

致画风与众不同，出现了所谓的"院体画"，特别是南宋时期，几乎是画院一家独大，致使后世提及院体画，无不追溯至南宋画院。

南宋画院，在继承徽宗宣和画院精微细致画风的基础上，发展出了一种形神兼备、讲究法度、精致优雅的细腻画风。

先看《踏歌图》，绢本设色，马远作。据夏文彦《图绘宝鉴》[①] 和周密《齐东野语》[②] 记载，马远出身于一个绘画家族，主要活动于南宋光宗、宁宗、理宗三朝。《踏歌图》上有宋宁宗抄写的王安石的题诗"宿雨清畿甸，朝阳丽帝城。丰年人乐业，垄上踏歌行"，通过描绘春社时节，农民踏歌醉归的情形，传递出国家安定、天下大治的诗意。此图的前景中央是四个在田垄上，踏歌而行的农夫，他们向着左侧的大石走去，石下站立着接应的妇女与儿童。暗示着酒后老者的归处——"家"；中景是云雾、山石与树丛掩映的宫阙，暗示着皇家；远处则是隐隐的青山。

《踏歌图》虽采取大堂式构图，但与《溪山行旅图》《早春图》有着明显差异。《踏歌图》整个画面没有主峰，山与山之间仅通过云雾进行了前后关系的区分，几乎毫无关联。画面视角的拉近，凸显了前方的人物、巨石与枯枝，中景事物清晰可辨，后景单薄退远。整个画面笼罩在刚刚下过雨后的迷雾之中，既感轻快淋漓，又显得清新幽远，与北宋前中期画作中的行旅形成巨大的反差。

再看《山水十二景》，绢本设色，夏圭作，现仅存四幅。据《画继补遗》[③] 和《图绘宝鉴》记载[④]，夏圭主要活动于宁宗、理宗二朝，为

---

① "马远，兴祖孙，世荣子，画山水人物花禽种种臻妙，院人中独步也。光宁朝画院待诏。"见《图绘宝鉴》卷四，商务印书馆1938年版，第78页。

② 周密在《齐东野语》中记述："理宗朝待诏马远，画《三教图》……称旨"，见周密《齐东野语》，齐鲁书社2007年版，第148页。

③ 《画继补遗》记载："夏珪，钱唐人，理宗朝画院祗候。画山水人物极俗。恶宋末世道凋丧，人心迁革，珪遂滥得时名，其实无可取。仅可知时代姓名而已，子森亦绍父业。"参见（元）庄肃《画继补遗》卷下，《中国美术论著丛刊》，人民美术出版社1963年版，第16页。

④ 《图绘宝鉴》记载："夏珪，字禹玉，钱塘人。宁宗朝待诏，赐金带。善画人物，高低酝酿，墨色如傅粉之色，笔法苍老，墨汁淋漓，奇作也。雪景全学范宽，院人中画山水，自李唐以下，无出其右者也。"参见（元）夏文彦《图绘宝鉴》卷四，商务印书馆1938年版，第79页。

350

第五章 乐技风雅:转捩新境的宋代艺术之韵

图23 南宋马远《踏歌图》

图24 南宋马远《踏歌图》(局部)

俗世雅意:浙风宋韵的多维审视

图25　南宋夏圭《山水十二景》(局部)

"画院祗候"。《山水十二景》对细节精致的描述替代了对宏观结构的思考，凸显出南宋人一种新的审美感受。与《千里江山图》精巧复杂的山石布局，处理得当的优雅情调相较，《山水十二景》失去了对国家山河描述的兴趣，作者把目光集中到一些具体而微的事物之上，如对眼前山石、树木、船舶，似乎更想聚焦表达某个特定地区；在绘制的技巧上，夏圭加强了对前景的描绘，后景远山则仅以淡墨勾勒，酣畅淋漓、明暗对比鲜明、具有强烈风格化的大斧劈皴，给人一种激越之感，而处于迷雾中的后景，更增强了迷幻之感。

后世对马、夏毁誉参半，对他们描绘的山水，甚至有人认为是"残山剩水"，其手法"粗鄙"，这些评价似乎误解了马、夏。夏圭是钱塘人，马远籍贯不见史料，但从他家族渊源来看，应该也是钱塘人，二人所画应是钱塘景色。烟雾溟蒙固然是杭城特色，但他们笔下粗犷的大斧劈皴，确与浙江温和的山川地理视觉特征不符。但坚硬的岩石与迷蒙

352

的远山，眼前的盛景与心中的万里山河，形成鲜明的对比，恰是这种真实与虚幻的强烈反差，凸显出一种凄迷与悲怆之美，勾勒出在悠闲的表面下南宋人那无助与迷茫的内心世界。

四　两宋绘画对后世的影响

北宋出现了以苏轼、米芾为代表的文人画，南宋时期形成了以"南宋四家"为代表的院体画，二者均对后世形成了持久而深远的影响。若对美术史稍作了解，会发现一个较奇怪的现象，即从南宋之后的元明清三代，美术史中的大家，如赵孟頫、元四家、吴门四家、董其昌、清四王、四僧、扬州八怪一直到海上画派，几乎都出自江浙一带。这种现象的出现，无疑与院体画的广泛传播密切相关。南宋院体画风形成与画院的系统教育有关。两宋院体画的教育，切实可行，行之有效，尤其是随着南宋家族制教育的兴盛，为后世培养了大批院体画家。作为南宋"行在"的临安，更成为后院体画的大本营，奠定了后期中国画坛的基本走向。如明代画院初建，盛著[1]、谢环[2]、石锐[3]、商喜[4]、倪端[5]、马轼[6]、

---

[1] （明）朱谋垔《画史会要》卷四："盛著，字叔彰，嘉兴人，懋之侄也。能全补图画运笔着色，与古不殊。洪武中，供事内府，高帝异之，着盛叔彰全。"（明）朱谋垔：《画史会要》卷四，景印《文渊阁四库全书》子部一二二，台湾商务印书馆1986年版，第519页。

[2] （明）朱谋垔《画史会要》卷四："谢环，字廷循，永嘉人，山水宗荆浩、关仝、米芾，东里杨少师称其清谨有文，是以见重于当时，有玉笥山图传世。"（明）朱谋垔：《画史会要》卷四，景印《文渊阁四库全书》子部一二二，台湾商务印书馆1986年版，第525页。

[3] （明）朱谋垔《画史会要》卷四："石锐，字以明，钱塘人，仿盛子昭金碧山水，界画楼台及人物，傅色鲜明温润，名著于时。"（明）朱谋垔：《画史会要》卷四，景印《文渊阁四库全书》子部一二二，台湾商务印书馆1986年版，第525页。

[4] 商喜的籍贯，有多种说法，一说会稽人，一说江苏濮阳人。

[5] （明）朱谋垔《画史会要》卷四："倪端，字仲正，善画道释人物，山水宗马远，亦工花卉。"李开先《中麓画品》："倪端出于石锐。"（明）朱谋垔：《画史会要》卷四，景印《文渊阁四库全书》子部一二二，台湾商务印书馆1986年版，第525页。又，（清）冯金伯《国朝画识》卷四："倪端，字文初，嘉兴人，工写生兼善山水。"

[6] （明）朱谋垔《画史会要》卷四："马轼，字敬瞻，嘉定人，精于绘事，与钱塘戴文进同驰名于京师，时有李在、谢庭循辈亦能画，然其笔法潇洒则不逮轼，正统己巳以天文生从征广东，谋画占验见用，仕为漏刻博士，子愈登进士。"（明）朱谋垔：《画史会要》卷四，景印《文渊阁四库全书》子部一二二，台湾商务印书馆1986年版，第525页。

顾应文[1]、俞鹏[2]、吕纪[3]、殷善[4]、吕文英[5]、王谔[6]、蒋宥[7]、赵麟素[8]、顾炳[9]等大量江浙籍的画家进入宫廷,这些画家中尤其以浙江画家居多,无疑与院体画的中心在杭州有着密切的关系。

在南宋院体画的影响下,明代甚至出现了一个以浙江命名的著名流

---

[1] (明)顾清《(正德)松江府志》卷三十:"顾应文,号石泉,家府城谷市桥,善画人物山水尤精释道像,脱去俗工习气,识者贵之。宣德中,征至京时,二沈以文翰进宠春异等,应文耻之,未几谢病归,戒子孙曰汝辈努力,毋效吾所为也。"(明)顾清:《(正德)松江府志》卷三十,《四库全书存目丛书》,第一百八十一册,史部,庄严文化事业有限公司1996年版,第814页。

[2] (明)徐象梅《两浙名贤录》卷四十九《方技》:"俞汉远鹏"条:"俞鹏,字汉远,上虞人,善画浪,游两京名重公卿间。性耿介,时有巨珰欲荐授一官,即僵卧不肯起,其画亦不易得,兴至乃写。"(明)徐象梅:《两浙名贤录》卷四十九《方技》,浙江古籍出版社2012年版,第1262页。

[3] (明)何乔远《名山藏》卷一百《艺妙记》:"吕纪,鄞人,专攻翎毛,闲作山水人物厉志,汉唐以来名笔兼集众长。弘治中,应例入御用监,益造精诣,凡草木花鸟,生意流动,泉石波景点染,烟润有造化之妙。孝宗朝传奉升至锦衣卫指挥应诏承制,多立意规,虽涉杜撰,而所存有在。孝宗尝称之曰,工执艺事以谏,吕纪有之。与纪同时者有边景昭,花果翎毛亦精神刻肖,人以边吕并传。景昭,浙西人,而广东有林良者,亦以善画花果翎毛,官锦衣指挥。"(明)何乔远:《名山藏》卷一百《艺妙记》,《续修四库全书》卷四二七,史部,第554—555页。

[4] (明)朱谋垔《画史会要》卷四:"殷善,字从善,金陵人,花鸟饶有清致,子偕,字汝同,亦专其业。"(明)朱谋垔:《画史会要》卷四,景印《文渊阁四库全书》子部一二二,台湾商务印书馆1986年版,第525页。

[5] (明)李诩《戒庵老人漫笔》卷一:"孝宗朝画士吕纪以翎毛,吕文英以人物,皆被恩宠。纪,宁波人,文英,处州人,人呼为小吕。"(明)李诩:《戒庵老人漫笔》,《丛书集成续编》卷二一三,台湾新文丰出版公司1988年版,第482页。一说吕文英为括苍人(今浙江台州临海):"吕文英,括苍人,孝宗时,以指挥同知,仁智殿人呼为小吕。"彭蕴璨:《历代画史汇传》卷四十四,《续修四库全书》一零八三,子部,第675页。

[6] (明)徐象梅《两浙名贤录》卷四十九《方技》:"王谔,字廷直,奉化人,工画,尝师里人萧凤,尽其术,乃肆力于唐以来诸名家,凡奇山怪石,古木惊湍之类,尽摹其妙。孝宗朝,大承宠幸,时上好马远画,亟称曰,王谔,今之马远也。问邑卢镇尝师谔,亦称绝艺。"(明)徐象梅:《两浙名贤录》卷四十九《方技》,浙江古籍出版社2012年版,第1265页。

[7] (明)朱谋垔《画史会要》卷四:"蒋宥,字朝恩,常熟人,仪观清雅,善画人物,巡抚都御史朱瑄荐入京,应制写御容,宥以草野辞,宥之作画家推为高品。"(明)朱谋垔:《画史会要》卷四,景印《文渊阁四库全书》子部一二二,台湾商务印书馆1986年版,第528页。

[8] (清)嵇曾筠《(雍正)浙江通志》卷一百九十六:"赵麟素,《旧嘉兴府志》,海盐人,工画,正德间直仁智殿,甚见重于时,带锦衣卫副千户俸。"(清)嵇曾筠:《(雍正)浙江通志》卷一百九十六,景印《文渊阁四库全书》第五二四册,台湾商务印书馆1986年版,第354页。

[9] (清)姜绍书《无声诗史》卷三:"顾炳,字黯然,钱塘人,万历间以善画供事内殿。就所闻见绘为画谱,自晋唐以来罔不传摹,存其梗概,镕今铸古能集大成。"(清)姜绍书:《无声诗史》卷三,《四库全书存目丛书》第七十二册,子部,台湾商务印书馆1995年版,第741页。

派——"浙派"。浙派早期的代表性人物是戴进，后期代表性人物是吴伟。戴进是钱塘人，关于戴进的师承、画史无考，明人称其"山水、人物、翎毛、花草兼法诸家，尤长于马、夏，中年犹守师法，晚学纵逸，出畦径，卓然一家"①，但从他是钱塘人，又师承马、夏而言，其在杭州学艺是不争的事实。另据郎瑛《七修续稿》，戴进早年曾跟从父亲进京，"笔虽不凡，有父而名未显"，"继而还乡攻其业，遂名海宇"②，此处的"还乡攻其业"，无疑暗示了杭州是当时院体画中心的事实。吴伟虽是湖北江夏人，成名于金陵，"归居秦淮之东涯，武宗即位，召之，使者至，未就道，中酒死。子山从遗命，葬于金陵"③。吴伟也承继了南宋的马、夏画风，属于戴进后的"浙派"名将，被称为"画状元"，追随者甚众。

院体画的巨大影响力也引来了激烈的反对声音。赵孟頫于元大德五年（1301）提出："作画贵有古意，若无古意。虽工无意。今人但知用笔纤细，傅色浓艳，便自谓高手，殊不知古意既亏，百病横生，岂可观也？吾所作画，似乎简率，然识者知其近古，故以为佳。此可为知者道，不为不知者说也。"④ 无独有偶，明代董其昌，提出了著名的"南北宗论"⑤，把马、夏贬为北宗，认为"若马、夏及李唐、刘松年又是李大将军之派，非吾曹易学也"⑥。

赵孟頫与董其昌，分别是元代与明代文人画的领军人物，他们的这

---

① （明）田汝成：《西湖游览志余》卷十七，上海古籍出版社1980年版，第334页。
② 郎瑛《七修续稿》："永乐末钱塘画士戴进，从父景祥征至京师，笔虽不凡，有父而名未显也。继而还乡攻其业，遂名海宇。"《续修四库全书》一一二三，子部，上海古籍出版社2002年版，第385—386页。
③ （明）顾起元：《客座赘语》，载《历代笔记小说大观》，上海古籍出版社2012年版，第148页。
④ （明）张丑：《清河书画舫》，上海古籍出版社1991年版，第412页。
⑤ （明）董其昌《画禅室随笔》卷二："禅家有南北二宗，唐时始分，画之南北二宗，亦唐时分也，但其人非南北耳。北宗则李思训父子，着色山流传而为宋之赵干、赵伯驹、伯骕，以至马、夏辈，南宗则王摩诘始用渲淡，一变钩斫之法，其传为张璪、荆、关、郭忠恕、董、巨、米家父子，以至元之四大家，亦如六祖之后，有马驹、云门、临济儿孙之盛，而北宗微矣。"浙江人民美术出版社2016年版，第62页。
⑥ （明）董其昌：《画禅室随笔》卷二，浙江人民美术出版社2016年版，第61页。

些言论对后世文人画的发展起到了至关重要的作用。赵孟頫所谓的"用笔纤细,傅色浓艳",其实暗指院体画。赵氏作为元代文人画开创性的领军人物,高举"古意"大旗,有意排斥南宋院体画风,号召大家学习唐与北宋画风。许多专家认为赵氏此举与其宗室身份有关,但若深究此论,会发现仅从宗室身份来解读是不够的。若结合赵氏疏离造型、忽视知识的重要性,转而强调文人擅长的书法应"以书入画"等主张,会发现他之所以排斥院体画,恰恰是因为南宋院体画独树一帜,迫使他不得不反思文人画之不同取向应有的艺术标准。

对于董其昌的"南北宗论",学界褒贬不一,但现代学者逐渐认识到明末时期对于南北宗的分野,一方面具有重要的画史画论意义;另一方面,就明朝商业经济繁荣的社会实际而言,当时绘画作品成为文化消费品,"戾家画(文人画)的标签,吸引了更多的文化消费者来光顾",因而具有明显的市场效应。[①] 换言之,在"南北宗论"的提出以及接受的背后,既有艺术思维和艺术路线的差异,也有契合时代的商业逻辑,就后一方面而言,其实无法忽视南宋院体画"行家"创作文化商品对于后世画家的历史影响力。

若再联系赵孟頫、董其昌都是浙江籍贯以及院体画的中心就在浙江的事实,会让人惊奇地发现,赵、董非议院体画这一美术史上著名的路线之争,更像是浙江本土画风一次持续了近七百年的学术争鸣。这次争鸣,时时凸显着两宋绘画的巨大影响。无论是赵孟頫还是董其昌,都对北宋画家赞不绝口,如赵孟頫提倡学习李成、郭熙,董其昌把荆浩、关仝、巨然、郭忠恕、米家父子划归"南宗",认为是后世学习的楷模并身体力行地临摹学习。由于两人的影响使后世出现了一个有趣现象,文人画家往往喜爱洒脱、优雅的北宋绘画,而民间则喜爱精微细致、写实工整的院体画。

综上所述,两宋绘画是中国美术史上一个重要的时期,北宋、南宋不仅形成了中国美术史上文人画与院体画两个传统,分别影响了后世绘

---

① 参见洪再新《中国美术史》,中国美术学院出版社2004年版,第341页。

画的发展，若结合赵孟𫖯、董其昌以及后期文人画与院体画之争，还可以看出由于南宋画院的影响，成就了浙江作为绘画重镇的历史地位，彰显着浙江对中国画坛强大而持续的艺术影响力。

第四节　从民俗信仰到造型艺术：宋代"磨喝乐"形象的塑造

宋代独特的艺术风韵不只是表现在音乐和绘画领域，同样表现在多姿多彩的造型艺术方面。宋代七夕节期间，无论是达官显贵还是平民百姓，都供奉一种土泥塑造的孩儿形偶像——"磨喝乐"，以求实现乞巧和多子多福的愿望。宋代文献记载，"磨喝乐"源自佛教，但对其具体的来源和形象却语焉不详，阻碍了今人对其的深入认知。针对"磨喝乐"的身份，很多研究者都进行了积极的探索，但却至今未形成统一的认识。因此，依据古文献和前人研究成果，厘清磨喝乐的信仰渊源和形象演变就变得颇有意义。

一　宋代文献中的"磨喝乐"

宋代的文献中对于磨喝乐的记载很多，如《东京梦华录》《醉翁谈录》《西湖老人繁盛录》《梦粱录》《岁时广记》《武林旧事》等。最早可能就是北宋孟元老的《东京梦华录》[①]，其他文献所记基本未超出《东京梦华录》的内容。据孟元老《东京梦华录》记载：

> 七月七夕，潘楼街东宋门外瓦子、州西梁门外瓦子、北门外、南朱雀门外街及马行街内，皆卖磨喝乐，乃小塑土偶耳。悉以雕木彩装栏座，或用红纱碧笼，或饰以金珠牙翠，有一对直数千者。禁中及贵家与士庶为时物追陪。又以黄蜡铸为凫雁、鸳鸯、鸂𫛶、龟鱼之类，彩画金缕，谓之"水上浮"。
>
> 七夕前三五日，车马盈市，罗绮满街，旋折未开荷花，都人善

---

① 《东京梦华录》所记大多是宋徽宗崇宁到宣和年间（1102—1125）北宋都城东京开封的情况，已经到了北宋晚期。

假作双头莲，取玩一时，提携而归，路人往往嗟爱。又小儿需买新荷叶执之，盖效颦磨喝乐。……至初六日七日晚，贵家多结彩楼于庭，谓之"乞巧楼"。铺陈磨喝乐、花果、酒炙、笔砚、针线，或儿童裁诗，女郎呈巧，焚香列拜，谓之"乞巧"。

磨喝乐本佛经摩睺罗，今通俗而书之。①

从文献中我们可以看出，磨喝乐是宋代七夕时供奉的一种土偶，装饰华丽，作为商品向贵家士庶出售。但是磨喝乐的具体形象，还不甚明了。到下文所讲，"小儿需买新荷叶执之，盖效颦磨喝乐"，说明磨喝乐的形象应该是儿童形象，并与荷叶有关系。作者在最后注曰"磨喝乐本佛经摩睺罗，今通俗而书之"，这是作者对磨喝乐来源的记述，其后的文献也多采此说。但到底佛经中的摩睺罗为何物，为什么要模仿摩睺罗，都没有给出具体的解释。

《醉翁谈录》卷四《京城风俗记》记载："京师是日多博（抟）泥孩儿，端正细腻，京语谓之摩睺罗。小大甚不一，价亦不廉，或加饰以男女衣服，有及于华侈者。南人目为巧儿。"②作者金盈之约公元1126年前后在世，时值北宋末年。在金盈之的记述中，已经明确了摩睺罗的孩儿形象，这种泥孩儿还要饰以男女衣服，南方人称为"巧儿"。

《西湖老人繁胜录》记载："御街扑卖摩侯罗，多着乾红背心，系青纱裙儿；亦有着背儿，戴帽儿者。牛郎织女，扑卖盈市。卖荷叶伞儿。家家少女乞巧（'巧'上原脱'乞'字）饮酒。"③《西湖老人繁胜录》中所记摩侯（睺）罗的装饰形象，对于其穿着打扮给予了细致的描写。西湖老人撰写此书当在宁宗之时，早于成书端平二年（1235）的《都城纪胜》约三十年。

成书于南宋末年的《岁时广记》以类书的方式记载了这一时期之前的岁时节日资料，关于宋代七夕磨喝乐的记载基本摘自《东京梦华

---

① （宋）孟元老：《东京梦华录》卷八，中国商业出版社1982年版，第54页。
② （宋）金盈之撰，罗烨编：《醉翁谈录》卷四，辽宁教育出版社1998年版，第14—16页。
③ 王国平：《西湖文献集成》第2册，杭州出版社2004年版，第15页。

第五章 乐技风雅：转捩新境的宋代艺术之韵

录》，但又增添了新内容。书中指出："今行在中瓦子、后市街、众安桥卖磨喝乐最为旺盛。惟苏州极巧，为天下第一。进入内廷者，以金银为之。谑词云：'天上佳期，九衢灯月交辉。摩睺孩儿，斗巧争奇。戴短檐珠子帽，披小缕金衣。嗔眉笑眼，百般地敛手相宜。转睛底工夫不少，引得人爱后如痴。快输钱，须要扑，不问归迟。归来猛醒，争如我活底孩儿。'"[①] 根据作者的描述，南宋时苏州制售磨喝乐极为精巧，并描写了其"嗔眉笑眼，百般地敛手相宜"的可爱形象。而且磨喝乐作为商品参加扑卖，[②] 可见宋人对它的喜爱。

宋代吴自牧《梦粱录》记载："七月七日谓之'七夕节'。其日晚晡时，倾城儿童女子，不论贫富皆着新衣。富贵之家，于高楼危榭，安排筵会，以赏节序，又于广庭中设香案及酒果，遂令女郎望月，瞻斗列拜，次乞巧于女、牛。或取小蜘蛛，以金银小盒儿盛之，次早观其网丝圆正，名曰'得巧'，内庭与贵宅皆塑卖磨喝乐，又叫摩睺罗，孩儿悉以土木雕塑，更以造彩装襕座，用碧纱罩笼之，下以桌面架之，用青绿销金桌衣围护，或以金玉珠翠装饰尤佳。……市井儿童，手执新荷叶，效摩睺罗之状。此东都流传，至今不改，不知出何文记也。"[③] 本书作者约宋度宗咸淳中前后在世（该书作者序言后题甲戌岁中秋日，甲戌即宋度宗咸淳十年，即1274年），宋亡后尝追记钱塘盛况，作《梦粱录》二十卷。从这一文献中我们可发现，其关于磨喝乐的记载源自《东京梦华录》，但作为七夕流传的风俗，已经"不知出何文记也"。这说明到南宋时，关于磨喝乐的来源，世人的认识已经很模糊了。

南宋周密《武林旧事》记载："七夕节物，多尚果食、茜鸡。及泥孩儿号'摩睺罗'，有极精巧，饰以金珠者，其直不赀。并以蜡印凫雁水禽之类，浮之水上。妇人女子，至夜对月穿针。饾饤杯盘，饮酒为乐，谓之'乞巧'。及以小蜘蛛贮盒内，以候结网之疏密，为得巧之多

---

① （宋）陈元靓：《岁时广记》卷二十六，商务印书馆1939年版，第303页。
② 扑卖，宋元时民间流行的一种博戏，用钱币为具，以字幕定输赢。市间杂物也可以用此法售物，买家获赢，即可折价购物。参见杨金鼎《中国文化史词典》，浙江古籍出版社1987年版，第809页。
③ （宋）吴自牧撰，符均、张社国校注：《梦粱录》，三秦出版社2004年版，第44—46页。

少。小儿女多衣荷叶半臂,手持荷叶,效颦摩睺罗。大抵皆中原旧俗也","七夕前,修内司例进摩睺罗十桌,每桌三十枚,大者至高三尺,或用象牙雕镂,或用龙涎佛手香制造,悉用缕金珠翠。衣帽、金钱、钗镯、佩环、真珠、头鬓及手中所执戏具,皆七宝为之,各护以五色缕金纱橱。制闻贵臣及京府等处,至有铸金为贡者,宫姬市娃,冠花衣领皆以乞巧时物为饰焉。"①

《武林旧事》成书于元至元二十七年(1290)以前,作者按照"词贵乎纪实"的精神,根据目睹耳闻和故书杂记,记录了南宋城市经济文化、市民生活、都城面貌、宫廷礼仪等丰富的内容。文献中,作者指出泥孩儿"摩睺罗"作为七夕节物"大抵中原旧俗",此时修内司还要按例进摩睺罗,且其材质已经不是土偶,而是由象牙、龙涎佛手香等稀有材料制造,披金戴银,尊贵至极。

从宋代关于磨喝乐的文献记载看,有三点值得注意:其一,对于磨喝乐的起源从《东京梦华录》始就语焉不详,仅说来自佛经,但不知其详情;其后的文献就更不确切了,这给后人的研究带来了困惑。其二,对于磨喝乐的材质和形象,从北宋到南宋发生了或多或少的变化,其基本的趋势就是材料越来越丰富和金贵,形象越来越精巧,装饰越来越华美。其三,从北宋到南宋,七夕供奉磨喝乐的风俗一直沿袭下来,并且其内容不断丰富拓展,但磨喝乐的儿童本体没有变,市井儿童手执荷叶效仿磨喝乐的习尚也没有变。但是,纵观宋代文献的记载,都没有指出磨喝乐的真正来源和儿童手执荷叶效颦磨喝乐的内在动机。古代七夕是女子的节日,七夕的主题不仅是乞巧,还有祈子的追求。作为七夕节物的磨喝乐,其功能就是祈子宜男。但是磨喝乐为什么具有这样的信仰内涵呢?这肯定不是由其形象被塑造成孩儿形这样一个单一的原因造成的。

二 宋代"磨喝乐"信仰的由来

由于孟元老指出磨喝乐出自佛经,故在佛教文化中寻找其根源就极

---

① (宋)周密撰,傅林祥注:《武林旧事》,山东友谊出版社2002年版,第52页。

为必要。磨喝乐是梵文音译,宋时始出现,其称呼还有"摩睺罗""摩侯罗""魔合罗"等译名。

《东京梦华录》提供了磨喝乐本佛经摩睺罗的俗称这一线索,那么,我们就从佛经中的摩睺罗入手来分析。① 在佛经中,摩睺罗有两种解释,一种是时间单位,如《毗坛论》云:"一刹那者翻为一念。一怛刹那翻为一瞬。六十怛刹那为一息。一息为一罗婆。三十罗婆为一摩睺罗。"② 这跟宋七夕磨喝乐没有丝毫关系。另一解释为佛教神名,又称摩睺罗伽,梵文 Mahoraga,是天龙八部之一,其形象为人身蛇首。近世学人持摩睺罗即是佛教天龙八部神摩睺罗伽之观点者甚众,一些字典、词典也采用此说。傅芸子即认为宋元时期的磨喝乐是由佛教的摩睺罗伽演化而来的,经中土化后成为一个美貌的男孩或女孩形象。民众广供磨喝乐可能是取自《华严经》中"无数无量""慧力无边"之意。③ 杨琳则从语音形式认为摩睺罗是摩睺罗伽的略称。④ 张道一在《中国民间美术辞典》解释"磨喝乐"条时指出,摩睺罗原是佛教中的蟒神(即摩睺罗伽),在佛子罗睺罗故事传入后,摩睺罗的蟒神形象就变为儿童形象了。⑤ 关于摩睺罗伽,《慧琳音义》卷十一曰:"摩休勒,古译质朴,亦名摩睺罗伽。亦是乐神之类,或曰非人,或云大蟒神。其形人身而蛇首也。"《慧苑音义》上卷曰:"摩睺此云大也;罗迦,云胸腹行也。"⑥ 从这一文献看,佛教中摩睺罗伽的形象就很明了了。另外,在佛教中,摩睺罗是恶神,是因犯戒、恶业而堕落在鬼神类。因此,无论从形象上

---

① 迄今为止,大多对摩睺罗身份的研究都是建立在佛教背景下的。但亦有新观点出现,脱离了其佛教背景,认为另有渊源。如刘宗迪研究认为:宋代七夕崇拜摩睺罗的风俗并非源于印度,而是来自更为遥远的西亚和更为古老的巴比伦。宋代七夕的泥孩儿摩睺罗,脱胎于西亚的植物神塔穆兹或阿多尼斯,而西亚的"塔穆兹"或"阿多尼斯"在中土之所以改名为"摩睺罗",则与中亚粟特地区印度教、佛教与祆教的融合有关。详见刘宗迪《摩睺罗与宋代七夕风俗的西域渊源》,《民俗研究》2012 年第 1 期。
② (宋)洪迈:《容斋随笔·容斋三笔》卷十四,上海古籍出版社 2015 年版,第 325 页。
③ 傅芸子:《正仓院考古记 白川集》,辽宁教育出版社 2000 年版,第 104 页。
④ 杨琳:《化生与摩侯罗的源流》,《中国历史文物》2009 年第 2 期。但作者同时认为摩睺罗之所以成为送子神是因为受到佛子罗睺罗原型的影响。
⑤ 张道一:《中国民间美术辞典》,江苏美术出版社 2001 年版,第 336 页。
⑥ 李剑平:《中国神话人物辞典》,陕西人民出版社 1998 年版,第 691—692 页。

还是从神性上,宋代七夕的磨喝乐和佛教中的摩睺罗都很难联系起来。学者刘宗迪亦对此提出质疑,他指出"天龙八部的这个人身蛇首的怪物跟七夕筵上那个乖巧可爱的童子形象相去甚远,两者如何能拉扯到一块呢?"① 由此看来,作为大蟒神的摩睺罗并不是孩儿形磨喝乐的真正来源。那么孟元老又为什么会有此记录呢?

有学者曾推测,摩睺罗可能是佛子罗睺罗之讹称。如杨琳认为摩睺罗是罗睺罗之音讹,"'摩睺罗'与'罗睺罗'读音接近,不熟悉佛教的人们便将二者张冠李戴,以讹传讹,致使'摩睺罗'冒名顶替了'罗睺罗','罗睺罗'之名反倒鲜为人知了"②。佛经中称罗睺罗是佛祖释迦牟尼在俗时之子,在佛出家六年后才生,后经修行成佛之十大弟子中密行第一。据近人邓之诚《东京梦华录注》中引《五百弟子本起经》说:"佛出家六岁,罗睺罗乃生,诸释皆疑非是佛种。佛成道后,还宫说法,其妻耶输陀罗,此名云声,欲自雪其身,知其清白,乃以欢喜丸与罗睺罗,命奉汝父。佛知其意,乃变弟子皆作佛身,罗睺罗献奉而不错。佛既受已,化佛皆灭,诸释方信真是宫生。"③ 罗睺罗在母胎中障蔽六年终破胎而出,其出生的不易对求子的人们来说无疑具有极大的诱惑力。从这一点上似乎在神性上与磨喝乐有一定关联,即表达出求子宜男的信仰。但是,佛教中罗睺罗形象并非儿童,而是以成年男子的形象现身。况且他在佛教中的身份并不是很高,故其影响力未必能成为宋代七夕磨喝乐之源。唐代段成式《酉阳杂俎》续集卷五《寺塔记上》载:"有王家旧铁石及齐公所丧一岁子,漆之如罗睺罗,每盆供日出之。"④ 盆供日即是佛教的盂兰盆节,每年的七月十五寺院于佛前设供盆,置百色果食供奉佛陀及十方贤圣僧,它的主题是解救已逝父母、亡亲之苦。从这条文献看,罗睺罗偶像用于盂兰盆节的主题是凝重而严肃的,它主要是寄托哀思,以表孝道,难以看出如宋代磨喝乐所具有的宜

---

① 刘宗迪:《摩睺罗与宋代七夕风俗的西域渊源》,《民俗研究》2012 年第 1 期。
② 杨琳:《化生与摩睺罗的源流》,《中国历史文物》2009 年第 2 期。
③ 张道一:《中国民间美术辞典》,江苏美术出版社 2001 年版,第 336 页。
④ (唐)段成式撰,许逸民注评:《酉阳杂俎》续集卷五《寺塔记上》,学苑出版社 2001 年版,第 339 页。

子主题。

关于磨喝乐，胡适先生从元曲《魔合罗》的唱词中推论魔合罗为女像，认为其"似观音像仪"，是给女孩子七夕乞巧之用。他推测女像魔合罗是由印度的"大黑天"（即摩诃歌罗）演变出来的。"大黑天"又分显教和密教，显教中的"大黑天"是司福禄的，义净《南海寄归内法传》卷一说："西方诸大寺处，咸于食厨柱侧，或在大库门前，雕木表形，或二尺三尺为神王状，坐把金囊，却踞小床，一脚垂地。每将油拭，黑色为形，号曰莫（摩）诃歌罗，即大黑神也。古代相承，云是大天之部属，性爱三宝，护持五众，使无损耗。来者称情，但至食时，厨家每荐香火，所有饮食随列于前。"① 可见大黑天神是在食厨旁享受香火、护佑大众的木制神偶。密教中的大黑天则是战神，一首八臂，以毒蛇穿人髑髅为璎珞，作大愤形状，脚下踏着一个女人。从这两个神的形象和神性看，显教中的大黑天神更切近民众的祈福心理。

胡适进一步又推出了佛教中的另一神祇——鬼子母，义净《南海寄归内法传》提到大黑天摩诃歌罗时，还提到一位呵利底母（Haritr），胡适认为魔合罗成为女像是因为这位神和大黑神相混淆造成的。据义净《南海寄归内法传》：

> 安食一盘，以供呵利底母（Haritr）。其母先身因事发愿，食王舍城所有儿子，因其邪愿舍身，遂生药叉（即夜叉 yaksu）之内，生五百儿，日日每餐王舍城男女。诸人白佛，佛遂藏其稚子，名曰爱儿。触处觅之，佛边方得。世尊告曰："汝怜爱儿乎？汝子五百，一尚见怜。况复余人，一二而已。"佛因化之，令受五戒，为邬波斯迦（优婆塞 Upsrka），因请佛曰："我儿五百，今何食焉？"佛言："苾刍等住处寺家，日日每设祭食，令汝等充餐。"
>
> 故西方诸寺，每于门屋处，或在食厨边，塑画母形，抱一儿子，于其膝下，或五或三，以表其像。每日于前盛陈供食。其母乃

---

① 转引自胡适《胡适卷》，武汉大学出版社2008年版，第527、528页。

是四天王之众，大丰势力。其有疾病无儿息者，飨食荐之，咸皆遂愿。广缘如律，此陈大意耳。神州先有，名鬼子母焉。①

鬼子母（呵利底母）是由恶神转化为福神的佛教神祇，在她作为恶神时就生有五百儿，及至成为福神后，她具有护佑儿童免受疾病患难之神能，其形象为一母性形象抱一儿子并有三五儿童位于膝下。因此，从神性和神形两个角度看，鬼子母要比大黑天要更具有说服力。胡适认为女像魔合罗就是显教中的"大黑神"和"鬼子母"并作了一个神而成的，并且推想送子观音也是从鬼子母演变出来的。诚如他所讲："我疑心这个食厨边的鬼子母和那个食厨柱侧的大黑神渐渐并作了一个神。在一个时期，那两个神各有原来名字；后来混合的神像变成了女相，而名字仍叫'魔合罗'。因为中国民众不懂梵文原意，不知'魔合罗'、'大黑'，就继续叫那个美人像做魔合罗。在元朝，这个女神是施巧之神；但我们可以猜想那个送子观音也是从鬼子母演变出来的。"② 在我们看来，这两个神相混的可能性是有的，因为他们都在食厨柱侧供奉。但胡适把魔合罗的性别定为女像，显然不妥，从唐宋代文献看来，魔合罗多为儿童形状，从出土实物和图像资料看，当为男孩形象。

胡适对于魔合罗的论证用语较谨慎，有些判断仅是以怀疑推测论。刘道广则明确地提出了摩睺罗就是显教中的大黑天——摩诃歌罗，摩睺罗乃是摩诃歌罗的音转（摩诃歌罗—摩睺罗伽—摩睺罗）③。他认为"宋代佛教流行的是唐代以来的显教，民间信徒求子的对象是唐代以来的'鬼子母'，鬼子母的塑像早先与大黑天相邻"。"到宋代，同在一区供奉的'鬼子母'和'摩睺罗'被民众混同膜拜，而摩睺罗成为可爱的男童形象。"④ 事实上，宋代鬼子母信仰是非常兴盛的，"除了民间信仰外，即使在社会上层也无不信仰，许多画家都以鬼子母作为绘画对

---

① （唐）义净：《南海寄归内法传》卷一之九《受斋轨则》，《永乐北藏》，线装书局2008年版，第240页。

② 胡适：《胡适卷》，武汉大学出版社2008年版，第529页。

③ 参见赖永海《禅学研究》第四辑，江苏古籍出版社2000年版，第304页。

④ 刘道广：《中国艺术思想史纲》，江苏美术出版社2009年版，第234页。

象，宋人郭若虚《图画见闻志》卷三载，宋人武宗元"善画佛道人物"，有《鬼子母图》传于世。又据《宣和画谱》载，宋人侯翌绘有《鬼子母像》。中兴馆阁储藏的宋人画迹中有程坦的《鬼子母图》。山西繁峙严山寺现存的金代壁画中有《鬼子母变相图》，山西高平开化寺大雄宝殿有金大定七年（1167）王道所绘的《戏婴图》，即《鬼子母图》。[①] 在这种情况下，磨喝乐的文化信仰与鬼子母之间就更具有相联系的可能性了，宋元时期的磨喝乐所内含的祈子宜男之义似乎在信仰层面得到了解释。孟元老之所以记载磨喝乐来源于摩睺罗，似是将大黑天（摩诃歌罗）和鬼子母（呵利底母）相混淆造成的。摩睺罗就应该是取了大黑天的音名，又取了鬼子母的神性综合而成的。

可是，在佛教中大黑天和鬼子母都不是以儿童形象现身的，宋代的磨喝乐却是以儿童形象出现，那么，这其中就应该有其他的因素，影响到磨喝乐形象的塑造。

三 宋代"磨喝乐"形象的生成

以现有文献和考古认知，磨喝乐是儿童形象当无疑。但是它如何从众说纷纭的身份之谜中最终确立其儿童的客观形象，却一直难有定论，甚至被避谈或忽略。如杨琳在《化生与摩侯罗的源流》中认为摩睺罗的原型是圣子罗睺罗，其儿童形象是受到唐代"弄化生"习俗所影响而成的，并花了很大的篇幅证明化生和摩睺罗的同实异名性。其所引文献能够直接证明二者为一物者是元代杨士弘编《唐音》卷十四引唐薛能《宫词》（或题《吴姬》）诗下明张震注中引元释圆至注："唐《岁时纪事》曰：'七夕，俗以蜡作婴儿形，浮水中以为妇人宜子之祥，谓之化生。本出西域，谓之摩睺罗。'今富贵家犹有此。"[②] 但有学者对这一文献却提出了异议，认为"此文中'本出西域，谓之摩睺罗'云云，据其语气，不似岁时记事的口吻，因此，可能并非唐《岁时纪事》原文，而是注者之语，故不足以作为证明化生即摩睺罗之凭证，反倒正足

[①] 亓艳敏、杜文玉：《论唐宋时期的生育神信仰及其特点》，《宁夏社会科学》2009年第2期。
[②] 杨琳：《化生与摩侯罗的源流》，《中国历史文物》2009年第2期。

以暗示，古人早就因为化生与摩睺罗的相似，而将两者混为一谈了，而杨琳的论述不过是继承了此种混淆而已"。① 从文献出处看，刘说不无道理。当然，亦有观点认为化生和摩睺罗是迥然不同的。② 笔者并不认同宋代的磨喝乐与唐代的化生同实异名，二者或许有联系，或相互影响，但并非一物。而从磨喝乐的形态表现看，佛教净土宗的化生童子形象与磨喝乐的文献形象在构成元素上极具相似性。

宋代文献表明磨喝乐是儿童形，《东京梦华录》中有小孩手执荷叶效颦磨喝乐的记载。可见儿童、荷叶这两个元素必然有其内在的联系。在佛教文化背景中，净土宗中的化生童子无疑是最契合磨喝乐形象的。净土宗在宋代的传播和普及情况将直接影响人们对化生童子形象的认知。而这也成为我们解读磨喝乐和化生童子关系的重要切入点。

净土宗是宣扬信仰阿弥陀佛，称念其名号以求死后往生净土的佛教派别。净土宗成熟于唐，普及于宋，并由此在民间广泛传播。北宋哲宗以后直至南宋，佛教净土宗深入世俗社会，俗讲变文演化为说唱，佛教世俗化趋向更加明显而深入。弥陀净土所描绘的景象是极为美妙、快乐、幸福的，是脱离了一切污秽、恶行和烦恼的处所。而净土宗对其教徒的要求也较简单，只需称念阿弥陀佛即可，从而形成"家家观世音，户户阿弥陀"的局面。宋代出现了净土宗的文献汇编《乐邦文类》（南宋宗晓撰），其卷三记载："近世宗师，公心无党者，率用此法（净土法门）诲诱其徒。由是，在处立殿造像，结社建会，无豪贱，无少长，莫不归诚净土。"③ 由此可见其巨大的影响力。童子从莲花中化生的故事自然也会在广泛的净土信仰中得到人的认可和传播。敦煌讲唱文学中多有对化生童子的记录，这对其在民间的普及和传播具有极大的促进作用。如《佛说阿弥陀经押座文》：

化生童子佛官生，便得真珠网里行，

---

① 刘宗迪：《摩睺罗与宋代七夕风俗的西域渊源》，《民俗研究》2012年第1期。
② 傅芸子和扬之水皆持此观点，他们认为磨喝乐的儿童形象是由摩睺迦演变而来。
③ 转引自陈扬炯《中国净土宗通史》，江苏古籍出版社2000年版，第457页。

第五章 乐技风雅：转掀新境的宋代艺术之韵

耳里惟闻念三宝，时时更听树相撑。
化生童子上金桥，五色云擎宝座摇，
合掌惟称无量寿，八十亿劫罪根消。
化生童子佛金床，天雨天花动地香，
更有诸方共献果，委花旋被鸟衔将。
化生童子食天厨，百味馨香各自殊，
无限天人持宝器，琉璃钵饭似真珠。
化生童子见飞天，落花空中左右旋，
微妙歌音云外听，尽言极乐胜诸天。
化生童子问春冬，自到西方见未分，
极乐国中无昼夜，花开花合辩（辨）朝昏。
化生童子道心强，衣裓盛花供十方，
恰到斋时还本国，听经念佛亦无妨。
化生童子舞金田，鼓瑟箫韶半在天，
舍利鸟吟常乐韵，迦陵齐唱离攀缘。
化生童子本无情，尽向莲花朵里生，
七宝池中洗尘垢，自然清净是修行。
化生童子自相夸，为得如来许出家，
短发天然宜剃度，空披荷叶作袈裟。（原文至此已完）[①]

经文内容皆是依据净土宗典籍《阿弥陀经》所演述，这些文句吟唱化生童子在西方净土的美妙快乐生活，以此说明西方极乐世界的美好，从而引发听众对西方净土的向往和膜拜。句中"化生童子本无情，尽向莲花朵里生"点出了化生童子的出生方式，末句"短发天然宜剃度，空披荷叶作袈裟"则点出了化生童子的外在形象，说明了其与荷花之关系。

针对宋代七夕的磨喝乐，有研究者即指出其就是"净土宗宣传的

---

① 黄征、张涌泉编著：《敦煌变文校注》，中华书局1997年版，第1161—1162页。

化生童子，含义是祈嗣，即'妇女得子之祥'"。"磨喝乐做了'得子之祥'便是净土信仰与中国民众心态相契合的产物。"① 而佛教中还有鹿女夫人生千叶莲花，化生一千个儿子的故事。② 宋代民间词《九张机》中有文曰："五张机。芳心密与巧心期。合欢树上枝连理，双头花下，两同心处，一对化生儿。"③ 这首词全文都是描写织妇生活的，不仅赞美织妇的劳动和精巧的技能，也表现她们的苦闷和对幸福生活的向往。比如词中的连理枝、双头花、化生儿等内含着夫妇和合、多子多福的生活理想。

佛教中的化生童子本身并没有祈子功能，由于中国人重视子嗣孝道，童子形象又符合了这一观念要求，便在一种联想类比的思维下具有了一定的祈子内涵。在佛教净土宗中，弥陀净土是男性世界，没有女人，"他国女人有愿生弥陀净土者，命终即化男身，生于净土七宝莲花之中"。既然女人也可以化生为男人，那么化生童子的形象就更容易博得求子者的青睐。

化生童子因其形象是儿童，又与莲花紧密相连，故它与宋代文献中所记七夕风俗中小儿执莲叶效颦磨喝乐的习俗关系最为直接。可以看出，基于宋代净土信仰的广泛性，化生童子以其形象的可爱性与内涵的丰富性而深入人心，又在儒家文化影响下与人们对生育得子的期望相吻合。

根据上面的分析，宋代七夕节物磨喝乐（摩睺罗、摩侯罗），其音当来自佛教中的大黑天摩诃歌罗，其祈子宜男之意应该源于佛教中的鬼子母信仰，其艺术表现形式当受佛教中的化生童子的影响。在另一层面上，这体现出佛教进入中国后世俗化的特点，要与现实人生相联系，儒家求子嗣尽孝道的伦理内容融合进了佛教文化中，体现出儒佛融合的趋

---

① 上海民间文艺家协会、上海民俗学会编：《中国民间文化（94/4）——民间俗神信仰》，学林出版社1994年版，第180页。

② 《杂宝藏经》卷一《鹿女夫人缘》：尔时鹿女，日月满足，便生千叶莲华，……开而看之，见千叶莲叶。一叶有一小儿，取之养育。见阎文儒、常青《龙门石窟研究》，书目文献出版社1995年版，第114—116页。

③ 黄拔荆：《中国词史》（上卷），福建人民出版社2003年版，第523页。

势。而事实上,宋代也是儒道释三教融合的时期。由此可见,宋代磨喝乐人偶的创造和流传有着多元文化背景,其产生是佛教文化、儒家文化及民间文化相互融合渗透的结果。因此,宋代七夕磨喝乐的产生渊源并不是单因的,而是受到不同文化的综合影响。

四 宋"孩儿枕"和"磨喝乐"信仰的契合

瓷枕是创始于隋唐,兴盛于宋金元的一种时令寝具,是反映民间生活文化的重要载体。孩儿枕是宋代初开始烧制的一种瓷枕样式,它以天真烂漫的儿童作为表现对象,集实用与审美于一身,具有极高的艺术文化价值。明代高濂在其名作《遵生八笺》中多次提到此类瓷枕,给予了很高的评价,其中的《燕间清赏笺》曰:"高子曰,定窑者,乃宋北定州造也。……枕有长三尺者,制甚可观。余得一枕,用娃娃手持荷叶覆身叶形,前偃后仰,枕首适可,巧莫与并",①《起居安乐笺》又言:"有东青磁锦上花者,有划花定者,有孩儿捧荷偃卧,用花卷叶为枕者。此制精绝,皆余所目击,南方一时不可得也。"② 这说明孩儿枕已经为古代文人所赏识,甚至成为抢手货,即所谓"南方一时不可得也"。近人对于孩儿枕的关注主要是基于其艺术价值和考古文化价值,对于孩儿枕创用的深层文化内涵却疏于探讨。在笔者看来,孩儿枕的形象和内涵与宋代七夕节物磨喝乐具有极为紧密的渊源关系,体现出佛教文化、儒家文化和民俗文化融合的多元背景。

宋代孩儿枕存世数量不多,依现有资料笔者所见不足二十件,并且大多没有准确出土记录。曾经出土过孩儿枕的地区有河南的上蔡县、郏县、洛阳市、遂平县,山东的淄博市博山区,安徽的太湖县弥陀乡宋墓。从陶瓷釉色上看,有青釉、影青、白釉、三彩、黄绿釉、青白釉,有记录的窑口是景德镇窑、定窑、城关窑、吉州窑。从尺寸上看,宋孩儿枕长度在20.5—36厘米之间,宽度在11.8—19.9厘米之间,高度在8.5—18.3厘米之间。在造型上,孩儿枕有两类,一类将孩儿塑成侧卧

---

① (明)高濂:《遵生八笺》卷十四《燕间清赏笺》,巴蜀书社1992年版,第532页。
② (明)高濂:《遵生八笺》卷八《起居安乐笺》,巴蜀书社1992年版,第332页。

状，上托荷叶形枕面；另一类塑成俯卧状，以孩儿背部作枕面，无荷叶形枕面。

就目前所见宋代孩儿枕中，出土年代最为明确的是定窑的童子荷叶枕，荷叶形枕面已破损，只残留中心一小部分，从残留枕面上可看到清晰婴戏莲图案。瓷枕通体施白釉，釉色微微泛黄，类似"牙白色"。长方形榻底中空，涩胎无釉，素坯上由右至左墨笔楷书："元祐元年八月十七日置，□□□谨记此。"① 元祐元年即1086年，为北宋哲宗时期产品。另一件卧童瓷枕年代相对准确，因为与瓷枕同时出土的还有"大观通宝"数枚，大观通宝是北宋徽宗赵佶在大观年间（1107—1110）所铸造的年号钱，证明此枕应属北宋晚期遗物。这件瓷枕长27厘米，宽12厘米，高12厘米，枕面呈莲叶形，下塑一侧卧幼童，怀抱一只小水鸭，腹前绽开一朵艳红荷花。幼童上身着淡黄色罗衫和花肚兜儿，下身穿浅绿色裤，手、脚均带黄色镯子。② 而对于俯卧式孩儿枕，尚缺少明确的烧制年代记录。这两种不同的枕式究竟是同时烧造还是有先后之分，尚难以判断。根据出土文物，这两种枕式在定窑都有烧制。

就目前的研究看，因为孩儿枕有直观、感性的形式，所以它的艺术审美价值已经得到了普遍的重视。但是，由于造物形式背后的思想和观念是无形的、不可再现的，又缺乏文献资料的确证，导致了对其文化解读的模糊性。一般研究者推测宋代孩儿枕与佛教思想有关，特别是其与宋代七夕节物的磨喝乐（佛教中称摩睺罗）渊源甚大。同时认为，孩儿枕具有宜男、祈子的民俗文化内涵。比如童子荷叶枕，有研究者认为宋金时期的童子荷叶枕和佛教思想相关，佛教崇尚莲花，有莲花夫人、莲花太子、莲花千子等故事，它们世俗化后失去宗教意义而成为一种艺术题材。同时，其又与儒家孝道观念相关，童子荷叶枕寓意瓜瓞绵绵、连生贵子。并总结为"童子荷叶枕是佛、儒思想的形象化，是宋金风俗习尚的见证物，是人们心灵美的象征物"。③

---

① 王珺英：《论宋金孩儿枕》，《装饰》2008年第2期。
② 王书源、李俊：《郏县出土宋代卧童瓷枕》，《中原文物》1984年第3期。
③ 邢宏玉：《浅析童子荷叶枕》，《中原文物》1987年第2期。

第五章　乐技风雅：转换新境的宋代艺术之韵

作为工艺造物的孩儿枕，正是在磨喝乐信仰广泛的宋代产生的，其塑造的根本动机或与这磨喝乐的形象和祈子内涵有大大的关联。孩儿枕和磨喝乐之间至少有三点相契合。

其一，在信仰内涵上都以祈子宜男为主旨。从上文可知，磨喝乐信仰源自鬼子母信仰，在内涵上是以护佑儿童、祈求子嗣为宗旨，七夕节是其主要的存在场域。孩儿枕中的童子荷叶枕，将儿童和荷叶两种元素结合起来。这种童子荷叶枕较好地体现了"小儿需买新荷叶执之，盖效颦磨喝乐"的文献本义。况且，童子和荷叶相组合的图案在中国还有子孙和合的吉祥意义，瓷枕中的装饰图案中也常见莲花童子形象。作为民间百姓日常所需的生活用器，在其他形制的瓷枕上亦发现了求子题材的图像。如洛阳博物馆藏有一件珍珠地划花类送子观音纹腰形枕，枕长41.5厘米，宽21厘米，高14.5厘米，枕呈腰圆形，施牙白透明釉，枕面有腰圆形双开光，开光内填以卷云纹。枕面主题纹饰为一妇女闭目拱手盘坐于花草间，向"送子观音"祈子，在主题纹样的孔隙处填满赭色珍珠地。[①] 送子观音并不是佛教经典中的人物，而是民间以佛教文化为背景而创造的神祇，具有送子的神能。在儒家思想作为主流文化的古代社会，送子观音信仰影响极大。关于祭拜祈祷观音而得子的故事也多见于文献记载。如宋人洪迈曾记载说："许洄妻孙氏临产，危苦万状，默祷观世音，恍惚见白氅妇人，抱一金色木龙与之，遂生男。"[②] 这说明利用瓷枕造型或图案表达祈子内涵似乎在当时是非常正常而普遍的举动。

除了佛教上的渊源外，孩儿枕的祈子内涵无疑深受儒家伦理观念的影响。宋人继承了儒家传统的生育观念，生子传嗣、多子多福成为蕴含在宋人思维中的基本诉求。为了生子传嗣，宋人可谓无所不用其极。"在宋代，可以随意买卖婢妾姬奴，因无子而纳妾与领取额养子，或以他人之子为继嗣的风气十分普遍。……至于娶妻无子而买妾生子，则是最通常的做法。更有甚者，为了生育儿子，竟不惜借用他人

---

① 郭画晓：《洛阳宋代瓷枕赏析》，《文物世界》2008年第2期。
② （清）赵翼：《陔余丛考》卷三十四，商务印书馆1957年版，第73页。

妻妾。"① 由此可见宋人对子嗣的极度渴求。

其二，在艺术形象上，二者的形象都是孩儿形，都有孩儿与莲荷的组合形式。宋代孩儿枕的造型主要有两种：一是俯卧式单体孩儿枕；二是侧卧式儿童擎荷叶复合孩儿枕。而文献所记载的宋代磨喝乐形象亦都是儿童模样，二者在艺术形象上是相一致的。而且，宋代的孩儿枕质地精良，儿童形态自然，表情生动，惹人怜爱，容易引起人们对子嗣的联想。孩儿枕都是男孩形象，而生男孩是古代妇女在生育观上根本的追求。未生男孩的妇女就要通过各种方式去祈子，如去寺院烧香拜佛，也应该包括对孩儿枕的使用。因此，我们推测，宋代的孩儿枕可能是专为妇女所用的一种枕式，通过巫术思维的作用，使妇女感孕生子。宋代许棐《泥孩儿》："牧渎一块泥，装塑恣华侈。所恨肌体微，金珠载不起。双罩红纱厨，娇立瓶花底。少妇初尝酸，一玩一心喜；潜乞大士灵，生子愿如尔。岂知贫家儿，呱呱瘦于鬼。弃卧桥巷间，谁或顾生死。人贱不如泥，三叹而已矣。"② 诗中所描绘的泥孩儿当是宋代的磨喝乐，内含着妇女对生养子嗣的追求，也表达出贫家儿孙命运不济的社会现实。虽然未见直接以孩儿枕表达生育理想的诗词，但以它和磨喝乐的渊源关系看，也应该具有同样的深意。可以说，宋代的孩儿枕，造型简约精致，釉色单纯稳重，在儿童那天真的憨态中寄寓着人的情感意趣，表达出"生子愿如尔"的期望。

其三，从使用时间上看，二者也是重合的，即同处于夏季。据《东京梦华录》《梦粱录》《岁时广记》《武林旧事》等文献记载，磨喝乐是农历七夕期间使用的节物，此时正好处于夏令时节。孩儿枕亦是夏令时使用的寝具，关于瓷枕消暑的功能记载在宋人的诗词以及考古发掘的瓷枕题字上常有所见。如宋代张耒《谢黄师是惠碧瓷枕》："巩人作枕坚且青，故人赠我消炎蒸。持之入室凉风生，脑寒发冷泥丸惊。"③

---

① 徐吉军、方建新、方健等：《中国风俗通史》（宋代卷），上海文艺出版社2001年版，第313页。
② 林岫：《诗文散论》，兵器工业出版社1997年版，第226页。
③ （宋）张耒：《柯山集》卷十，清《文渊阁四库全书》本。

李纲《吴亲寄瓷枕香垆颇佳以诗答之》："远投瓦枕比琼瑜，方暑清凉惬慢肤。莹滑色侵蕲竹簟，玲珑光照博山垆。"① 出土于磁州窑的一方瓷枕枕面题诗为："夏日景（影）偏长，遥天转暑光。如人会消遣，何处不清凉。"诗名"夏景"二字分列枕面的左右边，四句诗居枕面正中。② 由此看来，磨喝乐和孩儿枕使用的时间也是一致的。

以上三点说明孩儿枕和磨喝乐的紧密关系不只是巧合，它们在意义表达、形态表现和使用时空具有内在的一致性，孩儿枕的创用应该受到当时风靡社会的磨喝乐信仰之影响。只不过因孩儿枕主要作为民间用器，缺少文字记载，其意义和功能在当时或许只是口耳相传，随着磨喝乐信仰的日渐式微，孩儿枕内在的文化寓意因缺乏活态传承和文献佐证而渐渐被人所淡忘。

第五节 宋代瓷枕的艺术多维性及其生成机制

宋伯胤曾对有宋一代的陶瓷工艺特点进行总结，认为其"新样层出，贴近生活，方圆有则，厚薄有度；装饰多彩，融诗文、绘画、雕塑于一体……"。③ 瓷枕是陶瓷工艺的一种，也体现出这种艺术的特性。就宋代的瓷枕艺术看，枕体的造型可以被塑造成婴孩形、卧妇形、狮子形、虎形、建筑形等不同的形态，这和雕塑几乎无异；瓷枕的枕面或枕壁上又有绘画、书法（文字）、诗词曲等艺术表现语言。可以说瓷枕融合了美术大类中主要的艺术形式，又部分采用了文学上的语言作为表现手段，其艺术的综合性和多维性由此可见。

一 宋代瓷枕中的书画艺术

伴随着宋代书法和绘画艺术的高度发展，民间艺人在瓷枕装饰中融入了书法和绘画的语言，虽不能做到文人所标榜的"法度""意境"，

---

① （宋）李纲：《梁溪集》卷九，清《文渊阁四库全书》本。
② 张国华：《衡水发现的一方磁州窑诗枕》，《文物春秋》2007年第2期。
③ 宋伯胤：《枕林拾遗》，陕西人民出版社2002年版，第80页。

但无疑极大地提高了瓷枕的艺术审美性。

（一）宋代瓷枕中的书法

在宋代，文人士大夫阶层的壮大促进了书法艺术的发展，印刷术的发达解放了书写活动的实用功能，其艺术性越来越得到强调。但书法艺术向来是文人的专属品，似乎跟民间大众无甚关联。美术史上所言所记，无不过名家名帖。真正属于民间的书法[1]向来不入美术史家的视野，至少得不到重视。正如有学者所说"中国书法史从来没有'民间书法'这一说！"[2] 为了研究的方便，在这里，我们姑且称为民间书法。如果从专业的标准来看，大部分瓷枕上的民间书法都缺少骨力、体式、章法、意境，甚至显得草率，又多有错讹。但是，从艺术和文化所内含的人类精神的角度看，民间书法亦是民众真情的流露，体现出他们在有限的文化水平和书法驾驭能力之下，一种发自内心的对美的追求。虽然民间书法不合文人书法的法度和意境，但在民间大众看来却非常亲切，没有矫饰堆砌，展示淳朴、自然、率气，是一种民间文化的美。

瓷枕中的文字装饰，可以看作民间的书法艺术，而且其功能主要是审美性的。由于陶瓷产品不像竹木绢纸之类易于腐烂，依附于其上的文字可以保存下来，使我们在千年之后能亲眼目睹宋代的民间书法。以书法文字入陶瓷装饰，在唐代长沙窑瓷枕中已经出现，宋金元时代越发流行。从瓷枕书法的内容和形式两个层面看，其民间性、生活性的特点非常明显。可以说，民间艺人在瓷枕上的文字表现，书写的是一种生活，一种心态，而不是去刻意追求书法的法度和意境。

---

[1] 根据现有资料，民间书法，一般指由下层劳动人民书写的具有一定艺术性的书法，如古代竹简、木简文字、民间瓦当文字、敦煌写经、墓志铭等由底层民众刻写的文字。就其名称而言，早在1972年，郭沫若在《古代文字之辩证的发展》一文中，即使用了"民间所流行的书法"这一说法，"民间书法"的概念呼之欲出。1977年，金开诚发表《颜真卿的书法》一文，他在文章中多次使用"民间书法"一词。参见白谦慎《与古为徒和娟娟发屋：关于书法经典问题的思考》，荣宝斋出版社2009年版，第107—109页。

[2] 余姚人：《林下玄谈：中国书画批评的角度与方法》，甘肃人民美术出版社2008年版，第121页。

第五章 乐技风雅:转捩新境的宋代艺术之韵

以具体案例来分析,广州南越王墓博物馆藏的一件磁州窑白地黑花如意形诗文枕(图26),高17厘米,长28.4厘米,宽27.9厘米,枕面划如意形开光,开光上方为篦划缠枝纹,开光内为白地褐彩五绝诗:"在处与人和,人生得己何;长修君子行,由自是非多。"① 此枕字体为行楷,似受到唐代颜体书法影响,写得很自由,不追求笔法的精细。从文人书法的视角看,这些字中有些字结构交代不清楚,如"长"的用笔;有些字用笔随意,如"非"字;有些字显得稚拙,如"子"字。但正因如此,才体现出它的民间性,说明它出自民间艺人之手。广州南越王墓博物馆藏另一件作品也很有特色(图27),枕高7.6厘米,长16.4厘米,宽22.2厘米,枕面划双重线框,框内划七言联:"白云过岭七八片,红树满溪三四花。"② 这件作品上的字是刻上去的,从书法角度看,这件作品在字的空间布局上有疏密、长短对比,看起来和谐妥帖,类似于后世的扇面。字里行间不刻意安排,完全是个人性情之自然流露。如诗句中第一个字——白,写得比较拘谨,而到第二字"云"字就放得很开,由此其实可以看出瓷枕艺人在书写时的一种心理过程和情感起伏。当然,问题也很多,比如"片"字写得不够严谨,"满"字结构交代不清。

从瓷枕这一民间造物的装饰上看,书法文字进入民间艺人的视野,一方面说明宋代民间艺人有了较高的文化水平和审美意识;另一方面也反映出民间书法对于经典文人书法讲求法度、意蕴的反拨。这些书法文字作品的存在,不仅保存了当时民间艺人的手迹,更在字里行间体现出书写者的心态和精神。民间的书写活动曾经是文人经典书法萌生的土壤,只是在书写的实用功能被解放出来之后,文人的经典书法才成为书法艺术的主流。

---

① 杨永德:《杨永德伉俪捐赠藏枕》,广州西汉南越王墓博物馆、宝法德企业有限公司1993年联合出版,图58。

② 杨永德:《杨永德伉俪捐赠藏枕》,广州西汉南越王墓博物馆、宝法德企业有限公司1993年联合出版,图64。

图 26　如意形诗文枕

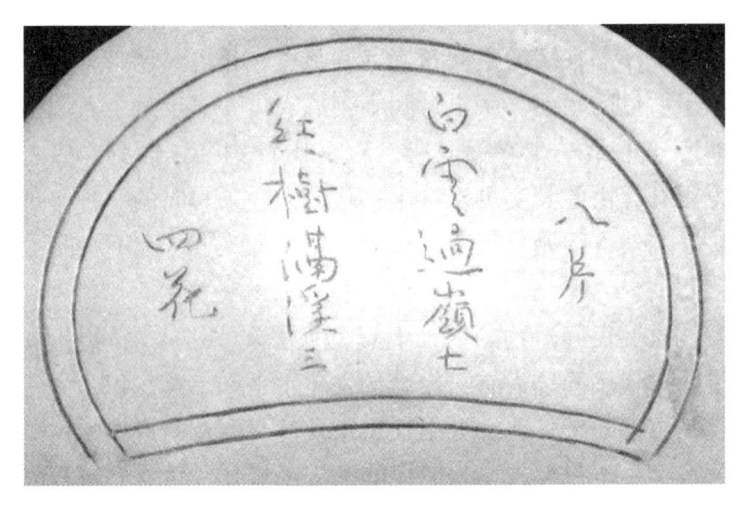

图 27　腰圆形刻字枕（局部）

(二) 宋代瓷枕中的绘画

宋代的绘画非常繁荣，画风严谨，画家云集，宫廷绘画、士大夫绘画和世俗绘画都得到了全面的发展。与唐代绘画相比，宋代的绘画传统已渐渐偏离了"成教化，助人伦"的说教，而是注重艺术的审美功能。世俗化、平民化成为宋代绘画的重要特征。作为皇帝的宋徽宗本人在绘画和书法方面亦有较深造诣。

第五章　乐技风雅：转捩新境的宋代艺术之韵

在社会上层重视文化、尊重艺术的大氛围下，处于社会底层的民间大众也必然受其陶染，形成较高的艺术文化意识。宋代瓷枕中的绘画装饰正是在这一背景下展开的。特别是宋代磁州窑瓷枕，其白地黑花装饰最切近绘画的语言。民间制瓷艺人以坯作纸，在尚未干透的坯胎上用毛笔蘸取颜料绘制出人物、山水、花鸟、瑞兽等绘画题材。他们虽然缺乏专业的训练，也难以达到文人和宫廷所追求的标准，但在经年累月的实践中还是总结出一些美的创造经验和形式规律，使之符合民间大众的审美口味。甚至我们在瓷枕画面中找到了一些艺术史上重要的线索。比如，宋人绘画很少在画面上题字，有题字者一般也比较隐秘，一般不落在空白处。而在宋代一件纪年枕中（图28），我们看到了画面空白题字的现象。另外，在文同和苏轼之前，文人画重写意之风尚不普遍，而从这件瓷枕中我们看到了一种民间写意的倾向。

图28　白地黑花虎纹枕

具体看来，这件瓷枕是磁州窑产品，藏于甘肃省博物馆，长32.4厘米，高14.4厘米。枕面绘卧虎为主体图案，虎身背后是一棵小树和简单描绘的山石背景，右上角空白处题"明道元年巧月造青山道人醉笔于沙阳"。[①] 首先，从表现技法来看，瓷枕枕面图像主要由毛笔勾线而成，类似白描，线条比较自由，虽然画得较草率，但可以看出作者有一定书法功底。其次，从画面风格看，有一定写意成分。表现在线条的流动感和虎背后小树的描绘上，小树点、线变化随意自然，整体看在似

---

① 李砚祖、孙建君主编：《中国传世名瓷鉴赏》，中国摄影出版社2002年版，第120页。

俗世雅意:浙风宋韵的多维审视

与不似之间,正好表现出题款"醉笔"之意,写意倾向明显。再次,此枕纪年为明道元年,明道元年是宋仁宗年号,即1032年。此时文同才14岁,更远早于苏轼(1036—1011)所倡导的"诗画本一律,天工与清新"的理念。当然,这种写意也只是有写意倾向而已,而没有达到苏轼所讲的"神似"。但是,我们至少在民间的绘画中,找到了这种线索。关于这方瓷枕不同于院体绘画的写意现象早有学者发现,如中国艺术研究院的毕克官研究员,他认为"早在文苏二人开创文人写意画派之前,写意画法就已存在民间瓷绘创作了。这一艺术创新的先驱者应是'青山道人'之类姓名湮没无闻的民间艺术家"。[①]

磁州窑瓷枕中还有一件"张家造"白地黑花持荷娃娃腰形枕(图29),长17.1厘米,宽22.8厘米,高9.6厘米,枕面正中以深褐色绘一婴孩手持荷叶伏凳而眠,形象生动,情趣盎然。枕底有"张家造"款。[②] 这件瓷枕绘画装饰的艺术价值在民间算是可圈可点了,说明制作此枕的民间艺人绘画水平较高。首先,从画面意蕴来看,瓷枕较好地表现了人物的气韵,孩童伏凳而眠,面部神态自然,整体感强,表现出孩童睡眠时恬静无虑的悠然气质。其次,在表现技法上,此画面用笔书写感很强,线条有弹性,显现出方圆滞畅之变,给人以柔中带刚之感。再次,人物造型准确,面部眉目、鼻子、小嘴简简数笔神态全出;手、衣褶等细节表现也可见功力。整个画面主题突出,虚实有度,对民间画工来说已经达到了一个较高的艺术水平。现藏于南京博物院的一件白地黑花婴戏纹瓷枕,亦表现出悠然的童趣和宋代的民俗生活。枕面开光内绘一儿童肩扛一荷叶,身后紧随一只鸭子,画面干净利落,不着背景,突出了表现主体。在表现技法上采用线描和涂绘相结合的方式,人物线条简练有弹性,有浓淡疏密、曲直折带、粗细张弛之变化,足见民间艺人的率气用笔和一定的技艺功底;儿童的发髻、肚兜、鞋子采用涂绘技法,线面结合,浓淡晕染,在整体上增加了可读性,突出了对比,加强了空间感。画面上的鸭子亦是采用线面结合的表现方式,笔简意在,妙

---

① 修韩竹:《磁州窑的装饰艺术》,《河北陶瓷》1991年第1期。
② 李砚祖、孙建君主编:《中国传世名瓷鉴赏》,中国摄影出版社2002年版,第117页。

趣自然。同类题材在磁州窑系瓷枕作品中多有发现。

图 29　白地黑花持荷娃娃腰形枕（局部）

宋代瓷枕上的绘画题材主要是以日常所见的花草虫鱼、祥禽瑞兽和山水、人物、婴戏、风景等为主。这些画作以写实为主，大部分在笔法上稍显草率，但已体现出一定的写意倾向，民间色彩浓厚。除了像磁州窑瓷枕白地黑花这样直接以毛笔绘画装饰的外，还有大量用其他工具代替毛笔刻画图案的。这些虽然不能直接称为绘画装饰，但其构图、色彩、线条都采用了绘画的元素，只是工具发生了变化而已。

二　宋代瓷枕中的文学表现

宋代是一个文化昌盛的朝代，读书之风盛行，国子学、太学、州学、县学、官私书院盛极一时，民间书院广为存在，各种刻本书籍的大量刊行，为文化的传播提供了条件，推动了宋代文化的繁荣。甚至瓷枕的装饰画面上也出现了读书的场景。故宫博物院藏有一件南宋纪年三彩人物枕，长 15.5 厘米，宽 10 厘米，前高 6.5 厘米、后高 7 厘米，枕呈长方形，通体施以绿、黄、赭三种色彩。枕面以黄绿彩为地，划刻一人物席地而坐，作看书状。人物为宋人装扮，未画面部，背部向外，头戴一赭色席帽，身穿绿色上衣，黄色下衣，腰系一绦带，双手持一本黄绿色的书。枕面的左边刻"绍兴五年，为乱事纷纷，白阳山人作"14字。① 绍兴五年（1135）正是宋高宗赵构奔逃于东南沿海躲避金兵之时，国家不稳，人人自危。作者"白阳山人"却能作读书题材的瓷枕图像，足见读书在民间的普及。

瓷枕上的诗文装饰说明，曾专为文人贵宦所把玩的诗文词曲也渐渐在民间得以广泛传播，并影响到工艺造物的装饰。虽然宋代的文字装饰瓷枕并不是主流题材，但我们若能考虑到这是一种民间造物上的装饰，就应该认为这是民间造物艺术大的进步。这些装饰文字大都不是民间艺人的原创，但其装饰内容实经过了民间艺人的选择和陶炼，甚至是再加工，使之符合民间社会的审美意趣。瓷枕上的文字装饰一般刻写在枕面上，以磁州窑瓷枕为众。就瓷枕上的文字所表现的内容来看，主要有以下几种类型。

（一）人生感怀

瓷枕造物虽微，却成为艺人以文字装饰表情达意的理想场所。或者感悟离散无情，或者感悟人生失意、富贵浮云。瓷枕上诗文描绘的内容都是能够切近民众生活的，能够在现实生活中获得认同。日本私人藏的一件南宋绿釉划花诗文长方枕，其枕面文字为："时难年荒事业空，弟兄羁旅各西东。田园寥落干戈后，骨肉流离道途中；吊影分为千里雁，辞根散作九秋蓬。共看明月应垂泪，一夜乡心五处同。时余游颍川，闻金兵南窜，观路两旁，骨肉满地，可叹可叹。为路途堵塞，不便前往，仍返原郡。又闻一片喧哗，自觉心慌，思之伤心悲叹。在家千日好，出门一时难。只有作诗，稍觉心安。余困居塞城半载，同友修枕共二十有余，时在绍兴三年清河望日也。"② 诗文前面的七言诗是唐代白居易的《望月有感》，约作于唐德宗贞元十六年（800）秋天。所描述的是作者在战乱饥馑的年代里，祖传家业荡然一空，兄弟姊妹羁旅一方，望月有感，共生乡愁的图景。作者以切身经历，描写了战乱导致家园荒残、手

---

① 叶佩兰：《故宫博物院藏铭文枕》，《故宫博物院院刊》1994年第1期。
② 冶秋：《东游琐记》，《文物》1963年第12期。

足离散的苦难现实生活。此情此景和金兵南侵所造成的宋王朝的战乱之苦何其相像！所以它引起了民间制瓷艺人的同感和共鸣，并把它刻写在瓷枕上。文字后半部是艺人自己的记述语言，描写了制瓷艺人对金兵南侵导致家国残破、骨肉分离的感叹，反映出手工艺人痛恨战争、又无可奈何的悲苦心境。天津文物管理处藏的一磁州窑瓷枕，长31厘米，宽16—19.8厘米，高8—10.3厘米，枕面中央部位题《点绛唇》词一首："金谷年年，乱生春色谁为主？余花落处，满地和烟雨。又是离歌，一阕长亭暮。王孙去，萋萋无数，南北东西路。"[1] 这首《点绛唇》是咏物词，为宋人林逋所作。全词借吟咏春草抒写离愁别绪，咏物与抒情熔于一炉，在凄迷的物象中寓寄惆怅的伤春之情，渲染的是绵绵不尽的离愁。

（二）闲情逸趣

瓷枕装饰中有一类文字所表达的并非宏大的叙事和庄严的主题，而是一种轻松的、充满野趣的意绪。这些诗文、楹联、词曲或为文人创造，民间艺人移植到瓷枕上作为装饰题材，或为民间艺人自己的创造。如："夏日景（影）偏长，遥天转暑光。如人会消遣，何处不清凉。""楼台侧畔杨花舞，帘幕中间燕子飞""麦天晨气润，槐下午阴清""为惜落花慵扫地，爱观明月懒胡窗""白云过岭七八片，红树满溪三四花""虾蟆水上真书出，蚰蜒泥中草写之"。稚拙的笔法，诙谐的内容，在一方小小的瓷枕上诉说着民众生活的平凡与趣味。从中我们也可以发现，民间艺人的劳动虽然辛苦，生活亦显清贫，但却能有一种轻松、乐观的人生态度，在忙碌中求得一息真情的流露。

（三）讽喻警示

瓷枕作为日常枕用之物，以警示、讽喻性的语言作为装饰无疑可以对使用者产生一定的提醒作用。在宋代瓷枕的文字装饰中，我们可以发现不少案例。如"家和生贵子，门善出高人""花有重开日，人无再少

---

[1] 田凤岭：《天津新发现一批宋金时期瓷陶枕》，《文物》1985年第1期。

年""贫居闹市无人问,富贵深山有远亲""为争三寸气,白了少年头"等。这些带有劝诫、警示意义的语言是民众在生活历练中总结出来的,它们作为为人处世的经验原则在民间得以承袭。可以想见,每当使用瓷枕的人看到枕面上的词句时,都会在无形之中给自己一种暗示,以便自己能够更好地修身处世。1987 年,河南桐柏县江河镇宋墓出土一件饰《点绛唇》词瓷枕,枕面边长 6—17 厘米,底边长 5.4—13.5 厘米,高 7.3—8.8 厘米,枕面以行书字体写"苦热炎天,迤逦飘荡火云散。榴花绽,池里荷花放。公子王孙,避暑摇纨扇。捕凉簟,满斟酒甚,好把金樽劝"。①《点绛唇》是宋词常用牌调,该词应出自民间词人之手,看似简单的场景和世俗生活描写,其实蕴含着民众对公子王孙无所事事、骄奢淫逸生活的鞭挞与讽喻。

(四) 求吉纳福

民间的吉祥文化是非常发达的,它融合着民众对幸福的期许并形成了一种内在的动力,催生了无数具有吉祥意味的民间艺术。瓷枕中吉祥文字是较能够体现民间吉祥观念的,可以看作图像化的语言,目前可见宋代瓷枕上的文字有"长命""长命枕一只""齐寿""大吉""家国永安""福""福禄""福德枕""福德枕一只""清净道远"等内容。如藏于首都博物馆的一件珍珠地划花枕,长 28 厘米,宽 19 厘米,高 13.5 厘米,枕面珍珠地刻"齐寿"两字,字间穿插叶纹;枕壁四周以珍珠纹为地,上刻菊花纹。枕底刻"大吉"二字,与枕面相呼应,②瓷枕将象征长寿的菊花纹饰和吉祥文字相结合,实现图像和文字的互证,将民间大众对长寿和吉祥的理想追求表现得淋漓尽致。1976 年,河南洛阳市旭升大队四队出土一件三彩束腰长方形诗文枕(图 30),枕长 25 厘米,宽 14 厘米,高 14 厘米。枕面饰词四首:"'寒山拾得那两个,风风磨磨拍着手,当街上笑呵呵,倒大来快活。'(词寄'庆宣和');'一曲廷前奏玉箫,五色祥云朱顶鹤,长生不老永逍遥。'(词寄'赏花时');

---

① 王歌莺:《桐柏江河出土宋代"点绛唇"瓷枕》,《中原文物》2001 年第 5 期。
② 李辉柄:《中国陶瓷全集》(第七卷·宋),上海人民美术出版社 2000 年版,第 171 页。

'人生百岁七十多，受用了由它捻指，数光阴急如梭，每日一个快活。'（词寄'庆宣和'）；'生辰日，酒满杯，只吃得玉酒沉醉。落梅风将来权当礼，每一字满寿千岁。'（词寄'落梅风'）"① 这方瓷枕表达了吉祥文化的多个主题，比如以"寒山拾得"的典故暗示"和合"之寓意；以玉箫（八仙中韩湘子的法器）、丹顶鹤表达长寿；通过人生百岁的感慨和生辰日的祝祷，以戏谑的口吻表达短暂人生应持有的乐观态度。总之，这种看似随意的文学语言其实经过了民间艺人的锤炼，其主旨是追求乐观、长寿、和谐的人生理想。

图30　三彩束腰长方形诗文枕

以上四个方面的内容是宋代瓷枕文字装饰中的基本类别，还有一些比较特殊的案例需要特别说明。比如杨永德《杨永德伉俪捐赠藏枕》中录有一件白地黑花《枕赋》铭长方形枕（图31），该枕高14.4厘米，长42厘米，宽15.7厘米，为磁州窑产品。枕面开光内白地褐彩楷书枕赋，左右锦地菊花牡丹，右侧"漳滨逸人"款。《枕赋》内容为：

有枕于斯，制大庭之形，含太古之素，产相州之地，中陶人之度，分□元之全，名混沌之故。润琼径（瑶）之浑（辉），屏刺秀

---

① 郭画晓：《洛阳宋代瓷枕赏析》，《文物世界》2008年第2期。

俗世雅意：浙风宋韵的多维审视

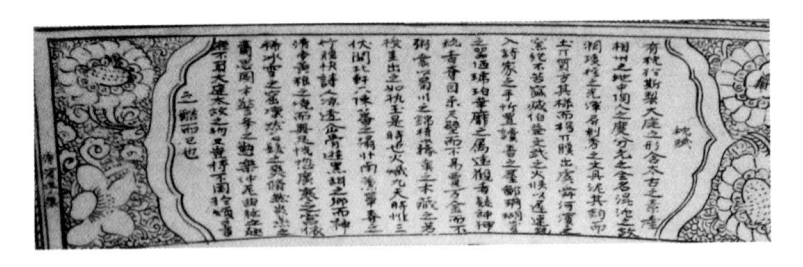

图31　《枕赋》铭长方形枕

（绣）之文具。泥其钧而土其质，方其样而柮其腹。出虞舜河滨之窑，绝不苦窳；灭伯益文武之火，候以迟速。既入诗家之手，忻（欣）置读书之屋。鄙珊瑚贵之器，陋琥珀华靡之属。远观者疑（凝）神，狎玩者夺目。来尺壁（璧）而不易，买万金而不粥（鬻）。囊以蜀川之锦，椟以豫章之木。藏之若授圭，出之如执玉。是时也，火炽九天，时惟三伏。开北轩下陈蕃之榻，卧南熏蕫（蕲）春之竹。睡快诗人，凉透仙骨。游黑甜之乡而神清，梦黄粮（梁）之境而兴足。恍惚广寒之宫，依稀冰雪之窟。凛然□发之爽，倏然炎蒸之萧。思圆木警学之勤，乐仲尼曲肱之趣。庶不负大庭太故（古）之物，又岂持（特）不困于烦暑之酷而已也。①

为枕作赋往往是文人的高雅之作，在宋代之前早已存在，如汉代的刘向曾作《芳松枕赋》，三国的孙惠作有《楠榴枕赋》，张绂也作有《柚榴枕赋》。这篇《枕赋》应该并非民间艺人所作，而是某位文人所作，艺人抄录上去的。关于这篇枕赋，香港大学詹杭伦教授认为上面由博物馆考古工作者辨识和注解的这段文字在辨认和标点断句方面有一些问题，于是他重新作了修订。修正为：

　　有枕于斯，制大庭之形，含太古之素。产相州之地，中陶人之度。分元（始）之全，名混沌之故。润琼瑶之光浑（辉），屏刺秀

---

① 据杨永德《杨永德伉俪捐赠藏枕》中图111誊录。

384

（绣）之文具。泥其钧而土其质，方其样而栩其腹。出虞舜河滨之窑，绝不苦窳；灭伯益文武之火，候以迟速。

既入诗家之手，忻置读书之屋。鄙珊瑚（富）贵之器，陋琥珀华靡之属。远观者疑（凝）神，狎玩者夺目。来尺璧（璧）而不易，买万金而不粥（鬻）。囊以蜀川之锦，椟以豫章之木。藏之若授圭，出之如执玉。

是时也，火炽九天，时惟三伏。开北轩下陈蕃之榻，卧南薰吟早春之竹。睡快诗人，凉透仙骨。游黑甜之乡而神清，梦黄粮（粱）之境而兴足。恍惚广寒之宫，依稀冰雪之窟。凛然毛发之爽，倏然炎蒸之萧。思圆木警学之勤，乐仲尼曲肱之趣。庶不负大庭太故（古）之物，又岂持（特）不困于烦暑之酷而已也。①

这篇《枕赋》是目前所见瓷枕文字装饰中字数最多、内涵最深的作品，也是"现在看到的第一件在枕面上写出枕史的实物资料，极有陶瓷文献价值"。② 这篇赋文的体裁属于骈赋，骈赋产生于六朝，流行于唐宋金元。该文在句法上对仗基本工整，行文自然流畅。虽然此《枕赋》字里行间有错字、漏字，但不损原意，从内容中看出，其文对陶瓷枕的起源、产地、造型、工艺、功用等都做了说明，最后还以警示劝诫的言辞教人勤奋，像司马光那样以圆木为警枕提醒读书（所谓"思圆木警学之勤"），像孔子那样获得曲肱读书的乐趣（所谓"乐仲尼曲肱之趣"）。这无疑也是对瓷枕的文化性和实用性相融合的很好诠释。

三　宋代瓷枕中的雕塑形式

宋代以来，其雕塑艺术不及唐代的规模和气势，但在瓷塑方面却胜于唐。与唐代相比，宋代的雕塑更加世俗化和生活化，在瓷枕这样的生活用器上也得到了深刻的反映。

雕塑有雕和塑两种技法，从类型上又分为圆雕、浮雕和透雕三种。

---

① 詹杭伦：《国学与文物：瓷枕上的赋文研究》，《中山大学学报》2013年第3期。
② 宋伯胤：《枕林拾遗》，陕西人民出版社2002年版，第134页。

在瓷枕中，这两种技法和三个类型都存在。可以看作圆雕的主要是人形枕、兽形枕和建筑形枕，这三类枕式都是可以多方位立体欣赏的，最富有雕塑的特点。其他枕式中则有浮雕和透雕两种技法，如剔地瓷枕具有浮雕的特点（浅浮雕），少量瓷枕枕壁有镂空装饰，可以看作镂雕。

宋代瓷枕中的人形枕、兽形枕、建筑形枕属于圆雕作品，虽然在数量上不及方形、圆形等枕式，但是其艺术性却极富特色。瓷枕中的人形枕是宋代民间艺人的独创，它内含着宋人对人类自身的认识。比如定窑的白瓷孩儿枕，现藏于故宫博物院，长30厘米，宽11.8厘米，高18.3厘米，塑造一神态安详自然的儿童两臂交叉俯卧于榻上，头枕于左臂，右手持结带绣球，额头开阔，神态安详。身着长衫，外套坎肩，衫上印有团花纹，衣纹自然。胖孩双目炯炯有神，头两侧各有一缕孩儿发。其下身着长裤，足蹬软靴。榻的周边印有螭龙、垂云、卷枝等纹饰。[1] 这一件作品之所以成为经典，是因为它在人物神态、衣饰细节以及釉色和形体结构的整体性表现上都非常精彩，是一件集实用性和艺术性于一体的瓷塑精品。镇江市博物馆藏的一件景德镇窑影青雕塑孩儿持荷叶枕也很有特色，其艺术性甚至不亚于故宫博物院藏定窑孩儿枕。此枕枕面长20.5厘米、宽15.5厘米，通高15厘米；底座长15.5厘米、宽10.5厘米。"枕座作榻形，四周雕刻缠枝花图案纹饰，榻上高枕侧卧一孩儿，双手紧持叶茎，荷叶略微下卷作枕面。孩儿头戴软巾小帽，前额和左耳侧帽箍上各有一花纽。身穿交领开胯长袍，领沿有羽状卷叶纹，腰间系带，内穿圆领紧身小衣，齐脚长裤。脚蹬尖头靴，左腿蜷曲，右腿上翘。孩儿作熟睡状，双目微闭，小嘴拢合，神态天真可爱。此器胎质精细洁白，通体施影青釉，座底无釉。釉色青白，光润明亮，花纹凹处呈淡青色。"[2] 从塑造技法上看，此枕应该是枕面、孩儿枕体、枕座分别制作后再黏合在一起烧制而成。景德镇窑烧制的青白瓷似冰类玉，在宋代赢得了"假玉器"的美称。此枕所称"影青"即青白瓷，其艺术价值不言而喻。

---

[1] 李辉柄：《中国陶瓷全集》（第七卷·宋），上海人民美术出版社2000年版，第66页。
[2] 肖梦龙：《镇江市博物馆藏宋影青瓷枕》，《文物》1978年第11期。

第五章 乐技风雅：转掖新境的宋代艺术之韵

在美术史中，雕塑中的动物形象和世俗建筑并不少见。就瓷枕而言，唐代已经出现兽形瓷枕，如象形、犀牛形、兔形，但还未出现建筑形枕。到宋代，继承了唐代首开的兽形枕，又有了建筑形枕这一类别。宋代的兽形枕都是模制成形，有以兽背作枕面者，也有以兽形座托枕面者。宋代瓷枕塑造的动物形象主要有狮和虎两种，另有龙、龟、蛙等稀有类别，尚未发现唐时出现的象、犀牛、兔等兽形枕式。从塑造的狮虎形象看，狮虎的威猛、凶恶本性并没有被表现出来，而是表现为一种健硕但可亲、可爱的理想形态。伏虎枕更是如此，现实中凶猛的百兽之王伏地作枕，温驯可亲，内中无不寄寓着民间艺人的理想心态。建筑形枕在宋代、元代发现数件，有较高的艺术价值。建筑形枕的制作比较复杂，往往集雕、塑、刻、镂、印、贴于一身。目前所见资料中，宋代建筑形枕有三件，分别是上海博物馆藏的白釉镂雕殿宇人物枕、武汉市博物馆藏的青白釉凉亭形座枕和日本东京都出光美术馆藏的青白瓷莲池花架枕。以上海博物馆藏的建筑形瓷枕为例，此件瓷枕长18.4厘米，宽22.9厘米，高13厘米，釉色洁白，枕面呈如意形，中间微凹，刻印花卉纹；枕座为木构建筑形，正面一门虚掩，一人倚门而立；建筑的台阶、门窗、斗拱悉塑出，非常精致。宋伯胤认为这件瓷枕是"仿宋代建筑营造法式仿制的"，[1] 或许这为研究宋代的建筑结构也提供了极有参考价值的实物资料。

宋瓷枕中的剔花、剔刻花属于雕塑中的浮雕，浮雕又分浅浮雕和高浮雕，受瓷枕实用性要求的限制，瓷枕中的剔刻花图案基本上是属于浅浮雕。特别是枕面采用剔刻花技法的瓷枕，不仅剔刻花纹不能太深，而且所剔花纹要大而整体，以免枕用时出现不适。瓷枕中也有少量镂雕装饰，一般在枕壁上做出。瓷枕施加镂雕技法需要考虑瓷枕中枕壁所受应力情况，不能大面积镂空雕，以免瓷枕受力不均产生变形。目前所见的镂空雕瓷枕皆成八角形或六角形，以增加承重面，防止瓷枕走样变形。

综上可知，宋代瓷枕作为一种实用性和审美性相统一的工艺造物，

---

[1] 宋伯胤：《枕林拾遗》，陕西人民出版社2002年版，第98页。

其本身表现出一种艺术的多维性，这一多维性的艺术表现，体现在瓷枕吸纳了书法、绘画、雕塑、文学等多种艺术的形式元素。这一吸纳一方面增加了瓷枕本身的艺术审美价值；另一方面也把民间制瓷艺人的聪明才智和丰富情感充分地表现出来，欣赏品味瓷枕艺术的过程，也就是跨时空和民间艺人心灵对话的过程。

四　宋代瓷枕艺术多维性表现的生成机制

宋代瓷枕所表现出的融书法、绘画、雕塑、文学等艺术形式于一体的多维性特质有其内在的生成机制，这种机制广泛存在于造物艺术的众多品类中。宋代瓷枕的艺术多维性，与瓷枕创造和使用主体紧密相关。在我们看来，作为瓷枕艺术多维性表现的书法、绘画、雕塑、文学等具体的艺术形式，之所以能够被民间艺人所综合采用，应该是有一些带有共通性的因子将它们融合在一起。这种共通的因素，通过人的心智结构起作用，基于瓷枕的艺术层，导向其文化层。

（一）艺术层面：审美情感的共通

瓷枕的艺术多维性表现首先是属于艺术层的范畴。从艺术作品的结构和艺术审美接受的过程看，宋代瓷枕的塑造之所以能够融合不同的艺术形式，一个重要原因就是这些艺术形式都具有引起人情感勃兴的感性结构，它们不仅作用于人的感官，更能进入人的心灵深处，引起人的情感共鸣。有关艺术的感性结构对审美接受者的影响作用，其实涉及了艺术功能的话题。

艺术功能即是指艺术品对人所产生的效用，它不仅包括艺术品对欣赏者的影响，也包括艺术品创作对创作者的影响。人们之所以需要艺术，是因为艺术对人有用，或者说艺术满足了人在某些方面的特殊需要。艺术功能是一个系统，在不同的时间和空间，它所呈现的功能有着明显差异。当下比较一致的看法是，承认艺术的审美功能是最基础的功能，而其他的诸如认识、教育、补偿、交际、组织等功能都是在审美功能的基础上实现的。即如斯托洛维奇所言："如果艺术活动的本质是审美的……那么，艺术的基本功能就是对人的个性发生审美影响的功能。"[1] 审美功能之于艺术的基础作用是明显的，而这一功能的发挥则来源于人的情感相通。即艺术作品饱含着唤起欣赏者或创作者产生共鸣的情感，这种情感超越所有的艺术形式。大凡优秀的诗歌、绘画、音乐、舞蹈、雕塑、建筑，都具有一种情感性的召唤结构。这一召唤结构能够将不同阶层、不同种族、不同文化圈的人凝聚在一起。罗丹在谈论绘画、雕塑、文学、音乐等不同艺术形式的关系时指出："绘画、雕塑、文学、音乐彼此的关系比常人所设想的更接近。它们都是表现站在自然面前人的情感，只是表现的方法不同。"[2] 可见罗丹认识到人的情感是不同艺术形式所共有的表现动因，只不过表现方式不同而已。我国古人早就发现了这一情感融通不同艺术形式的现象，如《毛诗序》载："诗者，志之所之也，在心为志，发言为诗。情动于中而形于言，言之不足故嗟叹之，嗟叹之不足故永歌之，永歌之不足，不知手之舞之，足之蹈之也。"[3] 钟嵘《诗品序》："气之动物，物之感人，故摇荡性情，形诸舞咏。"[4] 由此可见，是因为有"情"的刺激，才兴发为不同的艺术表现。正是基于艺术功能之"情感"的沟通，不同的艺术形式才能殊途同归，直指人的心灵世界。从这一点上反观宋代瓷枕艺术对不同艺术形式的融合，是由于这些不同的艺术形式都具有一致的情感召唤结构，能够在精神上满足民众的需求。比如瓷枕中的绘画可以以线条的粗细、色彩的浓淡、布局的疏密表现不同的艺术形象，引发艺术情感共鸣；瓷枕上书写的诗、词、赋、吉语，亦是以文字符号抒情达意，唤起审美意象，表达丰富的情感。艺术审美情感共通于不同的艺术门类，为实现不同艺术形式的共存奠定了基础，也成为宋代瓷枕艺术多维融合的重要条件。

（二）文化层面：心理补偿的召唤

就宋代瓷枕的艺术表现来看，单有审美性的情感共鸣是不够的，瓷

---

[1] ［爱沙尼亚］斯托洛维奇：《艺术活动的功能》，凌继尧译，学林出版社2008年版，第67页。
[2] ［法］罗丹口述，葛赛尔记：《罗丹艺术论》，沈琪译，人民美术出版社1978年版，第84页。
[3] 屈兴国、罗仲鼎、周维德选注：《古典诗论集要》，齐鲁书社1991年版，第7页。
[4] 杜占明主编：《中国古训辞典》，燕山出版社1992年版，第436页。

枕艺术形式背后还有着文化和信仰的因子。瓷枕造型和图案所内蕴的文化会唤起民众的信仰（文化）情感，这其实就是由艺术层跨入了文化层。与审美情感相比，文化和信仰上的情感要更加稳定和深刻。比如，猛虎瓷枕对镇宅辟凶的追求就超出了单纯的审美情感，而是一种文化上的认同，这种文化上的认同实质上归属到了艺术的认知和补偿功能上。

在心理学上，"补偿"的概念是从奥地利心理学家阿德勒（Alfred Adler，1870—1937）的神经症心理学中来的，阿德勒从儿童心理的角度认为自卑感、欠缺感和不安全感决定个人存在的目标，"灵魂尝试通过奋力追求补偿机制来平衡令人痛苦的自卑感……灵魂在自卑感的压力下或在个体认为自己渺小、无助的痛苦想法的折磨下，灵魂会竭尽全力去超越'自卑情结'，成为自己的主人"。[1] 瑞士心理学家荣格认为"补偿意味着一种均衡或补充"，[2] 并且不认同阿德勒补偿理论限制为单纯的低级情感的平衡，而是把它理解为一般的功能性调节。

西方心理学家的补偿理论是针对个体的，特别是针对精神疾病患者的。但事实上，心理补偿机制广泛存在于正常人的意识之中，带有集体性普遍原则的意味。从发生学意义上看，人类对于心理补偿的追求最初是虚构一种力量（如保护神），并以此力量作为工具去和有害的力量作斗争。如桃符、门神的最初功能就是辟除鬼祟，以期望使人免于现实的祸患。而随着文明的发展，这一虚构的力量虽被证明是虚妄的，但是这一心理补偿机制本身依然存在，并实现了转换——由神秘性向世俗性、由实利性向理想性转换。以上古的门神信仰为例，即是由镇鬼辟祟的原始功能发展为求吉纳福的衍生泛化功能，实现了由武门神向文门神、祈福门神的转变。

在民间艺术领域，心理补偿机制在作用原理上实是一种"暗示"和"象征"，即通过一定的形象或声音、动作在理想的建构中满足人的

---

[1] ［奥］阿尔弗雷德·阿德勒：《理解人性》，陈太胜、陈文颖译，国际文化出版公司2007年版，第61页。

[2] ［瑞士］C. G. 荣格：《心理类型学》，吴康等译，华岳文艺出版社1989年版，第509页。

各种追求，比如求富贵、长寿、财富、多子、镇宅等。当然，这只是一种心理上的调节机制，是为了维持理想与现实的动态平衡。落实到宋代瓷枕上具体的分析，心理补偿机制的存在也是普遍的，这主要体现在瓷枕的造型和装饰上。宋代瓷枕在实用之外的艺术表现，其动机就是一种心理补偿机制，不管是有意识的还是无意识的。辟凶、求吉、抒情是宋代瓷枕心理补偿机制的三大反映层面。辟凶当是瓷枕最具有历史感的意义，其在宋代已经世俗化，如写有"镇宅大吉""镇宅""勒鬼"字样的瓷枕最为典型。在造型上，宋代的兽形枕最具有辟凶的暗示意义，比如虎形枕、狮形枕，它在原初意义上就是为了辟邪。求吉是宋代瓷枕中的主流思想，它反映出宋人对人的现实生活的关注和愿想。如孩儿枕，内含着妇人祈子的理想期望；如意形枕，是为求事事如意之兆。而从瓷枕装饰图像题材上，也是以各种吉祥题材为主，比如牡丹、菊花、荷花、婴戏、祥禽瑞兽、吉祥文字等都以求吉为主旨。这些题材的选择都具有一种暗示和象征意义，是民间大众实现心理补偿的载体。当民众在使用瓷枕，看到瓷枕的装饰时，就会唤起一种情感上或心灵上的共鸣和呼应，能勾起民众对生活经验的回忆和对幸福生活的憧憬，从而产生一种愉悦感和慰藉感。瓷枕作为民间造物艺术，其在整体上所体现出的审美价值和文化内涵都受到心理补偿机制的影响。

从瓷枕造型和装饰所体现出的补偿意义看，民间艺人的造物观念中其实包含着一种下层劳动者的无奈呼喊。虽然说求吉纳祥是古人共有的一种观念，但是事实证明，与社会上层相比，民间大众的生活是贫苦而平凡的，他们求富贵但未必能真的拥有财富，求长寿未必能活到古稀之年，求多子也未必能够子嗣绵长。因此，他们需要一种假设，这种假设能够在精神上弥补物质上的贫乏和生命的有限，平衡在社会现实中的弱势地位。由此看来，心理补偿机制对于下层劳动人民来说是尤为重要的。从瓷枕造物的艺术装饰推而广之，一切民间造物所呈现的艺术形式和信仰追求都可以说是一种心理补偿机制的表现。

由上看来，宋代瓷枕所具有的艺术多维性与融合性主要受两个层面的影响：其一是瓷枕中的书法、绘画、诗词和雕塑语言都具有感性的审美形式，它们在内部都有一种唤起人类情感的召唤结构，使创用者在不同的艺术形式中获得共通性的情感体认；其二是瓷枕造型和装饰外在的审美形式中内含着深层的文化和信仰因子，它们超越审美性的情感体验而迈向人性的深层，以心理补偿的方式实现人类自身的文化确证，从而让瓷枕的艺术表现更具有深刻而持久的意义。

第六章　道通天地：开千古境界的宋儒思想之韵

在宋代走向市井空间的城市化进程中，世俗化成为最重要的动力机制，使整个时代文化发生转型，形成了"宋韵文化冲击波"，宋代话本、戏曲、曲子词、诗文、乐舞、造型艺术等波澜迭起，波波相继，而追求内圣、精神圆满自足的宋学与浙江地域文化相结合形成的浙学，以事功实学为特色，则构成了支撑浙风宋韵的思想内核，更是一个时代的精神压舱石。

宋代儒学被称为"宋学"，其探究的一个主要命题是人在自然天地之间、社会人伦关系之中的地位和使命，重视人"与天地参"的自主自觉性。所谓"内圣外王"，所谓"圣贤气象"，就是要把仁义礼智信的五常之道和治国平天下的帝王之学结合起来，把道德自律与事功建业统一起来，使人人在内省修身中探索人之理，以臻于与天理合而为一，达到个人与人类社会、自然界和谐融会的美妙境界。[①] 这从本体论上把人的伦理主体性提到一个前所未有的高度，也代表着中国哲学朝向内在心性之学的开始，由此开辟出"道通天地"的千古境界来。

南宋儒学在中国思想史上举足轻重，宋孝宗乾道、淳熙年间，浙学、江西陆学、福建朱学、湖湘之学崛起，各家竞立，蔚为大观。浙学内部亦精彩纷呈，婺州有吕祖谦倡经史实学、唐仲友言帝王经世之学，永康有陈亮功利之学，永嘉有陈傅良、叶适经制之学，北山四先生宗朱子之

[①] 刘方：《宋型文化与宋代美学精神》，巴蜀书社2004年版，第7页。

说,皆为一时大家。其中,吕祖谦为浙学大宗师,他与陈亮、陈傅良在师友之间,互动频繁,相互影响,终究形成了浙学事功实学的特色,以至于朱熹对浙学贴上了"功利"的标签,使得朱子学与陆氏之学、浙学有意无意地对立起来,后辗转相因,遂形成了理学、心学、事功实学的分派,在中国思想史上影响深远。本章内容围绕吕祖谦、陈亮、唐仲友、北山四先生等浙学大家的儒家思想,来透视南宋以来浙学之事功思想,对于后人理解浙风宋韵的精神面貌和思想特质将具有重要的启示意义。

第一节　浙学之宗:吕祖谦的历史哲学及与朱熹之比较

南宋思想界执牛耳者非吕祖谦、朱熹莫属。吕祖谦重史学,其成果卓著而为世人所知;朱熹亦重史学,其史才在当时就受到推崇,[①] 只不过其后世被理学的光芒所掩盖。实际上,朱熹与吕祖谦在中国史学上的地位十分重要。朱熹尊《春秋》,其《通鉴纲目》所揭示的辨正统、尊王贱霸、寓褒贬、别善恶的史观,不仅被宋元朱子后学所服膺,而且被明清帝王所推崇,成为正统史学的典范。吕祖谦尊《史记》,兼永嘉、永康之长而形成以史学事功为中心的浙东学派,在宋元明初影响不绝如缕;赓续吕氏史学脉路,终于在明末清初蔚兴为以黄宗羲、章学诚为代表的浙东史学派,甚至王夫之、顾炎武的史学也有受吕祖谦影响的痕迹。可以说,朱熹和吕祖谦分别开启了明清正统史学和浙东史学两大派。本书关心的是,吕、朱二氏何以能开启中国史学上的两大流派? 二人的差异究竟是什么? 下面试回答之。

一　论事之体与叙事之体

将吕、朱史观进行比较已有人涉及,[②] 研究者论及二者的异同,认

---

① 陈傅良给宁宗皇帝推荐史学人才时提到:"当今良史之才,莫如朱熹、叶适。"见周梦江点校《陈傅良文集》,浙江大学出版社1999年版,第364页。
② 相关论述,参见潘富恩等的《论吕祖谦的历史哲学》(《哲学研究》1984年第2期)、董平的《论吕祖谦的历史哲学》(《中国哲学史》2005年第2期)、汤勤福的《朱熹的史学思想》(齐鲁书社2000年版)等论著的部分章节。

为在相同方面：吕、朱都重视史学，勤读史书，撰写了重要的史学著作；二人都肯定史学是记载真实的人、叙述真实的事，故史学方法均重视实证，言必有据，反对臆断；二人都肯定史学的功能（如国家方面的资治功能，个人方面的查前言往行以明理蓄德，文化方面的继承遗教、垂范将来）；二人都强调史论结合、经史合一的观念；肯定优良史官的历史地位和责任。而在不同方面：如说朱熹看重《春秋》《通鉴》，吕祖谦看重《左传》《史记》；朱熹史学著作《宋名臣言行录》《伊洛渊源录》重传记，而吕祖谦《大事记》重编年；在史著节选本方面，朱子的《通鉴纲目》重春秋旨法来裁剪历史，吕祖谦的《十七史详节》重事件的连续性；为学态度方面，朱熹主张先读经明义理后再观史，吕祖谦主张直接求心性于史；观史方法上，朱熹求大伦理、大机会、大治乱得失之理，吕祖谦则是"以身观史"；等等。这种点对点的异同对比，只是斤两多少的比较，不能从思想系统上得出吕、朱二氏的差异，更不能回答他们何以能开启各自史学流派之问题。要回答上述两个问题，非对吕、朱二氏的历史哲学进行一番比较不可。

众所周知，史学研究的对象是特定时空中的人及发生在他们身上的事件，史学的目标是还原历史的真相；而历史哲学是对史学之本质及"前提"所做的反思，是历史学重要的组成部分。历史哲学一般分两大类：一是实证主义的历史哲学；二是思辨的历史哲学。在实证的历史学家看来，历史不过是一串孤立、杂乱的事件集合，它没有所谓的规律、谋划或方案；史学研究就是通过客观史料的搜集、考证和排列来还原一段历史现象，此外没有别的目的；史学本质就是史料学。在思辨的历史学家看来，历史不只是一串串历史事件的集合，更有其自身的理性或逻辑；史学研究在考察历史真相的同时，进而探寻背后的规律或宏大谋划。中华民族向来注重史学，是历史意识特别发达的民族，知识分子有强烈的"忧患意识"，具有悠久的"鉴古知今""学以致用"的"资治传统"。因此，中国历史的书写者不大可能走实证主义史学的路子，其主流是思辨史学的路子，吕祖谦、朱熹也是此主流的历史书写者。不仅如此，吕祖谦似乎还对此有自觉的认识。他曾明确把史学体例区分为"论事之体与叙事之体",认为"叙事者,载其实;论事者,推其理……故善论者事随于论,不善论者论随于事;善论者事资于论,不善论者论资于事"。① 这里强调"叙事之实"的叙事之体,类似于实证主义历史哲学;而"推事外之理"的论事之体,类似于思辨的历史哲学。吕祖谦明确主张走论事之体史学的路子,其史学著作如《书说》等基本上是论事之体。朱熹虽然批评吕氏论事之体过于"伤巧",对其刻意追求议论"新奇"而不满,但仍认可他论事之体的史学。可见,朱熹、吕祖谦一样都主张"论事之体"的史学,即自觉走思辨史学的路子。当然,他们二人主张的思辨的历史哲学,却是"中国式的历史哲学"。

何谓"中国式的历史哲学"?太史公所谓"究天人之际,通古今之变,成一家之言",可以说是对历史哲学的性质与任务最好的诠释。如贺麟所说的,历史哲学即是要在历史上去求教训,格历史之物,穷历史之理,穷究国运盛衰、时代治乱、英雄成败、文化消长、政教得失、风俗隆污之理。换言之,历史哲学即在历史中求"通鉴",求有普遍性的教训或原则。古往今来有气魄有识见的历史家,绝不只提供人们以历史事实,而要指示一种历史哲学。正如贺麟指出的,中国的历史哲学分为两大类:一类是历史家的历史哲学;一类是哲学家的历史哲学。历史家的历史哲学只是潜伏的、隐微的、暗示的,只是寓哲学义理于叙述历史事变之中,司马迁、班固之流是也。哲学家的历史哲学是以哲学的原理为主,而以历史的事实作为例证和参考。② 如果以贺麟的标准衡量,可把朱熹、吕祖谦大致归为第二类,即哲学家的历史哲学。哲学家的历史哲学是先有自己的哲学原则,然后再以这些原则为基础来观察、解释、评价历史。在他们看来,哲学原理(即天道、天理)内在于社会历史事实之中,或者说,社会历史事实体现、例证着原理,因此他们主张天道与人道、体与用之统一。要明白吕祖谦、朱熹的历史哲学,必须先了解他们的哲学原理。

---

① (宋)吕祖谦:《东莱先生左氏博议》,中华书局1985年版,第17页。
② 张学智:《贺麟选集》,吉林人民出版社2005年版,第187页。

二　吕祖谦的心本论

受家学（吕氏家学重视修心且染于禅学）、师承（吕祖谦早年受学于重视修心践履的林之奇）及私淑程颢等因缘的影响，吕祖谦受朱、陆之辩的启发而折中二者，故他的哲学，兼朱、陆之长而倾向于心学。吕祖谦哲学观点主要有：世界一理贯通说；"心与道一"；世界"皆吾心之发见"；"良心说"；等等。

（一）世界一理贯通，事事物物皆有理。吕祖谦说："天下只有一个道理。"[1] "大抵天下有不可易之理，……在天则为则，在人则为命，在师则为律，事事物物皆有是理。"[2] 吕氏认为，天下有一个客观不易的原理，散布于万物万事而有万殊不同之理。"理之在天下，遇亲则为孝，遇君则为忠，遇兄弟则为友，遇朋友则为义，遇宗庙则为敬，遇军旅则为肃，随一事则为一名，名虽至于千万而理未尝不一也。……理无二理。"[3] 即万殊不同之理，实际是同一个天理。可见，吕祖谦论理，蕴含着"一理万殊，万殊一理"之义，实与朱熹"理一分殊说"相同。

（二）心与道一。吕祖谦说："心外有道，非心也；道外有心，非道也。"[4] 即他主张"心与道一"，与陆九渊的"心即理"一致。而朱熹论理，反对"心即理"，主张"性即理"，这是他与吕祖谦最大的不同。

（三）世界"皆吾心之发见"。吕祖谦说："圣人备万物于我，……仰而观之，荣光德星，搀枪枉矢，皆吾心之发见也。俯而视之，醴泉瑞石，川沸木鸣，亦吾心之发见也。玩而占之，方躬义弓，老少奇偶，亦吾心之发见也。未灼之前，三兆已具，未揲之前，三易已彰。龟既灼矣，蓍既揲矣，是兆之吉，乃吾心之吉，是易之变，乃吾心之变。心问、心答，心叩，心酬，名为龟卜，实为心卜；名为蓍筮，实为心筮。……蓍龟之心，即圣人之心。"[5] 即宇宙的一切，上至日月星辰，下至山川木

---

[1] （宋）吕祖谦：《吕东莱文集》，中华书局1985年版，第458页。
[2] （宋）吕祖谦：《增修东莱书说》，中华书局1985年版，第76页。
[3] （宋）吕祖谦：《东莱先生左氏博议》，第22页。
[4] （宋）吕祖谦：《东莱先生左氏博议》，第101页。
[5] （宋）吕祖谦：《东莱先生左氏博议》，第73—74页。

石，是因吾心发见而存有；乃至卦爻的变化，龟卜蓍筮之吉凶等人事活动，也是因吾心而产生。反过来说，如果没有吾心的"发见"，便没有宇宙，没有万物。难怪他说："天地之间，皆吾同体也。吾有一毫忽心，是忽天地、忽万物矣。"① 而世界一切事物"皆吾心之发见"之观点，此与陆九渊"宇宙即吾心"观点如出一辙。其"吾有一毫忽心，是忽天地、忽万物"之论断，与王阳明所谓的"天没有我的灵明，谁去仰它高？地没有我的灵明，谁去俯它深"有异曲同工之妙。

（四）心为万事之纲，万事由己。吕祖谦说："心者，万事之纲也。放而不宅，则憧憧扰扰自流于一物，尚何以纲万事。"② 即认为本心，可以统领万事，主掌万物。吕祖谦高扬主体的能动性，他说："天下之事未有不由己者。善者，己也。极其善，则为尧为舜为禹为汤者，亦己也。败者，己也。极其败，则为桀为纣为幽为厉者，亦己也。……果知此理，则位天地，育万物，无不由己。"③ 天下之事都由自己做出，为善或为恶由自己，成功或失败由自己，乃至参赞天地万物生命的化育，亦由自己。

（五）吾心即是良心。吕祖谦的吾心，就是良心。他说："与生俱生者谓之良心。毁之而不能消，背之而不能远，有以继之则为君子；无以继之则为小人。继与不继，而君子小人分焉。"即良心天生具有，本质上不能毁灭，但对于个体来说，有继与不继之可能。他说："世之论良心者，归之仁，归之义，归之礼智信，未有敢以诈为良心者也。名诈以良心，岂有说乎？曰：诈，非良心也，所以诈者，良心也。"④ 良心的内容，就是仁义礼智信。但他论良心最大的创见就是"以诈见良心"，"在人欲之中知天理"。⑤

（六）先尽吾心、立根本、蓄其德。良心有继与不继之可能，所以

---

① （宋）吕祖谦：《增修东莱书说》，第 2 页。
② （宋）吕祖谦：《增修东莱书说》，第 335 页。
③ （宋）吕祖谦：《东莱先生左氏博议》，第 121 页。
④ （宋）吕祖谦：《东莱先生左氏博议》，第 116 页。
⑤ 具体讨论详见王锟的《吕祖谦的心学及其对浙东学术的影响》，《中国哲学史》2013 年第 4 期。

个人需要不断栽培涵养，防止良心不继，他提出继良心、立大本、蓄其德的修养工夫。吕祖谦说："为学须先识得大纲规模"，"先立其根本。"这里的"大纲规模""根本"就是作为人之根本的"良心"。因此，他提出"先尽吾心"是为学的根本。他说："故学者不忧良心之不生，而畏良心之不继。"[1] 为了使良心继而不断，必须"蓄其德"，而为了蓄养德性，提出著名的"察前言往行以蓄"方法。吕氏"先立根本""先尽吾心"的工夫说，与陆氏的"立大本"相同，而与朱熹的"格物穷理"的修养工夫大异。

综上，吕祖谦主张心与理一，主张世界"皆吾心之发见"从而挺立"心本论"，他以"尽吾心、立大本、蓄其德"为学之工夫；并强调"吾心"的能动性而高扬主体意识，形成相当完整的心学系统，这与朱熹"无极而太极"、"理气相即"、"性即理"、严辨天理人欲、格物穷理的理学系统大异其趣。

三 心学史观的建立

吕祖谦把这种以"吾心"为本体的心学思想应用于历史而形成何种历史哲学呢？他的历史哲学具体体现如下：（一）心史说；（二）"当如身在其中"的体验式的观史方法；（三）"求心性于经史"的现象学的解史方法；（四）史学蓄德说。

（一）心史说。即认为历史是人类良心的历史。吕祖谦说："史，心史也；记，心记也。……未有一物居心外者。"[2] 他认为史官是"万世是非之权衡"，持写"人心之公"。[3] 这里的"心"或"人心之公"，绝非一般意义上的心理，而是前面所述的人之"良心"、是非真理之标准，表现在社会历史治道层面就是"圣人之心""万民之心"。故他也称"良心"为"圣人之心""天地之心"或民心。在吕祖谦看来，历史

---

[1] （宋）吕祖谦：《东莱先生左氏博议》，第116页。
[2] （宋）吕祖谦：《东莱先生左氏博议》，第102页。
[3] （宋）吕祖谦：《汉太史箴》，载《吕祖谦全集》第1册，浙江古籍出版社2008年版，第652—653页。

就是人类良心的历史；历史文献记录是对人类良心活动的记载；史官是人类良心的书写者和是非真理的评判者。历史不在心外，而是从人良心之中流淌出来的。为此，吕祖谦历史哲学最重要的论断，便是认为经史著作源自人心。他说："人之一心，方寸间其编简之所存。"①"（圣人）是固匹夫匹妇胸中之全经也，遽取而列诸书、易、礼、乐、春秋之间，并数而谓之六经。"② 这里所谓"匹夫匹妇胸中之全经"，实际就是指未受遮蔽、未受隔限的人心之本体。而圣人编撰《诗》《书》《礼》《乐》《易》《春秋》等六经，是对人心之本体的表达。他曾说："《诗》者，人之性情而已，必先得诗人之心，然后玩之易入。《诗》三百篇，大要尽人情而已。""看《诗》且须咏讽，此最治心之法。"③ 即《诗经》表达了人心，也能陶冶人心。又说："《书》者，尧、舜、禹、汤、文、武、皋、夔、谡、契、伊尹、周公之精神心术尽寓于中。"④ 即《书经》记载了尧舜禹三代以来圣贤的精神心术。又说："读《易》当观其生生不穷处。"⑤ 这里是"生生不穷处"，即《易经》体现了"天地生物之心"。这种心史说，非常接近于黑格尔的历史哲学，把人类历史看作"绝对精神"展开的现象。有趣的是，徐复观在《两汉思想史》中肯定中国古代儒家所秉持的以仁义为具体内容的心学史观，⑥ 与吕祖谦似有相通之处。

（二）"当如身在其中"的体验式的观史方法。吕祖谦精于史学，其观史之法，不离"我"字，不离"心"字。他说："看史之法，大抵看史见治则以为治，见乱则以为乱，见一事则止知一事，何取？观史当如身在其中，见事之利害，时之祸患，必掩卷自思，使我遇此等事如何处之。如此观史，学问亦可以进，知识亦可以高，方为有益。"⑦ 又说：

---

① （宋）吕祖谦：《吕东莱文集》，中华书局1985年版，第308页。
② （宋）吕祖谦：《东莱先生左氏博议》，第137页。
③ （宋）吕祖谦：《吕东莱文集》，中华书局1985年版，第355页。
④ （宋）吕祖谦：《增修东莱书说》，第1页。
⑤ （宋）吕祖谦：《吕东莱文集》，中华书局1985年版，第267页。
⑥ 徐复观：《两汉思想史》（第3册），华东师范大学出版社2001年版，第203页。
⑦ （宋）吕祖谦：《吕东莱文集》，中华书局1985年版，第431页。

"看史须看一半，使掩卷料其后成败如何。"① 体验方法，即设身处地、同情理解的方法。王夫之的《续博议》继承发扬了吕祖谦的这种体验法，他说："设身于古之时势，为己之所躬逢。研虑于古之谋为，为己之所身任。取古人宗社之安危，代为之忧患，而己之去危以即安者在矣。取古昔民情之利病，代为之斟酌，而今之兴利以除害者在矣。得可资，失亦可资也。同可资，异亦可资也。故治之所资，惟在一心，而史特其鉴也。"② 其中"故治之所资，惟在一心，而史特其鉴也"最为重要，他这段话，知的方面教人虚心，设身处地，以体察古人的事迹；行的方面，求得其教训，以资自己立身处世的鉴戒。这正好表示了体验方法的两个方面。因为体验方法不是单纯的求抽象知识之法，而是知行合一之法。③ 此种体验法，再进一步便是"以心观心"的方法。吕祖谦说："大抵观古人之事迹，于事情上看，不足以知他心，须平心看他心之所存，以他迹考他心，以所载考所不载，以形见考所不形见。"④ 这里的"平心看他心"，就是所谓的"以心观心"。即在吕祖谦看来，观史不是就事论事，而是透过事件知人心，知人心的重点在于"以心观心"。

总之，吕祖谦既不满于"见治乱以资治"为中心的官方史学，又不满于以"见知历史事件真相"为中心的实证史学，而是以"我"身临情境，把自己看作历史事件的"参与主体"，体察历史的忧患利害，思考历史事件的处置办法，并预料其成败得失。此种以"我"身临情境的读史方法，可称为"主体情境主义"，它突出了主体心的积极作用，即"你要理解历史，首先把自己当作历史的参与者和建构者"，这是一种非常有创见的史学方法。当然，吕祖谦的"主体情境主义"，是以独特的史学观为基础的。因此，他认为读历史方册、理解历史记载，须"当如身在其中"，设身处地，"心心相印"，以我之良心，来理解人

---

① （宋）吕祖谦：《吕东莱文集》，中华书局1985年版，第462页。
② （明）王夫之：《读通鉴论》卷末《绪论四》，中华书局2013年版，第926页。
③ 贺麟：《王船山的历史哲学》，载《贺麟选集》，吉林人民出版社2005年版，第189页。
④ （宋）吕祖谦：《左氏传说》，中华书局1985年版，第141页。

类的"良心"。

（三）"求心性于经史"的现象学的解史方法。历史事件是良心的记录。因此他说："考迹以观其用，察言以求其心。"① 吕祖谦求心性于经史之间，集中体现在《书说》一书，兹试析之。吕祖谦认为，古代圣贤之心蕴于《书经》之中，从《书经》可求圣贤之心。他说："观《书》者不求其心之所在，何以见《书》之精微；欲求古人之心，必先尽吾心，读是书之纲领。"② 如吕祖谦说《尧典》《舜典》《大禹谟》可见圣王治天下之心。《汤誓》说汤"以万民之心为心"。观《太甲》三篇，都是说心，如说"伊尹放太甲，非放其身，放其纵欲之心"；并告诫太甲，如果"上得天心，下得民心，幽得鬼神之心者，使可以当天位也"。③《咸有一德》则对太甲反复告喻，推心置腹。《盘庚》说盘庚三迁，皆以民心为标准。如《泰誓》说"为君之理，系于人心而已。人心之离，独夫也；人心之合，天子也"。④ 如说《立政》《微子之命》《旅獒》以戒心。《周官》《君陈》两篇见周公教成王之效。《康诰》见康王之本心。《毕命》《君牙》《景命》《吕刑》见穆王之心。《费誓》见周公之家教。《秦誓》见穆公之心。《文侯之命》见周平王复图之心。《蔡仲之命》以见周公之心，等等。总之，吕祖谦解说《书经》，篇篇句句，离不了一个"心"字。通过他的解求，《书经》蕴含的"尧、舜、禹、汤、文、武、皋、夔、谡、契、伊尹、周公"之"精神心术"，尤其民心、民意，已跃然于纸上！⑤

有意思的是，吕祖谦本人在《左氏博议》序文里所说："因是书而胸中所操所存，所识所习，毫忽发谬，随笔呈露，举无留藏。"⑥ 以至于朱熹批评"伯恭说义理，太多伤巧，未免杜撰"。⑦ 其"借经以发平日之

---

① 陈金生、梁运华点校：《宋元学案·东莱学案》，中华书局1986年版，第1654页。
② （宋）吕祖谦：《增修东莱书说》，第1页。
③ （宋）吕祖谦：《增修东莱书说》，第112页。
④ （宋）吕祖谦：《增修东莱书说》，第168页。
⑤ 具体讨论详见王锟的《吕祖谦的心学及其对浙东学术的影响》，《中国哲学史》2013年第4期。
⑥ （宋）吕祖谦：《东莱先生左氏博议·序》，第1页。
⑦ 黎靖德编，王星贤点校：《朱子语类》，中华书局1986年版，第2949页。

所学""附经而起意"之倾向明显，大有陆九渊"六经注我"之旨趣。

（四）史学蓄德说。正是基于这种以"心"论史的观点之上，吕祖谦认为"看史非欲闻见该博，正是要识前言往行以蓄其德"。① 认为学者读史不在于求历史知识的真实完备和丰富性（即非知识性探求），而在于涵养自己的道德。若把历史当作知识来学习，不仅不能蓄养德行，简直是"玩物丧志"！他说："君子观此（按：观史书），则多识前言往行以蓄其德，于古圣贤之言行，考迹以观其用，察言以求其心，如是而后德可蓄也。不善蓄者，盖有玩物丧志者也。"② 以吕祖谦的看法，通过对历史人物所存之"心"的探讨，学者便可认识什么是德，便可做到"蓄德"；从而认识"天机良心"，以利自己的修养，如此，治史的作用也就充分体现出来。他曾举例道：历史上的人物有自善入恶，也"有自恶入善者，如郑庄实母姜氏于城颍，天理已绝，古今大恶也。及其终也，一有悔心，因颍考叔以遗羹之意开导也。天理油然而生，遂为母子如初，此自恶入善者"。③ 而通过此事可以了解"母子如初"的人伦之天理。显然，吕祖谦是想通过治史，总结历史上正反两方面的经验，从而达到认识天理，以促进己身修养之目的。《宋元学案》把"多识前言往行以蓄其德"作为吕氏家学的真谛，应该说是对的。而与吕祖谦相反，朱熹认为史书中道理不多，学者不应该通过看史书来体认天理，而应该直接从四书六经中体认。如果偏重于治史，不但达不到对自己修养的目的，而且史书中颇有阴谋权术之类，会坏人心术。

综上，吕祖谦提出心史说，倡导体验式的观史方法，奉行现象学的解史方法，肯定史学蓄德养心的价值，以"心"为红线，前后勾连、层层相因，建立了颇为系统的心学史观，令人钦佩！

四　朱熹的历史哲学

朱熹主张"理一分殊"、"理气相即"、"性即理"、严辨天理人欲及

---

① （宋）吕祖谦：《吕东莱文集》，中华书局1985年版，第464页。
② （宋）吕祖谦：《吕东莱文集》，中华书局1985年版，第208页。
③ （宋）吕祖谦：《左氏传说·看左氏规模》，第2页。

格物穷理说，建立以"理"为基调的体系。他的历史哲学是其理学在历史社会中的运用，它以"理"为核心，理决定人类历史的发展，指导着历史事件的评述、历史人物的评价。具体观点有：（一）会归一理说；（二）观大伦理；（三）先经后史；（四）王霸之辩。

（一）会归一理说。他说："宇宙之间，一理而已……其张之为三纲，其纪之为五常，盖皆此理之流行，无所适而不在。"① 在朱熹看来，总天地万物皆是一理，而理在社会历史中便体现为三纲五常之伦理。天地运行，人物存亡是变化无端，而作为决定它们的理则是永恒的，"万一山河大地都陷了"，理仍然存在。同样，三纲五常便万古长存，"纲常千万年磨灭不得。只是盛衰消长之势，自不可已，盛了又衰，衰了又盛，其势如此"。② 因此，"夫天下之事莫不有理，为君臣者有君臣之理，为父子者有父子之理，为夫妇、为兄弟、为朋友以至于出入起居、应事接物之际，亦莫不各有理焉"。③ 显然，朱熹把"理"渗透到出入起居、应事接物等各种人类历史活动中。正由于此，朱熹在编纂《资治通鉴纲目》时以"理"为原则，他的学生李方子称在《资治通鉴纲目后序》中说，《纲目》"陶熔历代之偏驳，会归一理之纯粹"。④ 正是在"陶熔历史、会归一理之纯粹"观念的指导下，朱子撰写成《资治通鉴纲目》、《宋名臣言行录》和《伊洛渊源录》等史学著作。

（二）观大伦理。朱熹说"读史当观大伦理，大机会，大治乱得失"。⑤ 所谓"大伦理"，即纲常名教，正统观、义利之辩、尊王贱霸；内诸夏外夷狄。朱子虽对《资治通鉴》评价甚高，但也直指缺失：认为《资治通鉴》无"正统"观念，未能很好地恢复《春秋》宗旨。他把《春秋》大义概括为："正谊不谋利，明道不计功；尊王贱霸；内诸

---

① 朱杰人等主编：《朱子全书　朱文公文集》，上海古籍出版社、安徽教育出版社2002年版，第3376页。
② 黎靖德编，王星贤点校：《朱子语类》，中华书局1986年版，第597页。
③ 朱杰人等主编：《朱子全书　朱文公文集》，第668—669页。
④ 朱杰人等主编：《朱子全书　资治通鉴纲目》，上海古籍出版社、安徽教育出版社2002年版，第3503页。
⑤ 黎靖德编，王星贤点校：《朱子语类》，中华书局1986年版，第597页。

夏外夷狄"三方面，并以此来作为确定"正统"的依据。他说："通鉴之书，顷尝观考，病于其正闰之际、名分之实有未安者。"① 因此，朱子直接批评司马光写史以曹魏而不是蜀汉为正统，乃是不明正统；司马光不斥武则天乱唐反而写"武后纪"是不能扶植纲常名教；等等。为了修正司马光《资治通鉴》之失，他与学生共同草成了《通鉴纲目》及其"凡例"（其中唐史、晋史部分自己亲写）。《通鉴纲目》写作的直接目的就是"明正统"，故他从"正统"的角度批评了陈寿、欧阳修、司马光等史家，赞扬了遵循《春秋》之法的范祖禹，最终要"陶熔历代之偏驳，会归一理之纯粹"，建立以"理"为核心的史观，以探明国家治乱兴衰、君臣得失之理，力图达到扶植纲常名教、端正人心之目的。

（三）先经后史。他说："盖为学之序，为己而后可以治人，达理然后可以制事。故程夫子教人先读《论》《孟》，次及诸经，然后看史，其序不可乱也。"② "若无读彻《语》《孟》《中庸》《大学》，便去看史，胸中无个权衡，多为所惑。"③（《朱子语类》卷十一）即须先读四书六经以明理之后，方可读史。朱子说："读书须是以经为本，而后读史。"④ 即他主张经是本，史为末；读经明理为先，读史为后。只有读经懂得义理之后，才能凭借义理的标准对历史做出评断。若不明义理，心中无高明的史识、史断，即使读再多的历史，只是一部流水账而已。必须指出，读经明理为先，并不是史书不重要而不必看。当有人说只是看《论》《孟》六经，其他史学不必看时，朱子反对说，"如此，即不见古今成败，便是荆公之学"。⑤ 必须"使之潜思乎《论语》、孟氏之书以求理义之要，又考诸编年资治之史，以议夫事变之

---

① 朱杰人等主编：《朱子全书　朱文公文集》，上海古籍出版社、安徽教育出版社2002年版，第2116页。
② 朱杰人等主编：《朱子全书　朱文公文集》，上海古籍出版社、安徽教育出版社2002年版，第1532页。
③ 黎靖德编，王星贤点校：《朱子语类》，中华书局1986年版，第195页。
④ 黎靖德编，王星贤点校：《朱子语类》，中华书局1986年版，第2950页。
⑤ 黎靖德编，王星贤点校：《朱子语类》，中华书局1986年版，第190页。

得失"①(《蕲州教授厅记》,《朱文公文集》卷七十七)。

(四)王霸之辩。在朱、陈"王霸之辩"中,朱熹以大伦理为标准评判历史人物,把伦理道德摆在功业之上,其结果必然是认为三代天理流行,汉唐人欲横流。朱熹说:"大凡自正心、诚意,以及平天下,则其本领便大。今人只随资禀去做。管仲资禀极高,故见得天下利害都明白,所以做得许多事。自刘汉而下,高祖太宗亦是如此,都是自智谋功力中做来,不是自圣贤门户来,不是自自家心地义理中流出。"②"太宗后来做处尽好,只为本领不是,与三代便别。"③ 按这种说法,无论管仲有使齐桓公九合诸侯之功,汉高祖有除暴秦安天下之业绩,还是唐太宗创贞观之治的美政,只要他们没有符合纲常礼教,其本领再大也不好。此种看法,凸显朱熹伦理至上的历史哲学。

总之,朱熹的历史哲学以"会归一理"为宗旨,重视观历史运行中的"大伦理",而要观历史运行中的大伦理,须先穷理,而要穷理须先读四书六经,然后才能以此大伦理来裁断历史,严辨王霸义利。如此环环相扣,形成了颇为严整的理学史观。

五 回应与反思

把握了吕祖谦与朱熹的历史哲学,比较二者就会发现,吕、朱都是基于理学家的立场来说史,他们先有了各自的理学观念,然后再以这些观念为基础来观察历史、解释历史、评价历史,认为天理、良心蕴含在人事历史之中,历史事实体现着天理、良心。因此他们都主张天道与人道相统一,建构了有体系的历史哲学。

然而二者最大的不同是:其一,从各自学问的渊源和根基来看,朱熹的家学、私淑都是二程性理之学,哲学是其学问的根基,他明显是以哲学家的身份兼及历史哲学。而吕祖谦所继承的家学为"中原文献之

---

① 朱杰人等主编:《朱子全书 朱文公文集》,上海古籍出版社、安徽教育出版社2002年版,第3617页。
② 黎靖德编,王星贤点校:《朱子语类》,中华书局1986年版,第631页。
③ 黎靖德编,王星贤点校:《朱子语类》,中华书局1986年版,第3208页。

学"，其学问的根基是史学的、文献的，他历史家的身份明显浓于朱熹。其二，朱熹是理学史观，而吕祖谦是心学史观。朱熹的理学史观，先有"会归一理"的观念，以大伦理、大治乱得失之理来陶铸历史、裁剪历史事实，由于哲学家有理想性、超越性的气质，他强调"天理的纯粹性"（一理之纯粹），严格分辨天理与人欲、义与利、王道与霸道之界限，故他评说汉唐历史只是人欲横流，天理王道未曾一日运行。而吕祖谦的心学史观，虽有尽吾心、立根本（与陆九渊一样）的观念，但他（受朱熹"省察克治私欲"观点的影响，却不同于陆九渊"本心的澄明顿达，即是私欲消除"）深知受私欲、欺诈的危害，天生的良心有"不继"的忧患，因此需要"栽培""蓄养"，而要栽培，他就没有走陆九渊"静坐澄心"的路子，而是从自己最熟悉的历史家的根基入手，"以身观史""察前言往行蓄其德"，故他从排比考察历史人物的言行出发，从历史事件中寻找良心性理之经验教训。由于历史家有现实的、实用的气质，他深切认识到历史事件中人心的复杂微妙，故他讲良心与诈心同在而以诈心见良心，讲天理常在人欲中而以人欲见天理。因此，吕祖谦既推崇儒家的王道，却又讲法家的权、术、势之霸道；他批判霸道、反对谋利计功之说，却又提出"霸（道）亦假（借）德说"。[①] 很明显，对于王霸义利之辨，吕祖谦既反对陈亮王霸之说过于功利算计的一面，又不同于朱熹严格的理想主义一面；对于史学体例，他不满于永嘉之学过于偏向制度的知识考古学（即吕祖谦所谓的"叙事之体"）。由此可见，吕祖谦的历史哲学，既吸收朱、陆二人之长而克服其短而形成自己的心学，又吸收了永康、永嘉事功之学，形成内涵丰富稳妥的历史哲学，使他成为影响深远的浙东史学开山大祖。

第二节　浙学巨子：陈亮重商思想及其事功实践

陈亮是宋代著名的爱国主义思想家、文学家、教育家、史学理论家

[①] 有关"霸亦假德说"，参见汤勤福的《朱熹的史学思想》，齐鲁书社2000年版，第256页。

和军事谋略家。他矢志抗金，面对山河破碎，社会矛盾和民族矛盾日益加剧的严峻形势，以一介乡村教师的身份，五次向孝宗皇帝上书，呼吁南宋当局发愤图强，重振国势，一统天下。他先后提出了一系列有关政治、经济、军事、教育等方面的改革主张。其中，在经济方面，他大力提倡发展商业，反对抑制经商，提出"农商相籍"论断，强调农业和商业并重发展，保护商人，肯定追求财富的合理性，这种思想在当时的历史条件下无疑是走在了时代的前列。本节内容在阐述陈亮商业思想的同时，试图论证其通过经商实现自救并得以致富的人生实践，以期更真实地认识这位历史人物和他所处的时代，感受宋代未入仕文人的人生追求、价值观念和生存状态。

一 "农商相籍"思想产生的时代环境

从唐太宗贞观到玄宗开元年间，将近百年的时间，是唐朝繁荣发展时期，属于江南东道的江浙地区，经济发展尤为迅速。五代十国时期虽然是兵燹战伐的动乱年代，但吴越统治者钱镠为了百姓安居乐业，巩固自己的统治地位，与当时的军阀推行兼并掠夺的黩武政策迥然不同，把发展经济放在首位，实行"兴筑海塘，治理潮患""经营水利，发展农业""奖励蚕桑，振兴越瓷""海上贸易，沟通中外"一系列政策；在政治上推行"保境安居，不事兵革""礼贤下士，网罗人才""扩建杭城，富甲东南"等基本国策，[①]使吴越经济得到较大的发展。赵宋代周立国，结束了南方分裂割据局面，正如《东都事略》中所云："天下于是定矣！"[②]由于社会环境的安定，赵宋统治者在稳定其统治的同时，又采取了一系列发展社会经济的措施，经过广大劳动人民的辛勤劳动，宋代的农业、手工业、商业和海外贸易在唐、五代的基础上得到了空前的大发展。宋代经济文化高度发展和全面繁荣在中国封建社会中是空前的，而"两浙之富，国用所恃，岁漕都下米百五十万担，其他财富供

---

① 倪士毅、方如金：《论钱镠》，《杭州大学学报》1981年第3期。
② （宋）王称：《东都事略》卷一一八《隐逸传一百一》，《文渊阁四库全书》本第382册，第769页。

第六章 道通天地:开千古境界的宋儒思想之韵

馈不可悉数",①"朝廷经费之源,实本于此",② 到了南宋"高宗南渡,虽失旧物之半,犹席东南地产之饶,足以裕国"。③ 宋代两浙路在唐、五代经济发展的基础上,农业生产的发展、手工业的发达、商业的繁荣、海外贸易的兴盛居于全国的领先地位,许多方面还居于世界前列。如都城临安既是全国的政治、文化中心,也是经济中心,商业、海外贸易异常发达,城中各种工商行会多达414个。④ 所交易商品不仅来自全国各地,而且世界上四十余个国家和地区的"珠玉、珍异及花果时新、海鲜、野味、奇器,天下所无者,悉集于此",⑤ 单是熟食品供应就不下二百种。不仅城内如此,就是郊区镇市,其"南西东北各数十里,人烟生聚,民物阜蕃,市井坊陌,铺席骈盛,数日经行不尽,各可比外路一州郡,足见杭城繁盛矣"。⑥ 而当时的浙东地区也是全国商业最繁华的地区之一,先后涌现出明州、越州、温州、婺州、台州等商贸城市,这些地区的农村集市贸易也十分发达,如叶适的家乡温州永嘉县城"一片繁花(华)海上头,从来唤作小杭州",⑦ 城内街道纵横,市肆林立,"其货纤靡,其人多贾"。⑧ 早在北宋熙宁年间(1068—1077)其商税额就相当于当时全国商税平均数的七倍,可谓十分可观。叶适在《送王宗卿》诗中说:"米多糠少贺丰登,莲吐双花麦五茎。"说明农业大丰收的景象。在《登北务后江亭赠郭希吕》中说:"何必随逐栏头奴,日招税钱三万亿。"⑨ 此处的"栏头"指外出市场上收税的税吏,

---

① (宋)苏轼:《东坡全集》卷五九《奏议六首·进单锷吴中水利书状》,《文渊阁四库全书》本第1107册,第838页。
② (清)徐松辑:《宋会要辑稿·食货》七之四三,台湾新文丰出版公司1976年版,第4913页。
③ (元)脱脱等:《宋史》卷一七三《食货上一》,中华书局1977年版,第4156页。
④ (宋)西湖老人:《西湖老人繁胜录·诸行市条》,台北文海出版社1981年版,第22页。
⑤ (宋)耐得翁:《都城纪胜·井市》,上海古籍出版社1993年版,第3页。
⑥ (清)吴自牧:《梦粱录》卷一九《塌坊》,浙江人民出版社1984年版,第180页。
⑦ (宋)潘自牧:《记纂渊海》卷一〇《两浙东路·温州》,《文渊阁四库全书》本第930册,第236页。
⑧ (宋)程俱:《北山集》卷二二《外制·席益差知温州》,《文渊阁四库全书》本第1130册,第221页。
⑨ (宋)叶适:《水心集》卷七《古诗·登北务后江亭赠郭希吕》,《文渊阁四库全书》本第1164册,第152页。

每天能收到税金三万亿,"三万亿"未必是实数,但足见永嘉商业发达之盛况。陈亮的故乡婺州所属各县手工业也极为发达,商品交换十分频繁,史称金华县城"民以织作为生,号称衣被天下,故尤富"。[1] 婺州属下的浦阳县(今浦江县)"俗善织,凡补吏者,指此邑为膏润。其空囊而来盈装而归者,前后或相继"。[2] 陈亮家乡婺州永康县的打铁业,相传早在唐代,在该县方岩镇已有打制菜刀、剪刀、锄头和铁耙,生产兴隆,"百工之乡"正在孕育之中,今天有誉满全球的永康国际五金城,其渊源可追溯到唐宋。

司马迁曰:"天下熙熙,皆为利来;天下攘攘,皆为利往。"[3] 说明经商之目的就是追求财富。"凡人情莫不欲富,至于农人、百工、商贾之家,莫不昼夜营度,以求其利。"[4] "用贫求富农不如工,工不如商。"[5] 从事工商业活动是达到富有的最有效途径。宋代两浙路,由于商品经济的发展,产生了货币经济的冲击波,社会各阶级和阶层产生了对财富占有的强烈欲望,掀起了一股疯狂追求财富的浪潮,许多商人经商致富,追求财富的观念体现于生活的各个细节,有的甚至近于畸形。有一位叫刘钱的商人"唤算子作长生铁","彼日日烧香祷祝天地三光,要钱生儿,绢生孙,金银千万亿化身"。[6] 人们追逐财富,"居物逐利多蓄缗钱,至三五十万以上,少者不减三五万"。[7] 正如古人云:"以余观之,钱之为钱,人所共爱,势所必争"。[8] 陈与义在《书怀示友》诗中亦云:"有钱可使鬼,无钱鬼揶揄。"[9] 当时不仅上自官僚贵族、地主豪

---

[1] (宋)刘敞:《公是集》卷五一《先考益州府君行状》,中华书局1985年版,第621页。
[2] (宋)强至:《祠部集》卷三三《送监征钱宗哲序》,中华书局1985年版,第507页。
[3] (汉)司马迁:《史记》卷一二九《货殖列传》,上海古籍出版社1997年版,第2458页。
[4] (宋)蔡襄:《端明集》卷三四《福州五戒文》,《文渊阁四库全书》本第1090册,第625页。
[5] 《史记》卷一二九《货殖列传》,第2470页。
[6] (宋)陶谷:《清异录》卷上《不动尊》,《文渊阁四库全书》本第1047册,第847页。
[7] (宋)宋祁:《景文集》卷二八《奏疏·乞损豪强优力农札子》,中华书局1985年版,第358页。
[8] (清)余飏编:《宋人小说类编》卷二之一《诗词类·古人咏钱》,中国书店1985年版,第143页。
[9] (清)吴之振等编:《宋诗钞》卷四二《陈与义简斋诗钞·书怀示友十首》,《文渊阁四库全书》本第1461册,第822页。

绅、富商巨贾，下至平民百姓、太学生等世俗之人对金钱占有都具有强烈的欲望，就连出家之和尚、尼姑以及道士也都视钱如命，说什么"钱如蜜，一滴也甜"。① 当时的浙东地区自然也卷入了这股商业竞争、追求金钱财富的浪潮中，甚至一些著名学者也积极参与经商营利活动，如金华学派代表人物之一的唐仲友，虽然身为台州知府，但仍在台州、金华一带开设店铺，经营织造、印染作坊和采帛铺、鱼鲊铺、刻书铺等行业，获得丰厚的商业利润。在陈亮众多的亲朋好友中，有不少是经商致富的，如永康人孙天诚、陈良能、胡航；义乌人喻夏卿、何大猷、何恢；东阳人何坚才、郭彦明、郭德麟；浦江人方允修、方超等都是腰缠万贯"积累至巨万"的富商大贾。陈亮的岳父何茂宏还是义乌的首富。

显而易见，陈亮、唐仲友、叶适等浙东学派著名学者的重商思想，正是在南宋时期浙东地区特殊的时代土壤中滋养和孕育而成。他们对传统的"重义轻利""厚本抑末""重农抑商"等观念提出大胆的批评和挑战，明确提出"抑末厚本，非正论也"。② 陈亮一再强调"商籍农而立，农赖商而行"。③ 叶适指出，士农工商"四民交致其用，而后治化兴"，④ 要求南宋朝廷重视商业，肯定商人的社会作用，保障商人的合法权益。

二　"农商相籍"思想的主要内容

在中国漫长的农业社会里，重农思想一直是经济思想的主流，厚本抑末是历代统治者一脉相承的基本国策，这是农业社会的自然现象和有一定合理因素的治国方略。历史发展到了宋代时，商品经济已经相当发达，在人们的头脑里逐渐改变了视商为"末业"的看法，有人已经认识到士、农、工、商"此四者皆百姓之本业"。⑤ 在这样的社会背景下，

---

① （宋）惠洪：《冷斋夜话》，《宋人轶事汇编》卷二十，中华书局1981年版，第1120页。
② （宋）叶适：《习学记言序目》卷一九《史记·书·平准书》，中华书局1977年版，第273页。
③ （宋）陈亮：《陈亮集》卷一二《四弊》，中华书局1987年版，第140页。
④ （宋）叶适：《习学记言序目》卷一九《史记·书·平准书》，第273页。
⑤ （宋）陈耆卿：《赤城志》卷三七《风土门二·重本业》，《文渊阁四库全书》本第486册，第932页。

如果仍然固守"厚本抑末"的传统思想，显然有悖于时代潮流。南宋事功学派的旗手陈亮则适应了时代发展的需要，在其事功思想的主导下，先后提出了一系列有关哲学、伦理学、政治学、法制学、经济学、军事学、史学、教育学、文学、宗教学、社会学等广泛领域的主张。在经济方面，他大力提倡重视农业的同时，关注商业，要求积极发展商品经济。他认为在社会经济的发展过程中，商业的重要性并不比农业低，相反，在某种情况下，商业的繁荣与发展决定了社会经济的繁荣与发展，发展商业可以增加百姓的财富，从而增强国家的财力。

就农业与商业在社会经济体系中的地位而言，陈亮认为并无轻重高低之分，他说："官民一家也，农商一事也。上下相恤，有无相通，民病则求之官，国病则资诸民。"① 这里的"民"指的应该是中小地主、自耕农、半自耕农及佃农和商人。就农商之间的关系，陈亮认为两者是互惠互利、互为促进、互为基础的，"商籍农而立，农赖商而行，求以相补，而非求以相病"。② 只有真正做到农商"有无相通""求以相补"，经济才能发展，才能达到民富国强的目标。商业的发展对稳定百姓的生活和国家的统治秩序都是大有裨益的。它可以在丰年避免谷贱伤农，在灾荒年月帮助农民渡过难关，若一味抑商，只能使"贫民日以困，货财日以削，卒有水旱，已无足依"，③ 一旦遇到战事，则很容易导致民愈贫、国愈弱的困难局面，所以商业对于富民强国具有十分重要的意义。为此，陈亮就如何发展商业提出了不少有益于社会的主张。

首先，他认为必须正确看待商人的社会作用，提高商人的社会地位。在传统的轻商观念支配下，历代统治者多把商人视为不务正业的贱民、游民。因此商人地位低下，他们常常受到许多不公正的待遇。所以，他认为，要推动商业的发展，充分发挥商人的社会作用，对统治者来说必须正确树立"经商之人亦是才"的思想。成功的商人，其才能绝不会逊色于科举之士，而相对于那些汲汲于一日课试之文，"夫以终

---

① 《陈亮集》卷一二《四弊》，第140页。
② 《陈亮集》卷一二《四弊》，第140页。
③ 《陈亮集》卷一三《问汉豪民商贾之积蓄》，第153页。

岁之学，而为一日之计""以考求治乱……猎取一二华言巧语，缀缉（辑）成文而为欺罔有司"的迂儒而言，①他们对社会和国家的贡献更大，理应获得应有的合理的社会地位。陈亮对于那些品行端正且有才能的富商巨贾相当尊重和推崇，他在给吕祖谦的信中声称自己曾有过从事商业的念头，"亮本欲从科举冒一官，既不可得，方欲放开营生，又恐他时收拾不上"，②只好作罢。

其次，国家应该采取一系列有利于发展商业的政策、措施。政府对商业是扶持还是压制，很大程度体现在税收政策上，政府是否实行宽商政策，直接关系到商业的发展和繁荣。据《都城纪胜》记载，南宋时都城临安"市肆谓之行者，因官府科索而得此名，不以其物小大，但合充用者，皆置为行"。③没有或不得加入行会的城市商人，深受"官司上下须索"，合法权益受到严重侵害。"京师置杂买务，买内所需之物，而内东门复有字号，经下诸行市物，以供禁中。凡行铺供物之后，往往经岁不给其直，至于积钱至千万者，或云其直，寻给干当……京师甚苦之。"④天子脚下的都城商人受勒索的情况尚且如此，至于其属下的州县更是目无法规，自行其是，商人之苦尤甚。"舟船经过，必留旬月，多喝税钱"，⑤使"巨商大贾，以收敛藏蓄不行。步担力运者，则迂枉小路以避郡县"。⑥陈亮强烈反对向工商业者征收重税和种种敲诈、勒索的做法，认为繁重的赋税剥削和强行科索是导致大批工商业者破产的直接原因，从而造成商业萧条，社会经济发展缓慢。当今"民生嗷嗷，而富人无五年之积，大商无巨万之藏，此岂一日之故哉！"⑦这种局面的形成乃是长期以来施行苛商政策的必然结果。"今之为官者，往往或以贿闻，居则争利于平民，而郡县不能禁也；出入则争利商贾，而

---

① 《陈亮集》卷一四《问学校之法》，第157页。
② 《陈亮集》卷二七《与吕伯恭正字·又书一》，第321页。
③ （宋）耐得翁：《都城纪胜·诸行》，《文渊阁四库全书》本第590册，第3页。
④ （宋）张镃：《仕学规范》卷一九，《文渊阁四库全书》本第875册，第102页。
⑤ （清）徐松辑：《宋会要辑稿》食货一八之一，第5094页。
⑥ （清）徐松辑：《宋会要辑稿》食货一七之四三，第5090页。
⑦ 《陈亮集》卷一四《问古今财用出入之变》，第161页。

关、津不能谁何也。"[1]"乡必有坊,民与民为市,犹不胜其苦也。而户部赡军、激赏之库棋布于郡县……漕司有库,州有库,经总制司有库,官吏旁午,名曰'趁办',而去来无常人,收支无定籍,所得盖不足以偿其费,而民之破家械系者相属也。"[2] 他认为,朝廷对社会商业活动进行管理并征收合理的赋税以充国用,是无可非议的,但这必须以推动商业的正常发展和促进社会的繁荣为前提。如果朝廷能做到"于保民之间而获其利","则必有道也";反之,若"上下交征微利,则何以保斯民而乐其生哉?"[3]

另外,他肯定经营商业的合法性,提倡保护商人的利益。陈亮认为,政府应采取切实有效的措施来保护商人,承认商人正当经营的合法性,并保护财产不受侵犯。他对"困商贾之说"提出严厉的批评,"阡陌既开,而豪民武断乡曲,以财力相君,富商大贾操其奇赢,动辄巨万,甚者以货自厕于士大夫之后。此言治者之通患,而抑兼并、困商贾之说,举世言之而莫得其要也"。[4] 他认为经商是一种正当的谋生手段和职业,与利用各种不正当手段发财致富有本质的区别,不可混为一谈。他还对王安石变法中某些具体做法,如重农抑商、抑制富商大贾的轻商观念、无视商人利益等,进行犀利的批判,云:"王安石以正法度之说,首合圣意……括郡县之利尽入于朝廷,别行封桩以为富也。青苗之政,惟恐富民之不困也;均输之法,惟恐商贾之不折也……不知立国之本末者,真不足以谋国也。"[5] "困商贾"不但无助于社会贫富差距问题的解决,反而会使大批商人破产,增加社会失业人员,加重国家的财政负担,从而达不到强国目标的实现。反之,肯定经商的合法性,能保护商人的利益,调动其经商的积极性,使"富商大贾出其所有,亦足以应朝廷仓卒之须",[6] 这对国家、商人和百姓都是有利的。陈亮主张发

---

[1]《陈亮集》卷一三《问贪吏》,第153页。
[2]《陈亮集》卷一四《问榷酤之利病》,第163页。
[3]《陈亮集》卷一四《问榷酤之利病》,第163页。
[4]《陈亮集》卷一三《问汉豪民商贾之积蓄》,第153页。
[5]《陈亮集》卷一《上孝宗皇帝第一书》,第6页。
[6]《陈亮集》卷一三《问汉豪民商贾之积蓄》,第153页。

挥"强宗豪族""富商大贾"在赈灾、维持地方秩序等方面的作用,这一卓见切中了宋代基层管理的要害,是一项降低治国成本的有力措施。

这里需要强调指出的是,陈亮并不仅仅是当时商人阶层的代言人,他虽然积极倡导重商,但并不是因此而走向轻农重商的极端,只是为了纠正历史上诸如商鞅轻贱商贾之令,秦汉强迁商贾之举,西汉、南北朝侮辱商人之法,西汉、唐朝掠夺商贾之蛮等轻商、贱商、掠商的极端偏见,[①]才较多地强调商业的重要性。事实上,综观陈亮相关的系列论述,他所反对的是斥商为末的贱商观念,对于以农为本的思想,则持完全赞同的态度。他说"农者衣食之源也",农人"俯首于田亩,雨耕暑耘,终岁勤勤,而一饱之不继也""今兼并为农患"。[②]他坚决反对对农民敲骨吸髓般的盘剥,对农业肆无忌惮的摧残,因为从根本上讲,只有在发展农业的基础上,"商藉农而立"才能出现商业的持久繁荣,并进而发挥其积极作用,两者相辅相成,互为因果。陈亮列举强秦速亡的例子和汉文帝吸取秦亡的教训,通过采取休养生息、保护农民的政策,使西汉初年一度萧条的社会经济迅速恢复,西汉王朝也由此走向富强,[③]通过这正反史例说明保护农民,发展农业的重要性。陈亮在主张重商的同时,把重农劝农列为君主治国之道的一个基本方面,强调"治具之綦大者,不过数端而已:制度也,时令也,养老而乞言也,崇儒而重道也,厚本而劝农也"。[④]说明重农重商,"农商并重"是陈亮一贯的主张。

三 驳"为富不仁"说

马克思认为,商人对于以前由于世袭而停滞不变的社会来说,是一

[①] 参见姜锡东《宋代商人和商业资本》,中华书局2002年版,第352页。
[②] 《陈亮集》卷一四《问兵农分合》,第164页。
[③] 《陈亮集》卷二〇《汉论·帝朝》:"秦始皇为己而忘民,厚己而刻民,重赋苛敛以肆其欲……糜丽之极,未有若此者","一旦民力竭,而秦也亡";西汉文帝则"不求富国而求富民,故为治之先,勤勤于耕农是劝,今年以开藉田先农,明年以减半租勉农,又明年以除租税赐农,野不加辟有诏,亲率农耕有诏"。
[④] 《陈亮集》卷一八《汉论·明帝》,第202页。

个革命要素。但是，由于世俗传统思想对商人持有偏见，自古以来社会上流传着许多有损于商人人格的言论，诸如"为富不仁""为仁不富""无商不奸""慈不主兵，义不主财""商人重利轻别离"等，把商人视为奸诈之徒、洪水猛兽，长期加以抑制。即使像孟子这样的"亚圣"大儒也不免发出"为富不仁"等论说。

对此，陈亮从理论上进行批驳。他认为，财富和仁义并不是对立的，"仁者天下之公理，而财者天下之大命"。[①] 他强调人为地将义与利、仁与富割裂和对立起来乃是主观之迁见。陈亮还从人欲的角度论述了追求财富的合理性、必然性。他认为"人生何为，为其有欲，欲也必争"，[②] 每个人都有一定的欲望，"耳之于声也，目之于色也，鼻之于臭也，口之于味也，四肢之于安佚也，性也，有命焉。出于性，则人之同欲也"。[③] 陈亮强调追求财富的合理性，并不是针对任何人的。他认为，求富欲望对于那些有能力，擅长经营的人来讲，具有现实性，是合情合理的，而对于那些庸庸碌碌无所作为之辈，那些浑浑噩噩的闲散懒汉之流是空想。他认为社会财富的分配不应该是平均的，提出"高卑小大，则各有分也；可否难易，则各有力也"的观点，[④] 人的求富欲望有大有小，他们才能有高有低，人为地、强制地抑巨富，求平均只能使平庸者无自知之明而萌生非分之想，走上犯罪的道路，使社会不得安宁；有才者却无故受制约而无法一展宏图。在《上孝宗皇帝第一书》中，他还把"大商巨富无巨万之藏"列为"国势日以困竭"的重要原因之一。由此可见，反对平均主义，鼓励合法的经商致富和"为富不仁""为仁不富"是完全不同的概念。陈亮主张君子之财应取之有道，明确反对为求富而不择手段去损害国家和百姓的利益，那才是"为富不仁"的表现。

陈亮不仅从理论上对"为富不仁"说进行批驳，而且还通过现实

---

① 《陈亮集》卷一四《问古今财用出入之变》，第160页。
② 《陈亮集》卷三六《刘和卿墓志铭》，第488页。
③ 《陈亮集》卷四《问答下》，第42页。
④ 《陈亮集》卷四《问答下》，第42页。

生活中活生生的人和事进行批驳辨正，树立正面典型，作为人们尤其是青年人学习的榜样。现仅举三例为证：

例一：陈亮的朋友义乌人喻夏卿"中年与其侄分田，不过分到百三十亩"，由于他善于营生，勤劳致富、经商致富，到91岁去世时是一位"卒亦几至于千亩"的大富翁。虽然喻氏很富有，但他"友爱子侄，而计较秋毫之心不萌动矣"，"慈恤里间，而豪夺力取之事不行焉"。因此，陈亮认为像喻夏卿这样在亲族心目中享有崇高的威信，对他的话"人人常信之"，能"孝友慈爱"，对"亲戚故旧之急难，族人子弟之美事"都能热心帮助而毫无私心的人，怎么能说"为富不仁""为仁不富"呢？所以，陈亮大声呐喊："'为仁不富'之论，盖至夏卿而废矣。"为此，他特以喻夏卿为正面典型来教育年轻一代，"孰昭斯铭，以淑我后生"，① 为年轻一代树立了学习的榜样。

例二：陈亮的朋友永康人孙天诚也是既富且仁的榜样。孙氏经商致富绝不是"争名者于朝，争利者于市"，而是通过实践经商致富的经典名言"人弃我取，人取我与"的准则而富甲一方。孙天诚经营土地是"勤取啬出，以尽有其土。大较二十年间，富比他人"。他不仅是富甲一方的大财主、大商人，而且在家乡大施仁义，行善事，同情扶助贫困失学青年，重视教书育人，且富有成效。同村的徐子才、胡行仲都是贫苦出身的青年学子，而"行仲之贫特甚"，孙天诚不仅没有歧视他们，而且"皆妻以女左右之"，并在他的支持、鼓励下，徐子才、胡行仲双双"联登进士第"，成为有用之才，于是"乡里莫不讙（欢）言"，② 传为美谈。

例三：陈亮的朋友婺州属县东阳人郭德麟，其父郭彦明是一位非常了不起的富商巨贾，居然"徒手能致家资巨万，服役至数千人，又能使其姓名闻十数郡，此其智勇必有过人者"。对郭彦明的大智大勇大富本应大书特书、大力表彰，但由于受世俗贱商思想的影响，加之当时"国家以科举造士，束天下豪杰于规矩尺度之中，幸能把笔为文，则可曲折以求自达"的社会风气，郭彦明"虽智过万夫"，由于"曾不得自

---

① 《陈亮集》卷三六《喻夏卿墓志铭》，第482—483页。
② 《陈亮集》卷三五《孙天诚墓志铭》，第469页。

齿于程文熟烂之士",用我们今天的话说是没有文凭、学历,因此又"为乡间所仇疾"。更为可悲的是郭彦明的儿子郭德麟是非不分、黑白颠倒,非但不以其父为荣,反而以其父为耻,"固常常惴惴焉以前事为未满也"。鉴于此,对这种侮商、贱商、仇商的悲剧,陈亮以满腔的不平,以壮士扼腕的怒吼,写下《东阳郭德麟哀辞》以昭告天下,抒发"解德麟之惴惴而宁其死"的悲愤。①

上述三例充分说明世俗对商人抱着歧视和偏见,把经商致富的富商、能人、奇才诬说成"为富不仁""为仁不富",此类论调在陈亮看来实在荒谬至极,需要大张挞伐。

陈亮并不否认存在一些不法商人投机钻营、追求名利,为逐利而完全违背仁、义、礼、智、信等道德准则的现象。他清楚地看到商业经营活动中存在许多不正当手段,希望缓解激烈的商业竞争给社会带来的种种不和谐因素。为此,陈亮大力表彰现实生活和历史上经商致富成就出众,且又富有人文精神的商界精英、楷模。他对春秋战国时计然重视商业,并提出"平籴论"大为称赞,对白圭最早提出经商应取"人弃我取,人取我与"的经典名言大力表彰,对越国政治家、思想家范蠡的弃政从商和救济百姓的行为推崇备至。

四 陈亮的经商自救活动

关于陈亮是否曾经从事经商活动,未见有史籍明确记载,但从他本人的文章及与友人的来往信函中可以寻得其经商的证据,从其生活境遇的前后贫富对比也可以推知其经商致富的必然性。

陈亮致友人石天民云:"亮为士、为农、为商,皆踏地未稳,天之困人,宁有穷已乎!"②可以说,陈亮较明白地表示了自己为商的身份。另外,"亮昔尝与伯恭言:'亮口诵墨翟之言,身从杨朱之道,外有子贡之形,内居原宪之实。'"③子贡是孔子弟子中最善于经商的,如果陈

---

① 《陈亮集》卷三四《东阳郭德麟哀辞》,第457页。
② 《陈亮集》卷二九《与石天民》,第396页。
③ 《陈亮集》卷二八《又甲辰秋书》,第339页。

亮没有从事经商活动，他不会无故自比子贡。陈亮交游甚广，上自丞相叶衡、王淮、周必大，朝廷大臣章德茂，下至地方官员，如唐仲友、孙伯虎、韩元吉、吴运成等，另外不论在商业发达的永嘉地区还是在家乡婺州属下的永康、义乌、东阳等地多有经商的朋友，陈亮通过取得他们的帮助，在浙东一带做生意拥有十分便利的条件。与友人的交往过程中，陈亮借友人的关系并求得帮助，从事一些经商活动也属正常现象。他曾致信丞相叶衡：

> 忽去秋偶为有司所录，俾填成生员之数，未能高飞远举，聊复尔耳。岂敢不识造物之意，而较是非利害于荣辱之场，不自省悟？来秋决去此矣。重以三丧未葬，而无寸土可耕，甘旨之奉阙然，每一念至，几不聊生。又羞涩不解对人说穷，愈觉费力；就使解说，其穷固也自若也。以相公雅悉其家事，故辄拜之。相公旦暮归作霖雨，则穷鳞枯枿自应须有生意。西望门墙，跂立依依而已。①

陈亮致书叶衡，一方面是谢其援救其父出狱之恩；另一方面述说自身之处境，生活之困窘，在字里行间透露出殷切期望得到他帮助之意。另外，吕祖谦曾一度写信劝陈亮放弃经商："闻便欲为陶朱公调度，此固足少舒逸气，但田间虽曰伸缩自如，然治生之意太必，则与俗交涉，败人意处亦多，久当自知之。恃契爱之厚，不敢不尽诚也。"② 这是陈亮从事经商活动的又一旁证。

那么是什么原因促使满怀济世抱负的陈亮不先选择通过应举之途改变境遇而是走经商致富之路呢？这与陈亮的家庭境遇密切相关。陈亮年轻时，家境贫寒，他在《祭妹文》中回顾了当时的窘况："而吾母以盛年弃诸孤而去。未终丧而吾父以冒窒困于囚系，我王父王母忧思成疾，相次遂皆不起。三丧在殡，而我奔走，以救生者。我妻生长富室，罹此

---

① 《陈亮集》卷二九《与叶丞相（衡）又书》，第378页。
② 吕祖谦：《东莱别集》卷一〇《与陈同甫》，《文渊阁四库全书》本第1150册，第284页。

奇祸,其家竟取以归。吾弟亦挟其妻而苟活于道旁之小舍。"①"三丧在殡",陈亮无力营葬;出自富室的妻子被接回娘家;陈亮弟弟一家寄宿于道旁小舍,内外交困、生活艰难之状跃然纸上。另外,陈亮曾在不同的文章中多次提及早年生活的困苦,如"于是时,余盖七年弗克葬其母矣,蚤(早)夜腐心疾首,不忍闻天下之有是事,惟恐其我告,而敢以问人乎!后二年,始克毕事,因顾谓其友:'即填沟壑无憾矣'";②"晚以三丧不举,无颜对公,……故三年丧毕而一吊之未成";③"以亮之畸穷不肖,本应得罪于一世大贤君子,秘书独怜其穷,不忍弃绝之";④ "其后公兄弟相继下世,亮亦坎壈穷困,至为因于棘寺而未已"。⑤ 到陈亮父亲去世时,仍"葬不克自力,乃从人贷钱以葬","因得窃衣食以苟旦暮之活,至避宅以舍之……将以明日迁置道旁之居,徒令妻孥以供饮食"。⑥ 陈亮在《复李唐钦》一文中提到:"亮拔身于患难之中,蚤(早)夜只为碗饭杜门计,虽天下豪俊,皆不敢求交焉。"⑦ 从中可见,陈亮抱着"以贫为耻,以富为荣"的观念,以与人道穷为羞涩之事。为了解决具体的吃饭、穿衣、温饱等生计问题,陈亮从事经商活动改善生活困境,实现自救具有现实的迫切性、必然性。在仕途屡屡受挫,家境困顿、难以活命的情况下,的确也只有经商才是他的出路。

与早年生活困窘完全不同的是陈亮通过经商致富家道中兴后的情景。在陈亮给朱熹的信中,他详细描述了当时(淳熙十二年,1185年)的家境、屋宇状况,阔绰排场、规模之盛,与原先的困苦生活形成了极大的反差,鲜明的对比:

  今年不免聚二三十小秀才,以教书为行户。一面治小圃,多植

---

① 《陈亮集》卷三三《祭妹文》,第447页。
② 《陈亮集》卷三三《孙夫人周氏墓志铭》,第489—490页。
③ 《陈亮集》卷三〇《祭周参政文》,第407页。
④ 《陈亮集》卷二八《丙午复朱元晦秘书书》,第353—354页。
⑤ 《陈亮集》卷三〇《祭妻叔文》,第411页。
⑥ 《陈亮集》卷三一《先考移灵文》,第414页。
⑦ 《陈亮集》卷二七《复李唐钦》,第331页。

竹木，起数处小亭子。……亮旧与秘书对坐处，横接一间，名曰燕坐。前行十步，对柏屋三间，名曰抱膝，接以秋香海棠，围以竹，杂以梅，前植两桧两柏，而临一小池，是中真可老矣……抱膝之东侧，去五七步，作一杉亭，颇大，名曰小憩。三面临池，两旁植以黄菊，后植木樨八株，四黄四丹，更植一大木樨于其中，去亭可十步。池之上为桥屋三间，两面皆着亮窗，名曰舫斋。过池可十四五步地，即一大池，池上作赤水堂三间。又作箔水，正临大池，池可三十亩。池旁又一小池，小池之旁即驿路。去驿路百步，有一古松，甚大而茂，当是七八十年之松。赤水堂正对之，名曰独松堂。堂后为宁廊一间，中有大李树，两旁为小廊，分趋舫斋。小廊之两旁即植桃。堂之两旁，为小斋以憩息，环植以竹。独松堂寻赤水木未足，度与舫斋皆至秋可成。杉亭之池如偃月，西一头既作柏屋，东一头当作六柱榱亭一间，名曰临野。正西岸上稍幽，作一小梓亭于其上，名曰隐见。更去西十步，即作小书院十二间，前又临一池，以为秀才读书之所，度二年皆可成也。两池之东有田二百亩，皆先祖先人之旧业，尝属他人矣，今尽得之以耕。如此老死，亦复何憾！田之上有小坡，为园二十亩，先作小亭临田，名曰观稼。他时又可作一小圃，今且植竹，余未有力也。此小坡，亮所居屋正对之。屋之东北，又有园二十亩，种蔬植桃李而已。①

亭台楼阁，花草树木，一派"楼台侧畔杨花过，帘幕中间燕子飞"的景象。② 在人地矛盾比较突出的两浙地区，陈亮拥有如此规模盛大、令人眼花缭乱的山庄别墅更说明其富有。此外，陈亮还在京口（今江苏镇江）置有房屋和芦地，"亮已交易得，京口屋子，更买得一两处芦地，变为江上之人矣"，③ 如果没有一定的经济实力，从家乡永康到千里迢迢之外的京口购置房产显然不可能。陈亮的财富之盛充分说明，光

---

① 《陈亮集》卷二八《又乙巳春书之一》，第342—343页。
② 《陈亮集》卷二八《又乙巳春书之一》，第343页。
③ 《陈亮集》卷二七《复吕子约》，第329页。

靠其著书立说、教书讲习是万万不可能做到的。周梦江在《试论陈亮永嘉之行及其目的》一文中指出："单是信中所说田二百亩，按当地市价计算，一亩田值钱十贯，二百亩田就有二千贯钱，已是一个经济实力较强的中等地主了，靠教书的微薄收入似乎是不可能达到如此富裕程度的。"[1] 更何况陈亮除拥有水田二百亩之外，还拥有如上所述的柏屋（抱斋）、桥屋（舫斋）、赤水堂、独松堂、小斋、书院、燕坐、居所等房屋30余间；种植蔬菜、桃李、柑橘的菜园、果园四十多亩；大、小池塘五六十亩（仅一大池就有三十亩）；宁廊、小廊、小梓（隐见）、槛亭（临野）等各种亭子回廊数处，加上水田二百亩，其财产之巨，实实在在是一个大地主了。对于陈亮家道中兴的原因，漆侠先生认为以一个教书匠的微薄收入是不可能的，只有经商与放债才可能做到。[2] 致富后的陈亮有如此规模之大的房产，琳琅满目的亭台楼阁，风景优美的园林池塘，数十种树木花草之清新幽香，令人向往的山水风光，难怪乎陈亮自己也从内心深处发出由衷的满足感："如此老死，亦复何憾！"陈亮为摆脱生活困境，通过经商，赎回祖上田产，又不断扩大经营家产，应该是不争的事实。至于信中所说"今年不免聚二三十小秀才，以教书为行户"，则是陈亮视教育为神圣使命的职业嗜好，是他想把他的学生培养成"浩然之气""百炼之血气""当得世界轻重有无"的雄伟豪杰之人的高度责任感使然，[3] 他将其育人观念付诸实施，并在实践的过程中形成了独到、系统的教育思想，而绝非为了区区微薄的一点束脩以维持生计。

关于陈亮的系狱，也与他经商致富直接相关。《宋史》记载陈亮系狱有四次之多，而据邓广铭考证认为是两次：一次是淳熙十一年（1184），

---

[1] 周梦江：《试论陈亮永嘉之行及其目的》，见卢敦基等主编《陈亮研究——永康学派与浙江精神》，上海古籍出版社2005年版，第192页。周梦江改变了以往所持"陈亮家道中兴有可能利用妻子嫁妆来赎回祖业"的观点，认为陈亮经商才是其家道中兴的原因，并考证了陈亮四次永嘉之行，其目的是经商致富。

[2] 漆侠：《宋学的发展和演变》，河北人民出版社2002年版，第580页。

[3] 《陈亮集》卷二八《又乙巳春书之一》，第347、346页。

另一次是绍熙元年（1190）冬至绍熙三年春，① 分别是在陈亮 42 岁和 48 岁。第一次狱事之后，陈亮在《谢郑侍郎启》中云："身名俱沉，置而不论；衣食才足，示以无求。人真谓其有余，心固疑其克取。而况奴仆射日生之利，子弟为岁晏之谋。"② 说明 42 岁时的陈亮已经"衣食才足，示以无求"。陈亮因为富有而招来"乡间仇疾"，被乡人诬告，才致两度遭受牢狱之灾。这使陈亮在精神上遭到沉重打击，并造成病痛缠身，暮年的陈亮多次想以死了此一生，这在他的自述中多有提及："侵寻暮景，行将抱之以死矣。"③ "望见暮景，天已与夺之，憔悴病苦，反以求死为快脆，其他尚复何说！"④ "望见暮景已自如此，不如早与一死为快脆也。"⑤ 晚年体弱多病，原本也是正常现象，但陈亮早年生活潦倒，食不果腹，这势必给身体埋下隐患，加之科场失利，且遭受诬告而入狱，人生境遇之坎坷带来的精神负担，无疑会伤及躯体。人生经历两次狱事，则是陈亮产生厌世情绪，想以死了却一生的直接原因，而入狱则是由于他从事经商致富"为乡间所仇疾"，受人诬告造成的。因自救而经商，因经商而致富，因致富而招祸，经商的坎坷和现实处境，使他意识到致富并不能从真正意义上改变他的处境。得到一定的社会地位和尊重，具备了一定的经济能力，这也在一定程度上燃起陈亮重新应举的渴望。

陈亮经商的主要原因，是迫于生计，在"三丧不举""无寸土可耕""贫不能自食"的窘境下，通过经商实现自救，"拔身于患难之中"。陈亮选择经商自救，与他本身具有浓厚的重商思想倾向也是密不可分的，"立心之本在于功利"，陈亮认同于友人戴溪的观点："财者人之命，而欲以空言劫取之，其道为甚左。"⑥ 陈亮经商，一定程度上也受到亲友的影响，如前文所提及，陈亮的岳父及众多亲朋好友都是富商

---

① 参见邓广铭《邓广铭治史丛稿·陈龙川狱事考》，北京大学出版社 1997 年版，第 663 页。
② 《陈亮集》卷二六《谢郑侍郎启》，第 304 页。
③ 《陈亮集》卷二七《与章德茂侍郎·又书一》，第 315 页。
④ 《陈亮集》卷二七《复楼大防郎中》，第 325 页。
⑤ 《陈亮集》卷二七《复陆伯寿》，第 326 页。
⑥ 《陈亮集》卷二四《赠楼应元序》，第 272 页。

大贾，他们通过经商而富甲一方。陈亮在科举之途受挫及贫病交错的境况下势必要寻找出路，而在与亲友的交往中，耳濡目染他们的富足之态，这不但是促使陈亮重商思想形成的一个原因，而且也在无形中刺激其做出通过经商来改变生活境况的抉择。在两浙路商业繁荣的大环境中，在亲朋好友的影响下，陈亮形成了"农商相籍""农商并重"的思想，因迫于生计，走上经商致富之路，从而使其商业思想得以付诸实施，并在从事经商活动中重商思想得以进一步理论化、系统化。陈亮的经商实践和人生经历也成为他萌生并完善其系列商业思想的源泉，为重商而呼喊，为商人鸣不平，在一定程度上也是由切身的感受进而实现了理论的提升。

陈亮所处的时代，伴随社会经济的发展，商业的繁荣，士人的观念已经产生变化，传统的义利观念已经加入了新的时代内容。像陈亮这样未入仕的文人，迫于生计，选择以经商方式获取生活来源，以商养学，在宋代已是较普遍的现象。

五　余论

当然，确认陈亮曾从事过经商活动，并不否认他的文人学者身份，更谈不上弃文从商。陈亮自我宣称的职业是"以教书为行户"的乡村教师，他只不过是将经商作为谋生的副业而已。在陈亮的潜意识中，宋代社会"万般皆下品，唯有读书高"的主流意识是刻骨铭心的，是至高无上的。他说："至若乡间之豪，虽智过万夫，曾不得自齿于程文熟烂之士。及其以智自营，则又为乡间所仇疾，而每每有身挂宪网之忧。"[①] 信中所说，也正是陈亮自身处境、切身体会的真实写照。他论证商业的重要性，褒扬合法经营的商人，一定程度上可以说是一种切身利益的呐喊。尽管宋代商品经济发达，经商营利成为社会上较普遍的风气，但是经商的合法性毕竟没有像科举入仕那样得到朝廷的鼓励，商人的社会地位、人格尊严及行业价值未得到社会的普遍认可和肯定，使陈

---

① 《陈亮集》卷三四《东阳郭德麟哀辞》，第457页。

第六章 道通天地:开千古境界的宋儒思想之韵

亮在经商的过程中难免产生一种无以言状的自卑感,而且这一自卑感贯穿在他的言谈举止中。例如前文所提及他在给吕祖谦的信中说道:"亮本欲从科举冒一官,既不可得,方欲放开营生,又恐他时收拾不上",而且值得注意的一个问题是,在陈亮的存世文章中并没有正面提及他是如何经商发家致富的。无论是出于为宋廷献计献策,为商人取得应有的社会地位辩护,还是为自身经商致富找到合法性的理论依据,陈亮萌发出如此丰富而具体的商业思想是在情理之中。也正是因为陈亮自身有经商的切身体会,使得其来自实践的理论,言之有理、动之以情,显得丰富、系统而深刻。而在"书中自有千钟粟""书中自有黄金屋""书中有女颜如玉""书中车马多如簇""男儿欲遂平生志,六经勤向窗前读"成为宋代士人强烈的精神动力的背景下,读书应举成为社会之风气,升官发财成为士人追求的风尚。对于曾在科场上失意而又满腹经纶的"天下奇才"陈亮来说,[1] 科举的成败始终是成就一世才名的心结。在他的骨子里,文人应举才是正途的观念根深蒂固、难以动摇。再说陈亮一生一再强调做人要做"堂堂之阵,正正之旗,风雨云雷交发而并至,龙蛇虎豹变见而出没,推倒一世之智勇,开拓万古之心胸"的人,[2] 也就是说要做一个能改天换地,对社会有贡献的顶天立地的英雄。因此,作为"人中之龙,文中之虎"的陈亮,[3] 虽然在人生道路上惨遭种种磨难,如其自谓"如木出于嵌岩欹崎之间,奇蹇艰涩……陆沉残破,行不足以自见于乡间"。[4] 当"志大宇宙,勇迈终古"[5] 的陈亮试图"正大之体,挺特之气,竖起脊梁,当得轻重有无"之时,[6] 通过业余经商致富,解决了生计问题之后,尽管具有了浓厚"重商"思想和富足的物质生活,拥有令人倾羡的别墅山庄,但最终还是寄希望于通过科举及第,获得社会的真正认可,以实现他抗金统一"欲为社稷开数百年之

---

[1] (元)脱脱等:《宋史》卷四三六《陈亮传》,第12943页。
[2] 《陈亮集》卷二八《又甲辰秋书》,第339页。
[3] 《陈亮集》附录:邹质士:《崇祯刻本龙川文集小引》,第566页。
[4] 《陈亮集》卷二八《又甲辰秋书》,第338页。
[5] 《陈亮集》卷二八[附]:朱熹:《寄陈同甫书·十五》,第375页。
[6] 《陈亮集》卷二八《又癸卯秋书》,第336页。

基"的伟大抱负。① 于是,陈亮在第二次系狱获释后,迫切希望回到"能把笔为文"的生活中,在他给朱熹的信中低调地提到:"后年随众赴一省试,或可侥幸一名目,遮蔽其身,而后徜徉于园亭之间以待尽矣;其他当一切付之能者。"② 此后,陈亮参加了绍熙四年(1193)的科举考试,终于在51岁时中了状元,七月授金书建康军判官厅公事,以实践他"复仇自是平生志,勿谓儒臣鬓发苍"的宏愿。可是,天有不测风云,就在考上状元八个月后的第二年,即绍熙五年(1194)三月,陈亮在走过人生的坎坷、崎岖之路,饱尝了精神和肉体的摧残,心力交瘁,终因"忧患困折,精泽内耗,形体外离",③ 未能实现他一生的宏伟抱负,离开了人世。对于他短暂的人生,时人和后人都备感惋惜,如李幼武感叹地说:"以同父之才与志,天下之事孰不可为,所不能自为者,天靳之年。"④ 同样,明人方孝孺更是无奈地将陈亮的死归之于天意:"余所憾者,以同甫之才,而不得一展以死,又岂非天哉!"⑤ 但是他留给后人具有划时代意义的功利主义思想及其富有开创性的商业思想却光辉灿烂、永照后世。至于陈亮为了生计进行业余经商致富的自救活动,不但使他走出了贫穷的困境,为他的学术研究和爱国活动提供了物质保障,而且充实、丰富、完善了他"农商相籍"的理论体系,也给后人提供了富有传奇色彩的文人经商致富的一段佳话。

第三节 浙学交互:唐仲友与东莱学派

南宋乾、淳之际,江南学术大盛,朱熹、张栻、陆九渊皆倡明其学,鼎立为世师。而在金华,婺学勃兴,亦出现了吕祖谦、陈亮、唐仲友。从学术上来说,吕祖谦虽有浙东学术之趣味,然其核心宗旨则近乎朱、张、陆,即以性命之学为归趣。真正的别调,乃陈亮、唐仲友。陈

---

① 《陈亮集》附录:于伦:《万历刻本龙川文集序一》,第562页。
② 《陈亮集》卷二八《又乙巳春书之一》,第342页。
③ 《陈亮集》附录:叶适:《陈同甫王道甫墓志铭》,第534页。
④ 《陈亮集》附录:李幼武:《陈亮言行录》,第545页。
⑤ 《陈亮集》附录:方孝孺:《读陈同甫上孝宗四书》,第560页。

亮之学重在王霸事功，唐仲友之学重在经制。全祖望在《宋元学案》里说："乾、淳之际，婺学最盛。东莱兄弟以性命之学起，同甫以事功之学起，而说斋则为经制之学。"① 可谓切中肯綮。

学术的存在与发展，不仅在于思想家个人读书解悟，会通立义，而且重在师友讲习，切磋发明。宋代学术之兴盛，其关键原因即在于此。婺学三支之间存在密切的互动自不待言，然而因为特殊的原因，唐、吕之间的关系呈现得较为特别。

一　唐说斋与吕东莱兄弟之间的疏淡

对于吕祖谦、吕祖俭兄弟，《宋史》皆为其立传；然于唐仲友，《宋史》无传。对此，清人张作楠《补宋潜溪〈唐仲友补传〉》分析说："宋潜溪作《唐仲友补传》，以《宋史》不立传也。《宋史》不立传，以仲友尝得罪朱子也。作楠按：朱右《白云稿·题〈唐仲友补传〉》云：'元修《宋史》，谓仲友为朱子所斥，乃不载之简册，是或非朱子意欤？今史臣宋濂为补此传，有旨哉！'然终以朱子之故，学者羞称，今传本久绝矣。"②

然稽诸史料，唐仲友之生平仍略可见。唐仲友，字与正（或作与政），号说斋，生于高宗绍兴六年（1136），绍兴二十四年（1154）登进士第，③绍兴三十年（1160）举博学宏词科，考入下等。曾为秘书省正字、著作佐郎，建康通判，知信州、台州，后为朱熹所劾，罢祠归家，讲学著述，淳熙十五年（1188）卒。④

---

① （明）黄宗羲原著，全祖望补修，陈金生、梁运华点校：《宋元学案》卷六十《说斋学案》，中华书局1986年版，第1954页。
② （清）张作楠集：《补宋潜溪〈唐仲友补传〉》，光绪二十四年刻本。
③ 《（万历）金华府志》卷十八《科第》言唐仲友为"绍兴辛未赵逵榜进士"[（明）王懋德等修：《（万历）金华府志》，《中国方志丛书》（华中地方，第498号），成文出版社1983年版，第1292页]。绍兴辛未赵逵榜乃绍兴二十一年（1151年），周学武《唐仲友年谱》依之。然陈骙《南宋馆阁录》卷七《官联上》言其为张孝祥进士出身[（宋）陈骙、佚名撰：《南宋馆阁录·续录》，张富祥点校，中华书局1998年版，第99页]。张孝祥绍兴二十四年中进士，当依陈骙之记。
④ 今台湾学者周学武对于唐氏生平及思想有专门的研究，见周学武《说斋学述》，学海出版社1979年版。

籍贯上，唐仲友与吕祖谦（1137—1181）均为婺州金华人，且同处一城。二人入仕后，乾道六年（1170）十一月唐仲友除秘书省正字，七年七月兼实录院检讨官，八年五月为著作佐郎，而吕祖谦于乾道六年十二月以太学博士兼国史院编修官、实录院检讨官，七年（1171）九月除秘书省正字，亦兼国史院编修官、实录院检讨官，八年二月丁忧，显然，吕祖谦与唐仲友曾同在秘书省为官。但是，在唐氏、吕氏文集中，未留下二人其间有明确交往的记载。①

乾道八年（1172）八月，唐仲友知信州。在其知信州期间，即淳熙二年（1175）四月，吕祖谦邀请朱熹、陆九渊会于信州鹅湖。当时与会者，有朱熹、陆九渊及其同调，亦有中立者如赵景明，赵时为抚州临川县令，②而时为信州知州的唐仲友不在受邀参与之列。

特别是，淳熙八年（1181）七月二十九日，吕祖谦终于家，十一月三日葬于明招山，时朱熹、陆九渊、陈亮等皆有祭文，此时，唐仲友在台州任上。对于如此引起学界轰动的大事，且为自己家乡贤达之逝，唐仲友无一词。

上述种种迹象表明，唐仲友与吕祖谦虽为同乡，又曾为同僚，但是二人的关系较为疏淡。吕祖谦的这种态度直接影响了吕祖俭。

吕祖谦逝世后，吕祖俭接替吕祖谦，成为东莱一门的领袖。据《宋史》卷四百五十五《吕祖俭传》记载："祖俭字子约，祖谦之弟也，受业祖谦如诸生。监明州仓，将上，会祖谦卒。部法半年不上者为违年，祖俭必欲终期丧，朝廷从之，诏违年者以一年为限，自祖俭始。"③以此推断，在淳熙八年（1181）七月至淳熙九年（1182）七月之间，

---

① 在吕祖谦编《古文关键》卷首，在"看韩文法""看柳文法""看欧文法""看苏文法""看诸家文法"后，有"以上评韩、柳、欧、苏等文字，说斋先生唐仲友亦常以此诲人"之语。此语是否为吕祖谦所书，文献颇为矛盾，吴承学《现存评点第一书——论〈古文关键〉的编选、评点及其影响》有论，可参见，其中云："唐仲友与朱熹有过节儿，《宋史》无传。……《古文关键》'总论'在此处也是唯一一处突兀地提到当时文人的批评，'说斋先生唐仲友亦常以此说诲人'，确有些奇怪，令人怀疑此书的编选与唐仲友之间的某种关系。"（《文学遗产》2003 年第 4 期）

② 陈荣捷：《朱陆鹅湖之会补述》，载陈荣捷《朱学论集》，华东师范大学出版社 2007 年版，第 157 页。

③ （元）脱脱等：《宋史》，中华书局 1977 年版，第 13368 页。

吕祖俭在家乡主持其兄之丧事及守其兄之丧，同时主持东莱一门的教学之事。乔行简《奏请谥陈龙川吕大愚札子》："后祖谦死，凡诸生皆承事祖俭，吕氏之学益明。"① 就在这个时候，发生了朱、唐交奏事件。

淳熙七年（1180），唐仲友知台州。九年（1182），迁江西提刑；此年七月，朱熹连上六章劾奏唐仲友，唐仲友罢祠。朱熹劾罢唐仲友后，继续予以批判，《答刘晦伯》："某以按发赃吏之故，诸公相害不遗余力。独赖圣主保全，未至斥逐耳，其势岂可复出？到官之后，或更有一唐仲友，又作如何处置耶？只得力辞，得罪亦无如之何。但两脚不可过分水岭一步耳。"② 陆九渊《与陈倅》亦云："朱元晦在浙东，大节殊伟，劾唐与正一事，尤快众人之心。"③ 唐仲友遭到朱、陆围攻。但是，在对唐仲友的一片讨伐之声中，吕祖俭噤声不语，特别是唐仲友逝世后，如同唐仲友对待吕祖谦之逝一样，吕祖俭无任何片言只语。

二　说斋学派与东莱学派之间的互动

尽管吕祖谦、吕祖俭兄弟与唐仲友表面上没有什么密切交往，但是，并不是说唐与二吕老死不相闻。淳熙三年（1176）的时候，吕祖谦在金华家中丁忧，有《与周丞相子充》书数通，其中一通中说：

> 某屏居粗遣。一夏别无出入，闭门读书，足以自娱，它无足云者。……唐与正丧母，亦方两日，可伤。……朱元晦久不出，势难即起，若再三敦迫之，恐亦不得而辞也。④

这是朱吕陆鹅湖之会后的第二年。虽然吕祖谦与周必大通信是两个人之间的较为私密的交流，但是，至少也可以从中见出吕、唐之间并非势如

---

① （元）吴师道：《敬乡录》卷十三，续金华丛书本。
② （宋）朱熹：《晦庵先生朱文公续集》卷四上，朱杰人、严佐之、刘永翔主编：《朱子全书》（第25册），上海古籍出版社、安徽教育出版社2002年版，第4721页。
③ （宋）陆九渊著，钟哲点校：《陆九渊集》卷七《与陈倅》，中华书局1980年版，第97页。
④ （宋）吕祖谦：《东莱吕太史别集》卷九《尺牍三》，载黄灵庚、吴战垒主编《吕祖谦全集》（第1册），浙江古籍出版社2008年版，第444页。

水火。这一点，还可以从韩元吉与唐仲友的关系中得到旁证。绍兴二十七年（1157），吕祖谦娶韩元吉之女，而唐仲友与韩元吉有交往。韩元吉《南涧甲乙稿》卷五《次韵唐与正喜雪二十韵》云："穷腊逢三白，山城两换年。破寒初淅沥，作态正翩翾。倚杖心逾喜，搔头意自便。直疑填巨壑，岂惜迈长川。官粉惭施白，仙禽恨夺鲜。银床凝露缏，玉柱涩风弦。径满巘难认，窗虚隙易穿。共寻瑶草路，俱诵蕊珠篇。猎骑朝群拥，渔灯夜独然。凌风几阆苑，照日尽蓝田。剩约佳宾集，先烦好句传。荷枯疑璧碎，柳细讶丝牵。有士迷青眼，无人笑黑肩。丰年期不日，瑞气霭非烟。竹密还争舞，梅疏只斗妍。轻鸥随浩荡，戏蝶伴联翩。强续麻衣咏，真逢缟带贤。凋零属国节，片段广文毡。短棹寻安道，高楼忆仲宣。名驹纷照夜，无复爱连钱。"① 按：韩元吉《南涧甲乙稿》卷七《鹧鸪天·雪》词云："山绕江城腊又残，朔风垂地雪成团。莫将带雨梨花认，且作临风柳絮看。烟杳渺，路弥漫，千林犹待月争寒。凭君细酌羔儿酒，倚遍琼楼十二栏。"② 词作于乾道三年（1167），③时韩元吉在建康为江东转运判官，而唐仲友为建康通判。《次韵唐与正喜雪二十韵》与《鹧鸪天》词所写地点、节物极度相似，二者当作于同时。从诗中看，韩、唐二人关系颇佳。不过，尽管如此，唐、吕之间似乎都保持着一种明显的克制低调的态度。

特别值得注意的是，吕、唐后学之间有明显的交流。

首先，吕祖谦的嫡传弟子叶秀发、朱质曾及唐仲友之门。

叶秀发，字茂叔，金华人。生于绍兴三十一年（1161），卒于绍定三年（1230），享年七十岁。早师吕祖谦，后师唐仲友，庆元二年（1196）进士及第。曾知徽州休宁县、佥知高邮军。在学术上，"极深性理之学"，显然，所宗乃二吕性命之学。④

---

① （宋）韩元吉：《南涧甲乙稿》，《丛书集成初编》本，商务印书馆1936年版，第86页。
② （宋）韩元吉：《南涧甲乙稿》，《丛书集成初编》本，第114—115页。
③ 胡可先：《韩元吉年谱》，载王水照主编《新宋学》（第2辑），上海辞书出版社2003年版，第144页。
④ （明）宋濂：《文宪集》卷十《叶秀发传》，《文渊阁四库全书》（第1223册），第523—525页。

朱质，字仲文，义乌人。早从学吕祖谦，卒业于唐仲友。绍熙四年（1193）榜眼。曾为著作郎兼侍左郎官。①

叶、朱二人来学于唐仲友，当在淳熙九年（1182）吕祖俭为吕祖谦守期年之丧结束，离开金华监明州仓以后，这时的丽泽书院，因为其主持人一死一去，实际上已经处于停废状态，故叶、朱转而就学于唐仲友。但是，如全祖望所说："叶秀发、朱质虽以吕氏弟子来学于唐，而其统未合。"②

其次，吕祖俭亦曾邀请唐氏高弟傅寅前来为自己的弟子讲学。

唐仲友淳熙九年（1182）遭到劾罢之后，回到了金华讲学，从学者甚众，弟子有百人之多。③ 又曾经应东阳吴葵之请到东阳主讲安田书院，吴葵率其家族子弟问学，同时，吴葵的表弟义乌傅寅亦来就学于唐，其学问亦近于唐，《宋元学案》卷六十《说斋学案》记载："先生于天文地理、封建井田、学校郊庙、律历军制之类，世儒置而不讲者，靡不研究根穴，订其伪谬，资取甚博，参验甚精。每事各为一图，号曰群书百考。……故先生之书，于成周制产分郊、作贡授赋之说尤详。"④ 这种学术的兴趣，与唐仲友的《帝王经世图谱》相同。

吕祖俭曾邀请傅寅来丽泽书院讲学。《杏溪祠堂记》记载：

> 大愚吕公阅其《禹贡图考》，曰："是书可为集先儒之大成矣！"揭其图，请申言之，而坐诸生以听，且曰："以所能者教人，所不能者受教于人，理之所在，初无彼此。"先生亦乐为之尽，亹亹不倦。⑤

---

① （清）诸自谷等修：《义乌县志》卷十四《理学》，载《中国方志丛书》（华中地方，第82号），成文出版社1970年版，第327页。
② （明）黄宗羲原著，全祖望补修：《宋元学案》卷六十《说斋学案》，第1963页。
③ （宋）叶适：《水心文集》卷二五《修职郎监和剂局吴君墓志铭》，叶适著，刘公纯等点校《叶适集》，中华书局1961年版，第498页。
④ （明）黄宗羲原著，全祖望补修：《宋元学案》卷六十《说斋学案》，第1962页。
⑤ （元）黄溍：《文献集》卷七下《杏溪祠堂记》，《文渊阁四库全书》（第1209册），第453页。

以吕祖俭事迹推断，事情当发生在淳熙十五年（1188）秋冬，时吕祖俭调衢州法曹之后、除藉田令之前，其时吕祖俭、唐仲友均在金华。

而在傅寅方面，一方面，他与吕祖俭推心交往；另一方面，他以所学自教其家门子弟，晚年又派遣自己的侄儿傅定远赴建安，从朱熹学习。《宋元学案》卷六十《说斋学案》记载："傅定，字敬子，杏溪先生兄子。杏溪自程其子姓于学，严而有节。晚乃遣先生远之建安，受业文公之门。"①

三　吕、唐及其学派关系的实质：学术·个性·家族

当时有一种说法，认为"吕伯恭尝与仲友同书会，有隙"，②此说如果属实，事情只能发生在入仕之前或乾道年间二人均在朝为官时期之内。但是，此说得不到任何其他文献的佐证，亦与吕祖谦之性格不合。

俞文豹《吹剑四录》则云："东莱与唐说斋同试宏词，问唐路鼓在寝门里、寝门外，曰：'在门里。'及试出检视，始知为其所绐。既而说斋中选，东莱语之曰：'只缘一个路鼓，被君掇在门里。'"③所谓路鼓在寝门里、寝门外，指的是《周礼》卷三十一："建路鼓于大寝之门外，而掌其政。"④以吕氏之学识，要说他竟然连《周礼》原文都不知道，是不可想象的；并且，吕祖谦试博学宏词科仅一次，在隆兴元年（1163），唐仲友则在绍兴三十年（1160），故俞文豹所说的情形不可能出现。

那么，究竟是什么导致了吕、唐二氏之间那种非常特殊的耐人寻味的关系呢？——一方面，既非恶劣，亦非亲厚。虽然同处一地，近在咫尺，"鸡犬之声相闻"，然二氏却"不常往来"。这就表明他们之间一定很早就存在着某种阻碍因素。另一方面，唐氏、吕祖俭都与对方的嫡传

---

① （明）黄宗羲原著，全祖望补修：《宋元学案》卷六十《说斋学案》，第1964页。
② （元）周密撰，张茂鹏点校：《齐东野语》卷十七《朱唐交奏本末》，中华书局1983年版，第323页。
③ （宋）俞文豹撰，张宗祥校订：《吹剑录全编》，古典文学出版社1958年版，第90页。
④ （汉）郑玄注，（唐）贾公彦疏：《周礼注疏》卷三十一，阮元《十三经注疏》本，中华书局1980年版，第851页。

弟子有极其亲密的关系,其弟子的行为也没有背叛师门之嫌。这就表明,二氏之间并没有什么尖锐的不可调和的矛盾。

要解决这个问题,既要从双方思想、学术的格局、主旨探讨,又要从人物个性、吕氏与唐氏家族的存在状况进行考察。

首先,从思想、学术来说,唐、吕虽然皆讲体用,然而在对体的具体看法上有很大差异。虽然皆讲经世致用,又特别注重制度举措,但是在制度的内容、对待三代以及汉唐以来制度的认识与态度上亦不同。

吕氏言体,讲太极,"'易有太极,是生两仪',非谓两仪既生之后无太极也,卦卦皆有太极;非特卦卦,事事物物皆有太极。乾元者,《乾》之太极也;坤元者,《坤》之太极也。一言一动,莫不有之"。① 讲道,"道初不分有无,时自有污隆。天下有道时,不说道方才有,盖元初自有道,天下治时,道便在天下。天下无道时,不说道真可绝。盖道元初不曾无,天下不治,道不见于天下尔"。② 讲理,讲心,"理本无穷,而人自穷之;心本无外,而人自外之"。③ "心外有道,非心也;道外有心,非道也。"④ 即是说,太极即道即理,道即心、心即道,这种思想既近于宋代儒学的理学系思想,亦近于心学系思想,实乃其家族一贯传承之思想。⑤

在制度举措方面,吕祖谦特别重视对于制度源流的探讨,他作《历代制度详说》,分科目、学校、赋役、漕运、盐法、酒禁、钱币、荒政、田制、屯田、兵制、马政、考绩、宗室、祀事梳理历代制度得失。从南宋时期的实际情况来看,这些纲目的设置是基于现实所急需的。而吕祖谦对待这些制度的态度,或损或益,或复或变,皆具于其各项"详说"中,此不赘述。

但唐仲友在本体论上主先天象数。这种先天之象数即《河图》与

---

① (宋)吕祖谦:《丽泽论说集录》卷一,载《吕祖谦全集》(第2册),第2页。
② (宋)吕祖谦:《丽泽论说集录》卷七,载《吕祖谦全集》(第2册),第210—211页。
③ (宋)吕祖谦:《左氏博议》卷十五,载《吕祖谦全集》(第6册),第373页。
④ (宋)吕祖谦:《左氏博议》卷十,载《吕祖谦全集》(第6册),第240页。
⑤ 参见陈开勇《宋代开封—金华吕氏文化世家研究》第八章《养心:吕氏家族学术文化的核心》,中国社会科学出版社2010年版。

《洛书》所显示的一、二、三、四、五、六、七、八、九、十之数，虽然其数有隐、显之不同，有生数、成数之差别，但是，它们有其不为后天所能改变的布置规律，即使圣人也不能够干涉，《帝王经世图谱·图书卦章经纬表里图·大衍新图》总说云："《图》显其十，圣人显之乎？《书》隐其五，圣人隐之乎？圣人而隐显是数也，圣人凿矣。五，数之中也，五行备矣；十，数之合、五之衍也；以五乘十，以十乘五，皆五十，而衍数立矣。圣人安能隐显之？能知之，能用之而已。"① 唐仲友亦言道论气，云："道在太极之先，生生不穷，亘万世而无弊，孰知其始？孰知其终？天地之所以为天地，万物之所以为万物，一动一息，无非易者。今所谓《易》，特其书耳，书之未作，道未尝损。书之既作，道未尝加。……元气运乎两间，物得其偏，人得其全，故能参天地而用万物。一性之中，此道具足。率性而行，何往非易！然而气运无积，禀受不齐，四端虽均，昏明万品，不可谓异，不可谓同，故曰：'性相近也，习相远也。'"② 亦说理，"一念之中，万物无不包覆者，理也。一气不顿进、一形不顿亏者，理之寓于势也"。③ 表面上，这些道、理、气的表述与吕祖谦极其相近，但是，唐仲友皆基于先天象数而立说，继承的是汉代京房与北宋初期刘牧的思想，故与吕祖谦及其宋代新儒学有实质的差异。

在制度上，唐氏认为，后天的制度是圣人对先天象数的模仿而建立起来的，他说："圣人之则《图》、《书》而妙象数也"，"圣人之则《图》、《书》也，以画卦，以陈《范》，妙极天人之蕴；而其绪余，则画井田、制军法、奉时令，咸出于此"。④ 而这些举措俱见于六经，他的《帝王经世图谱》"凡天文地志，礼乐刑政，阴阳度数，兵农王伯，皆本之经典，兼采传注，类聚群分，旁通午贯，使事时相参，形声相配，或推消长之象，或列休咎之证，而于郊庙学校、畿疆井野尤致详

---

① （宋）唐仲友：《帝王经世图谱》卷一，《中华再造善本》本。
② （宋）唐仲友：《九经发题·易》，《金华唐氏遗书》，《续金华丛书》本。
③ （宋）唐仲友：《诗解钞·四始六义》，《金华唐氏遗书》，《续金华丛书》本。
④ （宋）唐仲友：《帝王经世图谱》卷一《图书卦章经纬表里图·大衍新图》总说，《中华再造善本》本。

焉，各为总说附其后，始终条理，如指诸掌"，① 其中，他特重天文历法、明堂祭礼、封建井田畿疆制度，把这些制度视为核心。认为后世治国理民，首先要做的，就是考见这些举措之真相而实施之，那些言性理者是本末倒置，唐仲友"谓三代治法悉载于经，灼然可见诸行事，后世以空言视之，所以治不如古"。"尚论道统，由周、程等而上之至孔、孟，由孔、孟等而上之至三王，又等而上之至于五帝。经制者，二帝三王之治迹也。闻之曰：治本于道，道本于心，得其心与道，而后其治可得而言。则经制、性理固自相为表里者也。苟从事性理而经制弗讲焉，不几于有体而无用乎？公之尚之也，有不能已者矣，立异云乎哉！"② 从这里可以看出，唐氏的制度学说，是复三代之古的。

其次，从人物的个性来说，吕氏兄弟涵养较高，史载，吕祖谦"少卞急，一日，诵孔子言'躬自厚而薄责于人'，忽觉平时忿懥涣然冰释"，从此，"心平气和，不立崖异，一时英伟卓荦之士皆归心焉"。③ 正是这种性格，使吕祖谦同许多思想、性格不同的学者士子都有亲密的交往，上引淳熙三年（1176）吕祖谦《与周丞相子充》书就可以明显见出。

但是，唐氏家族之人，向来性格孤傲，行事狷直，唐尧封如此，唐仲友更是有过之而无不及。一般而言，宋人的思想、学术、行事的普遍风气是立足于过从交往、切磋讨论，但是，在时人的文献记载里，与唐氏有交往的人极少，显得非常特异。所以全祖望评价说："考当时之为经制者，无若永嘉诸子，其于东莱、同甫，皆互相讨论，臭味契合。东莱尤能并包一切，而说斋独不与诸子接，孤行其教。试以艮斋、止斋、水心诸集考之，皆无往复文字。水心仅一及其姓名耳。至于东莱，既同里，又皆讲学于东阳，绝口不及之，可怪也。将无说斋素孤僻，不肯寄人篱落邪？"④

---

① （宋）周必大：《文忠集》卷五十四《帝王经世图谱题辞》，《文渊阁四库全书》（第1147册），第570页。
② （明）苏伯衡：《苏平仲文集》卷五《说斋先生文粹序》，《文渊阁四库全书》（第1228册），第603—604页。
③ （元）脱脱等：《宋史》卷四三四《吕祖谦传》，中华书局1985年版，第12874页。
④ （明）黄宗羲原著，全祖望补修：《宋元学案》卷六十《说斋学案》，第1954页。

再次，从家族情况来说，吕氏是北宋时期活动在京城开封的高门大族，北宋末期的靖康之乱，导致吕氏不得不南下寻找新的安身之地。吕弸中将自己的一房迁居于婺州金华。① 这个时期的金华吕氏，已经远非北宋时期的开封吕氏那么兴盛，吕氏大字辈中，不仅学术上比较出色的几乎没有，而且在政治上也没有什么重要的人物与事迹。要一直等到吕祖谦，情况才有所改变。

比较而言，唐氏是早就在金华生息的地方大族。不仅人丁兴旺，而且在仕途上曾一度非常显赫。唐仲友之父尧封，绍兴二年（1132）进士。② 曾为礼部侍郎、国子祭酒等官，周密《癸辛杂识别集》卷上："唐仲友之父侍御尧封，孝庙时以礼部侍郎大司成除侍御，有直声。尝论钱尚书礼，左迁小龙场，及去国，同朝送之，馆学为空。孝宗知之，叹曰：'遂为唐氏百年口实。'"③ 可见一时之盛。唐仲友有兄仲温、仲义，亦分别于绍兴二十四年（1154）、绍兴三十年（1160）登进士第。④ 苏伯衡《说斋先生文粹序》"公与其父侍御史尧封、其兄饶州教授仲温、乐平主簿仲义皆绍兴名进士，家庭之间，自相师友"。⑤ 该家族与同乡王淮、义乌富室何氏联姻，加强了家族在地方的势力与地位。

在这种情况下，一个是本地根深叶茂的大族，一个是风光不再而又亟待振兴的外来名门，二者同处一城，在各自的发展过程中，存在一定程度的紧张是不可避免的。

基于此，吕祖谦兄弟对于唐仲友，虽未交恶，但是联系却非常疏淡

---

① 参见陈开勇《宋代开封—金华吕氏文化世家研究》第一章第二节《开封吕氏的南迁与金华吕氏》。

② （明）王懋德等修：《（万历）金华府志》卷十八《科第》，载《中国方志丛书》（华中地方，第498号），第1289页。

③ （宋）周密撰，吴企明点校：《癸辛杂识别集》卷上《唐尧封》，中华书局1988年版，第228页。

④ （明）王懋德等修：《（万历）金华府志》卷十八《科第》，载《中国方志丛书》（华中地方，第498号），第1292、1294页。

⑤ （明）苏伯衡撰：《苏平仲文集》卷五《说斋先生文粹序》，《文渊阁四库全书》（第1228册），第603页。

稀少①：在唐仲友兴盛时，疏远他；在唐仲友受到周围学者围攻时，亦不置一词。自始至终表现出一种敬而远之的态度；敬，是思想上对对方思想学术的尊重，尽管二者不相兼容；远，是基于敬的思想而采取的疏淡的现实交往方式。唐氏的态度近乎二吕。

其实，在婺学中，陈亮起初不仅与吕祖谦兄弟关系很密切，与唐仲友关系亦较好，但是，后来则陈亮、唐仲友交恶，可谓有始无终。比较起来，正是因为吕氏对唐氏的这种态度，才使在后来非常严重的朱、唐交奏案中，唐氏没有怀疑吕氏而是怀疑陈亮从中作梗。在陈亮集中，有与朱熹《癸卯秋书》云："亮平生不曾会说人是非，唐与正乃见疑相谮，是真足当田光之死矣。"②癸卯乃淳熙十四年（1183）。见疑相谮陈亮而不疑吕氏兄弟，是对吕氏人格有深入的认知。亦可解释，为什么吕祖谦逝而吕祖俭离开金华后其弟子可以前往唐仲友处问学；吕祖俭可以在唐仲友处于金华城里的时候，邀请唐氏高弟傅寅前来丽泽讲学。要之，未可把吕、唐之关系同唐仲友与朱熹、唐仲友与陈亮之关系等而视之。

第四节　浙学名门：北山四先生从祀孔庙的历史考察

在浙学发端之始，金华吕祖谦所创的金华学派，名满天下。其后金华学脉，代不乏人，于宋元之际，就出现了秉承朱子之学的"北山学派"。

南宋朱熹殁后，门人后学林立。其中，朱子高弟黄榦一支，学脉悠长，号为朱学正宗，其后学主要分江西、浙江两脉。浙江一脉，即有黄榦传下的何基、何基传王柏、王柏传金履祥、金履祥传许谦，因四人皆浙江金华人，故史称"金华四先生"，或称"北山四先生"，其传下的学派被称为"北山学派"。四先生以传承、护翼朱学为己任，师门兴盛，学脉飚绵，被后世尊为"朱子世嫡"，在朱子学史和浙学史上，四

---

① 这方面可能有文献遗佚乏征的原因。但是综合起来考察，吕、唐之间的互动交流实际上确实是极度稀少的、极度不明显的，这与宋人的普遍风格迥异。
② （宋）陈亮著，邓广铭点校：《陈亮集》卷二十八，中华书局1987年版，第337页。

__俗世雅意:浙风宋韵的多维审视__

先生及其北山学派均有重要的地位。清初黄百家就认为:"而北山一派,鲁斋、仁山、白云,既纯然得朱子之学髓,……是数紫阳之嫡子,端在金华也。"①

而到了清雍正年间,四先生还成功入祀孔庙,从"一乡之士"升格为"万世真儒",标志着国家政治对四人学术、道德的权威认定,也说明四先生对后世的重要影响。因此有必要在长时段的视野下考察四先生入祀孔庙的历程,进而寻绎具有浙学底色的金华朱子学如何被后世接受,有助于更好地把握朱子学、浙学中的诸多面相。

一 "朱子世嫡"的建构及北山四先生在地方的祠祀

被后世称为"北山四先生"的何基(1188—1268)、王柏(1197—1274)、金履祥(1232—1303)、许谦(1269—1337),生活于宋元之际,因四人皆籍婺州(明初以降改称金华府),故又称"金华四先生"。在宋元理学史的一般叙述中,四先生是金华朱学的代表,拥有"朱子世嫡"的地位与盛名。但正如历史上众多思想学派或群体的称谓,并非出于开创者之手,四先生之名及"朱子世嫡"的形成,亦渗透了后人的建构历程。

其中,关于道统的讨论,成为标榜朱学正统的关键环节。众所周知,道统论是理学家思想的核心范畴之一,从程颐到朱熹均标榜自己是孔孟道统的继承人。朱熹大弟子黄榦在《圣贤道统传授总叙说》中,也建构了从尧舜到朱子的传道世系,背后也透露出自己是朱子嫡传的意味。作为黄榦弟子,何基也非常重视道统的承继问题。他称:"某少受学勉斋黄先生,授以紫阳夫子之传",② 同样暗含自己是朱、黄理学的传道者。何基弟子王柏亦将乃师纳入朱学的道统,直接编制从孔孟、周敦颐、二程、杨时、罗从彦、李侗、朱熹、黄榦到何基的道统谱系。何基、王柏的共同弟子金履祥延继了这一道统思路,在选编《濂洛风雅》

---

① (明)黄宗羲原著,全祖望补修:《宋元学案》卷八十二《北山四先生学案》,中华书局1986年版,第2727页。
② (南宋)何基:《何北山先生遗集》卷一《辞牍》,中华书局1985年版,第5页。

中，以周敦颐为理学开山，并视二程、杨时以下到朱熹、黄榦、何基、王柏这一传道世系为理学正宗，将其余理学人物看作旁支而不收其诗。许谦受业于金履祥，现存文献虽未见其明确建构从尧舜到何、王、金的传法世系，但他对道统观的讨论已隐含在相关文字中，标示自己经何、王、金上溯朱、黄道统。①

纵观四先生的道统观，实继承了朱熹、黄榦的论说，以周程为孔孟嫡脉，以邵雍等人为旁支，将与朱熹有直接师承关系的杨时作为二程嫡脉，其余的程门弟子为支脉。在四先生的各自意识中，他们已蕴含自己是朱学道统的传人，但未明确提出"朱学正传"或"朱子世嫡"的称号。这一工作在许谦的挚友柳贯、黄溍手上正式完成。

柳贯早岁受经于金履祥，在所撰仁山行状中称金氏受业于王柏，而"文宪王公之学得之文定何公，何公之学得之文肃黄公，黄公则文公子朱子之高第弟子也。其授受之渊源，粹然一出于正"②，将金氏视为朱熹以来的理学正统。柳贯还称金履祥在世时已认可许谦得其真传，本来金氏行状当由许谦来作，只是许谦病逝，只能代其为之。③ 因此，在这篇文字中，柳贯实已包含许谦在内而完成了"何、王、金、许"的传承谱系。

相较柳贯，黄溍更进一步凸显了这一谱系的意涵，他在撰写许谦墓志中称：

> 文定何公既得朱子之传于其高弟文肃黄公，而文宪王公于文定则师友之，金先生又学于文宪而及登文定之门者也。三先生皆婺人，学者推原统绪，必以三先生为朱子之世嫡。先生出于三先生之乡，而克任其承传之重，遭逢圣代，治教休明，三先生之学卒以大显于世。然则程子之道得朱子而复明，朱子之道至先生益尊，先生

---

① 相关讨论见王锟《朱学正传：北山四先生理学》，上海三联书店2010年版，第144页。
② （元）柳贯：《故宋迪功部史馆编校仁山先生金公行状》，载《柳贯集》，魏崇武、钟彦飞点校，浙江古籍出版社2014年版，第533页。
③ （元）柳贯：《故宋迪功部史馆编校仁山先生金公行状》，载《柳贯集》，第537页。

之功大矣。①

在这里，黄溍通过追溯师承关系，梳理了许谦与何、王、金三先生的渊源，并特别强调三先生之学得以"大显"是许谦传播之功，从而完成了"何、王、金、许"传承谱系的建构。而且，他还将许谦置于理学发展的脉络中，以"程子＝朱子"与"朱子＝许谦"的对比模式，论述许谦在朱学"益尊"的道路上，其功可与朱熹弘扬二程理学相比肩，在他眼中，就朱学整体发展而言，四先生继承了朱熹以来的道统，实无愧于"朱子世嫡"的名号。

不可否认，"何、王、金、许"这一谱系以及"朱子世嫡"的形成，离不开四人对朱子思想的坚守、护翼以及在朱学文本上呈现出的经典性诠释，但背后亦涉及众多非思想性因素的助推。毕竟在婺州而言，当时就有多条朱学传承线，较著名的就有两系：一是在何基以下的传承中，何、王、金均有众多门徒，其中并不乏理学精湛且影响颇广的人物，如王柏另一重要弟子张𡊮，在建康、山东等地担任学官，"其门多贵仕"，相较而言，金履祥在南"其门多隐逸"②；二是四先生之外以徐侨、叶由庚为代表的义乌朱学。就亲疏关系而言，后者更有优势，因为徐侨直接"亲承指授"于朱熹，而徐侨弟子叶由庚在当时与何基、王柏"皆以道学为东南之望"，③但这两支均因后继无人而其学不显。从师承渊源而言，黄溍出自义乌一系，④但从前文他大力推崇许谦的言论，表明至少在婺州的朱学群体中，对何、王、金、许这一系得朱学正统的观念已成共识。

如果说柳贯、黄溍从理学道统论中强调四先生得朱学正脉，而张

---

① （元）黄溍：《白云许先生墓志铭》，载《黄溍全集》，王颋校注，天津古籍出版社 2008 年版，第 462 页。
② （明）黄宗羲原著，全祖望补修：《宋元学案》卷八十二《北山四先生学案》，陈金生、梁运华点校，中华书局 1986 年版，第 2765 页。
③ （明）苏伯衡：《苏平仲文集》卷十《书徐文清公家传后》，中华书局 1985 年版，第 234 页。
④ 黄溍师从王炎泽，而王氏得外祖叶由庚之传。此外，黄溍执弟子礼于石一鳌，而石一鳌从王世杰得徐侨之绪（见《黄溍全集·石先生墓表》），两条线中，黄溍均属徐侨传下的义乌朱学一系。

綮、吴师道等在推阐四先生之学上则发挥了重要贡献。张氏受学于王柏，后出任建康路教授，又被命为孔颜孟三氏教授，亲自改订颜孟家庙的祭祀仪式，其"学徒自远而至者日富，教声洋溢乎中州"，[1] 逐渐将金华朱学传播到金陵、山东以及扬州等地，当时就有"鲁斋之名因导江而益著"[2] 的赞誉。吴师道私淑金履祥，与许谦处师友间，后升任国子助教、博士，成为四先生获得官方尊崇的重要力量。他在金、许逝世后，即上书请立何基、金履祥专祠及北山书院，后又奏请官学"广求吕子及何、王、金氏之书，颁之学官"[3]，并请求在国子监传习许谦点定的《四书章句集注》等书。

在吴氏等人的汲汲呼吁下，四先生的众多著述得到刊刻、流传，如金履祥的《尚书表注》《大学章句疏义》刊于宣城、婺州州学。吴师道还撰《节录何王二先生行实寄史局诸公》，总结何基、王柏的生平与学术，当时《宋史》总裁官之一的欧阳玄（亦曾问学于许谦）接受了吴氏的叙述，将其作为《宋史》何基、王柏传的史源。尽管在系列请文与史传中，吴师道对四先生的诠释仍是在普遍性的传道的脉络中，与柳贯、黄溍将四人与婺州一地愈来愈紧密的结合有所不同，[4] 但在不断强调四先生"学绍紫阳之传"[5] 方面，他与柳贯、黄溍别无二致。

在北山后学的努力与推动下，四先生的学说逐渐得到朝廷的认可，何基、王柏在宋末即已获谥，[6] 剩下的金履祥、许谦二人于至正七年（1347）分别被赐谥"文安""文懿"，并祠祀于郡府学宫。后经江浙行省及御史的奏请，朝廷又敕建四贤书院于金华城东，专祀四先生，供士

---

[1] （元）吴澄：《吴文正公集》卷三十七《故文林郎东平路儒学教授张君墓碣铭》，载《元人文集珍本丛刊》第3册，台湾新文丰出版公司1985年版，第151页。
[2] （元）吴师道：《题程敬叔读书日程后》，载《吴师道集》，邱居里、邢新欣点校，吉林文史出版社2008年版，第403页。
[3] （元）吴师道：《请传习许益之先生点书公文》，载《吴师道集》，第471页。
[4] 参见陈雯怡《"吾婺文献之懿"——元代一个乡里传统的建构及其意义》，载《新史学》2009年第2期。
[5] （元）吴师道：《代请立北山书院文》，载《吴师道集》，第469页。
[6] 《宋谥先生文定诰》，载《何北山先生遗集》卷四，第36页。

人祭拜，^①迈出了从地方祭到全国祭祀的重要一步。

当然，四先生得官方认可，除了后学的积极推动，最重要的原因其实是吻合了南宋后期到元代，官方为统治需求而推行崇朱的政策。但终元一代，四人只在地方祠祀，未能入祀国家层面的孔庙，说明四先生与其他入祀人物相比仍有相当距离。如前所示，倡言四先生为"朱子世嫡"的基本为婺州的朱学群体。但在其他地域或全国范围内，这一说法并未得到认可。

作为江西朱子的后学，吴澄与金履祥、许谦虽处同时，却罕见来往，其撰写的《道统图》，勾列了从周敦颐到朱熹的近古理学谱系，将自己视为朱熹之后的道统继承人。^②在这一谱系中，就不见四先生甚至黄榦的身影。吴澄弟子虞集也不认同婺人的朱学谱系。他婉拒了许谦门人为师求撰墓志铭，谢绝的理由是称自己对许谦其人其学不了解。但当时许谦门人提供了翔实的行状，虞集之言似站不住脚。真正的原因，或许是他对行状中涉及许谦地位的论述有所保留，如一方面称"行状所述，多所未谕，数月之间尝与友生门人细读而详阅，终莫得其统绪之会。归以观其成德之始终，辄亦别录而疏其下，未敢即达"^③；另一方面又以较大篇幅论说了二程、张载、李侗、朱熹等的行状、墓铭均由门人撰写，在他眼中，此类文字蕴含了承传道统的意味。从这些可略微看出，江西一系对婺州士人建构的以何、王、金、许作为"朱子世嫡"是持保留意见的，毕竟他们也是朱熹学说的重要传人。

元末所修的《宋史》，首立《道学传》，确立了程朱道统的独尊地位。但《道学传》在朱熹以后的人物只收录朱熹亲炙弟子黄榦、李燔、陈淳等，何基、王柏只被列入《儒林传》，这也表明《宋史》纂修者认为，朱熹以后的道统只限于朱熹第一代传人中的少数几人，至于第二代、第三代以及之后的道统传人（包括何基、王柏）在《宋史》中尚

---

① （明）王祎：《拟元儒林传》，载《王祎集》，颜庆余点校，浙江古籍出版社2016年版，第428页。

② （明）宋濂等：《元史》卷一七一《吴澄传》，中华书局1976年版，第4013页。

③ （元）虞集：《答张率性书》，载《虞集全集》，王颋点校，天津古籍出版社2007年版，第395页。

未完成认定。就当时的政治、学术力量综合考衡，以许衡、姚枢为首的北方朱学与以吴澄、虞集为代表的江西朱学拥有强大的政治地位（从许衡、吴澄逝后均被谥"文正"，即可见其一斑）。而婺州朱学群体远没有这方面的优势，在这种境况下，当他们在全国范围鼓吹他们的"朱子世嫡"时，自然受到重重阻力与挫折。

况且，有元一代的孔庙从祀基本延续宋末之余绪，入祀者寥寥，除新增的董仲舒、杨时、李侗、胡安国、蔡沈、真德秀及本朝许衡外，其余从祀者均是南宋时已入祀的北宋五子及司马光、朱、吕、张等人。整个元代的入祀标准，仍是本诸唐代以来"代用其书，垂于国胄"的遗规，强调入祀者著述的社会影响，即采用"以书取人、人以书重"的准则。① 四先生尽管有著述刊行于世，但尚未成为科举定本或经筵用书，自然不具备被考虑的资格，纵被题请，亦难成功。

二 《元史》的认定与中晚明请祀孔庙的挫败

元末明初，一大批浙东士人进入朱元璋幕下制文献策。大明建国后，他们随之成为洪武朝文治的重要人物。这其中，"文学之士彬彬然为朝廷出者，金华之君子居多"，② 他们对朱元璋在国家礼乐制度及政策的制定方面起了重要的导向作用。在金华士人群中，又以宋濂、王祎为魁首，二人均任《元史》编修的总纂官。其中，金履祥、许谦在《元史·儒学传》中各有独传，均出自王祎之手。考察金、许二传的史源，可以发现，《金履祥传》大体依柳贯所撰行状略加删改，《许谦传》则据黄溍撰写的墓志裁减而成。而宋濂、王祎二人正是柳贯、黄溍的高弟。他们对四先生的叙述，显然采纳了乃师的说法，如金履祥本传称其"事同郡王柏，从登何基之门。基则学于黄榦，而榦亲承朱熹之传者也。……当时议者以为基之清介纯实似尹和靖，柏之高明刚正似谢上蔡，履祥则亲得之二氏，而并充于己者也"。③ 许谦本传称："先是，何

---

① 黄进兴：《优入圣域：权力、信仰与正当性》，中华书局2010年版，第225页。
② （明）刘基：《苏平仲文稿序》，载苏伯衡《苏平仲文集》卷首，第4页。
③ （明）宋濂等：《元史》卷一八九《金履祥传》，第4316—4318页。

基、王柏及金履祥殁,其学犹未大显,至谦而其道益著,故学者推原统绪,以为朱熹之世嫡。"① 这一四先生的师承谱系,同样隐去了其他弟子的支脉传承,凸显何、王、金、许一脉才是金华朱学的正统,又强调四先生有功于程朱之学的传播,符合"朱子世嫡"的地位。

以宋、王为代表的金华士人,通过自身影响政治的机制,以国家力量将四先生的"朱子世嫡"之说写入钦颁《元史》,标示了明初官方对四先生"朱子世嫡"地位的权威认可。自此以后,以四先生为"朱子世嫡"的说法,虽不敢说是在全国获得铁板一块的共识,但不可否认,这一说法在理学发展史上逐渐占据了主流。如明中期江西的朱学巨擘罗钦顺就承认:"何王金许,上溯程朱,正传斯在",② 说明《元史》所代表的国家力量在儒家道统论述中起到了压倒性的作用。

不过,宋濂、王祎尽管将四先生的"朱学世嫡"写入国史,但在孔庙从祀的问题上并未表现出再次努力的态度。二人均主张入祀者必须有功于圣人之道,或以言立功,或以行立功,即强调入祀者需有阐发圣人经典的"明道"之功或践行圣人之道的"行道"之功。至于扬雄、贾逵、马融、何休等以注疏见长的汉儒,被他们斥为害道的异说,应予全部罢祀,而改以增祀董仲舒、范仲淹、欧阳修等人。③ 二人在从祀位次问题上,又均是坚决的伦理主义者,奉持以亲亲关系为先的准则,如宋濂一再坚持:"古者立学,专以明人伦,子虽齐圣,不先父食,久矣。故禹不先鲧,汤不先契,文武不先不窋。……颠倒彝伦,莫此为甚,吾又不知其为何说也。"④ 王祎更进一步诠释了这一准则,提出具体的处置之法:

> 借曰曾子、子思以传道为重,然子必当为父屈。昔鲁祀僖公,跻之闵公之上,传者谓子虽齐圣,不先父食,以为逆祀。今孔氏、

---

① (明)宋濂等:《元史》卷一八九《许谦传》,第4320页。
② (明)罗钦顺:《罗整庵先生存稿》卷二《祭枫山先生章公文》,中华书局1985年版,第46页。
③ 朱鸿林:《中国近世儒学实质的思辨与习学》,北京大学出版社2005年版,第99—102页。
④ (明)宋濂:《孔子庙堂议》,载《宋濂全集》,黄灵庚编校,人民文学出版社2014年版,第1864页。

第六章 道通天地：开千古境界的宋儒思想之韵

曾氏父子之失序，非逆祀乎？是故曾参、孔伋，今当降居于曾皙、孔鲤之下。又司马光于程颢、程颐为先进，张载于二程为表叔，而位次皆在下，其先后次序亦不可不明。……是故司马光、张载今当升居程颢、程颐之上。①

王祎延续以亲亲而非贤贤为先的从祀祖制，对配祀的孔氏、曾氏父子以及从祀的司马光、张载等的次序提出严厉批判。可见，尽管二人均是北山一系后学，也极力主张明道之儒从祀。但按照二人的思路，朱熹师辈如杨时（杨虽于元至正十九年入祀，但此后被黜，直到弘治八年重新入祀）、罗从彦、李侗等均未从祀，四先生显然不能越过师祖辈优先入祀。因此，宋、王虽与四先生有同乡、师承的紧密渊源，即使二人有抬升师祖、乡贤在全国影响的意向，但对孔庙祭祀的原则有着清醒的认识。在他们的思维中，四先生的地位始终依附于朱熹的光环而存在，朱熹师辈人物尚未从祀，四先生自然不能乱越人伦，故始终没有主动疏请四先生从祀的议案。而随着朱元璋、朱棣父子对浙东士人的打压与杀戮，北山一系后学在中央的势力迅速消退，朝中请祀四先生的声音自然归于沉寂。

尽管四先生的朱学正统地位被写入钦定《元史》，但并不意味着四人就是足以为后人法的万世"真儒"。只有从祀孔庙，才是对儒者境界的最高肯定，于地方而言，更是有助于迅速提升地方在全国的声望，还可以带来赋役、科举等诸方面的优惠，对地方各阶层群体均有众多的利益。而当时对四先生的祭祀，仍局缩于元代婺州一地的尊崇与指认，这对金华士人而言的确是极大的心病。虽然朝中缺乏有利的政治形势，但在这一巨大的诱惑面前，地方官员与金华士人仍不断发起四先生的请祀活动。

据现存文献记载，在成化三年（1467），就有浙江都指挥使司佥事辛访提出四先生的请祀，"四贤著述有功圣经，固宜从祀孔子，况书院乎？"②

---

① （明）王祎：《孔子庙庭从祀议》，载《王祎集》，第437页。
② （明）商辂：《敕建正学祠记》，载《商辂集》，孙福轩编校，浙江古籍出版社2012年版，第524页。

俗世雅意：浙风宋韵的多维审视

但这一疏请，遭到主持廷议的礼部尚书陈文等人的否决。礼部虽肯定了四人与朱熹、吕祖谦的渊源以及在道学上的造诣，但认为四人远不能与宣德、正统年间入祀的胡安国、蔡沈、真德秀、吴澄等人并驾比肩。

> 安国作《春秋传》，蔡沉（沈）作《尚书传》，学校以育士科目以取才，其用专矣。德秀所述《大学衍义》以之进读，以之劝讲。澄所述《诸经纂言》，羽翼圣经，折衷诸子，其功伟矣。①

礼部所执的理由是这四人能入祀的原因在于胡、蔡之著述乃科举定本，真氏之书属当时经筵用书，吴澄的经说则被收录于朝廷敕纂、颁行天下的《五经》《四书大全》中。而何、王、金、许缺乏这些条件，所以断言："所以为书，其用心恐未若是，专其功恐未若是伟，奚敢轻进之哉。"礼部众臣甚至以缺乏有影响力的著述，质疑四先生对"道"的理解程度，称："其于斯道，不为不造其涯涘，然达渊源则未也。不为不蹑其径庭，然造堂奥则未也。"② 但这一答复，并未令辛访信服。他遂又抬出"朱子世嫡"的大旗。礼部又复疏道：

> 夫作于朱子之先而贤贤相承、若朱子之曾祖祢者，杨中立、罗仲素、李愿中，既不得以是之故而列从祀矣。出于朱子之后而贤贤相承、若朱子之子孙曾玄者，何、王、金、许尚安得以是之故而列从祀焉？③

显然，礼部秉持的入祀标准，除前文所涉的著述有广泛影响外，很重要的一条仍是明初宋濂、王祎所坚守的伦理关系。既然杨时、罗从彦、李侗等师祖辈人物尚未入祀，作为徒子徒孙的四先生自然没有率先入祀的可能。但礼部也同意，四先生虽不得"攀胡、蔡、真、吴"从

---

① 《明宪宗实录》卷二十四，台湾"中央研究院"历史语言研究所1984年版，第7—9页。
② （明）姚夔：《姚文敏公遗稿》卷十《奏议》，弘治姚玺刻本。
③ 《明宪宗实录》卷二十四，第7—9页。

祀之列，可仿照杨时之例，立祠乡郡，春秋祭祀。在金华知府、同知等人的主持下，四先生祠于次年建成，并被赐名曰"正学祠"。

成化年间，与四先生请祀被罢遭遇相同的案例不在少数。成化元年（1465）杨时不获从祀的理由是，其论《西铭》与解《中庸》之说，不为程朱所肯定，"其学术有可议矣"。而"释经之言，虽已间见于《语》、《孟》，然未若胡安国之传《春秋》、蔡沈之传《尚书》，其功为尤多也"，① 要言之，杨时没有完整而影响大的经说著述。同年请祀元儒刘因未成功的原因，除"著述多残缺不备"外，关键是朝廷颁行的"《五经》、《四书》、《性理大全》……（于）因之说未有采者"，② 着眼点仍是缺乏有影响力的著述。成化四年（1468）元儒熊禾未能从祀的原因主要有两点：一是声名不显，著述影响有限；二是与朱熹的关系较为疏远。③ 而与此不同的是，成化四年（1468）元儒陈澔的从祀议案得以顺利推行。陈澔之父师事饶鲁，故陈澔属朱熹四传弟子，但其能够入祀的原因在于所著《礼记集说》，颁于学校，用于场屋，与胡安国、蔡沈之著同功，所以朝廷愿意考虑其从祀之事而下令访其出处行实。这些事例从正反两方面都表明，元代至成化年间，儒者能否从祀孔庙存在众多原则，首先最重要的无疑是有无朝廷所崇重而行世的释经之作，其次则是亲亲有序的伦理关系。这也反映了自唐代开始推行的"代用其书，垂于国胄"的制度在后世从祀史中影响深远。

虽得到朝廷敕令，四先生在本乡立祠祭祀，并获得"正学"的褒崇，但与入祀孔庙仍有遥远的距离。弘治八年（1495），杨时入祀孔庙，这令金华士人备感兴奋，因为四先生与杨时同在成化年间请祀被黜，杨时的成功说明四先生的入祀至少有望。对此时的金华官府未把握这一讯息，后来正德年间的知府赵鹤还表达了怨言："成化间有以四贤请者，赐正学祠，准龟山例，祀于本郡。今龟山已秩从祀，而郡未及为

---

① 《明宪宗实录》卷二十一，第5—6页。
② 《明宪宗实录》卷二十四，第7—9页。
③ 朱鸿林：《中国近世儒学实质的思辨与习学》，北京大学出版社2005年版，第63页。

四贤再请议者欤焉",① 因此积极筹备再次请祀的活动。他组织人马以四先生著作为中心，裒辑成《金华正学编》《金华文统》，还专意寻访四先生裔孙，为请祀营造社会与文化氛围。因此，当张朝瑞按察浙江时，赵鹤便迫不及待地请他"为五君子（案：四先生与黄榦）上论于朝，俾与杨、吕、许、吴诸公并从庙庭，得列腏食"。② 只是从事后来看，未见张朝瑞有相关活动。

赵鹤继任者刘芷积极接续了这一请祀活动，于正德十一年（1516）直接向朝廷上《四贤从祀奏疏》。在奏疏中，刘芷除继续强调四先生得朱学道统的旧调外，更详细地增益了四人宜祀孔庙的两大理由，对当年礼部驳回辛访的奏疏提出疑义。

其一，对于礼部质疑四先生未入理学堂奥的说法，刘芷以子由、子夏的例子断然否定，认为道业的关键在于羽翼斯道，"生而可以淑斯人，殁而有以启后学"③，从而肯定四先生无愧于孔门之传；其二，针对四先生缺乏影响的著述这一现实，刘芷为之曲解，称礼部是"未多得何、王、金、许之书而读之"，并详细胪列四人已刊刻行世的著述目录。此外，刘芷对当时孔庙从祀专取著述的条律，也颇有微议。他援引孔门弟子申枨、子路、公伯寮无著述却能坐食两庑的先例，指摘"徒以注疏附会"入祀的汉儒"僭经叛经，诡道非圣"，俨然对四先生的入祀失败忿忿不平。

按照祖辈先于子孙的原则，四先生的确在亲疏关系上逊色于罗、李等人。对这一颇为棘手且论据欠佳的问题，刘芷作了灵活的处理。他一方面强调从祀不能仅考虑亲疏关系，而当综合"格言""操存""著述""天下之向慕""淑于后学"等众多角度进行评判。毫无疑问，刘芷的落脚点是渲染四先生在这些方面的造道显赫。另一方面，他奏议将四先生与罗从彦、李侗、黄榦等七人均"加其封爵，俾之从祀"，直接回避

---

① （明）赵鹤：《题金华正学编》，载《四库全书存目丛书》集部，第297册，齐鲁书社1997年版，第173页。
② （明）赵鹤：《题金华正学编》，载《四库全书存目丛书》集部，第297册，第173页。
③ （明）刘芷：《四贤从祀奏疏》，载嵇曾筠、李卫等修雍正《浙江通志》，第13册，中华书局2001年版，第7198—7201页。

了长幼有序的伦理原则。与辛访相比，刘茞的反驳、论述更加充分，但请祀仍未成功。其中缘由，因未见相关记载，不得而知。不过从当时金华人戚雄的口中，可寻绎一些蛛丝马迹，其云：

> （四先生）真不愧于伊洛诸大儒，而从祀之议讫辛、刘二疏之后无闻焉，说者徒谓一郡四贤，难以服乎天下。不知邹鲁多贤，未闻以其生于一邦而有所遗也。呜呼，斯文之颠晦，信有幸不幸哉。①

按戚雄之意，四先生未能入祀的原因在于"说者"担心孔庙中金华籍人物过多，难以服众。显然，这是"说者"的敷衍之词。真正的原因恐在于"难以服乎天下"的逻辑，依旧指向四先生缺乏用于科场的著述，在全国影响力着实有限，再次坐实了"代用其书，垂于国胄"的从祀制度在当时持之甚严。

孔庙祭祀制度在嘉靖"大礼议"后进行了大调整。这其中，最能彰显时代精神的是以"明道之儒"取代"传经之儒"。一时间，唐贞观年间所从祀的经师纷纷遭到贬斥，或被罢祀，或改祀于乡。与此同时，"明道之儒"大规模入祀孔庙。考查其学术去取标准，程朱色彩十分鲜明。蔡元定因佐其师朱熹解经入祀启圣祠，王通、胡瑗等先代前贤，皆得"断以程朱之说"入祀孔庙。② 这一改制，极大地推动了程朱理学一派的人物入祀，也再次为"朱子世嫡"的四先生入祀带来机遇。事实也证明，自嘉靖之后，关于请祀四先生的记载一直不绝于史。万历十九年（1591），王柏裔孙王三锡提及："先是按察佥事辛公访、给事章公侨、都御史钱公学孔，已屡疏请祀矣。"③ 从王三锡的叙述来看，在辛访之后，又有章侨、钱学孔等金华士人请祀四先生的活动，但仍未有结果。

原本嘉靖朝孔庙改制，其尊崇"明道之儒"为程朱一派的入祀打开

---

① （明）章一阳：《金华四先生四书正学渊源》卷首《姓氏序》，载《四库全书存目丛书》经部，第162册，第369页。
② 黄进兴：《优入圣域：权力、信仰与正当性》，第233页。
③ （宋）王柏：《鲁斋集》卷首，中华书局1985年版，第1页。

了绿色通道，但朝廷对亲亲有序的伦理观念甚为笃守。在他们心中，程朱理学就像一个大家族，大宗嫡传自然最居显要，嫡传之中的长辈，理当先受到尊重。贤贤固然重要，但只贤贤而不亲亲，却可能是越祀犯分的违伦之举。因此，终明之世，只有朱子父师之辈的罗从彦和李侗在万历四十一年（1613）获准入祀，除陈澔有经书用于场屋的特例外，黄榦、北山四先生等朱子后学，均未获得同样的殊荣。而嘉靖改制后，中晚明入祀孔庙的人物有薛瑄、胡居仁、陆九渊、王阳明、陈献章。这些人除薛瑄以"德行"入祀外，其余均是心学宗师，这与中晚明心学的兴盛以及朝廷对心学由歧视、怀疑到最后接纳的态度变化息息相关。① 而北山四先生并无这方面的优势，在入祀的道路上自然又增加了一层阻力。

考察四先生在中晚明的请祀活动，其提出请祀的人群皆是当地官员以及金华籍士人。他们汲汲奔波的缘由除了前文所略及的赋役、科举之类的利益外，还与重振乡邦文化以及排辟阳明学有关。与宋元时期的欣欣繁盛相比，明代婺学风景不再，这成为金华士人的内心痼疾。四先生是除吕祖谦之外当地最隆高的学术偶像和文化资源，地方士人不断强化四先生入祀孔庙，即是以"时贤"之思迭现古乡贤之魂的尝试，背后有借勉励后学以重振婺学的诉求。而面对当时风靡的阳明学对以朱学为乡邦传统的巨大冲击时，许多金华士人自然表现出回击的意识与努力。如王三锡所说的章侨，就曾联合御史梁世骠上书嘉靖帝抵制阳明学，恪守朱学甚力。② 而请祀"朱子嫡脉"的四先生，正是这些背后用意下的数帧剪影之一。

三　清初的学术、政治环境与四先生的"优入圣域"

明清之际，理学思潮发生了"由王返朱"的内在转型。当时，晚明不少儒生对王学流弊尤其是左派王学无善无恶论的讲学旋风，

---

① 王阳明的入祀颇受争议，其政治意义远大于学术意义，参见朱鸿林《〈王文成公全书〉刊行与王阳明从祀争议的意义》，载《中国近世儒学实质的思辨与习学》，北京大学出版社2005年版，第312—328页；刘融《王守仁从祀孔庙之争》，《广西社会科学》2005年第1期。
② 龚剑锋、金晓刚：《地域理学谱系的生成机制及检讨——以宋儒范浚"婺学开宗"形成为中心的考察》，《浙江师范大学学报》2014年第5期。

深表厌恶，并展开广泛的痛斥与反思。到了清初，"尊朱辟王"之路逐渐形成全国性的学术思潮。与学术理路相配合的是，程朱理学在清前期被官方接纳，迅速上升为正统学说。当然，这一历史现象的成因，涉及政治、学术、社会等众多因素，远非单一的学术或政治变动。① 在这一背景下，朱熹瞬时超越诸儒，直接被视为孔子之后最伟大的圣人，并在康熙五十一年（1712），升居"十二哲"之列，成为非孔子弟子而享此殊荣的唯一后世儒者。在朱熹地位抬升的同时，与程朱相关的理学人物也受到大规模的优待与礼遇。而在孔庙从祀标准方面，康熙二十五年（1686）曾颁布："先贤先儒从祀位次，应视其道德为先后，不可援师弟为定例。"② 无疑是对唐代以降人伦优先原则的一大调整，后来的陆陇其便因这一定例而成功入祀，成为本朝入祀的第一清儒。

朝廷的尊朱政策以及从祀标准的调整，极大地激发了地方士人的学术活动。北山四先生拥有"朱子世嫡"这一得天独厚的有利身份，再度点燃了金华士人的请祀热情。康熙三十四年（1695），又一次出现争取四先生从祀的身影，"仇子与相（案：金履祥后裔金其相）交最后，言及四先生，辄以未获从祀为憾，偕其仲沧柱先生屡商疏请。"③ 然结果仍未如愿。究其原因，在于地方士人只看到朝廷的尊朱动向，并未真正洞悉康熙的内心实质。

对于康熙而言，政治学术权力已经掌握之后，所谓的尊崇程朱只是一个手段。当熊赐履等人汲汲于重构过度强调朱熹以降的道统，换来的是康熙的斥责而非鼓励，在康熙看来，毕竟过度的道统争论，虽然发端于学术，但很容易跨越到政治的范畴，其所造成的结果往往不免流于党同伐异，而终康熙一朝，本身便一直面临着党争的问题。对于康熙而言，与其喋喋于毫无意义的门户道统之争，不如强调躬行实

---

① 史革新：《略论清前期理学的复兴、作用和影响》，《徐州师范大学学报》2008年第4期。
② （清）文庆、李宗昉等纂修：《钦定国子监志》卷首《圣谕·天章》，郭亚男等校点，北京古籍出版社2000年版，第8页。
③ 金其相：《赵先生重刊四书正学渊源序》，载章一阳《金华四先生四书正学渊源》，《四库全书存目丛书》经部，第162册，第365页。

践，更有利于维持国家的稳定。① 其对理学的极大兴趣，固然有自身的学术喜好，但更多是着眼于有益治国，即透过躬行实践理学中的政治理论，以达尧舜之治。对于康熙而言，谁能承接朱熹以后的道统，甚至直接二帝三王之心法，将"道与治之统复合"，除了自己以外，恐怕并无第二人选。在这宏观的视野下，程朱陆王之争并不重要，唯有躬行实践，并以此体现尧舜之治，方才是真正的道学。所以到后来，康熙在学术立场上偏向程朱理学，但在政治统治中并不排斥阳明学，反而转向对躬行实践的强调。在这一脉络下，康熙一朝的孔庙新增祀者仅宋代范仲淹一人。请祀四先生活动的失败也在情理之中。

与康熙有所不同，其继承者雍正在继位初期，面临相当程度的政治挑战。一方面，此前参与皇位竞争的其他皇子，并未完全服从；另一方面，许多朝中大臣对其亦持观望态度。如何在严峻的政治形势下，迅速确立自己继位的正统性，除了利用政治手段铲除异己外，也势必在文化政策上作出模仿"皇考"的种种行为，不断强调康熙对其信任和托付，彰显自己对康熙的"道统继承"的意义。因此在继位之初，他就亲诣太学，谒先师孔子，以深悉圣人之道的姿态训谕天下士人研习儒家经典，并在释奠仪式结束后赐国子监敕谕一道：

> 我国家尊崇至圣，远迈前代。朕纷承大统，古训是学，惟日孜孜。兹雍正二年三月朔日，亲诣辟雍，抵谒先师孔子，行释奠礼。思以鼓励群英，圣隆文治。②

很明显，亲祭孔子、隆重祀典表面是宣扬文治兴学，其实质是服务于"纷承大统"的定调。他又追封孔子先世五代为王爵、敬避孔子名讳等，孔子及儒学在这些活动中得到远迈前代的尊崇。但反过来也折射

---

① 黄圣修：《一切总归儒林——〈明史·儒林传〉与清初学术研究》，台湾新文丰出版公司2016年版，第384页。
② 《清世宗实录》卷十七，中华书局1985年版，第282页。

第六章 道通天地：开千古境界的宋儒思想之韵

出，雍正欲借助孔庙来展现自己对儒家道统的承袭。雍正二年的孔庙增祀，即透露出这一政治意涵。

雍正二年（1724）三月，雍正在诣太学拜谒孔子回宫后，便谕礼部：

> 孔子道高德厚，万世奉为师表，其附享庙庭诸贤，皆有羽翼圣经、扶持名教之功。然历朝进退不一，而贤儒代不乏人。或有先罢而今宜复，有旧缺而今宜增。其从祀崇圣祠诸贤，周、程、朱、蔡外，孰应升堂附享者，并先贤先儒之后，孰当增置五经博士，以昭崇报，均关大典。①

经大臣部议，以礼部尚书张伯行为首提出孔庙入祀的名单：

复祀者十一人：	林放、蘧瑗、秦冉、颜何、郑康成、郑众、卢植、服虔、范宁、戴圣、何休
新增从祀者十八人：	乐正子、公都子、万章、公孙丑、诸葛亮、陆贽、韩琦、尹焞、黄榦、陈淳、何基、王柏、金履祥、许谦、陈澔、罗钦顺、蔡清、陆陇其

对这一从祀名册，雍正帝甚为不满，尤其对汉儒以及以功业显著的唐宋群贤的从祀资格，提出严重批评：

> 尔等所议复祀诸儒，虽皆有功经学。然戴圣、何休未为纯儒，郑众、卢植、服虔、范宁谨守一家言，转相传述，视郑康成之淳质深通，似乎有间。至若唐之陆贽、宋之韩琦，勋业昭垂史册，自是千古名臣，然于孔孟心传，果有授受，而能表彰羽翼乎？②

从此谕旨可以看出，雍正所诟病的几乎全是汉代传经之儒，对宋代以降的程朱学者并未异议。经数月详细讨论，同年八月，礼部再次上呈从祀名单。

---

① 《清世宗实录》卷十七，第282页。
② 《清世宗实录》卷二十，第326页。

453

复祀者六人：	林放、蘧瑗、秦冉、颜何、郑康成、范宁
新增祀者二十人：	县亶、牧皮、乐正子、公都子、万章、公孙丑、诸葛亮、尹焞、魏了翁、黄榦、陈淳、何基、王柏、赵复、金履祥、许谦、陈澔、罗钦顺、蔡清、陆陇其

对于第二次的从祀名单，雍正帝甚为满意，连连激赏："诸臣参考周详，评论公正，甚合朕心，著依议行。"① 对比前后两份的疏请名单，不难发现，汉代以降的新增祀者中，最后被剔除的只有陆贽、韩琦二人。对于朱熹一脉的理学先儒，群臣与雍正帝达成了较一致的认识。

北山四先生作为"朱子世嫡"的地位在清初已成儒林共识，② 故要求入祀的呼声越来越大。雍正即位后所展示的一系列尊崇程朱的姿态，也调动了朝中大臣的请祀热情。如张廷玉在雍正元年的顺天乡试中，就出策问题："黄勉斋亲受道于朱子，而金华何、王、金、许递衍其传之数，儒者以之从祀可以无愧，而数百年来礼官未有论及者，圣朝典制明备，或当次第举行欤？"③ 张伯行在首次疏请入祀名单时也一再强调："金华四子递衍其传，正学赖以不绝。"④ 在陈述入祀的理由中，最突出的两点：一是，援引《元史》等前人评介，时刻凸显四先生经黄榦上溯朱子，得理学之道统；二是，大量胪列四先生发挥《四书》的著述，以示四人对朱子学的护翼，这一点明显是针对四人在明代请祀失败作出

---

① 《清世宗实录》卷二十三，第374页。
② 如黄宗羲称："程、朱之至何、王、金、许，数百年之后，犹用高、曾之规矩。"(《明儒学案·发凡》)，黄百家直接点出"紫阳之嫡子，端在金华也"(《宋元学案》卷八十二《北山四先生学案》)。如果说这只是浙籍学者的认识，而外地学者亦表达了类似的看法。康熙时期，程朱学者黄昌衢即承认四先生的嫡传，称："我朱子录伊雒渊源以正之，何其谨严也。自此以后，黄、蔡亲承之，真、魏续肩之，递由宋入元而王、何、金、许谱衍之，于是雒闽一灯显于明初，号为统一。"(黄昌衢：《雒闽渊源录序》，张夏：《雒闽渊源录》) 原本传承有序，不可更动的何、王、金、许谱系（何基为王柏师），在黄昌衢手里却被调换成王、何、金、许，可知黄氏对四先生甚不熟悉，这反向说明了四先生至少在朱学学者中作为"朱子世嫡"地位的稳固。
③ （清）张廷玉：《澄怀园文存》卷六《癸卯恩科顺天乡试策问五道》，乾隆间刻澄怀园全集本。
④ 秦簧等修，唐壬森纂：《光绪兰溪县志》卷三，《中国方志丛书》影印光绪十四年刊本，第178号，成文出版社有限公司1974年版，第484—488页。

的辩驳。

而雍正的关注点,显然不是入祀者有无用于科场的著述,他更在意的是自己的行为是否与嗜好朱学的康熙相一致,因此对黄榦、陈淳、北山四先生等程朱一脉赞赏有加,声称他们"或亲承训论,递衍源流;或远契心传,倡明正学",[1] 有裨于扶持名教,羽翼儒家经典。在这双重的政治与学术的脉络中,北山四先生终得以在雍正二年的从祀孔庙大潮中成功入祀,其中,何基、许谦分列东庑先儒第五十二、五十六位,王柏、金履祥分列西庑先儒第五十九、六十二位,意味着国家政治权威对四人从"朱子世嫡"到"万世真儒"认定的最终完成。

尽管乾隆初年,全祖望对朝廷垄断浙东朱学继承人有所质疑,一度发出"婺中四先生从祀而独遗东发,儒林之月旦有未当者"[2] 的怨言,但也承认朱子学"自真、魏之后,有金华四子而益盛"。[3] 在补修《宋元学案》时,也对四先生作了相应调整。黄宗羲原先订何、王、金、许为《金华学案》,全祖望则更订为《北山四先生学案》,首以"北山"名之,并编制系统的学术谱系,赋以学派的意味,成为后人认识四先生思想与学派不可绕过的文献。

从雍正二年的孔庙入祀人物可以看出,雍正一方面通过模仿康熙的尊朱态度,以标榜得位之正;另一方面则直接介入并操控入祀名单,折射出他对学术领导权的掌控。后来他又主动介入佛门僧派的争辩,自许为教义的最终裁决者,还要主宰禅宗传授中的"印可",又不惜帝王之尊,与一介草民曾静进行口舌之辩,力争满人政权的合法性。[4] 这些举措无不显示出他不但视己身为政治的统治者,并且自命为思想的指导者,企图延继康熙欲合"道统"与"治统"于一的政治目的。

---

[1] 《清世宗实录》卷二十三,第373页。
[2] (清) 全祖望:《鲒埼亭集外编》卷十六《泽山书院记》,载《全祖望集汇校集注》(中),朱铸禹汇校集注,上海古籍出版社2000年版,第1054页。
[3] (清) 全祖望:《鲒埼亭集外编》卷四十一《与谢石林御史论古本大学帖子》,载《全祖望集汇校集注》(中),第1610页。
[4] 黄进兴:《清初政权意识形态之探究:政治化的道统观》,载《优入圣域:权力、信仰与正当性》,第92页。

四　结语

宋代以来，理学思想中兴起的"嫡脉""真传"，背后意味着学术话语权的争夺。这种争夺，固然与思想的继承有关，其实更多涉及师承渊源、交友网络、乡里后学的助推。通过对北山四先生从"朱子世嫡"的塑造，到入祀孔庙的梳理，可以看出，理学人物能否被思想群体乃至国家政治的认可，不仅取决于殊胜的内在思想，还关涉政治力量、时代需求等外在因素。尽管四先生之学在元代婺州士人的大力表彰下，逐渐获取官方的尊崇，但乡后学建构的"朱子世嫡"说，并未得到更大地域范围的认同，甚至受到政治地位比其更有优势的其他朱学流派的怀疑与抵制。但在明初金华士人主衡文坛的有利境况中，"朱子世嫡"说凭借后学的政治地位成功载入钦定国史，从此获得更大范围群体的认可与支持，说明政治力量对学术正统认定具有决定性作用。但乡后学并未因学缘、地缘的渊源请祀四先生，说明他们在处理儒家伦理与私人关系面前，考虑更多的是前者，以及孔庙入祀有其内在的标准。

从中晚明请祀失败的境遇来看，明廷虽奉程朱理学为官方哲学，亦认可四先生为"朱子世嫡"，但在是否以朱子学为终极典范的事情上，至少在明中期以前尚未形成有意识的明确决定。道学固然为朝廷所尊，但以经学体现道学的思想，在中期时仍居于主导地位。在庙堂朝臣看来，"羽翼《六经》"远较"羽翼程朱"重要。尽管胡安国、蔡沈、真德秀、北山四先生等人，均用程朱理学治学说经，但前三者因有流行场屋或经筵的释经之作，被视为"羽翼《六经》"，故得从祀孔庙。北山四先生与前三者一样，虽有"绍述道统"之功，但因缺乏有影响的著述，只能算是羽翼朱子，这在明代中期的标准中，还未足达到从祀的水平，反映了唐代以来"代用其书，垂于国胄"的准则在后世孔庙入祀制度中影响深远。而杨时、罗从彦、李侗在明代中后期的成功入祀，又说明严长幼、重亲疏的伦理观念一直是明代孔庙入祀的重要标准。换言之，明廷对四先生的认定只限在朱学正统的思想层面，在孔庙仪式与国家制度上并未得到相应的认同。

而四先生在雍正二年的成功入祀，一方面透露出雍正通过模仿康熙的崇朱姿态，以稳固皇位的目的；另一方面也反映了清初统治者对明代尊朱政策的继续与强化。在朱子师辈人物均已完成入祀的前提下，四先生等朱学的徒子徒孙也纷纷入祀孔庙，标志着晚宋以来朝廷对程朱理学及道学承传谱系认定的最终完成。程朱理学与朝廷的统治关系更加紧密，成为国家文教机制的典范。雍正二年诸儒的大规模入祀，达到了唐代以来孔庙增祀数量的最大化，一定程度上也折射出清廷对孔庙礼仪垄断的加强，显示了君王掌控祀典的决心，以及儒家"道统"受制于帝王"治统"并逐渐被后者吞并的历史趋势。

此外，从明代开始，不断出现地方官府与士人请祀四先生的活动，对一次次的失败还表现出强烈的遗憾，这背后也折射出各方力量的利益诉求。对参与其中的浙江学使、金华知府等地方官员而言，致力于树立地方文化权威，不仅有助于推行儒学教化，维护地方秩序，而且通过对乡贤的尊崇以及在请祀事件中居于领导地位，他们能有效缩小自己与当地士人、民众的距离感，从而将象征权力操控在自己手里。而对地方士人来说，乡贤人物入祀孔庙，对增强地域文化优势、加强地方自信与凝聚力无疑具有重要意义。但请祀活动最终失败，又说明孔庙祭祀的决定权始终掌握在朝廷手中，参与其中的地方官员与普通士人十分有限，并且他们所起的作用与庙堂君臣相比显得微不足道。这些均生动地展示了在孔庙入祀这一场域中，学术与政治、地方与中央之间的紧密互动与复杂关系。

第五节　浙学传承：从事功与心性的离合看浙东学派建构

众所周知，浙东学派是意义含混且颇有争议的概念，并与浙学、浙东事功学派、浙东史学关系复杂。[①] 当论及浙东学派时，不少人多与事

---

① 关于这些概念的辨析及历史演变，可参见朱晓鹏《浙学刍议》，《中国哲学史》2006年第1期；钱明《"浙学"涵义的历史衍变》，《浙江社会科学》2006年第2期；钱茂伟《论浙学、浙东学术、浙东史学、浙东学派的概念嬗变》，《浙江社会科学》2008年第11期。这里无意区分这些概念的差异，在行文中涉及这些名词时，均采用当时研究者的原来用语。

功学派、浙东史学等同视之。造成这一解读的缘由，绝大部分在于对浙东学派的研究基本聚焦于思想内容的阐释，却忽视了浙东学派自身的认识与建构历史。其实，浙东学派的源流、内涵及学术特色的塑造，是一个不断被层累建构的历史过程。① 以往对浙东学派的研究绝大部分聚焦于思想内容的阐释，虽有学者开始从认识论角度回顾其建构历史，但探讨仍远远不够。因此有必要重新梳理不同时期不同学者对浙东学派的认识源流，寻绎"重史""事功"学术特点的由来。

一 "功利""重史"说的缘起及调和

与浙东学派相关的名词，以"浙学"出现最早，其源于朱熹之口。翻检与朱熹相关的文献，他曾三次提及浙学：第一次在淳熙九年（1182）所撰的《香溪范子小传》中，朱熹评价婺州学者范浚："初不知从何学，其学甚正。近世言浙学者多尚事功，浚独有志圣贤之心学，无少外慕。"② 结合当时思想语境，朱熹标榜范浚的心性之学，正是对吕祖谦、陈亮、叶适等浙东事功一派的强烈不满；第二次提到"浙学"，见于《朱子语类》。他说："江西之学只是禅，浙学却专是功利。禅学，后来学者摸索一上，无可摸索，自会转去；若功利，则学者习之，便可见效，此意甚可忧！"③ 此处的"浙学"一词，具体年代无法考证。不过，当浙学作为一个整体出现时，令人更多联想到的是吕祖谦及其婺学。因为朱熹在《答程正思》（淳熙十六年）中第三次提及浙学时，便毫不隐晦地点出浙学所指及其弊病，"浙学尤更丑陋，如潘叔昌、吕子约之徒皆已深陷其中，不知当时传授师说何故乖讹便至于此，深可痛恨"。④ 很明显，他所指摘的对象，即吕祖谦的后学吕祖俭、潘景愈等为代表的浙学。在朱熹眼中，以吕氏后学为代表的浙学专尚功利，最能引诱、误

---

① 王宇：《道行天地：南宋浙东学派论》（中国社会科学出版社 2012 年版）系统解读南宋以降"浙学"的历史与评价背景，对本内容的撰写启发尤多。
② （宋）朱熹：《香溪范子小传》，载范浚《范香溪先生文集》卷首，四部丛刊本。
③ 黎靖德编：《朱子语类》卷一二三，中华书局 1994 年版，第 2967 页。
④ （宋）朱熹：《朱子全书·晦庵集》卷五十《答程正思》，上海古籍出版社 2002 年版，第 2327 页。

第六章 道通天地：开千古境界的宋儒思想之韵

导士人，并隐隐指出这一病端源自吕祖谦。

除了痛斥浙学的"功利"色彩外，朱熹还将矛头指向吕祖谦、吕祖俭、陈亮、叶适等人的"重史"主张，

> 伯恭无恙时爱说史学，身后为后生辈，胡涂说出一般恶口，小家议论，贱王尊霸，谋利计功，更不可听。①
> 看史只如看人相打，相打有甚好看处？陈同父一生被史坏了。②

朱熹、吕祖谦、陈亮、叶适等宋儒均十分重视史学。但在经史关系上，他们观点迥异。朱熹主张读史以明"义理"为前提，经本史末、先经后史，将格物穷理作为治史的目的。而吕祖谦主张经史并重，在他的学术中，经与史的关系并非朱熹所谓的"本末体用"。陈亮、叶适也主张经史结合，认为《六经》是特定历史时期的文字记录，"名经，而实史也"。二人的经史观，颇有"五经皆史"的意味，开后来"六经皆史"的先河。可见，因为学术观点的颉颃，朱熹才对经史并重的浙学抱有微议。也由于朱熹的抨击与渲染，"功利"与"重史"成为浙学的两大标识。

南宋以后，吕学、永康及永嘉之学传承断裂，影响大不如前，逐渐淡出学者的视阈，对浙学"功利"的责难也归于沉寂。在元代朱陆合流的趋向中，不少学者也跨出门户之见，较客观地看待浙学。如江西人刘埙就说："宋乾、淳间，浙学兴，推东莱吕氏为宗。……当是时，性命之说盛，鼓动一世，皆为微言高论，而以事功为不足道，独龙川俊豪开扩，务建实绩。"③ 刘埙在朱学大盛的时代，崇尚陆学，将朱、张、吕、陆四人并提，视他们均为儒家道统的正传。依他看来，吕祖谦兄弟为浙学当之无愧的代表，陈亮的经世事功则有补于朱熹的性命之说。不惟如此，他还认为陈亮的事功学也内涵性理，深合伊洛之旨，"龙川之

---

① （宋）朱熹：《朱子全书·晦庵集》卷三十五《与刘子澄》，第1555页。
② 《朱子语类》卷一二三，第2965页。
③ （宋）刘埙：《隐居通议》卷二《龙川功名之士》，丛书集成初编本，第19页。

学,尤深于《春秋》。其于理学,则以程氏为本。……其于理学固用心矣,岂徒曰功名之士?"① 在刘埙眼中,吕祖谦、陈亮等人的浙学是"事功"与"心性"的绾合,集内圣、外王之道,属于儒学的正统,而非朱熹所斥的"专言功利"。刘埙在元代陆学凋零的境况下,有志于陆学的复振,对朱学排斥的其他学派抱有同情的理解,因而能以包容的心态评骘南宋学术,较党同伐异的门户之见,无疑更加客观。

与学术朱陆合流的同时,南宋以来对地方的关注在元代更为凸显,曾被朱熹诟病的吕祖谦、陈亮、叶适等浙学代表,反而成为建构乡里传统的强有力资源。浙学一度成为浙东地方士人颂扬与沾光的对象。如婺州义乌人王祎认为吕祖谦、唐仲友、陈亮各以性命、经世、事功显著:

> 尚论吾婺学术之懿,宋南渡以还,东莱吕成公、龙川陈文毅公、说斋大著唐公同时并兴。吕公以圣贤之学自任,上继道统之重。唐公之学,盖深究帝王经世之大谊,而陈公复明乎皇帝王霸之略,而有志于事功者也。即其所自立者,观之虽不能苟同,然其为道皆著于文也,其文皆所以载道也。文义、道学,曷有异乎哉?②

王祎即指出吕祖谦、唐仲友、陈亮的道文合一,符合"文以载道"的旨趣。王祎同门友戴良也自炫"吾婺文献之懿",③ 将浙学作为乡学传统的重要内容。王祎、戴良等人均是"朱子嫡脉"北山学派的传人,但在他们看来,朱子学与浙学并非相悖,而是紧密融合,形成互补。可见,由于建构乡里传统的需要,浙东士人有意淡化朱学与浙学的冲突,转而强调二者的互补共通。在元代学者的视阈中,浙学虽以事功为主,但不偏废心性,在文学方面亦成就卓荦。

由朱熹挑起的浙学"功利""重史"一说,经过元代学者以及浙东

---

① (宋)刘埙:《隐居通议》卷二《龙川功名之士》,丛书集成初编本,第19页。
② (明)王祎:《王忠文公集》卷七《送胡先生序》,《文渊阁四库全书》本。
③ (元)戴良著,李军、施贤明点校:《戴良集》卷十二《送胡主簿诗序》,吉林文史出版社2009年版,第135页。

第六章 道通天地：开千古境界的宋儒思想之韵

士人的洗刷，一定程度上改变了"丑陋"的形象。但在明代前期朱学独尊之时，浙学又被贴上"功利"的标签，如成化年间的章懋就认为："浙中多是事功，如陈同父、陈君举、薛士龙辈，只去理会天下国家事，有末而无本。……惟朱子之学知行本末兼尽，至正而无弊也。"①在他手上，浙学又成为有末无本的学说，只有事功而无心性，朱子学才是本末兼备的儒家正学。章懋是明代婺学最重要的领袖之一，但他固守朱学，认为："经自程朱后不必再注，只遵闻行知，于其门人语录，芟繁去芜可也。"② 在他心中，吕祖谦、陈亮、唐仲友等乡学虽有可取，但偏废一端，难与朱子学媲美。与王祎、戴良等乡贤相比，章懋考衡浙学的维度，虽非乡里情结，然更多涉及学术异同，亦难免有失公道。

二 心学的融入及地域维度 "浙东学派"的出现

明代中后期，阳明学大盛。因王守仁籍属浙东的缘故，浙学逐渐成为阳明学的代称，被赋予了与"功利"截然不同的含义。如湖州学者蔡汝楠称"吾浙学自得明翁夫子（阳明），可谓炯如日星"，③ "永丰（聂豹）则谓我浙学承阳明夫子之绪，如曹溪以后谈禅，非来本意矣"。④ 其中的"浙学"特指明代浙江地区的阳明心学。福建人刘鳞长则进一步发挥蔡汝楠的"浙学"概念，其编撰的《浙学宗传》重点梳理两浙的心学流脉，主要收录南宋以来浙江的心学人物，如浙西的张九成，浙东的吕祖谦、杨简、王阳明等人，南宋浙学的陈亮、陈傅良、叶适的身影反而无迹可寻。与前人相比，刘鳞长的"浙学"有两大特点：一是思想内涵专指心学或心性之学；二是在地域上，除浙东外，还包括浙西。追溯刘鳞长的"浙学"定义，其目的就是要打通浙学与闽学，使心学与理学不仅在源头上"同属家亲"，而且在传承中彼此贯通。⑤

---

① （明）章懋：《枫山语录·学术》，丛书集成初编本，第2页。
② （明）黄宗羲：《明儒学案》卷四十五《诸儒学案上》，中华书局1985年版，第1078页。
③ （明）蔡汝楠：《自知堂集》卷二十《致张按察使浮峰先生》，《四库全书存目丛书》，齐鲁书社1997年影印本，集部，第97册，第702页。
④ （明）蔡汝楠：《自知堂集》卷十八《致孙蒙泉》，第671—672页。
⑤ 钱明：《"浙学"内涵的历史衍变》，《浙江社会科学》2006年第2期。

俗世雅意：浙风宋韵的多维审视

作为阳明学的学者，刘氏的做法颇类王阳明的《朱子晚年定论》，在于调和心学与理学的冲突，减少心学传播的阻力。这些阳明学者对浙学的指认，极大地影响了后人的判断。如清初《明史》馆臣及黄宗羲均以"浙学"或"浙东学派"特指明代浙东王学及刘宗周蕺山一派。[1] 可见在阳明学兴起后，浙学逐渐成为心学的代称。萦绕在浙学头上的"功利""事功"色彩日渐消散，其事功与心性却再度分离。直到黄百家辑纂《宋元学案》相关篇目时，浙学的双重性又稍以凸显。他在回溯永嘉之学的演进历史时说：

> 永嘉之学，薛、郑俱出自程子。是时陈同甫亮又崛兴于永康，无所承接。然其为学，俱以读书经济为事，嗤黜空疏、随人牙后谈性命者，以为灰埃。亦遂为世所忌，以为此近于功利，俱目之为浙学。[2]

黄百家将永嘉之学及永康之学合称"浙学"，并强调永嘉之学源出二程，永康之学兼重读书与经世，二者被目为"功利"乃是朱学一派的忌恨所致。尽管黄百家对浙学的定义还不甚明朗，但从他为浙学鸣不平可以看出，其重视永嘉、永康之学的意图非常明显，并倾向强调浙学的读书明理与经世致用，是合心性与事功为一的，因此对永康之学的评价，用的是"读书经济"，而非"功利"一类的贬义词。纵观朱熹、刘埙、章懋及蔡汝楠、刘鳞长、黄百家的"浙学"概念，其内涵虽有不同，或称吕祖谦、陈亮、叶适的事功之学，或指阳明学、心学传统，但划分的依据明显倾向于思想的内质，而非地域学脉。

真正从地域及学派谱系建构浙学的，始于全祖望、章学诚二人。全祖望在大规模补修《宋元学案》时，曾多次使用"浙学"一词，用来概括浙江学者的学术源流、特色和风格。

---

[1] 钱茂伟：《论浙学、浙东学术、浙东史学、浙东学派的概念嬗变》，《浙江社会科学》2008年第11期。

[2] （明）黄宗羲原著，全祖望补修，陈金生、梁运华点校：《宋元学案》卷五十六《龙川学案》，中华书局1986年版，第1832页。

第六章 道通天地：开千古境界的宋儒思想之韵

> 世知永嘉诸子之传洛学，不知其兼传关学。考所谓九先生者，其六人及程门，其三则私淑也；而周浮止、沈彬老又尝从蓝田吕氏游，非横渠之再传乎？……今合为一卷，以志吾浙学之盛，实始于此。①

> 勉斋之传，得金华而繁昌。说者谓北山绝似和靖，鲁斋绝似上蔡，而金文安公尤为明体达用之儒，浙学之中兴也。②

> 四明之专宗朱氏者，东发为最。……晦翁生平不喜浙学，而端平以后，闽中、江右诸弟子，支离、桀戾、固陋无不有之，其能中振之者，北山师弟为一支，东发为一支，皆浙产也。其亦足以报先正拳拳浙学之意也夫！③

由此可见，全祖望所谓的"浙学"，是相对于濂、洛、关、闽之学而言的南宋浙江儒学，其范围涵盖了当时浙东地区的永嘉、金华、四明诸子之学。而且，浙学诸子的思想倾向并不完全一致，其中有的属朱学，有的尚陆学，也有的折中朱陆。全祖望在《艮斋》《水心》《龙川》等学案中虽已观察到永嘉、永康之学的"功利"路向，但这与他对"浙学"（与朱、陆殊途同归）的总体衡定发生了冲突，因此力图将"浙学"描绘成程学的一支。④ 既然全祖望强调的浙学属于地理概念，又有重塑浙学形象的用意，因此他的"浙学"理解显然包括心性与事功。

相对于全祖望"浙学"的地理表述，章学诚的《浙东学术》则从学派谱系，建构浙东之学，溯其源流、揭示宗旨，对后世的浙东学派研究影响最大：

> 浙东之学，虽出婺源，然自三袁之流，多宗江西陆氏，而通经服古，绝不空言德性，故不悖于朱子之教。至阳明王子揭孟子之良

---

① 《宋元学案》卷三十二《周许诸儒学案》，第1131页。
② 《宋元学案》卷八十二《北山四先生学案》，第2725页。
③ 《宋元学案》卷八十六《东发学案》，第2885页。
④ 关于全祖望的"浙学"概念，可参见［日］早坂俊广《关于〈宋元学案〉的"浙学"概念——作为话语表象的"永嘉"、"金华"和"四明"》（《浙江大学学报》2002年第1期）、王宇《道行天地：南宋浙东学派论》（第13页）。

知，复与朱子抵牾；蕺山刘氏本良知而发明慎独，与朱子不合，亦不相诋也；梨洲黄氏出蕺山刘氏之门，而开万氏弟兄经史之学，以至全氏祖望辈尚存其意，宗陆而不悖于朱者也。①

章学诚将浙东之学的源头追溯至象山心学，认为王阳明、刘宗周、黄宗羲、万氏兄弟、全祖望等人的学说虽各有侧重，"阳明得之为事功，蕺山得之为节义，梨洲得之为隐逸，万氏兄弟得之为经术史裁"，② 但均以陆学为根柢，呈现出"尊德性"的传统，恰与朱学的"道问学"并行不悖。因此当有人质问浙东学术的事功、气节是否与心性、著述相通时，章学诚作了肯定的回答："史学所以经世，固非空言著述也。且如六经，同出于孔子，先儒以为其功莫大于《春秋》，正以切合当时人事耳。后之言著述者，舍今而求古，舍人事而言性天，则吾不得而知之矣。学者不知斯义，不足言史学也。"③ 在章学诚看来，史学的目的在于"切合人事"，解决现实问题，而浙东史学涵括经世史学与性命义理，克服了朱陆两家"空言德性""空言问学"的流弊，所谓"言性命者必究于史，此其所以卓也"。可见章学诚眼中的浙东学术，兼综史学、经世与心性，甚至成为超越朱陆之上的儒学正宗，将被人诟病的"功利"色彩一扫而尽。当然，正如学者们所说，章氏的"浙东学术"并不能用来描述南宋思想史的实况，只是为他本人在乾嘉学术大潮中的自我定位而创造出来的一个概念，按照倪德卫、余英时的说法，"实斋之认同于'浙东学术'乃出于晚年之追论"。在清代中期的学术语境下，章学诚已无法辨识朱、陆两大传统之外的儒学资源，故他只能通过"史学经世"来超越朱、陆，创造出一个"言性命者必究于史"的浙东学术。④

---

① （清）章学诚撰，叶瑛校注：《文史通义》卷五，中华书局1985年版，第157—158页。
② （清）章学诚撰，叶瑛校注：《文史通义》卷五，中华书局1985年版，第157—158页。
③ （清）章学诚撰，叶瑛校注：《文史通义》卷五，中华书局1985年版，第157—158页。
④ 王宇：《道行天地：南宋浙东学派论》，第17页。钱志熙也指出，后世学者大多依托于章氏建构的学术谱系，虽有各种解释，"但总的来说，并不将章氏建构的谱系的不完整，看成是常识性的疏误，而是力图从他自觉的学派建构的逻辑思考出发加以解释"。参见《论浙东学派的谱系及其在学术思想史上的位置——从解读章学诚〈浙东学术〉入手》，《中国典籍与文化》2012年第1期。

章学诚虽以"浙东学术"为题，但从论述内容来看，在于强调浙东地区学术的传授关系，与后世的学派概念已十分接近，因此后来许多研究者直接以"浙东学派"替换了"浙东学术"。

考察南宋至清中期的数百年间，浙学的"事功""心性"两面在不同学者的诠释中分分合合，历经了多次调整。朱熹眼中的浙学，只是"功利""重史"，缺乏心性，所谓"有末无本"，明显带有贬低、责难的意味。元代学者视阈中的浙学虽以事功为主，但并不偏废心性。明代以下，虽仍有"功利"说的声音，或出现浙学代称阳明学、心学的踪影，但总体而言，浙学绾合事功与心性的观点越到后来越占据主流，在章学诚手里，甚至成为优胜于朱陆的儒家正学。浙学的事功与心性的离合，折射出不同学者背后的不同语境以及不同诉求。有的（如章懋）杂糅了门户之见，有的（如王祎、戴良）出于建构乡里传统的需要，有的（如章学诚）还关涉自身学术的论争。尽管持"绾合说"的学者亦有背后的用意，但相较"功利"或"心学、心性"说，无疑最贴近客观事实。

三 以"史学""事功学"为内核说的定格

清末民初，在西学东渐的进程中，各种西方思潮涌入东亚世界。为应对内忧外患的社会危机，民族志士除以武力、实业、教育救国外，亦孜孜从学术、思想入手，力图改变贫弱的中国。其中，进化论展示了西方各国在政治、经济、文化上的优异，迎合了国人求新求变的急迫心态，因而大受追捧。投射在史学领域，梁启超、夏曾佑、何炳松等人纷纷倡导以进化史观为核心的新史学。他们批判旧史学，主张重写中国历史，借史学以救世济民。在梁氏等人看来，史学是鼓动民族主义的重要器具，"今日欲提倡民族主义，使我四万万同胞强立于此优胜劣败之世界乎？则本国史学一科，实为无老、无幼、无男、无女、无智、无愚、无贤、无不肖所皆当从事视之，如饥渴饮食一刻不容缓者也"。[1] 以梁

---

[1] 梁启超：《新史学》，《饮冰室合集》文集之九，中华书局1989年版，第1页。

启超为代表的新史学派强调以史学叙述人类群体进化,求其公理公例,称史学为"国民之明镜,爱国心之源泉",以新史学激发国民的爱国心,树立民族自信心,重塑民族精神。

在建构新史学的过程中,梁启超大量援引外国思想,亦汲汲寻找本土的重要资源。他发现了章学诚的学术思想与新史学的宗旨异常契合,并由此溯源,对清代浙东史学青睐有加。在他眼中,"清代史学界伟大人物,属于浙东产者最多"。而且,从"尊史"的角度构建了清代浙东学派谱系:

> 复有浙东学派者,与吴派、皖派不相非,其精辟不逮,而致用过之。源出自梨洲、季野,而尊史。其巨子曰邵二云、全谢山、章实斋。①
>
> 浙东学风,从梨洲、季野、谢山起以至于章实斋,厘然自成一系统,而其贡献最大者实在史学。②

梁启超提出的清代浙东学派,实援引了章学诚的浙东学术概念。不过,梁氏因建构新史学之用意,重点关注黄宗羲、万斯同、全祖望、章学诚等人的史学思想,因而将浙东学派浓缩成清代浙东史学。受梁启超的影响,众多参与新史学建构的学者也不断强调浙东学派的史学成就。如周予同于1929年首次提出"浙东史学派"的名称,认为它有"严种族之别"和"尊重历史"两大特点。周予同甚至一反传统"浙东"(钱塘江以东)的地理界定,将属于"浙西"(钱塘江以西)的章太炎也列入浙东学派,说他"受浙东史学派的影响,兼了章学诚、全祖望、万斯同、黄宗羲一派的学说"。③ 可见在梁启超、周予同的潜意识中,浙东学派等同于浙东史学派。在二人的鼓吹下,浙东学派的史学虽得以凸

---

① 梁启超:《论中国学术思想变迁之大势》,上海古籍出版社2001年版,第124页。
② 梁启超著,朱维铮校注:《中国近三百年学术史》,《梁启超论清学史两种》,复旦大学出版社1985年版,第200页。
③ 周予同:《第四期之前夜——向青年们公开着的一封信》,载朱维铮编《周予同经学史论著选集》(增订本),上海人民出版社1996年版,第109页。

显，却遮蔽了心性、义理的一面。

新史学健将何炳松亦注目浙东之学，撰有《浙东学派溯源》（1932），系浙东学派研究史上首部专著，意义非凡。与前人相比，何炳松对浙东学派的认识，有两点创见：一是强调浙东学派是一横跨宋元明清的连绵学派，"第一期（南宋至明初）有永嘉、金华两大派，并由金华分出四明的一支；第二期（明末到现在）中兴于绍兴，而分为宁波与绍兴的两派"。[①] 二是主张浙东学派源出伊洛之学，是程颐一派在浙东的演化。在何氏的思考中，相较由道家思想脱胎而来的朱熹一派，浙东学派熔心性与事功于一炉之内，才是儒学的正宗。不过，在性理、史学的排序时，何氏仍坚持史学与事功是浙东学派最光辉的成就，"这一派学者大都是史学家，讲究经济，最契实用，和道佛两家的玄谈大不相同"。[②] 究其目的，乃是他以浙东史学为儒学正宗，借浙东史学研究构建民国新史学。因此，他的浙东学派研究，其实是中国史学史研究视野下的产物，得到标榜的仍是史学这一主流的成就。

20世纪30年代，随着日本发动九·一八事变，继之又全面侵华，中华民族陷入生死存亡之际，救亡图存成为国家的主题。学术界亦结合抗战现实，旋转研究方向，纷纷强调经世致用与民族大义的思想，借学术以正人心，端士习，弘扬民族正气。这一时期的浙东学派研究很好地映射了学术与现实的紧密互动。爬梳相关研究，除晚清朴学出身的碧瑶的《浙江学术源流考》、张寿镛的《两浙学术考》等能对浙东学派内涵作较全面的梳理外，认为其包括吕学、朱学、永康、永嘉之学以及清代浙东史学，合性理、事功、史学于一，其余学人大多指向浙东学派的史学与事功，有学者（如李源澄《浙东史学之遗源》）甚至将浙东史学的源头追溯至东汉主张实学的王充。至于为何独标浙东学派的经世、事功，可通过陈训慈一例的解读，推勘当时研究者的内在用意。

陈训慈强调经世致用、民族思想是浙东史学源远流长的两大标杆，"迄于清季，浙东士子闻革命之义而奋起者，犹多冥契先儒之教。夫明季

[①] 何炳松：《浙东学派溯源》，岳麓书社2011年版，第151页。
[②] 何炳松：《浙东学派溯源》，岳麓书社2011年版，第8页。

之忠义,初不仅忠于一朝一姓之事,而实为吾汉族强毅之民族精神所表见"。而浙东史学的这两大主旨,正是晚清以来中华民族振励志气急切所需的精神支撑,"独吾中国民族今日所处之危难,远过明季满人之侵入,而士习萎靡,每况愈下,先烈之风,正可以振励末俗。中山先生之倡革命,期期以'恢复民族精神'勖国人。浙东之史学,先哲忠义之气所寄者,吾卓特之民族精神寓焉"。① 可见,由于爱国主义的激发,使陈训慈等人追求学术的经世致用,有意淡化浙东学派的性命之学,凸显其事功与忠义思想。他们希冀以浙东史学铸造民族精神,用学术研究砥砺民族自信,为抗战提供精神与文化力量。基于此,在爱国主义与民族主义的荡涤下,众多学者视阈中的浙东学派以实学、事功的面目出现。

与此同时,也有部分学者试图通过表彰浙东史学来重建中国学术。如刘咸炘构建以章学诚为核心的浙东学术谱系,旨在塑造、贯彻浙东史学以公统私、广大圆通的学术特质,以此重建中国文化,回应中西古今之争。蒙文通则强调南宋浙东史学与清代浙东史学的差别,以秦汉新儒学为根本,将南宋浙东史学构建成"儒史相资"的典范,以此阐扬儒学在中国文化中积极的历史意义和现实价值。② 二人关注的浙东史学虽涵括性理、文史、经制等学,远不囿于史学一域,但其运用的"浙东史学"却不自觉地影响时人对浙东学派的认知,致使他人误以为浙东学派只以史学显著。在这些学术大家的表述及名称的流传、强化的过程中,浙东学术或浙东学派一词逐步向浙东史学转型。透过新史学派及民族主义影响下学者的浙东学派研究,表明由于学术及政治的背后诉求,民国学者有意割裂浙东学派的内涵,将其塑造成以史学、事功显著的学术形象。

四 "事功""史学"的新诠解及心学倾向之再发现

中华人民共和国成立后,运用历史唯物主义分析学术思想成为研

---

① 陈训慈:《清代浙东之史学》,《史学杂志》1931年第2期。
② 张凯:《浙东史学与民国经史转型——以刘咸炘、蒙文通为中心》,《浙江大学学报》2011年第6期。

究主流。因此，唯物与唯心的派性划分、阶级属性的归属、投降与爱国、进步与保守的争论无疑是浙东学派研究的重点与主旋律。在这过程中，陆王心学、程朱理学被视为唯心论的代表加以批判，而陈亮、叶适被塑造成朴素唯物主义的代表，备受肯定。如潘富恩、吕振羽、华山、侯外庐在认识论、天道观、历史观等方面系统化地论述了陈亮、叶适的唯物主义思想。侯外庐更是把叶适看作"庶民地主及个体农民和工商业者"的代表，与程朱道学为代表的封建地主阶级思想做斗争。陈亮则成为唯物主义和爱国主义的典型，他与朱熹的"王霸之争"被视为唯物论与唯心论、进步派与保守派的思想战场。很明显，这种具有浓厚教条主义色彩的唯物与唯心二元对立及阶级分析的方法，是政治意识形态斗争激化下的产物。

这一时期的台湾地区学者虽未受马克思主义二元划分的影响，但也采用"经世外王—心性内圣"的二元对抗模式描述陈亮、叶适与程朱理学的关系。如牟宗三的《心体与性体》（1968）认为叶适不仅对抗程朱理学，也是儒学的异端。牟氏弟子韦政通的《中国思想史》（1990）也强调陈亮、叶适属于事功派，反对空谈性命，是理学出现以来首次遭到的强有力非难。可见，这一时期的研究方法虽与民国学者不同，但无论中国大陆、中国台湾，对浙东学派的内涵解释，大体是一致的，均认为浙东学派注重事功，反对心性，是反理学思潮的表现。

进入 20 世纪 80 年代，随着改革开放、经济建设对实干精神的强调，功利主义和经济思想日成主流。如何汲取古人的智慧来推动经济建设，成为当时学者的重要关切。为此，浙东学派所蕴藏的经世、事功思想又得到焕发。从论文数量来看，对浙东学派的王霸之辩以及功利思想的讨论，占了整个 80 年代浙东学派研究成果的绝大多数。这些研究除继续围绕永嘉、永康及清代浙东史学，概述其经世致用的整体思想外，还将事功精神重点诠释为经济建设思想。周行己、叶适、黄宗羲等人的经济、财税、改革思想被学界广泛讨论，成为新的增长点。

自 80 年代末尤其是 90 年代初以来，学术研究逐渐转向深沉、严谨，众多问题的思考更为细致、客观。与之相应的是，学界兴起反思、重估之风，越来越多的学科不满于旧有的研究范式，"重写学术史""重写思想史"的呼声日益高涨。在这一思潮的推动下，学界对浙东学派的内涵也有了新的阐释，最突出的表现，即浙东学派的"心学倾向"得以重光。滕复在寻绎阳明学本土渊源的过程中，不仅发掘了自张九成、甬上四先生以来的浙江心学传统，还集中地讨论了浙东学派演变中事功学与心学合流的趋势。他认为事功学、心学均源于北宋程学，从南宋甬上四先生至元末明初的刘基、宋濂、方孝孺的进程中，体现出某种融合事功学与心学的思想倾向，到王阳明手中，则最终完成二者的合流。① 紧接着，王凤贤、丁国顺的《浙东学派研究》（浙江人民出版社1993年版）以心学的形成、发展为线索，考察浙东学派的历史流变。作者认为浙东学派从北宋的周行己开始就具心学倾向，南宋吕祖谦的心学倾向更为明显，杨简等人更是当时心学的代表，王阳明则集心学思想之大成，"从某种意义上说，浙东学术是宋明时期在浙东地区逐步发展起来的以心学为主要倾向的学术，浙东学派也就逐步发展成为一个心学学派"。② 而刘宗周、黄宗羲、陈确等人力挽王学之既倒，使心学发展步入"纠偏""修正"的时期，最终形成以黄宗羲为代表的清代浙东学派，"因此，就浙东学术的性质来说，其主导思想属于渊源于孔孟的心学"。③ 尽管该书对心学特色的梳理未能详尽，但它引起人们开始关注浙东学派的心学面向，而不局限于传统的经史、事功，在浙东学派研究史上具有里程碑意义。

滕复、王凤贤等学者重拾浙东学派的心学思想，究其缘由，除前文述及的学术反思之风外，当与他们的工作经历与学术背景有关。他们任职于浙江社会科学院，参与吴光等主编的《黄宗羲全集》《王阳明全集》，以阳明学研究见长。因此在研究浙东学派的过程中，惯于以阳明学为轴心，前后从心学的维度审视整个浙东学派的缘起、流变与发展。

---

① 参见滕复《阳明前的浙江心学》，《浙江学刊》1989年第1期；《宋明浙东事功学与心学及其合流——兼论王学的思想来源及性质》，《东南文化》1989年第6期。
② 王凤贤、丁国顺：《浙东学派研究》，浙江人民出版社1993年版，第1页。
③ 王凤贤、丁国顺：《浙东学派研究》，浙江人民出版社1993年版，第14页。

当然，整个90年代，以心学审视浙东学派的学者只是零星出现，且以浙江籍学人为主。这一判断，虽未形成学界共识，但开辟了学术新思路，酝酿着21世纪浙东学派研究的重大变化。

五 事功与心学二维共识的形成

2000年以来，随着教育、文化的繁荣，以及国内外互动的频仍，学术研究继承90年代反思、重估的风潮，在观念、视野、方法上愈加多元，并逐步形成自觉的评判话语。与此同时，在经济发展的推动下，各地兴起地域文化建设的热潮，彰显地域意识与梳理乡学传统成为当今地方发展的重要课题。浙东学派研究亦契合世纪之交的路径转变，成为"地方显学"。而从成果来看，其重心依然聚焦于浙东史学、功利之学，但也出现可喜的变化，尤其对浙东学派内涵和特质的阐释，越来越重视和梳理心学的面向。

一方面，受滕复、王凤贤等的启发，不少学者继续梳理浙东学派的心学主题，如董平的《浙东学派之名义及其内涵》（《思想家》第二辑）、方同义的《论浙东学术之心学主题》（《浙东文化》2006年第4期）均认为，在大倡史学、讲求事功的同时，浙东学派的心性之学一直未曾衰歇，二者并行不悖，深深根植学派思想之中，"就其一般情形而言，这一学派在整体上仍属于道学或理学，而其本身则包括两个主要分支，即浙东史学派与浙东心学派"。[1]

另一方面，以吴光、何俊、钱明为代表的学者重新梳理浙东学派的历史脉络，并赋予"浙学"新的阐释。如吴光的《"浙学"的内涵及其当代定位》（《光明日报》2005年5月10日）认为"浙学"的内涵可作狭义、中义与广义的区分，并将浙学的源头追溯至东汉王充的"实事疾妄"，强调"大浙学"的主流是南宋以来的浙东经史之学。他的浙学概念虽仍以事功、经史为主调，但也有心学的部分。而何俊《事与心：浙学的精神维度》（北京大学出版社2013年版）则

---

[1] 董平：《浙东学派之名义及其内涵》，巩本栋等主编：《中国学术与中国思想史》，江苏教育出版社2002年版，第457页。

进一步阐明了浙学内质中事功与心性的关系,"心与事反向的精神维度,其分裂只是表面的。在浙学的思想世界中,心与事的精神维度的反向性实质上存在着内在的统一性,其表面的反向恰为之打开了极大的思想空间,构成了必要的思想张力。心与事的反向诉求没有构成精神的分裂,相反,彼此恰成为对方存在与生长的前提与动力"。[1] 他认为,在浙东学派中,心学与史学、事功学之间是内在统一的。只是在不同时期、地域的不同学者身上,这一特征有所侧重,从而呈现出某种显见的偏向,比如"宋代的事功学偏于外的事的成就,明代的心学重在内的心的确立"。[2] 在这些学者的助推下,浙东学派"以事功、史学独卓"的面貌得到大幅度的清洗,并逐渐确立起"合事功与心性"的新形象。

除了在哲学史、思想史视野下重新检讨浙东学派的内涵之外,新时期的研究还呈现出另一新动向:浙东学派的文学、经学受到广泛关注,甚至出现"浙东文派"或"浙东经学派"的概念。[3] 这些结论是否成立暂且勿论,但足以显示浙东学派的丰富内涵已被广大学者接受,远非事功与史学所能尽摄。考察新时期浙江学者对浙学研究的新思考,其内在轨迹,除客观理性的学术思考外,亦有地方文化建设的推动与诉求。面对浙江经济的蓬勃生机,如何在新的历史条件下寻求传统的思想资源,成为浙江学人的重大课题。正如吴光所说:"我们在建设人文浙江、和谐浙江、生态浙江、现代浙江,实现中国梦的实践过程中,应该充分发掘浙学人文精神的思想资源。"[4] 一语道破对浙学概念及内涵的新解释,深受当今浙江文化建设的强烈激发。

---

[1] 何俊:《事与心:浙学的精神维度》,北京大学出版社2013年版,第2页。
[2] 何俊:《事与心:浙学的精神维度》,北京大学出版社2013年版,第2页。
[3] 如郭庆财《南宋浙东学派文学思想研究》(中华书局2013年版);张如安、管凌燕《清初浙东学派文学思想研究》(浙江大学出版社2013年版)等。而李建军《宋代浙东文派研究》(中华书局2013年版)则标举"浙东文派"概念,对浙东文派的文章学作了细密的梳理,把握浙东文派文章学的精粹、特质及其嬗变的历程,值得关注。姜海军的《宋代浙东学派的经学思想研究》(齐鲁书社2017年版)虽未直接提出"浙东经学派"的概念,但对其经学思想的凸显,无疑表明经学思想在浙东学派中的重要地位。
[4] 吴光:《关于"浙学"研究若干问题的再思考》,《浙江社会科学》2014年第1期。

六　小结

宋代及以降的浙东学者，原是处于独自存在的历史单元，相互之间并未形成严格的地域学派。由于域外学者（如朱熹）的批驳及本土学人（如全祖望、章学诚）的追认，浙学或浙东学派才被提出，并被赋予了学派概念。因此，浙东学派的形成史其实是一个不断被建构的过程。在此过程中，其客观的实相被投射出五彩缤纷的历史影像。不同时期学者的评判，实渗入纷繁的观念诉求，亦关涉复杂的历史背景。

如果说南宋至清代对浙学的指认，更多表达了学者的思想史观与乡学意识。近代以来的浙东学派研究，则映射了百年中国的历史变迁。民国时期，新史学建构者与爱国、民族主义激发下的学者，为重塑民族信心，大力阐发浙东学派的史学、事功；中华人民共和国建立之后三十年内唯物、唯心主义的贴签，说明学术受政治意识形态的严重束缚；进入20世纪80年代，对浙东学派经济、货币、改革思想的诠释，透露出学者在经济建设中的社会情怀；90年代尤其是2000年以来，浙学合事功、心性的维度渐成共识，虽反映研究的客观与深入，但也与时代需求、个人趣味息息相关。可以说，百年浙东学派认识史，就是一部知识、思想与现实的互动史。

透过浙东学派"事功"与"心性"的分离、集合，可以发现，学术史研究始终处于历史环境与精神旨趣的双重影响之中。有时这种影响与其说是被动的适应，毋宁说是主动的选择。因为每位学者的评判背后，都渗透了自身的知识构架与价值关怀。这也说明，人文社会科学的研究主体，或多或少都有一定的"社会关切"，他们的研究往往寄寓自身的情感、愿望、抱负或者梦想。

参考文献

一 古典作品

（宋）蔡正孙：《诗林广记》，中华书局1982年版。
（宋）蔡襄：《蔡襄集》，上海古籍出版社1996年版。
（宋）蔡絛：《铁围山丛谈》，中华书局1983年版。
（宋）晁公武：《郡斋读书志校证》，上海古籍出版社1990年版。
（宋）陈元靓：《事林广记》，中华书局1963年影印本。
（清）陈廷焯：《云韶集》，齐鲁书社1983年版。
（清）陈廷焯：《白雨斋词话》，人民文学出版社1983年版。
（宋）陈亮：《陈亮集》，中华书局1987年版。
（宋）陈振孙：《直斋书录解题》，上海古籍出版社1987年版。
（宋）陈骙、佚名撰：《南宋馆阁录·续录》，中华书局1998年版。
（宋）陈傅良：《陈傅良文集》，浙江大学出版社1999年版。
（宋）陈旸：《乐书》，中州古籍出版社2019年版。
（元）戴良：《戴良集》，吉林文史出版社2009年版。
（清）丁丙：《武林坊巷志》，浙江人民出版社1990年版。
（清）董诰等：《全唐文》，中华书局1983年版。
（金）董解元：《古本董解元西厢记》，上海古籍出版社1984年版。
（明）董其昌：《画禅室随笔》，浙江人民美术出版社2016年版。
（宋）董逌：《广川书跋》，浙江人民美术出版社2016年版。

（清）杜文澜：《古谣谚》，中华书局1958年版。

（唐）段成式：《酉阳杂俎》，学苑出版社2001年版。

（宋）范成大：《范石湖集》，上海古籍出版社2006年版。

（清）方东树：《昭昧詹言》，人民文学出版社1961年版。

（元）方回：《瀛奎律髓汇评》，上海古籍出版社2005年版。

（明）冯梦龙：《警世通言》，人民文学出版社1956年版。

（宋）高承：《事物纪原》，中华书局1989年版。

（明）高濂：《遵生八笺》，巴蜀书社1992年版。

（清）顾嗣立：《元诗选》，中华书局1987年版。

（清）管庭芬、蒋光煦：《宋诗钞补》，商务印书馆1914年版。

（宋）郭若虚：《图画见闻志》，上海人民美术出版社1963年版。

（宋）韩拙：《韩氏山水纯全集》，中华书局1985年版。

（明）何良俊：《四友斋丛说》，中华书局1959年版。

（清）何文焕：《历代诗话》，中华书局1981年版。

（宋）何基：《何北山先生遗集》，中华书局1985年版。

（宋）洪迈：《容斋随笔》，上海古籍出版社1978年版。

（明）胡应麟：《诗薮》，上海古籍出版社1958年版。

（宋）胡仔：《苕溪渔隐丛话》，人民文学出版社1981年版。

（明）黄宗羲：《明儒学案》，中华书局1985年版。

（明）黄宗羲：《宋元学案》，中华书局1986年版。

（明）黄淮、杨士奇编：《历代名臣奏议》，上海古籍出版社1989年版。

（清）黄文旸：《曲海总目提要》，天津古籍出版社1992年版。

（元）黄溍：《黄溍全集》，天津古籍出版社2008年版。

（宋）惠洪：《冷斋夜话》，中华书局1988年版。

（清）嵇曾筠、李卫等修：《浙江通志》，中华书局2001年版。

（清）纪昀等：《四库全书总目》，中华书局1983年版。

（宋）江少虞：《宋朝事实类苑》，上海古籍出版社1981年版。

（明）郎瑛：《七修类稿》，上海书店出版社2001年版。

（宋）黎靖德：《朱子语类》，中华书局2016年版。

（宋）李昉：《太平广记》，中华书局1961年版。

（宋）李如篪：《东园丛说》，中华书局1985年版。

（宋）李心传：《道命录》，中华书局1985年版。

（宋）李心传：《建炎以来系年要录》，中华书局1988年版。

（清）李渔：《闲情偶寄》，上海古籍出版社2000年版。

（清）厉鹗等：《南宋杂事诗》，浙江古籍出版社1987年版。

（清）厉鹗：《樊榭山房集》，上海古籍出版社1992年版。

（宋）刘宰：《漫塘文集》，《嘉业堂丛书》1918年影印版。

（南朝梁）刘勰著，范文澜注：《文心雕龙注》，人民文学出版社1958年版。

（清）刘熙载：《艺概》，上海古籍出版社1978年版。

（宋）刘克庄：《后村诗话》，中华书局1983年版。

（唐）刘肃：《大唐新语》，中华书局1984年版。

（宋）刘敞：《公是集》，中华书局1985年版。

（元）柳贯：《柳贯集》，浙江古籍出版社2014年版。

（宋）陆游：《老学庵笔记》，中华书局1979年版。

（宋）陆九渊：《陆九渊集》，中华书局1980年版。

（宋）罗大经：《鹤林玉露》，中华书局1983年版。

（宋）吕祖谦：《吕东莱文集》，中华书局1985年版。

（宋）吕祖谦：《东莱先生左氏博议》，中华书局1985年版。

（宋）吕祖谦：《吕祖谦全集》，浙江古籍出版社2008年版。

（宋）吕祖谦：《宋文鉴》，中华书局2018年版。

（元）马端临：《文献通考》，中华书局1986年版。

（宋）孟元老：《东京梦华录》（外四种），古典文学出版社1956年版。

（清）缪荃孙：《京本通俗小说》，古典文学出版社1954年版。

（宋）欧阳修、宋祁：《新唐书》，中华书局1975年版。

（宋）欧阳修：《欧阳修全集》，中华书局2001年版。

（宋）欧阳修：《归田录》，上海古籍出版社2012年版。

（宋）欧阳修：《欧阳文忠公集》，国家图书馆出版社2019年版。

（宋）强至：《祠部集》，中华书局1985年版。

（明）邱浚：《大学衍义补》，京华出版社1999年版。

（清）阮元：《十三经注疏》，中华书局1980年版。

（宋）阮阅：《诗话总龟》，人民文学出版社1987年版。

（明）商辂：《商辂集》，浙江古籍出版社2012年版。

（清）沈德潜等：《历代诗别裁集》，浙江古籍出版社1998年版。

（宋）石介：《徂徕石先生文集》，中华书局1984年版。

（清）释际祥：《净慈寺志》，杭州出版社2006年版。

（汉）司马迁：《史记》，上海古籍出版社1997年版。

（宋）宋敏求：《春明退朝录》，中华书局1980年版。

（宋）宋祁：《景文集》，中华书局1985年版。

（明）宋濂：《宋濂全集》，人民文学出版社2014年版。

（元）陶宗仪：《南村辍耕录》，中华书局1959年版。

（宋）陶穀、吴淑：《清异录 江淮异人录》，上海古籍出版社2012年版。

（明）田汝成：《西湖游览志》，浙江人民出版社1980年版。

（元）脱脱等：《宋史》，中华书局1977年版。

（宋）王钦若：《册府元龟》，中华书局1960年版。

（明）王夫之：《宋论》，中华书局1964年版。

（明）王夫之：《读通鉴论》，中华书局2013年版。

（宋）王柏：《鲁斋集》，中华书局1985年版。

（宋）王明清：《玉照新志》，中华书局1985年版。

（宋）王明清：《挥麈录》，上海书店出版社2001年版。

（宋）王溥：《唐会要》，上海古籍出版社1991年版。

（明）王祎：《王祎集》，浙江古籍出版社2016年版。

（清）王士禛：《带经堂诗话》，人民文学出版社1963年版。

（明）王世贞：《艺苑卮言》，《历代诗话续编》，中华书局1983年版。

（宋）魏庆之：《诗人玉屑》，上海古籍出版社1959年版。

（唐）魏征等：《隋书》，中华书局1973年版。

（宋）魏泰：《东轩笔录》，中华书局1983年版。

（宋）文莹：《湘山野录》，中华书局1984年版。

（清）翁方纲：《石洲诗话》，人民文学出版社1981年版。

（宋）吴处厚：《青箱杂记》，中华书局1985年版。

（清）吴之振等：《宋诗钞》，中华书局1986年版。

（元）吴师道：《吴师道集》，吉林文史出版社2008年版。

（明）熊龙峰：《熊龙峰四种小说》，古典文学出版社1958年版。

（清）徐松辑：《宋会要辑稿》，中华书局1957年版。

（宋）徐梦莘：《三朝北盟会编》，上海古籍出版社1987年版。

（宋）徐自明：《宋宰辅编年录校补》，中华书局2012年版。

（明）徐象梅：《两浙名贤录》，浙江古籍出版社2012年版。

（明）许学夷：《诗源辩体》，人民文学出版社1987年版。

（清）薛雪：《一瓢诗话》，人民文学出版社1979年版。

（宋）薛居正等：《旧五代史》，中华书局1999年版。

（宋）严羽：《沧浪诗话校释》，人民文学出版社1961年版。

（明）杨慎：《古今风谣》，中华书局1985年版。

（宋）杨亿：《杨文公谈苑》，上海古籍出版社1993年版。

（宋）杨万里：《杨万里诗文集》，江西人民出版社2006年版。

（元）杨瑀：《山居新语》，上海古籍出版社2012年版。

（清）姚鼐：《今体诗钞》，上海古籍出版社1986年版。

（宋）叶适：《叶适集》，中华书局1961年版。

（宋）叶适：《习学记言序目》，中华书局1977年版。

（宋）佚名：《宣和遗事》，中华书局1985年版。

（清）余嗟：《宋人小说类编》，中国书店1985年版。

（宋）俞文豹：《吹剑录全编》，古典文学出版社1958年版。

（元）虞集：《虞集全集》，天津古籍出版社2007年版。

（元）袁桷：《清容居士集》（附札记），中华书局1985年版。

（清）袁枚：《袁枚全集》，江苏古籍出版社1993年版。

（明）臧晋叔：《元曲选》，中华书局1958年版。

（清）张思岩：《词林纪事》，中华书局1957年版。

（宋）张元幹：《芦川归来集》，上海古籍出版社1978年版。

（明）张丑：《清河书画舫》，上海古籍出版社1991年版。

（宋）张栻：《张栻集》，中华书局2015年版。

（清）章学诚：《文史通义校注》，中华书局1985年版。

（清）赵翼：《陔余丛考》，商务印书馆1957年版。

（宋）赵汝愚：《宋朝诸臣奏议》，上海古籍出版社1999年版。

（宋）赵令畤：《侯鲭录》，中华书局2002年版。

（清）赵翼：《廿二史札记》，凤凰出版社2008年版。

（汉）郑玄：《礼记正义》，上海古籍出版社2008年版。

（元）郑元祐：《侨吴集》，吉林文史出版社2010年版。

（元）钟嗣成、贾仲明编：《录鬼簿》，上海古籍出版社1978年版。

（宋）周密：《苹洲渔笛谱》，中华书局1985年版。

（宋）周密：《齐东野语》，齐鲁书社2007年版。

（宋）周必大：《周必大全集》，四川大学出版社2017年版。

（宋）朱弁：《风月堂诗话》，中华书局1988年版。

（宋）朱长文：《吴郡图经续记》，江苏古籍出版社1999年版。

（宋）朱熹：《朱子全书》，上海古籍出版社、安徽教育出版社2002年版。

（宋）祝穆编，祝洙补订：《方舆胜览》，中华书局2003年版。

（宋）庄绰：《鸡肋编》，中华书局1983年版。

二 今人著作

北京大学古文献研究所编：《全宋诗》，北京大学出版社1991年版。

陈寅恪：《寒柳堂集》，上海古籍出版社1980年版。

陈寅恪：《金明馆丛稿二编》，上海古籍出版社1980年版。

陈正祥：《中国文化地理》，生活·读书·新知三联书店1983年版。

陈国灿、奚建华：《浙江古代城镇史研究》，安徽大学出版社2000年版。

陈国灿：《宋代江南城市研究》，中华书局2002年版。

陈国灿：《江南农村城市化历史研究》，中国社会科学出版社2004年版。

陈国灿：《南宋城镇史》，人民出版社2009年版。

陈扬炯：《中国净土宗通史》，江苏古籍出版社2000年版。

陈伯海：《历代唐诗论评选》，河北大学出版社2003年版。

陈荣捷：《朱学论集》，华东师范大学出版社2007年版。

陈开勇：《宋代开封—金华吕氏文化世家研究》，中国社会科学出版社2010年版。

陈野等：《宋韵文化简读》，浙江人民出版社2021年版。

邓广铭笺注：《稼轩词编年笺注》，上海古籍出版社1993年版。

邓广铭：《邓广铭治史丛稿》，北京大学出版社1997年版。

邓正来、[英]J.C.亚历山大主编：《国家与市民社会———一种社会理论的研究路径》，中央编译出版社1999年版。

杜占明主编：《中国古训辞典》，燕山出版社1992年版。

傅惜华选注：《宋元话本集》，四联出版社1955年版。

傅宗文：《宋代草市镇研究》，福建人民出版社1989年版。

傅芸子：《正仓院考古记 白川集》，辽宁教育出版社2000年版。

葛剑雄：《中国移民史》，福建人民出版社1997年版。

葛永海：《古代小说与城市文化研究》，复旦大学出版社2004年版。

巩本栋等：《中国学术与中国思想史》，江苏教育出版社2002年版。

顾朝林：《中国城镇体系：历史·现状·展望》，商务印书馆1992年版。

顾廷龙主编：《续修四库全书》，上海古籍出版社2002年版。

郭绍虞：《宋诗话辑佚》，中华书局1980年版。

郭绍虞编，富寿荪校点：《清诗话续编》，上海古籍出版社1983年版。

郭庆财：《南宋浙东学派文学思想研究》，中华书局2013年版。

杭间：《中国工艺美学史》，人民美术出版社2007年版。

何炳松：《浙东学派溯源》，岳麓书社2011年版。

何俊：《事与心：浙学的精神维度》，北京大学出版社2013年版。

贺麟：《贺麟选集》，吉林人民出版社2005年版。

洪再新：《中国美术史》，中国美术学院出版社2004年版。

胡忌：《宋金杂剧考》，中华书局2008年版。

胡适：《胡适卷》，武汉大学出版社2008年版。

黄征、张涌泉编著：《敦煌变文校注》，中华书局1997年版。

黄拔荆：《中国词史》，福建人民出版社2003年版。

黄进兴：《优入圣域：权力、信仰与正当性》，中华书局2010年版。

姜锡东：《宋代商人和商业资本》，中华书局2002年版。

姜海军：《宋代浙东学派的经学思想研究》，齐鲁书社2017年版。

蒋寅、张伯伟主编：《中国诗学》第八辑，人民文学出版社2003年版。

金观涛、刘青峰：《中国思想史十讲》，法律出版社2015年版。

劳舒编：《刘师培学术论著》，浙江人民出版社1998年版。

李辉柄：《中国陶瓷全集》（宋代卷），上海人民美术出版社2000年版。

李伯重：《多视角看江南经济史》，生活·读书·新知三联书店2003年版。

李砚祖、孙建君主编：《中国传世名瓷鉴赏》，中国摄影出版社2002年版。

李建军：《宋代浙东文派研究》，中华书局2013年版。

梁令娴：《艺蘅馆词选》，中华书局1935年版。

梁启超著，朱维铮校注：《梁启超论清学史两种》，复旦大学出版社1985年版。

梁启超：《饮冰室合集》，中华书局1989年版。

梁启超：《论中国学术思想变迁之大势》，上海古籍出版社2001年版。

廖奔、刘彦君：《中国戏曲发展史》，山西教育出版社2000年版。

林尹：《周礼今注今释》，天津古籍出版社1988年版。

林岫：《诗文散论》，兵器工业出版社1997年版。

刘子健：《两宋史研究汇编》，联经出版事业公司1987年版。

刘方：《宋型文化与宋代美学精神》，巴蜀书社2004年版。

刘永济：《宋代歌舞剧曲录要》，中华书局2007年版。

刘道广：《中国艺术思想史纲》，江苏美术出版社2009年版。

卢辅圣主编：《中国书画全书》，上海书画出版社1993年版。

洛地：《词乐曲唱》，人民音乐出版社2001年版。

梅新林、葛永海：《文学地理学原理》（上、下卷），中国社会科学出版社2017年版。

蒙文通：《蒙文通文集》（第三卷），巴蜀书社1995年版。

莫砺锋：《唐宋诗论稿》，辽海出版社2001年版。
缪钺：《诗词散论》，上海古籍出版社1982年版。
漆侠：《宋学的发展和演变》，河北人民出版社2002年版。
钱锺书：《管锥编》，中华书局1979年版。
钱锺书：《宋诗选注》，人民文学出版社2005年版。
钱南扬：《永乐大典戏文三种校注》，中华书局1979年版。
钱南扬：《戏文概论》，中华书局2009年版。
钱南扬：《元本琵琶记校注》，中华书局2009年版。
屈兴国、罗仲鼎、周维德选注：《古典诗论集要》，齐鲁书社1991年版。
上海古籍出版社编：《唐五代笔记小说大观》，上海古籍出版社2000年版。
上海古籍出版社编：《宋元笔记小说大观》，上海古籍出版社2001年版。
上海古籍出版社编：《清代诗文集汇编》，上海古籍出版社2010年版。
沈祖棻：《宋词赏析》，上海古籍出版社1980年版。
石昌渝：《清平山堂话本校注》，江苏古籍出版社1990年版。
宋伯胤：《枕林拾遗》，陕西人民出版社2002年版。
隋树森：《全元散曲》，中华书局1964年版。
孙克强：《唐宋人词话》，河南文艺出版社1999年版。
汤勤福：《朱熹的史学思想》，齐鲁书社2000年版。
唐圭璋编：《全宋词》，中华书局1999年版。
唐圭璋编：《词话丛编》，中华书局1986年版。
陶尔夫、刘敬圻：《南宋词史》，黑龙江人民出版社1992年版。
田自秉：《中国工艺美术史》，东方出版中心1985年版。
王大鹏等：《中国历代诗话选》，岳麓书社1985年版。
王凤贤、丁国顺：《浙东学派研究》，浙江人民出版社1993年版。
王仲荦：《西昆酬唱集注》，上海书店出版社2001年版。
王国维：《宋元戏曲史》，百花文艺出版社2002年版。
王水照：《新宋学》，上海辞书出版社2003年版。
王国平：《西湖文献集成》，杭州出版社2004年版。
王锟：《朱学正传：北山四先生理学》，上海三联书店2010年版。

王宇：《道行天地：南宋浙东学派论》，中国社会科学出版社 2012 年版。
魏天安：《宋代行会制度史》，东方出版社 1997 年版。
吴熊和：《吴熊和词学论集》，杭州大学出版社 1999 年版。
吴松弟：《中国人口史》，复旦大学出版社 2000 年版。
武文：《中国民间文学古典文献辑论》，民族出版社 2006 年版。
徐北文：《李清照全集评注》，济南出版社 1990 年版。
徐吉军、方建新、方健等：《中国风俗通史》，上海文艺出版社 2001 年版。
严迪昌：《清诗史》，浙江古籍出版社 2002 年版。
阎文儒、常青：《龙门石窟研究》，书目文献出版社 1995 年版。
杨荫浏：《中国古代音乐史稿》，人民音乐出版社 1981 年版。
杨金鼎：《中国文化史词典》，浙江古籍出版社 1987 年版。
杨渭生：《两宋文化史》，浙江大学出版社 2008 年版。
杨勇：《两宋画院教育研究》，中国社会科学出版社 2018 年版。
余姚人：《林下玄谈：中国书画批评的角度与方法》，甘肃人民美术出版社 2008 年版。
俞为民：《宋元南戏考论续编》，中华书局 2004 年版。
曾枣庄、刘琳主编：《全宋文》，上海辞书出版社 2006 年版。
张健：《清代诗学研究》，北京大学出版社 1999 年版。
张道一：《中国民间美术辞典》，江苏美术出版社 2001 年版。
张如安、管凌燕：《清初浙东学派文学思想研究》，浙江大学出版社 2013 年版。
张寅彭：《清诗话三编》，上海古籍出版社 2015 年版。
赵铁寒主编：《宋史资料萃编》，台北文海出版社 1970 年版。
赵毅衡编选：《"新批评"文集》，中国社会科学出版社 1988 年版。
郑振铎主编：《宋人画册》，浙江人民美术出版社 2016 年版。
中国戏曲研究院编：《中国古典戏曲论著集成》，中国戏剧出版社 1959 年版。
朱维铮编：《周予同经学史论著选集》，上海人民出版社 1996 年版。
朱易安等主编：《全宋笔记》，大象出版社 2003—2018 年版。

朱鸿林：《中国近世儒学实质的思辨与习学》，北京大学出版社2005年版。
朱德才、薛祥生、邓红梅编著：《辛弃疾词新释辑评》，中国书店2006年版。
祝尚书：《宋人总集叙录》，中华书局2004年版。
宗白华：《美学漫话》，长江文艺出版社2008年版。

三　译著

[奥] 阿尔弗雷德·阿德勒：《理解人性》，陈太胜、陈文颖译，国际文化出版公司2007年版。

[瑞士] C.G.荣格：《心理类型学》，吴康等译，华岳文艺出版社1989年版。

[法] 蒂费纳·萨莫瓦约：《互文性研究》，邵炜译，天津人民出版社2003年版。

[英] E.H.贡布里希：《艺术与错觉》，杨成凯、李本正、范景中译，广西美术出版社2012年版。

[美] 方闻：《心印——中国书画风格与结构分析研究》，李维琨译，陕西人民美术出版社2004年版。

[美] 哈罗德·布鲁姆：《影响的焦虑》，徐文博译，生活·读书·新知三联书店1989年版。

[德] 黑格尔：《美学》，朱光潜译，商务印书馆1996年版。

[美] 理查德·利罕：《文学中的城市——知识与文化的历史》，吴子枫译，上海人民出版社2009年版。

[法] 罗丹口述，葛赛尔记：《罗丹艺术论》，沈琪译，人民美术出版社1978年版。

[德] 马克思：《资本论》，中共中央马克思恩格斯列宁斯大林著作编译局译，人民出版社1975年版。

[意] 马可·波罗：《马可·波罗游记》，陈开俊等译，福建科学技术出版社1981年版。

[英] 迈克·克朗：《文化地理学》，杨淑华、宋惠敏等译，南京大学出

版社 2003 年版。
［法］热拉尔·热奈特：《热奈特论文集》，史忠义译，百花文艺出版社 2001 年版。
［美］施坚雅编：《中华帝国晚期的城市》，叶光庭译，中华书局 2000 年版。
［日］斯波义信：《宋代江南经济史研究》，方健、何忠礼译，江苏人民出版社 2001 年版。
［爱沙尼亚］斯托洛维奇：《艺术活动的功能》，凌继尧译，学林出版社 2008 年版。
［法］谢和耐：《蒙元入侵前夜的中国日常生活》，刘东译，北京大学出版社 2008 年版。

四　报刊论文

陈国灿：《中国早期城市化的历史透视——以江南地区为中心的考察》，《湖南文理学院学报》2004 年第 6 期。
陈野：《试论宋韵文化的认识维度、精神实质和当代价值》，《浙江学刊》2022 年第 1 期。
成一农：《"中世纪城市革命"的再思考》，《清华大学学报》2007 年第 2 期。
戴静华：《两宋的行》，《学术研究》1963 年第 9 期。
邓广铭：《谈谈有关宋史研究的几个问题》，《社会科学战线》1986 年第 2 期。
邓魁英：《两宋词史上的滑稽词派》，《中国文化研究》1996 年冬之卷。
董平：《论吕祖谦的历史哲学》，《中国哲学史》2005 年第 2 期。
龚剑锋、金晓刚：《地域理学谱系的生成机制及检讨——以宋儒范浚"婺学开宗"形成为中心的考察》，《浙江师范大学学报》2014 年第 5 期。
［日］沟口雄三：《中国儒教的十个方面》，于时化译，《孔子研究》1991 年第 2 期。

郭画晓：《洛阳宋代瓷枕赏析》，《文物世界》2008 年第 2 期。

韩启超：《宋代宫廷燕乐盏制探微》，《交响》2007 年第 1 期。

寒声：《大曲与宋元杂剧音乐》，《黄河之声》1997 年第 4 期。

何为：《从唐诗宋词到元曲的演变》，《中国音乐》1981 年第 3 期。

何剑明：《南唐时期江苏区域经济与社会发展论要》，《江苏行政学院学报》2004 年第 3 期。

贺宾：《传统戏曲社会教化功能作用机理探微》，《西北第二民族学院学报》2008 年第 1 期。

黄纯艳：《论宋代贸易港的布局与管理》，《中州学刊》2000 年第 6 期。

康保成：《〈踏谣娘〉考源》，《国学研究》2002 年第 10 期。

李长莉：《十九世纪中叶上海租界社会风尚与民间生活伦理》，《学术月刊》1995 年第 3 期。

李小荣：《敦煌杂剧小考》，《社会科学研究》2001 年第 3 期。

刘晓明：《杂剧起源新论》，《中国社会科学》2000 年第 3 期。

刘晓明、屠应超：《论唐代杂剧的形态》，《广州大学学报》2004 年第 11 期。

刘融：《王守仁从祀孔庙之争》，《广西社会科学》2005 年第 1 期。

刘宗迪：《摩睺罗与宋代七夕风俗的西域渊源》，《民俗研究》2012 年第 1 期。

吕洪静：《唐、宋大曲的"入破"曲段在戏曲中的应用》，《交响》1990 年第 2 期。

马继云、于云翰：《宋代厢坊制论略》，《史学月刊》1997 年第 6 期。

倪士毅、方如金：《论钱镠》，《杭州大学学报》1981 年第 3 期。

潘富恩等：《论吕祖谦的历史哲学》，《哲学研究》1984 年第 2 期。

亓艳敏、杜文玉：《论唐宋时期的生育神信仰及其特点》，《宁夏社会科学》2009 年第 2 期。

钱明：《"浙学"涵义的历史衍变》，《浙江社会科学》2006 年第 2 期。

钱茂伟：《论浙学、浙东学术、浙东史学、浙东学派的概念嬗变》，《浙江社会科学》2008 年第 11 期。

钱志熙：《论浙东学派的谱系及其在学术思想史上的位置——从解读章学诚〈浙东学术〉入手》，《中国典籍与文化》2012年第1期。

申屠青松：《清初宋诗选本与遗民思潮》，《南京师范大学文学院学报》2009年第4期。

申屠青松：《〈宋诗钞〉与清代诗学》，《暨南学报》2010年第5期。

沈松勤：《两宋词坛雅俗之辨的文化阐释》，《社会科学战线》2002年第2期。

史念海：《隋唐时期运河和长江的水上交通及其沿岸的都会》，《中国历史地理论丛》1994年第4期。

史革新：《略论清前期理学的复兴、作用和影响》，《徐州师范大学学报》2008年第4期。

滕复：《阳明前的浙江心学》，《浙江学刊》1989年第1期。

滕复：《宋明浙东事功学与心学及其合流——兼论王学的思想来源及性质》，《东南文化》1989年第6期。

王毅：《明代拟话本小说之文化理念与历史哲学的发生——拟话本作为平民社会伦理小说的成因》，《文学遗产》1999年第5期。

王友胜：《简论明代的苏诗选评》，《惠州学院学报》2002年第1期。

王珺英：《论宋金孩儿枕》，《装饰》2008年第2期。

王锟：《吕祖谦的心学及其对浙东学术的影响》，《中国哲学史》2013年第4期。

吴铮强：《中国古代市民史研究述评》，《云南社会科学》2003年第1期。

吴承学：《现存评点第一书——论〈古文关键〉的编选、评点及其影响》，《文学遗产》2003年第4期。

吴松弟：《中国大陆宋代城市史研究回顾（1949—2003）》，[日]《东洋史论丛》2005年第3期。

吴光：《关于"浙学"研究若干问题的再思考》，《浙江社会科学》2014年第1期。

项阳、张欢：《大曲的原生态遗存论纲》，《黄钟》2002年第2期。

肖梦龙：《镇江市博物馆藏宋影青瓷枕》，《文物》1978年第11期。

萧鹏：《西湖吟社考》，《词学》第7辑，华东师范大学出版社1989年版。
邢宏玉：《浅析童子荷叶枕》，《中原文物》1987年第2期。
修韩竹：《磁州窑的装饰艺术》，《河北陶瓷》1991年第1期。
徐吉军：《宋韵：登峰造极的两宋文明》，《文化交流》2021年第1—8期。
杨琳：《化生与摩侯罗的源流》，《中国历史文物》2009年第2期。
杨勇：《〈芙蓉锦鸡图〉寓意考》，《新美术》2016年第7期。
叶佩兰：《故宫博物院藏铭文枕》，《故宫博物院院刊》1994年第1期。
岳珍：《"艳词"考》，《文学遗产》2002年第5期。
[日]早坂俊广：《关于〈宋元学案〉的"浙学"概念——作为话语表象的"永嘉"、"金华"和"四明"》，陈辉译，《浙江大学学报》2002年第1期。
詹杭伦：《国学与文物：瓷枕上的赋文研究》，《中山大学学报》2013年第3期。
张建伟、张学强：《宋代科举扩大取士与冗官问题——兼论当代高校招生中的"扩招"现象》，《国家教育行政学院学报》2008年第9期。
张凯：《浙东史学与民国经史转型——以刘咸炘、蒙文通为中心》，《浙江大学学报》2011年第6期。
章深：《重评宋代市舶司的主要功能》，《广东社会科学》1998年第4期。
郑西村：《南宋"温州杂剧"产生问题的商榷》，《戏剧艺术》1984年第2期。
钟涛：《宋大曲以歌舞演故事探略》，《青海师范大学学报》2004年第4期。
周宝珠：《试论草市在宋代城市经济发展中的作用》，《史学月刊》1998年第2期。
朱晓鹏：《浙学刍议》，《中国哲学史》2006年第1期。
诸葛忆兵：《南北宋词异同平议》，《北方论丛》2002年第1期。
祝尚书：《论后期"西昆派"》，《社会科学研究》2002年第5期。

后　　记

2021年8月，浙江省出台了《中共浙江省委关于加快推进新时代文化浙江工程的意见》，全面部署实施"宋韵文化传世工程"，要求系统开展宋韵文化研究传承和南宋文化品牌塑造，从思想、制度、经济、社会、文学艺术等多方面，展示宋韵文化气象。对于研究者而言，解读宋韵文化概念内涵、研究宋韵文化基本形态、揭示宋韵文化精神实质，正是实施宋韵文化传世工程的基础性工作。浙江师范大学作为省内哲学社会科学研究的重镇，拥有浙学传承与地方治理现代化协同创新中心、江南文化研究中心、浙学研究院、浙江诗路文化研究院等多个重要学术平台，由此群策群力，贡献智慧，显然责无旁贷，这是本书撰写的一个背景。

对于宋韵文化，本书努力想探讨各类文化形态之间的内在逻辑，尤其是想就城市化启动的角度提出了一个整体观，即宋韵文化之传递乃是由宋代的城市变革所发起的，进而造成宋代社会的市民化、世俗化潮流，一波一波向外辐射延展，首先是话本说部，其次是戏曲，再次是词，又次是诗文，最后是绘画、造型等艺术形式，而以事功之学为特色的浙学作为学术归结，这既是宋韵文化的思想内核，又可作为时代的精神压舱石。本书的章节设计即源于这一思考，并将这一系列的文化形态称为"宋韵冲击波"。全书进而围绕这一主线，展开了"雅与俗""情与理""南与北"等多对范畴的研讨，其中以"雅与俗"范畴最为核心。尽管已将这一逻辑努力转化为具体的章节设计，但是由于撰写时间仓促，设想之贯彻不尽彻底，部分章节对于此思想主线有所游移，最初以"宋韵冲击波"来作为本书书名的设想也就因此搁置，而取了"俗世雅意"这一较为中性的、也颇具涵括力的表述，所谓"循俗世，得雅意"是也。就本书最后的成书效果与最初的设计逻辑相较而言，似乎还处在形具到神足的中间状态。

本书的另一个背景是，当下教育部学科评估指标体系的改变给学科建设提供了新的行动指引，高校优势学科的发展固然需要高端学术成果的产出，但更应关注这些成果能否凝练成相对稳定的学术方向。很多学科在学术谱系中其实关联比较密切，但在具体学术实践中，却往往彼此隔阂，甚至老死不相往来。本人就一直在思考，人文不同学科是否有聚焦某一论题协同发声的可能性？如有，具体路径为何？浙江省关于宋韵文化研究之倡导，恰好提供了这种契机。由于宋韵文化研究本身的开放性，本书在确定了内容章节后开始联系相关论题的研究者，完成设想与实践的对接。本书是浙江师范大学多个人文学科精诚合作、协同努力的共同成果。本书的研究集合了人文学院、马克思主义学院、美术学院、音乐学院、文传学院的诸多学者，从文学、史学、哲学、音乐学、舞蹈学、美术学等不同维度展开研究，希望向读者诸君呈现一种多维度、立体化的宋韵研究，换言之，希望读者对于宋韵文化有个"具体而微"的整体观。

若对本书进行自我反思，尚可一说的方面在于，全书整体架构尽量做到逻辑自洽，部分章节观点的新颖性和敏锐度也是显而易见的。不足在于，由于立足于团队研究者已有研究的实际，大多皆为就地取材，面对如此宏阔的研究领域，很多情况下只能是以点带面的涵括，不及之处尚多。研究的已然与应然之间还存有较大的差距。可以说，相比于长期在宋代文化研究领域安营扎寨的重型机械化部队，本书的宋韵文化研究只能算是慨然出击的轻骑兵。本书构架之利与弊，得与失，知我罪我？还请读者明鉴。

本书由葛永海主持撰写，现将具体分工说明如下：葛永海负责设计全书框架和章节标题，具体撰写绪论、第二章第二节、第三章第二节、

后　记

第四章第二节以及全书的统稿；陈国灿负责第一章第一节、第三节，第二章第一节；梅新林负责第一章第二节；姚建根负责第一章第四节；刘天振负责第二章第三节；赵瑶丹负责第二章第四节、第六章第二节；崔小敬负责第三章第一节；陈玉兰负责第三章第三节、第四节；慈波负责第四章第一节、第三节；申屠青松负责第四章第四节；韩启超负责第五章第一节（与王珂合作）、第二节；杨勇负责第五章第三节；孙发成负责第五章第四节、第五节；王锟负责第六章第一节，第五节（与金晓刚合作）；陈开勇负责第六章第三节；金晓刚负责第六章第四节。

本书的大部分内容曾发表于各类学术期刊，《转型与调整：宋代都市文明的演变》刊于《探索与争鸣》2010年第3期，《略论南宋时期绍兴城的发展与演变》刊于《绍兴文理学院学报》2010年第3期，《简论宋元变革时期的杭州》刊于《浙江社会科学》2011年第1期，《论南宋江南地区市民阶层的社会形态》刊于《史学月刊》2008年第4期，《从曲江叙事到西湖叙事：走向市井空间的现世体悟》刊于《上海师范大学学报》2015年第6期，《宋元南戏与民间生活伦理》刊于《山东师范大学学报》2010年第3期，《宋代文人与民间文化——以谣谚的传播为中心》刊于《民俗研究》2014年第1期，《一重帘外即天涯——宋词中帘意象及心理学阐释》刊于《古典文学知识》2015年第1期，《论李清照南渡词核心意象之转换及其象征意义》刊于《文学遗产》2008年第3期，《辛弃疾词：齐鲁文化与江南文化叠合形成的艺术世界》刊于《文学遗产》2012年第5期，《〈西昆酬唱集〉与宋诗演进》刊于《浙江学刊》2010年第1期，《情理通融与灵心雅致：论吕祖谦的诗歌创作》刊于《浙江社会科学》2013年第7期，《〈宋文鉴〉编刊之争再审视》刊于《文学评论》2020年第2期，《历代宋诗选本论略》刊于《江汉大学学报》2010年第1期，《〈宋诗钞〉乐舞史料探赜》刊于《乐府学》2021年第23辑，《隋唐歌舞大曲在宋代继替的表征及原因——戏曲形成前期音乐要素的嬗变及影响研究》刊于《交响》2012年第4期，《宋代的"磨喝乐"信仰及其形象——兼论宋孩儿枕与"磨喝乐"的渊源》刊于《民俗研究》2014年第1期，《宋代瓷枕的装饰题材、技法及特征》刊于《非物质文化遗产研究集刊》2013年,《论吕祖谦的历史哲学——兼与朱熹历史哲学之比较》刊于《浙江社会科学》2018年第9期,《论陈亮"农商相籍"的重商思想及经商自救活动》刊于《清华大学学报》2011年第1期,《唐仲友与东莱学派》刊于《浙江社会科学》2014年第10期,《从"一乡之士"到"万世真儒":"朱子世嫡"北山四先生从祀孔庙的历史考察》刊于《浙江师范大学学报》2020年第5期,《事功与心性的离合:历史、思想语境中的浙东学派建构》刊于《浙江社会科学》2016年第3期。

  本书之撰成,首先感谢我们这个宋韵文化研究团队的共同努力,这是一次真正意义上的跨学科联合研究。还要感谢校内诸位领导、老师的支持和协助,学校社科处处长冯昊青老师大力支持本项目的开展,学院副院长宋清秀老师参与了书稿的组织和推进,学科办的徐静静、许春老师负责校内出版申报事宜,参与校对注释,付出诸多心力。感谢我的学生潘巨强、刘柏良等细心校对注释,查漏补缺,避免了不少讹误。感谢责任编辑郭晓鸿女士的认真与细致。感谢岳母李春燕和妻子项少媚女士在家务上的倾力付出,缓解了种种后顾之忧。

  本书在撰写中,多个章节既源于发表成果,又经过较大幅度的拓展、精简或改写,由于本书成于多人之手,而参与本书的多数学者皆为资深研究者,已形成了较为成熟的学术理路和行文风格,本人作为主事者,虽全力以赴,努力统稿,有时不免空叹无乾坤翻覆之能,加之时间仓促,书中内容不免有错讹和不当之处,还请读者诸君鉴察指正。

葛永海

2022年2月8日于浙江师范大学江南文化研究中心